HISTOIRE DU MOYEN AGE

Du même auteur
en poche

Les Stuarts, Paris, PUF, Que sais-je ? n° 3091, 1996.
L'Angleterre georgienne, Paris, PUF, Que sais-je ? n° 3303, 1998.
Histoire de l'enfer, Paris, PUF, Que sais-je ? n° 2823, 1999 et 2019.
Charlemagne, Paris, Perrin, tempus n° 528, 2014.
La guerre de Cent Ans : naissance de deux nations, Paris, Perrin, tempus n° 319, 2016.

collection tempus

Georges MINOIS

HISTOIRE DU MOYEN AGE

Mille ans de splendeurs et misères

PERRIN

Secrétaire générale de la collection :
Marguerite de Marcillac

© Perrin, un département d'Édi8, 2016
et Perrin, un département de Place des Éditeurs, 2019
pour la présente édition revue

12, avenue d'Italie
75013 Paris
Tél. : 01 44 16 09 00
Fax : 01 44 16 09 01

ISBN : 978-2-262-07937-6
Dépôt légal : avril 2019

Mise en pages : Nord Compo

Le Code de la propriété intellectuelle interdit les copies ou reproductions destinées à une utilisation collective. Toute représentation ou reproduction intégrale ou partielle faite par quelque procédé que ce soit, sans le consentement de l'Auteur ou de ses ayants cause, est illicite et constitue une contrefaçon sanctionnée par les articles L 335-2 et suivants du Code de la propriété intellectuelle.

tempus est une collection des éditions Perrin.

A Sophie et Eric

Avant-propos

Encore une histoire du Moyen Age ! Après tant d'autres, dont beaucoup sont remarquables, est-il bien nécessaire de raconter une fois de plus cette longue histoire d'une période lointaine sur laquelle tout semble avoir été dit ? La question est légitime, et je me la suis moi-même posée. Il faut donc tenter de justifier l'entreprise.

Curieusement, le Moyen Age continue à fasciner nos contemporains. Plus nous nous éloignons de ces temps rudes, dont nous sommes maintenant séparés par un demi-millénaire, plus l'intérêt pour cette époque grandit, comme si une vague nostalgie envahissait subrepticement notre culture de haute technologie. Sentiment à la vérité plein de contradictions et de confusions, et pour tout dire hypocrite et de mauvais aloi, exploité par les intérêts économiques qui seuls façonnent désormais les mentalités. Le Moyen Age, c'est très pittoresque, mais qui voudrait y vivre ? Et pourtant, à l'ère des téléphones portables, des écrans omniprésents, de la civilisation presse-bouton, du triomphe de la technologie et de l'artificiel, on ne cesse de vanter les mérites du naturel, des procédés artisanaux d'autrefois, de la tradition, des « racines » ; on se pâme d'admiration pour tout ce qui est fait « à l'ancienne » ; on restaure avec des « instruments d'époque » ; on plante des jardins médiévaux, avec leurs plantes médicinales ; on va jusqu'à construire un château fort, avec les moyens du XIIIe siècle, bien entendu, et organiser des tournois et fêtes médiévales. Pur divertissement, qui entretient un malentendu d'autant plus profond sur le Moyen Age que parallèlement l'étude de cette période disparaît des programmes scolaires, où l'étude de l'histoire en général est victime d'une entreprise de démolition systématique depuis une bonne trentaine d'années, au profit de vagues synthèses économiques et sociales désincarnées, censées faire comprendre à la jeunesse les « enjeux du monde contemporain ». C'est désormais par quelques bribes de documentaires de vulgarisation que le « grand public » prend contact avec le Moyen Age, en dehors de toute structure chronologique et de toute continuité, mêlant allègrement dates et personnages. Le Moyen Age est devenu un trou noir de mille ans d'où s'échappent quelques cathédrales et châteaux forts, des chevaliers en armure, des princesses entourées de troubadours, des ruelles pittoresques de quelques cités restaurées. Et ces décors de théâtre entretiennent la fascination, ou simplement la curiosité, pour un Moyen Age rêvé, mythique, écologique, et bien sûr et surtout « authentique », terme magique dont se gargarise un XXIe siècle schizophrénique. Caricature ? Demandez donc autour de vous ce qu'évoque Philippe le Bel ou la guerre de Cent Ans.

Mais cela ne répond pas à ma question de départ, car qui voudrait s'informer sérieusement sur le sujet pourrait toujours consulter les ouvrages savants qui dorment sur les rayons des bibliothèques, et dont les informations sont infiniment plus fiables que tout ce que peuvent présenter les écrans. Alors, pourquoi ajouter ce livre, qui ira sagement rejoindre ses congénères pour un long sommeil dans la section « Histoire » de quelques bibliothèques ? Admettons-le honnêtement : cela n'est pas absolument indispensable, et mon travail ne va pas révolutionner l'historiographie médiévale. Il vise modestement à enfoncer un clou. Un gros clou, certes : mille ans d'histoire, pour confirmer que le Moyen Age a bel et bien existé, que l'on peut dater sa naissance, sa mort, sa jeunesse, sa maturité et son déclin, et qu'il a été une période cruciale de notre passé, qui ne fut ni un enfer ni un âge d'or.

Que le Moyen Age ait bien existé, est-il encore nécessaire de l'affirmer ? Certains titres d'ouvrages de grands historiens médiévistes depuis les années 1970 pourraient prêter à confusion, depuis *Pour en finir avec le Moyen Age*, de Régine Pernoud (1977), jusqu'à *A la recherche du Moyen Age*, de Jacques Le Goff (2003), qui avait déjà plaidé *Pour un autre Moyen Age* (1977), en passant par *Le Moyen Age, une imposture*, de Jacques Heers (1992). En 2011 encore, l'excellent manuel universitaire de M. Balard, J.-Ph. Genet et M. Rouche, *Le Moyen Age en Occident*, commence par cette déclaration : « Autant le dire tout de suite : s'il existe bien une période médiévale, le Moyen Age n'existe pas... », avant d'ajouter : « [...] Ou plutôt, ce n'est qu'une expression. » Voilà qui ne nous rassure guère, d'autant que Jacques Heers, qui fut notre maître, le confirme : « Le Moyen Age, en réalité, n'a pas existé ; il s'agit d'une notion abstraite forgée à dessein, pour différentes commodités ou raisons... » Il fallait bien en effet donner un nom à ce millénaire un peu inquiétant qui s'étendait entre la disparition de l'Empire romain et la Renaissance. Et, faute de mieux, c'est cette dernière qui le baptisa *tempora media*, ou *medium tempus*, âge du milieu, âge moyen, expression reprise dans toutes les langues : Moyen Age, *Middle Ages, Mittelalter, Edad Media...*

Le terme exprime d'ailleurs l'embarras des premiers utilisateurs, dont Pétrarque, qui ont du mal à saisir l'unité, les caractéristiques et les valeurs de cette période bizarre, confuse et déconcertante. Ce n'est qu'en 1676 qu'un auteur audacieux, Christophe Cellarius (Keller), se risque à retracer l'histoire, en latin, de ce qu'il appelle l'« époque moyenne » *(medium aevum)*. Mais de toute façon, quelle que soit leur opinion sur son contenu, les intellectuels sont unanimes, et cela dès le XVIe siècle (et même le XIVe avec Pétrarque), pour reconnaître que les dix siècles qui les séparent de l'Empire romain constituent un ensemble spécifique. Et ils ont conscience de vivre un changement d'époque, une mutation de civilisation, et ils en sont enchantés. Car ils aspirent à renouer avec les valeurs, la littérature, l'art, le style de vie de la civilisation romaine classique. Dès sa disparition donc, le Moyen Age est considéré de façon négative. Les humanistes l'enterrent avec soulagement, heureux d'en avoir fini avec cette époque sombre et barbare, et de faire « renaître » l'époque gréco-latine ; la marche en avant de la civilisation pouvait reprendre après mille ans de stagnation et de chaos.

Commence alors l'histoire posthume du Moyen Age, celle de son image, dans les esprits et dans les livres. Pendant longtemps, cette image est très négative. Epoque barbare, issue de ces Goths répugnants, l'ère « gothique » est méprisée, vilipendée, accusée de tous les maux. Pendant trois siècles (XVIe-XVIIIe), le Moyen Age, aux yeux des classiques, c'est l'obscurantisme, l'irrationnel, le fanatisme, l'extravagance, les sorcières, l'Inquisition, les pestes et les famines, les seigneurs incultes et brutaux, les moines ignares, les gueux superstitieux, jusqu'au moment où les préromantiques commencent à regarder les ruines gothiques d'un autre œil. C'est alors le début de la grande vague de réhabilitation du Moyen Age, qui marque toute la période romantique, depuis les écrits de Chateaubriand et les romans de Walter Scott jusqu'à la vague de l'art néogothique. Réaction contre les débuts de l'ère industrielle, nourrie par le renouveau des études historiques, de l'*Histoire des ducs de Bourgogne*, de Prosper de Barante (1824-1826), aux *Récits des temps mérovingiens* d'Augustin Thierry (1840), en passant par l'*Histoire de France* de Jules Michelet (1833-1844).

Travaux malheureusement encombrés dans la forme par un lyrisme débordant et dans le fonds par des préjugés idéologiques qui aveuglent les auteurs. Michelet en est l'exemple frappant. Son *Histoire de France*, récemment rééditée, n'a plus aucune valeur historique, et nous renseigne plus sur l'auteur que sur le sujet qu'il traite. Sa vision du Moyen Age change d'ailleurs radicalement entre les années 1830, où il évoque le « beau Moyen Age », et les années 1850, où il présente un tableau repoussoir dans l'introduction du livre IX. Cette diatribe est la base de la légende noire de l'époque médiévale. Il y est question de « l'état bizarre et monstrueux, prodigieusement artificiel, qui fut celui du Moyen Age », de « son terrorisme, sa police, des bûchers », de son « peuple de raisonneurs contre la Raison », du « monde béat des mystiques raisonnables », de « l'infinie légion des ergoteurs », de la « foule des fripons et des dupes », où « les sots, terrifiés du triomphe du Diable, brûlent les fous pour protéger Dieu » ; un monde où « la sorcellerie épaissit ses fantastiques ténèbres », où « tout est louche et rien n'est net, tout peut y sembler ridicule. Les forces bâtardes abondent, et du plus haut au plus bas... la farce du Moyen Age attriste plutôt ; je ne lui vois que trois gaietés, la potence, la bastonnade et le cocu ». « Le Moyen Age monastique est un monde d'idiots », répartis entre « les sots méthodiques et les sots enthousiastes », séduits par « le délire de saint François ». Même les moines copistes ne trouvent pas grâce devant lui : « Plût au ciel que les bénédictins n'eussent su ni lire ni écrire ! Mais ils eurent la rage d'écrire et de gratter les écrits. Sans eux, la fureur des barbares, des dévots, n'eût pas réussi. La fatale patience des moines fit plus que l'incendie d'Omar, plus que celui des cent bibliothèques d'Espagne et de tous les bûchers de l'Inquisition. Les couvents où l'on visite avec tant de vénération les manuscrits palimpsestes, ce sont ceux où s'accomplirent ces idiotes Saint-Barthélemy des chefs-d'œuvre de l'Antiquité. » Et puis, sommet de « la tyrannie du Moyen Age » : l'Inquisition. « La date la plus sinistre, la plus sombre de toute l'histoire, est pour moi l'an 1200, le 93 de l'Eglise. Bien moins parce que c'est l'époque de l'extermination d'un peuple, des vaudois et des Albigeois, mais surtout parce que cette époque est celle de l'organisation de la grande police ecclésiastique. Terrorisme épouvantable... »

Ces imprécations, sans aucune valeur historique, faut-il le préciser, ont imprimé durablement dans les esprits l'image d'un Moyen Age obscurantiste et fanatique, ignorant et barbare. C'est une autre image qu'élaborent à partir des années 1870 les historiens positivistes : sobres et secs, formés aux disciplines des sciences auxiliaires de l'histoire, les Gustave Monod, Ernest Lavisse, Charles Seignobos, Charles Petit-Dutaillis, Achille Luchaire, Ferdinand Lot, Marc Bloch, pour ne mentionner que quelques Français, puis les intellectuels de l'école des Annales, travaillant sur les documents, vérifiant, comptant, classant, posent les jalons sûrs d'une histoire médiévale équilibrée, et suscitent bien des vocations d'historiens médiévistes ayant pour idéal de restituer la vérité des faits et de construire une histoire objective.

Héritière de ces travaux, une remarquable génération de médiévistes entreprend à partir des années 1960 et 1970 de redonner au Moyen Age ses lettres de noblesse. Cependant, l'enthousiasme de certains les conduit à remplacer une caricature par une autre, la légende noire par la légende dorée, et à faire du Moyen Age un âge d'or dont ils ne retiennent que les réussites. La « réhabilitation » devient alors une banale énumération d'évidences sur la beauté des cathédrales, la profondeur des sommes théologiques, l'habileté des ingénieurs, l'admirable spiritualité des mystiques et l'abnégation des pèlerins. On combat les « idées reçues » et les « préjugés » sur le Moyen Age obscurantiste, quitte à les grossir pour mieux en dénoncer la fausseté. Régine Pernoud se plaît à relever de puériles remarques d'écoliers ou de milieux incultes, dont elle a beau jeu de démontrer l'absurdité pour conclure que le Moyen Age fut une époque idéale. Mais enfoncer des portes ouvertes n'a jamais fait avancer la connaissance.

Le Moyen Age aurait donc encore aujourd'hui ses détracteurs et ses laudateurs, comme Martin Blais dans son *Sacré Moyen Age* (1997) ou Laure Verdon dans *Le Moyen Age. Dix siècles d'idées reçues* (2014). Dans ses *Regards sur le Moyen Age* (2011), Sylvain Gouguenheim estime que dans une partie de l'opinion « les Ages sombres du Moyen Age sont de retour », en raison d'un « parti pris idéologique », et il écrit : « Il me paraît clair que l'idée d'Ages sombres ne convient pas à la période médiévale. »

Certes. Encore faut-il prendre garde à ne pas tomber dans l'excès inverse. C'est ce que rappelle Jacques Heers dans *Le Moyen Age, une imposture* : « L'important ne me paraît pas de parfaire, sur tel ou tel point, une réhabilitation de ce "Moyen Age", et pas plus d'évoquer, par choix personnel, une sorte d'âge d'or où tout aurait été d'une autre qualité humaine dans une société plus sereine. » C'est aussi ce que pense Jacques Le Goff, peut-être le meilleur connaisseur des mentalités médiévales. Rejetant « les jeux dérisoires d'une légende dorée du Moyen Age à substituer à la légende noire des siècles passés », il plaide *Pour un autre Moyen Age*, qui n'est « ni un creux ni un pont mais une grande poussée créatrice, coupée de crises, nuancée de décalages selon les régions, les catégories sociales, les secteurs d'activité ». Et puis, cet autre Moyen Age, « c'est un Moyen Age total qui s'élabore aussi bien à partir des sources littéraires, archéologiques, artistiques, juridiques qu'avec les seuls documents naguère concédés aux médiévistes purs ». Cette étude, qui fait feu de tout bois, qui concilie la rigueur scientifique et l'empathie humaniste, n'exclut pas les sentiments : Jacques Le Goff confesse qu'il fut attiré par le Moyen Age à 12 ans, à la lecture de Walter Scott, et qu'il éprouve toujours une « certaine nostalgie » pour cette époque. Pour comprendre une époque, il faut l'aimer, mais d'un amour qui ne soit pas aveugle. C'est dans cet état d'esprit que j'ai essayé de travailler, et c'est pourquoi je parle des « splendeurs et misères » de ces mille ans de chrétienté qui, ni plus ni moins que toutes les époques de l'histoire humaine, mélange ombres et lumière.

Reste à définir les limites géographiques et chronologiques du sujet. Géographiquement, l'expression de « Moyen Age » n'a un sens que pour ce qu'on appelle l'Eurasie. Puisqu'il est encadré par l'Empire romain et la Renaissance, il n'a de sens que pour les régions qui ont connu ces deux phénomènes. L'essentiel, c'est évidemment l'Europe, mais une Europe « de l'Atlantique à l'Oural » et de l'Islande à l'Euphrate, car on ne saurait comprendre l'histoire des royaumes chrétiens d'Occident sans savoir ce qui se passe au même moment au-delà de Byzance et sur les rives du Nil. Que cela plaise ou non, l'histoire de l'Europe est intimement liée à celle du Proche- et Moyen-Orient ; les évènements parisiens ont des répercussions à Bagdad et vice versa. Pour le meilleur et pour le pire, nous sommes solidaires et rivaux, et donc interdépendants, au Moyen Age comme aujourd'hui. Un des axes majeurs de cette étude sera donc l'évolution des rapports de force, des échanges de coups, de marchandises et d'idées entre l'Occident et l'Orient.

Quant aux limites chronologiques, le Moyen Age commence lorsque l'Empire romain disparaît, et finit lorsque la Renaissance s'impose. A l'amont, une entité politique ; à l'aval, un fait de civilisation. C'est dire que les frontières sont floues et hétérogènes. Faut-il vraiment fixer des dates précises de début et de fin, comme pour un individu ? En histoire, « je privilégie le couple continuité/tournant aux dépens de la notion de rupture », écrit Jacques Le Goff, dont le tout dernier ouvrage, en 2014, porte un titre révélateur : *Faut-il vraiment découper l'histoire en tranches ?* En l'occurrence, la tranche serait épaisse et indigeste, car le grand historien serait tenté d'élargir l'époque médiévale bien au-delà de ses limites traditionnelles : mille sept cents ans, du IIe au XIXe siècle : « La longue durée pertinente de notre histoire me paraît ce long Moyen Age qui a duré depuis le IIe ou IIIe siècle pour mourir lentement sous les coups de la révolution industrielle entre le XIXe siècle et nos jours. » Les vrais fossoyeurs du Moyen Age seraient donc James Watt, Adam Smith et leurs émules ; le culte de l'innovation technologique et son inséparable complice, le capitalisme libéral, ont mis fin à la civilisation médiévale. Encore en trouvons-nous des traces dans certains comportements actuels, et je serais personnellement porté à croire que la vraie rupture se situe au début de l'ère électronique : c'est l'ordinateur qui a tué le Moyen Age ; Internet et ses applications inaugurent non seulement une nouvelle civilisation, mais une mutation de la nature humaine. Et s'il est permis d'évoquer des souvenirs personnels, j'ai parfois l'impression d'être sorti tout droit du Moyen Age : des grands-parents paternels des campagnes de l'Ouest, vivant dans une seule pièce au sol de terre battue, sans eau ni électricité ; promiscuité, tuberculose et décès prématuré : quelle différence avec le XIIe siècle ?

Nous ne pouvons cependant pas nous engager ici dans une philosophie de l'histoire. Le découpage traditionnel peut être discuté, mais il a fait ses preuves. L'esprit humain a besoin de repères, de structures, de bornes, de balises, sans lesquels toutes les confusions et tous les amalgames sont possibles. C'est justement ce qui est en train de se produire à notre époque, qui entreprend non pas de respecter les différences, comme on aime à le répéter, mais de les effacer, au profit d'un multiculturalisme qui ressemble plutôt à un bouillon de cultures, au sens figuré du terme. Ce phénomène touche l'histoire aussi bien que les mentalités collectives. Ce livre est donc aussi une réaction contre la déstructuration, c'est-à-dire la démolition, du sens historique à laquelle nous assistons. Pour des raisons pédagogiques et de clarté d'exposition, le découpage traditionnel situait le Moyen Age entre 476, fin de l'empire romain d'Occident, et 1492, découverte de l'Amérique : mille seize ans. Précision excessive et choix arbitraire, il faut en convenir. Mais si le choix des dates peut se discuter, le fait de choisir est quant à lui indispensable. A condition de garder à l'esprit que les dates ne sont que des repères, il est fondamental d'y avoir recours pour que l'histoire ne soit pas la bouillie qu'elle est devenue dans l'esprit des jeunes générations. Sans doute est-il déjà trop tard, car, disons-le brutalement : l'histoire n'est plus enseignée ; le vague mélange économico-sociologico-idéologique qui la remplace dans les collèges et lycées est à la base de tous les amalgames, préjugés et dérives de jeunes esprits nourris d'une culture en miettes. C'est donc sans illusion mais avec force que je reprends les limites traditionnelles : la période que l'on appelle le Moyen Age commence vers 400, au début du Ve siècle, et se termine vers 1500, à la fin du XVe.

Et cette période de mille cent ans n'est ni un long fleuve tranquille ni une interminable stagnation. On a coutume d'y distinguer trois étapes, et avec raison. Du Ve au Xe siècle, disons de 400 à 1000, alors qu'en Occident les royaumes barbares se débattent pour se faire une place dans l'espace de l'ancien Empire romain, l'Orient prend un nouvel essor, avec Byzance d'abord, puis l'éclat des grands califats de Damas et de Bagdad ; c'est le temps des grandes illusions, propres à la jeunesse des civilisations comme des individus : on rêve encore de monarchie universelle, chez Justinien comme chez Charlemagne et Al-Mansour. De 1000 à 1300, l'Occident reprend le flambeau ; c'est la grande époque de la chrétienté où, sous la direction de la papauté triomphante, on tente la grande synthèse de la foi et de la raison, et où on mène le grand combat contre l'islam ; c'est l'âge de raison d'une civilisation qui a trouvé ses repères et ses valeurs. Mais les civilisations, elles aussi, sont mortelles, et la fin du Moyen Age, de 1300 à 1500, est particulièrement dramatique, subissant les assauts de la peste, de la guerre et de la famine, les cavaliers de l'Apocalypse déchaînés ; c'est le temps de la transition vers un nouveau monde.

Découpage artificiel ? Trop schématique ? Jusqu'à ce jour, les historiens n'en ont pas trouvé de meilleur. C'est cela ou le chaos, le découpage en tranches ou la bouillie indigeste. L'étude d'une période de mille cent ans ne peut se faire sans découpage chronologique. L'histoire, c'est le temps qui passe, et à l'échelle des individus comme des sociétés la flèche du temps est à sens unique. Tout s'enchaîne, inéluctablement, mécaniquement, implacablement, dans une suite rigoureuse de causes et de conséquences, et la tâche de l'historien est de mettre à jour ces causes et ces conséquences, de disséquer la mécanique du destin. L'homme du XXIe siècle voudrait se persuader qu'il n'y a pas de fatalité ; le déterminisme blesse son orgueil. Il faut pourtant l'admettre, et cela est plutôt rassurant : tout ce qui est arrivé ne pouvait pas ne pas arriver ; il n'y a pas de place pour les « si » en histoire, et toutes les tentatives de reconstruction fictives en modifiant tel ou tel paramètre sont de purs romans.

Résumons. Pourquoi une nouvelle histoire du Moyen Age ? Un peu pour y incorporer les acquis récents, mais surtout pour réagir contre les vulgarisations déformantes et le sabotage programmé de l'enseignement de l'histoire. Entreprise qui n'a rien de « réactionnaire » ou de rétrograde, à moins que l'on considère que mettre les choses en ordre, logique et chronologique, dater les évènements et les personnages, rappeler que l'histoire est un flux qui va d'un point A vers un point B, sans retours en arrière, est une entreprise rétrograde. Il s'agit aussi de rappeler que le Moyen Age est une époque comme les autres, ni enfer ni paradis, que tout ce qui s'y passe est parfaitement humain et donc compréhensible, analysable, explicable, nécessaire. Il a eu ses croisés, ses massacres, ses chimères ; nous avons nos djihadistes, nos génocidaires et toujours les mêmes chimères religieuses, avec simplement moins d'excuses étant donné les progrès des connaissances scientifiques. Mais il ne s'agit ni de comparer ni d'attribuer des notes de morale. Il s'agit de rappeler ce que fut ce millénaire médiéval, ses grandeurs et ses misères, politiquement, économiquement, socialement, culturellement, en suivant ce qui est la colonne vertébrale de l'histoire : la chronologie.

Un dernier mot : condenser mille ans d'histoire en cinq cents pages est une gageure. On ne sera donc pas surpris des raccourcis, simplifications, sélections et inévitables lacunes. Il s'agit bien d'une large synthèse, qui vise à faire ressortir les axes et les faits essentiels d'une époque au cours de laquelle ont été forgées les mentalités occidentales. L'histoire n'est pas une science exacte ; basée sur un certain nombre de faits, elle laisse une large place à l'interprétation des historiens, qui elle-même dépend beaucoup des normes et valeurs de son temps. Et en définitive c'est bien pourquoi on peut réécrire sans fin la même histoire, qui n'est en fait jamais la même. L'essentiel est de ne pas sacraliser telle ou telle version. A l'égard de ce passé lointain, un certain détachement, voire une touche d'ironie ou d'humour s'impose, tout en respectant la matérialité des faits. Il importe à l'historien de savoir relativiser l'importance des évènements qu'il relate et de ne pas sacraliser les acteurs de la tragi-comédie humaine.

PREMIÈRE PARTIE

400-1000
LE TEMPS DE L'ORIENT
ET L'ÂGE DES ILLUSIONS

Aux alentours de l'an 400, l'Europe, et plus particulièrement le monde méditerranéen, entre dans une phase d'extrêmes turbulences qui va durer au moins six cents ans. Le Moyen Age naît du chaos provoqué par l'effondrement et l'émiettement de l'énorme bloc politique que constituait l'Empire romain. Commence une interminable période de confusion, guerres, mouvements de peuples, troubles économiques, sociaux, politiques, devant lesquels la première réaction de l'historien est le découragement. D'autant plus que les sources utilisables pour construire son récit sont aussi confuses que les faits dont elles sont supposées témoigner : fragments de ruines mis à jour au hasard des chantiers de travaux publics, récits désordonnés, lacunaires, contradictoires, illisibles, encombrés de merveilleux et de visées eschatologiques et apologétiques, tels que les hagiographies, annales monastiques, chroniques, qui obéissent à des critères totalement étrangers aux exigences intellectuelles modernes. A tous les points de vue nous entrons pour six siècles dans ce que les historiens anglo-saxons appellent très justement les « âges obscurs », les *Dark Ages*.

Contrairement à ce que voudrait nous faire croire la mode actuelle des réhabilitations et remises en cause en tous genres, dans un but essentiellement commercial, cela n'est pas une vue de l'esprit, et l'admiration que peut légitimement susciter un bijou mérovingien ne doit pas masquer le fait que l'Europe des Ve-Xe siècles est plongée dans une véritable régression culturelle que les historiens positivistes avaient baptisée du terme aujourd'hui tabou de « civilisation barbare ». Il suffit de se plonger dans les récits de l'époque pour constater l'adéquation du terme.

Plutôt que de chercher à nier la réalité des Ages obscurs, mieux vaut en étudier les causes et différents aspects. Bien sûr, la nuit ne s'est pas abattue brutalement sur un Empire romain rayonnant, et les mœurs barbares ne sont pas le résultat exclusif des invasions germaniques. L'Empire romain en 400 est déjà bien malade, rongé par d'inquiétantes évolutions internes, qu'il faut commencer par exposer. Le Moyen Age naît autant de la décomposition interne du monde romain que de l'irruption des peuples germaniques. Cela est vrai en particulier pour ce fait majeur de l'âge médiéval qu'est la coupure entre l'Est et l'Ouest, coupure génératrice d'une hostilité durable entre les deux. La séparation officielle entre l'empire d'Orient et l'empire d'Occident en 395 n'est pas une conséquence des invasions : elle les précède, et celles-ci rendront ensuite la cassure définitive. Du Ve au Xe siècle, la domination du bloc oriental est incontestable. Tandis que l'Occident s'effondre et sombre dans les convulsions des royaumes barbares, Byzance se présente comme la seconde Rome, et élabore une civilisation originale à base d'autocratie et de christianisme, qui fascine les Occidentaux empêtrés dans leurs conflits internes. Au VIIe siècle surgit brutalement un troisième partenaire qui menace un moment d'engloutir l'Est et l'Ouest, avant d'être bloqué vers 750 : l'islam. A partir de ce moment et pour le reste du Moyen Age, trois mondes se partagent l'Eurasie : le monde de la chrétienté romaine à l'ouest, le monde de la chrétienté byzantine à l'est, le monde arabo-musulman au sud et au sud-est.

Jusque vers l'an 1000, en dépit d'éphémères tentatives d'unification et de renaissance d'un empire romain d'Occident, avec les Carolingiens et les Ottoniens, l'Ouest ne parvient pas à retrouver la stabilité, tandis que l'Orient, de Byzance à Bagdad, affirme une richesse et une supériorité dont le raffinement n'exclut pas la sauvagerie. L'histoire de ces six siècles est d'une telle complexité que le dilemme de l'historien est le suivant : soit il plonge dans la relation des évènements chaotiques de cette longue et obscure période, et il ne tarde pas à s'enliser dans les intrigues de Chilpéric, Nicéphore Phocas et autre Abd al-Malik, soit il s'élève au-dessus de la mêlée, et, prenant le point de vue de Sirius, il synthétise et schématise au risque de caricaturer. En d'autres termes : être complet et obscur en dix volumes, ou résumer et interpréter en quelques pages. Les exigences éditoriales de notre époque pressée ne nous laissent guère le choix.

Disons donc que ce qui nous semble caractériser l'histoire des Ve-Xe siècles, c'est d'une part la domination du monde oriental, et d'autre part le rôle essentiel des grandes illusions dans les mentalités collectives. Trait caractéristique des époques de jeunesse : les premières étapes sont marquées par des ambitions d'autant plus grandes que l'on n'a pas conscience de l'insuffisance des moyens dont on dispose pour les atteindre. Naïveté et inconscience engendrent les espoirs les plus fous, dont la vaine poursuite cause d'inévitables violences et frustrations. Les siècles obscurs du Moyen Age entretiennent des illusions politiques dont la principale est l'éternité du monde romain : les rois barbares d'Occident comme les basileus de Constantinople poursuivent l'impossible idéal de ressusciter ou de prolonger l'Empire romain. A cela s'ajoutent des illusions religieuses : au paganisme polythéiste du monde romain succèdent les monothéismes chrétien et musulman, qui ont vocation à l'universalisme

– les fidèles poursuivent le rêve du triomphe de leur dieu unique dans le monde entier. Illusions culturelles enfin : curieusement, les Ages obscurs du Moyen Age sont aussi l'époque des encyclopédistes ; dans chaque monde, les intellectuels dressent le bilan du savoir humain, basé sur les livres sacrés et les acquis scientifiques hérités de l'Antiquité, et imaginent que ce savoir est complet et définitif : illusion d'un monde simpliste qui pense posséder l'explication ultime de l'univers grâce à la Révélation. Ce n'est qu'à l'époque suivante que le retour de la raison apportera plus de modestie à ces nains juchés sur les épaules des géants.

1
L'effondrement de l'Occident
(ve siècle)

En 395, à la mort de l'empereur Théodose, l'Empire romain est officiellement partagé entre ses deux fils : Arcadius, qui devient empereur d'Orient, à Constantinople, et Honorius, empereur d'Occident, à Rome. En 476, le chef barbare Odoacre contraint le dernier empereur d'Occident, Romulus Augustule, à abdiquer, renvoie les insignes impériaux à Constantinople, et se proclame roi d'Italie. Il n'y a plus qu'un seul empire, celui d'Orient. C'est au cours des quatre-vingts ans qui séparent ces deux dates cruciales que se produit la transition entre l'Empire romain et le Moyen Age. Le passage d'un terme géopolitique (Empire romain) à un terme chronologique (Moyen Age) est en soi révélateur : passer de la notion d'espace à la notion de temps indique la perte de l'unité géographique au profit de la simultanéité. L'élément fédérateur n'est plus l'espace, mais la date : on entre dans l'histoire.

Entre 395 et 476, la romanité se survit, mais coupée en deux empires, et entre les deux les différences sont déjà très marquées. Globalement, le monde romain a encore une façade imposante. Certes, il est entouré de peuples barbares, mais il semble en voie de les phagocyter, en leur attribuant des terres, en les incorporant dans son armée, en leur confiant des postes dans la haute administration, au point que l'assimilation de ces étrangers entretient l'illusion de l'éternité du monde romain, rajeuni par ce sang neuf : « Nous savons qu'il n'y aura jamais de révolution contre l'Etat, car l'Empire romain t'appartiendra pour toujours ainsi qu'à tes descendants », déclare le rhéteur bordelais Pacatus à l'empereur Théodose en 388.

L'Empire romain vers 400 : un Etat malade et oppressif

Géographiquement, l'Empire est intact, une gigantesque masse du mur d'Hadrien à la Moyenne-Egypte et des côtes portugaises à l'est de l'Asie Mineure. L'Occident est divisé en huit diocèses – Italie suburbicaire, Italie annonaire, Viennoise, Gaules, Bretagne, Pannonie, Espagne, Afrique – de même que l'Orient : diocèses de Thrace, de Dacie, de Macédoine, d'Achaïe (province proconsulaire), d'Asie, du Pont, d'Orient et d'Egypte. Au nord prédominent les frontières naturelles (Rhin, Danube) ou construites (mur d'Hadrien) ; à l'est et au sud, dans les régions semi-désertiques, elles sont plus floues. Sur la carte, l'ensemble est net et imposant. Sur le terrain, il l'est beaucoup moins, car pendant le IVe siècle les peuples germaniques ont franchi plusieurs fois le *limes*, frontière fortifiée ; certains se sont établis à l'intérieur de l'Empire, comme les Wisigoths en Pannonie, tandis qu'à l'est l'Empire perse est un danger permanent.

Et puis, l'Empire n'est pas en très bonne santé. La population stagne, voire recule, à la fois sous l'effet des incursions barbares et des accidents naturels, comme la peste inguinaire de 442 en Italie, Gaule et Espagne, les famines de 409 et 411 dans ces mêmes régions, celle de 450 en Italie. Des régions entières sont dépeuplées, comme en témoignent les termes officiels de *tractus* ou de *saltus*, désignant des terres incultes, bois, marécages, steppes. Dans ces zones on pratique la cueillette, l'élevage extensif, la chasse, on produit du sel et du *garum*, qui sert à assaisonner les plats, et l'Etat exploite mines et carrières : fer de Norique (Bavière et Autriche), Illyrie, Espagne, Cévennes, étain de Galice et de Cornouaille, ainsi que plomb et argent.

Les zones sous-peuplées sont notamment situées en arrière du *limes*, en Illyrie, Pannonie, Norique, Italie du Nord, Gaule du Nord, Bretagne, Maurétanie. Mais un peu partout on manque de main-d'œuvre, et on multiplie les mesures pour la maintenir en place. Il y a d'une part les esclaves, toujours nombreux et qui proviennent des zones frontalières comme la Pannonie et la Mauritanie. Mais ils se reproduisent peu et ont un faible rendement au travail. Pour les motiver, on leur attribue un lopin de terre, qui est vendu avec eux : l'esclave « casé » et son lopin forment un lot indissociable. L'esclave, qui a la sécurité de l'emploi, ne paye pas d'impôt et ne doit pas de service militaire, voit donc sa condition s'améliorer, au contraire du petit paysan libre, accablé d'impôts et de prélèvements en nature, fréquemment obligé de vendre sa terre et de devenir colon tenancier, attaché au sol : juridiquement libre, mais endetté, il n'a pas le droit de quitter le domaine où il est employé. La dégradation de la condition paysanne, du petit propriétaire en colon, et du colon en esclave, a été décrite par le moine Salvien au Ve siècle : « Lorsque des petits propriétaires ont perdu leur maison et leur lopin de terre à la suite d'un brigandage ou en ont été chassés par les agents du fisc, ils se réfugient dans les domaines des riches et deviennent leurs colons... Tous les gens installés dans les terres des riches se métamorphosent comme s'ils avaient bu à la coupe de Circé et deviennent esclaves. »

Pour le paysan acculé à la perte de sa liberté et qui cherche à éviter de tomber dans le colonat, il reste une solution : la fuite et la recherche d'un puissant protecteur suivant la vieille pratique romaine du patronat ; le « patron », grand propriétaire privé, trop heureux de trouver de la main-d'œuvre en cette période de pénurie, accorde sa protection à l'homme libre en fuite, en échange de services mutuels. Cette pratique contribue à affaiblir l'Etat, dans la mesure où la plupart des paysans proviennent des domaines du fisc, c'est-à-dire des terres impériales, où ils étaient écrasés d'impôts, et renforce la main-d'œuvre et les troupes privées des grands propriétaires. En ces temps troublés, se mettre sous la protection d'un homme fort, quitte à aliéner sa liberté, est une réaction naturelle et qui ne fera que s'accentuer pendant les premiers siècles du Moyen Age.

Fuir le poids excessif de l'Etat devient au Ve siècle un comportement de survie. Car sous la pression de la nécessité le pouvoir impérial devient de plus en plus oppressif : impôts, conscription, services divers accablent les hommes libres, qui cherchent la protection de patrons privés. Le poids des impôts et des prélèvements devient insupportable. Ils prennent deux formes : un impôt personnel, la capitation, et un impôt foncier, qui nécessite tous les quinze ans une remise à jour des cadastres et des recensements, objets de bien des contestations. Pour chaque période de quinze ans – l'indiction –, l'Etat fixe le taux d'imposition, et la perception est confiée à une personne privée, le décurion, qui est responsable de la collecte sur ses biens personnels. Il a par conséquent tendance à exiger les versements avec une certaine brutalité, ce qui ne fait qu'accroître l'impopularité de l'Etat et la fuite des contribuables.

Dans les villes, les magistratures sont exercées par les curiales, qui sont nommés par le conseil des décurions, la curie. La fonction de curiale est redoutée, car les revenus des cités ayant quasiment disparu, c'est sur leurs deniers personnels qu'ils doivent financer travaux et jeux publics, sans compter le fait que ces responsabilités les détournent de leurs activités professionnelles. Tous les moyens sont bons pour fuir ces charges : entrer dans l'armée, dans le clergé, dans les monastères et, pour les plus fortunés, accéder à la noblesse sénatoriale. Devant ce sauve-qui-peut qui menace de tarir le recrutement de la fonction publique, l'empereur Majorien tente en 458 de renforcer les obligations des collèges de curiales. En vain. Les citadins comme les campagnards ont perdu le sens de l'Etat, et celui-ci, en multipliant les lois interdisant à chacun de quitter son statut social, ne fait qu'accroître les résistances et la fuite des responsabilités. Pour échapper à la machine étatique, on se réfugie dans la clientèle d'un patron et dans les liens d'homme à homme.

Le pouvoir impérial, confronté à ces désertions massives, se fait plus contraignant, bureaucratique et envahissant. La fonction impériale, mise à mal par les complots, assassinats, révolutions de palais, usurpations militaires, se pare de titres de plus en plus éblouissants et creux, qui masquent mal la baisse de son prestige. L'empereur est « sacré », et suivant la tradition juridique romaine il est censé gouverner en respectant la loi : « L'empereur promulgue des lois qu'il est le premier à respecter », dit saint Ambroise. Ces lois sont mises par écrit et regroupées dans des codes de plus en plus imposants, comme le Code Théodosien, promulgué en 438. Les lois distinguent un droit privé et un droit public, ce qui en théorie est une garantie pour les libertés des citoyens. En fait, l'Etat de droit est menacé en permanence par l'emploi de la force, et l'empereur est encadré par des généraux qui peuvent à tout moment devenir des menaces si les circonstances s'y prêtent. On n'a pas oublié, dans les milieux militaires, le vieux postulat des débuts de l'Empire, d'après lequel c'est l'armée qui fait l'empereur, et l'histoire de l'Empire en fournit maints exemples. Auprès de l'empereur, le *magister militum praesentalis*, chef suprême de l'armée, est un usurpateur en puissance.

Il est évident que pendant cette période très troublée, où l'Empire est constamment sur la défensive, l'armée joue un rôle essentiel. Forte théoriquement de 250 000 hommes en Occident, elle est le premier poste de dépense de l'Etat, qui paye les soldes, l'équipement, les chevaux, les rations alimentaires en campagne. Le recrutement est en théorie basé sur la conscription : chaque propriétaire foncier doit fournir un certain nombre d'hommes libres en fonction de la taille de ses domaines. Les petits propriétaires se regroupent en *consortium* et désignent l'un d'eux pour aller à l'armée. Il y passe quasiment sa vie entière, car le service dure vingt-cinq ans, au bout desquels il reçoit comme vétéran un lopin de terre, des privilèges honorifiques et est exempté d'impôt. Etant donné la pénurie de main-d'œuvre, les propriétaires envoient en général les sujets les plus médiocres, ce qui laisse dubitatif quant à la qualité des légions.

L'armée comprend deux types d'unités : les troupes de couverture, stationnées aux frontières, environ 135 000 hommes, les *limitanei* ou *ripariensis*, et les troupes de l'intérieur, les *comitatenses*, 115 000 hommes, force mobile d'intervention dans une guerre de mouvement. Les troupes des frontières sont groupées dans des camps surtout le long du Danube et sur le mur d'Hadrien. L'entraînement est assez léger, et les soldats mènent souvent une double vie, cultivant une terre ou exerçant un métier.

Cette armée est très insuffisante pour assurer la sécurité d'un empire aussi vaste. Aussi a-t-on recours de façon massive à des troupes auxiliaires de barbares, qui tendent même à devenir l'essentiel des forces militaires « romaines ». Il peut s'agir d'enrôlements individuels de volontaires attirés par le prestige et les avantages de la civilisation romaine. Installés par bandes entières dans les vastes espaces vides près des frontières, ce sont les « lètes » : Goths, Francs, Burgondes, Suèves, Sarmates.

Certains font une brillante carrière, atteignent des postes élevés et se romanisent complètement, alors que d'autres retournent de l'autre côté du *limes* après leur service. Parfois, ce sont des peuples entiers qui sont engagés comme « fédérés » *(foedus)* : ainsi les Francs Ripuaires sur la rive gauche du Rhin, la *ripa*, les Francs Saliens, au nord de la Belgique actuelle, les Wisigoths d'Alaric en Pannonie. Ce sont de bonnes troupes, avec des méthodes de combat qui leur sont propres, mais dont la fidélité est incertaine. Leurs chefs jouent au Ve siècle un rôle essentiel dans les intrigues autour du pouvoir, faisant et défaisant les empereurs, jusqu'au moment où l'un d'eux, Odoacre, mettra fin purement et simplement à l'empire d'Occident en 476.

Une économie asphyxiée par les charges

L'Etat romain a donc introduit lui-même dans l'Empire les éléments de sa propre destruction. Il apparaît d'ailleurs au Ve siècle comme dépassé par l'ampleur de sa tâche. Ses moyens en hommes et en argent sont insuffisants, et comme tout Etat confronté à une situation qu'il ne maîtrise plus, il multiplie les règlements, accentue le poids de l'administration et de la bureaucratie, ce qui ne fait qu'asphyxier davantage l'économie et la société. La justice est submergée par la multitude des contestations, procès et appels, et la nomination vers 460 d'un comte, entouré de notaires et de tabellions chargés de fonctions judiciaires, au chef-lieu de chaque cité n'y changera rien. Au sommet de la machine administrative, les trois préfets du Prétoire en Occident, corrompus et aux titres ronflants, sont le plus souvent incompétents. Les revenus ne suivent pas l'augmentation des besoins ; l'époque des conquêtes et des butins fabuleux est révolue depuis longtemps. Les recettes proviennent désormais essentiellement des revenus des terres publiques, le fisc, ce qui est infiniment moins avantageux et surtout beaucoup plus difficile à collecter. Il faut y ajouter les revenus des mines, des carrières et des ateliers monétaires.

Ces derniers sont au nombre de six en Occident : Trèves, Lyon et Arles en Gaule, Aquilée et Rome en Italie, Sirmium en Pannonie. On y frappe le *solidus*, ou sou d'or, belle pièce de 4,55 g à fort pouvoir d'achat, seule admise pour le paiement des impôts. Mais les colons et petits propriétaires ne disposent pas de telles pièces, et même la création des tiers de sou d'or en 383, les *tremisses* de 1,51 g, ne peut éviter les effets déflationnistes de ce monométallisme : les pièces d'or, à fort pouvoir d'achat, sont thésaurisées, le marché est envahi par des petites pièces d'argent et de cuivre, et les colons, incapables de payer l'impôt en or, se mettent sous la protection d'un patron auquel ils versent un impôt en nature, à charge pour lui ensuite de payer le fisc en pièces d'or.

Cela ne favorise guère le commerce, dont les principaux acteurs sont encore l'Etat, qui achète de grosses quantités de produits alimentaires pour les distributions, et l'armée. Les négociants privés sont relativement peu nombreux, Juifs, Syriens, petits marchands ambulants gaulois, espagnols, africains. Les taux d'intérêt de 12 % pour les emprunts sont quasiment prohibitifs et freinent le négoce. Les producteurs préfèrent vendre eux-mêmes directement leur blé et leur vin. Quant aux échanges avec l'extérieur, lourdement taxés aux frontières, ils sont très limités : achats d'encens au Yémen, d'épices indiennes, de soie chinoise, exportation de produits fabriqués vers l'Europe centrale. Le transport s'effectue de préférence par bateau, en mer, sur les fleuves et rivières, et le réseau routier, qui reste excellent, est surtout emprunté par le *cursus publicus*.

Les villes, autrefois symboles de la vie civilisée, ont perdu de leur splendeur. La politique de christianisation forcenée menée par Théodose, qui a interdit les cultes païens en 391, a conduit à la fermeture des temples, qui étaient les principaux monuments urbains. Les chrétiens commencent à marquer le paysage, avec leurs cimetières et leurs basiliques, mais ils sont situés dans les faubourgs. Les thermes restent fréquentés, ainsi que les théâtres, mais les activités de production ont reculé au profit des ateliers situés dans les grands domaines ruraux. Restent les activités d'échange, et surtout les fonctions administratives, judiciaires et religieuses, parfois militaires lorsqu'une caserne se trouve à proximité. La fuite des décurions et le départ des artisans se traduisent par un recul des travaux d'urbanisme et de la population. Les localités proches du *limes* sont parfois saccagées par des raids barbares, et Rome, deux fois pillée, en 410 et 455, n'est plus que l'ombre d'elle-même, au point que les empereurs siègent désormais à Ravenne.

Ce que la ville perd est gagné par la campagne. Non que celle-ci soit très peuplée. L'agriculture manque de bras, et l'Etat fait tout ce qu'il peut pour remettre les terres en culture : celui qui s'installe sur une terre abandonnée en devient propriétaire au bout de deux ans, et une loi de 424 déclare que quiconque défriche une terre publique ou un *saltus* inculte en acquiert la propriété au bout de trente ans. La petite propriété indépendante recule devant l'avancée des grands domaines aux mains des sénateurs, des hauts fonctionnaires et de l'Eglise. Soit le petit paysan quitte volontairement sa terre pour échapper à l'impôt et vient se mettre sous la protection d'un patron, soit le grand propriétaire fait pression sur ses petits voisins pour qu'ils lui cèdent leur lopin.

Les grands propriétaires s'intéressent de près à leur exploitation, et consultent les traités d'agronomie de Columelle, Varron et Palladius. Ce dernier, préfet du Prétoire à Rome en 458, recommande l'alternance des cultures, l'usage des machines, comme le moulin à eau,

« pour moudre le blé sans faire appel au travail animal ou humain », la résidence du propriétaire, car « la présence du propriétaire entraîne la prospérité du domaine », et l'équipement en ateliers de fabrication et de réparation du matériel agricole : il faut, dit-il, avoir « absolument sur son domaine des forgerons, des charpentiers, des fabricants de jarres et de cuves pour que le besoin de se rendre à la ville n'oblige pas les paysans à quitter leur travail normal ». Le grand domaine tend ainsi vers l'autarcie. La pénurie de main-d'œuvre stimule indéniablement l'esprit d'innovation : on voit ainsi apparaître en Gaule du Nord la charrue à roue, une batteuse et une moissonneuse rudimentaires. Avec la forte demande en céréales pour les besoins de l'armée et les distributions urbaines gratuites, les prix ont tendance à augmenter, ce qui encourage les propriétaires à soigner leur exploitation. Les rendements en céréales peuvent atteindre en bonne année en Etrurie 10 à 15 pour 1, soit entre 13 et 20 quintaux à l'hectare selon Varron, ce qui semble plutôt optimiste.

Une nouvelle force : le christianisme

L'Empire, à l'est comme à l'ouest, est officiellement chrétien. Depuis la conversion de Constantin en 331, et après des retournements et tergiversations au cours du IVe siècle, l'empereur Théodose a imposé autoritairement la nouvelle religion par une série de mesures : édit de 380 suivant lequel « tous les peuples doivent se rallier à la doctrine nicéenne, celle de Damase [le pape] et de Pierre d'Alexandrie, et reconnaître la Sainte Trinité » ; édit de 381 interdisant l'hérésie arienne ; édit de 391 interdisant formellement les cultes païens. Tous les temples sont fermés, et désormais l'empereur s'appuie sur les évêques, et en particulier sur celui de

Rome, que l'on appellera bientôt le pape. Ce dernier bénéficie d'autant plus de latitude que l'empereur est maintenant à Ravenne, et que dans la capitale traditionnelle le christianisme se présente comme l'héritier de la romanité. Au cours du Ve siècle, certains papes font preuve d'initiatives qui augmentent leur prestige, comme Léon le Grand (440-461), qui réussit à dissuader Attila d'attaquer Rome en 452. Il n'a pas le même succès toutefois avec Genséric, qui pille la ville en 455. De plus, son autorité est bafouée par l'empereur d'Orient Théodose II, qui en 449 au concile d'Ephèse impose une décision contraire au vœu du pape à propos d'une querelle entre l'abbé d'un monastère de Constantinople, Eutychès, et l'évêque Flavien. Le pape fait condamner ce « brigandage d'Ephèse » par un autre concile, mais l'affaire est révélatrice et annonciatrice de conflits futurs. Le pape, en tant qu'évêque de Rome, est davantage lié à l'empereur d'Occident qu'à celui d'Orient, et ce dernier a tendance à favoriser son propre patriarche, celui de sa capitale, Constantinople. Pour le pape Léon, la suprématie de Rome est incontestable : la ville a non seulement été sanctifiée par les martyres de Pierre et de Paul, mais ces derniers l'ont même refondée. Nouveaux Romulus et Remus, ils ont fait de Rome la capitale universelle du christianisme, succédant à la Rome païenne : « Ce sont eux, dit Léon en s'adressant fictivement à Rome dans un sermon, qui t'ont promue à une telle gloire que, nation sainte, peuple choisi, cité sacerdotale et royale, devenue grâce au siège sacré du bienheureux Pierre la tête de l'univers, tu règnes sur un plus vaste empire par le moyen de la religion céleste que tu ne le fis par celui de la suprématie terrestre. »

De tels propos ne peuvent que choquer l'empereur d'Orient. Mais ils ne sont guère rassurants pour celui d'Occident, car on voit poindre ici une dangereuse tendance à faire de Pierre, et donc de ses successeurs, le souverain suprême, détenteur d'un pouvoir spirituel supérieur au pouvoir temporel. La querelle du Sacerdoce et de l'Empire est ici en germe. Entre l'empereur et le pape, ce sera désormais un rapport de force qui dépendra des personnalités en place. Théodose, en faisant du christianisme la religion officielle de l'Empire, commet une faute aux conséquences incalculables. Il ne se rend pas compte de la nature totalitaire de toute religion monothéiste. Le paganisme se prêtait à tous les compromis ; le christianisme a le culte de l'unité : un dieu, une foi, un chef. Pour le moment, et encore pendant des siècles, le pape n'est pas en mesure de s'imposer au pouvoir temporel ; l'empereur et le pape collaborent et s'utilisent mutuellement pour asseoir leur pouvoir. Mais il faudra bien un jour décider lequel des deux est le premier.

Dès le Ve siècle, l'Eglise est un Etat dans l'Etat. Exempté d'impôts et de service militaire, le clergé suscite de nombreuses vocations. Les circonscriptions ecclésiastiques sont calquées sur celles de l'Empire, et la hiérarchie cléricale est parallèle à celle de l'Etat : un évêque métropolitain pour chaque province, un évêque pour chaque cité. Les conciles réunissent les évêques de certaines provinces (synodes), et parfois de tout l'Empire (conciles œcuméniques). Les clercs sont salariés par l'Eglise, et celle-ci est déjà fort riche, notamment en biens fonciers. Les évêques pratiquent le patronat, attirent les colons sur leurs terres, et protègent les affranchis. L'Eglise imite l'Etat jusque dans ses tares : la corruption sévit déjà, sous forme de simonie, c'est-à-dire achat des charges et vente des sacrements, pratique dénoncée en vain par le concile de Chalcédoine en 451.

La richesse et les abus dans l'Eglise sont vigoureusement critiqués par les moines, qui prolifèrent surtout en Orient. La plus complète anarchie règne dans les rangs de ces marginaux, dont certains sont des anachorètes vivant à l'écart dans des lieux sauvages, d'autres des cénobites groupés en petites communautés aux règlements très lâches, d'autres encore mènent une vie nomade, ce sont les « gyrovagues », tandis que certains sont reclus dans des cellules rudimentaires. Echappant à tout contrôle des autorités, ils constituent un monde remuant, où l'extravagance côtoie l'authentique spiritualité. Ces éléments incontrôlés inquiètent plus qu'ils ne suscitent d'admiration. Partisans d'une rupture complète avec « le monde », ils condamnent tout compromis avec la culture païenne ; souvent illettrés, ils s'opposent au développement des écoles épiscopales. Jean Cassien, qui fonde en 410 le monastère Saint-Victor de Marseille, prône une culture fondée exclusivement sur la Bible, alors qu'au même moment, en Afrique du Nord, l'évêque d'Hippone, Augustin, déclare que la culture classique est absolument indispensable pour accéder à la compréhension des Ecritures : déjà au sein de l'Eglise se manifeste l'hostilité entre les moines et la hiérarchie séculière.

La culture profane du Ve siècle n'est cependant pas en mesure d'inspirer le respect et l'admiration des clercs. Desséchée, formelle et artificielle, la littérature se réduit à la grammaire et à la rhétorique, qui excelle en formules creuses et ampoulées. Entre 410 et 429, le rhéteur Martianus Capella en fournit une bonne illustration dans un ouvrage au titre prometteur : *Les Noces de Philologie et de Mercure*. Allégories et figures de style acrobatiques sont à l'image d'un monde romain à bout de souffle, plus menacé par ses tares internes que par les assauts germaniques.

La rupture de 395

Dans ce contexte, la coupure de 395, destinée à faciliter la défense de l'Empire, se révèle être une illusion supplémentaire. En effet, les deux empereurs, fils de Théodose, sont des adolescents débiles, manipulés par leur entourage, et le véritable pouvoir est accaparé par un barbare au service de l'Empire, confronté à des complots et manœuvres qu'il n'a plus les moyens de maîtriser. En Orient, le nouvel empereur est Arcadius, 18 ans, chétif, somnolent, totalement dominé par le préfet du Prétoire Rufin. Il règne, si l'on peut dire, jusqu'en 408. Son successeur est son fils, Théodose II, âgé de 7 ans, qui est encore pire. « C'est un bigot, entièrement dénué de caractère et d'une telle paresse qu'il ne lit même pas les constitutions impériales qui ont immortalisé son nom. Pas un acte qui soit dû à son initiative personnelle dans son règne de quarante-deux ans (408-450) », écrit Ferdinand Lot. Surnommé « le Calligraphe », il passe son temps à copier et enluminer des manuscrits pendant qu'autour de lui ce ne sont que guerres et révolutions de palais. Rufin ayant été massacré dès le 27 novembre 395, Arcadius est dominé par sa femme, Eudoxie, elle-même fille d'un Franc, et surtout par un eunuque, Eutrope.

A l'ouest, ce n'est pas mieux. L'empereur, c'est en 395 Honorius, 11 ans, « aussi incapable que son frère, avec des accès d'obstination stupide qu'il prend pour de l'énergie », toujours suivant Ferdinand Lot. En 432 lui succède son neveu, Valentinien III, 4 ans, qui va devenir un authentique débauché jusqu'à sa mort en 455. De 395 à 408, la réalité du pouvoir en Occident est entre les mains d'un Vandale, chef de l'armée, avec le titre de *Defensor*, Stilicon. Celui-ci, parent par alliance d'Arcadius et Honorius en tant qu'époux de la nièce de Théodose, n'est pas dénué de qualités, mais il eût fallu un surhomme pour maîtriser la situation. Il doit en effet faire face à l'hostilité de Rufin, qu'il fait assassiner, puis d'Eutrope, aux menaces d'Alaric et de ses Wisigoths, qui hésitent entre piller Rome ou Constantinople, et aux manœuvres d'un usurpateur qui se rend maître de la Gaule.

Tous les éléments sont en place pour une catastrophe imminente. Celle-ci va emporter la moitié occidentale du monde romain, tandis que l'Orient va surmonter la crise et prolonger une existence tumultueuse et parfois glorieuse pendant encore mille ans ! Pourquoi un sort si différent ? Il serait illusoire de prétendre apporter une réponse claire et simple à cette question, car toutes les explications sont ambivalentes. La Méditerranée orientale a certes hérité de structures grecques et hellénistiques solides, d'une mise en valeur plus performante, d'un commerce plus actif, générateur d'un réseau urbain prospère, bénéficiant d'une plus large autonomie locale dans la tradition des cités grecques, mais cette prospérité relative peut aussi stimuler les convoitises des peuples nomades des alentours. L'existence d'un pouvoir politique étroitement lié à la religion peut favoriser une plus grande soumission des sujets à l'égard d'un Etat dont le caractère sacré est une protection contre les révoltes internes, mais l'emprise du religieux sur le politique peut aussi susciter des troubles d'ordre spirituel, des hérésies facteurs de guerres internes. L'importance de l'orthodoxie est à la fois un élément positif de stabilité et une cause d'archaïsme, d'immobilisme, qui fragilise l'Etat. Le facteur géographique semble en définitive le plus convaincant. Alors que l'Europe occidentale est un cul-de-sac d'accès facile par les grandes plaines du Nord, où viennent s'empiler de façon chaotique les vagues successives d'envahisseurs, l'Orient est protégé par des obstacles naturels tels que le Caucase, la mer Noire, les déserts d'Afrique et du Proche-Orient ; un seul coup d'œil à la carte du trajet des grandes invasions confirme ce fait : les peuples nomades venus d'Asie centrale doivent contourner la Caspienne, le Caucase et la mer Noire par le nord, et poursuivent naturellement vers l'ouest ; les Wisigoths feront bien un détour par la Thrace et la Grèce, mais le gouvernement de Constantinople les remettra vite dans le droit chemin, celui de Rome et de l'Occident. Certes, plus tard, les Arabes et les Turcs surgiront des zones semi-désertiques de l'Est et du Sud-Est, mais là encore la géographie sera la meilleure alliée de Byzance, avec le goulot d'étranglement des détroits du Bosphore et des Dardanelles. L'empire d'Orient doit son salut et sa longévité plus à la nature et à la géographie qu'à ses forces politiques et militaires.

De la catastrophe (410) au naufrage de l'Occident (476)

Les évènements de la période 395-476 défient toute tentative de récit ordonné. Depuis que les Huns venus d'Asie centrale ont franchi le Don en 375, poussant devant eux les peuples germaniques qui cherchent refuge dans l'Empire, la situation est chaotique. Les Wisigoths d'Alaric errent au sud du Danube, envahissent la Grèce en 396, puis sont détournés vers l'Italie par le nouvel homme fort de Constantinople, Aurelianus. Ils envahissent l'Italie du Nord, mais sont battus en 401 par Stilicon. Ce dernier arrête également près de Fiesole en 405 une invasion d'Alains, de Quades, de Vandales et d'Ostrogoths dirigés par Radagaise, qui ont fait irruption par le Brenner. Mais dès le 31 décembre 406 des Vandales, Suèves et Alamans franchissent le Rhin près de Mayence et ravagent le nord de la Gaule. Devant ce désastre, les troupes romaines de l'île de Bretagne proclament empereur leur général, Constantin III, qui passe sur le continent avec ses troupes, bat quelques groupes de barbares, pactise avec d'autres, conquiert l'Espagne et installe son gouvernement à Arles. La province de Bretagne, laissée sans défense, est alors définitivement perdue, envahie par les Pictes de Calédonie, les Scots d'Irlande, et bientôt les Angles et les Saxons, devant lesquels des groupes de Bretons s'enfuient vers l'Armorique en traversant la Manche. Stilicon, confronté à la menace d'Alaric, toujours présent en Italie du Nord, ne peut rien contre l'usurpateur Constantin III, et il est assassiné en 408. Bientôt, Alaric se présente devant Rome, qu'il assiège et prend le 25 août 410.

Le choc est considérable : la dernière fois que la Ville Eternelle a été prise par des barbares, c'était huit siècles auparavant, en 381 avant notre ère, par les Celtes. C'est bien sinon la fin du monde, du moins la fin d'un monde, et l'évènement revêt tout de suite une signification idéologique : pour les païens, c'est la preuve que les anciens dieux étaient des protecteurs plus efficaces que le nouveau venu chrétien. Pour les chrétiens au contraire, c'est le signe à la fois de la colère et de la bonté de Dieu : la prise de la ville et les trois jours de pillage qui ont suivi sont le châtiment des vices romains, mais dans le désastre Dieu a montré sa bonté, car cela aurait pu être pire, comme à Sodome et Gomorrhe. Tout s'est en effet passé dans les règles, écrit saint Augustin en commentant l'évènement au début de *La Cité de Dieu* : « Toutes les dévastations, les massacres, les pillages, les incendies, et l'angoisse qui ont accompagné le récent désastre de Rome sont en accord avec la pratique générale de la guerre. Mais quelque chose... a changé la tournure de la scène : la sauvagerie des barbares a pris un tel tour de douceur que les plus grandes basiliques ont été épargnées et utilisées pour y mettre des gens à l'abri de l'ennemi. » Visiblement, Alaric est l'instrument de Dieu : la pensée chrétienne montre son aptitude à exploiter tous les évènements, heureux et malheureux, à son profit.

Instrument ou pas, Alaric meurt l'année suivante à la suite d'un naufrage en essayant de conquérir l'Afrique. Et le chaos s'installe. Le général romain Constance utilise les Wisigoths pour débarrasser l'Espagne des Vandales, et il les installe comme fédérés en Aquitaine, et les Suèves en Galice. Les Vandales traversent alors le détroit de Gibraltar et s'établissent à leur tour comme fédérés en Afrique du Nord, où ils détruisent Carthage en 439. Sous la direction de leur roi Genséric, ils s'emparent des îles de la Méditerranée occidentale. En Italie et en Gaule pendant ce temps, le nouvel homme fort est le général Aetius. Originaire de la Petite Scythie, près des bouches du Danube, il a vécu chez les Huns, avec lesquels il entretient des liens d'amitié. Il en emploie dans son armée pour battre son rival Boniface en 432, puis stopper l'avancée des Francs et des Wisigoths. En 436, il écrase les Burgondes et les installe comme fédérés entre le Jura, le lac Léman et Grenoble, dans la *Sapaudia*, d'où viendra le nom de Savoie. Le 20 juin 451, à la tête d'une troupe hétéroclite de Francs, de Romains, de Saxons, de Burgondes, de Wisigoths, de Bretons, il bat le roi des Huns, Attila, qui s'était aventuré dans une expédition de pillage jusque vers Orléans. Cette bataille dite des champs Catalauniques a également atteint le statut de symbole, celui d'un affrontement entre l'Asie et l'Europe, et si son importance réelle a été exagérée par l'historiographie occidentale, elle constitue une pièce importante dans l'élaboration de la mémoire collective des Européens. Attila, vaincu, détourné de Rome par le pape Léon le Grand en 452, meurt en 453, et son peuple s'évanouit dans les steppes d'Asie centrale d'où il était venu.

Aetius, devenu l'homme fort d'Occident, songe à associer son fils Gaudence à l'Empire. Du coup, l'empereur Valentinien III retrouve assez d'énergie pour assassiner Aetius en 454. Six mois plus tard, Valentinien III est égorgé par deux officiers d'Aetius, et la même année, 455, le Vandale Genséric, venu d'Afrique, débarque en Italie, prend Rome et la pille pendant un mois, tandis que les Angles et les Saxons s'établissent solidement dans l'île de Bretagne, que les Wisigoths progressent vers la Loire et s'emparent bientôt de la Provence, que le général Syagrius se débat contre les Germains entre la Loire et la Somme, où il se taille un petit royaume. En dépit des efforts des empereurs Majorien (457-461), Anthémius (467-472), Julius Nepos (474-475), l'empire d'Occident n'existe déjà plus que de nom.

Après les derniers soubresauts, au cours desquels le patrice Ricimer, d'origine souabe, charge les Wisigoths de soumettre les Suèves en Espagne, c'est le chef barbare Odoacre, d'origine hunnique, qui prend le pouvoir en Italie. Après avoir fait décapiter son rival Oreste, il dépouille le dernier empereur d'Occident, un adolescent insignifiant, Romulus, surnommé par dérision « Augustule » – le « petit Auguste » –, des ornements impériaux, qu'il renvoie en 476 à l'empereur d'Orient, Zénon. Il déclare à ce dernier qu'un seul empereur suffit, il lui demande le titre de patrice et exile le jeune Romulus à Baies.

L'empire d'Occident a vécu, et cette date de 476 marque l'entrée dans un nouvel âge et un nouveau contexte politique, ce qu'on appellera le Moyen Age. Pour les contemporains cependant, l'évènement passe quasiment inaperçu, ou plutôt il est vécu comme une péripétie supplémentaire dans la longue suite des bouleversements du Ve siècle. D'ailleurs, la routine des renversements, guerres et massacres continue : Odoacre, qui règne en Italie jusqu'en 493 sous la tutelle théorique de l'empereur d'Orient, fait assassiner en 480 un rival, Julius Nepos, avant de finir lui-même massacré.

Arrêtons-nous un moment sur la situation géopolitique en 476. En Occident, le territoire de l'ex-Empire est divisé en quelques grosses unités aux limites mouvantes. Le royaume d'Odoacre, dont la capitale est Ravenne, couvre toute la péninsule italienne et déborde au nord-est, au-delà des Alpes, jusqu'au Danube, où Odoacre mène des combats contre les Ruges. A l'est, il est en contact avec le peuple des Ostrogoths, campé dans la plaine pannonienne. A l'ouest de l'arc alpin, les Burgondes, qui se sont emparés de Lyon et de Vienne, sont solidement installés autour du lac Léman, de la Lorraine à la Provence, tandis que les Alamans ont été refoulés en Rhénanie, de part et d'autre du Rhin moyen et supérieur. De la Loire au sud de l'Espagne s'étend le royaume des Wisigoths, sous la direction du roi Euric : un bloc impressionnant par sa superficie mais fragile dans ses structures. En Afrique du Nord, tout au moins dans le nord-est du Maghreb, avec Carthage comme capitale, se trouve le royaume des Vandales, qui comprend aussi la Corse, la Sardaigne, la Sicile et les Baléares. Au nord-ouest de l'Espagne persiste le petit royaume des Suèves. La Bretagne insulaire est partagée en deux zones : à l'est, des royaumes anglo-saxons, à l'ouest, des territoires bretons, dont une partie de la population émigre vers l'Armorique, cette dernière étant pratiquement indépendante sous la direction de chefs locaux, les machtierns. Entre Somme et Loire et du Cotentin à la Meuse, on trouve le royaume de Syagrius, au nord duquel s'étend le territoire des Francs : Francs Ripuaires, dans la Basse Rhénanie, de Mayence à la mer du Nord, avec Cologne comme ville principale, et Francs Saliens dans la Belgique actuelle. Leur roi, Childéric, pousse vers le sud, contre le royaume de Syagrius, et fait même une vaine tentative pour s'emparer de Paris. Il meurt en 481, et son fils Clovis lui succède alors.

L'empire d'Orient de 395 à 528

Tous les rois de ces territoires mal définis et en perpétuelle évolution se reconnaissent fictivement comme des dignitaires de l'Empire romain, arborant des titres de patrices ou de préfets, accolés à leur statut de rois germaniques. Et puisqu'il n'y a plus d'empereur d'Occident, ils dépendent théoriquement de celui d'Orient. Dépendance illusoire, bien entendu, mais dont la diplomatie entretient la fiction. Car pendant que l'Occident sombrait dans le chaos depuis 395, l'empire d'Orient a su conserver son intégrité, tout en subissant des soubresauts intérieurs. Dès les origines, l'Etat byzantin est confronté à ses deux démons, deux sources de faiblesse qui lui causeront mille ans de problèmes : l'absence de règles claires de succession et les perpétuelles querelles religieuses.

Après les règnes lamentables d'Arcadius (395-408), dominé successivement par le préfet du Prétoire Rufin puis par l'eunuque Eutrope, et de Théodose II (408-450), soumis à sa femme Eudoxie et à sa sœur Pulchérie, cette dernière partage le pouvoir avec un obscur soldat, Marcien, qui meurt en 457. L'homme fort est alors Aspar, le maître de la milice, qui est un Alain, issu de ce peuple semi-nomade du nord du Caucase. Non seulement c'est un barbare, mais c'est aussi un hérétique, de confession arienne, comme la plupart des Germains de cette époque. Ce courant chrétien, issu de l'enseignement du prêtre alexandrin Arius au IVe siècle, affirme que le Christ n'est pas l'égal de Dieu le Père ; il a été créé et il a donc eu un commencement ; il est une créature, dont l'essence est différente de celle du Père. Cette hérésie, condamnée par les conciles, est extrêmement répandue, et c'est sous cette forme dévoyée de christianisme que la plupart des peuples germaniques ont été évangélisés, ce qui complique leurs rapports avec la romanité.

Toujours est-il qu'Aspar réussit à imposer comme empereur en 457 le Thrace Léon. Ce dernier, qui règne de 457 à 474, pour renforcer son pouvoir face à la milice gothique d'Aspar, crée le corps des *excubitores*, une troupe formée de montagnards isauriens, et il donne en mariage à leur chef, Zénon, sa fille Ariadne. En 471, Zénon assassine Aspar et son fils ; il s'ensuit une guerre civile entre Isauriens et Goths, ces derniers conduits par Théodoric le Louche. Léon Ier meurt en 474, et l'Isaurien Zénon lui succède, mais la veuve de Léon, Verina, favorise la prise de pouvoir par son amant, puis par son frère, Basiliskos, lui-même écarté par l'amant de son épouse, qui est aussi son neveu, avant que Zénon ne retrouve le pouvoir grâce à l'appui des Isauriens, en 476. Tout le monde suit ? Encore n'avons-nous pas mentionné le bref passage de Léon II, fils de Zénon et d'Ariadne, de janvier à novembre 474.

L'épisode est exemplaire. L'histoire byzantine est une litanie de révolutions de palais : de 395 à 1453, en mille cinquante-huit ans, sur les 112 empereurs qui se sont succédé, 65 ont été détrônés, dont 41 assassinés, 8 morts à la guerre, et seuls 39 ont régné jusqu'à leur mort naturelle. La durée moyenne d'un règne à Byzance est de neuf ans et trois mois. L'Empire byzantin n'a donc rien à envier aux royaumes barbares en ce qui concerne la sauvagerie de la vie politique, et le rôle des femmes dans ces successions chaotiques est souvent essentiel. Si l'Empire a survécu plus de mille ans à ce fléau, c'est grâce à la solidité des structures politiques : les empereurs passent, l'Empire reste.

Zénon, revenu au pouvoir en 476, a la satisfaction de recevoir cette année-là les insignes impériaux de son confrère l'empereur d'Occident, renvoyés par Odoacre. Il redevient donc le seul empereur du monde romain, empereur effectif en Orient, et théorique en Occident. Mais à peine est-il sorti du conflit successoral qu'il est confronté à l'autre démon des Byzantins : le conflit religieux. Il ne s'agit plus cette fois de l'arianisme, mais du monophysisme. La grave question qui divise le clergé est la suivante : en Jésus, les deux natures, ou *physis*, la divine et l'humaine, sont-elles séparées à l'intérieur de la même personne, ou *hypostase*, comme l'avait affirmé le concile de Chalcédoine en 451, ou sont-elles indissolublement unies, comme l'avait déclaré Cyrille d'Alexandrie à Ephèse en 431 ? Cette position, dite monophysite, l'emporte en Syrie et en Egypte, et Zénon y adhère, alors que le patriarche de Constantinople Akakios et les moines de la capitale sont chalcédoniens. En 482, Zénon et Akakios se mettent d'accord sur une « formule unitaire » (*henotikon*), qui bien entendu ne satisfait personne, car en matière religieuse les compromis sont des trahisons. Le pape, qui a aussi son mot à dire sur le sujet, condamne l'*henotikon* en 484, première étape de la querelle entre les Eglises de Rome et de Constantinople qui aboutira au schisme. De plus, en 490, les relations entre le patriarche d'Alexandrie, monophysite, soutenu par des moines surexcités, et celui de Constantinople sont rompues. Et comme si cela ne suffisait pas, une révolte éclate en Palestine en 484. Elle est menée par les tenants d'une sorte de secte qui défend un texte différent du Pentateuque officiel : les Samaritains. Ils avaient déjà massacré des moines monophysites en 456 à l'instigation du patriarche de Jérusalem.

Zénon meurt en 491. Sa veuve le remplace par un vieux fonctionnaire du Palais, Anastase, qu'elle épouse sur-le-champ. Et on continue à s'écharper entre moines, patriarches et fidèles à propos des deux natures du Christ. Anastase, qui penche pour le monophysisme, ou au moins pour l'*henotikon*, destitue le patriarche de Constantinople Euphemios en 496, puis son successeur Makedonios en 511. Le peuple de la capitale se soulève contre l'introduction d'une formule monophysite dans la liturgie, et une révolte éclate en Thrace, conduite par Vitalien, qui menace Constantinople. Anastase meurt en 518, et le pouvoir est alors saisi par le comte des *excubitores*, un homme originaire de Skoplje, en Illyricum, Justin, qui associe bientôt au trône son neveu Justinien, qui va lui succéder en 527 en compagnie de sa turbulente épouse Théodora, fille d'un gardien d'ours de l'hippodrome, actrice et probablement prostituée. Avec ce célèbre couple commence un autre chapitre de l'histoire byzantine.

Théodoric et le royaume ostrogoth

L'histoire de l'empire d'Orient de 476 à 528 n'est donc pas de tout repos. S'il évite de subir le sort de l'empire d'Occident, c'est en grande partie parce que ses propres affaires l'empêchent d'intervenir à l'extérieur, et que les empereurs ont eu l'habileté de détourner vers l'Ouest les barbares, en les persuadant qu'il y avait là-bas beaucoup plus d'opportunités de pillage. C'est déjà ce qui a été fait avec les Goths d'Alaric, lâchés sur l'Italie. C'est ce qui se reproduit en 488 quand Zénon confie à Théodoric, roi des Ostrogoths installés depuis peu en Mésie, dans la boucle du Danube, la tâche d'aller déloger Odoacre en Italie. Théodoric reçoit le titre de patrice et de maître des milices, et c'est donc en représentant de l'empereur d'Orient qu'il débouche en Vénétie au printemps 489. Odoacre, bousculé sur l'Isonzo, puis devant Vérone, se réfugie à Ravenne. La bataille décisive a lieu devant Pavie le 11 août 490. Odoacre est battu, mais résiste jusqu'en 493, quand Théodoric le fait assassiner pendant les négociations.

Le vainqueur reçoit du basileus Anastase la confirmation du gouvernement de l'Italie, où il instaure une monarchie respectueuse des institutions et de la culture romaines. Pendant son règne, jusqu'en 526, le royaume des Ostrogoths est un modèle de compromis entre romanisme et germanisme. Etabli à Ravenne, *Theodoricus Rex* prend le prénom de Flavius, réserve le consulat aux seuls Romains, frappe des *tremisses* au nom de l'empereur, construit des basiliques et des palais, conserve la hiérarchie des fonctionnaires romains, nourrit et occupe le peuple par la politique « du pain et des jeux », instaure un tribunal pour trancher les litiges causés par les confiscations de terres au profit des Ostrogoths, et il promulgue un code de lois, imité du Code Théodosien, par l'édit qui porte son nom, promulgué entre 493 et 507. Il encourage l'enseignement et la vie culturelle, et sous son règne s'illustrent les deux plus grands intellectuels du VIe siècle, Boèce et Cassiodore. A bien des égards, le royaume ostrogoth de Théodoric est un modèle de réussite de la fusion entre peuples germaniques et population latine autochtone. Grand admirateur de la romanité, le roi tient d'ailleurs à préserver celle-ci des contaminations barbares, en interdisant les mariages entre Goths et Romains et en ne recrutant ses soldats que parmi les premiers. Seule sa religion aurait pu poser problème, car il est en effet arien, mais à aucun moment il ne persécute les catholiques locaux.

A l'extérieur, Théodoric étend son influence par la guerre et les mariages : il expulse les Alamans de Rhétie, réoccupe la Dalmatie, la Pannonie en 504 et une partie de la Mésie en 505. Il donne en mariage une de ses filles au roi des Burgondes, une autre au roi des Wisigoths Alaric II, une de ses sœurs au roi des Vandales Thrasamund, une nièce au roi des Thuringiens, et il épouse une sœur du roi des Francs Clovis. La puissance et le prestige de Théodoric finissent même par inquiéter l'empereur byzantin, qui cherche à partir de 523 à lui susciter des problèmes par le biais de la religion, en encourageant les catholiques à combattre l'arianisme. Aigri par ce qu'il considère comme de l'ingratitude de la part de ses sujets romains, Théodoric, âgé, réagit brutalement : exécution de Boèce et d'Albinus en 524 pour avoir tenté un rapprochement avec Byzance, et emprisonnement du pape Jean Ier en 526. Le roi meurt cette même année, et la sombre fin de son règne ne ternit pas vraiment sa gloire : trois siècles plus tard, Charlemagne se dira un de ses grands admirateurs.

Théodoric ne laisse qu'une fille, Amalasonthe, veuve et sans appui, confrontée aux difficultés que lui suscite l'empereur d'Orient Justinien, dont le but est de reconquérir l'Italie. Elle doit céder des morceaux de territoires aux Wisigoths, aux Burgondes, aux Gépides ; la noblesse et l'armée se mutinent. Finalement, son cousin Théodahat, qu'elle avait associé au pouvoir, la fait étrangler en 535. L'Italie est ouverte aux armées byzantines.

La plupart des autres royaumes barbares connaissent une vie interne très agitée à partir de 476. Les Alamans, dont le nom lui-même suggère la diversité des origines (*alle Männer* : « tous les hommes »), centrés sur la Franche-Comté et la Suisse alémanique d'aujourd'hui, sont en conflit à l'est avec les Bavarois, arrivés à partir de 488 sur la rive droite du Haut Danube, et au nord avec les Thuringiens. Les Vandales connaissent de brutales persécutions anticatholiques de la part de leurs souverains Huneric (477-484) et Thrasamund (496-523). Quant aux Burgondes et aux Wisigoths, ils sont victimes des ambitions de leurs deux puissants voisins, Théodoric et Clovis.

L'essor des Francs : Clovis et ses fils

Pendant que le premier bâtit en Italie le remarquable royaume ostrogoth, les Francs du nord de la Gaule connaissent en effet un essor spectaculaire qui va bientôt faire d'eux la puissance dominante en Occident. L'agent de cet essor est un des roitelets des Francs Saliens, Clodweg, dont nous avons fait Clovis, qui succède en 482 à son père Childéric. L'homme est devenu une légende, considéré par les historiens du XIXe siècle comme le fondateur de la monarchie française, en se fondant sur l'*Histoire des Francs*, rédigée vers la fin du VIe siècle par l'évêque Grégoire de Tours. Ce dernier met en scène avec candeur un personnage fourbe, rusé, et d'une brutalité qui excède même les normes d'une époque barbare. Ce maniaque de la hache se débarrasse par l'assassinat de tous ses rivaux au sein de l'aristocratie franque : meurtre de Cloderic, qu'il a poussé à tuer son père Sigebert ; décapitation de Chararic et de son fils ; après la capture de Ragnacaire, « il lui planta sa hache dans la tête », et, reprochant ensuite au frère de sa victime de ne l'avoir pas aidé, « il le tua de même d'un coup de hache », et ainsi, poursuit placidement Grégoire de Tours, « il fit périr plusieurs autres rois et ses plus proches parents et étendit son autorité sur toutes les Gaules ». Ayant ainsi supprimé tous les membres de sa famille, il se désole publiquement de n'avoir plus de parents pour lui venir en aide. Mais, précise le bon Grégoire, « ce n'était pas le regret de leur mort qui lui inspirait ces paroles, mais la ruse, dans l'espoir d'en trouver encore quelqu'un et de le tuer ».

Pas la moindre réprobation dans le récit de l'évêque, car ce sauvage doublé d'un hypocrite sournois qu'il met en scène est aussi l'homme qui, par son baptême, a entraîné le peuple franc dans le camp du catholicisme et a ainsi porté un coup décisif à l'arianisme. Le récit de cette conversion fameuse est dûment entouré de merveilleux afin de travestir une manœuvre politique réaliste en acte providentiel. Dès son accession au pouvoir, Clovis, poursuivant les entreprises de son père, s'attaque à Syagrius, dont il prend la capitale, Soissons ; puis il élimine les roitelets voisins, et repousse les Alamans à la bataille de Tolbiac en 496. Depuis le début du règne, l'épiscopat franc, inquiet des progrès de l'arianisme que professent les rois burgondes, wisigoths, ostrogoths, œuvrent auprès de Clovis, qui est entouré par une cohorte de saints : Remi, archevêque de Reims, mais aussi Vaast, Fridolin, Melsine, Godard, Séverin, Avit, Quintien, Principe, Aventin, Euspice, Dié, Melaine. Il est probable que c'est par leur intermédiaire qu'est arrangé le mariage avec Clotilde, princesse catholique, nièce de Gondebaud, roi des Burgondes, en 493. Selon les récits hagiographiques, la pieuse princesse aurait contribué à convertir son sauvage de mari, qui aurait finalement été convaincu, comme Constantin au pont Milvius, que le dieu des chrétiens était plus efficace à la guerre. Grégoire de Tours lui prête l'initiative de ce marchandage : tu me donnes la victoire, et je me convertis. « Jésus-Christ, que Clotilde proclame être le fils du Dieu vivant, toi qui, dit-on, viens au secours de ceux qui peinent et donnes la victoire à ceux qui espèrent en toi, je sollicite dévotement ta glorieuse assistance. Si tu m'accordes de l'emporter sur ces ennemis et si j'éprouve les effets de cette puissance dont le peuple qui t'appartient prétend avoir fait l'expérience, je croirai en toi et me ferai baptiser en ton nom. J'ai invoqué mes dieux, mais je vois bien qu'ils n'ont rien fait pour me secourir. Je crois donc qu'ils n'ont aucun pouvoir, eux qui ne viennent pas à l'aide de leurs fidèles. C'est toi que j'invoque maintenant, je désire croire en toi, fais seulement en sorte que j'échappe à mes ennemis. » Paroles sorties de l'imagination de Grégoire de Tours, mais qui traduisent cependant le fond de l'affaire : la conversion de Clovis est un pur calcul politique, au nom du réalisme, qui lui permet d'obtenir l'appui de la population gallo-romaine catholique et le soutien de l'empereur d'Orient, heureux de susciter un rival à l'arien Théodoric. L'évènement n'a pas pu être daté avec certitude, et doit se situer entre 496 et 500.

A cette dernière date, Clovis attaque le roi des Burgondes, Gondebaud, sous prétexte de soutenir le frère de ce dernier, Godegisile. Gondebaud est battu à Fleury-sur-Ouche ; il accepte alors de traiter et d'assassiner son frère. Clovis, félicité par l'évêque de Vienne saint Avit, et encouragé par les catholiques d'Aquitaine, s'attaque alors aux Wisigoths d'Alaric II, qu'il bat et tue à la bataille de Vouillé, près de Poitiers, en 507. Il pousse ensuite jusqu'à Toulouse et Carcassonne, mais les Francs sont arrêtés par l'intervention de Théodoric, inquiet de la progression de son beau-frère Clovis.

Ce dernier est alors à la tête d'un énorme royaume allant du Toulousain à la Rhénanie. Paré du titre honorifique de consul que lui confère l'empereur Anastase, il choisit comme capitale Lutèce, fait mettre par écrit la loi salique, qui codifie les coutumes franques, et il convoque en 511 un concile à Orléans pour fixer la discipline ecclésiastique. A sa mort, cette même année, le royaume franc est sans conteste le plus vaste et le seul capable de rivaliser avec celui de Théodoric. L'unité est cependant immédiatement rompue, car la coutume franque considère le *regnum* comme un patrimoine familial, ou plutôt comme un butin, divisible entre les héritiers. Or ils sont quatre. L'aîné, Thierry, est le seul adulte ; il reçoit la partie orientale, la plus exposée, qui s'étend de la Champagne aux abords de la Thuringe, et de la Frise au nord de la Bourgogne, plus l'Auvergne. Le deuxième, Clodomir, un adolescent de 16 ans, hérite de la partie centrale, autour de la Loire, de Nantes à Sens et de Chartres à Poitiers et Bourges. Childebert, 15 ans, a droit à la Normandie, au Maine et à la région parisienne. Clotaire, 14 ans, devient roi de la partie septentrionale, du Soissonnais aux bouches de l'Escaut.

Ce partage ne présage rien de bon, connaissant la nature des quatre frères. Tel père, tels fils : les quatre jeunes gens sont des brutes sanguinaires, sensuels, impulsifs, cupides, dénués du moindre sens moral, sournois et sans aucun respect de la parole donnée. Dignes représentants de la dynastie mérovingienne, du nom de l'aïeul semi-légendaire de Clovis, Mérovée. Pendant deux siècles et demi, ces émules des Atrides vont se bâtir une réputation de violence incontrôlée qui n'est en rien usurpée, quoi qu'en disent certains avocats de leur réhabilitation. L'excuse du contexte historique marqué par la violence des mœurs n'est pas même recevable, car les Mérovingiens dépassent de loin les exploits les plus sanguinaires de leurs contemporains. Ils ne sont pourtant pas sans foi ni loi : une foi, ils en ont une, ce sont de bons catholiques, pourfendeurs d'hérétiques ; quant à la loi, c'est la loi salique, avec sa tarification méticuleuse des homicides et mutilations. Pour le récit des horreurs, il suffit de se reporter à Grégoire de Tours, qui raconte toujours aussi placidement comment par exemple à la mort de Clodomir, en 524, tué au cours d'une bataille contre les Burgondes, ses frères Clotaire et Childebert, qui convoitent sa part, font venir à Paris ses fils de 10 et 7 ans, leurs neveux, pour les éliminer. Pour cela, il y a deux moyens : les mettre au couvent après les avoir tondus, la longue chevelure étant la marque de l'appartenance à la race royale, ou les tuer. Ils consultent leur mère, la bonne sainte Clotilde, qui est d'avis que, pour des fils de rois, fussent-ils ses petits-enfants, « mieux vaut morts que tondus ». Clotaire ne se le fait pas dire deux fois et égorge ses neveux de ses propres mains. Un troisième fils de Clodomir, Clodoald (Cloud), s'empresse alors de se raser la tête et de se réfugier dans un monastère.

Les fils de Clovis savent aussi s'unir lorsque leurs intérêts sont convergents. Lorsque le roi des Burgondes Sigismond, devenu catholique, fait étrangler le fils qu'il avait eu de sa première femme, fille de Théodoric, ce dernier pousse les rois francs à l'attaquer. Sigismond est battu en 523, et les trois frères francs Clodomir, Childebert et Clotaire se débarrassent de lui à Orléans en le jetant au fond d'un puits avec sa seconde femme et leurs enfants. Les Francs, après bien des combats, s'emparent du royaume burgonde. Le plus capable des fils de Clovis est l'aîné, Thierry, qui réussit à soumettre les Thuringiens, jusqu'à l'Elbe, et les Bavarois. Ses succès lui valent l'estime de l'empereur Justinien, qui donne à Théodebert, fils de Thierry, le titre honorifique de « fils adoptif ». Ce qui ne fait qu'augmenter l'arrogance dudit Théodebert, qui envoie à Justinien une lettre insolente.

Nous sommes dans les années 530. Le Moyen Age a bien commencé. Le fait majeur est la disparition de l'Empire romain, dont les structures subsistent cependant dans les têtes, dans les titres, et dans les projets politiques. Pour les souverains de l'époque, l'Empire romain a simplement été amputé de la moitié de son territoire, et cela provisoirement. Il en subsiste la partie orientale, que nous appellerons désormais l'Empire byzantin ; le basileus se considère toujours comme le chef de l'ensemble, distribuant des titres consulaires aux rois barbares, qui sont fictivement ses représentants, en attendant de faire la conquête effective de l'Italie, de la Gaule, de l'Espagne, de l'Afrique. C'est ce que Justinien va tenter. L'Empire byzantin, épargné par les invasions, fait en effet figure de puissance dominante en ce début du VIe siècle. Il a certes ses problèmes de succession et de religion, mais ses structures, héritées de la grande époque gréco-romaine, sont intactes ; sa richesse économique et militaire, ses réalisations artistiques et culturelles font de lui le modèle d'où peut venir, pense-t-on, la renaissance de la grandeur romaine.

A côté, l'Occident fait piètre figure. Découpé en royaumes barbares éphémères et aux limites fluctuantes, il est à la recherche d'un nouvel équilibre, mais aucune des nouvelles entités politiques ne semble en mesure de restaurer la stabilité. Depuis la mort de Théodoric, le royaume ostrogoth est en crise ; les rois francs sont plus occupés à s'entre-tuer qu'à bâtir un Etat. Les autres royaumes sont à la recherche de leur identité propre. Car l'arrivée des peuples germaniques a brisé les cadres romains sans pour autant leur substituer de nouvelles structures solides. Les nouveaux venus sont une infime minorité : les vainqueurs, trop peu nombreux, sont progressivement absorbés et assimilés par les vaincus.

Songeons que les Wisigoths, avec femmes et enfants, ne sont pas plus de 100 000, comme les Ostrogoths ; les Vandales, 80 000 ; les Burgondes encore moins. Chacun de ces peuples tiendrait dans un grand stade actuel. Aussi se sentent-ils isolés dans la masse des anciens occupants, et ils sont progressivement romanisés. Seuls les Francs, les Alamans, les Bavarois, les Anglo-Saxons, au nord et au nord-est, restés en contact avec leurs régions d'origine, peuvent conserver et répandre leur civilisation. La limite entre l'Europe germanisée et l'Europe latinisée, si l'on se réfère à la frontière linguistique, part des environs de Boulogne, court vers Lille, puis parallèlement à la Sambre et à la Meuse, 30 kilomètres au nord, franchit la Meuse entre Liège et Maastricht, et va jusqu'à l'ouest d'Aix-la-Chapelle, puis elle tourne au sud, jusqu'à Metz, suit les Vosges et continue plein sud jusqu'à rejoindre le Rhône à l'est du lac Léman, ensuite elle suit le pied des Alpes vers l'est. Cette frontière ne coïncide pas avec les limites des royaumes, qui englobent donc des populations de langues variées.

Le nouvel élément d'unité est la religion, tout au moins dans ses cadres, car la christianisation des mentalités est encore très superficielle, et la division entre catholiques et ariens est source de conflits. Mais à ce point de vue également la rupture entre l'Est et l'Ouest se précise, les interventions de l'évêque de Rome dans les affaires orientales du monophysisme étant mal acceptées par les patriarches de Constantinople. L'Orient byzantin, convaincu d'être le successeur légitime de la Rome antique, se prépare à recouvrer la moitié occidentale de l'héritage, tombée dans la barbarie.

2

Byzance et les royaumes barbares (VIe-VIIIe siècle)

La période qui s'étend du milieu du VIe siècle au milieu du VIIIe est l'une des plus tumultueuses de l'histoire médiévale en Europe. Elle est d'abord marquée par la tentative de reconquête de l'Occident menée par l'empereur byzantin Justinien. Le succès n'est que partiel, et il est suivi par le repli des Byzantins, accaparés par leurs problèmes dynastiques et religieux, et réduits à la défensive face à de nouveaux adversaires, Avars, Bulgares, Lombards, Perses, et bientôt Arabes. Les liens entre l'Est et l'Ouest se défont un à un, et les deux mondes de plus en plus se tournent le dos, dans une incompréhension mutuelle : l'Orient développe une civilisation brillante et qui tend à se scléroser, tandis que l'Occident, dominé par les Francs, s'enfonce dans la barbarie mérovingienne. Entre les deux, l'Italie, disputée, déchirée, est à la fois un lieu de rencontre et d'affrontement.

Justinien et la conquête de l'Ouest (527-565)

En 527, à la mort de Justin Ier, son neveu Justinien, qu'il avait associé au trône, lui succède. Le grand objectif de son règne est de restaurer l'unité romaine en ramenant sous son autorité toutes les régions occidentales perdues au cours du Ve siècle. Entreprise colossale, au-dessus des moyens de l'Empire byzantin, mais qu'il va poursuivre avec une obstination responsable de destructions catastrophiques surtout en Italie. Justinien n'a pas les moyens de sa politique, d'autant plus qu'il doit mener la guerre sur plusieurs fronts : à l'est, au nord et à l'ouest, avec une armée aux effectifs insuffisants. Bien équipée, dirigée par des généraux capables, comme Germain, cousin de l'empereur, Bélisaire, protégé de l'impératrice Théodora, et l'eunuque Narsès, elle est hétéroclite, avec des régiments réguliers recrutés dans la population locale, les *bucellarii* (« mangeurs de biscuits de soldats »), liés par serment à leur général, des détachements de la garde impériale, et de nombreux corps fédérés barbares. La discipline laisse souvent à désirer, et il y a des problèmes de solde, car les revenus de l'Etat ne sont pas à la mesure des besoins.

Dès 527, Justinien, qui cherche à sécuriser les marges orientales de l'Empire avant d'entamer la reconquête de l'Ouest, s'attaque aux Perses. Les combats ont lieu en Lazique (rive orientale de la mer Noire), en Arménie et en Mésopotamie. Guerre indécise, à laquelle il met fin en 532 en acceptant de verser un tribut à son adversaire. Estimant avoir les mains libres de ce côté, il se tourne vers l'Occident. Le 22 juin 533, Bélisaire débarque au sud de Carthage avec 15 000 hommes. Le royaume vandale, rongé par des querelles internes, s'effondre en quelques mois. Après sa victoire d'Ad Decimum, Bélisaire entre à Carthage, et le chef vandale Gelimer capitule au début de 534. L'année suivante, l'armée byzantine occupe la Dalmatie, puis la Sicile. De là, Bélisaire traverse le détroit de Messine avec 10 000 hommes et commence la conquête du royaume des Ostrogoths, qui est en plein désordre depuis la mort de Théodoric. Les opérations sont confuses, et en décembre 536 Bélisaire entre dans Rome. Ce n'est que le début de vingt ans de combats acharnés qui vont laisser l'Italie exsangue et Rome en ruine. Assiégée un an en 537, deux ans en 544-546, presque trois ans en 547-550, ce n'est plus qu'une ville fantôme où une poignée de rescapés errent dans les débris des monuments antiques. En 537, le chef ostrogoth Vitigès attaque d'abord Rome, puis, profitant des désaccords entre Bélisaire et Narsès, remonte vers le nord tandis que son neveu Vraïas prend Milan, dont tous les hommes sont égorgés et les femmes vendues comme esclaves sexuelles à ses alliés burgondes. De son côté, le roi franc Théodebert, sous prétexte d'aider Vitigès, envahit la Ligurie et extermine la population de Gênes. On s'enfonce dans un cycle de massacres et d'opérations confuses, au cours desquelles Vitigès est pris.

L'apparente victoire des Byzantins est remise en cause en 540 lorsque le roi perse Chosroês Ier (531-578), profitant de ce que les forces de Justinien sont occupées en Italie, reprend la guerre, s'empare d'Antioche, dont il déporte les habitants, et se rend maître de la Lazique. En même temps, les Huns réapparaissent sur le Danube, de même que des Slaves, les Bulgares. La Thrace, la Mésie, la Scythie, l'Illyricum sont dévastées, et les Slaves pénètrent jusqu'en Grèce. Justinien tente de contenir Chosroês en soutenant en Syrie une confédération des tribus arabes commandée par les Ghassanides ; dans les Balkans, il fait construire à grands frais des lignes de fortification.

En Italie, où sévit la famine, la résistance des Ostrogoths se rallume, derrière un chef jeune et entreprenant, proclamé roi en 541, et qui va incarner pendant dix ans l'esprit de la résistance des Ostrogoths : Totila. Audacieux, obstiné, patriote fanatique, sorte de Vercingétorix ostrogoth, il mène une guerre impitoyable contre les Byzantins, qu'il bat d'abord à Mugello en 542. Il gagne l'appui des paysans par une réforme agraire, et ses forces sont grossies par des masses d'esclaves affranchis. En décembre 546, il prend Rome. Justinien transfère Bélisaire sur le front perse et refuse de traiter avec Totila, qui, entré une nouvelle fois à Rome en 549, tente de redonner un semblant de vie à la Ville dite éternelle ; on y voit même des courses de chars dans le *Circus Maximus*. Pendant ce temps, des révoltes berbères menacent la tutelle byzantine en Afrique, en 544 et 548, tandis que les Huns et les Bulgares poursuivent leurs incursions, parvenant une fois jusqu'à proximité de Constantinople. Et déjà un autre peuple asiatique arrive par-derrière et s'installe sur le Danube : les Avars.

Justinien, attaqué de toutes parts, veut en finir avec les Ostrogoths. En 551, il envoie en Italie le patrice Germain, époux d'une petite-fille de Théodoric, avec une énorme armée de 30 000 hommes. Totila, qui avait occupé la Sicile, doit se replier. En juin 552, il est battu et tué à Busta Gallorum, au nord de Rome, par Narsès, qui reprend la ville. La résistance des Ostrogoths s'effondre. Après quelques sursauts et des raids de pillage et de massacre par des troupes de Francs et d'Alamans, la péninsule est enfin soumise à Byzance en 554. Dévastée par vingt ans de guerre, ce n'est plus qu'un tas de ruines, avec une population décimée. Une nouvelle administration est mise en place : le représentant de l'empereur est à Ravenne, mais le véritable chef est le *magister militum*, Narsès, qui pressure les Italiens pour reconstruire les défenses, remettre debout quelques monuments, et édifier des basiliques de prestige dans la nouvelle capitale : les mosaïques de Saint-Vital et de Saint-Apollinaire à Ravenne sont encore aujourd'hui de véritables icônes à la gloire de Justinien. Celui-ci rétablit les droits des grands propriétaires et abolit les affranchissements d'esclaves effectués par Totila. Les privilèges des évêques sont accrus, et les papes ne sont plus que des auxiliaires, quand ils ne sont pas tout simplement des créatures de l'empereur : en 537, Vigile est élu sur l'ordre de Bélisaire, ce qui ne l'empêche pas d'être convoqué à Constantinople, où on l'oblige à approuver la position impériale dans la querelle du monophysisme. A sa mort en 555, l'empereur désigne pour lui succéder le diacre Pélage, qui avait joué un rôle important à Rome en 546, lors du siège de Totila. Pour les Italiens, les autorités byzantines sont des forces d'occupation, et Justinien ne sera jamais vraiment accepté. Aussi, lorsqu'un nouveau peuple barbare, mi-païen, mi-arien, installé en 546 en Pannonie comme fédéré, commencera à franchir les Alpes et à descendre en Vénétie en 568, les forces byzantines ne pourront guère compter sur le soutien de la population.

La reconquête de l'Occident est loin d'être achevée avec l'Afrique et l'Italie, mais les difficultés rencontrées dans ces deux territoires prouvent combien est illusoire le projet d'une récupération totale de l'ex-empire d'Occident. En 554 cependant, Justinien saisit l'occasion de prendre pied en Espagne : un conflit oppose deux prétendants au trône des Wisigoths. L'un d'eux, Agila, est arien ; l'autre, Athanagild, catholique, demande l'aide des Byzantins. Tout ce que peut lui envoyer Justinien, c'est un sénateur octogénaire, Liberius, avec quelques centaines d'hommes retirés de Sicile. Ce renfort suffit à Athanagild pour battre Agila, et en remerciement il cède à Justinien une partie de la Bétique, avec Séville, Cordoue, Malaga et Carthagène. Modeste acquisition, mais qui permet à Byzance d'esquisser un encerclement de la Méditerranée occidentale, avec les Baléares, la Corse, la Sardaigne, la Sicile, l'Italie et l'Afrique du Nord. A la mort de Justinien, l'Empire est impressionnant sur la carte, mais il est épuisé. Ses ressources sont insuffisantes pour faire face sur tous les fronts aux dangers qui le menacent, et ses conquêtes sont fragiles. Au lieu de contribuer au rassemblement des ex-territoires romains, elles ont au contraire élargi le fossé entre l'Orient et l'Occident, où les Byzantins sont considérés comme des conquérants à expulser à la première occasion. En outre, toute la Gaule, la Bretagne et l'essentiel de l'Espagne lui échappent.

Grandeur et misère du règne de Justinien

Le règne de Justinien a pourtant une façade brillante, et il reste un moment marquant de l'histoire médiévale, en partie grâce à l'œuvre de l'historiographe officiel, Procope de Césarée, né en 490 et auteur de l'*Histoire des guerres de l'empereur Justinien* et des *Edifices de Constantinople*. Son témoignage est d'autant plus précieux qu'il a aussi dépeint le revers de la médaille dans son *Histoire secrète*, où il révèle les antécédents peu reluisants de l'impératrice et les tares du régime. La gloire de Justinien repose sur deux monuments : le Code et Sainte-Sophie. Le *Code Justinien*, publié en 529, est l'œuvre du juriste Tribonien. Rédigé en latin, il regroupe les principales lois romaines, dont l'essentiel est condensé dans le *Digeste* de 533. Base intangible du droit classique, il est complété au fil du temps par les *Novelles*, nouveaux règlements, principalement en grec, nouvelle illustration de la cassure Orient-Occident. Le Code est également révélateur de l'immobilisme des institutions byzantines : tout commentaire en est interdit. Quant à la basilique Sainte-Sophie, édifiée en cinq ans (532-537) par 10 000 ouvriers, c'est un colossal édifice dont la coupole culmine à 55 mètres de hauteur, et s'est d'ailleurs effondrée dès 558, nécessitant une réédification terminée en 562. Monument majeur de l'art chrétien, dont la lourdeur extérieure contraste avec la splendeur des mosaïques et la merveilleuse clarté colorée de l'intérieur.

Décor trompeur toutefois, car Justinien, qui a hérité des querelles religieuses autour du monophysisme, ne parvient pas à rétablir l'unité de la foi dans l'Empire.

Les monophysites, soutenus par l'impératrice Théodora, ne cessent de gagner du terrain, surtout en Syrie et en Egypte. En 541, un de leurs représentants les plus excités, Jacques Baradaï (« la Guenille »), est ordonné évêque d'Edesse, et ils produisent des penseurs réputés, comme Jean d'Ephèse et le mystique Etienne bar Soudaïli. L'empereur tente vainement d'imposer un compromis, avec la condamnation des « Trois Chapitres », tirés des actes du concile de Chalcédoine. Pour cela, il n'hésite pas à faire enlever le pape Vigile, afin de faire pression sur lui.

Justinien cherche également à éradiquer les anciennes hérésies, qui gardent des partisans, comme le montanisme et le manichéisme, bien implanté en Orient. Le paganisme lui-même n'est pas mort. Appuyé sur le riche héritage culturel du néoplatonisme, il attire dans ses écoles une partie de la jeunesse des classes supérieures. En 529, Justinien fait fermer la prestigieuse école philosophique d'Athènes et interdit l'enseignement du polythéisme. Les Juifs sont eux aussi surveillés de près. Leur culte est toléré, et une novelle de 533 autorise la lecture de la Loi en grec, mais avec interdiction de tout commentaire par les rabbins. Les mariages entre chrétiens et Juifs sont interdits, et ces derniers sont frappés d'incapacité civile.

Les querelles religieuses deviennent d'autant plus âpres qu'elles sont attisées par des moines de plus en plus nombreux, souvent incultes et donc fanatisés. Les ve et vi[e] siècles voient se multiplier les monastères, spécialement sous la forme particulière de la laure *(lavra)*, établissement qui est un compromis entre l'érémitisme et la vie communautaire : l'habitat est individuel, mais regroupé dans une enceinte, avec patrimoine commun, réunions en fin de semaine, et direction par un *higoumène* (« conducteur »). Le plus illustre de ces établissements, le monastère de Saint-Sabas, proche de la mer Morte, fondé par le moine Sabas, mort en 532, subsiste encore aujourd'hui. Ces monastères sont à la tête de domaines immenses et inaliénables, composés de terres confisquées aux temples païens, de donations, et de défrichements sauvages. Le monde monastique, fruste et turbulent, représente une force avec laquelle doit compter le pouvoir politique.

Car les moines ont une grande influence dans le peuple, et celui-ci est très agité. La population de l'Empire, qu'il est impossible de chiffrer, atteint probablement vers 540 un seuil de saturation face aux ressources disponibles. C'est alors que survient la terrible épidémie de peste, à partir de la fin de 541, dont la progression a été décrite par Procope. Venue d'Ethiopie par l'Egypte, elle atteint Constantinople au printemps 542, et touchera toute l'Europe jusqu'en 544, avec de nombreuses récurrences. A cela s'ajoutent plusieurs famines, et une épizootie catastrophique en 547-548. Ces évènements, qui sont peut-être liés à des perturbations climatiques, sont à mettre en rapport avec les mouvements de peuples nomades aux confins de l'Empire. Ils contribuent en tout cas à perturber sérieusement une vie sociale déjà passablement agitée. Le règne de Justinien voit se produire un exode rural massif : fuyant les exactions des grands propriétaires fonciers, les extorsions du fisc, la justice corrompue des gouverneurs, une foule de colons désemparés, d'esclaves en fuite, de paysans ruinés, mêlés à des moines gyrovagues, gagnent les villes, cherchant de l'emploi dans les chantiers de construction publics, dans la capitale en particulier, où l'édification de Sainte-Sophie nécessite des milliers de bras. Mais la demande excède de très loin l'offre de travail, et les arrivants vivent surtout de l'assistance, des distributions de l'Eglise et de l'Etat. La multiplication des *novelles* qui tentent d'endiguer le mouvement à partir de 530 témoigne de l'ampleur du phénomène et des inquiétudes qu'il suscite.

Inquiétudes justifiées, car ces foules de misérables manipulées par des factions religieuses ou politiques, animées de visées révolutionnaires ou eschatologiques, s'affrontent dans des émeutes sanglantes, comme à Antioche en 540 et à Constantinople en 553. Dans la capitale, les factions de l'hippodrome, les Verts et les Bleus, peuvent aussi bien servir à canaliser cette agitation qu'à la décupler. Rançonnant, violant, contrôlant certains quartiers et pratiquant de multiples trafics, elles imposent leur loi à la manière de clans mafieux, et dans certaines circonstances elles peuvent mettre en danger le pouvoir impérial lui-même, comme lors de la fameuse sédition *Nika* en 532 : entre 30 000 et 80 000 victimes massacrées à l'hippodrome suivant les sources, le centre de la ville ravagé, la répression nécessitant l'intervention des meilleurs généraux de Justinien, Bélisaire et Narsès.

A la campagne, le règne de Justinien est marqué par une privatisation croissante des activités. Les grands domaines étendent leur emprise, se dotent d'une police, d'une justice, de prisons. La société paysanne se défait ; les paysans fuient vers les villes, vers les couvents, et rejoignent les troupes privées des grands propriétaires. La pression fiscale s'accroît en raison des besoins exorbitants de la politique mégalomaniaque de l'empereur : des chantiers de prestige et des armées sur tous les fronts. Justinien s'efforce en 529 de maintenir la valeur de la monnaie de bronze, le *follis*, qui ne cesse de se déprécier par rapport à l'or, ce dernier sortant pour régler les achats d'épices et de soie et payer les tributs aux barbares. Pour accroître ses ressources, il recourt à la vénalité des offices, à la création de monopoles commerciaux, à la confiscation des biens des païens et des hérétiques. Cela n'empêche pas l'Empire d'être au bord de la faillite lorsqu'il meurt le 14 novembre 565, âgé de 82 ans, au grand soulagement de ses sujets.

La période des troubles (565-610)

Comme on pouvait s'y attendre, le monde byzantin entre alors dans une période de turbulences. L'œuvre politique de Justinien n'était qu'une façade, qui ne tarde pas à s'effondrer. La succession redevient chaotique. Le pouvoir passe d'abord à un neveu de Justinien, Justin II, qui devient fou dès 573, laissant la direction des affaires à son épouse Sophie, nièce de Théodora. En 578, le comte des excubiteurs, le Thrace Tibère II, qui avait été adopté par Justin, devient empereur jusqu'en 582. Quelques jours avant sa mort, il transmet le pouvoir au nouveau comte des excubiteurs, Maurice, qui le garde jusqu'en 602. C'est un Cappadocien, bon général, mais qui est victime d'un soulèvement militaire de l'armée du Danube, dirigé par un sous-officier, Phocas, soutenu par la faction des Verts. Maurice et ses fils sont assassinés, l'impératrice et ses filles d'abord enfermées au couvent, puis assassinées à leur tour. Phocas est proclamé empereur, mais c'est un incapable, qui mécontente à la fois les Bleus et les Verts, les monophysites, les aristocrates, et qui ne peut empêcher les Perses de mener une attaque jusqu'à Chalcédoine en 609. Aussi est-il renversé et assassiné par le fils de l'exarque de Carthage, Héraklios, qui se fait couronner empereur en octobre 610.

Sombre période donc, au cours de laquelle l'Empire connaît également des soulèvements païens à Edesse et Héliopolis en 580, samaritain en 594, des retours de la peste en 573-574 et 599, des famines en 582 et 600-603, une reprise des incursions slaves, avars, perses, des émeutes suscitées par les factions de l'hippodrome, des mutineries des armées, mécontentes des retards de solde ; celle d'Orient par exemple se débande en 588.

La pression s'accroît sur les frontières, surtout dans les Balkans, où Justin II, battu par les Avars, doit leur verser un lourd tribut. Sous Tibère II, les Byzantins perdent Sirmium, clé du Danube, ce qui permet aux Slaves de pénétrer en Illyricum. Ils attaquent Corinthe en 578, assiègent Thessalonique en 586 et 597. Tibère II et Maurice déplacent des populations d'Asie Mineure pour repeupler la Thrace et éviter que celle-ci ne crée un appel d'air pour les barbares. A l'est, Justin II reprend la lutte contre les Perses ; les campagnes sont confuses. Chosroês Ier envahit la Syrie, mais il est battu à Mélitène en 575. Maurice, en s'appuyant sur les Arabes Ghassanides et sur les Turcs, qui attaquent les Perses par le nord, reprend l'initiative. Un traité signé avec Chosroês II en 591 lui permet de reporter ses forces sur le Danube, où il repousse les Slaves. Son successeur Phocas compromet en revanche ces résultats, et les Perses en profitent pour reprendre le terrain perdu et même menacer Constantinople. La situation est extrêmement critique lorsque Héraklios arrive au pouvoir en 610.

Dans ces conditions, les conquêtes de Justinien à l'ouest sont laissées à leur propre sort. En Espagne, où le roi wisigoth Léovigild (568-586) réussit à éliminer le royaume suève, son successeur Reccared (587-601), en abandonnant l'arianisme pour se convertir au catholicisme en 589, unifie le pays et tente de déloger les Byzantins de Bétique. En 629, les dernières forces de l'empire d'Orient évacuent la région. L'Afrique byzantine, tout en étant menacée périodiquement par les Berbères, résiste mieux, grâce à la création par Maurice en 591 de l'exarchat de Carthage, dont le titulaire réunit pouvoirs civil et militaire.

C'est en Italie qu'ont lieu les évènements les plus dramatiques. En avril 568 arrivent par le nord de nouveaux envahisseurs : les Lombards. Peut-être originaires de Scandinavie, ils ont longtemps stationné sur les rives sud de la Baltique, dans la basse vallée de l'Elbe, où Valleius Paterculus les décrit comme le « peuple germanique le plus féroce par sa sauvagerie ». Précédés de cette flatteuse réputation, ils se déplacent vers le sud et s'installent en Pannonie, c'est-à-dire dans l'actuelle Hongrie, aux alentours du lac Balaton. Là, ils ont des contacts, tantôt amicaux, tantôt hostiles, avec les Avars, les Bavarois, et les Byzantins. En avril 568, sous la direction de leur roi, Alboïn, ils se mettent en marche à travers le Frioul et débouchent en Vénétie, tandis que derrière eux les Avars occupent la place laissée libre en Pannonie. Les Lombards envahissent toute la vallée du Pô, prennent Milan et assiègent pendant trois ans Pavie, qui tombe en 572 et dont ils feront leur capitale. La conquête de l'Italie est incomplète, les Byzantins gardant le contrôle de plusieurs secteurs côtiers : l'Istrie, la côte de la Vénétie, la région de Ravenne, la basse vallée du Pô à partir de Crémone, une bande de territoires de Rimini à Rome à travers les Apennins, la côte du Latium, celle de la Campanie avec Naples, la Calabre, la région d'Otrante, la Sicile et la Sardaigne. Tous ces morceaux de territoires sont sous l'autorité de l'exarque byzantin qui réside à Ravenne, dans l'espoir d'une future reconquête. Le royaume lombard, quant à lui, comprend l'essentiel des plaines du Nord et la Toscane. Au centre et au sud, des bandes de composition variée, comprenant Lombards, Bulgares, Saxons, Thuringiens, organisent peu à peu des duchés quasi indépendants, autour de Spolète et de Bénévent. Ainsi découpée, ou plutôt déchirée en lambeaux, l'Italie va être pendant près de deux siècles ravagée par les combats sporadiques entre Byzantins et Lombards. Ces derniers, à partir du règne d'Agilulf (590-616), vont cependant constituer un royaume assez solide autour de Pavie. A Rome, qui reste théoriquement sous domination byzantine, le pape cherche à profiter des conflits pour mener une politique indépendante en s'appuyant sur des territoires mal contrôlés par l'exarque de Ravenne. Sous le pontificat de Grégoire le Grand (590-604), la politique pontificale est particulièrement active. Cet aristocrate, très cultivé, devenu moine, est élu dans des circonstances dramatiques : les Lombards, qui en plus sont ariens, ravagent le pays ; en novembre 589 le Tibre déborde, de nombreux monuments s'effondrent, les récoltes stockées dans les greniers sont perdues, des serpents envahissent la ville, frappée par la peste. Grégoire de Tours certifie même qu'on y a vu un dragon. Pour le nouveau pape, ce contexte apocalyptique annonce la fin du monde, comme il le dit dans ses *Homélies sur l'Evangile* : « De tous ces signes, les uns nous les voyons déjà accomplis, les autres nous redoutons de les voir venir prochainement. Car c'est à notre époque que nous voyons les nations se dresser les unes contre les autres, et leur angoisse peser sur la terre, plus que nous ne le lisons dans les livres... Nous supportons sans arrêt des épidémies. Des signes dans le soleil, la lune et les étoiles, nous n'en voyons encore clairement que fort peu, mais le changement même de l'atmosphère nous permet de conclure qu'ils ne sont pas loin. » Cela ne l'empêche pas de préparer l'avenir. On ne sait jamais, le monde survivra peut-être aux horreurs du VIe siècle. Il travaille donc à réorganiser l'Eglise de Rome, pour la rendre plus indépendante des Byzantins. Il tente de convertir les chefs lombards au catholicisme, et il envoie le moine Augustin évangéliser les Anglo-Saxons.

L'action de Grégoire le Grand, tout en se situant dans le cadre théorique de l'Empire chrétien, contribue elle aussi à détacher peu à peu l'Occident romain de l'Orient byzantin, où l'empereur est accaparé par la défense des frontières et les querelles monophysites. On voit d'ailleurs se développer en Orient des formes nouvelles de dévotion, à la fin du VIe siècle : le culte des icônes, ces images sur bois dont certaines, représentant le Christ, « ne sont pas de main humaine », dit-on. Certains leur attribuent un pouvoir miraculeux. Images du Christ, de la Vierge, des saints, mais aussi de l'empereur, autour duquel s'organise un cérémonial de plus en plus complexe et qui évolue vers un véritable culte. Les récits hagiographiques, comme le *Limonarion* de Jean Moschos, mort en 619, colportent des histoires édifiantes, qui s'ajoutent aux narrations d'Evagrios, de Théophylaktos Simocatta. Les grands troubles de la période 565-610 stimulent l'imagination religieuse.

La dynastie des Héraklides (610-711)

De 610 à 711, le pouvoir politique retrouve une certaine stabilité, avec pour la première fois une continuité dynastique dans la famille des Héraklides. Continuité qui n'exclut pas quelques écarts cependant. L'empereur prend l'habitude d'associer au pouvoir un coempereur, le plus souvent son fils, afin de lui assurer la succession. Mais cela ne règle pas tous les problèmes. Ainsi Héraklios Ier (610-641) associe à son règne son fils Héraklios le Jeune dès 613. Mais, devenu veuf, il se remarie avec sa nièce Martine. Mariage condamné par l'Eglise et par l'opinion. Aussi en 641 le pouvoir passe-t-il à Constant II le Barbu (641-668), le fils d'Héraklios le Jeune, ce dernier étant décédé. Constant associe son fils, qui lui succède : Constantin IV (668-685). Celui-ci est associé à ses frères Héraklios et Tiberios, mais en 659 il inaugure une nouvelle politique : il leur fait couper le nez, ce qui les exclut du pouvoir, selon une symbolique typiquement byzantine : le nez ayant apparemment une signification sexuelle, en être privé équivalut à perdre sa puissance. Quelle que soit la valeur du raisonnement, on mesure l'écart de civilisation avec les Francs : chez ces barbares on élimine grossièrement les rivaux à coups de hache ; ici, on coupe le nez, ou on crève les yeux, ce qui est infiniment plus raffiné. Mais certainement moins efficace, puisqu'en 695 le fils de Constantin IV, renversé et privé à son tour de son appendice nasal, revient au pouvoir de 705 à 711, avec un surnom approprié : Justinien II Nez-Coupé. Dans l'intervalle, le titre a été porté par l'usurpateur Leontios (695-698), un général isaurien, et par le commandant de la flotte, Tibère II (698-705).

Pendant toute cette période, la guerre est quasiment permanente, et l'Empire est dans une situation précaire. Les Perses s'emparent de l'Arménie et de la Cappadoce en 612, de Damas en 613, de Jérusalem en 614, ils arrivent jusqu'à Chalcédoine en 615, envahissent l'Egypte en 619. En même temps, les Slaves avancent en Illyricum, en Thrace, dans les îles de l'Egée ; en 619, ils sont devant Constantinople avec leurs alliés Avars. Ils y reviennent en 626, tandis que l'Espagne est perdue en 629 et qu'en Italie la Campanie se soulève et que l'exarque de Ravenne est massacré.

Ce n'est qu'en 622 qu'Héraklios peut rassembler suffisamment de forces pour contre-attaquer. Ses campagnes visent les Perses. En 628, il s'empare de la résidence royale de Dastagerd et du fabuleux trésor du souverain. Il reconquiert la Syrie, la Palestine et l'Egypte et se pare pour la première fois du titre de *basileus*, qui était celui du roi des Perses. Ce dernier, renversé, est remplacé par son fils Shiraw, qui demande la paix. Au cours de ces campagnes, la guerre prend une nouvelle tournure qui la rend encore plus sauvage : elle devient religieuse. Les Perses s'étaient emparés à Jérusalem de ce que l'on tenait pour la vraie croix. Héraklios la récupère et la rapporte à Jérusalem. De son côté, le patriarche de Constantinople, Sergios, a mis le trésor de l'Eglise au service des guerres impériales, et lors des attaques des Slaves et des Avars contre la capitale il organise des processions sur les murailles, portant les images du Christ et de la Vierge. Les guerres de l'empereur sont en passe de devenir des guerres saintes.

Cette notion va bientôt avoir l'occasion de se développer avec l'arrivée d'un nouvel adversaire surgi des sables d'Arabie : en 632, les troupes musulmanes du calife Abou Bakr arrivent dans les marches de Syrie et de Babylonie, battent une force byzantine en 634 à Ajnadayn ; Damas capitule en septembre 635 ; les Byzantins subissent une lourde défaite en 636 sur les rives du Yarmouk, près du Jourdain. Alep et Antioche sont perdues la même année, Jérusalem en 638, Césarée en 640. L'Empire perse est balayé en cinq ans (637-642) ; l'Egypte est perdue en 643 ; les Arabes, longeant la côte de Cyrénaïque, arrivent à Tripoli en 644 ; l'exarchat de Carthage est abandonné, et en 711, l'année où disparaît la dynastie héraklide, les Arabo-musulmans arrivent aux Colonnes d'Hercule, qu'ils franchissent pour prendre pied en Espagne, à la suite du chef berbère Tarik, dont le nom est donné au rocher près duquel il débarque : Djebel Tarik, Gibraltar. En même temps, les Arabes se dotent d'une flotte, qui bat les Byzantins dès 655.

Si la conquête musulmane dans ses premières phases est aussi fulgurante, c'est qu'en Palestine, en Syrie, en Egypte, les conquérants sont accueillis comme des libérateurs par les populations locales : juifs, samaritains, monophysites croient trouver chez les musulmans un soutien contre les autorités politico-religieuses de Byzance qui cherchent à imposer les décisions de Chalcédoine. Toutes les formules de conciliation élaborées dans la querelle sur les deux natures du Christ avaient échoué : aussi bien le « monoénergisme » du patriarche Sergios en 616 que le « monothélisme » (volonté unique) de l'*Ekthesis* d'Héraklios en 638. L'intransigeance des monophysites aussi bien que le désir d'indépendance des juifs les induisent en erreur à propos de la véritable nature de l'islam, dans lequel ils voient une religion d'un strict monothéisme proche du leur et largement tolérant.

Illusion fatale, dont ils n'ont pas fini de déplorer les conséquences.

Pour Byzance, le résultat est catastrophique. D'autant plus que dans les autres secteurs la situation ne s'améliore pas. En 681, Constantin IV reconnaît officiellement l'autorité des Bulgares sur l'ancienne province de Mésie. Ce peuple proche parent des Huns et des Avars, qui a participé à l'attaque de 626 contre Constantinople, s'établit définitivement dans ce qu'on appellera désormais la Bulgarie. Son chef, le khan Asparuch, installe sa capitale à Piska (Preslav), qui n'est qu'à 300 kilomètres de Constantinople. Les Bulgares seront désormais une menace permanente pour l'Empire, intervenant fréquemment dans ses affaires internes : en 705, Justinien II Nez-Coupé, réfugié auprès du khan Tervel, reprend le pouvoir grâce à son aide.

Et puis, avec l'Occident, les liens se défont rapidement. L'exarque de Ravenne fait sécession en 642 et 650, et va jusqu'à se proclamer empereur en 649, avant de trouver la mort en Sicile en 652 dans un combat contre les Arabes. L'hostilité des papes à toutes les formules de compromis avec les monophysites, comme l'édit de pacification de Constant II, le *Typos*, provoque la colère de l'empereur, qui fait arrêter Martin Ier en 652. Emmené à Constantinople, le pape est jugé et déporté à Kherson, où il meurt victime de mauvais traitements. Par la même occasion, l'empereur fait arrêter une célébrité de la vie spirituelle grecque, également opposée au *Typos*, Maxime le Confesseur. On lui coupe la langue et la main droite, et on l'exile en Lazique, où il meurt en 662.

En 692, on franchit un pas supplémentaire vers la rupture avec Rome : Justinien II convoque un concile dans son palais de Constantinople, « sous la coupole » *(en Troullo)*. On y prend des décisions disciplinaires qui vont accentuer les différences entre clergé orthodoxe oriental et clergé romain occidental : autorisation pour les prêtres mariés avant leur ordination de conserver le lien conjugal ; interdiction des mariages entre personnes ayant contracté un lien spirituel (parrains et marraines) ; durcissement de la séparation entre clercs et laïcs, ces derniers n'ayant pas le droit de prêcher, d'enseigner, de baptiser dans un oratoire à domicile ; interdiction aux prêtres d'exploiter un cabaret, d'aller à l'hippodrome, de prêter à intérêt ; interdiction à tous de fréquenter les juifs, de les consulter pour maladie, de prendre part à leur repas pascal. Le pape Serge ayant refusé de reconnaître les décisions de ce concile, l'empereur envoie des hommes chargés de l'arrêter pour lui faire subir le même sort que Martin. Mais cette fois les milices romaines font échouer la manœuvre. En dépit d'une réconciliation sous le pontificat du pape syrien Constantin Ier (708-715), qui accepte même de faire un séjour de courtoisie à Constantinople en 710, les relations Est-Ouest restent tendues.

L'affirmation de la civilisation byzantine

C'est qu'à travers toutes ces vicissitudes le monde byzantin affirme son originalité et son incompréhension croissante des mentalités occidentales. Cela se ressent au premier abord au niveau de la communication de base : la langue. Progressivement, l'usage du latin recule dans les actes officiels et l'administration. Au cours du VIe siècle, le grec devient la langue de l'Empire et de l'orthodoxie religieuse. Les différentes parties de l'Empire, qui ont toutes connu de très anciennes civilisations, ont chacune leur langue écrite : le copte en Egypte, l'hébreu et l'araméen en Palestine, le syriaque en Syrie, l'arabe à l'est du Jourdain. L'usage de l'écrit est beaucoup plus répandu qu'en Occident, utilisant des supports locaux : le papyrus égyptien, et surtout de plus en plus la peau de mouton préparée « à la façon de Pergame » *(pergamenum)* : le parchemin. Et dès le Ve siècle il est utilisé sous forme de livres, les *codex*, feuillets reliés entre eux et que l'on peut feuilleter, beaucoup plus pratiques que les encombrants rouleaux de papyrus.

L'organisation politique évolue également dans un sens original. Elle est centrée sur la personne de l'empereur, que l'on peut désormais appeler basileus, personnage qui prend une dimension surhumaine, incarnant l'ordre universel, le salut présent et futur de l'Empire, mais aussi l'unité de la foi : il convoque et préside les conciles, impose l'orthodoxie et poursuit les hérésies. Il est source de la loi, qu'il édicte par ses *novelles*. La grande faiblesse de ce pouvoir de type césaropapiste est l'absence de règles fixes pour la succession, comme nous l'avons vu : acclamation par l'armée, choix par le Sénat, liens familiaux, association au souverain régnant, révolution de palais, tous les moyens sont bons, et en définitive le seul critère est la force. En dépit de toutes les fictions juridiques, c'est celui qui est le plus fort qui prend le pouvoir, c'est aussi simple que cela. Même les Héraklides, qui ont monopolisé la fonction impériale de 610 à 711, n'ont pas pu empêcher les usurpations.

Il n'y a pas de pouvoirs intermédiaires. Le Sénat est trop faible. L'empereur, entouré de ses eunuques, isolé par un cérémonial de plus en plus méticuleux, est seul face au peuple de l'Empire. Il est assisté d'un conseil, qui est aussi un tribunal, où siègent notamment son porte-parole, le questeur du Palais Sacré, le maître des offices, directeur des bureaux centraux, les deux ministres des finances, l'un pour le fisc, l'autre pour le patrimoine impérial, les deux domaines étant d'ailleurs inextricablement mêlés. Le personnel technique de la chancellerie et des autres services est formé dans les écoles de droit.

L'état de guerre étant quasiment permanent, l'armée joue un rôle essentiel. Les troupes de *limitanei*, ou soldats des frontières, qui servent en raison des obligations qui pèsent sur leur terre, perdent de l'importance, ne serait-ce que parce que les frontières n'arrêtent pas de bouger. L'essentiel est donc composé de compagnies de barbares mercenaires, et la force des armées byzantines réside dans sa lourde cavalerie cuirassée.

Cette armée permanente coûte fort cher en soldes et en fournitures. Mais il n'y a pas de budget public à proprement parler. Les rentrées fiscales viennent avant tout de la terre, taxée suivant les types d'occupation. Le versement est théoriquement effectué en or, mais en fait tout dépend des circonstances, et les paiements en nature sont fréquents. Chaque individu libre est également assujetti à un impôt personnel, la *capitatio*, à laquelle il faut ajouter des services en travail, des corvées publiques, de nature variable, comme l'entretien des routes par exemple. Le réseau routier, parcouru par le *cursus publicus*, service de la poste, et jalonné de relais *(mansiones)*, est ancien mais de bonne qualité.

La monnaie byzantine est un élément de prestige et un argument économique et politique. Le sou d'or *(solidus)*, dont la stabilité est remarquable jusqu'au XIe siècle, est une véritable monnaie internationale, très recherchée. Elle sert au paiement des grosses dépenses telles que les achats de produits de luxe, les dons impériaux, les tributs, les constructions et fournitures diverses. Les impôts en espèces sont également payables en sous ou tiers de sous en or. L'approvisionnement en métal précieux est cependant de plus en plus difficile, car les mines sont situées dans des zones de guerre et des territoires conquis par l'ennemi : Arménie, Balkans, Soudan. Pour les petites transactions existent des pièces de bronze de faible valeur.

L'Empire est divisé en provinces, à la tête desquelles se trouve un gouverneur, et qui sont regroupées en diocèses, qui dépendent du préfet du Prétoire. L'agriculture est pratiquée par des familles paysannes qui vivent en habitat groupé. Dans le village cohabitent trois catégories de paysans : les esclaves, les colons et les petits paysans libres. Le colon n'est pas asservi à son maître, mais à la terre : il lui est interdit de s'en aller, et il acquitte un impôt à son propriétaire. Mais il a la pleine liberté juridique, et peut même ester en justice contre son maître s'il estime que le prélèvement est excessif. On imagine qu'en pratique il a peu d'occasions d'exercer ce droit. Le paysan libre, lui, n'est soumis qu'à des prélèvements publics, donc fiscaux. La lourdeur de ceux-ci pousse de plus en plus de familles à rechercher la protection d'un patron. Les grands propriétaires accroissent ainsi leur main-d'œuvre et leurs domaines.

L'outillage agricole est rudimentaire. Les instruments en fer sont rares ; le labourage se fait à l'araire. Les rendements sont en moyenne de 4 ou 5 grains pour 1, et la base de la production est le froment, l'orge, l'olive et la vigne. Les disettes, voire les famines, ne sont pas rares. Les espaces vides sont très étendus et très appréciés des ermites.

La tradition urbaine reste beaucoup plus vivante qu'en Occident. Elle correspond à un mode de vie très ancien, celui de la cité grecque, la *polis*, développé par le modèle romain de l'*urbs*. Le réseau urbain reste dense, et les activités traditionnelles s'y poursuivent en dépit des anathèmes de l'Eglise : on va toujours voir les pièces licencieuses au théâtre, et fréquenter les prostituées dans les thermes publics. L'agora et les rues à portiques restent très animées, lieux de commerce et d'artisanat. Des églises de plan basilical sont partout présentes, et les villes les plus importantes sont aussi des centres administratifs et religieux. On y trouve le gouverneur, le bureau fiscal, le tribunal, mais aussi l'évêque et son clergé ; élu par acclamations, il est le plus souvent issu des notabilités provinciales et féru de culture classique.

La ville possède des biens, terres et boutiques, qu'elle loue. Elle perçoit des taxes d'octroi, mais ces revenus sont bien insuffisants pour assurer l'entretien des bâtiments publics, les distributions alimentaires et les distractions. Car le pain et les jeux restent les deux piliers de l'ordre public. Cela est vrai dans toutes les civilisations urbaines et à toutes les époques, mais de façon plus ou moins subtile ou déguisée. Dans la ville gréco-romaine, c'est une pratique ouverte, assumée et revendiquée, car le petit peuple est extrêmement turbulent, prompt à vociférer, manifester, jeter des pierres, et provoquer des émeutes et bagarres pour tout motif, religieux, politique, social, sportif. Il se compose d'artisans, groupés en collèges, qui peuvent lancer des mouvements structurés, et d'une foule de pauvres qui affluent des campagnes pour échapper aux exigences du fisc et qui sont attirés par l'assistance et les distributions gratuites comme celles des pains « civiques » *(politikoï)* à Constantinople.

Les magistrats municipaux de la curie ont donc la lourde tâche de satisfaire ce *demos* prompt à s'enflammer. Comme les ressources de la ville sont insuffisantes, ils doivent payer de leurs propres deniers, ce qui devient vite insupportable, et certains notables cherchent à fuir ces obligations en accédant aux grandes carrières de la fonction publique. Il peut aussi arriver que la curie place la ville sous un patronage privé.

Un facteur important de trouble dans les villes est la présence des moines, qui agissent comme agitateurs et meneurs dans les conflits religieux de l'époque. Excités et intransigeants, ces gyrovagues incultes manipulent la foule des pauvres et la poussent contre les autorités religieuses ou civiles qui leur déplaisent. Car les querelles religieuses continuent à empoisonner la société byzantine. A voir la litanie des hérésies et des furieux combats auxquels elles donnent lieu pour les motifs les plus futiles et sur les détails les plus insignifiants qui jalonnent l'histoire de l'Eglise orthodoxe, on réalise à quel point la caricature du Byzantin « coupeur de cheveux en quatre » et discutant du sexe des anges est justifiée. Le « byzantinisme » n'est pas un mythe. Certes, il s'agit là d'une tare partagée par tous les monothéismes, mais qui est ici aggravée par le contexte culturel local. L'Empire byzantin se développe dans une région qui est un carrefour de religions unique au monde. Aux cultes locaux égyptiens, cananéens, hittites, babyloniens, juifs, déjà responsables de tant de guerres depuis des milliers d'années, sont venues s'ajouter les croyances des peuples nomades de passage et de la civilisation perse, avec le zoroastrisme, le culte de Mithra, le polythéisme des Grecs, et bientôt le monothéisme des musulmans. Dans cette Babel des religions, il était inévitable que des contaminations se produisent, auxquelles se mêlent des enjeux ethniques et politiques. Le christianisme, qui pendant des siècles repose sur quelques textes vagues au contenu peu structuré, grandit dans ce milieu irrationnel auquel il emprunte divers éléments suivant les besoins du moment. Comme il n'y a pas encore d'autorité universellement reconnue pour définir les dogmes, les conflits sont inévitables. L'Eglise byzantine reconnaît cinq patriarcats : Rome, Constantinople, Alexandrie, Antioche, Jérusalem, dont les titulaires veulent tous se faire entendre. Des réunions d'évêques, conciles et synodes, prétendent également détenir la vérité ; l'empereur lui-même a son avis, ainsi que des moines. Dans ce chaos, la vérité sort de la bouche de celui qui crie le plus fort et qui est capable d'imposer son opinion aux autres. C'est bien pourquoi l'histoire de l'Empire byzantin est un perpétuel tumulte autour des doctrines religieuses. Ariens, monophysites, samaritains, monotélites, monoénergistes englobent une multitude de variantes locales qui font du christianisme oriental une cacophonie sans issue. Même l'irruption de l'islam n'y mettra pas fin.

Italie, Espagne et Bretagne

Il est temps maintenant de regarder ce qui se passe entre le VIe et le VIIIe siècle en Occident. L'Italie, nous l'avons vu, est en partie occupée par les Lombards. L'exarchat de Ravenne tend à devenir une Romagne indépendante ; seuls les duchés de Naples, la Calabre et la Sicile restent dans le giron byzantin. Le pape, qui ne peut plus compter sur l'aide du basileus, se retrouve isolé face aux Lombards ariens. En Espagne, où le roi wisigoth Reccared s'est converti au catholicisme en 589, les Byzantins ont été chassés de Bétique. Le pouvoir royal est fragile, toujours menacé par l'aristocratie, qui tient à conserver le contrôle et la désignation du souverain. En 672, le roi Wamba a recours au rite de l'onction royale ; en se faisant sacrer, il espère devenir intouchable. Ce n'est pas ce qui arrêtera les Arabes. En 711, la monarchie wisigothique divisée entre le roi Roderic et les fils d'un de ses prédécesseurs, Wittiza, s'effondre. Dès 718, les musulmans occupent la Septimanie (Languedoc et Roussillon actuels). Avec une audace extraordinaire, ils lancent des raids jusqu'à Toulouse, où ils sont battus par le prince d'Aquitaine Eudes en 721, jusqu'à Autun, qu'ils pillent en 725, jusqu'à Poitiers, où Charles Martel, le maire du palais franc, les arrête en 732. Les musulmans se replient au sud des Pyrénées, mais ils contrôlent maintenant toute l'Espagne, sauf au nord-ouest le petit royaume chrétien des Asturies, créé en 722 par Pélage, après une victoire sur une troupe berbère.

Dans l'île de Bretagne, l'avance des Angles et des Saxons se stabilise. Les Bretons sont coincés dans les péninsules de l'Ouest : pays de Galles et Cornouailles, où résiste le mythique roi Arthur au VIe siècle. Les migrations vers l'Armorique, à laquelle ils donnent leur nom, se poursuivent, tandis qu'Angles et Saxons se partagent le reste du territoire en royaumes rivaux : Sussex, Essex, Kent, East Anglia, Mercie, Northumbrie, Wessex, ce dernier prenant l'ascendant à la fin du VIIe siècle sous la direction du roi Ina (689-726). Il domine tout le Sud, de l'estuaire de la Tamise à celui de la Severn.

Les vicissitudes des Mérovingiens

Sur le continent cependant, le devant de la scène est occupé par les Francs, dirigés pendant deux cent cinquante ans par la féroce dynastie mérovingienne. Une telle longévité pour une famille aussi épouvantable ne laisse pas de surprendre, d'autant plus que l'absence de droit d'aînesse entraîne de continuels partages ponctués de guerres fratricides. Après la mort de Clovis en 511, ses quatre fils, nous l'avons vu, élargissent la domination franque tout en se combattant et en s'entre-tuant. A la mort de Théodebert, ses fils sont assassinés par leurs oncles en 548 ; puis Thierry tente d'assassiner son frère Clotaire, qui lui-même fait brûler vif son propre fils, Chramme, avec sa femme et ses filles. Finalement, après la mort de Childebert en 558, Clotaire est le seul survivant. Il exile sa belle-sœur et ses nièces, et réunit tout le royaume franc pendant une courte période, de 558 à 561. A sa mort, ses quatre fils, Caribert, Gontran, Sigebert et Chilpéric, issus de plusieurs mariages, se partagent à nouveau le territoire. A l'occasion de ces partages, une division quadripartite de la Gaule franque commence à s'esquisser. Le cœur en est l'Austrasie, c'est-à-dire l'ancien territoire des Francs Ripuaires, centré sur la basse vallée du Rhin et sur celles de la Meuse et de la Moselle, avec des villes comme Trèves, Cologne, Metz, mais aussi Reims et Laon. L'Austrasie elle-même n'a guère d'unité. On y parle la langue romane à l'ouest, le haut allemand à l'est ; le territoire est à cheval sur l'ancien *limes* du Rhin, et s'étend pratiquement jusqu'à la Weser ; au nord, il est bordé par la Frise, en voie de christianisation mais incomplètement soumise. A l'ouest se trouve la Neustrie, pays des Francs Saliens, qui va de la côte de la mer du Nord à la Loire, couvrant à peu près les régions actuelles de Flandre, Picardie, Normandie, Ile-de-France, Touraine. Plus à l'ouest encore, la Bretagne reste totalement indépendante. Au sud de la Loire, l'Aquitaine forme un duché encore très mal contrôlé par la monarchie franque. Au sud de la Garonne, Basques et Gascons jouissent d'une indépendance de fait. Au sud-est, la Bourgogne, c'est-à-dire la région allant de la Durance au Jura, du Massif central aux Alpes, et englobant les pays de la Saône et du plateau de Langres, a été rattachée à l'Austrasie, mais garde une forte individualité qui remonte au peuple des Burgondes. L'Alémanie, c'est-à-dire la Suisse, la Souabe et l'Alsace actuelles, échappe quasiment au pouvoir franc, ainsi que la Thuringe et bien sûr la Bavière. La côte méditerranéenne, jusqu'à la Durance, n'obéit pratiquement à personne. En fait, à part l'Austrasie et la Neustrie, on ne sait même pas ce qui fait partie ou non du royaume mérovingien, et les frontières tracées sur nos cartes sont assez illusoires.

Les quatre fils de Clotaire Ier poursuivent la tradition du fratricide. Caribert meurt le premier, en 568 ; ses frères se partagent sa part ; en 575, Frédégonde, épouse de Chilpéric, fait assassiner son beau-frère Sigebert. L'épouse de ce dernier, Brunehaut, entreprend de le venger. Réfugiée à Rouen, elle se remarie avec son neveu Mérovée, le propre fils d'un premier mariage de Childebert, son beau-frère et époux de Frédégonde. Cette dernière fait assassiner Mérovée et son frère Clovis, mais en 584 son mari Chilpéric est à son tour assassiné. Résumons le résultat de l'hécatombe : restent en présence Gontran, seul survivant des quatre fils de Clotaire Ier, il règne sur la Neustrie ; Brunehaut et son fils Childebert II en Austrasie, en butte à diverses factions ; Frédégonde et son fils Clotaire II à Soissons. Gontran meurt en 592, et son royaume passe à Childebert II. Puis Frédégonde meurt à son tour, en 597. Son fils, Clotaire II, qui cherche toujours à venger l'assassinat de son père Chilpéric par Brunehaut, finit par s'emparer de celle-ci en 613. La vieille dame, responsable de nombreux meurtres, est torturée pendant trois jours, humiliée, puis attachée par les cheveux, un bras et une jambe à la queue d'un cheval fougueux qui l'emporte au galop. Son corps démantibulé est enterré à Autun.

Ce n'est là qu'un sobre résumé des péripéties sanglantes dont on trouve les détails dans les *Récits des temps mérovingiens* d'Augustin Thierry. Le rappel de ce fameux épisode de la lutte entre Brunehaut et Frédégonde, qui figurait autrefois dans tous les manuels d'enseignement primaire sous les Troisième et Quatrième Républiques, entre le vase de Soissons et le col de Roncevaux, n'est pas inutile : il donne le ton de toute une époque sauvage, totalement effacée dans la vision édulcorée des manuels d'histoire contemporains.

Toujours est-il, pour en revenir à la « grande Histoire », qu'après avoir fait table rase de toute la famille, Clotaire II se retrouve seul souverain de tout le royaume franc, pour la deuxième fois depuis la mort de Clovis. En 614, soucieux d'établir l'ordre et la bonne morale (!) dans ses Etats, il réunit à Paris un concile où siègent plus de 70 évêques et dont sortent 17 canons disciplinaires, incorporés dans un édit du 18 octobre, en vue, dit le préambule, de « corriger ce qui avait été fait et ordonné contre l'ordre et la raison ». Clotaire II, cependant, doit tenir compte des particularismes de plus en plus marqués qui se font jour dans son énorme royaume, et pour satisfaire les Austrasiens, il leur donne pour roi en 623 son fils Dagobert, qu'il associe à son pouvoir et à qui il donne en mariage sa belle-sœur, sœur de sa femme.

Le roi Dagobert I*er*, unique souverain des Francs de 629 à 639, est resté dans la mémoire collective le plus célèbre des souverains mérovingiens après Clovis, et à juste titre, semble-t-il. Après avoir écarté son demi-frère Caribert, dont les sources mentionnent l'*imbecillitas*, et fait assassiner son oncle Brodulf, il s'efforce de régner dignement. Les chroniques soulignent son souci de la justice, qu'il aime rendre personnellement, et font de lui un nouveau Salomon, avec qui il partage le goût des femmes : « Je ne saurais insérer dans cette chronique les noms de ses concubines, tant elles étaient nombreuses », écrit le Pseudo-Frédégaire. Bien conseillé, notamment par le fameux saint Eloi, trésorier et futur évêque de Noyon, qui ne veille pas seulement sur des détails vestimentaires, il parvient à maintenir un minimum d'ordre dans son royaume et à s'imposer comme un acteur essentiel dans les relations internationales : vers 630, ses ambassadeurs à Byzance, Servais et Paterne, concluent une « paix perpétuelle » avec Héraklios. Il intervient dans le royaume wisigoth pour soutenir le roi Svinthila contre un rival. Il envoie Eloi rappeler à l'ordre le roi breton Judicaël, qui vient faire sa soumission à Clichy. A l'est, il entre en contact avec le roi slave Samo, et obtient l'appui des Saxons.

A sa mort cependant, le royaume est à nouveau partagé entre ses deux fils, qui sont encore des enfants : Clovis II en Neustrie et Sigebert III en Austrasie. Le royaume mérovingien entre pour plus d'un siècle dans une période de chaos, au cours de laquelle le pouvoir réel passe progressivement des rois aux maîtres de l'administration, les maires du palais. Le *major Palatii*, c'est-à-dire « le plus grand dans le Palais », dirige l'administration domestique du souverain, dont il reçoit des domaines fonciers censés récompenser ses services et garantir sa fidélité. La fonction tend à devenir héréditaire, et comme il y a le plus souvent deux rois, il y a aussi deux maires du palais, un en Austrasie et un en Neustrie, qui sont bien entendu rivaux. En Austrasie, c'est en 623 Pépin, ou Pippin, dit Pépin l'Ancien ou Pépin de Landen. C'est déjà le plus riche propriétaire du royaume, avec des domaines situés principalement dans la vallée de la Meuse, autour d'Herstal et de Liège, dans celle de la Moselle, près de Trèves, mais aussi dans la forêt des Ardennes, des domaines qui fournissent des céréales, du bois, du charbon de bois, du minerai de fer, alimentant des ateliers d'armement, des domaines qui contrôlent la navigation fluviale et le commerce sur la Moselle, la Meuse, le Rhin jusqu'à Utrecht. Ce Pépin Ier a un fils, Grimaud, qui succède à son père comme maire du palais en 640, et qui tente d'usurper la couronne au profit de son fils Childebert. Le complot est déjoué par l'intervention du maire du palais de Neustrie, Ebroïn : Grimaud est assassiné en 662, et son fils enfermé dans un monastère. Le roi mérovingien d'Austrasie, Dagobert II, est remis sur le trône, puis assassiné à son tour en 679, toujours à l'instigation d'Ebroïn.

Mais Pépin Ier de Landen avait aussi une fille, Begga, qui a épousé le fils de l'évêque de Metz, Arnoul, un saint personnage qui sera canonisé par la *vox populi*. Ce mariage est une bonne affaire pour la famille de Pépin, les Pippinides, car il ajoute le prestige spirituel à la richesse matérielle : Pépin II, dit le Jeune, ou d'Herstal, fils de Begga, est à la fois le plus riche propriétaire austrasien et le petit-fils d'un saint. De plus, il se pare du titre de duc, avec un autre Austrasien, Martin, assassiné peu après. Le titre de duc est exceptionnel ; il n'est porté que par des princes quasiment indépendants : il y a un duc d'Aquitaine, un duc de Thuringe, un duc de Bavière. Pépin II, devenu maire du palais, confirme sa primauté en assumant ce nouveau titre. Puis il fait assassiner Ebroïn, et en 687 il écrase l'armée du nouveau maire du palais de Neustrie, Berchaire, à la bataille de

Tertry, près de Saint-Quentin. L'ascension des Pippinides est désormais irrésistible.

Parallèlement, le pouvoir des Mérovingiens décline rapidement. Les rois, pour s'assurer la fidélité de l'aristocratie, distribuent des domaines, pris sur leurs propres possessions, et ainsi ne cessent de s'appauvrir. Les peuples voisins en profitent : au nord, les Frisons progressent vers les bouches du Rhin à partir de 650 ; à l'est, la Thuringe redevient indépendante ; au sud-ouest, l'Aquitaine se constitue en duché indépendant à partir de 671-672.

Des Mérovingiens aux Carolingiens (751)

Le maire du palais Pépin II d'Herstal meurt en 714. Sa veuve, Plectrude, tente d'assumer la succession, avec l'appui de Frisons et de Saxons, mais elle est battue par le maire du palais neustrien, Rainfroi. C'est alors qu'intervient un fils illégitime de Pépin II, Charles, doté d'une énergie hors du commun, d'un grand sens politique et d'extraordinaires talents guerriers qui lui vaudront le surnom de « Martel ». Rassemblant ses fidèles, il devient en quelques années l'homme le plus redouté d'Occident. Il bat les troupes de Rainfroi à Amblève, près de Liège, en 716, puis à Vincy, près de Cambrai, en 717. Il occupe Cologne, s'empare du trésor de son père ; en 718, il pénètre en Saxe, jusqu'à la Weser, pour punir les Saxons païens d'avoir soutenu les Neustriens ; même opération en 719 contre les Frisons ; il occupe Utrecht. La même année, il bat à nouveau les Neustriens, puis le duc d'Aquitaine, Eudes, qui les avait soutenus. De 720 à 738, il mène des expéditions dans toutes les directions, soumettant les Saxons, les Frisons, battant une nouvelle fois Eudes en 724 à Angers, et avançant en 735 jusqu'à Bordeaux et Blaye, supprimant le duché des Alamans et le réduisant en province du royaume, forçant les Bavarois à l'obéissance, arrêtant les Arabes d'Abd er-Rahman à Poitiers en 732, et battant une nouvelle troupe de Sarrasins près de Narbonne en 737.

Ses exploits étourdissants font de lui le grand homme de l'époque et le maître incontesté du royaume. S'il laisse en place un roi mérovingien, ce dernier n'est qu'une marionnette : Chilpéric II, puis à la mort de celui-ci en 721 un vague cousin que l'on tenait enfermé dans le monastère de Chelles, Thierry IV. A la mort de ce dernier en 737, on ne le remplace même pas, et personne ne voit la différence. Il n'y a plus de roi. Charles Martel assume les titres de maire du palais et de « duc et prince des Francs », ce qui d'une certaine façon est plus qu'un titre royal : alors que les rois barbares n'étaient rois que de leur peuple, le *princeps* est un titre qui vient tout droit de l'Empire romain ; il était porté par l'empereur, depuis Auguste, et faisait de son possesseur l'incarnation de l'Etat, possédant l'*auctoritas* sur tous les peuples de ses territoires.

La renommée de Charles Martel a franchi les Alpes, et en 739 le pape Grégoire III lui envoie une ambassade porteuse d'une précieuse relique : les chaînes de saint Pierre, ou plutôt quelques milligrammes de limaille de fer rouillé, rognée sur la fameuse chaîne que l'on peut encore voir aujourd'hui à Saint-Pierre-aux-Liens. Ce magnifique cadeau n'est pas désintéressé : le pape demande l'aide de Charles Martel contre le roi des Lombards Liutprand, qui a repris son avance et menace Rome. Le basileus, en pleine crise iconoclaste, ne peut intervenir. Mais Charles Martel n'est pas tenté par l'aventure italienne. Le pape insiste. Il envoie trois lettres pressantes, jouant sur la flatterie – Charles est qualifié de « vice-roi », de « fils dévoué du prince des apôtres » –, sur l'ironie – auriez-vous peur de Liutprand ? –, sur la compassion, faisant allusion aux larmes « que versent jour et nuit les yeux » du pontife. Rien n'y fait. Charles Martel n'est sensible ni à la flatterie, ni à la moquerie, ni à la compassion, il a trop de sens politique pour cela.

Il meurt en 741 après avoir partagé le territoire entre ses deux fils : Carloman, l'aîné, sera maire du palais d'Austrasie, avec le pays des Alamans et la Thuringe ; le cadet, Pépin III, dit « le Bref », aura la Neustrie, la Bourgogne et la Provence. Il n'y a toujours pas de roi. Cependant, en 743, les deux frères remettent sur le trône un rejeton mérovingien, Childéric III, roi fantoche, ce qui leur permet de donner plus de légitimité à leurs actes, car leur pouvoir est contesté par le duc d'Aquitaine Hunaud, le duc des Alamans Théodebald, et le duc de Bavière Odilon. Les révoltes sont réprimées, et en 747 la situation se décante : Carloman vient de faire massacrer les chefs alamans qu'il avait invités à un banquet ; comme il est très pieux, il éprouve des remords, se rend à Rome, fonde un monastère, et décide de se retirer définitivement dans celui du mont Cassin.

Pépin, resté seul au pouvoir, vise désormais la couronne royale. Une habile propagande, orchestrée par les moines de Saint-Denis, prépare l'opinion. Cette abbaye, où est enterré Charles Martel, est très liée à la famille des Pippinides, qu'elle a tout intérêt à voir accéder au trône. C'est à Saint-Denis, semble-t-il, qu'est élaborée la légende des « rois fainéants », qui vise à discréditer les rois mérovingiens. On en trouve l'écho dans Eginhard, qui évoque ces bons à rien, dégénérés, qui passent leur temps à errer d'un domaine à l'autre : « Quand il devait voyager, il allait dans un chariot tiré par des bœufs à la manière rustique, conduit par un vacher. C'est ainsi qu'il allait au palais et à l'assemblée du peuple... et qu'il retournait chez lui. C'était le maire du palais qui avait la responsabilité du royaume en toutes choses nécessaires à l'intérieur comme à l'extérieur. »

En 750, Pépin envoie à Rome deux de ses plus éminents ecclésiastiques : l'évêque de Würzbourg Burchard et l'abbé de Saint-Denis Fulrad. Ils doivent interroger le pape « au sujet des rois qui en Francia en ce temps-là n'avaient pas le pouvoir royal, s'il était bien ou non qu'il en fût ainsi », disent les *Annales royales*. Le pape, c'est Zacharie, élu en 741. Il est à nouveau dans une position inconfortable et a tout intérêt à rendre service au maire du palais. Le nouveau roi des Lombards, Aistulf, est en effet décidé à en finir avec les Etats byzantino-pontificaux. Il va s'emparer définitivement de Ravenne en 751, et il vise la conquête de toute l'Italie. Il n'y a aucun secours à attendre de Byzance, où l'empereur Constantin V est plus iconoclaste que jamais. Zacharie donne donc la réponse qu'on attendait de lui : « Il vaut mieux appeler roi celui qui possède le pouvoir plutôt que celui qui ne l'a pas, afin que l'ordre ne soit pas bouleversé. »

Pépin ne se le fait pas dire deux fois : en mars 751, il convoque ses fidèles à Soissons et, suivant la mode franque, il se fait « élire » roi par ce « peuple » réuni qui l'acclame. Le pas est franchi. Quant à Childéric III, on le tonsure et on l'envoie finir ses jours au monastère de Saint-Bertin, près de Saint-Omer. Ce n'est pas tout. Pour accroître sa légitimité, le roi Pépin convoque en novembre 751 des évêques à Saint-Denis, et il reçoit de l'un d'eux l'onction de l'huile sainte : il est sacré, à l'image des rois bibliques, Melchisédech, Saül et David. Le sacre le place au-dessus du commun des mortels, et porter atteinte à son pouvoir ou à sa personne devient un crime de lèse-majesté divine. Le roi est intouchable : l'idée est excellente, et sera bientôt imitée par ses confrères, comme en Angleterre dès la fin du VIIIe siècle. Avec ce passage à la dynastie carolingienne en 751 s'ouvre une phase de renaissance pour les Francs.

La germanisation de l'Occident

Pendant les deux siècles qui viennent de s'écouler, deux siècles pleins de bruit et de fureur au cours desquels les rois barbares n'ont pas cessé de se faire la guerre et de s'entre-tuer, les peuples d'Occident survivent tant bien que mal, s'adaptent aux nouvelles contraintes. De nouvelles structures et de nouvelles mentalités se mettent en place. Deux traits majeurs se dégagent : la germanisation et la christianisation.

Dans la nouvelle civilisation qui se met en place, il n'y a pas opposition entre romanité et germanité, mais fusion, dans des proportions qui varient suivant les régions. Parmi les signes les plus visibles, la langue. Globalement, le latin résiste bien. Il est utilisé pour la rédaction des codes, sauf chez les Anglo-Saxons, et dans la vie courante il prédomine toujours au sud d'un arc de cercle allant de la Somme au lac Léman, comme nous l'avons vu. En Italie, la langue lombarde disparaît ; on constate simplement des différences locales de prononciation, d'orthographe, et l'introduction de certains termes techniques, ces variations étant à l'origine des langues occitanes ou romanes par exemple. C'est dans l'anthroponymie que la germanisation est la plus nette : on passe rapidement du système latin des *cognomina*, dans lequel chaque homme porte deux ou trois noms composés d'une racine à l'étymologie transparente suivie d'un suffixe en – *ius*, à un système de nom unique, qui accole deux noms germaniques évoquant des phénomènes naturels ou des caractéristiques sociales ou individuelles. On aura ainsi des *Dagobertus* (« Jour brillant »), des *Sigibertus* (« Victoire brillante »), des *Arnulfus* (« Aigle-loup »), des *Hariulfus* (« Armée-loup »), etc. Le nom devient strictement individuel, avec la disparition du nom de famille, mais on peut parfois marquer un lien héréditaire en conservant l'un des deux composants du nom du père : ainsi Clodomeris est fils de Chlodovechus. Ces noms sont donc en général assez longs, de quatre syllabes.

Les cimetières sont de bons témoins de la fusion entre germanité et romanité. En Gaule, les cimetières de type romain, désordonnés, mêlant incinérés et inhumés, cèdent peu à peu la place aux « cimetières à rangées » *(Reihengräber)*, mais au sud de la Seine les tombes à sarcophages, avec céramiques et inscriptions, sont plus nombreuses, notamment en Burgondie, et les types humains gallo-romains, plus petits (1,67 mètre pour les hommes et 1,55 pour les femmes), prédominent.

Fusion également dans le domaine juridique, où les populations romanisées ont une nette avance. Un trait frappant de la période est la rédaction de codes, en Occident comme en Orient. Cela correspond au besoin de clarifier le droit civil et pénal dans des sociétés profondément bouleversées par les mélanges et les déplacements de populations. Il s'agit de codifier les rapports entre les habitants souvent désorientés par le mélange des cultures. Le maintien d'un minimum d'ordre public exige la référence à un système de lois identique pour chacun.

Quand les barbares entrent dans l'Empire, chaque peuple a son droit propre ; les lois sont orales et apprises par cœur par les « rachimbourgs » chez les Francs par exemple. Très tôt apparaît la nécessité de mettre ces lois par écrit : c'est ce qui est fait dès 480 chez les Wisigoths avec le code d'Euric et le bréviaire d'Alaric, puis chez les Burgondes avec la « loi Gombette » du roi Gondebaud (495-516), chez les Ostrogoths avec Théodoric, chez les Francs Saliens avec la loi salique de Clovis avant 511, chez les Alamans au début du VIe siècle, chez les Lombards avec l'édit de Rothari en 636-643. Ces codes facilitent la cohabitation des anciens et des nouveaux habitants par l'adoption de la personnalité des lois :

chacun est jugé en fonction de sa propre loi ; seuls les Wisigoths adoptent la territorialité, c'est-à-dire que l'on est jugé selon la loi en vigueur dans le territoire où le délit a été commis.

Ces codes ne différencient pas droit public et droit privé. C'est ainsi que le propriétaire et chef de famille a un droit de justice sur ses proches, ses familiers et ses esclaves. Comme il n'y a pas d'accusateur public, c'est à l'accusé de faire la preuve de son innocence, en faisant appel à des cojureurs, membres de sa parenté, qui témoignent par serment en sa faveur. Le recours à l'ordalie est courant si les juges ne peuvent départager deux opposants : épreuve de l'eau bouillante ou du fer rouge essentiellement, l'aspect de la plaie étant censé révéler l'innocence ou la culpabilité. Dans les cas de blessures physiques et de crimes, le devoir familial de vengeance risque d'entraîner d'interminables guerres privées, d'où la mise en place d'une tarification précise de dédommagement par versement de « l'or du sang », le *Wergeld*, en fonction de la nature de la blessure et du statut de la victime.

La notion romaine d'Etat devient plus floue. Sauf chez les Anglo-Saxons, la plupart des royaumes barbares conservent les institutions romaines, bureaux et fonctionnaires, avec leurs titres. Le cas le plus poussé est évidemment celui de Théodoric en Italie : le roi est proclamé « Auguste », porte le titre de patrice, nomme chaque année un consul sur deux ; l'administration de Ravenne est sous la direction d'un maître des offices, avec un questeur du palais pour la correspondance officielle, un comte des largesses sacrées pour les finances. Les comtes, détachés dans une région précise pour y exercer temporairement un commandement civil ou militaire, étaient une institution du Bas-Empire, adoptée d'abord par les Wisigoths, puis généralisée chez les Francs au VIIe siècle. Le personnel administratif et surtout religieux est d'abord massivement romain. Au VIe siècle, sur 477 évêques gaulois connus, 68, soit 14 %, ont des noms germaniques, alors que chez les notables laïcs mentionnés par l'épigraphie, cette proportion est de 50 %. Dans le Sud, on ne compte que six noms germaniques sur 153 évêques de Narbonnaise, un sur 34 en Lyonnaise, alors qu'ils forment déjà presque le tiers dans les provinces de Reims et de Trèves, où l'épiscopat continue à se recruter en partie dans le Midi. La germanisation est très progressive : les premiers évêques germains à Trèves, Bordeaux, Le Mans apparaissent dans le premier quart du VIe siècle.

Les rois germaniques tentent au début de maintenir le système fiscal romain, basé sur les contributions foncières et personnelles et les taxes sur les négociants. Ces impôts ne pèsent que sur les anciennes populations de l'Empire, car les peuples barbares, ayant le statut de fédérés, acquittent un service militaire. Mais le système va très vite péricliter, pour deux raisons. D'abord, il nécessite une lourde administration pour la mise à jour des polyptiques, registres qui contiennent le recensement par tête et les redevances personnelles, et les cadastres, nécessaires pour mesurer l'évolution des propriétés. Les royaumes barbares manquent de personnel qualifié pour effectuer ces opérations, et l'assiette de l'impôt est rapidement obsolète. D'autre part, le poids de l'impôt, déjà insupportable à la fin de l'Empire, n'a plus aucun rapport avec les situations réelles des contribuables. D'où la fréquence des révoltes antifiscales, comme à Trèves en 548, à Limoges en 579, en Neustrie en 584, en Corse, Sardaigne et Sicile en 595, à l'ouest de la Seine en 604. Les collecteurs d'impôts sont massacrés. Le résultat est que progressivement l'exode des paysans à la recherche d'un patron s'accentue, et que l'impôt est de moins en moins perçu, ce qui contribue au recul de la puissance publique.

Le personnage central d'un royaume germanique est évidemment le roi, et le roi est avant tout un chef de guerre *(Heerkönig)*, qui est animé par une force magique, un charisme païen, le *Mund*, qui lui permet de remporter la victoire. Cette dernière est d'ailleurs sa seule garantie de se maintenir au pouvoir ; la défaite lui fait perdre son caractère sacré, ce qui explique en partie la fréquence des assassinats royaux. Le roi est l'élu des hommes libres, il procure le butin, il protège les récoltes, il a le droit de « ban », droit de punir et de commander. S'il est vaincu, il n'est plus apte à remplir ces fonctions. Seule la force brute, la violence peut le maintenir au pouvoir, et on a pu parler à propos de ces Etats de « royauté absolue tempérée par l'assassinat ». Chez les Francs cependant, il existe un principe dynastique. Les cheveux longs symbolisent la présence du *Mund* chez les hommes de la famille mérovingienne ; avoir les cheveux coupés est le signe de la déchéance : « Mieux vaut mort que tondu », aurait dit Clotilde.

Tout est donc basé sur la guerre et la violence. Les Francs sont particulièrement doués dans ce domaine. Leur nom vient du vieil haut allemand *frekkr*, qui signifie hardi, et Clovis est la forme savante de *Clod-weg*, « chemin de gloire ». Ils s'imaginent d'ailleurs être le peuple élu, comme on le lit dans les continuateurs de la *Chronique de Frédégaire*, et dans la *Lex Salica*, qui parle de l'« illustre peuple des Francs, fondé par Dieu, courageux en guerre et constant dans la paix ». La *Chronique de Frédégaire* raconte même qu'ils descendent des Troyens, leur ancêtre étant le fabuleux prince Francus, émigré en Rhénanie.

L'armée est donc l'instrument du pouvoir par excellence. Tout homme libre est susceptible d'en faire partie. Le roi est entouré d'un corps spécial, sorte de garde d'élite qui lui est attachée par des liens personnels : ce sont les *saions* chez les Goths, les *gesiths* chez les Anglo-Saxons ;

chez les Lombards on distingue les *faramanni*, installés dans un camp fortifié, les *arimanni*, convocables à tout instant, et les *gasindi*, ou serviteurs. Chez les Francs, nous avons les *antrustions*, gardes du corps du roi, qui se sont recommandés à lui et lui ont juré fidélité ou « truste », à genoux, en plaçant leurs mains dans les siennes ; et puis il y a la *scara*, troupe permanente de guerriers. Ce type de lien personnel d'homme à homme tend à se généraliser autour des fonctionnaires et des grands propriétaires ; parfois même des esclaves sont chargés d'un service armé : le *gwass* celtique, latinisé en *vassus* chez les Francs, avec son diminutif *vassalus*, donnera « vassal ». Ce type de lien prépare la féodalité.

A la guerre, les soldats sont répartis par tribus, subdivisées en unités de quelques centaines d'hommes. Chacun apporte ses armes : la francisque, hache à deux lames, arme de jet, l'arc, la lance, l'angon, pique à crochet, l'épée longue et le scramasax, poignard à lame de 50 cm à un seul tranchant, le bouclier. Les techniques de forge sont remarquablement évoluées et produisent des lames très résistantes. La cavalerie est importante : cavalerie légère et rapide, avec arcs, épées et boucliers, cavalerie lourde, avec brogne, c'est-à-dire casaque de cuir sur laquelle sont cousues des plaques de métal, épée et lance. Au total, une force militaire redoutable.

L'installation des barbares a bien entendu provoqué une redistribution des terres, suivant des contrats variés, en fonction des accords locaux avec les peuples fédérés. Dans l'ensemble, le partage ne produit pas d'énormes bouleversements, et les structures agraires romaines subsistent. La dépossession totale des propriétaires romains n'a lieu que dans trois cas : par les Vandales en Afrique, les Lombards dans la plaine du Pô, et les Anglo-Saxons dans l'est et le centre de l'île de Bretagne. La faiblesse numérique des nouveaux venus, la présence de vastes espaces vides facilitent l'installation.

L'habitat est le plus souvent dispersé, soit en villas isolées, soit en hameaux de structure lâche, avec des limites de cultures assez floues, contrairement à l'usage romain d'un quadrillage strict et rectiligne. L'archéologie révèle la présence de grosses fermes en bois et chaume. Les zones de *saltus*, boisées, marécageuses, jouent un rôle fondamental dans l'économie rurale pour la pâture, la cueillette et la chasse, mais les rois, surtout anglo-saxons et lombards, tendent à se réserver les forêts comme territoires de chasse. Frisons, Saxons et Scandinaves pratiquent largement la pêche et le cabotage.

Les villes continuent à décliner, surtout les anciennes capitales romaines, cibles des attaques, subissant sièges et pillages qui font fuir les populations : Arles, Trèves, Milan, où des massacres sont commis en 539 par l'Ostrogoth Uraia, et Rome, où il ne reste qu'environ 25 000 habitants sur les 800 000 qu'elle comptait au temps de sa gloire. En revanche, d'autres villes se développent, sièges de gouvernements ou de fonctionnaires, comme Ravenne, Pavie, Toulouse, Paris, Tolède, Barcelone, ou liées à un monastère (Tours, Saint-Denis), plus fréquemment à un évêché. Le commerce pourtant n'est pas mort : les échanges avec Constantinople, Antioche, Alexandrie, Carthage se poursuivent jusqu'à l'arrivée des Arabes. Soie, papyrus, épices, natron arrivent de l'Est par mer ; blé, poix, céramique, étain partent dans l'autre sens, par Narbonne, Barcelone, Carthagène ; le sel de l'Atlantique, le vin de la Moselle, l'huile et le garum d'Espagne transitent d'est en ouest et du nord au sud par l'axe Rhône-Saône-Meuse. Marchands juifs et syriens sont particulièrement actifs. Et les espèces monétaires ne manquent pas : les ateliers monétaires prolifèrent, et les nombreux trésors enfouis à cette époque et retrouvés par l'archéologie témoignent de leur activité. Thierry Ier, fils de Clovis, frappe des sous d'or dès les années 520 ; en Espagne courent des sous d'or à l'effigie de Léovigild

(568-586). On frappe aussi des *tremisses*, tiers de sou d'or de 1,5 g. Il y a en revanche pénurie de pièces d'argent et de bronze pour les petits achats.

Le trait le plus marquant peut-être de ces sociétés, c'est le développement des relations d'homme à homme en raison de l'affaiblissement des pouvoirs de l'Etat. Au sommet, les *potentiores* ou *potentes*, les riches et puissants, appartenant à la classe sénatoriale ou simplement parvenus, retirés sur leur domaine, accueillent les petits propriétaires et les colons qui viennent se recommander à eux pour échapper au fisc. Ces *humiliores* ou *pauperes* cèdent leur lopin au patron, qui le leur rétrocède en échange de services, d'obéissance et de loyauté. Ce système du patronage permet au grand propriétaire d'accroître sa main-d'œuvre, et donc d'étendre les surfaces cultivées, d'autant plus qu'il dispose aussi de nombreux esclaves : des Saxons, des Slaves, des Maures sont toujours vendus sur les marchés, et les guerres permanentes permettent de se procurer des prisonniers réduits en esclavage. Certains sont affranchis et chasés ; ils restent ainsi au service du patron.

Une christianisation plus quantitative que qualitative

Ou du « saint patron », car les monastères et les évêques gèrent également d'immenses domaines. C'est entre le VIe et le VIIIe siècle que s'opère vraiment la christianisation de l'Europe occidentale. En fait, le problème est double : au moment où l'Empire romain se coupe en deux, en 395, la religion officielle est le christianisme, que Théodose vient de rendre obligatoire. Or, les Germains qui se présentent alors et entrent de gré (comme fédérés) ou de force (par la guerre) sont soit païens, comme les Angles, les Saxons, les Francs, soit ariens, c'est-à-dire chrétiens hérétiques niant la divinité du Christ, comme les Goths, les Vandales, les Burgondes, les Lombards. La religion est donc un motif d'opposition supplémentaire entre Romains et Germains. L'hostilité des chrétiens romains est plus grande encore contre les ariens que contre les païens, car ce sont là deux conceptions monothéistes, donc intolérantes par essence. Dans les régions où ils s'installent, les ariens vainqueurs persécutent les catholiques, et ne se convertissent que tardivement et par calcul politique : le roi burgonde Sigismond vers 520, le Wisigoth Reccared en 587, le Lombard Aripert Ier en 652. Quant aux Vandales et aux Ostrogoths, ils disparaissent avec leur foi pendant la conquête byzantine.

Le cas des païens est différent. Alors que les ariens sont considérés comme des renégats qui ont trahi la vraie foi, les païens sont vus comme des innocents qui n'ont pas eu connaissance de la Bonne Nouvelle. Il ne s'agit donc pas de les combattre, mais de les instruire. C'est ce que font les missionnaires, comme le Breton Patrick en Irlande au Ve siècle, donnant naissance à une forme de christianisme celtique individualiste, ascétique et avec des particularités liturgiques. A leur tour, moines irlandais et bretons viennent sur le continent évangéliser le sud de la Germanie : Colomban arrive en 590, fonde le monastère de Luxeuil, descend la Moselle, remonte le Rhin, passe en Ligurie, fonde Bobbio en 612. Son disciple Gall fonde en Suisse le monastère qui porte son nom, d'autres partent de Luxeuil, suivis par des évêques et prêtres du nord de la Gaule qui tentent de christianiser en profondeur le royaume franc. Car la conversion de Clovis, vers 500, qui était supposée avoir entraîné celle de son peuple, n'a donné que des résultats très superficiels. Sous un très vague vernis chrétien, les pratiques et coutumes païennes se perpétuent, et il faut maintenant de patients efforts pour les éliminer, ou plutôt les christianiser, et inculquer les vérités fondamentales de la nouvelle foi. C'est à quoi se consacrent saint Eloi, évêque de Tournon de 641 à 660, et saint Amand à partir de 630. Dans l'île de Bretagne, Grégoire le Grand envoie le moine Augustin en 597, suivi par l'abbé Mellitus, convertir les Anglo-Saxons, tandis qu'au nord travaillent les moines celtiques venus de l'abbaye d'Iona. Dans la première moitié du VIIIe siècle, le christianisme celtique se rallie à la liturgie romaine, tandis que des moines anglais évangélisent la Germanie : Willibrord, qui arrive en Frise en 690, et surtout Boniface, qui, avec le soutien de Charles Martel, baptise des milliers de païens en Hesse et en Thuringe, réorganise les évêchés de Bavière, travaille à améliorer le corps épiscopal franc. Nommé archevêque de Mayence en 732, il part évangéliser la Frise, où il est assassiné en 754.

A cette date, l'ensemble des royaumes barbares est nominalement christianisé et rallié à l'Eglise de Rome. Eglises et chapelles en pierre commencent à marquer le paysage, de plan très simple, en croix. Autour de ces bâtiments s'organise un réseau de paroisses. La conversion des mentalités est cependant très lente. Sur le modèle irlandais et celtique, des manuels établissent une tarification des pénitences sanctionnant les fautes morales : les pénitentiels. Le personnage principal est l'évêque, qui a aussi un pouvoir temporel important, à la tête de domaines étendus, et qui a son propre tribunal. C'est pourquoi les rois interviennent de plus en plus dans les nominations de ces clercs qu'ils ont tendance à considérer plus ou moins comme des fonctionnaires.

Et puis, il y a de nombreux moines, sur le modèle oriental. Beaucoup d'ermites, mais de plus en plus de communautés, fondées par les missionnaires de passage et qui entretiennent leur souvenir, comme Luxeuil, Saint-Gall, Bobbio. Chasteté, pauvreté, ascétisme, prière sont leurs caractéristiques principales. A partir du milieu du VIe siècle, la règle mise au point par saint Benoît de Nursie (480-vers 555) au mont Cassin s'impose progressivement comme un modèle d'équilibre entre travail manuel, intellectuel et prière. Les monastères sont à la fois des bases missionnaires, des refuges et des points d'appui du pouvoir royal, où sont rédigés des chroniques qui bâtissent peu à peu une histoire officielle et providentielle sur laquelle s'élaborent les prétentions dynastiques.

Ce sont aussi les seuls véritables foyers de culture dans un Occident plongé dans la barbarie, la brutalité et l'ignorance. Pourtant, les moines sont aussi, avec les évêques, les premiers responsables de la disparition des écoles classiques, auxquelles ils reprochent de véhiculer le paganisme et de cultiver un vain langage recherché, le *sermo scholasticus*. Césaire d'Arles (470-542), comme Benoît de Nursie, prône une culture spirituelle, basée sur la Bible, utilisant un minimum de connaissances littéraires et scientifiques pour en élucider le sens. Les écoles monastiques et épiscopales qui les remplacent sont au début uniquement destinées à assurer le renouvellement du clergé, comme le recommandent les conciles de Tolède en 527 et de Vaison-la-Romaine en 529, et le niveau y est très médiocre, comme l'indiquent les critiques du clergé franc par Boniface : « Dans la majeure partie des cas, les sièges épiscopaux sont livrés à des laïcs cupides pour en prendre possession ou à des clercs adultères, coureurs, mondains, pour en jouir d'une manière séculière » ; les évêques « sont en réalité ivrognes, négligents et chasseurs... quant à ceux qu'on appelle diacres, ce sont des individus plongés depuis l'adolescence dans la débauche, qui ont quatre ou cinq ou plusieurs concubines dans leur lit, qui ne rougissent pas cependant de lire l'Evangile et de parvenir à l'ordre de la prêtrise et de l'épiscopat ». Tous ne peuvent même pas lire l'Evangile, justement, car ils sont illettrés ; le latin leur est totalement inconnu : Boniface cite le cas d'un prêtre bavarois qui, au lieu de baptiser *in nomine Patris et Filii* (« au nom du Père et du Fils »), le fait *in nomine Patria et Filia* (« au nom de la Patrie et de la Fille ») ! Avec un tel clergé, on peut imaginer ce que doit être le niveau des connaissances et des pratiques chrétiennes des fidèles de base.

Il y a pourtant quelques rares exemples de réussite, comme le monastère du Vivarium, où Cassiodore (480-575) lance un ambitieux programme culturel fondé sur l'étude du *trivium* (grammaire, rhétorique, dialectique) et du *quadrivium* (arithmétique, géométrie, astronomie, musique), englobant ces sept arts libéraux profanes au sein de la culture sacrée. Grégoire le Grand, devenu moine en 573, est lui aussi un fin lettré, très porté sur la symbolique des nombres, tandis qu'Isidore de Séville (570-636) rassemble en vingt livres d'*Etymologies* tout le savoir humain de son époque. Des monastères du nord de la Gaule, comme Corbie, Chelles, Saint-Denis, sortent de belles copies de livres liturgiques. Dans le *scriptorium* des monastères celtes on produit de très beaux livres qui valent plus pour leurs illustrations que pour le contenu : évangéliaires, missels, psautiers. Cependant, en Northumbrie, à Lindisfarne, Wearmouth et surtout Jarrow, travaille Bède le Vénérable (673-735), auteur d'ouvrages exégétiques, historiques et scientifiques, comme un *De Natura rerum* basé sur les compilations d'Isidore et de Pline l'Ancien, auxquelles il ajoute de savants calculs astronomiques. Tous ces auteurs, auxquels il faut ajouter le cas particulier de Boèce (480-524), dont la *Consolation de philosophie*, plus païenne que chrétienne, sera un grand classique du Moyen Age, montrent que les royaumes barbares ne sont sans doute pas un désert culturel absolu. Malgré tout, une demi-douzaine de noms en deux siècles, c'est tout de même bien maigre. Ces auteurs, qui pensent qu'avec la révélation chrétienne on a atteint les limites du savoir accessible à l'homme, sont de pâles étoiles qui ne doivent leur éclat qu'à l'obscurité du ciel culturel.

3

Le choc de l'islam
(630-750)

Le Moyen Age n'eût jamais été ce qu'il a été sans l'islam. Qu'on s'en réjouisse ou qu'on le déplore, c'est un fait. Le surgissement de ce nouveau partenaire va fortement contribuer à façonner la civilisation médiévale, en l'obligeant à réfléchir sur elle-même et à s'organiser dans un esprit de combat eschatologique. L'islam apparaît alors que les derniers foyers de paganisme n'ont pas encore été totalement convertis, notamment au nord et à l'est. L'arrivée des musulmans apparaît aux yeux de certains spirituels comme une contre-attaque des forces du mal au moment où le christianisme semblait sur le point de l'emporter. Pendant longtemps, on ne fait guère de différence entre l'islam et les grandes hérésies, comme l'arianisme, et les similitudes sont en effet troublantes. La grande différence, c'est que la nouvelle religion est colportée à l'origine par un peuple exotique, les Arabes, et cette association de l'aspect ethnique et de l'aspect religieux, qui aboutit à la naissance d'une civilisation originale, arabo-musulmane, va progressivement durcir le conflit religieux tout en favorisant des ouvertures politiques. L'islam est à la fois un choc et une opportunité.

Mahomet (vers 571-632) : une personnalité trouble

Sa naissance est pourtant bien modeste et banale. Les Arabes, peuple semi-nomade de la péninsule qui porte leur nom, ne forment pas un Etat. Chaque tribu a son chef et ses divinités, dont le culte est célébré autour de certains arbres et de certains rochers, monde divin assez flou, avec ses idoles et quelques dieux plus spirituels. A La Mecque, centre de la tribu des Quraychites, on vénère par exemple dans le bâtiment cubique de la Kaba des idoles et une pierre noire, d'origine sans doute météoritique, considérée comme un réceptacle du divin ; on invoque aussi Allah, « le dieu, la divinité », personnification du monde divin, créateur de l'univers et gardien de la foi jurée. Les valeurs morales sont l'honneur, la fidélité, la virilité, l'hospitalité, formant un ensemble qu'on a pu qualifier d'« humanisme tribal ». Les contacts avec juifs et chrétiens sont anciens et variés : en 571, une fédération de tribus vient tout juste de rejeter la tutelle que les chrétiens éthiopiens imposaient aux villes du Yémen. Au nord, les tribus ont des contacts commerciaux étroits avec juifs et chrétiens de Syrie, de Palestine, de Mésopotamie, et les contaminations de croyances religieuses avec ces monothéistes sont multiples. A la fin du VIe siècle, la société arabe est à la recherche d'un nouvel équilibre. L'enrichissement provoqué par le fructueux commerce des parfums et épices du Yémen vers la Syrie contribue à désagréger les structures et les valeurs traditionnelles. Par réaction, certains aspirent à une restauration de la pureté originelle, et en même temps à une unification du peuple arabe et de ses croyances, vers un monothéisme et un pouvoir politique et religieux unique. Aspiration combattue par les milieux qui profitent du commerce. C'est dans ce contexte que grandit Mahomet.

Sa vie est mal connue. Les biographies les plus anciennes datent du début du IXe siècle, deux siècles après sa mort, et incorporent de nombreux éléments légendaires. Orphelin peu fortuné, élevé par son oncle Abou Talib, qui l'emmène avec lui dans ses voyages commerciaux en Syrie, il est ensuite employé par une riche veuve, Khadidja, qui organise elle aussi des caravanes. Entreprenant, Mahomet épouse sa patronne. Tempérament fougueux et passionné, il médite beaucoup, interrogeant juifs et chrétiens, et il se persuade peu à peu de la nécessité de réformer la société arabe au nom de la restauration du dieu unique, Allah. Il forme avec son entourage familial immédiat un premier groupe de croyants, désignés sous le nom de « musulmans », de l'arabe *moslimoûn*, au singulier *moslim*, « ceux qui remettent (leur âme à Allah) ». Cet abandon, cette soumission, s'appelle *islam*. Autour de Mahomet, sa femme, Khadidja, son gendre et neveu Ali, des amis comme l'Omeyyade Othman, petite communauté égalitaire, rassemblée plusieurs fois par jour pour la prière commune, et que rejoignent des jeunes gens séduits par l'idéal de retour à une pureté primitive supposée, et rejetant les dérives et compromissions qui corrompent les milieux marchands. L'esprit exalté et instable de Mahomet lui fait imaginer des visions, comme celle de l'archange Gabriel, qui lui confie la mission d'avertir les Arabes, sur le modèle des anciens prophètes, Abraham, Moïse, Jésus. L'illuminé reçoit l'appui d'une partie de sa tribu des Quraychites, mais le groupe est d'abord raillé, puis persécuté par les Mekkois fidèles aux divinités traditionnelles.

Mahomet entre alors en contact avec les clans arabes de Yathrib (Médine), 350 kilomètres au nord de La Mecque, où on lui propose de venir arbitrer des querelles avec des groupes juifs. Il y arrive le 24 septembre 622 : c'est l'*hidjra* (l'hégire), c'est-à-dire l'« émigration », début de l'ère musulmane. Avec ses fidèles, dont le nombre croît rapidement, Mahomet organise une communauté, la « Maison du Refuge », empruntant de nombreux éléments au judaïsme, comme les jeûnes et les interdits alimentaires. En même temps, les musulmans, pour assurer leur subsistance, lancent des raids contre les caravanes mekkoises, dans la tradition arabe de la razzia. Une véritable guerre commence, et dès lors dans l'islam se mêlent inextricablement les valeurs guerrières et les affirmations religieuses. L'islam s'est affirmé dans et par la violence, c'est un fait indéniable et indélébile. Après la victoire de Badr sur les Mekkois en 624, Mahomet se comporte en chef de bande sanguinaire : assassinat des poètes médinois polythéistes qui l'avaient injurié, massacre des Qurayza en 627 et rupture avec les tribus juives, expulsées dès 625. L'islam est alors arabisé : le jeûne collectif est fixé au mois de ramadan, mois de la victoire de Badr, et pour la prière on fait volte-face : au lieu de se tourner vers Jérusalem, au nord, on regarde désormais vers le sud, La Mecque. Les mythes juifs sont détournés : à Abraham et à son fils Ismaël on attribue la fondation de la Kaba, qui a été souillée par les générations suivantes, qui y ont placé leurs idoles, et qu'il s'agit maintenant de libérer et de purifier. En même temps, dans un esprit antijuif, les musulmans « récupèrent » Jésus, mais un Jésus purement homme, grand prophète et né d'une vierge, certes, mais qui n'est en aucun cas un dieu. Cela facilitera le rapprochement avec certaines hérésies chrétiennes.

Les huit années hégiriennes (622-630) sont donc capitales dans l'élaboration de l'islam. Mahomet s'impose comme un chef charismatique extrêmement autoritaire, une personnalité portée à « croire un peu trop facilement à des inspirations qui satisfaisaient ses penchants naturels », écrit Maxime Rodinson, qui rappelle qu'après la mort de Khadidja, dont il avait une fille, Fatima, qu'il a mariée à Ali, « ses penchants érotiques, longtemps contenus, devaient alors lui faire contracter concurremment une dizaine de mariages, de concert parfois avec des visées politiques », y compris avec la petite Aïcha, fille d'Abou Bakr, âgée de 10 ans. Il faut certes « tenir compte des mœurs de son peuple et de son époque pour juger certains de ses actes atroces ou quelque peu hypocrites », dit encore l'historien, qui lui reconnaît « intelligence », « habileté », « ténacité ». Il n'en reste pas moins qu'une religion fondée sur un tel « prophète » soulève bien des questions, et n'a en tout cas rien d'une religion pacifique.

Après un dernier échec des Mekkois, un pacte est conclu en 628, permettant aux musulmans d'accomplir en 629 le pèlerinage rituel avec les sept circumambulations autour de la Kaba, les sept courses entre Safa et Marwa, la prière au mont Arafat. En 630, Mahomet se présente à la tête de 10 000 hommes devant La Mecque, qui est investie pratiquement sans résistance. Les derniers chefs Omeyyades se convertissent, et Mahomet meurt le 8 juin 632, à la suite d'une banale maladie.

Les débuts de l'islam : violence, confusion et divisions

A ce moment, la religion musulmane est avant tout un ensemble de pratiques, unissant une communauté autour de quelques affirmations de base et répondant aux besoins d'une société tribale semi-nomade du VIIe siècle. Les fameuses « cinq colonnes » sont déjà érigées : la profession de foi monothéiste en Allah, les prières quotidiennes, le jeûne du ramadan, le pèlerinage et l'aumône. Les croyants forment une société égalitaire, comme l'illustre leur alignement en rangs parallèles dans la mosquée, tournés vers le mur de *qibla*, indiquant la direction de La Mecque ; un seul « guide », l'imam, dirige la prière du haut du *minbar*. Ici, pas de moines, pas de hiérarchie cléricale. Religion au contenu simple, mais qui a l'ambition d'organiser toute la vie publique et privée, ce qui nécessite rapidement des précisions et des mises au point pour lesquelles on se réfère aux « dits » du Prophète, les *hadiths*, transmis oralement, incorporés dans la pratique coutumière, puis incorporés en corpus et regroupés en une récitation, le *quran* (Coran), où se succèdent dans le plus complet désordre les versets ou sourates. Elaboré progressivement, à travers de multiples disputes, des ajouts et des suppressions, le Coran, qui comprend plusieurs versions, est un recueil hétéroclite, plein d'incohérences et de contradictions, reflet des différents milieux et des différents contextes dans lesquels il a été composé. D'une certaine façon, il assume ces contradictions, en faisant dire à Mahomet : « Si nous abrogeons un verset ou le laissons tomber dans l'oubli, nous le remplacerons par un meilleur ou par un semblable » (2, 106). Ce qui donne une souplesse remarquable à l'ensemble et permet de justifier tout et son contraire en cas de besoin, exercice favori des théologiens de toutes les religions. Dieu peut tout, même changer d'avis. L'exemple flagrant et le plus dramatique par ses incalculables conséquences est celui du *jihad*, l'« effort » militaire contre les infidèles : l'islam est-il une « religion de paix », prônant la mansuétude universelle, ou bien demande-t-il la soumission, y compris par la violence, des incroyants ? Les deux positions peuvent s'appuyer sur des sourates contradictoires. De même en ce qui concerne la polygamie, la place des femmes dans la vie sociale, et de nombreux autres aspects. Cette souplesse qui frise l'incohérence et qui donne lieu jusqu'à aujourd'hui à de terribles conflits internes peut être un élément de force, permettant les adaptations que rend nécessaires la conquête de régions aux cultures variées. Mais c'est aussi une grande cause de faiblesse, car elle favorise des interprétations multiples, causes de déviations, d'écoles et de sectes rivales qui vont empoisonner l'islam dès ses origines.

D'autant plus que rien n'a été prévu pour assurer la direction religieuse et politique de la communauté. Où réside le pouvoir légitime ? Mahomet se l'était approprié en se présentant comme le seul interlocuteur d'Allah, et en créant un ensemble où politique et religion sont inséparables. A sa mort, de vieux compagnons, liés par des mariages à sa famille, saisissent le pouvoir : Abou Bakr et Omar, qui se lancent dans des conquêtes. Des rivalités de clans ne tardent pas à entrer en jeu : l'Omeyyade Othman devient le troisième calife (lieutenant) ; il fait réviser les premières versions du Coran, en supprimant les malédictions contre son clan qu'elles contenaient. Outrés, les partisans de la communauté d'origine l'assassinent en 656. C'est le début d'une lutte sans fin pour le pouvoir. Ali, gendre du Prophète, succède à Othman. Il bat deux compagnons de Mahomet, soutenus par une des multiples veuves de ce dernier, Aïcha, à la bataille du Chameau. Se dresse alors contre lui le gouverneur de Syrie, Muawiya. On décide d'avoir recours à un arbitrage, solution que rejettent les « kharidjites », rigoristes, qui prônent comme seul critère la pureté de conscience et assassinent Ali. Le fils de celui-ci, Husayn, est à son tour tué à Karbala, en 680, et dès lors les anciens soutiens d'Ali se réfugient dans une opposition légitimiste minoritaire, cultivant l'idée de martyre : ce sont les « chiites ». Muawiya, vainqueur, est soutenu par les modérés, opportunistes, indifférents et ambitieux : grâce à eux, les Omeyyades vont exercer le pouvoir jusqu'en 750.

D'autres divisions se produisent. Les mutazilites, organisation clandestine, luttent contre l'immoralité des califes, cherchent à déclencher une révolte contre les chefs impurs ; pour eux, l'origine du mal réside dans le seul libre arbitre humain, et contre les traditionalistes qui font du Coran la Parole de Dieu éternelle et incréée, ils soutiennent la notion de « Coran créé » pour expliquer les imperfections détectées dans le texte sacré. Et puis il y a les sectes millénaristes, qui attribuent une fonction prophétique aux imams. Certains attendent la venue d'un *mahdi*, un « bien guidé », un sauveur descendant d'Ali, car celui-ci serait à l'origine d'une chaîne d'« imams cachés », dont le dernier se révélera comme une sorte de messie. Les sunnites, eux, défendent les « traditions des ancêtres de la tribu », mais sont divisés en plusieurs écoles. Bref, quelques années après son apparition, l'islam est une constellation de courants, d'écoles et de sectes qui se livrent des luttes acharnées dans lesquelles se mêlent les questions religieuses, politiques, sociales, tribales, morales. Comment se fait-il qu'une religion aussi peu structurée, née dans un contexte tribal semi-nomadique, aussi divisée, sans direction légitime reconnue de tous, basée sur des textes incohérents, ait pu se répandre aussi vite et aussi largement, et durer aussi longtemps, dans des régions de civilisations totalement différentes de celles du monde arabe d'origine ?

Un élément de réponse tient sans doute au fait qu'en introduisant les pratiques et les croyances religieuses de base dans la vie quotidienne, sociale et privée, l'islam rend impossible la séparation entre vie matérielle, séculière, et vie religieuse ; les deux sont intimement liées, ne font qu'une ; le musulman croit comme il respire, et dès lors il devient impensable de cesser de croire. On pourrait sans doute dire qu'il en est de même pour d'autres religions qui incorporent des gestes et des pratiques dans l'existence courante, mais aucune ne réalise cette incorporation d'une façon aussi complète et publique que l'islam. Chez les chrétiens, la plupart des gestes religieux sont d'ordre privé, et peuvent donc être mis en sommeil sans pour autant altérer la vie sociale de l'individu. Ici, ce n'est pas le cas, et une fois qu'on a adhéré à l'islam, il est quasiment impossible d'en sortir, autant à cause de la pression sociale qu'en raison d'un besoin quasiment biologique ; croire devient une fonction vitale, un réflexe, ce qui élimine d'emblée le dilemme : croire ou ne pas croire ? Le musulman n'est plus libre ; il n'y a pas de retour en arrière. A cette aliénation complète de la liberté, il faut ajouter un autre élément. La simplicité des croyances et des gestes de base les rend adaptables à tous les contextes et à tous les milieux, ce qui facilite les conversions nombreuses et massives. Enfin, dans les régions conquises, les pressions exercées sur les non-musulmans sont particulièrement efficaces. Si l'islam tolère les communautés juives et chrétiennes, dont les membres ont le statut de *dhimmi*, « protégés », il les soumet à une taxe spéciale, qui est un bon argument de conversion. L'attitude à l'égard de l'infidèle *(kâfir)* est beaucoup plus radicale : le *takfir*, dénonciation de l'infidèle, est un devoir du croyant, qui peut conduire, suivant les circonstances, à l'expulsion ou à l'exécution. Comme tous les monothéismes, l'islam est intolérant par essence : s'il y a un seul dieu véritable, il est littéralement intolérable de laisser affirmer qu'il y en a d'autres, ou pas du tout.

Fait révélateur : dès ses origines, l'islam s'est répandu par la guerre, et cette composante de son expansion, la violence, ne pourra jamais être totalement effacée. Les tribus de l'Arabie préislamique n'étaient certes pas pacifiques, et la pratique de la razzia était courante. Mais il s'agissait de conflits internes, et les relations avec les voisins chrétiens et juifs du nord étaient purement commerciales, et en tout cas ne comportaient aucune visée hégémonique. Or, à peine les Arabes sont-ils convertis à l'islam qu'ils se lancent dans des conquêtes extérieures. La concomitance est pour le moins troublante. Lorsque Abou Bakr se lance à l'assaut de la Syrie, certains historiens ont voulu voir là une simple opération de diversion destinée à cimenter l'union encore précaire des tribus de la péninsule. Le rapide succès aurait alors suscité les appétits, en ouvrant des perspectives de riche butin. La conquête aurait donc commencé comme un simple calcul politique qui aurait dégénéré en guerre sainte. Ce n'est pas impossible. Encore faut-il préciser que ce calcul politique s'accorde parfaitement avec les visées universalistes de l'enseignement de Mahomet ; la manœuvre politique est d'autant plus efficace qu'elle s'appuie sur une croyance religieuse : l'islam doit cimenter l'union des tribus arabes, et accessoirement régner sur le monde. La facilité des premiers succès va rapidement inverser les priorités.

L'expansion islamique par la guerre éclair (632-751)

Car les adversaires immédiats au nord sont une proie facile. Ce sont des régions périphériques de deux empires impressionnants sur la carte mais confrontés à de graves crises politiques internes, et qui en plus sont en guerre perpétuelle l'un contre l'autre : l'Empire byzantin et l'Empire perse. L'Egypte et la Syrie sont deux provinces byzantines rongées par les conflits religieux qui s'appuient sur des spécificités ethniques. En Egypte prédominent les monophysites, utilisant la langue copte ; ils sont victimes des persécutions melkites, c'est-à-dire faites au nom de l'empereur, qui vers 610 exile le patriarche Benjamin et force les évêques, prêtres et moines à adhérer au compromis monothéliste. En Syrie et Mésopotamie, de langues araméenne et syriaque, les monophysites sont de nuance « jacobite », du nom d'un prédicateur ambulant, Jacob Baradaï. Ils suivent le patriarche d'Antioche et regroupent la plupart des moines. Les melkites suivent le patriarche de Jérusalem et dominent dans l'aristocratie. Il y a aussi une forte minorité nestorienne, qui sépare strictement les deux natures de Jésus, affirmant que les vicissitudes de sa vie humaine n'affectent pas son statut de Verbe divin. Les nestoriens ont été expulsés de l'Empire par Zénon en 491, et ils sont désormais plus nombreux dans l'Empire perse, où ils ont pour chef le *catholicos* de Ctésiphon. Les jacobites syriens ont des liens avec les Coptes d'Egypte, mais ils sont coupés des monophysites de Mésopotamie. L'Empire perse n'a rien à envier à cette confusion religieuse des Byzantins. La religion officielle est le zoroastrisme, mais les anciens cultes n'ont pas disparu. Le manichéisme est répandu dans de nombreuses sectes, tandis que le bouddhisme prédomine au nord-est, en Bactriane, au Ferghana, en Sogdiane.

Ajoutons que les rois de Perse, de la famille des Sassanides, viennent de subir de graves revers contre les Byzantins pendant le règne d'Héraklios, à partir de 610. Au cours de ces guerres, Perses et Byzantins ont eu recours aux tribus arabes Ghassanides des confins syriens et à celle des Lakhmides des bords de l'Euphrate. Les Arabes de la péninsule, dont les caravanes fréquentent régulièrement la Palestine et la Syrie, sont donc parfaitement au courant de cette situation confuse, et ils vont bénéficier de l'aide de certains groupes, ce qui va grandement leur faciliter la tâche : les Coptes, les monophysites les accueillent en libérateurs. De plus, ils ont en face d'eux des armées décimées par des années de guerre.

Dans ces conditions, la conquête prend des allures de *Blitzkrieg* arabe. En 635, trois ans après la mort de Mahomet, Damas est prise ; en 636, les Perses sont battus à Qadisiya, sur l'Euphrate, et les Byzantins à Yarmouk, sur le Jourdain. Jérusalem tombe. Le Proche- et le Moyen-Orient sont submergés : la Haute-Mésopotamie et l'Arménie en 641, le Zagros en 642, le Khorasan en 651, l'Egypte en 641. Des gouverneurs sont immédiatement mis en place : Muawiya en Syrie, Khalid en Iran, Amr en Egypte. Vers l'est, l'Empire perse s'effondre, et les tribus qui avaient été soumises aux Sassanides viennent grossir l'armée arabe : ce sont les *mawali* (« clients »), anciens esclaves et prisonniers affranchis en échange d'un devoir de fidélité et de dévouement. Ce sont ces Iraniens arabisés qui permettent d'atteindre Boukhara, Samarkand, le Khwarizim, les hautes vallées du Ferghana entre 705 et 715. On est aux portes de la Chine, et en 751, à Talas, au nord du Ferghana, Arabes et Chinois s'affrontent pour la première fois. Les Arabes sont vainqueurs, mais ils atteignent là les limites de leur avance : ils sont à plus de 4 000 kilomètres de La Mecque.

De l'autre côté, et simultanément, c'est la ruée vers l'ouest : après l'Egypte, les cavaliers de l'islam suivent la côte africaine, par la Cyrénaïque ; ils sont à Tripoli dès 644, à Kairouan en 670, à Carthage en 698 ; les anciennes conquêtes de Justinien sont abandonnées quasiment sans résistance. L'avancée est plus difficile dans les montagnes du Maghreb, tenues par les Berbères. Conquérir les Aurès et la Kabylie n'a jamais été facile, et le ratissage méthodique occupe 40 000 hommes à partir de 692, disent les sources. Certaines affirment que dès 681-683 Oqba ibn Sébou atteint la côte atlantique du Maroc, mais l'épisode est peut-être légendaire.

Ce qui ne l'est pas, c'est qu'à l'été 711 un *mawali* berbère, Tariq ibn Ziyad, traverse le détroit entre Méditerranée et Atlantique, détroit qui porte depuis son nom, Djebel Tariq, Gibraltar. Au départ, il s'agit probablement d'une opération de razzia, facilitée par le fait que la monarchie des Wisigoths est en pleine crise, avec un usurpateur, Roderic, qui contrôle la Bétique. Tariq bat et tue Roderic au rio Barbate, et ce succès pousse le gouverneur arabe du Maghreb, Mousa ibn Nusayr, à traverser à son tour en 712, et en deux ans le royaume wisigoth est anéanti, Séville, Mérida, Tolède, Saragosse sont prises, l'Espagne conquise. Cette invasion foudroyante s'explique davantage par le délabrement du royaume wisigoth que par la force et l'habileté des Arabes, qui, entraînés par leur élan, franchissent les Pyrénées, passent dans le Roussillon, atteignent Narbonne en 720, et de là lancent un raid jusqu'en Bourgogne et un autre vers Poitiers, où ils rencontrent Charles Martel en 732. C'est le coup d'arrêt. Ils se replient alors derrière les Pyrénées, mais continuent à pratiquer de fréquentes incursions en Languedoc. Nous sommes exactement un siècle après la mort de Mahomet, et la domination arabo-musulmane, partie de La Mecque, s'étend du Portugal aux confins de la Chine, et des steppes d'Asie centrale au détroit d'Ormuz. On comprend que cela ait pu provoquer un choc, quand on compare à la progression beaucoup plus lente du christianisme, qui a pris quatre siècles pour dominer le bassin méditerranéen. Il faut tout de même relativiser. Les Arabes ont profité de circonstances particulièrement favorables, avec des adversaires affaiblis. Et puis, les trois quarts des territoires conquis sont des steppes et des déserts, des zones très vastes mais peu peuplées et économiquement peu intéressantes. D'ailleurs, lorsqu'on atteint des zones plus densément occupées et mieux défendues, on piétine. Lorsqu'au nord de la Syrie les Arabes tentent d'avancer en Asie Mineure, c'est l'échec. Les armées byzantines, avec leur cavalerie lourde, retrouvent là leur supériorité, et les Omeyyades, qui n'avancent plus, doivent licencier une partie de leurs troupes.

L'objectif n'était autre que Constantinople. Emportés par l'enthousiasme soulevé par leurs succès initiaux, les musulmans pensent que la domination universelle est à leur portée et que le règne d'Allah va bientôt s'étendre sur tout le monde connu. La prise de la seconde Rome serait la concrétisation de ce grand rêve. Ce serait aussi, accessoirement, un butin fabuleux. La progression terrestre par l'Asie Mineure se révélant trop difficile, c'est par la mer qu'ils tentent d'atteindre leur objectif. Dès le milieu du VIIe siècle, ils entreprennent la construction de navires. En 648, ils débarquent à Chypre, puis atteignent la Crète et la Sicile ; en 655, c'est leur première grande victoire navale, à la « bataille des mâts ». A partir de 673, ils se présentent plusieurs fois devant Constantinople. Mais l'obstacle est formidable. Avec son site extraordinaire sur le Bosphore, ses énormes murailles et son arme secrète, le feu grégeois, à base de naphte, la ville repousse sans mal tous les assauts. Après un nouveau siège en 717-718, les Arabes abandonnent. Byzance va rester chrétienne pendant encore sept cent trente-cinq ans !

Le choc de la conquête arabo-musulmane et ses répercussions

718 : Constantinople ; 732 : Poitiers ; 751 : Talas ; ce sont les trois coups d'arrêt de la conquête arabo-musulmane. Il était temps. En un siècle, les données géopolitiques de l'Eurasie ont été bouleversées. Tout se joue désormais à trois, entre Byzance, le monde arabe et les Francs. Sur la carte, les Arabes sont les plus impressionnants : ils tiennent toutes les rives méridionales et orientales de la Méditerranée, et ont pris pied sur plusieurs îles ; ils contrôlent de riches régions, comme l'Egypte et la Syro-Palestine, ainsi que les routes caravanières vers l'Extrême-Orient. L'Empire byzantin est réduit de moitié, mais, replié sur l'Asie Mineure, la Grèce et les Balkans, il occupe une position stratégique exceptionnelle : à la fois isthme et détroit, le Bosphore est la clé du passage Asie-Europe et mer Noire-Méditerranée. Quant aux Francs, ils font encore figure de puissance marginale, exclusivement continentale et occidentale. Le centre de gravité du monde méditerranéen est toujours en Orient.

La conquête arabo-musulmane a certes été un choc, mais il est essentiel de comprendre qu'en cette première moitié du VIIIe siècle la menace arabe est ressentie comme une menace militaire beaucoup plus que religieuse. L'islam est rangé dans la catégorie du paganisme, ou dans celle de l'hérésie, au même titre que les croyances des Slaves ou des Scandinaves. On ignore d'ailleurs totalement le contenu de cette religion, et on ne cherche en aucun cas à s'informer : il suffit de savoir que c'est une fausse religion, une idolâtrie. Même les théologiens byzantins, qui sont les mieux placés pour se renseigner, affichent la plus complète indifférence. Dans cette première moitié du VIIIe siècle, Jean Damascène, qui réside pourtant à Jérusalem, écrit que les Arabes « adoptèrent la doctrine d'un faux prophète qui se manifesta à eux et qui se nommait Mamed, lequel, ayant eu par hasard connaissance de l'Ancien et du Nouveau Testaments, [...] mit au point son hérésie personnelle. Puis, quand, sans doute par des grimaces de piété, il se fut concilié le peuple, il alla disant qu'une Ecriture lui était descendue du Ciel ». Cela plus d'un siècle après la mort de Mahomet, par un intellectuel en contact direct avec les musulmans. Les autres moines byzantins ne sont pas mieux renseignés : au IXe siècle encore, Théophane le Confesseur parle d'un certain « Mouamed », faux prophète épileptique ; Georges le Moine raconte que le « pseudo-prophète des Sarrasins, Mouchoumet », a séduit « ces hommes à l'esprit fumeux et imbécile, réellement bestiaux et sans âme » ; même son de cloche chez Nicétas de Byzance. En Occident, l'ignorance est totale. Bède le Vénérable, dans son abbaye du nord de l'Angleterre, n'a aucune idée de la doctrine musulmane ; c'est une simple idolâtrie, écrit-il dans *Des lieux saints*. Les pèlerins qui vont en Palestine ne portent aucun intérêt à l'islam. Très révélateur est le cas de Willibald, au VIIIe siècle, qui, à Nazareth, prie aux côtés de musulmans dans l'église qui est partagée entre les deux cultes : il ne lui vient pas à l'esprit de les interroger sur leur foi. A la même époque, en Germanie, saint Boniface n'en sait pas plus.

Plus surprenant encore, dans l'Espagne conquise, musulmans et chrétiens cohabitent en s'ignorant mutuellement. On peut lire dans une chronique latine espagnole de 741 que le fondateur de l'islam s'appelait « Mahmet de nom, né de la plus noble tribu de ce peuple, un homme fort prudent qui pouvait prévoir les évènements futurs » ; les Sarrasins « le vénèrent avec tant d'honneur et de révérence qu'ils affirment dans tous leurs sacrements et tous leurs écrits qu'il est l'apôtre et le prophète de Dieu ». Une autre chronique latine de 754 présente l'invasion sarrasine comme l'instrument de la vengeance divine à cause des péchés des chrétiens, et elle déclare que la bataille de Poitiers a été l'affrontement du « peuple de l'Austrasie », des « gens du Nord », des « Européens », contre les Arabes.

Ce point de vue, dont il ne faut pas exagérer l'importance et la diffusion, marque le début d'une prise de conscience d'un choc de civilisations. A l'affrontement traditionnel Est-Ouest, ou monde grec-monde latin, Byzance-Rome, est en train de se substituer un affrontement Nord-Sud, Européens-Arabes. Pour le moment, les deux affrontements se superposent, les Européens étant à la fois les gens de l'Ouest et du Nord, qui se définissent de plus en plus par leur religion. Mais ce n'est que l'amorce du processus.

Les invasions germaniques, suivies par l'invasion arabe, ont profondément perturbé l'ensemble Europe-Méditerranée. Les enjeux de cette perturbation ont été l'objet de vifs débats parmi les historiens, débats qui ne sont pas toujours dénués d'arrière-pensées contemporaines, en fonction notamment des positions individuelles face à la présence croissante et pas toujours pacifique de l'islam. Dans les années 1930, le livre devenu classique d'Henri Pirenne, *Mahomet et Charlemagne*, rendait la conquête musulmane responsable de l'irrémédiable coupure entre l'est et l'ouest de la Méditerranée, traumatisme dont il était résulté un effondrement des échanges commerciaux et culturels. Au milieu du XXe siècle, Maurice Lombard, dans divers ouvrages dont *L'Islam dans sa première grandeur*, soutenait une thèse contraire, écrivant que « grâce à la conquête musulmane l'Occident a repris contact avec les civilisations orientales et, à travers elles, avec les grands mouvements mondiaux de commerce et de culture ». Pour lui, ce sont les invasions germaniques qui ont « entraîné la régression économique de l'Occident mérovingien puis carolingien », l'invasion musulmane ayant réparé le mal causé par les premières.

Personne ne soutient plus aujourd'hui des positions aussi tranchées et lourdes d'un manichéisme latent. Le problème n'est pas de savoir si les Germains et les Arabes ont été des agents du bien ou du mal. Ce qui est certain, c'est qu'ils ont été facteurs de transition et qu'ils ont contribué à l'apparition d'une prise de conscience européenne. Transition entre un empire romain d'Occident dont le souvenir prestigieux reste omniprésent dans les symboles, la titulature et certaines institutions, et une chrétienté qui façonnera les mentalités médiévales. Transition entre un monde fondé avant tout sur la notion de droit, le monde romain, et un monde basé sur la croyance religieuse, le monde médiéval.

Arabisation et islamisation des conquêtes

Ce qui est peut-être plus étonnant encore que la rapidité de la conquête arabe, c'est la rapidité de l'arabisation et de l'islamisation des territoires conquis. Comment une poignée d'Arabes sortis du désert ont-ils pu en un siècle convertir massivement et développer une civilisation nouvelle sur 6 000 kilomètres de l'Espagne à l'Afghanistan ? Cela est dû en partie à la fragilité des groupes ethniques et religieux locaux, notamment dans l'Empire perse, où la diversité des peuples et l'incapacité du mazdéisme à motiver la population facilitent la pénétration d'une idéologie universaliste. Les conquérants laissent d'ailleurs en place de nombreuses dynasties locales, au Ferghana, en Sogdiane, Bactriane, sur les bords de la Caspienne. Plus qu'un calcul, c'est une nécessité : les Arabes ne sont pas assez nombreux pour encadrer toutes ces populations. Dans les pays chrétiens, en Irak, Syrie, Egypte, les milieux monophysites et jacobites, qui les considèrent comme des libérateurs, se soumettent dans un premier temps, avant de s'apercevoir que les nouveaux maîtres ne sont pas plus tolérants que les précédents : les *dhimmis* sont soumis à un impôt spécial, au port d'un insigne distinctif, à la loi musulmane en cas de procès, n'ont pas le droit de pratiquer leur culte en public, ni de construire de nouvelles églises ou synagogues. L'usage de la langue arabe se répand très rapidement comme moyen d'unification.

En fait, les Arabes sont eux-mêmes dépassés par la rapidité et l'immensité de leurs conquêtes, et leur domination s'établit dans l'urgence et l'improvisation. Ce sont les tribus qui servent de cadres à l'administration. Pour s'intégrer à la société musulmane, les peuples conquis doivent devenir d'abord des clients, des *mawalis*, qui restent dans une position inférieure. Même lorsqu'ils sont intégrés à l'armée, ils n'ont droit qu'à une part mineure du butin. Le gros problème est celui de la redistribution des terres. En théorie, elles doivent être partagées entre tous les combattants, sauf un cinquième attribué aux fondations religieuses. Dans les faits, elles continuent à être cultivées par les *dhimmis*, qui payent des taxes à leurs propriétaires musulmans, ceux-ci payant la dîme à l'Etat. Autour de Bagdad, le prince se constitue une immense réserve foncière, les terres *sawafi*, dont il peut distribuer des lots en récompense.

Une fiscalité très lourde s'abat sur les populations conquises, avec deux impôts distincts : une capitation, la *djiziya*, impôt « sur les nuques », et un impôt foncier, le *kharadj*. Les musulmans, eux, n'acquittent que l'aumône « volontaire », le *zakat*, qui en fait est obligatoire et équivaut à la dîme. Ce système est très efficace pour obtenir des conversions : l'incitation fiscale est certainement le plus puissant moyen d'islamisation, beaucoup plus performant que la prédication.

Pour éviter de payer l'impôt, un nombre croissant de *dhimmis* se rallient à Allah, ce qui met rapidement en difficulté les finances publiques. Tous les chiffres le montrent : le revenu fiscal de l'Egypte passe de 12 millions de dinars au VIIe siècle à 4 millions au IXe ; celui de la Djazira jacobite de 58 millions à 17,3 ; celui de l'Irak de 120 millions à 78. Pour éviter fraude et évasion fiscale, l'administration resserre ses contrôles. Recensement des richesses tous les dix ans, vérification des titres de propriété, obligation d'avoir sur soi le reçu du percepteur, et obligation de payer en or ou en argent, ce qui oblige à vendre immédiatement la récolte, avec des effets pervers : les grands propriétaires achètent les récoltes à bas prix, les revendent avec un gros profit, et deviennent les créanciers des petits propriétaires, ce qui accélère l'exode rural.

Entre ceux qui se convertissent pour échapper à l'impôt et ceux qui se réfugient dans l'anonymat des villes pour la même raison, les communautés paysannes sont désorganisées. La condition du paysan se dégrade : appelé *raqiq*, « asservi », terme méprisant qui rappelle celui de « vilain » en Occident, il est exploité par un système de métayage qui ne lui laisse que le tiers ou le quart de la récolte. Aussi, toujours comme en Occident, les paysans cherchent-ils fréquemment à se mettre sous la protection d'un « puissant », d'un grand propriétaire, qui paye l'impôt et jouit d'un droit éminent sur la terre de son protégé. Les grandes exploitations, parfois fortifiées, emploient aussi une main-d'œuvre salariée, quasi servile, et pratiquent une agriculture irriguée utilisant des techniques multiséculaires remarquables.

Paradoxe : la civilisation arabo-musulmane qui se met en place à l'initiative d'un peuple nomade est avant tout une civilisation urbaine, donc sédentaire. Mutation nécessaire pour contrôler les vastes étendues conquises : il faut se sédentariser autour de points fixes qui sont à la fois garnisons, centres administratifs et religieux, que la nécessité du ravitaillement transforme rapidement en centres de commerce. Les Arabes trouvent dans les pays conquis un réseau urbain très ancien ; ils y développent un faubourg, avec mosquée, palais et marché. Mais ils créent aussi des villes nouvelles, les *amsars*, sur des points de passage stratégiques : Koufa en 636, qui commande un pont de bateaux sur l'Euphrate, Basra, en 638, au débouché du Tigre et de l'Euphrate, Fustat, en 640, en Egypte, premier pont en amont du Nil. La structure de ces villes est originale : divisées en quartiers répartis entre les différentes tribus, avec un contingent militaire, elles ressemblent parfois à un camp romain avec plan en damier, comme Koufa. La mosquée et le palais du gouverneur en sont les centres névralgiques, mais très vite la fonction économique prend le dessus, avec le souk, l'hôtel des monnaies, la maison du Trésor ou la maison du Butin, car la ville vit de l'impôt sur les *dhimmis* de la campagne, sur la rente foncière. L'économie monétaire l'emporte rapidement, utilisant d'abord des monnaies de type byzantin puis, à partir de 691, le dinar en or, sur lequel figure le calife, debout, et à partir de 696 le dinar classique, exclusivement épigraphique, de 4,25 gr, et le dirham d'argent de 2,97 g.

Les premiers califes omeyyades choisissent comme capitale Damas, grosse ville byzantine, point d'arrivée des caravanes d'Orient, aux infrastructures anciennes développées : une enceinte fortifiée, un aqueduc, de nombreuses canalisations et fontaines. On y bâtit mosquées, hammams et maisons, un palais pour le calife. Peu à peu, cette vieille ville hellénistique prend un caractère monumental avec le développement de faubourgs commerçants aux ruelles sinueuses, grossis par l'afflux de paysans en fuite.

750 : des Omeyyades aux Abbassides

Au milieu du VIIIe siècle, le monde musulman atteint ses limites. La conquête est à bout de souffle, arrêtée devant Constantinople, à Poitiers, à Talas. Le calife ommeyade, Marwan II, au pouvoir depuis 744, n'a pas les moyens de se faire obéir, depuis Damas, jusqu'aux extrémités d'un empire exagérément gonflé, où l'afflux des conversions réduit les recettes fiscales, et où les peuples, subjugués dans un premier temps, ne sont que superficiellement islamisés. Ayant conservé leurs traditions, leur style de vie et leurs pratiques culturelles, ils vivent de plus en plus mal leur sujétion aux tribus arabes, qui, en dépit de l'idéal égalitaire et universaliste entre croyants, les traitent en inférieurs. Des troubles éclatent, d'autant plus dangereux que les particularismes ethniques trouvent des alliés au sein de courants dissidents à l'intérieur même de l'islam, dans le chiisme et le kharidjisme en particulier.

C'est en Iran que la situation est la plus tendue. Dans cette gigantesque région asiatique, les peuples sont les héritiers de vieilles civilisations multiséculaires remontant aux Perses de l'Antiquité, et trouvent dans ce riche passé culturel les bases d'une résistance à l'arabisation.

Le zoroastrisme garde des fidèles, réfugiés surtout dans le Kirman et le Séistan, dans le sud-est du pays. Mais c'est dans le Khorasan que la situation est la plus explosive. Il y a là des mouvements confus, dirigés par des prophètes locaux, comme Bihafarîd, qui soulève la région de 746 à 749. Surtout, on y trouve beaucoup de réfugiés chiites qui veulent restaurer la descendance légitime du Prophète et de son gendre Ali. D'autres ont des motifs plus terre à terre, comme les membres de certaines tribus arabes, la tribu yéménite des Khuza'a par exemple, qui s'estiment lésés depuis qu'on leur a retiré leur solde en 733. Parmi les mécontents, la famille des Abbassides, descendant d'Al-Abbas, oncle du Prophète, ce qui lui donne un argument de légitimité.

Il s'agit donc d'un mouvement très hétéroclite qui commence en 747 à Merv avec le soulèvement d'Abou Muslim, un Iranien entré comme *mawali* dans une tribu arabe de Koufa. Il prend le titre de « général de la Famille », et prétend combattre au nom de l'imam caché, ce qui lui permet de rallier les Alides et les mutazilites. En deux ans, ses partisans, armés de gourdins et portant chemises noires, battent les troupes du calife omeyyade, et le 28 novembre 749 Abou al-Abbas est proclamé calife dans la grande mosquée de Koufa. L'année suivante, tous les membres de la famille omeyyade, attirés dans un guet-apens, sont massacrés, à l'exception d'un seul, qui parvient à s'échapper et parvient jusqu'en Espagne, où il établira l'émirat de Cordoue. La nouvelle famille régnante, les Abbassides, arrive donc au pouvoir par l'assassinat ; même Abou Muslim, qui avait déclenché la révolte, sera mis à mort en 754 sur ordre du calife Al-Mansour. En même temps, le nouveau maître établit sa capitale à Anbar-Hashimiyya, et accroît l'aspect religieux de son pouvoir. Le ton est donné : le califat abbasside sera religieux et violent. Il va jusqu'à faire déterrer les morts omeyyades.

Ainsi, 750-751 marque bien un tournant dans l'histoire du Moyen Age : tandis qu'en Occident les Mérovingiens cèdent la place aux Carolingiens avec Pépin le Bref, en Orient les Abbassides remplacent les Omeyyades, et la conquête musulmane est bloquée à Talas. Le choc initial causé par l'apparition de l'islam est passé. On entre dans une phase d'équilibre entre les trois mondes, une phase de deux cent cinquante ans, jusque vers l'an 1000, pendant laquelle les Francs, les Byzantins et les musulmans vont être davantage occupés par leurs problèmes internes, remettant à plus tard les grands affrontements. Pendant cette période, l'Orient, avec ses deux composantes, orthodoxe et musulmane, continue à dominer la scène méditerranéenne, tandis qu'en Occident Carolingiens puis Ottoniens tentent de restaurer un substitut d'Empire romain. Nous examinerons successivement le cas de Byzance et Bagdad, dont l'éclat atteint alors son apogée, puis celui de l'Europe occidentale, qui connaît une éphémère embellie avant de replonger dans l'émiettement des pouvoirs. L'an 1000 sonnera pour tous la fin des illusions.

4

Byzance et Bagdad :
La gloire de l'Orient (VIIIe-Xe siècle)

De 750 à 1000 environ, le monde oriental et ses prolongements en Afrique du Nord et en Espagne atteignent leur apogée. Apogée ne veut pas nécessairement dire harmonie et perfection. Il s'agit plutôt d'une longue période au cours de laquelle les civilisations byzantine et arabo-musulmane développent leurs potentialités et leurs caractéristiques propres, à travers des conflits internes souvent violents, d'ordre politique et religieux, qui façonnent leur image et leur originalité et mettent en évidence leurs qualités et leurs faiblesses, tout en les opposant l'une à l'autre. A Byzance comme à Bagdad, la grande question est celle de la légitimité du pouvoir : qui doit commander et qui doit succéder. Soyons réaliste : ici comme ailleurs, le droit du plus fort est toujours le meilleur, et toutes les constructions juridico-religieuses ne sont que des façades derrière lesquelles s'impose le seul véritable argument, la force. Le basileus comme le calife se battent pour imposer leur volonté et leur famille. Cela provoque des atrocités aussi bien que de somptueuses réussites, car le pouvoir doit à la fois écraser et briller de mille feux, opprimer et éblouir. La gloire est à ce prix. Pendant ces deux cent cinquante ans, c'est surtout dans des combats internes que les différentes composantes socio-politiques vont s'affronter. Byzantins et musulmans, tout en se surveillant mutuellement, se consacrent surtout à des débats d'ordre culturel, qu'ils règlent aussi bien par des atrocités que par des chefs-d'œuvre spirituels et artistiques. C'est dans ce mélange de sauvagerie et de raffinement que réside l'éclat de l'Orient aux VIIIe-Xe siècles.

La dynastie isaurienne à Byzance (717-802)

Dans l'Empire byzantin, c'est la dynastie isaurienne qui est au pouvoir à partir de 717. La dynastie précédente s'est éteinte lorsque le fils de Justinien II, Tibère II, a été égorgé en 711. Après cinq ans de mêlée confuse, c'est Léon, chef des troupes du thème d'Orient (Anatolikon), qui s'impose, il est proclamé empereur en 716 et couronné le 25 mars 717. Léon III, dit l'Isaurien en raison de ses origines géographiques, règne jusqu'en 740. Dès 720, il associe au pouvoir son fils Constantin, âgé de 2 ans, ce qui permet à ce dernier de devenir empereur sans problème de 740 à 775 : Constantin V Copronyme. Ayant épousé la fille du khan des Khazars, il en a un fils, Léon IV, qui lui succède de 775 à 780. Mais là, les choses se gâtent. Léon IV avait épousé une Athénienne, Irène, et leur fils, Constantin, n'a que 10 ans à la mort de son père. Faisant preuve d'une surprenante énergie, la jeune Irène s'empare de la régence, réprime une tentative de prise de pouvoir par le César Nikephoros, frère de Constantin, et dirige l'Empire d'une main de fer, en s'appuyant sur l'eunuque Stauriakos, qu'elle nomme logothète du drome (chef de la police, de la poste publique et de la diplomatie), et sur le laïc Tarasios, qu'elle impose comme patriarche en 784. On est alors en pleine crise iconoclaste, comme nous le verrons, et Irène est prête à tout pour en finir avec cette hérésie, jusqu'à faire aveugler son propre fils et à l'écarter du pouvoir en 797. Elle dirige l'Empire jusqu'à sa mort en 802.

Si cette période est nettement dominée par la crise iconoclaste, elle est aussi marquée par la permanence de la guerre. Guerre contre les Arabes tout d'abord, dans laquelle les Byzantins reprennent l'initiative : échec du siège de Constantinople en 717-718, victoire de Léon III près d'Afyon Karahissar en 739, victoire navale en 747, reconquête de Chypre, expédition de Constantin V en Syrie en 746. Guerre contre les Bulgares également. Ces derniers, qui s'étaient approchés de Constantinople en 755, sont repoussés, et certains sont déportés en Asie Mineure ; en 773, une flotte byzantine remonte le Danube.

La guerre a des conséquences profondes sur l'organisation de l'Empire, avec notamment un nouveau découpage militaire et administratif du territoire : les thèmes. Ces circonscriptions aux contours fluctuants servent de base au recrutement et au stationnement des troupes, et sont dirigées par un stratège, qui a tous les pouvoirs. Les stratèges des thèmes d'Asie Mineure, comme ceux des Arméniaques et des Anatoliques, peuvent devenir des personnages dangereux pour le basileus.

La guerre contre les Arabes contribue aussi à développer la marine. D'une part, la flotte principale, stationnée à Abydos et Hieron, est chargée de la défense de Constantinople et des détroits ; d'autre part, des flottes provinciales patrouillent le long des côtes. La maîtrise du feu grégeois leur confère un immense avantage dans les batailles navales. Le navire de guerre typique est le dromon, effilé, mû à la rame, et qui porte entre 100 et 200 hommes, recrutés dans les populations côtières.

L'effort de guerre constant nécessite des ressources financières croissantes. Les contribuables sont désormais répartis en « civils » et en « militaires », ces derniers devant fournir recrues et équipements coûteux destinés à la cavalerie lourde cuirassée. La solde des mercenaires est une charge de plus en plus considérable. On remarque dans l'armée un nombre croissant d'étrangers, notamment d'Arméniens, sur lesquels s'appuient les empereurs, non sans risques : Philippikos Bardanes, puis Artavasdos usurpent le pouvoir pendant quelque temps ; Bardès, stratège des Arméniaques, participe en 780 à un complot pour porter au pouvoir Nikephoros.

Autre conséquence des guerres : le déclin des villes, surtout à la périphérie de l'Empire, dans les zones de combat, prises et reprises sur les Arabes et les Bulgares, en Syrie, en Thrace, sur les côtes. La capitale elle-même n'échappe pas à ce recul : d'après des textes du VIIIe siècle, certaines citernes sont abandonnées, les friches gagnent du terrain, la population ne suffit plus à l'entretien des murailles. La ville connaît des accès de peste, et Constantin V y fait venir des populations de Grèce et des îles. Des déplacements forcés de peuples sont aussi ordonnés par les empereurs pour repeupler des régions dévastées par les guerres et combler les espaces vides qui pourraient tenter les envahisseurs.

L'iconoclasme et le règne d'Irène

Mais au milieu de toute cette agitation, le grand sujet de préoccupation des Byzantins, cause de bouleversements majeurs dans la société, dans le gouvernement, dans l'Eglise, et même dans les relations extérieures, c'est la crise iconoclaste, dont on peut dire sans exagérer qu'elle ébranle les fondements mêmes de l'Empire.

C'est que l'affaire est d'importance : en 726, l'empereur Léon III fait remplacer l'image du Christ qui surmontait la Porte de Bronze du Grand Palais par une croix. La foule, furieuse, se rassemble et massacre l'homme qui est chargé de l'opération. Réaction qui peut sembler excessive. On ne peut la comprendre qu'en la replaçant dans son contexte. L'époque est propice aux attentes eschatologiques : la pression musulmane est toujours vive ; Jérusalem est tombée ; en Syrie, un mouvement messianique est déclenché par Severos, un chrétien converti au judaïsme. L'empereur, originaire de ces régions orientales, est marqué par le courant monophysite et est convaincu que son autorité lui vient directement de Dieu, ce qui lui confère un pouvoir spécial en matière religieuse : c'est ce qui ressort du code qu'il publie en 726, l'*Eklogè*, et en 721 il a déjà décrété la conversion obligatoire des juifs. Il voit d'un très mauvais œil l'influence considérable qu'exercent les moines sur la masse des croyants en se servant du culte des saints, dont l'instrument est l'iconographie. Depuis le VIe siècle, le culte des icônes a pris des proportions considérables et superstitieuses ; on leur prête non seulement un pouvoir de protection, mais aussi d'intervention directe. Léon III assimile ces croyances au culte des idoles, condamné par la Bible. D'où son geste iconoclaste (littéralement « destructeur des images »), imité par ses représentants dans l'Empire, qui déclenche une crise sans précédent.

L'histoire de cette crise est relativement mal connue, car les vainqueurs, les partisans des images, se feront en 843 un devoir de détruire les écrits iconoclastes. La principale source sur le sujet est la chronique du moine Théophane, partisan des images et donc très partial. Une conséquence importante du conflit est l'aggravation des désaccords entre Constantinople et Rome. La crise iconoclaste accélère la marche vers le schisme orthodoxe. En effet, Léon III tente à plusieurs reprises entre 727 et 729 d'obtenir l'approbation du pape Grégoire II ; en vain, et en 731 Grégoire III condamne l'iconoclasme. En conséquence, lorsque le pape, menacé par l'avancée des Lombards, va chercher un protecteur, c'est au roi franc qu'il va s'adresser, tournant le dos à son protecteur « naturel », le basileus.

De leur côté, les moines trouvent en l'un d'entre eux, Jean Damascène, du monastère de Saint-Sabas, un éloquent défenseur qui, dans trois *Discours*, montre que le culte des images comme médiation entre le divin et l'humain, rendue possible par l'Incarnation, n'est en aucun cas de l'idolâtrie. Léon III, nullement convaincu, destitue en 730 le patriarche de Constantinople, Germanos, opposant à l'iconoclasme. Le fils de Léon III, Constantin V, va plus loin. Ennemi acharné des moines, il réunit en 754 le concile d'Hieria, dans la banlieue de la capitale, et il y fait un exposé théologique justifiant sa position : pour ce qui est du Christ, on ne peut, dit-il, représenter sa nature divine ; par conséquent, toute représentation de Jésus ne peut être que la représentation de sa nature humaine séparée, ce qui est une représentation fausse, puisque ses deux natures sont indissociables. Le raisonnement se tient. Une vague de destruction des images et de persécution des moines commence.

Cette politique est renversée en 780 avec l'arrivée au pouvoir d'Irène, au nom de son fils de 10 ans, Constantin VI. Irène est favorable aux moines et aux images. En 784, elle nomme son favori Tarasios patriarche de Constantinople, et en 787 elle réunit le concile de Nicée, qui renverse la décision de Hieria. L'assemblée établit la distinction entre la « vénération » et l'« adoration » des images, la première étant parfaitement licite.

En 788, Irène fait épouser à son fils la fille d'un riche propriétaire foncier de Paphlagonie, Marie. Constantin VI, qui a maintenant 18 ans, est impatient de régner. Il tente de renverser Stauriakos, l'eunuque qui partage le pouvoir, entre autres, avec sa mère. La manœuvre échoue, l'empereur est fouetté, et Irène fait prêter serment à l'armée de ne pas reconnaître son fils comme empereur tant qu'elle vivra. Le thème des Arméniaques refuse, et en 790 Constantin VI devient maître du pouvoir ; c'est au tour de Stauriakos d'être fouetté. Traitement de faveur, car Constantin VI, qui est un maniaque de la mutilation, fait couper la langue à quatre de ses frères et crever les yeux à l'aîné à la suite de la découverte d'un complot destiné à le détrôner. C'est également un incapable qui se fait battre par les Bulgares, qu'il avait attaqués sur la foi d'un astrologue. Un incapable et un maladroit, car en divorçant de Marie pour épouser sa maîtresse, une servante de sa mère, il dresse contre lui l'opinion publique et surtout les moines, dirigés par Platon, higoumène de Sakkoution, et son neveu Théodore. Il les fait arrêter en 797, mais Irène, sa mère, dresse contre lui la garde impériale et lui fait crever les yeux dans la Porphyra, la « chambre pourpre », où elle lui avait donné naissance.

L'acte a une forte portée symbolique. Il signifie que Constantin, qui a perdu la lumière dans le lieu de sa naissance, ne peut plus gouverner : il est comme le soleil qui aurait perdu ses rayons. Il n'y a donc plus d'empereur, et la situation est inédite : pour la première fois, une femme exerce seule le pouvoir, et cela passe mal aux yeux de certains dignitaires. Elle prend le titre de basileus et se fait représenter comme tel sur les diptyques consulaires et les pièces de monnaie. D'après la chronique de Théophane, un mariage avec Charlemagne, qui vient de se faire couronner empereur d'Occident en 800, aurait même été envisagé. C'eût été non seulement le mariage du siècle entre l'empereur sexagénaire et l'impératrice quinquagénaire, mais surtout la réunification de l'Empire romain, Occident et Orient. La rumeur est probablement sans fondement, et connaissant le tempérament des deux individus, l'union eût sans doute été explosive. Car Irène n'en a pas fini avec ses règlements de comptes. Elle fait aveugler tous ses beaux-frères et leurs complices, qui se préparaient à la renverser. Ayant ainsi éliminé, en les privant de la vue, du nez ou de la langue, tous les personnages dangereux, y compris son fils, la terrible impératrice gouverne avec deux autres mutilés, les eunuques Aétius et Stauriakos, qui d'ailleurs cherchent à s'éliminer l'un l'autre.

Ce gouvernement n'est pas populaire : une femme flanquée de deux eunuques, ce n'est pas très viril, pense le peuple, mais Irène bénéficie du soutien précieux des moines, qui lui sont reconnaissants d'avoir éliminé les iconoclastes. En 797, elle rouvre dans la capitale pour Platon et son neveu Théodore le vieux couvent de Stoudios, qui va devenir un centre culturel, spirituel et politique de première importance dans l'histoire byzantine. Cependant, des revers militaires face aux Arabes, qui établissent autour de Tarse, entre Syrie et Cilicie, une marche peuplée avec des habitants venus du Khorasan, achèvent de la déconsidérer. Un complot de hauts dignitaires l'exile à Lesbos en 802, et proclame empereur le logothète du Trésor Nikephoros (Nicéphore).

Une période troublée (802-867)

S'ouvre alors une nouvelle époque troublée de soixante-cinq ans (802-867), marquée par des guerres sauvages contre les Bulgares, un nouveau recul face aux Arabes, une reprise de la querelle iconoclaste et des divergences avec Rome, contrastant avec un brillant essor culturel et une extension de l'influence sur les peuples du Nord.

Le règne de Nicéphore Ier est entièrement occupé par la guerre contre les Bulgares, dont la sauvagerie est illustrée par un célèbre épisode : l'empereur, qui venait de mener une campagne victorieuse au cours de laquelle il s'était emparé de Pliska, est tué au combat. Le khan bulgare, Krum, récupère son crâne et s'en sert comme d'une coupe après l'avoir fait doubler d'argent.

Le pouvoir passe au gendre de Nicéphore, Michel Ier, qui, battu par les Bulgares, est enfermé dans un couvent après seulement deux ans de règne (811-813). Son successeur est le stratège du thème anatolique, Léon V, assassiné en 820 par le Phrygien Michel le Bègue. Devenu le basileus Michel II, celui-ci est confronté à la révolte de Thomas le Slave, aidé par le calife de Bagdad. Avec l'aide des Bulgares, Michel s'empare de Thomas et le fait torturer à mort. Son fils Théophile lui succède en 829 et fait assassiner les assassins de Léon V. Quand il meurt en 842, sa veuve, la belle Théodora, exerce la régence en s'appuyant sur Theoktistos, un homme aux ressources insoupçonnées, puisqu'il est à la fois eunuque et amant de l'impératrice. Il est cependant assassiné par le frère de celle-ci, Bardas, qui écarte Théodora, laissant la place libre au fils de celle-ci, Michel III. L'écuyer de ce dernier, Basile, originaire d'Andrinople, devient alors le favori de l'empereur, qui lui donne en mariage d'abord sa sœur, puis sa maîtresse. Basile est un ambitieux ; il fait assassiner Bardas en 865, est associé à l'Empire en 866, assassine l'empereur Michel III en 867 et prend sa place, devenant Basile Ier.

Ici, il faut faire une pause. L'avènement de Basile marque en effet le début d'une nouvelle ère, moins chaotique sinon plus calme, avec la dynastie macédonienne. La période troublée qui s'achève a au moins permis de résoudre deux problèmes majeurs : le problème bulgare et le problème iconoclaste. Après avoir bu dans le crâne de l'empereur en 811 et menacé Constantinople en 813, le khan bulgare Krum est mort en 814, et son fils, Omurtag, conclut une paix de trente ans avec Byzance en 815, pendant laquelle il soutient Michel II contre Thomas le Slave. Au milieu des vicissitudes diplomatiques et militaires de la période suivante, le christianisme pénètre chez les Bulgares et les autres peuples slaves grâce à l'œuvre missionnaire des frères Cyrille et Méthode, nés à Thessalonique et inventeurs d'un alphabet permettant de mettre par écrit la traduction en slavon des Livres saints. En 863, ils parcourent la Grande Moravie à la demande du prince Svjatopolk. Pour le roi des Bulgares Boris, qui accède au trône en 852, la conversion au christianisme est une question d'intérêt politique, comme elle l'avait été pour Clovis et les autres souverains : devenir chrétien, c'est acquérir la respectabilité, une reconnaissance internationale dans un monde où le polythéisme fait désormais figure d'archaïsme ; c'est entrer dans le concert des nations, un peu comme le fait d'entrer à l'ONU pour un Etat du XXe siècle, toutes proportions gardées. Les mœurs des souverains chrétiens ne sont pas nécessairement plus douces, comme on a pu le constater dans la vie politique byzantine, mais en devenant chrétien on facilite les rapports diplomatiques et on se donne des arguments dans les négociations. Boris se fait donc baptiser en 865, en dépit des résistances de l'aristocratie bulgare et du peuple attaché à ses croyances.

Mais le khan doit alors choisir : se rattacher à la liturgie byzantine ou à la liturgie romaine ? Au patriarche œcuménique de Constantinople ou au pape ? En 866, il écrit à ce dernier, Nicolas Ier, pour lui demander si l'Eglise bulgare pourrait conserver certaines particularités locales. La réponse n'est pas satisfaisante, et en 885 le pape Etienne V interdira l'usage de la liturgie slavonne : « Méthode a apporté à ceux qui l'écoutaient non l'édification mais la superstition, non la paix mais la polémique... La célébration des divins offices, des saints mystères et des messes solennelles que Méthode prétendait faire en langue slavonne n'a été nullement autorisée par quiconque. » Par son intransigeance, Rome repousse les Slaves dans le camp byzantin.

Celui-ci vient par ailleurs de refermer l'épisode iconoclaste, qui avait à nouveau embrasé la capitale à partir de 813, avec Léon V (813-820), qui renverse la politique favorable aux images qu'avait imposée Irène. Le nouvel empereur, farouchement iconoclaste, dépose le patriarche Nicéphore, jugé trop mou. Michel II (820-829) est lui aussi iconoclaste, et il tente même de mettre de son côté l'empereur carolingien Louis le Pieux en lui envoyant en 824 une lettre de justification. Les patriarches successifs, eux, font appel à Rome, qui reste étrangement silencieuse dans cette affaire typiquement byzantine. Autour de l'empereur, iconoclaste, s'affrontent le patriarche œcuménique de Constantinople, partisan d'une solution moyenne, et les moines, en particulier ceux de Stoudios, farouches défenseurs du culte des images. L'empereur Théophile (829-842) sévit contre eux avec un raffinement tout byzantin : on perce les mains du moine Lazare, qui peignait des icônes ; on imprime au fer rouge des vers injurieux sur le visage de deux moines palestiniens. Rien n'y fait cependant. L'attachement aux icônes reste le plus fort, et l'iconoclasme impérial disparaît à la mort de Théophile.

Comme c'est souvent le cas, la crise a stimulé la réflexion et l'approfondissement philosophique et théologique, et on remarque au cours du IXe siècle un essor culturel qui touche tous les domaines. La production écrite bénéficie d'ailleurs d'un progrès technique : l'adoption de l'écriture minuscule, qui remplace l'onciale et permet une grande rapidité dans la copie. C'est là le signe d'un besoin accru de livres, et le plus ancien manuscrit grec subsistant écrit en minuscule est un exemplaire des Evangiles copié dans le *scriptorium* de Stoudios en 835. Ce monastère devient le principal centre intellectuel de la chrétienté orthodoxe traditionnelle. L'autre centre est le palais, où se développe un enseignement supérieur, notamment de philosophie, sous l'impulsion de Theoktistos, où sera formé Cyrille, l'apôtre des Slaves. Bardas organise vers 855 au palais l'école de la Magnaure, où enseigne Léon le Philosophe, né vers 790. Astronomie, géométrie, grammaire, avec Jean le Grammairien (Jean Morocharzianos), revisitant les œuvres grecques classiques, dont celles d'Aristote, connaissent alors un net regain d'intérêt. L'empereur Théophile lui-même est cultivé et s'intéresse à l'élaboration d'une théorie du pouvoir impérial autour de l'idée de l'Incarnation du « Christ empereur », tandis que le futur patriarche Photios, né vers 810, rédige en 838 sa *Bibliothèque*, contenant 279 notices sur des ouvrages qu'il a lus, et dont certains ont aujourd'hui disparu.

L'essor intellectuel a aussi des répercussions sur les relations avec Rome. Déjà tendues par les affaires iconoclaste et bulgare, elles atteignent le point de rupture lorsque le patriarche Photios ressort la question du *Filioque*. Pour lui, le Saint-Esprit procède « du Père *à travers* le Fils », et non « du Père *et* du Fils » *(ex Patre, Filioque procedit)* comme le dit la liturgie romaine. En septembre 867, Michel III réunit un synode à Constantinople où Photios, soutenu par les trois autres patriarches d'Orient, prononce l'excommunication du pape, accusé d'hérésie. Le pape, c'est alors Nicolas Ier, un intellectuel très autoritaire, qui refuse de reconnaître la légitimité de Photios. On se dirige donc vers le schisme, qui n'est évité que par la mort de Nicolas, le 13 novembre 867. Son successeur, en effet, Adrien II, 75 ans, a d'autres soucis que la genèse du Saint-Esprit : sa femme et sa fille sont enlevées et tuées par Lambert de Spolète. Le fil ténu qui relie Rome et Byzance tiendra encore deux siècles.

Pendant la période troublée qui va de 802 à 867, la position de l'Empire byzantin en Méditerranée ne cesse de se dégrader face aux Arabes, qui progressivement prennent pied dans les îles, d'où ils menacent le trafic des commerçants chrétiens : à Chypre en 806, à Rhodes en 807, en Crète en 825, en Sicile en 827. Palerme est prise en 831. De là, ils passent en Italie du Sud, où Byzance tenait encore le duché de Calabre. Tarente est prise en 840, Bari en 842 ; les côtes grecques sont régulièrement attaquées. Au fond de l'Adriatique, Venise, encore toute jeune, reconnaît en théorie l'autorité de Byzance, mais dans les faits elle se conduit de façon indépendante, surtout après avoir volé les reliques de saint Marc à Alexandrie en 828, ce qui lui confère un certain prestige, dérivé de la dignité apostolique, dans les relations internationales. Ses navires sont de plus en plus nombreux en Orient et concurrencent le commerce des Byzantins, dont la monnaie, le sou d'or, doit aussi faire face au dinar arabe, d'un poids et d'une teneur très proches. En 867, Byzance est sur la défensive. L'assassinat de l'empereur Michel III l'Ivrogne, au cours d'une beuverie, est révélateur du caractère dramatique de la situation. Heureusement, l'assassin, Basile, aussi saoul que sa victime et qui prend sa place, est d'une autre trempe.

Basile Ier (867-886) et ses successeurs (886-963) : la renaissance byzantine

Basile Ier, dit le Macédonien, né vers 827, est le fils d'un artisan pauvre de la région d'Andrinople. Son ascension jusqu'au trône impérial est une fascinante histoire, jalonnée d'exploits, amplifiée par la légende, qui révèle un homme d'une force physique peu commune et d'un caractère habile et impitoyable, dénué de tout scrupule, qualité indispensable pour survivre dans la politique byzantine. Un des premiers actes de son règne est la réconciliation avec Rome. Dès 869, le patriarche Photios est exilé, remplacé par Ignatios, qui reconnaît la suprématie pontificale. Cependant, à sa mort, en 877, Photios est rappelé, et jusqu'à la fin du règne il fait figure de grand conseiller, élaborant dans une série de textes juridiques la théorie du pouvoir impérial : dans le prologue de l'*Epanagoge* (« Restauration des lois »), vers 880, il trace les grandes lignes des rapports entre l'empereur et le patriarche, ce qui évitera à l'Orient de connaître un conflit entre les deux pouvoirs tel que celui qui déchirera l'Occident entre le Sacerdoce et l'Empire : à l'empereur la défense orthodoxe du dogme, l'interprétation des lois et la responsabilité du bien de l'Empire ; au patriarche l'interprétation des canons et des conciles. Photios rédige également une *Concordance des lois*, le *Nomokanon*, et fabrique de toutes pièces une glorieuse et fantaisiste généalogie pour son maître.

Pour Basile, l'unité politique de l'Empire requiert l'unité religieuse. Aussi s'applique-t-il à supprimer tous les mouvements dissidents : les pauliciens des confins de l'Arménie, ces hérétiques hostiles aux images, à la hiérarchie, aux sacrements, sont éliminés pendant les campagnes militaires dans cette région en 872 ; en 873-874, les juifs doivent se faire baptiser. Ses successeurs réitéreront la mesure, notamment Romain Ier en 932, ce qui déclenchera une forte émigration. Basile est également un grand législateur, avec notamment le *Manuel des lois* (876) et l'*Epanagoge* (879), et là encore ses descendants immédiats poursuivront son œuvre, avec le *Traité militaire* de Léon VI, les traités *Des thèmes* et *De l'administration de l'empire* de Constantin VII (948 et 952). Ce dernier sera également l'initiateur d'un remarquable travail de compilation et de répertoire, accompli à la bibliothèque du palais par une équipe appelée « les continuateurs de Théophane ». Travail qui se situe bien dans l'esprit encyclopédique de l'époque, puisqu'il a son équivalent aussi bien à Bagdad que dans l'Empire carolingien. Il s'agit à la fois de constituer un répertoire de textes antiques sur différents sujets et des dossiers sur les évènements diplomatiques, utilisables comme références dans les relations internationales.

Tout ce travail est accompli dans le cadre du palais impérial, dont il renforce le rôle et la pompe. La liturgie palatiale se développe, se précise, et servira même de modèle à certains aspects de la liturgie religieuse : le traité des préséances (*taktikon*), le *Livre des cérémonies* précisent le rôle de chaque dignitaire, leur place, leur tenue, sous les ordres du maître des cérémonies. La chancellerie délivre les *chrysoboulloi*, documents scellés en or du sceau impérial.

Le règne de Basile Ier est également marqué par des succès extérieurs. La Bulgarie, désormais chrétienne, entre dans la sphère d'influence byzantine : en 870, elle est officiellement rattachée au patriarcat œcuménique de Constantinople, lors d'un synode tenu dans cette ville. A leur tour, les Serbes, autrefois convertis sous Héraklios, puis retournés au paganisme, demandent des missionnaires, et sont baptisés dans les années 867-874. Même les pirates *Narentani* de l'Adriatique sont christianisés sous Basile Ier, ce qui ne changera pas grand-chose à leurs activités. Au moins cela permet-il à Byzance d'avancer son influence vers l'ouest, avec la création du thème de Dalmatie entre 868 et 878. En Italie du Sud, les armées de Basile dégagent Raguse en 868, et reprennent Bari en 876 à l'empereur carolingien Louis II, qui l'avait enlevée aux Arabes en 871. On y créera le thème de Longobardie. Cependant, c'est à l'est que Basile remporte ses succès les plus éclatants, lors de campagnes victorieuses contre les Arabes de 871 à 882 : il reconquiert les régions stratégiques du Taurus, de l'Arménie, et les passages du Haut Euphrate.

Les vingt ans de règne de Basile se soldent donc par un remarquable redressement de l'Etat byzantin, à l'intérieur comme à l'extérieur. Ce redressement va-t-il être durable ? La réponse à cette question dépend une fois de plus de la capacité du pouvoir impérial à établir une succession stable. Basile veut fonder une dynastie, et lorsqu'il meurt, en 886, son fils Léon VI (886-912) lui succède sans problème. Mais à peine naissante, cette dynastie macédonienne est rattrapée par les vieux démons du pouvoir byzantin : mariages multiples, sources d'ambitions antagonistes entre héritiers potentiels, avec intervention d'épouses et de mères au tempérament bien trempé, et de patriarches plus ou moins intransigeants. Résumons très schématiquement. Léon avait d'abord épousé Théophano, sur ordre de son père. Devenu empereur, il la quitte pour Zoé Zaoutzina, avec qui il « s'unit d'amitié », dit joliment la chronique, c'est-à-dire qu'il la prend pour concubine après avoir empoisonné son mari. Le père de Zoé, Stylianos Zaoutzès, est placé à la tête des affaires et reçoit le titre officiel de « beau-père de l'empereur » *(basileopator)*. Théophano étant morte en 897, Léon VI peut alors épouser Zoé, qui meurt en 899 en laissant une fille. Léon se remarie avec Eudokia Baiana, qui meurt en 901, laissant un fils. Léon veut alors se remarier avec une autre Zoé, Zoé Karbonopsina (« aux yeux de braise »). Mais le problème est que l'Eglise byzantine interdit les remariages multiples, et Léon lui-même avait renouvelé cette interdiction des troisièmes noces quelques années auparavant. Il a donc déjà dépassé la limite. Mais à quoi sert d'être empereur si on ne peut pas violer les lois ? Le nouveau patriarche, Nicolas Ier, n'est pas de cet avis. Mais il est plus ou moins apparenté à l'empereur, qui en plus demande l'arbitrage de Rome. Après de nombreux rebondissements et le remplacement de Nicolas par un patriarche plus complaisant, Euthymios, l'empereur obtient satisfaction : il épouse Zoé en 906, et l'enfant qu'il a eu d'elle, Constantin, est légitimé et associé au trône.

A la mort de Léon, Constantin VII n'a que 7 ans. Il s'ensuit une nouvelle phase délicate, au cours de laquelle le drongaire Romain Lekapenos (Lécapène) s'empare du palais impérial, fait épouser à Constantin sa fille Hélène, en 919, puis se pare du titre de coempereur avec son gendre, en 920. Mais en 944 il est éliminé par ses fils, ce qui permet à Constantin VII de reprendre seul le pouvoir. A sa mort, en 959, son fils Romain II lui succède, mais il meurt prématurément, en 963, laissant le pouvoir à sa veuve, la toute belle basilissa Théophano, 23 ans, qui dirige au nom de ses fils mineurs, Basile II et Constantin VIII.

Contrairement à ce qu'on pourrait croire, cette succession chaotique ne nuit pas à la position internationale de Byzance, qui poursuit ses succès en Orient sur la lancée des victoires de Basile Ier. Romain Ier avance en Mésopotamie, prend Mélitène en 934, mène une campagne victorieuse en Arménie en 942, s'empare de Daras, Amida, Nisibe en 943, et en 944 il récupère et envoie à Constantinople le *mandylion*, une icône sans prix : rien moins qu'un portrait « authentique » du Christ, envoyé par lui-même de son vivant au roi Abgar ! En 954, le général Nicéphore Phocas remporte plusieurs succès, et en 958 son neveu Jean Tzimiskès prend Samosate. Ils sauront bientôt exploiter leur prestige.

Nicéphore Phocas s'est aussi illustré en Italie du Sud, toujours contre les Arabes, s'emparant de plusieurs places en 884-885. Sur mer cependant, ce n'est pas aussi brillant. Les Byzantins, après une victoire navale dans l'Egée en 905 ou 906, débarquent à Chypre en 910, mais leur flotte est détruite en 911 au large de Chio. Le thème maritime de Samos est créé en 899, et le drongaire *(drongarios)* de la flotte impériale en devient le commandant suprême, un poste qui fait de lui un très puissant personnage de l'Empire.

Au nord, un nouveau partenaire devient insistant : les Russes, dont les bateaux atteignent Constantinople, tantôt pour attaquer, comme en 941, tantôt pour commercer. Des traités sont signés avec eux en 907 et 911. Au milieu du Xe siècle, les princes de Kiev songent à leur tour à une conversion diplomatique au christianisme. En 957, la veuve du prince Igor, Olga, est baptisée à Constantinople, mais avant d'entraîner tout son peuple elle doit choisir entre chrétienté latine et chrétienté byzantine. En 959, elle demande à l'empereur germanique Otton Ier d'envoyer un évêque et des prêtres pour voir si leurs offres sont plus intéressantes que celles du patriarche.

La conversion des Slaves au christianisme byzantin ne signifie pas nécessairement l'instauration entre eux de bons rapports, comme le montre le cas bulgare. En effet, tout chrétien qu'il soit, le roi de Bulgarie Siméon (893-927) envahit la Thrace en 894 parce qu'il s'estime pénalisé par des mesures commerciales de Constantinople. Léon VI réplique en 895 en poussant les Hongrois contre les Bulgares. Après une accalmie, Siméon attaque à nouveau en 913, mais son ambition va bien au-delà d'une question commerciale : il veut le titre de basileus, et non pas « basileus des Bulgares », comme on le lui propose, qui ferait de lui une sorte de basileus bis, d'un rang inférieur, mais celui d'unique « basileus des Romains ». La christianisation lui est monté à la tête, en quelque sorte : devenu souverain chrétien, il exige maintenant ce qui d'après lui va avec la nouvelle religion, le titre impérial. Il s'ensuit dix ans de guerre (914-924). La paix ne revient qu'avec le fils de Siméon, Pierre. Mais Byzance n'en a pas fini avec les Bulgares.

Pendant cette période, l'activité économique reprend. On en a des témoignages aussi bien par les écrits que par l'archéologie, qui révèle la croissance urbaine d'Athènes, Corinthe, Sardes, Ephèse, Antioche, ainsi que de Byzance, où les citernes ainsi qu'un aqueduc sont remis en état, et où Léon VI promulgue le *Livre du Préfet*, qui réglemente les activités artisanales de la capitale. Son rôle commercial s'accroît, et les traités conclus avec les Russes en 907 et 911 montrent que l'on commence à attribuer certains quartiers aux marchands étrangers. A la campagne, les grands domaines renforcent leur emprise, avec la montée de l'aristocratie des « puissants » ; les petits paysans continuent à y affluer, et à l'occasion de certaines catastrophes comme la famine de 927-928, les aliénations de petites propriétés se multiplient. Sur les domaines laïcs pèse le service de devoir militaire. En revanche, les biens de l'Eglise jouissent de l'immunité, et ils ne cessent de croître par donations. L'époque est marquée par les débuts de l'institution monastique du mont Athos, où s'installe le moine Euthymios le Jeune en 859. Il crée en 871 le couvent de Peristerai, puis les fondations se multiplient et atteignent de vastes proportions au milieu du xe siècle.

Basile II (963-1025) : l'apogée de Byzance

A la mort de Romain II, en 963, ses deux fils et associés à l'Empire sont Basile II, 6 ans, et Constantin VIII, 3 ans. La régence est exercée par la jeune et belle Théophano, sa veuve, âgée de 23 ans. Frivole, légère et séductrice, elle fait appel au prestigieux général Nicéphore Phocas, 50 ans, et l'épouse. Il est proclamé par l'armée empereur associé, Nicéphore II. Cela fait beaucoup de monde pour un seul trône : trois empereurs et une impératrice. Des complications sont à prévoir, d'autant plus que Nicéphore, austère, sévère, mystique, ne s'entend pas avec Théophano. Après avoir mené trois expéditions militaires en Cilicie de 965 à 968, il devient très impopulaire pour avoir augmenté les impôts et durci la discipline dans l'armée. En 969, il est assassiné par Jean Tzimiskès, amant de Théophano, qu'il écarte en 971 pour épouser une sœur de Romain II et se faire proclamer empereur Jean Ier.

Nicéphore II et Jean Ier Tzimiskès sont tous deux des produits de la grande aristocratie, et d'excellents généraux. Pendant leur règne très court ils prolongent leurs succès de la période précédente sur trois fronts. A l'est, Nicéphore achève la conquête de la Cilicie, conquiert la Syrie du Nord, s'empare d'Antioche après trois cent trente ans de domination musulmane. Jean Tzimiskès occupe la Palestine, impose sa suzeraineté aux émirs de Mossoul et de Damas. Au nord, ils s'allient aux Russes pour contrer les Bulgares, mais leurs alliés deviennent vite dangereux, et Jean Ier arrête les hordes du prince russe Sviatoslav sur le Danube. En Italie, Byzance est confrontée aux ambitions d'un nouvel adversaire, le Saint Empire romain germanique, proclamé par Otton Ier en 962. Le but de ce dernier est de chasser les Byzantins de la péninsule. Après plusieurs guerres indécises, Otton II et Jean Ier signent un accord : Byzance garde les Pouilles et la Calabre, et le fils d'Otton II épousera Théophano, la sœur des deux jeunes empereurs Basile II et Constantin VIII (972). Quatre ans plus tard, Jean Ier meurt. Basile II, 19 ans, et Constantin VIII, 16 ans, accèdent au pouvoir.

En réalité, ils tombent sous la coupe de deux représentants de la haute aristocratie, qui entend bien contrôler les jeunes gens : Basile Lécapène et le général Bardas Skléros. Mais ces derniers s'affrontent au cours d'une guerre civile de treize ans qui manque compromettre les résultats des règnes précédents. Pendant ces affrontements, dans lesquels interviennent d'autres comparses comme Bardas Phocas et Léon Mélissène, avec de nombreux retournements de situation et des usurpations de pouvoir impérial, le jeune Basile II révèle un tempérament et des capacités supérieures qui lui permettent de s'imposer définitivement à partir de 989.

Basile II est sans doute le plus remarquable empereur des mille ans d'histoire byzantine. On trouve chez lui des traits communs avec certains autres grands souverains de l'histoire. Une transformation radicale de son style de vie lors de sa prise de pouvoir : de prince dissipé et aimant le luxe et les plaisirs, il devient austère et travailleur ; il gouverne sans aucun favori ni premier ministre, décidant de tout personnellement en dernier ressort, comme incarnation de l'Etat. Simple d'allure, détestant les cérémonies du palais, il ne se plaît que dans les camps ; il refuse le mariage ; très intelligent mais peu tourné vers les questions spéculatives, il s'intéresse aux affaires administratives et pratiques ; général hors pair par sa science tactique, il sait également gérer les finances impériales avec économie ; il impose sa volonté à la fois à l'Eglise, dont il nomme les patriarches, et à l'aristocratie terrienne, dont il limite les empiétements sur la petite propriété. Bref, il y a en lui à la fois du Louis XIV, du Pierre le Grand, du Frédéric le Grand, du Henri V Plantagenêt et de l'Elisabeth Ire.

La grande aristocratie, habituée à contrôler le pouvoir impérial par ses intrigues, regimbe évidemment à se soumettre à l'autorité de ce maître inflexible. Quelques tentatives de révolte sont écrasées, et en 996 le basileus abolit la prescription de quarante ans qui couvrait les acquisitions illégales des biens des pauvres, et il ordonne les restitutions sans indemnité. Il rétablit l'*allelengyon*, caution mutuelle qui contraint les puissants d'une circonscription fiscale à payer les impôts des pauvres insolvables. Basile II n'a rien à craindre de son frère, Constantin VIII, paresseux, indolent et médiocrement intelligent, qu'il relègue dans des fonctions de représentation.

En matière religieuse, Basile II a la sagesse de ne pas se mêler de théologie, se contentant de surveiller les patriarches. En 1025, il nomme patriarche œcuménique, sans même consulter le synode, l'higoumène de Stoudios, Alexis, qui lui avait fait un beau cadeau : la tête de Jean-Baptiste, décidément appréciée par les souverains, pour des raisons différentes. Basile contribue aussi à l'extension de l'Eglise byzantine face aux latins, en soutenant des antipapes comme Boniface VII. La papauté connaît à cette époque une des phases les plus difficiles de son histoire, au cours de ce qu'on a appelé la « pornocratie pontificale », qui déconsidère le catholicisme romain et permet à la chrétienté orientale d'avancer vers l'autonomie et de gagner de gigantesques territoires : en 989, le prince de Kiev Vladimir Ier le Grand épouse la sœur de Basile II, Anne Porphyrogénète, et ordonne à tout son peuple de se convertir au christianisme, version byzantine.

Mais c'est à ses succès militaires que Basile II doit surtout son prestige. Il déploie des talents et une férocité exceptionnels. Jusqu'en 989, il est plutôt sur la défensive, car la guerre civile et les révoltes nobiliaires l'empêchent de mobiliser toutes ses forces contre les ennemis de l'extérieur. Les Bulgares parviennent jusqu'à Corinthe en 986, et Otton II envahit l'Apulie en 982. De 990 à 995, ayant établi son pouvoir à l'intérieur, Basile II renforce les défenses dans les Balkans et en 994 il mène une campagne éclair en Orient : traversant l'Asie Mineure en quinze jours en plein hiver, il oblige le calife fatimide d'Egypte à lever le siège d'Alep. En 996, les Bulgares, marchant sur Constantinople, sont battus aux Thermopyles. En 999, Basile retourne en Syrie pour dégager Antioche, puis il occupe et annexe la Géorgie. A l'ouest, grâce à sa sœur Théophano, veuve d'Otton II et qui exerce la régence au nom de son fils Otton III, la paix est maintenue.

De 1001 à 1018, le basileus concentre tous ses efforts contre les Bulgares. Pendant dix-sept ans, la guerre fait rage dans les Balkans, avec une sauvagerie inouïe, et Basile y gagne son surnom de *Bulgarocton*, « tueur de Bulgares », faisant systématiquement crever les yeux à des milliers de prisonniers, renvoyés par groupes de 100, dirigés par l'un d'eux à qui on laisse un œil pour qu'il puisse trouver son chemin. Basile bat le roi bulgare Samuel à Andrinople, s'empare de Dyrrachium en 1005, écrase à nouveau Samuel, qui meurt peu après, dans la vallée de Strymon en 1014. En 1018, les Bulgares capitulent, et la frontière de l'Empire est à nouveau portée sur le Danube.

De 1018 à 1025, Basile II s'assure le contrôle de l'Arménie et de la Géorgie, où il remporte une éclatante victoire en 1022. En Italie cependant, les choses se compliquent : il y a les pirates dalmates, les Arabes, les nouvelles interventions de l'empereur germanique Henri II, les duchés lombards, et en plus des nouveaux venus particulièrement entreprenants, arrivés par Gibraltar et la mer, les Normands. Basile II peut compter dans cette région sur son alliée et vassale Venise, ainsi que sur la flotte pisane ; grâce à elles, les pirates et les Arabes sont battus, tandis qu'une armée byzantine l'emporte sur les Lombards et les Normands à Cannes. Basile II se prépare alors à mener une grande expédition en Sicile, lorsqu'il meurt brutalement le 15 décembre 1025, âgé de 68 ans.

Après un tel règne, on ne peut guère attendre qu'un déclin. C'est effectivement ce qui va se passer. L'année 1025 marque le zénith de l'Empire byzantin. Moins étendu qu'à l'époque de Justinien, il est plus compact et donc plus homogène : 1,2 million de km^2, 20 millions d'habitants, de la Calabre à la Syrie, du Danube à l'Arménie, solidement campé à cheval sur les détroits, redouté pour sa flotte et ses armées, prospère par son commerce et sa monnaie, doté de villes actives, d'institutions solides autour de l'empereur et d'une Eglise pour une fois unie derrière son patriarche œcuménique. Entre une Europe occidentale encore à la recherche de ses bases et un monde arabo-musulman qui se morcelle, l'Empire byzantin est sans doute la principale puissance méditerranéenne en ce début du xie siècle.

Les Abbassides : échec politique et réussite économique (750-1075)

Le monde musulman, lui, a déjà dépassé son apogée. Sa situation est confuse et en plein renouvellement ethnique, politique et religieux. Quand nous l'avons laissé, en 750, les Abbassides venaient de prendre le pouvoir, et le dernier Omeyyade, en fuite, allait gagner l'Espagne. La nouvelle dynastie, qui va bientôt installer le centre de son pouvoir à Bagdad, fonde sa légitimité sur son origine, affirmant descendre d'Abbas, oncle de Mahomet. C'est la « Famille bénie », dont le chef prend le titre de « Commandeur des croyants ». Le gouvernement devient une affaire de famille : gouverneurs de provinces, chefs d'armées, grands dignitaires sont des oncles, des neveux, des cousins, des gendres, des beaux-pères, ce qui ne supprime pas les problèmes successoraux, bien au contraire : les rivalités les plus féroces ont toujours lieu au sein de la famille. Entre 833 et 847, le calife Al-Mou'tasim et son fils Al-Wathiq tentent d'imposer une idéologie commune, le mutazilisme, basé sur la notion du « Coran créé », et d'éliminer de l'administration et de la succession les adversaires idéologiques, mais l'instabilité reprend avec le califat d'Al-Moutawakkil (847-861), assassiné en 861. Intrigues de palais, meurtres, destitutions, ambitions alimentés par l'inflation des titres, manœuvres des officiers turcs, rendent la succession chaotique du début à la fin, et peu de noms émergent parmi les quelque 25 califes abbassides entre 750 et 1075 : Al-Mansour (754-775), Haroun al-Rachid (786-809), uniquement parce qu'il fut l'interlocuteur de Charlemagne, Al-Mamoun (813-833), et même si les deux derniers, Al-Qadir (991-1031) et Al-Qa'im (1031-1075) ont régné chacun plus de quarante ans, on peut dire, avec les historiens Henri Bresc et Pierre Guichard, que « l'échec de la monarchie islamique est total : il dénude les fondements de l'Etat, il révèle des rapports de force pure, hypocritement camouflés sous l'enflure des qualificatifs khalifiens, il contribue à créer, dans l'opinion, des courants contradictoires, il renforce le chiisme millénariste, dans l'espérance du règne de Justice, mais il conforte aussi le milieu des docteurs *(ulama)* décidés à parler au nom de la Communauté et à s'opposer aux abus des militaires ».

Si les Abbassides ont, en dépit de ces faiblesses, gardé le pouvoir pendant plus de trois siècles, c'est qu'ils ont su mettre sur pied une administration solide, qui a assuré la perpétuation de l'Etat califal à travers les vicissitudes successorales. Sous Al-Mansour apparaît le titre de vizir, conféré à un secrétaire formé à la gestion des nombreux bureaux. La fonction devient rapidement essentielle, équivalente à celle de premier ministre et de maire du palais, et les titulaires atteignent une telle puissance qu'ils finissent par représenter un danger pour le calife. Une dynastie de vizirs, les Barmécides, apparaît bientôt, parallèlement à celle des califes. Par ailleurs, les bureaux de la chancellerie, du sceau, des services financiers, du Trésor, se spécialisent, et les ressources fiscales, qui atteignent 400 millions de dirhams sous les premiers califes, assurent un train de vie et des moyens militaires considérables au calife.

Le califat abbasside est un échec politique qui contraste avec une étonnante réussite économique et culturelle. Dans les campagnes, des techniques agricoles performantes assurent des rendements élevés. On peut difficilement en attribuer le mérite aux califes ou aux vizirs, mais au moins ont-ils encouragé les études théoriques et les traductions en arabe des œuvres d'agronomie antiques, et leur amour des jardins a contribué au développement de plantes nouvelles et de méthodes culturales plus sophistiquées. En Syrie, des équipes de plusieurs centaines d'ouvriers, dirigées par des agents techniques de l'Etat, entreprennent des grands travaux d'irrigation ; des norias à godets assurent chacune l'irrigation de 100 hectares de terre ; une hydraulique savante permet de drainer les zones marécageuses ; puits et citernes combinés à des rigoles assurent un ingénieux système d'arrosage, et des géomètres utilisent des livres de mathématiques pratiques pour percer des canaux. Au IXe siècle, des traductions de Varron et de Columelle, combinées à des observations, permettent de perfectionner les méthodes de culture : fumure, jachères labourées avec culture dérobée du navet, pacage mobile des animaux sur jachère morte. Les nouvelles cultures se répandent : épinard, aubergine, venus d'Iran, canne à sucre, melon, coton, riz, sorgho, blé dur, citronnier, oranger, bananier, cocotier, plantes tinctoriales comme l'indigo.

L'usage des engrais et de la fumure, la connaissance empirique de l'apport d'azote des légumineuses et des fourrages verts, la récolte de plantes pivotantes pour éviter la formation de croûtes superficielles, tout cela permet d'atteindre des rendements deux à trois fois supérieurs à ceux de l'Europe occidentale : de 10 à 20 grains récoltés pour un semé en Sicile ou en Egypte. L'agriculture du monde arabo-musulman est la plus performante de l'époque, et de loin.

Pourtant, l'obligation de payer l'impôt en espèces pousse un nombre croissant de paysans à quitter la terre au VIIIe siècle, diminuant d'autant les recettes fiscales et aggravant la charge de ceux qui restent. Pour enrayer ce mouvement, une réforme fiscale est mise en place vers 800, avec retour au partage des récoltes et un complexe système de détaxe des terres irriguées, tenant compte du coût de l'irrigation. Un taux dégressif par rapport à la productivité du sol incite à une mise en valeur plus intense, essentiellement en Irak.

Cette agriculture performante alimente un commerce local actif dans les souks, et aussi un commerce plus lointain, vers les grandes villes du califat et vers le monde extérieur. Mais dans ce domaine les échanges portent beaucoup plus sur les produits de luxe, épices, tissus, armes, chevaux, esclaves, ivoire, bois précieux, avec l'Extrême-Orient asiatique, l'Inde, la Chine, la Malaisie, les pays slaves du Nord et l'Occident. Les volumes sont cependant limités, ne serait-ce que pour des raisons purement techniques d'insuffisance des moyens de transport. Sur terre, pour ces longs voyages à travers des régions au relief difficile, sur des pistes cahoteuses, la charrette est exclue ; l'animal de bât est le chameau, qui peut porter entre 100 et 200 kg ; une caravane de 500 bêtes représente le tiers de la capacité d'un navire moyen. Quant au transport maritime, surtout en Méditerranée, il est lui-même limité, en raison de la fréquence des naufrages et surtout de l'insécurité : attaques byzantines, guerres perpétuelles, et surtout piraterie, qui ne connaît ni religions ni appartenances ethniques. En Méditerranée occidentale, on trouve d'ailleurs peu de marchands arabes, même si ceux-ci réussissent parfois à implanter des centres durables comme le petit émirat de Bari de 841 à 871. Marchands chrétiens et juifs sont par contre très actifs dans le monde musulman. Des juifs polyglottes transportent par exemple d'ouest en est des pelleteries, des épées, des tissus, des eunuques et des femmes esclaves depuis les pays francs, en passant par Suez, les ports de la mer Rouge, vers l'Inde et la Chine, et rapportent épices et aromates.

Le monde des négociants est très varié. Le niveau le plus humble est celui des « pieds poudreux », sorte de colporteurs allant de place en place avec leur chameau, achetant et vendant tout ce qu'ils trouvent. Le « voyageur », lui, a un rayon d'action plus étendu, rencontre les marchands, inspecte la marchandise, prend des commandes. Il travaille au sein d'une association et peut aussi jouer le rôle de fermier des taxes, de banquier, d'espion. Au-dessus, le grand marchand « stationnaire », le *tadjir*, réside dans une grande ville et traite par lettres, ordres de paiement à exécution différée *(suftadjas)* ou immédiate (*sakkas*, d'où nous vient le terme de chèque). Les fortunes peuvent être colossales, comme celle de l'Egyptien Sulayman, ce qui en fait des proies tentantes pour le fisc : en 912, Sulayman doit acquitter une énorme amende de 100 000 dinars. Bien informés, organisés, ces marchands réalisent des profits de l'ordre de 30 à 50 % sur les produits de luxe comme les pierreries, épices rares et étoffes de grand prix. Ils n'hésitent pas à s'associer pour des entreprises ponctuelles ou plus durables. Le droit des affaires est assez développé, comme en témoignent les manuels juridiques de Malik ibn Anas à la fin du VIIIe siècle, le *Livre des sociétés* et le *Livre de la commande* de Al-Shaybani, au début du IXe. Dans cette dernière formule, le *tadjir* confie un capital ou des marchandises à un voyageur, qui prend les risques et partage avec lui les profits.

Bagdad, le colosse de l'Orient

Cette réussite économique de la période abbasside se matérialise dans la vie urbaine. Des agglomérations surgissent un peu partout, en Palestine (Ramla), en Syrie (Masîsa, Hisn Mansour, Harounîya), en Irak (Haditha, Rahba), et les faubourgs des villes anciennes ne cessent de s'étendre. Ces villes n'ont pas de plan typique ; elles s'adaptent au terrain et s'étalent largement, l'espace étant ce qui manque le moins dans ces immensités semi-désertiques. Ce sont des foyers commerciaux et artisanaux, où le travail est réglementé sous le contrôle des gardiens du commerce, les *muhtasibs*, qui vérifient la qualité des produits, surveillent les prix, organisent l'apprentissage et l'admission à la profession. En dehors des produits courants, des spécialisations se dessinent en fonction des ressources locales : armurerie arménienne, métallurgie de Damas près des mines de fer du Taurus et de Cilicie, chaudronnerie de Mossoul, tissus d'Egypte et de Syrie, avec ornementations stylisées, motifs floraux, animaliers ou le plus souvent géométriques à base de lignes courbes.

Sans commune mesure avec les autres villes du califat, la capitale des Abbassides, Bagdad, est à elle seule un monde et un symbole, celui de la splendeur, des excès, de la puissance de la civilisation arabo-musulmane. Seules la Rome antique et la Byzance médiévale peuvent lui être comparées. La situation est excellente, au débouché d'une des trois routes qui traversent le Zagros, à l'endroit où le Tigre et l'Euphrate se rapprochent et permettent l'accès fluvial vers le nord et l'accès maritime vers le golfe Persique. En revanche, le site est discutable, en pleine zone inondable, alors que les crues annuelles du Tigre sont bien connues et qu'elles peuvent se combiner à celles de l'Euphrate avec un débit qui peut alors passer de 1 200 à 8 000 m^3/seconde, et exceptionnellement à 25 000 m^3.

C'est en 758 qu'Al-Mansour décide d'implanter là sa capitale, et en 762 commencent des travaux colossaux pour l'édification, sur la rive droite du Tigre, de la Madinat al-Salam, la « Cité de la Paix », ville ronde, cercle parfait de 2 352 mètres de diamètre, entouré d'un fossé de 20 mètres de large, d'un mur de 9 mètres d'épaisseur, avec 360 tours, d'un espace vide de 57 mètres de large, d'un rempart principal de 50 mètres de large à la base et 14 au sommet, haut de 31 mètres ; quatre portes fortifiées donnent accès à deux larges avenues bordées de 108 boutiques chacune, et se croisant au centre dans une immense esplanade bordée par le Palais d'Or, de 200 mètres de côté, et de la grande mosquée, longue de 100 mètres. Cent mille ouvriers travaillent pendant des années à la réalisation de cet ensemble digne de Babylone.

Et ce n'est qu'un début : du vivant même d'Al-Mansour, le calife quitte la ville ronde et se fait édifier des palais sur la rive gauche du Tigre. Le principal, achevé vers 830, est le Hasanî : un complexe de briques couvertes de panneaux de stuc où s'affairent 20 000 pages-soldats et 10 000 esclaves, dans un décor de 38 000 rideaux de soie, 22 000 tapis, 8 000 tentures, agrémenté d'un zoo et d'un harem de 5 000 femmes. De quoi séduire ou du moins impressionner les rares visiteurs chrétiens, comme les ambassadeurs de Byzance en 917. Bagdad au Xe siècle, à l'époque de sa splendeur, couvre 7 000 hectares, soit quatre fois plus que Constantinople, et regroupe 500 000 habitants. Dans ses deux plus grandes mosquées, 64 000 fidèles peuvent se prosterner simultanément.

La seule agglomération comparable, bien qu'à une échelle beaucoup plus réduite, est Samarra, à quelques dizaines de kilomètres au nord de Bagdad. Fondée en 836 par le calife Al-Mou'tasim, elle ne comprend d'abord qu'un palais et une mosquée, puis s'étend rapidement par adjonction de quartiers juxtaposés jusqu'à recouvrir 6 800 hectares, avec une avenue de plus de 7 kilomètres de long. Le coût de ces constructions démesurées est gigantesque : un million de dinars pour chaque palais en moyenne ; 100 millions de dirhams pour la ville ronde de Bagdad. De telles concentrations d'habitants ne sont pas sans poser des problèmes d'ordre public : le peuple turbulent, la *amma*, comprenant artisans, esclaves, mendiants, voleurs, est prompt à se soulever, pour des raisons religieuses aussi bien que politiques ou matérielles.

Les seuls centres urbains capables de rivaliser en splendeur avec Bagdad et Samarra sont à l'autre extrémité du monde musulman, en Espagne et en Afrique du Nord. Politiquement, ces régions sont en fait indépendantes des califes de Bagdad. En 755, un rescapé de la famille des Omeyyades fonde l'émirat de Cordoue, qui contrôle presque toute la péninsule Ibérique, à l'exception du Nord-Ouest. Quant à l'Afrique du Nord, elle ne constitue pas vraiment un ensemble politique. La population berbère tient avant tout à une chose : son indépendance. Elle s'est convertie sans trop de difficulté à l'islam, comme elle s'était autrefois convertie au christianisme avant de passer à l'arianisme et au donatisme, et comme elle adoptera le chiisme et le kharidjisme, dont le puritanisme austère convient à ses mœurs simples. On a pu dire que le kharidjisme était le calvinisme musulman, et le Maghreb son Ecosse.

Les tribus berbères forment des groupes incontrôlés, avec parfois de petites dynasties locales, comme les Midrarides et les Idrissides du Maroc, mais refusant toujours de se soumettre à l'autorité du califat de Bagdad. Ce dernier, sous le règne d'Haroun al-Rachid, soutient la dynastie aghlabide, qui constitue en Tunisie, autour de Kairouan, une sorte d'Etat tampon. En Espagne *(Al-Andalous)* comme en Afrique du Nord *(Ifriqiya)*, les Arabes ne constituent qu'une infime minorité de la population : pas plus de 180 000 hommes au départ. En Espagne, ils forment un groupe aristocratique qui ne se mélange guère aux autochtones pendant deux siècles. Les populations sont islamisées mais non arabisées. Dans les campagnes, la répartition des terres est mal connue ; l'Etat, en tant que représentant de la communauté musulmane, a la propriété éminente du sol, concédé aux exploitants. Parmi ceux-ci, les *dhimmis* sont soumis à un impôt très lourd, le *kharadj*, auquel échappent les descendants des conquérants. En Ifriqiya, les structures tribales et villageoises très solides sont rebelles à toute forme de taxe étatique. Partout, les grands domaines dominent. En Espagne, les techniques agraires, la pratique de l'irrigation en particulier, sont aussi avancées qu'en Irak.

Comme en Orient, les villes se développent. Il s'agit souvent de la réanimation de villes antiques déclinantes, à l'exception de Fès, fondée par Idris Ier vers 789, et développée par Idris II au début du IXe siècle. Kairouan et Tunis sont les principaux centres de l'émirat aghlabide. En Espagne, les villes concentrent la vie militaire, administrative, religieuse, artisanale, mais sont aussi dès le IXe siècle des foyers culturels remarquables, même Saragosse, en position exposée face au monde franc tout proche, et Tolède, pourtant peu arabisée ethniquement. Mais aucune ne peut rivaliser avec Cordoue, où l'enceinte et le vieux pont romain sur le Guadalquivir sont reconstruits dès 719-721, et où la grande mosquée, commencée vers 766, ne cesse de s'agrandir jusqu'au milieu du Xe siècle, atteignant alors 180 mètres sur 120 pour la salle de prière, soutenue par 850 colonnes et décorée de mosaïques et de stucs. Comme dans toutes les grandes villes, la population d'artisans, commerçants, salariés, mendiants qui composent la masse, l'*amma*, est turbulente, comme en témoigne la « révolte du faubourg » de 818.

Ces révoltes urbaines sont en fait révélatrices de la frustration des masses en pays musulman. Totalement exclu de la vie politique, le petit peuple reporte ses espoirs et ses passions dans le domaine religieux. Les courants millénaristes, les sectes mystiques, les glorifications de la souffrance et du martyre comme chez les Alides, porteurs de secrètes espérances révolutionnaires, ont une large audience dans la foule des humbles, manipulés par les docteurs de la foi. Et ces derniers ne se contentent pas de radicaliser les croyants de base : ils s'efforcent de bloquer la recherche intellectuelle, philosophique en particulier, au nom du Coran. Au début du XIe siècle, ils sont sur le point d'étouffer le magnifique essor culturel que connaît le monde arabo-musulman entre 800 et 1000.

Grandeur et décadence culturelle et politique du monde musulman

Dans le cadre des grandes villes en effet se développe dès le VIIIe siècle l'idéal de l'« honnête homme » musulman, l'*adib*, raffiné, cultivé, avide de savoir, adepte des conversations savantes, voire pédantes, sur les sciences, les arts, la littérature, la musique, la poésie, où des procédés mnémotechniques permettent de maîtriser des connaissances considérables. Des institutions comme la Maison de la Sagesse, créée par Mamoun à Bagdad en 832, ou les grandes bibliothèques comme celle de Cordoue, avec ses 400 000 volumes au Xe siècle, témoignent de cet appétit de savoir, dans un esprit très syncrétique. Le point de départ de ce savoir, c'est la science et la philosophie antiques, objets d'une vague de traductions, dues pour la plupart à des chrétiens. Aristote, Platon, Ptolémée, Hippocrate, Galien, Euclide, Archimède sont les bases de la science « arabe ». Ces œuvres éveillent et stimulent la curiosité des intellectuels musulmans, dans un esprit souvent plus pratique que spéculatif. Comme l'a écrit Louis Massignon, « en dépit d'une ouverture beaucoup plus large, la science arabe n'est dans son fond rien d'autre que la continuation de la science grecque ». Continuation et amplification qui lui permettent d'atteindre des résultats remarquables dans tous les domaines scientifiques, en mathématiques avec Al-Khwarizmi († 830), introducteur du système décimal et du zéro, et dont le livre, *al-djabr*, est l'origine de notre algèbre ; en médecine, avec Hunayn ibn Ishaq et Al-Razi, cliniciens et physiciens de la seconde moitié du IXe siècle ; en astronomie, avec Abou Mashar († 886), qui étudie le mouvement des planètes ; en physique, avec Al-Kindi (IXe siècle) ; en géographie, avec Ibn Khurdadhbeh (IXe siècle), et tant d'autres. G. Sarton, dans sa monumentale *Introduction to the History of Science*, ne mentionne pas moins de 40 savants de premier plan dans le monde arabo-musulman au IXe siècle. Rien n'illustre mieux l'éclat de cette civilisation à une époque où l'Occident chrétien est encore dans le désert culturel des « Ages obscurs ».

Le drame, c'est que cet essor est stoppé au cours du XIe siècle. Les responsables de ce blocage, ce sont les forces religieuses. A partir du moment où le développement des sciences et de la philosophie commence à fournir des explications crédibles de l'univers, qui réduisent la place du divin ou même semblent contredire le contenu des mythiques « révélations », le conflit entre la raison et la foi est inévitable. Bien sûr, le Coran semble encourager les fidèles à la recherche scientifique : « Cherchez la science depuis le berceau jusqu'à la tombe... » ; « Celui qui chemine à la recherche de la science, Dieu chemine avec lui sur la voie du Paradis... », tout au moins tant que la science ne fait que confirmer la foi. Certains mouvements prennent d'ailleurs ces injonctions très au sérieux, comme le mutazilisme, protégé par le calife éclairé Al-Mamoun (813-833), qui utilise la raison pour fortifier la foi. Mais très vite des religieux fidèles à la tradition sunnite s'élèvent contre cette exaltation de la science. Dans la première moitié du IXe siècle, le mouvement hanbaliste, du nom de son principal représentant, Ahmad ibn Hanbal (780-855), n'admet qu'une seule science, celle du Coran et de la Sunna : « Ils en sont arrivés à dédaigner le Livre de Dieu et à prendre pour maîtres des êtres ignorants et égarés, alors que leur Seigneur leur a donné la science » ; un bon conseil, poursuit le hanbalite Barbahari : « N'étudie pas trop les astres, si ce n'est pour t'aider à déterminer les heures de la prière, mais pas au-delà », et les religieux dénoncent « la prétention à connaître le mystère du monde ». Ce courant obscurantiste est soutenu par le calife Moutawakkil (847-861). En schématisant, nous avons dès lors en présence un courant chiite ouvert à la science, sinon à la raison, car ses théories sur l'imam caché n'ont rien de rationnel, et un courant sunnite hostile à la science. Le premier opte pour le « Coran créé », traduction humaine et donc imparfaite de la parole divine, et le second pour le « Coran incréé », parole littérale de Dieu, et donc intouchable. C'est au XIe siècle que le second va l'emporter, étouffant la science et la philosophie dans le monde musulman, et le plongeant pendant des siècles dans l'obscurantisme religieux.

Le tournant culturel est d'ailleurs contemporain du grand tournant politique du monde arabo-musulman, sans que l'on puisse établir de lien entre les deux. Le califat abbasside de Bagdad entame au milieu du IXe siècle une longue période de décadence, ponctuée de soulèvements et d'assassinats ; il se morcelle et finit par se déliter complètement peu après l'an 1000. Dès la mort d'Haroun al-Rachid, en 809, ses fils, nés de mères différentes, se font la guerre : Al-Mamoun, fils d'une Persane, arrive du Khorasan avec une armée perse et fait assassiner son demi-frère Al-Amin. Dès lors, le califat s'iranise ; le personnel perse, la culture perse l'emportent à la Cour, tandis que l'armée est monopolisée par les mercenaires turcs, qui finissent par faire la loi, faisant et défaisant califes et vizirs, qu'ils maintiennent sous leur contrôle. Le chef de la milice turque se pare du titre d'« émir des émirs » et régente le palais. Des révoltes éclatent, qui mettent en danger l'existence même du califat : en 869, ce sont les esclaves noirs, les Zendjs, qui prennent le contrôle de la Basse Mésopotamie, où ils instaurent une sorte de dictature communiste avant d'être exterminés.

Plus grave, en 930, d'autres communistes, les Carmathes, dotés d'une organisation rigoureuse, bloquent Bagdad, s'emparent de La Mecque, où ils enlèvent la Pierre noire. Les bons musulmans devront renoncer pendant vingt-cinq ans à leur pèlerinage.

En même temps, le califat se désagrège ; des dynasties locales s'installent, de façon plus ou moins éphémère, dans différentes régions : les Tahirides, les Saffarides, les Samanides, les Ghaznévides, les Seldjoukides. Le calife ne contrôle plus guère que Bagdad et sa banlieue ; Al-Mouqtadir (908-932) est détrôné, puis restauré, puis assassiné ; Al-Qahir (932-934) est détrôné et aveuglé, tout comme Al-Mouttaqi (940-944) et Al-Moustakfi (944-946). A ce moment, le chef de la famille turque des Bouyides s'empare de Bagdad, est proclamé émir des émirs, et tient sous sa coupe les derniers califes abbassides. A la même époque, la dynastie fatimide, venue de Tunisie, envahit l'Egypte, où elle fonde un califat indépendant, avec une nouvelle capitale, Le Caire, créée en 973. De là, les Fatimides s'emparent de la Syrie. Le calife abbasside de Bagdad, Al-Qadir, ne règne plus que sur ses femmes et ses eunuques. Il meurt en 1031.

La même année, à l'autre bout du monde musulman, le califat de Cordoue s'effondre. C'est là aussi la fin d'un brillant épisode qui durait depuis qu'en 756 le prince omeyyade Abd er-Rahman, après avoir échappé au massacre de sa famille, avait fondé un émirat. Les débuts avaient été difficiles, avec des attaques des chrétiens du Nord : royaume des Asturies, expédition de Charlemagne en 778, la révolte de certains gouverneurs, l'agitation des mozarabes, ces chrétiens soumis au pouvoir musulman et à de lourdes taxes. Sous le règne d'Abd er-Rahman II (821-852), l'Etat s'organise, avec un vizir, une administration (*diwan*) spécialisée, sept provinces, chacune dirigée par un *wali*. Mais dès 852 se produit un grave soulèvement chrétien, dirigé par le prêtre Euloge. Celui-ci une fois décapité, il faut faire face à l'avancée des chrétiens du Nord : le roi des Asturies, Alphonse III le Grand, qui exploite la providentielle découverte du tombeau de saint Jacques à Compostelle pour galvaniser ses troupes, et puis le comte de Barcelone, Joffre le Poilu, ainsi que les comtes locaux autour de Jaca et de Pampelune.

L'émirat de Cordoue, qui devient califat en 929, atteint son apogée sous le règne d'Abd er-Rahman III (912-961), Al-Hakam II (961-976) et Hixem II (976-1013). Au nord, la reconquête chrétienne est arrêtée, et l'avance musulmane est concrétisée par la fondation de Burgos dès 880, tandis que la Castille, région des châteaux *(castillos)*, se sépare du royaume de León (Asturies). Les musulmans s'emparent de Pampelune en 925, et le calife devient l'arbitre des luttes entre princes chrétiens. On voit même le roi de León Sanche le Gros (955-966), détrôné pour cause d'obésité, venir demander l'aide des médecins arabes pour combattre son surpoids. Le héros musulman de l'époque, c'est Mansour ibn Abî Amir, surnommé *Almanzor*, « le Victorieux », qui remporte de nombreuses batailles et s'empare de Saint-Jacques-de-Compostelle en 997. En l'an 1000, le califat de Cordoue est au sommet de sa puissance. Trente ans plus tard, il disparaît à la suite de crises successorales et de guerres civiles. Al-Andalous se morcelle en petits Etats rivaux, les royaumes des Taifas, dirigés par des bandes de Berbères, d'Arabes, d'affranchis. C'est la fin d'une époque, ici comme en Orient.

En 1031, tout le monde musulman, après avoir connu gloire et splendeur depuis le milieu du VIIIe siècle, plonge dans une longue période de chaos, dont semble profiter l'Empire byzantin. Mais en 1025, c'est la mort de Basile II, et Constantinople elle aussi entre dans sa phase de déclin, une longue agonie de quatre cents ans, pleine de soubresauts. Au troisième monde, l'Occident chrétien, de saisir l'opportunité pour s'emparer du *leadership* géopolitique. Mais en a-t-il vraiment les moyens ? Rien n'est moins sûr, au vu de son histoire depuis 750.

5

De Charlemagne à Otton ou de l'Empire franc à l'Empire germanique (VIIIe-Xe siècle)

L'avènement de la dynastie carolingienne à la tête du royaume franc en 751, quand Pépin le Bref est sacré roi et remplace le dernier Mérovingien, marque véritablement un tournant dans l'histoire occidentale. Tournant politique d'abord, c'est l'aspect le plus visible, mais qui est suivi par un tournant socio-culturel qui, pour être plus lent, n'en est pas moins réel. Le terme de renaissance carolingienne est justifié, à condition de bien en définir les contours. Avec Charlemagne, l'Occident européen émerge pour la première fois de l'histoire comme une puissance majeure, mais qui se tourne encore vers le passé, en se parant en 800 des oripeaux de l'Empire romain. Cependant, la renaissance tourne court. Les successeurs de Charlemagne ne sont pas à la hauteur de la tâche. Ils tombent sous la coupe de l'Eglise, sont confrontés à la montée de la vassalité, qui affaiblit le pouvoir central, et à de nouvelles menaces extérieures, dont les frappes désorganisent l'Empire : Normands, Hongrois, Sarrasins. La pratique franque du partage successoral entraîne morcellement et luttes fratricides, au cours desquelles le titre impérial finit par disparaître. Mais alors que les Carolingiens sont emportés par la tourmente féodale en 987, les prétentions impériales sont ressuscitées dès 962 par le Saxon Otton Ier. Le nouvel empire allie la fiction à la réalité : il est « romain » et « germanique », sans oublier d'être « saint » – une ère nouvelle s'ouvre.

Pépin le Bref : l'affirmation des Carolingiens (751-768)

Le règne de Pépin le Bref (751-768) est essentiel pour les destinées de l'Occident. Car c'est à ce moment qu'est scellée la grande alliance entre le roi des Francs et la papauté, qui met Rome définitivement dans le camp occidental. Jusque-là, le pape était théoriquement dans la sphère d'influence byzantine. L'empereur confirmait son élection, le consultait sur des problèmes théologiques, parfois même le faisait arrêter. Il était aussi supposé assurer sa sécurité, par l'intermédiaire de l'exarque de Ravenne. Or depuis le début du VIIIe siècle le basileus n'est plus en mesure de remplir son rôle. Les Lombards ne cessent de progresser en Italie ; en 751, leur roi Aistulf s'empare de Ravenne, Rome est menacée. Le pape Etienne II demande l'aide de l'empereur Constantin V, qui a déjà fort à faire avec les Slaves et les musulmans. Comme il n'y a rien à attendre de ce côté, le pape se tourne vers le roi des Francs, qu'il vient rencontrer en personne en 754 à Paris. Pour convaincre Pépin, il a probablement dans ses bagages un précieux document, l'un des plus célèbres faux de l'histoire, récemment fabriqué par la chancellerie pontificale : la donation de Constantin. Si aucune source ne l'affirme ouvertement, plusieurs indices ont convaincu les meilleurs historiens, dont Louis Halphen, que le pape a apporté avec lui cet écrit. Plusieurs copies en subsistent, dont la plus ancienne remonte au début du IXe siècle. Dans ce document, l'empereur Constantin, au IVe siècle, après avoir rappelé les raisons de sa conversion, exprime sa volonté d'« exalter » le pouvoir du « représentant du prince des apôtres », du « vicaire du Fils de Dieu », et pour cela de « lui attribuer la puissance, la dignité, les moyens d'action et les honneurs impériaux, c'est-à-dire la primauté sur les quatre sièges principaux d'Antioche, Alexandrie, Constantinople et Jérusalem, ainsi que sur toutes les églises de l'univers entier ». A l'affirmation de cette primauté sur tous les sièges épiscopaux et les patriarcats, l'empereur ajoute le pouvoir de « créer des patrices et des consuls », et la pleine souveraineté sur Rome, sur l'Italie et sur tout l'Occident. Voilà qui donne au pape le droit de parler en maître à tous les rois chrétiens.

Quel que soit le rôle joué par ce parchemin dans la décision de Pépin, ce dernier s'engage devant une assemblée tenue à Quierzy à intervenir militairement contre les Lombards, et à donner au pape les territoires qu'il récupérerait sur eux. En contrepartie, le roi obtient une garantie supplémentaire pour légitimer son usurpation de 751 : en juillet 754, le pape le sacre pour la seconde fois, ainsi que ses deux fils, et leur confère le titre de « patrices des Romains », qui fait d'eux les protecteurs de la ville de Rome. Au cours de la cérémonie, précise la *Clausula de unctione Pippini*, le pape « exhorte chacun, sous peine d'interdit et d'excommunication, à ne jamais tenter d'élire dans le futur un roi d'une lignée autre que celle que Dieu a voulu élever, confirmer et consacrer par l'intercession des saints apôtres par les mains de leur vicaire le très saint pontife ». En langage clair, il réserve le titre royal à la famille des Pippinides, autrement dit des Carolingiens. Notons toutefois un détail qui plus tard aura son importance : le roi reçoit l'onction tête nue ; il n'a ni diadème ni couronne. Le pape, par ce geste, sacre donc un personnage qu'il choisit, et non un roi déjà élu et couronné. C'est lui qui fait le roi. Il prend par là une longueur d'avance.

Fidèle à sa promesse, Pépin conduit une expédition en Italie en 755, assiège Aistulf dans sa capitale, Pavie. Aistulf se soumet, fait des promesses, et Pépin repasse les

Alpes. A peine est-il parti que les Lombards reprennent leurs entreprises contre Rome. Appels désespérés du pape, qui implore, menace, et, décidément grand faussaire devant l'Eternel, envoie à Pépin une lettre de saint Pierre en personne le sommant de revenir combattre « cet abominable peuple lombard ». Dans le cas contraire, dit la missive céleste, « votre désobéissance à mes exhortations vous vaudrait d'être écarté du royaume de Dieu et de la vie éternelle ». Ce n'est évidemment qu'une prosopopée, mais elle montre la volonté du pape de donner une dimension cosmique au combat contre les Lombards. Ce n'est sans doute pas ce qui décide Pépin, mais toujours est-il qu'il redescend en Italie en 756, prend Pavie, et cette fois Aistulf doit céder des territoires, que le roi des Francs donne au pape. Ils constitueront ce qu'on appellera les Etats de l'Eglise. De forme étrange, sans aucune unité naturelle, ils prennent en écharpe la péninsule, du Latium au delta du Pô en passant par l'Ombrie, les Marches, l'Emilie, une partie de la Romagne.

De Constantinople, le basileus proteste : ces territoires lui appartiennent. Vaines protestations. Le pape semble donc être le vainqueur dans cette affaire. Mais le cadeau est empoisonné : pendant onze siècles la papauté va s'accrocher à ces possessions temporelles qui font d'elle un souverain séculier et vont brouiller son message spirituel. Non seulement l'aristocratie des Etats pontificaux prétendra jouer un rôle dans l'élection du souverain, mais les considérations purement politiques pèseront lourd dans les décisions de ce dernier et leur feront perdre leur pureté spirituelle. Désormais, le pape se servira de la théologie au service de la politique, et vice versa. Moins vénérable, il sera plus vulnérable.

Pépin, lui, est revenu aux affaires de son royaume, où son autorité est encore contestée. De 760 à 768, il mène chaque année une campagne contre le prince d'Aquitaine, Waïfre, et meurt au retour de l'une d'elles. Il est enterré à Saint-Denis, lieu de son sacre et où repose déjà son père Charles Martel. L'abbaye est en passe de devenir le sanctuaire familial. Le royaume est alors partagé entre ses deux fils, partage aux contours étranges, la part de l'aîné, Charles, enveloppant celle du cadet, Carloman, située au sud et à l'est. Le royaume ne tarde cependant pas à être réunifié, puisque Carloman meurt dès 771. Charles, bientôt surnommé le Grand, *Magnus*, commence un long règne de quarante-deux ans.

Charlemagne : l'édification d'un empire (768-814)

Charlemagne est une des figures centrales du Moyen Age, car son œuvre est à la fois militaire et politique, institutionnelle et culturelle. S'il agrandit démesurément le royaume franc, ce n'est cependant pas dans un esprit de conquête. Il s'agit pour lui d'assurer la sécurité du territoire en soumettant les peuples voisins, mais cet objectif l'entraîne dans des guerres continuelles, d'autant plus que le pape, qui a lié son sort à celui du roi franc, ne cesse de réclamer son intervention pour assurer sa position face aux Lombards et aux Byzantins. Ainsi, chaque année pendant quarante ans, Charlemagne mène des campagnes militaires de la Saxe à l'Italie, et de la Bavière à l'Espagne. Ce n'est pas un grand général, il n'a pas remporté de victoires éclatantes, mais c'est un organisateur hors pair, méthodique, méticuleux, dont l'obstination va se révéler payante à long terme.

Après avoir soumis l'Aquitaine, son premier objectif est la Saxe, c'est-à-dire le vaste territoire qui s'étend entre le Rhin et l'Elbe, dont la population, païenne, est un danger permanent pour la Neustrie, périodiquement touchée par des raids de pillage. Charlemagne y pénètre dès 772. Il ne s'agit pas au début de conquérir ces vastes espaces de bois et de landes, mais d'y mener des expéditions d'intimidation, qui se traduisent par une dévastation systématique du territoire. Mais ces campagnes se révèlent vite stériles et sont à recommencer chaque année. C'est que les Saxons sont insaisissables et mènent une guerre de harcèlement : « Charlemagne n'a pas pu affronter l'ennemi en bataille rangée plus de deux fois », écrit Eginhard. Il faudra se résoudre à conquérir et à convertir le pays, et cela nécessitera trente-trois ans d'efforts, de massacres et de dévastations systématiques.

Dès 773, Charlemagne est détourné de ce secteur par un appel pressant du pape Hadrien Ier. Le roi des Lombards, Didier, a en effet repris sa marche sur Rome, et il est accompagné des fils et de la veuve de Carloman, qu'il a l'intention de dresser contre le roi des Francs. Charlemagne intervient immédiatement, s'empare de Pavie et de Didier en juin 774, et prend le titre de roi des Lombards. En dépit des protestations de Byzance, il confie au pape le territoire repris sur Didier. Hadrien, reconnaissant, le qualifie pour la première fois de *Magnus* : *Deo institutus benignissimus Carolus Magnus Francorum rex et patricius Romanorum.*

En 775, retour en Saxe, où il faut reconstruire le fort d'Eresburg. En 776, c'est une rapide campagne de pacification en Lombardie, puis la Saxe à nouveau, où on édifie un fort, Karlstadt (« la ville de Charles »). En 777, Charlemagne séjourne à Paderborn, lorsqu'il reçoit une ambassade de Sulayman Ibn al-Arabi, le *wali* ou gouverneur de Saragosse. Elle vient demander l'aide du roi des Francs contre l'émir de Cordoue Abd al-Rhaman, et en échange Sulayman offre de « se soumettre avec tous ceux qu'il gouverne à la domination du seigneur roi Charles ». La démarche révèle que Charlemagne jouit déjà d'un grand prestige. Pour lui, une intervention en Espagne correspond à sa politique de protection des zones frontières du royaume. L'Aquitaine restait peu sûre depuis qu'il avait fait enfermer le duc Hunaud. La religion n'a rien à voir dans cette affaire, puisqu'il s'agit d'aider des musulmans contre d'autres musulmans à se rendre maîtres d'un territoire majoritairement chrétien. Le but est purement géostratégique : établir un Etat ami et soumis au sud des Pyrénées. L'expédition a lieu en 778, et se termine dans la confusion. Charlemagne a sans doute mal évalué la complexité de la situation dans cette zone, et il préfère se retirer au bout de quelques semaines, harcelé par les Basques au col de Roncevaux (ou à un col voisin, car les sources ne sont pas claires à ce sujet).

Retour en Saxe en 779 et 780. En 781, c'est l'Italie. Visite diplomatique à Rome, où Charlemagne fait sacrer par le pape son fils Pépin roi d'Italie, et son fils Louis roi d'Aquitaine. Ils ont respectivement 4 et 3 ans, mais il s'agit de donner à ces régions à la fidélité chancelante une satisfaction d'amour-propre avec une façade de relative autonomie. Le pape continue à réclamer en vain la Toscane, les duchés de Spolète et de Bénévent.

De 782 à 786, la Saxe monopolise l'attention de Charlemagne, qui commence à s'irriter sérieusement de l'insoumission chronique de ce peuple, qui s'est trouvé un chef, Widukind. En 782, deux armées franques sont massacrées par les Saxons dans les collines du Süntel ; la réplique de Charlemagne est à la mesure de sa colère : 4 500 prisonniers saxons sont décapités sur place à Verden. L'année suivante, il atteint l'Elbe. Convaincu désormais que la soumission des Saxons ne pourra être obtenue que par leur conversion au christianisme, il fait rédiger, probablement en 785, le « Capitulaire saxon », dont le contenu se résume à cette alternative : le baptême ou la mort. Le texte prévoit la peine capitale pour toute pratique religieuse païenne, et une tarification impitoyable des peines, sur le modèle du *wergeld*, sanctionnant les usages superstitieux. Widukind capitule, se fait baptiser avec plusieurs autres chefs et des centaines de Saxons.

En 787 et 788, Charlemagne se tourne à nouveau vers l'Italie, où il mène une campagne jusqu'à Capoue pour soumettre le duc de Bénévent, Arichis, qui faisait des misères au pape. Cette fois, on est en contact direct avec les territoires byzantins, et l'impératrice Irène envoie en Calabre le logothète Jean avec quelques troupes. Mais déjà Charlemagne est sur un autre front, la Bavière, dont le duc Tassilon a des velléités de résistance. Il est convoqué à Ingelheim, tonsuré et enfermé au monastère de Jumièges (788). L'année suivante, le roi des Francs, toujours en vertu de sa stratégie de sécurisation des frontières, mène pour la première fois une expédition au-delà de l'Elbe, contre les peuples slaves païens, dont les raids de pillage touchaient la Saxe, maintenant incorporée au royaume franc. Cette politique risque d'entraîner Charlemagne de plus en plus loin vers l'est. On le constate encore dès 791, lorsqu'il lance une vaste offensive en direction de la plaine de Pannonie, sur le Moyen Danube, dans la région qui est aujourd'hui la Hongrie. Il s'agit cette fois de mettre fin à la menace que constitue le peuple des Avars, un rameau asiatique du peuple des Huns. Semi-nomades, ils sont morcelés en plusieurs groupes, chacun dirigé par un khagan, et vivant dans un camp circulaire, le « ring », où s'entassent les produits des pillages et des tributs. Ils sont à la fois une menace pour la Bavière et pour l'Italie par le Frioul. L'offensive de Charlemagne, soigneusement préparée, regroupe au moins 10 000 cavaliers, répartis en deux armées, qui suivent le cours du Danube vers l'aval. L'expédition a été précédée d'une préparation religieuse exceptionnelle : trois jours de jeûne et de prières pour toute l'armée. C'est un succès, mais incomplet : il faudra revenir en 796, où cette fois l'armée franque, avec le renfort du roi d'Italie Pépin, anéantit les forces des Avars et s'empare des fabuleux trésors du khagan. L'or du ring permettra à Charlemagne de faire de somptueux cadeaux au pape et au roi de Mercie Offa.

792 et 793 sont en revanche des années difficiles. C'est d'abord le complot mené par un de ses innombrables bâtards, Pépin le Bossu, qui à la tête de mécontents projette de l'assassiner. Le complot est déjoué et Pépin est enfermé au monastère de Saint-Gall puis de Prüm. Mais c'est le signe qu'il y a donc des mécontents, notamment parmi les partisans des descendants de son frère Carloman, qu'il avait écartés de la succession. Afin de renforcer la fidélité de ses sujets, Charlemagne exige de tous les hommes de plus de 13 ans un serment de fidélité : « Je promets à mon seigneur Charles et à ses fils que je suis et serai toute ma vie leur fidèle. » L'entreprise paraît illusoire au regard de l'immensité du royaume. Elle est pourtant menée avec toute la vigueur permise par les moyens administratifs de l'époque : partout, les comtes et les *missi* doivent vérifier la prestation du serment, enregistrer les noms de tous les assermentés et envoyer les listes au roi. Quelques-unes ont survécu et prouvent le sérieux de l'opération. 792 et 793, c'est aussi de nouvelles révoltes de Saxons, des attaques de Sarrasins, et la plus terrible famine du règne.

En 795, toujours les Saxons. En 796, les Avars. En 797, les Saxons. Cependant, Charlemagne est en bonne voie de gagner sa guerre d'usure contre eux, en combinant habilement les massacres et les baptêmes. La religion est clairement pour lui une arme, un moyen d'obtenir la soumission, et dans un deuxième capitulaire saxon, du 28 octobre 797, il relâche la pression et adoucit le régime imposé en 785. A partir de 798, le rythme des campagnes militaires se ralentit, et Charlemagne délègue davantage la direction des opérations à ses fils, tout en les surveillant de près : son aîné, Charles, intervient à ses côtés, jusqu'à sa mort en 811, contre les Slaves (campagnes de 804 et de 808), et contre les Danois, dont le roi, Gotfrid, devient menaçant à partir de 810. Ce dernier barre l'isthme du Jutland par un talus surmonté d'une palissade, le Daneverke. Dans ce secteur, Charlemagne consolide sa conquête : en 804, il déporte des Nordalbingiens et établit une colonie franque à l'amont de l'estuaire de l'Elbe – ce sera Hambourg. En Italie, son deuxième fils, Pépin, contient les Byzantins en Vénétie. En Espagne, son troisième fils, Louis, s'empare de Barcelone en 801, et de Tarragone, après plusieurs tentatives, en 808, mais il perd Pampelune en 811. La marche d'Espagne, zone tampon avec les musulmans, s'étend jusqu'à l'Ebre. Mais déjà une nouvelle menace se profile : les Vikings, qui attaquent les côtes anglaises depuis 789 et viennent de passer dans la Manche. En 800 et 811, Charlemagne vient inspecter les défenses côtières dans le secteur de la Somme et du pas de Calais. A sa mort, en janvier 814, le royaume carolingien semble un bloc solide, bien protégé par des marches, et le prestige du souverain est considérable. C'est qu'en plus il a depuis 800 un statut nouveau qui l'élève au-dessus des autres monarques. La portée de l'évènement est considérable, et c'est pourquoi il faut en rapporter la genèse.

800 : Charlemagne empereur. Les implications d'un geste

Depuis un certain temps déjà, les milieux dirigeants romains et carolingiens évoquent à demi-mot la solution impériale, et le plus chaud partisan de cette idée est le pape. Abandonné par le basileus, il a besoin d'un puissant protecteur, qui serait en même temps son instrument. Son alliance avec les Carolingiens est étroite ; ils l'ont délivré des Lombards, l'ont mis à la tête des Etats pontificaux ; le titre impérial, conféré par le pape, assurerait à ce dernier la sécurité et la suprématie. Ce besoin de protection se fait encore plus sentir avec le nouveau pape, Léon III, élu en 795. Celui-ci est en butte à l'hostilité d'une partie de la noblesse romaine, et le jour même de sa consécration il envoie à Charlemagne le procès-verbal de son élection et des cadeaux. Peu après, il fait réaliser une grande mosaïque pour la salle de réception du Latran, représentant saint Pierre remettant d'une main le *pallium* au pape, et de l'autre un étendard à Charlemagne. Le sens est clair : Dieu répartit les deux pouvoirs, spirituel et temporel, entre Rome et le roi des Francs, qui devrait donc porter le titre d'empereur.

Les choses se précipitent lorsque Léon III est victime d'une agression le 25 avril 799. Il s'enfuit alors jusqu'à Paderborn, où il a plusieurs entrevues avec Charlemagne. C'est à cette occasion qu'est prise la décision de conférer au roi le titre impérial. Alcuin semble avoir été un artisan majeur de l'accord. Il écrit à Charlemagne que sur les trois têtes de la chrétienté, le pape, le basileus et le roi des Francs, les deux premières sont hors d'état de remplir leur fonction : le pape est en fuite et le basileus vient d'être aveuglé par sa mère ; donc, « seule votre décision peut sauvegarder ce qui existe, [...] que ce qui doit être préservé soit préservé avec une sereine considération par votre sagesse céleste ». Il ajoute : « La grâce divine vous a enrichi d'une façon extraordinaire de deux dons : l'*imperium* de la félicité terrestre, et le souffle de la sagesse spirituelle. » En même temps, Alcuin exprime la nécessité d'avoir un pape fort et d'une conduite irréprochable. C'est sur ces bases qu'est élaboré le voyage qui conduit Charlemagne à Rome, où il est sacré empereur le 25 décembre 800, dans la basilique Saint-Pierre.

Un incident cependant se produit au cours de la cérémonie. Un couronnement impérial, de type byzantin, comprend normalement trois phases, dans l'ordre : 1. L'acclamation par le peuple, qui équivaut à l'élection de l'empereur ; 2. Le couronnement par le pape de l'empereur élu ; 3. La prosternation du pape devant l'empereur. Or, de façon inattendue, le pape intervertit les deux premiers actes : alors que Charlemagne se relève après une courte prière, il lui place la couronne sur la tête, et ensuite les assistants acclament « Charles, couronné par Dieu, grand et pacifique empereur des Romains, vie et victoire ». Ledit Charles empereur des Romains est furieux, rapporte Eginhard : « Il s'en montra d'abord si mécontent, qu'il aurait renoncé, affirmait-il, à entrer dans l'église ce jour-là, bien que ce fût jour de grande fête, s'il avait connu d'avance le dessein du pontife. » Car par cette procédure, il apparaît que c'est le pape, et non le peuple, qui fait l'empereur ; le peuple acclame un empereur déjà couronné par le pape. Tout le problème des rapports entre pape et empereur, qui vont causer tant de remous au Moyen Age, est déjà posé : des deux têtes de la chrétienté, laquelle est la première ? Le pouvoir de l'empereur vient-il directement de Dieu, ou passe-t-il par l'intermédiaire du pape ?

Dans les faits, l'évènement de Noël 800 ne change pas grand-chose à la situation. Il semblerait même que Charlemagne soit mal à l'aise avec son nouveau titre, ce dont témoignent les hésitations des documents officiels issus de sa chancellerie concernant sa titulature ; il tient à garder son titre de roi des Francs et des Lombards, et après bien des variations la formule définitive sera : « Charles, sérénissime Auguste, couronné par Dieu, grand et pacifique empereur, gouvernant l'Empire romain et, par la miséricorde de Dieu, roi des Francs et des Lombards. » Le titre impérial est étranger à la mentalité franque, et lorsqu'en 806 Charlemagne organise sa succession, il le fait à la manière mérovingienne, partageant le royaume entre ses trois fils, sans même mentionner le titre d'empereur, qui disparaîtrait donc avec lui. Ce n'est qu'après la mort de deux de ses fils qu'il décide de couronner lui-même empereur le survivant, Louis. Charlemagne ne semble pas accorder une grande importance aux implications juridiques, politiques et diplomatiques de son nouveau titre. C'est surtout l'aspect moral et religieux qui semble le marquer. « Nouveau David », comme le qualifie Alcuin, qui le compare aussi à Salomon et à Constantin, il est préoccupé par ses responsabilités morales envers le peuple chrétien.

Depuis le début de son règne, il se comporte autant en chef religieux que politique. Ses capitulaires se préoccupent aussi bien de la discipline des clercs et des chants liturgiques que de l'ordre public. L'un des principaux, l'*Admonitio generalis* de 789, vise rien moins qu'à édifier sur terre la *Cité de Dieu* de son auteur favori, saint Augustin. Il s'y présente comme « Charles, par la grâce de Dieu et le don de sa miséricorde roi et recteur du royaume de France et humble serviteur de sa Sainte Eglise ». Sur les 82 articles, les 50 premiers sont pratiquement recopiés sur le code de droit canon connu sous le nom de *Dionysio-Hadriana*. Le texte est rempli de citations bibliques. Charlemagne se considère comme le défenseur de la foi, imposant son idéal théologique et poursuivant les moindres déviations doctrinales. En 794, il convoque à Francfort les évêques du royaume dans un concile qui délibère sur la discipline des ecclésiastiques, condamne l'hérésie espagnole de l'adoptianisme et l'iconoclasme byzantin. En 809, il fait rédiger un dossier justifiant la formule du *Filioque*, que le concile d'Aix-la-Chapelle ordonne d'utiliser, alors même que le pape est réticent sur ce sujet. Il impose l'utilisation de la liturgie romaine dans toutes les églises. A partir de 801, stimulé par son titre impérial, Charlemagne fait preuve d'un zèle chrétien décuplé, qui se traduit par une grande activité législatrice : 47 capitulaires en treize ans, qui ressemblent plus à des sermons qu'à des textes juridiques. « Ecoutez, très chers frères, l'avertissement que vous adresse par notre bouche notre maître l'empereur Charles. Nous sommes envoyés ici pour votre salut éternel… » : c'est ainsi que les *missi* doivent en 802 s'adresser aux populations, en leur rappelant les devoirs d'amour fraternel et de charité.

A Byzance cependant, le couronnement de 800 est considéré comme une usurpation. Mais on n'est pas en état d'intervenir par la force. C'est Irène qui est au pouvoir, avec ses eunuques. A défaut d'épouser Charlemagne, solution un moment envisagée d'après Théophane, il faut négocier. On échange des ambassades, et après plus de dix ans de tractations entrecoupées de menaces de guerre, on arrive en 812 à un compromis avec le basileus Michel Ier : Charlemagne aura droit au titre d'« empereur Auguste, roi des Francs et des Lombards ». C'est la reconnaissance du fait accompli : il y a dans le monde chrétien deux empereurs, et on évite toute allusion à Rome et aux Romains.

Quel empire ? Un Etat fort, appuyé sur l'Eglise

Alors, Charlemagne empereur, mais empereur de quoi ? Empereur tout court. C'est une des particularités de cet Etat d'Occident qui n'ose pas dire son nom et qui regroupe de nombreux peuples sous la direction des Francs ; on le désigne, faute de mieux, par le nom de la famille régnante : l'Empire carolingien. Dans la réalité, c'est un bloc impressionnant, qui en superficie et en population a le même poids que l'Empire byzantin : 1,2 million de km^2, 15 à 20 millions d'habitants. Les limites sont d'ailleurs très floues. De l'Ebre à l'Elbe, a-t-on coutume de dire pour simplifier. En fait, il n'y a pas de frontières linéaires ou naturelles. Le passage aux territoires extérieurs se fait par des zones intermédiaires de 50 à 100 kilomètres de large, plus ou moins militarisées, les marches, dirigées par un *comes Marchae* (comte de la Marche), ou *marchio* (marquis), ou *Markgraf* (margrave) en langue germanique. Sur la frontière orientale, on a, à la fin du règne, du nord au sud, la marche des Normands, entre l'estuaire de l'Elbe et le Daneverk du roi Sigfred ; puis la marche Wende, de part et d'autre de l'Elbe, à hauteur de Magdebourg, face aux Wilzes ; la marche des Sorbes ; la marche Avar ou marche de Pannonie, dans l'angle du Danube ; enfin la marche du Frioul. A l'ouest, la marche de Bretagne, qui apparaît dans les textes en 778, comprenant les comtés de Nantes, Rennes, et une partie du Vannetais. Roland, puis Gui en ont été comtes. Au sud, la marche de Gothie comprend une douzaine de comtés en Septimanie, le Languedoc actuel ; le comte de Toulouse en est le chef. Enfin la marche d'Espagne, au sud des Pyrénées, réunit une dizaine de comtés. Ses limites méridionales sont assez fluctuantes, et ne vont pas vraiment jusqu'à l'Ebre. Le comte de Barcelone en est le chef.

Ajoutons qu'en Italie, au sud des Etats de l'Eglise, le duché de Spolète a un statut intermédiaire, mal défini, et fait la transition avec le duché de Bénévent, qui est quant à lui franchement hostile. A l'est, au-devant des marches, entre l'Elbe et l'Oder, il y a toute la zone des peuples slaves tributaires de l'Empire, dont la soumission est précaire. Ainsi, la transition entre l'Empire et les espaces extérieurs hostiles se fait de façon progressive, ce qui rend illusoire toute représentation nette des frontières de l'empire de Charlemagne, ensemble culturel plus que géopolitique.

Ce colossal ensemble est dirigé par un souverain itinérant, qui finit par se fixer à Aix-la-Chapelle, où il se fait construire un palais à partir de 794. Autour de lui, une équipe très restreinte : quelques membres de la famille, des évêques, des abbés, des laïcs, qui remplissent les grands offices, dont les fonctions sont encore mal définies. Au total, pas plus de 200 personnes pour diriger un empire grand comme deux fois la France actuelle. L'administration locale, ce sont 200 à 250 comtes qui ont pratiquement tous les pouvoirs mais qui sont soumis aux tournées de surveillance des fameux *missi dominici*, les envoyés du maître, qui diffusent les ordres, en vérifient l'application, et font des rapports précis à l'empereur. Chaque année, vers la fin mai, suivant une procédure parfaitement rodée, les comtes, les évêques, les vassaux directs de certaines régions de l'Empire sont convoqués en assemblée. Charlemagne leur fait approuver ses décisions par acclamation. Les textes en sont mis par écrit, ce sont les capitulaires, diffusés ensuite par les *missi*. L'assemblée prépare également la campagne militaire de l'année ; les vassaux doivent y venir avec le nombre d'hommes et l'équipement correspondant à la taille de leur domaine. Cette belle machine connaît évidemment quelques ratés, surtout vers la fin du règne, lorsque la lassitude se fait jour et qu'un nombre croissant de vassaux refusent de comparaître, mais globalement, en tenant compte des moyens de l'époque, de l'immensité du territoire et de la lenteur des communications, le système administratif carolingien est d'une remarquable efficacité.

Cette *Renovatio regni Francorum*, « Rénovation du royaume des Francs », c'est d'abord une rénovation du pouvoir royal : au traditionnel droit de ban, droit de punir et de contraindre, Charlemagne ajoute le serment de fidélité, exigé en 789, 793, 802. Il renforce les liens d'homme à homme, et introduit ainsi la vassalité dans l'Etat en s'attachant les vassaux royaux par des dons de terres fiscales en échange de la fidélité personnelle du vassal « chasé ». La grande force de l'empereur, c'est l'armée, où, en vertu du droit de ban, il peut convoquer tous les hommes libres. L'équipement est soigneusement précisé : lance, bouclier, arc pour les fantassins ; à côté de la cavalerie légère composée d'auxiliaires, la cavalerie lourde est l'élément essentiel : protégé par la broigne de cuir avec écailles de métal, maniant la lance et la longue épée, le cavalier est propriétaire ou tenancier d'au moins douze manses. La discipline est stricte, et la tactique en plusieurs colonnes indépendantes, permettant un ravitaillement plus facile et des déplacements rapides, sont les causes majeures des succès. L'empereur peut mettre en ligne simultanément 50 000 à 60 000 hommes, en plusieurs armées, qui peuvent agir sur plusieurs fronts à la fois. L'armée, composée d'hommes provenant de régions différentes, est aussi, avec l'assemblée du Champ de mai, un outil d'unification de l'Empire. Elle compte des unités d'élite, les *scarae*, stationnées surtout dans les marches.

La justice s'améliore, avec la création des *scabins*, ou échevins, sortes de juges professionnels permanents, la surveillance des justices comtales, et le droit d'appel au tribunal du Palais. Le système est cependant rapidement engorgé, et le recours aux ordalies et duels judiciaires, qui simplifient considérablement la procédure, reste fréquent.

Les ressources financières de l'Etat sont variées, mais ne permettent pas d'établir un véritable budget : cadeaux obligatoires des nobles qui viennent au Champ de mai, tributs, butins, amendes, péages, cens, capitation, et surtout revenus des fiscs, terres publiques, dont l'empereur exige une comptabilité méticuleuse, sur le modèle des polyptiques ecclésiastiques. Le fameux capitulaire *De Villis* en fournit un exemple remarquable, qui nous renseigne en outre sur les cultures et l'outillage agricole de l'époque. Charlemagne dispose d'environ 200 *villae*, ou grands domaines, 600 fiscs et 200 abbayes, mais les distributions en faveur des vassaux amputent rapidement ce patrimoine. On a donc recours, depuis Charles Martel, à des ponctions sur les terres ecclésiastiques ; le souverain distribue des domaines de l'Eglise, qui en garde la propriété éminente et perçoit sur eux un cens annuel : c'est le système de la « précaire », puisqu'en théorie ces terres sont destinées à revenir à l'Eglise.

Les liens entre l'Eglise et l'Etat sont très étroits et, à l'image des rapports entre le pape et l'empereur, plutôt ambigus. La question est : lequel des deux se sert de l'autre ? Charlemagne est entouré d'un abondant personnel ecclésiastique non seulement au sein de la chapelle royale, mais comme conseillers et *missi dominici*. Les évêques et les abbés sont pour lui des agents du pouvoir politique, et il surveille de très près leur nomination, il exige qu'ils viennent à l'assemblée de Mai avec leurs vassaux. Pour les décharger des tâches qui leur sont interdites, il crée la fonction d'avoué, confiée à un laïc, et pour l'entretien du clergé il généralise la perception de la dîme, taxe d'un dixième des récoltes sur toutes les terres. La situation matérielle des ecclésiastiques est ainsi assurée. Dans chaque diocèse, les revenus des terres d'Eglise sont répartis en deux groupes : le manse épiscopal, pour l'entretien de l'évêque, et le manse capitulaire, divisée en prébendes, pour celui des chanoines. La liturgie est unifiée et alignée sur le modèle romain du *Pastoral* de Grégoire le Grand.

L'empereur compte aussi beaucoup sur le monde monastique, dont les grands centres, comme Saint-Denis, Fulda, Aniane, Saint-Gall, sont des foyers de diffusion de la culture comme de l'agriculture et des directives politiques. Dans ses capitulaires, il se dit irrité par l'ignorance et les manquements à la discipline qu'on lui rapporte des 650 monastères de l'Empire, et il multiplie les textes législatifs à ce sujet. Mais ce n'est qu'en 817 que son fils Louis le Pieux, soutenu par Benoît d'Aniane, imposera la règle de saint Benoît à tout le clergé régulier. La richesse de celui-ci attise d'ailleurs la convoitise des évêques. Au début du IXe siècle par exemple, alors qu'un gros évêché comme Augsbourg détient 1 507 manses de terre, les monastères comme Saint-Gall, Lorsch, Wissembourg, en ont chacun plus de 4 000, et Fulda, 15 000. A coups d'arguties juridiques et d'usage de faux documents, les évêques tentent de placer les monastères sous leur coupe. C'est pourquoi ces derniers cherchent à obtenir l'immunité, en se plaçant directement sous l'autorité de Saint-Pierre de Rome, comme Vézelay, créé par Girard de Roussillon en 858-859, Saint-Clément d'Aurillac, créé en 871 par Géraud d'Aurillac, et surtout Cluny, fondé par le duc d'Aquitaine Guillaume le Pieux en 909.

Pour Charlemagne, l'Eglise, et donc le clergé, est un instrument de gouvernement. Il lui accorde des faveurs, mais en échange il en attend des services : un personnel compétent, un rôle d'éducation par ses écoles, un moyen de soumission des peuples, et un puissant agent d'unification de ses Etats – unification par la liturgie et par l'universalité des croyances. D'où l'importance que revêt pour lui la conversion des païens de l'Empire. S'il tient tant à faire baptiser les Saxons, ce n'est évidemment pas pour le salut de leur âme ; c'est parce qu'un Saxon chrétien est un sujet plus docile qu'un Saxon païen. La création d'évêchés suit la conquête : Brême (787), Münster (805), Paderborn, Hambourg. Après la défaite des Avars, l'archevêque de Salzbourg, Arn, est chargé d'organiser des missions. En revanche, Charlemagne interdit en 804 au Frison Liudger d'aller évangéliser les Danois : preuve que pour lui, l'Eglise et l'Etat sont intimement unis ; l'Empire est chrétien, et l'empereur est à la fois maître des deux pouvoirs, politique et religieux. Avec son fils Louis le Pieux, les perspectives se renversent : ce sont les évêques qui prennent la direction, et c'est l'empereur qui est leur instrument. Charles est « Grand », Louis n'est que « Pieux ». Sous le règne de ce dernier, des missions sont envoyées chez les Danois, sans grand succès : ce n'est qu'en 949 que leur roi Gorm se convertit. L'évangélisation des Slaves est tout aussi lente : le prince polonais Miesko est baptisé en 966 seulement, et le prince hongrois Vaïk en 955. Toutes ces conversions sont d'ailleurs extrêmement superficielles, et sous le vernis chrétien les pratiques païennes subsisteront pendant tout le Moyen Age.

Economie et société : le poids du monde rural

L'Empire carolingien est un empire rural. Jusque vers 840, la situation démographique semble favorable : pas d'épidémies majeures, de rares famines locales dues à des inondations ou à des sécheresses, notamment en 779 et 792-793. La population augmente lentement, et l'étude des polyptyques révèle des densités d'environ 30 hab./km^2 dans les zones cultivées et 10 dans les terres incultes. La tendance se renverse entre 840 et 950 environ, avec des famines (859, 872, 940 en Italie), les raids des Vikings, des Hongrois, des Sarrasins, les guerres internes. Les 15 à 20 millions d'habitants du territoire carolingien vivent dans des hameaux au milieu d'immenses espaces de bois, de landes et de marécages. Les défrichements progressent, au point d'inquiéter les autorités : le capitulaire *De Villis* demande « qu'on ne laisse pas gagner les champs sur les bois ; et là où il doit y avoir des bois, qu'on ne souffre pas qu'on les coupe trop ou qu'on ne les gâte pas ». Car la forêt rend d'immenses services : bois, chasse, cueillette, glandée. Les polyptyques énumèrent une grande variété de cultures : 72 espèces de plantes, dont un tiers à usage alimentaire, légumes et céréales, le reste concernant les plantes médicinales et industrielles. Intensive dans les jardins, vignes et vergers, l'agriculture, pratiquée avec des outils traditionnels – houe, araire, faucille –, pratiquant la rotation triennale uniquement sur les terres les plus riches, notamment celles des abbayes, donne des rendements d'environ 5 pour 1, ce qui permet aux grands domaines de disposer d'un surplus commercialisable.

Les plus importants de ces domaines sont les *villae*, dont la structure est bien connue grâce aux polyptyques des abbayes comme Saint-Germain-des-Prés, Saint-Remi de Reims, Saint-Bertin, Prüm. Une *villa*, ce sont plusieurs centaines à plusieurs milliers d'hectares, avec au centre les terres de la « réserve », le manse seigneurial : de longues lanières cultivées, ainsi que des bois et des prés, et des bâtiments d'exploitation, greniers, celliers, moulins, formant la *curtis*. Le travail sur cette réserve est assuré par des esclaves, qui sont en général chasés sur un manse voisin (manses serviles), et par des colons qui sont chasés sur des manses ingénuiles et soumis à des travaux divers, les corvées, au moins trois jours par semaine. Le reste du domaine de la *villa* est divisé en manses attribués à des paysans libres, les *pagenses*, qui sont quasiment propriétaires mais doivent des taxes en nature et en argent au maître de la *villa*. Appauvris, ils tombent dans la catégorie des colons, ou alors ils s'en vont et cherchent la protection d'un seigneur. Ce modèle type connaît d'innombrables variations locales.

Propriétaire de *villae*, l'aristocratie guerrière joue un rôle croissant dans l'Empire. Le souverain achète la fidélité de ces guerriers en leur distribuant des domaines pris sur le fisc ou sur les biens d'Eglise et attribués à titre de « précaire ». La richesse foncière de cette aristocratie avide de terres peut être une cause de faiblesse pour le pouvoir central, qui tente de tourner le phénomène à son avantage par le système de la vassalité. L'attribution d'un bien s'accompagne de la pratique de la recommandation : le vassal prête serment de fidélité à son seigneur, qui exige en même temps un service militaire et quelques taxes. Le contrat, prêté sur les reliques, a la garantie de l'Eglise, et tout parjure entraîne la confiscation des terres accordées en usufruit. Une pyramide vassalique se met ainsi en place, dont le souverain peut espérer tirer profit.

Mais très vite le système se pervertit. L'obéissance au souverain est de plus en plus conditionnée à l'octroi de faveurs ; les nobles veulent toujours plus de terres ; les dons, qui au départ étaient viagers, deviennent vite héréditaires, et les bénéficiaires sont de plus en plus indépendants ; la pratique des recommandations multiples crée un écheveau inextricable de fidélités antagonistes dans lesquelles on ne sait plus vraiment qui doit fidélité à qui. Ajoutons que les liens du sang, si forts dans les sociétés germaniques, renforcent les structures horizontales et multiplient les guerres privées. Même les particularismes locaux ressurgissent et accentuent les divisions dans cet empire multinational. Dès le Xe siècle, la société vassalique est pulvérisée en une multitude de seigneurs locaux plus ou moins indépendants, et le pouvoir central, si fort sous Charlemagne, est dissous par l'action des forces centrifuges.

Au milieu de cette société rurale qui se délite, que deviennent les villes ? Profitant de la paix relative dans laquelle vit l'Empire sous Charlemagne, puisque les guerres, perpétuelles, se cantonnent à la périphérie, elles poursuivent leur lente renaissance. Les murailles datant du Bas-Empire sont abattues, et les pierres réemployées pour la construction de nouveaux édifices, surtout des églises, dont les nefs ne cessent de s'allonger : 43 mètres à Reichenau, 94 à Cologne, 98 à Fulda, 102 à Saint-Gall. Les faubourgs marchands s'étendent : à Metz ils comptent 17 églises sur les 24 de l'agglomération. Aux IXe et Xe siècles, les raids scandinaves vont évidemment freiner le mouvement et de nouvelles fortifications sont érigées.

Ces villes sont des lieux de foires et de marchés locaux, où circulent les deniers, petites pièces d'argent d'1,23 g à l'origine, et progressivement réévaluées par

Charlemagne, passant à 1,70 g en 793, pour pallier la disparition progressive de la monnaie d'or. Ces pièces sont frappées en très grand nombre, dans des ateliers monétaires que le pouvoir royal s'efforce de contrôler. Charles le Chauve, en 864, en fixera le nombre à neuf. Ce monométallisme argent est aussi pour Charlemagne un outil de prestige, de propagande et d'unification : en relevant la teneur en argent, en faisant figurer son effigie de profil, à la romaine, avec couronne de laurier et la légende KAROLUS IMP AUG, et au revers une église avec colonnes et fronton surmonté d'une croix, il affiche sa puissance et son alliance avec l'Eglise.

Le grand commerce est dominé par les juifs, les Italiens, et notamment les Vénitiens, dont l'importance ne cesse de croître aux IXe et Xe siècles, et qui frappent monnaie dès 883, et aussi les Frisons, qui monopolisent pratiquement le trafic au nord-ouest, à partir de leur principal *emporium*, Duurstede. Avec leur nouveau type de bateau, la houlque, à la coque rebondie, capable de transporter dix tonnes de fret, ils remontent le Rhin et la Moselle, importent par Quentovic, sur la Canche, les produits anglo-saxons, étain, laine, céréales, miel, ainsi que les fourrures et l'ambre de la Baltique. La piraterie endémique en Méditerranée favorise le trafic terrestre vers l'Orient, par Venise, Pavie et les cols alpins, pour les échanges de draps, verrerie, armes et bijoux carolingiens contre la soie, les brocarts, les épices, l'argent des Byzantins et des Arabes.

Jusqu'au milieu du IXe siècle, l'Empire carolingien est sans conteste la principale puissance du monde eurasiatique, et Charlemagne en est la figure dominante, face à un Empire byzantin qui le courtise ou qui le craint, et face à un monde arabo-musulman en pleine décomposition, dont la déférence est illustrée par les somptueuses ambassades du calife de Bagdad, Haroun al-Rachid, qui lui envoie en 801 un éléphant et en 806 une horloge hydraulique, hommage de l'exotisme et de la technologie orientale au pragmatisme politique occidental.

A la périphérie de ces trois mondes gravitent des petits royaumes qui sont plus ou moins dans la dépendance du géant carolingien, et qui suivent dans ses grandes lignes son évolution économique et sociale. C'est d'abord le cas en Grande-Bretagne, où le roi de Mercie, Offa (757-796), grand admirateur de Charlemagne, contrôle tout le sud de l'île et fait construire à l'ouest un mur défensif contre les Celtes du pays de Galles, le Dyke d'Offa. Après lui, c'est le royaume de Wessex, dirigé par Egbert (802-839), qui domine, avec, au nord, celui de Northumbrie, tandis que dans le reste des îles les roitelets celtes et irlandais se font la guerre. De 871 à 899, Alfred le Grand, roi de Wessex, dote son royaume d'une armature juridique, en publiant un code de lois, d'une monnaie forte en argent, d'une solide administration locale, avec, à la tête de chaque comté *(shire),* un *shire-reeve* (shérif).

De l'autre côté de la Manche, dans la petite Bretagne, qui profite de sa position excentré pour sauvegarder son indépendance à l'égard des Carolingiens, les chefs locaux, les *machtierns*, dirigent une clientèle de fidèles. Au milieu du IXe siècle, profitant de l'affaiblissement des Carolingiens, le chef breton Nominoë cherche à créer un pouvoir central, et ses fils Erispoë, puis Salomon prennent même le titre de roi. Au nord, les souverains scandinaves sont avant tout des chefs de guerre, soumis à l'assemblée des hommes libres. Au nord de l'Espagne, les petits royaumes chrétiens sont encore en gestation autour de León et de Pampelune.

La renaissance carolingienne : une réalité

Un point reste très débattu parmi les historiens : dans quelle mesure peut-on parler d'une « renaissance carolingienne » dans le domaine culturel ? L'expression est à notre avis pleinement justifiée, à condition de garder le sens des proportions. Il faut dire que l'on partait de très bas, n'en déplaise aux admirateurs de la civilisation mérovingienne. Nous avons vu la pauvreté des productions intellectuelles et artistiques des années 500-750. Ce qui est remarquable avec les Carolingiens, c'est que l'impulsion culturelle vient du souverain lui-même. Charlemagne est pleinement conscient de la nécessité d'élever le niveau culturel des élites sociales. Sincère admirateur de la littérature, de la grammaire, de l'érudition, du beau langage, il participe volontiers aux réunions d'une sorte d'académie littéraire palatine, où les clercs de son entourage font assaut de rhétorique et pratiquent des sortes de jeux de rôle avec des noms d'emprunt : Alcuin, c'est Horace ; Théodulf, c'est Pindare ; Charlemagne lui-même, c'est David. Il encourage les productions savantes, et, dans l'*Admonitio generalis* de 789, il ordonne « que dans chaque évêché, dans chaque monastère, on enseigne les psaumes, les notes, le chant, le comput, la grammaire, et qu'on ait des livres soigneusement corrigés ». Le but est avant tout utilitaire : il s'agit de former un personnel de clercs compétents capables de remplir les fonctions administratives et les postes de *missi dominici*. Rien ne l'irrite davantage que les erreurs de grammaire dans les rapports et les écrits des moines et l'incapacité de certains *missi* d'interpréter ses ordres. « Sans doute, il est préférable de bien agir que de beaucoup savoir, encore faut-il savoir pour bien faire », déclare-t-il dans l'*Admonitio*. Admirateur de saint Augustin, dont il se fait lire *La Cité de Dieu* dans les moments de détente, il déplore la rusticité des moines. Il insiste sur la nécessité d'avoir des textes clairs et précis, dans les domaines liturgique aussi bien que juridique. C'est un puissant instrument d'unification de l'Empire. L'utilisation de l'écriture cursive, plus rapide et plus lisible, la « minuscule caroline », apparue dans les monastères du nord de la Francie vers 770 et qui remplace la lourde onciale, est un précieux outil qui permet de multiplier les manuscrits. On estime que dans les *scriptoria* monastiques on a recopié les œuvres de plus de 850 auteurs, païens et chrétiens, pendant le règne de Charlemagne.

Les productions littéraires et théologiques sont en nette progression, quantitative et qualitative. Sous Charlemagne, on remarque les œuvres pédagogiques du moine anglo-saxon Alcuin, qui est le véritable mentor de l'empereur, d'abord à la Cour, de 781 à 796, puis comme abbé de Saint-Martin de Tours, de 796 à 804, les œuvres poétiques de Théodulf, abbé de Fleury, l'*Histoire des Lombards* de Paul Diacre, qui compose aussi des ouvrages sur les usages de la langue latine, comme *L'Art de Donat, De la signification des mots*, d'où son surnom de Paul le Grammairien. Paulin d'Aquilée est quant à lui un bon théologien ; il fait partie des intellectuels italiens que Charlemagne a ramenés avec lui notamment en 781. Le seul laïc est Eginhard, éduqué à l'école du palais et devenu un proche conseiller de l'empereur, dont il rédige la biographie entre 817 et 829.

L'essor littéraire s'amplifie sous Louis le Pieux, avec les écrits politiques d'Adalard, d'Agobard, de Jonas d'Orléans, les œuvres historiques de Loup de Ferrières, de Nithard, de Walafrid Strabon, et s'épanouit après 850 avec l'abbé de Fulda Raban Maur, l'archevêque de Reims Hincmar, le moine Gottschalk. L'œuvre la plus novatrice et la plus profonde de l'époque est celle du néoplatonicien irlandais Jean Scot Erigène, dont le *De divisione naturae* de 866 ouvre des perspectives philosophiques très en avance sur son temps. Au Xe siècle, il y aura encore Flodoard, Richer, Notker le Bègue et Notker le Lippu, moines de Saint-Gall, Widukind, moine de Corvey, Liutprand, moine de Crémone, et surtout le moine Gerbert d'Aurillac, le plus remarquable savant de son temps, qui devient pape en 997. Indéniablement, l'époque carolingienne a été marquée par une reprise intellectuelle, surtout dans les milieux monastiques. Il ne s'agit certes que de quelques individualités, dont les travaux encyclopédiques sont des compilations peu originales, mais qui alimentent la réflexion et préparent la grande époque scolastique du Moyen Age.

Les livres carolingiens se distinguent également par leur aspect matériel : les ateliers de copistes de Tours, Reims, Saint-Denis, Metz produisent des manuscrits d'apparat, écrits en lettres d'or ou d'argent sur fond pourpre, ornés de somptueuses miniatures, splendides témoignages d'un milieu qui vénère la culture et considère le livre comme un trésor de sagesse. Ajoutons les travaux d'orfèvrerie, reliquaires, châsses, comme ceux du trésor de Saint-Maurice d'Agaune dans le Valais, où l'on trouve également la fameuse aiguière dite de Charlemagne.

Quant à l'architecture, elle met au point un style nouveau, qui correspond à la forme d'esprit du fondateur de la dynastie : simple, régulier, robuste, rigoureux, équilibré, austère et impressionnant. Le style carolingien apparaît dès 775 avec l'inauguration par Charlemagne en personne, en compagnie de l'abbé Fulrad, de l'abbatiale de Saint-Denis : une église de 63 mètres de long, avec trois nefs, un transept, une voûte soutenue par 59 colonnes ; les murs sont percés de 101 fenêtres en plein cintre ; en sous-sol, une crypte, la « confession », abritant les reliques. Une des originalités des églises carolingiennes est la présence de deux absides, une à l'est et l'autre à l'ouest. Ce plan apparaît à Saint-Maurice d'Agaune vers 780, puis se diffuse à Fulda, Cologne, Paderborn, Reichenau, Saint-Gall. Pendant le seul règne de Charlemagne, 232 monastères, 56 palais, 7 cathédrales sont construits. Le palais et la chapelle d'Aix, édifiés dans les années 790 sur les plans du moine Odon, admirateur de Vitruve, sont comme il se doit le chef-d'œuvre et le modèle des constructions carolingiennes. L'ensemble, qui couvre 20 hectares, est une sorte de « cité interdite » à l'intérieur de laquelle se trouvent les bâtiments du gouvernement, de l'administration, des logements, des salles de réunion, une grande piscine – Charlemagne est un champion de natation – et la fameuse église octogonale, décorée de mosaïques et bas-reliefs dont certains viennent de Ravenne. Aix-la-Chapelle, c'est un peu le Versailles de Charlemagne, le manifeste monumental de la renaissance carolingienne.

Eclatement de l'Empire carolingien : Verdun (843)

L'énorme Empire carolingien est un géant aux pieds d'argile. Un tel ensemble de peuples et de territoires ne pouvait subsister sous une autorité unique qu'avec un pouvoir central fort, capable de contenir les tendances centrifuges de la vassalité, de renoncer aux partages successoraux à la mode franque, et de garder le contrôle de l'Eglise. Or le fils de Charlemagne, l'empereur Louis le Pieux, se laisse déborder sur ces trois points, et son règne (814-840) se révèle catastrophique.

Première faiblesse, que suggère son surnom, le nouvel empereur tombe sous la coupe des évêques et abbés de son entourage : Benoît d'Aniane, son mentor, Agobard, futur archevêque de Lyon, Adalard, abbé de Corbie, entre autres. Profondément pieux, Louis considère que l'Empire se définit par la religion avant tout. Il abandonne le titre de roi des Francs et des Lombards, et s'intitule « par la Providence divine, empereur Auguste ». Ce qui le conduit à renverser les termes de l'alliance entre l'Etat et l'Eglise : alors que Charlemagne gardait le contrôle de la seconde, Louis la soustrait à l'influence des laïcs, et le pouvoir politique, que l'on pouvait qualifier jusque-là de césaropapisme, vire à la théocratie. Louis tient à Aix une série de conciles en 816, 817, 818, 819 ; il garantit au pape son indépendance politique et la liberté des élections pontificales. Etienne IV vient d'ailleurs le sacrer en 816.

Et puis, dès 817, il va au-devant de gros ennuis en promulguant à l'avance, par la constitution *Ordinatio Imperii*, la future répartition des pouvoirs. Le système imaginé est un compromis entre l'idée unitaire et le partage : le fils aîné de Louis, Lothaire, serait seul empereur, mais ses frères Pépin et Louis, ainsi que son neveu Bernard, gouverneraient de façon autonome, avec le titre de roi, respectivement l'Aquitaine, la Bavière et l'Italie. C'est là faire preuve d'un optimisme excessif concernant les relations familiales chez les Carolingiens. Les partisans de Bernard, qui s'estiment lésés, se soulèvent. Bernard est pris, on lui crève les yeux, et il en meurt. Louis le Pieux en éprouve du remords, et il accepte de se soumettre à une pénitence publique à Attigny en 822. Cette humiliation affaiblit le prestige de l'empereur, dont la soumission à l'Eglise est confirmée en 829 par plusieurs conciles régionaux, qui déclarent que l'Empire n'est qu'une partie de l'Eglise, que le pouvoir religieux est supérieur au pouvoir temporel, et qui excluent les laïcs des élections et de l'administration des biens ecclésiastiques.

Pour compliquer les choses, Louis le Pieux, qui s'est remarié en 819 avec la Bavaroise Judith, a eu d'elle en 824 un fils, Charles, auquel il entend faire une part dans sa succession. Les trois fils aînés, Lothaire, Pépin et Louis, se révoltent contre leur père, et réussissent à débaucher tous les vassaux de celui-ci. Louis le Pieux, abandonné de tous, y compris du pape, est contraint d'abdiquer, en octobre 833, au cours d'une cérémonie orchestrée par l'archevêque Ebbon de Reims. Il est enfermé dans un monastère, résultat de son incapacité à maîtriser les trois problèmes que nous avons mentionnés : gérer les partages successoraux, contrôler la vassalité, rester maître du clergé.

Cependant, Lothaire, proclamé empereur, est lui-même incapable de s'imposer. Louis le Pieux est rétabli à la tête de l'Empire dès 834, mais à sa mort, en 840, ses trois fils survivants, Lothaire, Louis et Charles, se retrouvent en compétition pour la succession. Inévitablement, c'est la guerre. Louis et Charles battent Lothaire à Fontenay-en-Puisaye en 841, et en 842 ils se promettent aide mutuelle contre leur aîné par le fameux serment de Strasbourg. Fameux pas seulement par le fait que le texte, cité par l'historien Nithard, est le plus ancien document conservé en ancien français et vieil haut allemand. C'est aussi une illustration de la façon dont la pratique vassalique du serment peut devenir une arme fatale contre le pouvoir central, en l'occurrence Lothaire, qui prétend régenter l'ensemble de l'Empire. De plus, Louis et Charles recherchent et obtiennent la caution de l'Eglise : un concile réuni à Aix-la-Chapelle leur confie la destinée de l'Empire « afin qu'ils le régissent selon la volonté de Dieu ». Etape supplémentaire vers la prise de contrôle de la vie politique par l'Eglise.

Contraint de négocier, Lothaire accepte le principe d'un partage à trois, ratifié à Verdun en août 843. Le traité de Verdun est un remarquable travail, qui a nécessité des mois d'enquête et de négociations par 120 commissaires. Il faut se rendre compte de la difficulté de la tâche : comment partager équitablement en trois morceaux un territoire grand comme deux fois la France actuelle, dont on ne dispose d'aucune carte, d'aucune représentation visuelle de quelque sorte que ce soit ? Des *missi* sont envoyés dans tout l'Empire, rassemblent auprès des comtes toute la documentation possible sur les domaines du fisc, les villes, les terres cultivées, en friche, boisées, les paroisses, les habitants. Il faut rendre hommage à l'efficacité de l'administration carolingienne mise au point par Charlemagne, qui en moins de six mois, avec les moyens rudimentaires de l'époque, réussit à mettre sur pied un partage qui dans ses grandes lignes servira de référence à la diplomatie européenne pendant des siècles.

Le résultat peut, à vrai dire, sembler curieux. Le découpage ne tient aucun compte des cadres ethniques, linguistiques ou historiques. Même les limites naturelles ne sont pas toujours respectées. Charles, dit le Chauve, reçoit tout ce qui est à l'ouest de l'Escaut, de la Meuse, de la Saône et du Rhône, sauf le Lyonnais, le Viennois, le Vivarais et l'Uzège, qui sont attribués à Lothaire avec la Frise, les pays entre Meuse et Rhin, la Bourgogne, la Provence et l'Italie franque. Louis, dit le Germanique, reçoit ce qui est à l'est du Rhin, avec la Souabe et la Bavière. Si les limites ne suivent pas strictement le cours des rivières, c'est qu'il a fallu tenir compte de la répartition des fiscs royaux, plus nombreux à l'ouest. Charles le Chauve est désormais désigné comme roi de Francie occidentale, Louis le Germanique roi de Francie orientale ; Lothaire a le titre d'empereur et les deux capitales, Rome et Aix, mais son territoire de forme étrange, coincé entre les deux autres, n'a pas de nom : c'est la terre de Lothaire, la Lotharingie.

Cette situation fait sa fragilité et explique sa rapide disparition. D'autant plus que Lothaire renoue avec la pratique des partages. A sa mort en 855, la partie septentrionale, du lac Léman à la Frise, va à son fils Lothaire II ; la partie centrale, du lac Léman à la Méditerranée, à son autre fils Charles, et l'Italie, avec le titre impérial, à son aîné, Louis II ; puis à la mort de Charles, en 863, ses frères se partagent sa part. Le morcellement se poursuit, et dans le processus le pouvoir impérial se dégrade et tombe sous la dépendance du pape. Le titulaire, Louis II, ne contrôle plus que le nord de l'Italie, et ne devient véritablement empereur qu'après son sacre par le pontife à Rome. C'est désormais une réalité, et bientôt une tradition : pour être empereur, il faut d'abord être roi d'Italie (on dira plus tard roi des Romains), puis sacré par le pape, et pas n'importe où : à Rome. C'est bien le pape qui fait l'empereur.

Et pendant que le pouvoir impérial tombe sous la coupe du pape, le pouvoir royal tombe sous celle des évêques. Lorsque Lothaire II (861-869), qui n'a pas d'enfants, veut divorcer d'avec sa femme Theutberge pour épouser sa maîtresse, Waldrade, avec qui il a un fils, il se heurte à l'opposition catégorique du pape Nicolas Ier (848-867) et des évêques de Francie occidentale, notamment Hincmar, archevêque de Reims (845-882). Lothaire II doit se soumettre. Aussi meurt-il sans héritier légitime, en 869, et immédiatement son oncle Charles le Chauve s'empare de son royaume, qu'on commence à appeler la Lorraine, et le partage avec Louis le Germanique au traité de Meersen en 870.

L'héritage de Charlemagne est ainsi dépecé sans retenue et avec la bénédiction du pape, qui profite de ce chaos pour s'ériger en arbitre, en recours et en faiseur d'empereur. C'est ainsi que Nicolas Ier (858-867) convoque à Rome un concile pour trancher les différends publics dans la chrétienté, et qu'au lendemain de la mort de Louis II, en août 875, le pape Jean VIII fait appel à Charles le Chauve pour lui conférer la couronne impériale. Le 25 décembre 875, à Saint-Pierre de Rome, se répète la cérémonie de l'an 800, et cette fois sans aucune ambiguïté : c'est bien le pape qui fait l'empereur, et son élu, Charles le Chauve, le remercie en ajoutant des territoires au Patrimoine de Saint-Pierre.

L'empereur Charles le Chauve va-t-il faire renaître l'empire de son grand-père ? S'il en avait l'intention, il lui faut vite déchanter : en 876, il tente d'exploiter la mort de son frère Louis le Germanique pour s'emparer de ses terres à l'est de la Meuse, mais il est battu à Andernach par son neveu Louis le Jeune, et l'année suivante il meurt au retour d'une expédition malheureuse en Italie. De toute façon, le pouvoir de Charles le Chauve était fragile même en France, où il avait dû faire, à Quierzy, de larges concessions aux grands ; il avait été mis en échec par les Aquitains et par les Bretons, qui, avec Nominoë, Erispoë et Salomon, avaient étendu leur royaume jusqu'à la Mayenne. Il n'avait conservé sa couronne que grâce à l'appui de l'archevêque de Reims Hincmar, qui fit beaucoup pour augmenter le prestige de la fonction royale en lui conférant l'auréole du sacré, et du même coup en renforçant sa dépendance à l'égard de l'Eglise : en sacrant Charles en 848, Hincmar stigmatise toute tentative de révolte comme une impiété ; en le sacrant roi de Lorraine à Metz en 869, il déclare que l'onction est le signe du choix divin, et en sacrant le fils de Charles, Louis le Bègue, à Paris, en 877, il inscrit le rituel dans le merveilleux en inventant la légende de la sainte ampoule. En établissant la tradition du sacre à Reims avec l'huile sainte miraculeusement descendue du ciel pour le baptême de Clovis, Hincmar rend le roi intouchable et en fait l'instrument de l'Eglise.

Le Xe siècle : chaos et émiettement politique

Après la mort de Charles le Chauve en 877, l'Europe occidentale entre pour plus d'un siècle dans une phase d'indescriptible chaos, sans doute la période la plus confuse de l'histoire médiévale. Le territoire de ce qui avait été l'Empire carolingien se fragmente en petites unités éphémères, aux limites mouvantes, dans une mêlée générale qui défie toute tentative de narration claire. Dans ce naufrage, le titre impérial, porté une dernière fois par un fils de Louis le Germanique, Charles le Gros (881-887), disparaît. La papauté elle-même est sur le point de sombrer dans la tourmente, au cours de cette période que l'on a appelée la « pornocratie pontificale », où les souverains pontifes, qui se targuent de faire les empereurs, sont eux-mêmes les jouets des factions aristocratiques romaines et des courtisanes. Cela commence avec l'assassinat de Jean VIII, en 882, par le poison et le marteau. A partir de là, ce sont les grandes familles qui font et défont les papes, les Théophylactes et les Crescients entre autres. Signalons simplement les épisodes les plus pittoresques, qui n'en sont pas moins significatifs : les quinze jours du pontificat de Boniface VI, un prêtre dépravé, en 896 ; l'exhumation du cadavre du pape Formose, sur ordre du pape Etienne VI, en 897 ; le défunt, en pleine décomposition, revêtu de ses habits pontificaux, est jugé au cours du synode dit « synode du cadavre » ; on lui coupe les deux doigts de la main droite qui servaient à bénir, on le mutile, et on jette les morceaux dans le Tibre ; l'assassinat d'Etienne VI, étranglé en prison en août 897 ; même sort pour Léon V en 903, sur ordre de son successeur Christophore, lui-même victime de son successeur Serge III en 904. S'ouvre alors la période la plus stupéfiante, animée par le trio infernal que forment le *magister militum* Théophylacte, sa femme Théodora et surtout leur fille Marousie (Marouzia). Extraordinaire carrière que celle de cette femme, maîtresse du pape Serge III à 15 ans, avec qui elle a un fils, dont elle fait le pape Jean XI (931-935) après avoir fait assassiner les papes Jean X (914-928), Léon VI (928) et Etienne VII (928-931) ; son petit-fils est élu pape à son tour en 955 à 17 ans, et peut être considéré comme le pire pape de l'histoire, Jean XII, dont les débauches n'ont pas de limites. Après avoir fait crever les yeux, couper le nez et les oreilles de son compétiteur Léon VIII en 964, il est battu à mort par un mari qui l'a trouvé dans le lit de sa femme. Visiblement, le Saint-Esprit avait déserté le trône de Saint-Pierre.

Ces épisodes, sur lesquels l'histoire officielle jette un voile pudique, et qui font passer les turpitudes des Borgia pour d'aimables contes enfantins, ont au cours du Moyen Age donné naissance à la légende de la papesse Jeanne, qui apparaît dans des chroniques dominicaines au XIIIe siècle, celle d'une femme qui aurait réussi à se faire passer pour un homme, à se faire élire pape, et dont l'imposture aurait été découverte lorsqu'elle accoucha en pleine procession. Depuis cette époque, écrit Yves-Marie Hilaire, « pour éviter une telle mésaventure, on vérifierait manuellement le sexe des papes au cours du couronnement sur les chaises "percées" », pour s'assurer qu'« il en a », en quelque sorte. Pure légende, mais très significative. En Occident, on vérifie le sexe du pape ; en Orient, on discute du sexe des anges.

Ces anecdotes ne sont pas superflues. Il est bon de rappeler que ce sont ces mêmes papes qui prétendent avoir reçu de Dieu le pouvoir de sacrer les empereurs et de sanctionner leur conduite. Ainsi, lorsqu'on lit que le 2 février 962 Otton Ier est sacré empereur à Rome par le pape Jean XII, il n'est pas inutile de savoir que ce Jean XII est un jeune homme de 24 ans, pervers et débauché, totalement inculte, qui boit aux amours du diable et est capable de sacrer évêque un enfant de 10 ans. Cela donne la mesure de la déchéance globale de la vie politique et religieuse au Xe siècle.

Un élément d'une autre nature entre en jeu : l'arrivée de nouveaux envahisseurs, normands, musulmans, hongrois. L'impact le plus durement ressenti est celui des Normands : Danois, Norvégiens, Suédois, regroupés sous l'appellation de Vikings, font leur apparition dès la fin du VIIIe siècle, d'abord sur les côtes anglaises, puis dans la Manche et dans l'Atlantique. Duurstede et Quentovic sont pillées en 842, Nantes en 843, Bordeaux en 844, Hambourg en 845. Les raids de pillage se multiplient, visant essentiellement les monastères, déclenchant des migrations vers l'intérieur des terres, comme celle des moines bretons qui emportent les reliques pour les mettre à l'abri loin des côtes. Mais les Normands remontent facilement les fleuves grâce à leurs bateaux à fond plat, sèment la panique et contribuent à désorganiser encore davantage la vie locale. Déclenché peut-être par la pression démographique et aussi par l'exil volontaire de chefs de clans, le mouvement prend une ampleur croissante en raison de la faiblesse de l'opposition jusqu'à la fin du IXe siècle. Certains groupes commencent à hiverner à l'embouchure des grands fleuves, et bientôt s'établissent de façon permanente : les Danois prennent York en 866, et en 878 ils obtiennent du roi de Wessex Alfred un large territoire dans l'est de l'Angleterre, le *Danelaw*, qui repassera sous domination anglaise avec Edouard l'Ancien (899-925) et Aethelstan (925-939). En Francie occidentale, le roi Charles le Simple accorde au chef normand Rollon des territoires au nord-ouest par le traité de Saint-Clair-sur-Epte en 911. Convertis, les Normands se sédentarisent et font de la Normandie un duché aux institutions originales avec Richard Ier (942-956). D'autres pénètrent en Méditerranée, atteignent Arles et l'Italie. L'incapacité des souverains à assurer la sécurité des populations conduit les seigneurs locaux à prendre en main la défense et à édifier des mottes fortifiées, ce qui accentue le morcellement territorial.

Au sud, ce sont les pirates musulmans de l'émirat aghlabide d'Afrique qui dévastent les côtes de Provence, à partir de leur base de La Garde-Freinet, établie en 888. La Sicile est progressivement conquise, et de là des raids de pillage atteignent Rome dès 845, Comacchio en 875, puis Bari et Tarente. Ils ne sont délogés de Calabre par les Byzantins qu'au début du Xe siècle, et de La Garde-Freinet qu'en 973, tandis qu'en Espagne le royaume asturien et les gouverneurs musulmans se contiennent mutuellement.

Enfin, en même temps que les Normands à l'ouest et au nord, que les Arabes au sud, arrivent à l'est les Hongrois. Ces Turco-Mongols nomades, installés en Pannonie, lancent des raids de pillage en Germanie, en Italie et même en France, atteignant Mende en 924. Véritables sauvages provoquant la terreur, ils traversent toute la Germanie en 937, et ce n'est qu'au milieu du Xe siècle que la résistance s'organise. Le 10 août 955, le roi de Germanie Otton Ier écrase les Hongrois près d'Augsbourg, sur le Lech. Bataille décisive, qui arrête définitivement les raids. La sédentarisation et l'évangélisation feront le reste. La Hongrie entre à la fin du Xe siècle dans le cercle des nations « respectables ».

Celles-ci cependant sont en pleine décomposition. Partout, le pouvoir central recule face à la montée des principautés territoriales. L'époque est au morcellement ; les agents du pouvoir royal, laissés à eux-mêmes, prennent l'habitude d'exercer les droits royaux à leur profit et de confondre les terres publiques avec leurs propriétés personnelles. Des dynasties locales se créent, avec des titres divers, et appliquent entre elles le droit vassalique. Décentralisateur et anarchique, le mouvement s'auto-organise peu à peu, pour former un réseau complexe qui finira par établir un nouvel équilibre qu'on appellera la féodalité. Au cours du Xe siècle cependant, on est dans la phase de démolition ; partout, les structures impériales et royales éclatent.

En Espagne, l'ancienne marche franque de Catalogne devient indépendante avec le comte de Barcelone Wilfred le Velu (878-897) ; la Castille se détache du royaume des Asturies avec le comte Fernan Gonzales (923-970) ; la Navarre s'érige en royaume dès 905, et l'Aragon va bientôt en faire autant. En Italie, le royaume se désagrège, donnant naissance aux marquisats de Frioul, d'Ivrée, de Toscane, aux petites principautés de Spolète, Bénévent, Salerne, Capoue, aux principautés ecclésiastiques de

Parme, Modène, Plaisance, Crémone, Bergame, tandis que les Etats de l'Eglise tombent aux mains des grandes familles aristocratiques. En Angleterre, les royaumes de Wessex, de Mercie, de Northumbrie voient les *ealdormen*, chefs militaires à la tête de plusieurs comtés, devenir de plus en plus indépendants. En Francie occidentale, le duc Rodolphe se fait proclamer roi de Bourgogne, tandis que Louis règne sur la Provence, et en 933 les deux régions s'unissent pour former le royaume d'Arles. L'Aquitaine se coupe en deux : le comte de Poitou Guillaume Tête d'Etoupe contrôle le nord, tandis que Raymond fonde le comté de Toulouse, et à partir de 977 la famille Sanche prend le titre de duc de Gascogne, dominant la rive gauche de la Garonne. En Bourgogne, Richard, comte d'Autun, Mâcon et Chalon, prend le titre de duc en 890. Le comte de Flandre Baudouin II s'empare de l'Artois en 891. En Bretagne, les comtes locaux se disputent la direction de l'ensemble. En Germanie, où le dernier roi carolingien de Francie orientale, Louis l'Enfant, meurt en 911, l'éclatement se fait dans les anciens cadres territoriaux, et cinq grands-duchés émergent : Bavière, Franconie, Saxe, Lorraine, Souabe, eux-mêmes divisés en une multitude de comtés, margraviats, principautés ecclésiastiques, villes indépendantes. Partout, les campagnes européennes se hérissent de châteaux fortifiés, d'abord simples tours en bois sur une motte artificielle entourée d'un fossé et d'une palissade, mais qui prennent rapidement de l'ampleur, et qui envoient un message clair : chacun est maître chez soi.

Contrastant avec cet émiettement du pouvoir à l'ouest, on assiste à l'est et au nord au renforcement des structures étatiques, qui accompagne la conversion des souverains : en 966, le roi de Pologne Miesko et le roi du Danemark Harold à la Dent Bleue sont baptisés ; les royaumes de Norvège et de Suède et bientôt celui de Hongrie se dotent également de cadres chrétiens.

La fin des Carolingiens (987)
et la résurrection de l'Empire par Otton (962)

En Francie occidentale, que nous appellerons désormais la France, les derniers rois carolingiens sont emportés dans la tourmente du Xe siècle. A partir de la mort de Charles le Chauve, en 877, la succession devient chaotique. Son fils Louis le Bègue et ses petits-fils Louis II et Carloman meurent tour à tour en cinq ans après des règnes très courts. A la mort de Carloman, en 884, les grands élisent roi Charles le Gros, fils de Louis le Germanique, qui est déjà empereur depuis 881. Obèse et délabré, il meurt dès 888, et les grands choisissent alors l'un des leurs, le comte de Paris, Eudes, fils de Robert le Fort, qui vient de s'illustrer dans la lutte contre les Normands. Le pas est décisif : pendant un siècle deux dynasties parallèles vont alterner sur le trône, les Carolingiens et les Robertiens, pour le plus grand bénéfice des barons du royaume, qui élisent comme souverain le plus capable mais surtout le plus généreux, et toujours avec l'approbation des évêques.

En 898, la couronne repasse au Carolingien Charles le Simple, qui accorde en 911 la Normandie à Rollon, comme nous l'avons vu, et qui est le premier à adopter le titre de *Rex Francorum* (roi des Francs). En 922, retour aux Robertiens, après un soulèvement des grands : Robert Ier (922-923), puis Raoul (923-936). A la mort de ce dernier, l'homme fort du royaume est le fils de Robert Ier, Hugues le Grand, qui refuse la couronne et rappelle d'Angleterre, où il s'était réfugié, le Carolingien Louis, fils de Charles le Simple. Devenu Louis IV d'Outremer pour avoir traversé la Manche, ce dernier règne de 936 à 954 sous la tutelle d'Hugues le Grand, qui contrôle également son fils, Lothaire (954-986). Pendant cette période, Louis IV et Lothaire sont entraînés dans des guerres contre les rois de Germanie dans le vain espoir de récupérer la Lorraine. En 986, le Carolingien Louis V succède à son père Lothaire, mais lorsqu'il meurt accidentellement le 22 mai 987, les grands, à la suggestion de l'archevêque de Reims Adalbéron, élisent le fils d'Hugues le Grand, le duc de France Hugues Capet. Ce qui aurait pu n'être qu'une énième péripétie dans l'alternance au pouvoir des deux dynasties va se révéler être le tournant décisif : c'est la fin des Carolingiens et le début de trois cent cinquante ans de règne des Capétiens directs. A l'approche de l'an 1000, l'élection d'Hugues Capet est un signe supplémentaire de l'entrée dans une phase nouvelle du Moyen Age.

Quelques années auparavant, une autre date avait marqué le début d'une ère nouvelle : la résurrection de l'Empire par Otton Ier en 962. L'ancien royaume de Louis le Germanique avait traversé depuis la mort de l'empereur Charles le Gros en 888 une période très confuse jusqu'en 919, avec une succession de souverains dont le titre impérial ne correspondait plus à leur pouvoir réel : Guy de Spolète, Arnulf, Louis l'Enfant, luttant avec beaucoup de difficulté contre les Moraves du roi Svatopluk (870-894) et contre les Hongrois. A la faveur de ce chaos, cinq grands-« duchés nationaux » étaient apparus, comme nous l'avons vu. A la mort de Louis l'Enfant, en 911, c'est le duc de Franconie Conrad qui est élu roi de Germanie par les grands, et en 919 le duc de Saxe Henri Ier l'Oiseleur lui succède. C'est le début d'un renouveau.

Le monde germanique à cette époque a des limites assez flottantes et une population faible d'environ 3 millions d'habitants. Il a malgré tout conscience de son unité : ce sont les gens qui parlent la *theotisca lingua*, les *Tiutschi (Deutsche)*, terme qui, rapproché de *Teutonici*, donnera le *Regnum Teutonicorum*. La conscience de leur identité est aussi renforcée au cours des luttes contre leurs voisins orientaux. C'est ainsi qu'Henri Ier (919-936) combat contre les Wilzes, Slaves de la rive droite de l'Elbe, contre les Wagriens au sud du Jutland, contre les Tchèques, contre les Hongrois ; il réussit également à s'emparer de la Lorraine, dont il se fait proclamer roi en 925. Le prestige acquis dans ces guerres lui permet de faire accepter comme successeur à la tête de la Germanie son fils Otton, en 936.

Otton Ier le Grand (936-973) s'inscrit dès le début de son règne dans l'optique impériale, en se faisant couronner et sacrer roi à Aix-la-Chapelle. L'homme est énergique et a les moyens de réaliser ses ambitions. En Germanie, il mate les révoltes des comtes, rattache la Franconie à la Saxe, nomme des membres de sa famille à la tête de certaines principautés, et, en s'appuyant sur le clergé, il met fin au processus de morcellement du royaume. Face aux Slaves du Nord-Est, il reprend l'expansion germanique, et crée deux marches : l'une confiée à Hermann Billung et l'autre à Gero. Le duc polonais Miesko lui prête hommage pour les pays de la Warthe en 962, et en 968 est créé le premier évêché polonais, à Posen, rattaché à l'archevêché de Magdebourg. Otton fait entrer le duc de Bohême dans sa fidélité, et à l'ouest il maintient dans sa vassalité le roi de Bourgogne, et s'empare de la Lorraine en 942, la divisant en deux parties, Haute et Basse-Lorraine, à la tête desquelles il met son frère, Brunon, archevêque de Cologne.

En 951, Otton est appelé en Italie par des grands révoltés contre le roi Bérenger II. Il bat ce dernier, entre à Pavie, se fait acclamer roi des Lombards, et épouse Adélaïde de Bourgogne, veuve du prédécesseur de Bérenger. En 955, il anéantit une bande de Hongrois à la bataille du Lechfeld, et apparaît alors comme le sauveur de l'Occident, célébré par un moine de Corvey, en Saxe, dans les *Res gestae*, comme « Grand ». En 962, c'est l'apothéose : appelé à l'aide par l'infâme pape Jean XII, il s'empare de Ravenne, entre à Rome, où il se fait couronner « empereur auguste » le 2 février. Par bien des aspects, il fait alors figure d'imitateur de Charlemagne. Ironie de l'histoire : le nouvel empereur, Otton, est un Saxon, descendant de Widukind, l'ennemi de l'empereur carolingien. Et d'une certaine façon il venge même ce dernier en promulguant un édit par lequel le pape est placé sous le contrôle de l'empereur : alors que Jean VIII déclarait en 877 que « c'est nous [le pape] qui avons à choisir l'empereur », il est décidé que désormais aucun pape ne pourra être consacré s'il n'a prêté auparavant serment à l'empereur. Le duel commencé sous Léon III et Charlemagne se poursuit, et on se dirige vers un blocage, car si théoriquement il n'y a pas d'empereur sans le sacre par le pape, il n'y a désormais pas de pape sans serment à l'empereur.

Après avoir ressuscité l'Empire, Otton complète son œuvre en châtiant les princes italiens révoltés, en s'emparant des Pouilles et de la Calabre, et en faisant épouser en 972 à son fils et héritier Otton la princesse byzantine Théophano. C'est la reprise de l'entente entre les deux grands empires. Mais celui d'Otton est plus modeste que celui de Charlemagne. C'est un empire chrétien, mais limité à l'Italie et à la Germanie : le Saint Empire romain germanique.

Après les dix ans de règne d'Otton II (973-983), le fils de ce dernier, Otton III (983-1002), achève l'œuvre de son grand-père, en poursuivant la soumission de l'Italie et l'évangélisation des Slaves et des Hongrois, dont le duc Waïk, baptisé sous le nom d'Etienne, obtient en 1001 le titre de roi et la création d'un archevêché hongrois autonome à Gran.

Les espoirs de l'an 1000

Nous sommes arrivés en l'an 1000. La date est commode, et favorable aux symboles. Les historiens du XXe siècle ont légitimement dissipé le mythe des prétendues « terreurs de l'an mil », élaboré par une historiographie en quête de curiosités spectaculaires. On remarque certes dans les actes officiels une floraison de donations accompagnées de formules de ce genre : « Les ruines qui se multiplient manifestent de façon certaine l'approche de la fin du monde », et le moine chroniqueur Raoul Glaber, qui écrit entre 1026 et 1048, rapporte que trois ans avant l'an 1000 des signes effrayants étaient apparus, comme cet « énorme dragon, qui sortait des régions septentrionales et gagnait le midi en jetant des gerbes d'éclairs », ou comme cette « rigoureuse famine qui dura cinq ans, s'étendit sur tout le monde romain », mais tout cela était monnaie courante depuis l'Antiquité.

En fait, la fin du monde est au programme depuis le début du christianisme, et aucune raison n'imposait l'an 1000 comme la date fatidique, d'autant plus que l'incertitude chronologique de l'époque tendait à effacer ce chiffre de l'esprit. Les repères alors utilisés ne sont pas les années de l'ère chrétienne, mais les années de règnes ou de pontificats, ou le temps écoulé depuis certains évènements majeurs. Seule une élite cléricale tient à jour une chronologie précise, et cette élite est justement opposée à l'idée d'une fin du monde programmée pour l'an 1000. Adson, dont la réponse à la reine Gerberge date de 954, déclare que la fin ne sera pas en vue tant que les royaumes ne seront pas détachés de l'Empire. Abbon de Fleury, mort en 1004, ne témoigne dans son œuvre d'aucune préoccupation au sujet de l'an 1000, même s'il rapporte qu'un prédicateur avait annoncé que cette année-là verrait la fin. D'autres, écrit-il, fixaient le moment fatidique au cours de l'année où l'Annonciation coïnciderait avec le Vendredi saint, c'est-à-dire 992. L'an 1000 a beaucoup plus attiré l'attention *après* qu'*avant*, chez des hommes qui vivaient largement hors des repères chronologiques chiffrés. Curieusement, et cela n'est pas très rassurant au sujet de l'évolution culturelle, l'approche de l'an 2000 a suscité bien plus d'absurdes spéculations, superstitions et supercheries en tous genres que l'approche de l'an 1000.

Cela dit, l'an 1000 au sens large est un repère fort utile dans l'histoire du Moyen Age, car il coïncide avec un véritable tournant politique et culturel qui marque le début d'une période certes toujours agitée et violente, mais plus rationnelle. Plusieurs indices renforcent son importance symbolique. Le personnage le plus représentatif de ce changement est sans doute le pape : le moine Gerbert d'Aurillac, qui a étudié les mathématiques et les sciences en Espagne, a fréquenté Rome, a été abbé de Bobbio, a favorisé l'accession au trône d'Hugues Capet, est devenu archevêque de Ravenne et un familier d'Otton III, dont il a été comme le précepteur. Passionné de science, médecine, astronomie, physique, grand écrivain et orateur, il est considéré comme l'homme le plus savant de son temps. Elu pape en 999, il prend le nom de Sylvestre, pour la première fois depuis Sylvestre Ier, le contemporain du premier empereur chrétien, Constantin. Devenu « le pape de l'an mil », Sylvestre II, ami de l'empereur de l'an mil, Otton III, incarne un renouveau de la papauté, tombée bien bas lors de la période précédente. Il incarne aussi le renouveau culturel qui se fait jour dans les milieux monastiques et épiscopaux, où l'on décèle une profonde soif de connaissance, de savoir scientifique et philosophique. On commence à s'intéresser à la science arabe et à traduire des manuscrits dans les monastères de Catalogne : c'est à Ripoll que Gerbert a vraiment acquis sa vocation. Lorsqu'en 997 l'empereur

Otton III fait appel à lui pour parfaire son éducation, il rédige pour son impérial élève le traité *Du rationnel et de l'usage de la raison*, que d'une certaine façon on peut considérer comme le manifeste de l'âge nouveau, l'âge de raison. L'expression peut surprendre en plein Moyen Age. Elle nous semble pourtant pleinement justifiée, à condition de garder à l'esprit qu'il s'agit d'une raison basée sur la foi, selon la formule utilisée par le pape lui-même dans un manuscrit intitulé *Livre de géométrie écrit par le seigneur Gerbert, pape et philosophe, qui est également nommé Sylvestre II* : « La divinité a fait un présent considérable aux hommes en leur donnant la foi et en ne leur déniant pas la science. La foi fait vivre le juste ; mais il faut y joindre la science, puisque l'on dit des sots qu'ils ne l'ont pas. » Réaliser la synthèse de la foi et de la science, ce sera le grand objectif des intellectuels des XIe-XIIIe siècles. C'est un idéal qui enthousiasme déjà en l'an 1000 l'abbé de Fleury, Abbon (945-1004), et les maîtres de l'école épiscopale de Chartres, qui vient d'ouvrir en 990, et dont l'évêque Fulbert, élève de Gerbert, prend la tête de 1006 à 1028.

Autre puissant symbole : le dimanche de la Pentecôte de l'an 1000, l'empereur Otton III, qui s'est rendu à Aix-la-Chapelle, fait exhumer le cadavre de Charlemagne, auquel il retire une dent, et s'empare de sa croix pectorale. En ressuscitant le grand fondateur de l'Empire, Otton manifeste sa volonté de reprendre son œuvre à son compte, en association avec son ami le pape Sylvestre. Il s'agit de créer l'Empire chrétien à visée universelle : une Europe chrétienne, effaçant la frontière des royaumes pour devenir la chrétienté. L'idée était en germe depuis deux siècles : un clerc irlandais, Cathulf, avait déjà qualifié Charlemagne de « chef du royaume de l'Europe », et le pape Jean VIII se disait lui-même « recteur de l'Europe ». Créer l'Europe, c'est aussi une idée rationnelle, un grand projet, que le Moyen Age va essayer de concrétiser sous sa forme chrétienne, avant que beaucoup plus tard d'autres tentent de le faire sous une forme libérale et démocratique.

L'aventure commence vers l'an 1000 avec Otton III et Sylvestre II. Les débuts sont, il est vrai, assez difficiles : dès 1001, l'empereur et le pape sont chassés de Rome par une révolte populaire. Otton meurt en 1002, et Sylvestre en 1003. Leurs successeurs immédiats ne sont pas à la hauteur du projet : dix papes en quarante-cinq ans (1003-1048), dont pas un n'a laissé un nom dans l'histoire, si ce n'est dans la chronique scandaleuse, avec un Benoît IX, élu à 15 ans en 1032, et qui revend son titre à son parrain Grégoire VI par exemple. Du côté des empereurs, on est un peu plus sérieux, avec Henri II (1002-1024) et Conrad II (1024-1039), mais ils ont bien du mal à contrôler l'Italie et la Bourgogne. Ce n'est qu'avec Henri III (1039-1056) et le pape Léon IX (1049-1054) que se prépare le grand affrontement pour la domination de la chrétienté.

Les bases nouvelles de l'histoire européenne sont donc en place dans le premier tiers du XIe siècle : le monde musulman est en crise, le califat de Bagdad s'est effondré, celui de Cordoue disparaît en 1031, le Proche-Orient est en proie à des affrontements entre chefs politico-religieux ; à Byzance, la grande période de Basile II s'achève avec la mort du basileus en 1025, tandis que l'Occident, débarrassé de la menace des invasions, des famines et des épidémies, commence à se doter de cadres plus stables autour de trois pôles à la fois complémentaires et antagonistes : papauté, Empire, vassalité. Nous sommes à l'aube de la monarchie féodale, dans une chrétienté qui prend conscience de sa force et élabore un idéal social, économique, politique et culturel, dont les intellectuels universitaires vont construire la théorie dans de grandes sommes où ils tentent de façon optimiste et illusoire de réaliser la synthèse de la foi et de la raison.

DEUXIÈME PARTIE

1000-1300
LE TEMPS DE L'OCCIDENT
ET L'ÂGE DE RAISON

Aux alentours de l'an 1000, insensiblement, le monde eurasiatique amorce un changement en profondeur. Emergeant lentement du chaos et de la nuit des Ages obscurs, il connaît une aube nouvelle. Le soleil de la raison, invisible pendant six siècles, se lève à nouveau, mais dans le monde des civilisations, à l'inverse de la mécanique céleste, le soleil se lève à l'ouest.

Rhétorique de mauvais goût, doublée d'une illusion d'optique, et qui plus est politiquement incorrecte ? Voire. Ce qui se passe au début du XIe siècle, comme tous les changements profonds, n'est pas visible à l'œil nu, et n'a pas été ressenti par les contemporains, qui vivent dans l'immédiat. Tout ce que remarque le chroniqueur Raoul Glaber vers l'an 1000, c'est que « le monde secoua alors la poussière de ses vieux vêtements, et la terre se couvrit d'une blanche robe d'églises », ce qui n'est déjà pas mal. Il note aussi qu'en 997 des signes effrayants sont apparus dans le ciel. Certains, il est vrai, attendent la fin du monde, mais n'est-elle pas au programme depuis la Création ? En tout cas, nous l'avons dit, aucune panique n'est signalée. D'ailleurs, pourquoi aurait-on construit tant d'églises si on pensait qu'elles allaient s'écrouler d'un jour à l'autre ?

Non, les hommes de l'an 1000 n'ont rien vu venir, parce que ce qui se passait était invisible à l'échelle d'une génération. Et ce qui se passait, c'était la gestation de la civilisation occidentale, qui était en passe d'arracher la suprématie à ses rivales orientales. Face à un monde musulman en pleine anarchie, où l'obscurantisme religieux allait bientôt étouffer toute pensée libre, et où la mêlée des émirs, califes et autres sultans faisait éclater l'unité politique ; face à un monde byzantin assiégé de tous côtés, se réduisant comme peau de chagrin, rongé par ses querelles dynastiques ; face à ces deux mondes donc, l'Europe occidentale émerge peu à peu comme le centre de gravité de l'Ancien Monde. C'est pourquoi, plus que des « terreurs de l'an mil », on devrait parler des « espoirs de l'an mil ».

Pourquoi ce changement de *leadership* ? C'est qu'outre les problèmes internes des Orientaux, le monde occidental est à la veille de réussir une révolution culturelle qui va lui conférer un dynamisme remarquable. Cette révolution culturelle a bénéficié, il est vrai, d'un contexte matériel favorable, dont l'importance relative est toujours l'objet de débats entre les historiens. Il y a le réchauffement climatique, qui se traduit par la « transgression dunkerquienne III », favorable à la maturation des plantes ; il y a la croissance démographique, avec la fin des invasions et quelques améliorations techniques telles que le collier d'épaule et la charrue à versoir, le recul des famines et épidémies, ce qui n'exclut pas de gros accidents comme en 1033 et 1090 ; il y a le regroupement et la stabilisation des hommes dans le cadre des villages, des villes, des seigneuries et des fiefs, au sein d'une société d'ordres sous la direction de l'Eglise, assurant une plus grande efficacité au système productif ; il y a les progrès d'une administration royale qui s'appuie de plus en plus sur le droit romain.

Surtout, il y a le grand processus de rationalisation, en dehors duquel aucun progrès réel n'est possible. Mais n'est-il pas abusif de parler d'« âge de raison » pour les XIe-XIIIe siècles ? Est-elle vraiment « rationnelle » cette époque des croisades, de l'Inquisition, des corporations, des hommages vassaliques, des luttes entre papes et empereurs pour la monarchie universelle ? Au risque de choquer, nous répondrons que oui. Le Moyen Age central a eu en Occident le culte de la raison. Quand, en plein milieu de cette période, vers 1150, Honorius d'Autun écrit qu'« il n'y a pas d'autre autorité que la vérité prouvée par la raison », il exprime l'avis général des intellectuels et des dirigeants de son époque. A l'âge des illusions, qui a vécu en poursuivant les chimères d'une résurrection de l'Empire romain, succède l'âge de la raison, avide de connaissances nouvelles qui lui permettront de voir plus loin que les Anciens. Ces nains montés sur les épaules de géants, comme aiment à se présenter les professeurs de l'école de Chartres, sont à la fois plus modestes et plus ambitieux que leurs prédécesseurs. Il y a dans les domaines économique, social, politique, culturel, une indéniable volonté de rationaliser, d'ordonner, de classer, depuis l'archevêque Adalbéron, qui énonce peu avant 1000 la théorie de la division tripartite de la société – ceux qui prient, ceux qui se battent, ceux qui travaillent –, jusqu'aux légistes qui élaborent les principes de la monarchie féodale, en passant par les dialecticiens et leur rigueur logique. Et quoi de plus rationnel qu'une cathédrale gothique ou une somme théologique universitaire ?

Mais bien sûr cet usage universel de la raison est indissociable de la foi. Une somme théologique scolastique est une merveilleuse construction à la logique sans faille... à condition d'en accepter sans discussion les axiomes de base. Comme la cathédrale, elle repose sur des piliers, qui sont les affirmations de l'Ecriture. Pour que l'ensemble tienne debout, il faut que les piliers soient inébranlables ; ils sont l'infrastructure de ces cathédrales intellectuelles, qui en sont les superstructures. Touchez les piliers, et l'édifice s'effondre. Du XIe au XIIIe siècle, on ne touche pas aux piliers, et c'est ce qui permet à l'Occident médiéval d'atteindre son épanouissement.

Vers la fin du XIIIe siècle cependant, certains commencent à comprendre que la raison et la foi sont fondamentalement incompatibles, et que leur entente repose sur un malentendu. A l'image de la cathédrale de Beauvais, qui s'écroule en 1284 pour être montée trop haut, la synthèse politico-religieuse de l'âge gothique est remise en question par les premiers esprits sceptiques. Mais voyons d'abord comment, du XIe au XIIIe siècle, l'Occident s'affirme par l'usage de la raison éclairée par la foi, ou l'inverse.

6

Le déclin de l'Orient :
Faiblesses politiques et blocages culturels

Lorsque débute le deuxième millénaire, le monde musulman est en plein chaos. Sur la carte, il couvre certes une surface immense, du Maroc à l'Indus, mais cette uniformité de la couleur verte est trompeuse, car l'islam est divisé non seulement en unités politiques antagonistes aux limites imprécises et mouvantes, mais aussi en peuples divers et en courants religieux rivaux. Les Arabes ne sont plus qu'un élément minoritaire dans un ensemble bigarré, confus et pour tout dire anarchique. Et dans ce contexte la religion est le seul élément d'unité, en dépit des nombreuses sensibilités rivales. Aussi, dans ce climat d'affrontement perpétuel, tend-elle à étouffer la libre recherche et à monopoliser la vie intellectuelle : à partir du XIIe siècle, le blocage imposé par les imams fait entrer le monde musulman dans une ère de stagnation dont il n'est pas encore sorti.

Les conflits internes du monde musulman au XIe siècle : Fatimides et Seldjoukides

Le prestigieux califat abbasside de Bagdad se survit, mais il n'est plus que l'ombre de lui-même. Le calife a perdu pratiquement tout pouvoir politique, et il en est réduit à jouer des rivalités entre les émirs du Moyen-Orient, les Bouyides, les Ghaznévides, les Hamdanides, les Seldjoukides. C'est ce que réussissent à faire avec un relatif succès les califes Qadir et Qa'îm entre 1031 et 1075 par exemple. Leur pouvoir est désormais exclusivement religieux, et ils favorisent le courant sunnite, basé sur l'interprétation littérale du Coran, la tradition et la fidélité à la loi.

Les revenus du califat sont en baisse constante, et le dinar perd de sa valeur, passant de 4,25 à moins de 4 g au cours du XIe siècle. Le pouvoir est affaibli par la pratique de l'*iqta*, qui consiste à rétribuer les chefs militaires et les grands fonctionnaires en leur distribuant des grands domaines du fisc sur lesquels ils prélèvent des taxes. La capitale du califat, pourtant, reste attrayante. Vivant du prestige acquis pendant la grande époque abbasside, Bagdad est un centre démesuré qui, vers l'an 1000, couvre plus de 8 000 hectares, où on compte 1 500 bains, une cinquantaine de mosquées, 30 000 bateaux, 869 médecins. On ne cesse d'y construire hôpitaux, marchés et mosquées, et les juristes et enseignants, les *ulama*, encadrent la société, pourchassant les signes d'immoralité et d'hérésie. Car la ville est agitée par des émeutes religieuses à répétition, en 1002, 1007, 1015-1016, 1045, 1051, 1055, 1072, 1076, 1082, 1089. Ce sont les traditionalistes hanbalites, noyau de départ du sunnisme, qui font la loi, persécutant chiites et mutazilites, surveillant de près les intellectuels et interdisant toute réflexion libre. Les religieux sont formés dans les madrasa, apparues au milieu du XIe siècle, où enseignent des professeurs rétribués. Ce sont des collèges constitués en fondations privées qui assurent un enseignement sunnite en parallèle avec les mosquées. On y forme des croyants dans le plus pur esprit obscurantiste, et la vie intellectuelle est pratiquement étouffée.

Un certain renouvellement du monde musulman se produit au XIe siècle, avec l'arrivée et la conversion des Turcs. Ces peuples nomades, venus d'Asie centrale, s'installent en Iran et progressent vers l'ouest. Divisés en clans, comme celui des Oghuz, qui occupent la Transoxiane, l'Azerbaïdjan, les rives du lac de Van, d'où ils chassent les Arméniens, ils adoptent la version sunnite de l'islam, et implantent des émirats locaux. Guidés par le clan seldjouk des frères Tughril et Tchaghri, ils anéantissent l'empire des Ghaznévides en 1040, à la bataille de Dandanqan, près de Merv. En 1055, Tughril entre à Bagdad, où il proclame son respect pour le calife, tout en se parant du titre de sultan (« Pouvoir »), qui renforce sa position de roi en lui conférant une autorité religieuse. En 1071, les Seldjoukides s'ouvrent la péninsule d'Asie Mineure en écrasant une armée byzantine à Manzikert.

En Iran, les Turcs renouvellent les cadres de l'administration, notamment pendant la période dominée par le vizir iranien Nizam al-Mulk (1073-1092). Ils développent les arts décoratifs, tels que boiseries, tissus, tapis, mais la vie intellectuelle, qui avait été jusque-là très brillante, avec le médecin Abou Bakr al-Razi (Rhazès, † 929), le mathématicien Al-Khazin († 1039), et surtout le médecin et philosophe Ibn Sina (Avicenne, † 1037), dépérit, victime des blocages religieux. Car les Turcs, musulmans sunnites, utilisent la religion comme moyen de gouvernement pour assurer l'ordre et la moralité. Les problèmes théologiques et philosophiques ne les intéressent pas ; ils imposent le respect littéral de la loi coranique, qui leur fournit un code de conduite tout prêt, et ils éliminent impitoyablement tous les mouvements hérétiques et en particulier mystiques inspirés du chiisme, ainsi que les communautés chrétiennes. Ils reconnaissent, mais de façon théorique, le calife abbasside de Bagdad comme chef religieux, alors que la réalité du pouvoir appartient à leur sultan.

Dans la région de Syrie-Palestine, l'activité commerciale est relativement prospère. Des cultures nouvelles sont introduites, comme la canne à sucre dans la plaine de Tripoli ; à Tyr, Saïda, Tripoli, Ascalon, Acre, Lattaquié, des groupes de marchands, parmi lesquels des juifs et des Occidentaux, réalisent de beaux profits, notamment sur le trafic des produits orientaux en provenance du Golfe.

Dans ce domaine comme dans les autres, les grands rivaux des Seldjoukides sont les Fatimides d'Egypte. Dirigés par un calife établi au Caire et qui est supposé être un descendant du Prophète, ils appartiennent à la branche chiite de l'islam. Le pouvoir de leur calife est d'essence religieuse : il est *imam* (« guide »), et désigné par son prédécesseur dans la famille d'Ali, mais il doit tenir compte de la puissance toute temporelle des vizirs, qui entretiennent à leur service des troupes de mercenaires. Se prétendant les seuls héritiers légitimes du Prophète, les califes fatimides tentent au XIe siècle d'éliminer le calife rival de Bagdad, l'Abbasside soutenu par les Turcs seldjoukides. En 1059, les Fatimides s'emparent de Bagdad, mais ils en sont chassés peu après par le Seldjoukide Tughril.

Les milieux fatimides, en tant que chiites, sont ouverts à des spéculations spiritualistes qui combinent l'ésotérisme, les attentes messianiques et les éléments rationnels récupérés dans la science antique. Parmi les mouvements de ces illuminés, celui des ismaéliens ou *Batinîya* (« ceux du secret ») provoque au XIe siècle de profonds remous dans la société égyptienne et en Syrie-Palestine. Pratiquant le culte des imams martyrs qui se sont succédé depuis le Prophète, ils attendent le retour du douzième, l'imam caché, invisible, qui viendra venger tous les précédents et ouvrir l'« ère de vérité » qui précédera le Jugement dernier. Dans leurs élucubrations, tout prend valeur de symbole, et ils ne se contentent pas de délirer : prônant l'action dans tous les domaines, ils ont provoqué bien des troubles au Xe siècle, et au XIe un certain Hakim, proclamé en 996 « imam de l'an 400 » (après l'Hégire), impose de 1003 à 1007 des règles morales strictes, suivies par des persécutions de chrétiens et d'autres minorités. En 1009, an 400 de l'Hégire, où l'on attend des mutations radicales, il fait détruire de nombreuses églises dont celle du Saint-Sépulcre à Jérusalem. Mais en l'absence de fin du monde, le mouvement s'enlise dans la confusion. D'autres soubresauts auront lieu, ainsi en 1094.

Comme dans tous les mouvements de ce type, les délires messianiques donnent naissance à des groupes fanatiques qui puisent leur inspiration dans des élucubrations débridées qui les conduisent à un total mépris de la mort et à des actes terroristes indiscriminés. C'est le cas des Ismaéliens nizarites qui se sont fait un nom dans l'histoire comme *Hachchachin* (Assassins), c'est-à-dire « consommateurs de haschich ». Leur premier grand maître, Hassan Sabbah, s'installe en 1090 dans les montagnes environnant Kazvin. La secte des Assassins multiplie les meurtres de Seldjoukides sunnites aussi bien que de chrétiens.

Cela n'empêche d'ailleurs pas l'Egypte de connaître un remarquable essor économique au XIe siècle, notamment à l'époque du vizir Badr al-Djamali à partir de 1074, où Le Caire, Fustat, Alexandrie captent les trafics entre l'Italie et l'océan Indien. La soie andalouse et sicilienne, le cuivre, l'antimoine, le safran d'Espagne transitent par le delta du Nil, tandis que dans l'autre sens arrivent les épices, les drogues, les noix muscades, l'or, les soieries, les esclaves en provenance des côtes orientales de l'Afrique et de l'Inde. Les profits engendrés par ce commerce sont considérables : par exemple, le prix du poivre triple entre Fustat et la Sicile, passant de 18 à 62 dinars pour 100 livres. Les Fatimides entretiennent une flotte en mer Rouge pour protéger le commerce contre les attaques des pirates, et la route vers Aden est jalonnée de grands entrepôts à ciel ouvert. Marchands italiens, juifs et musulmans se partagent le trafic, et la recherche du profit se révèle être un élément de solidarité là où la religion est un facteur de guerre. D'énormes fortunes se constituent, celles des patrons de navires, les *nakhudas*, et des marchands. Chaque année, 3 000 balles d'épices et de marchandises précieuses transitent par l'Egypte ; il faut y ajouter le transport des pèlerins vers La Mecque. Chaque saison arrivent à Fustat une douzaine de navires transportant chacun 400 à 500 passagers. Dans toutes les religions les pèlerinages sont des affaires commerciales très profitables. Grâce à ces trafics divers, Le Caire devient une ville qui éclipse en splendeur Bagdad elle-même, et elle fait l'admiration des voyageurs.

Le monde musulman oriental se caractérise donc au XIe siècle par le contraste entre les désordres politiques et religieux, et une certaine prospérité économique, situation moins paradoxale qu'il n'y paraît : le commerce profite du relâchement de la surveillance et de la réglementation qui caractérisent les Etats forts. Toutes les opportunités sont ouvertes aux entrepreneurs audacieux, qui ne sont pas inhibés par les préjugés religieux. C'est ce que l'on constate également à l'autre extrémité du monde musulman, en Espagne et au Maghreb.

Al-Andalous et Ifriqiya :
les crises hilalienne et almoravide (XIe siècle)

Après la chute du califat de Cordoue, la péninsule Ibérique se morcelle en plusieurs petits royaumes rivaux, les Taifas, dont les capitales, Valence, Tortosa, Murcie, Almeria, Denia, deviennent des centres urbains dynamiques. Peu après 1011, le roi du Taifa de Cordoue, Mudjahid al-Amiri, étend même son autorité sur les Baléares, s'attaque à la Sardaigne, d'où il est chassé par les Pisans et les Génois. Mécène éclairé, il attire des lettrés dans sa capitale, où il fonde une école de lecture coranique, tandis qu'à Palma de Majorque dans les années 1010-1020 on assiste à des débats entre intellectuels de haut niveau, comme Ibn Hazm et Al-Badjr. La Sicile connaît également un bel essor, et Palerme devient le chef-lieu d'une province dépendant de Kairouan. Au Maghreb comme dans l'Espagne des Taifas évolue un monde rural actif, utilisant de savantes méthodes culturales, mais les communautés villageoises résistent difficilement à la pression des grands propriétaires. Le domaine foncier des Etats, qu'on distingue mal de celui des souverains, se réduit par la distribution de terres concédées en *iqta* aux grands fonctionnaires et aux chefs militaires. Le commerce est actif avec la Méditerranée orientale, et une vive rivalité oppose les souverains des Taifas à ceux du Maroc et de Kairouan pour le contrôle des points d'arrivée des routes transsahariennes par où transite l'or du Soudan. Une économie monétaire caractérisée par une rapide circulation des espèces est en place dans ces Etats, ce qui n'est pas sans poser des problèmes d'ordre religieux : ainsi la remise en circulation des pièces perçues au titre de l'impôt sur les non-musulmans, et injectées dans l'économie générale, est considérée comme un facteur de corruption. Ibn Hazm de Cordoue compare cet argent impur à des vipères et des scorpions. Cela ne semble toutefois pas troubler la conscience des utilisateurs.

Cependant, le Maghreb et l'Espagne musulmane sont secoués dans la seconde moitié du XIe siècle par deux épisodes violents. En 1051-1052 arrivent dans l'émirat de Kairouan des nomades arabes envoyés par le calife fatimide du Caire pour reconquérir à son profit l'Ifriqiya. Ce sont les Hilaliens. Ils battent les troupes de la dynastie ziride de Kairouan en 1052. Le souverain ziride se replie sur Mahdiya, et les Hilaliens détruisent le système agricole de l'intérieur en imposant leur mode de vie nomade. Le pays se fragmente en une multitude de chefferies tribales arabes.

Quelques années plus tard, c'est l'ouest du Maghreb qui tombe sous la domination des Berbères sanhadja. Ces nomades du Sud marocain, dirigés par la communauté militante des Almoravides, se lancent d'une part vers les pays soudanais du Ghana, s'emparant de Sijilmasa et Tafilalelt, points d'arrivée des routes transsahariennes, puis sous la conduite de Yahya et de son cousin Yusuf, prennent Fès en 1062, Tlemcen, Oran, Alger en 1084, passent en Espagne, arrêtent les chrétiens d'Alphonse de Castille à Sagragas en 1086, éliminent les émirs des Taifas en 1090, prennent Valence en 1102, et Saragosse en 1110. La moitié de l'Espagne et tout le Maghreb occidental sont réunis sous la coupe des Almoravides, dont la domination se traduit par un renouveau économique et culturel de cette zone. L'essor urbain se poursuit, avec la fondation de Marrakech (1060), l'unification de Fès, jusque-là divisée en deux cités, le développement d'Almeria, où l'on compte 800 ateliers de tissage de la soie et 900 entrepôts – hôtelleries (fondouks). Cordoue et sa fameuse mosquée atteignent alors leur apogée, et la frappe de l'or dépasse le niveau du IXe siècle.

Le tableau n'est cependant pas aussi idyllique si on considère l'ensemble du monde musulman occidental. En Sicile, les Byzantins reprennent pied dès 1038-1040, puis arrivent les Normands, qui occupent l'île entre 1061 et 1091. En Espagne, la poussée des Etats chrétiens du Nord commence : le roi Fernando de Castille-León prend Coimbra en 1064 ; son successeur Alphonse VI entre à Tolède en 1085, et s'il est arrêté momentanément en 1086 à Sagragas, la pression ne se relâche pas. En 1096, les Aragonais prennent Huesca. La même année, la première croisade s'ébranle vers l'Orient.

*L'impact des croisades et le redressement
avec Saladin et les Almohades*

En dépit de quelques réussites partielles, le monde musulman dans son ensemble est donc à la fin du XIe siècle en difficulté, ce qui va faciliter la tâche des croisés. Cet épisode, dont nous reparlerons à propos de la chrétienté, a un impact somme toute limité en territoire islamique. Lorsque l'armée de Godefroy de Bouillon arrive en 1097 en Asie Mineure, elle trouve en face d'elle des groupes seldjoukides divisés. Le sultan Kilidj Arslan, qui contrôle les principales routes de Nicée à Konya, est en lutte contre les dynastes arméniens, et jusqu'à Antioche les croisés rencontrent peu de résistance. Le siège d'Antioche, en 1098, est certes difficile, mais ensuite la route de Jérusalem est quasiment libre, en raison des mésententes entre Seldjoukides et Fatimides. Ces derniers venaient d'ailleurs tout juste de reprendre la Ville sainte aux Turcs. Les croisés s'en emparent le 15 juillet 1099, et ils établissent des Etats latins dans les territoires conquis : comté d'Edesse, principauté d'Antioche, comté de Tripoli, royaume de Jérusalem. La passivité des Fatimides leur facilite grandement la tâche : pour le calife du Caire en effet, les Etats latins constituent une barrière contre les Turcs seldjoukides, qu'il déteste encore plus que les chrétiens. De plus, les troubles en Syrie-Palestine détournent les routes commerciales entre l'Occident et l'Asie par l'Egypte, où affluent les marchands italiens.

Cependant, la situation des Etats latins devient vite difficile. Leur isolement est évident dès le début du XIIe siècle lorsque les Seldjoukides rétablissent leur contrôle sur l'Asie Mineure, barrant la route à des contingents d'Aquitaine, de Bavière, de Lombardie dès 1101. Les communications avec l'Occident devront désormais se faire par mer. De plus, les chrétiens sont trop peu nombreux pour tenir les 80 000 km^2 dont ils se sont emparés : en tenant compte des retours en Europe et des pertes de guerre, on estime qu'il reste sur place environ 2 000 cavaliers lourds et 15 000 hommes de pied. Le recours à des troupes locales stipendiées, les turcopoles, et la création des ordres de moines-soldats, Templiers et Hospitaliers, dès les années 1112-1120, renforcés par un apport continu de nouveaux croisés, de même que la construction d'énormes forteresses comme Montréal, Beaufort, Chastel Blanc, le Krak des Chevaliers, permettent cependant de tenir quelque temps, sous la direction de chefs de qualité comme Baudouin Ier, Tancrède, Foulques d'Anjou.

Mais la faiblesse essentielle des croisés réside dans leur comportement et dans leurs divisions. La grande majorité d'entre eux se conduisent comme des rapaces vivant sur le pays sans aucune volonté de convertir ou de s'intégrer. Le système féodal européen est plaqué tel quel sur le pays, avec comme seul souci d'extorquer des revenus fonciers et des taxes diverses. Les moines-soldats, pour la plupart des brutes incultes, se conduisent comme une milice arrogante imbue de la supériorité de la religion chrétienne. Les chrétiens locaux, de rites orthodoxes divers, n'éprouvent d'ailleurs pour eux aucune sympathie. La mésentente est totale entre ces « purs » et une minorité de croisés qui épousent des Syriennes, des Arméniennes, des Grecques, portent la robe et le turban, et tentent de s'insérer dans la société locale. Quant aux marchands, italiens pour la plupart, ils ne font guère de différence entre musulmans et chrétiens.

Les motivations strictement religieuses sont secondaires dans les débuts de la reconquête musulmane : lorsque l'émir de Mossoul, Zengi, s'attaque au comté d'Edesse en 1128, c'est à la fois pour accroître ses possessions, pour imposer le sunnisme, éliminer le chiisme, autant que pour chasser les croisés. S'il remet à l'honneur le concept de djihad, c'est davantage pour couvrir ses attaques d'un prétexte « honorable ». Mais cela met en route l'infernale machine du fanatisme religieux. A la prise d'Edesse en 1144 répond l'envoi d'une deuxième croisade, à l'appel de saint Bernard. Dirigée par le roi de France Louis VII, elle n'aboutit à rien (1147-1149). Désormais, c'est bien guerre sainte contre djihad. De 1146 à 1174, ce dernier est incarné par le fils de Zengi, Nour ad-Dîn, qui réussit à étendre sa domination sur la Syrie, d'où il chasse à la fois les Francs, les Fatimides et le chiisme. De là, il envisage de se rendre maître de l'Egypte, paralysée par ses divisions internes, et pour cela il est prêt à collaborer avec le roi franc de Jérusalem, Amaury Ier. Finalement, c'est son allié, l'émir kurde Chîrkouk, qui réussit à éliminer le vizir égyptien Chawar et à prendre sa place. Le fils de Chîrkouk, Salah ad-Dîn (Saladin), lui succède au vizirat, rétablit l'orthodoxie sunnite en Egypte, qu'il rend indépendante à la fois de Nour ad-Dîn et d'Amaury. En 1180, Saladin reçoit l'investiture officielle du calife de Bagdad comme sultan d'Egypte. A partir de ce moment, il est le grand homme du monde musulman. En 1187, il bat l'armée franque à Hattin, fait prisonnier le roi de Jérusalem et reprend la Ville sainte, ce qui déclenche une troisième croisade (1190-1192), qui, en dépit de la participation de chefs prestigieux – Frédéric Barberousse, Richard Cœur de Lion, Philippe Auguste –, ne parvient pas à récupérer Jérusalem. A sa mort, en 1193, Saladin, sultan d'Egypte, est également maître de la Haute-Mésopotamie, de la Syrie, de la Palestine, où les croisés ne conservent que quelques ports. Pendant son règne et celui de ses successeurs de la dynastie des Ayyoubides jusqu'au milieu du XIIIe siècle, le sunnisme s'impose. Les madrasa se développent et forment des fonctionnaires qui appliquent un droit musulman strict. Mais la pratique des apanages et celle des *iqtas* affaiblissent le pouvoir des sultans en dispersant leur richesse foncière. De plus, le recours croissant à des troupes de mercenaires turcs fait peser une menace qui se concrétise en 1249 lorsque certains d'entre eux, les Mamelouks, prennent le pouvoir au Caire.

Pendant que Nour ad-Dîn, puis Saladin mettent fin aux Etats latins de Palestine, à l'autre extrémité du monde musulman, en Afrique du Nord et en Espagne, une nouvelle dynastie redonne de la vigueur au courant rigoriste : les Almohades. Issus de la communauté fondée vers 1125 au Maroc par Ibn Tumart le Défenseur de l'unicité de Dieu (*al-muwahhid*, d'où Almohade), ces adversaires des impies, des juristes, des juifs, des tièdes et de tout ce qui pense librement s'emparent de tout le Maghreb, puis passent en Espagne en 1145, prennent Cordoue (1148), Séville (1149), Grenade (1154), Valence (1171). Ils battent les Castillans en 1196, et mettent fin au pouvoir des Almoravides. Avec le titre de *Mahdi*, leur chef Yaqoub Yousouf, puis son fils Yousouf Yaqoub favorisent un art austère, mais non dénué de beauté, comme en témoignent la Kutubiyya de Marrakech et la Giralda de Séville. Sur le plan intellectuel, les religieux s'en prennent à l'esprit critique, aux traces de la philosophie païenne et à tout ce qui ressemble à la libre réflexion et à la rationalité, imposant la lettre coranique dans ce qu'elle a de plus obscurantiste. Leur référence est Al-Ghazali, qui, au début du XIIe siècle, dans *L'Incohérence des philosophes*, s'efforçait de détruire les systèmes de pensée légués par l'Antiquité. A Cordoue, le philosophe Ibn Rochd (Averroès, 1126-1198) fonde justement sa pensée sur une interprétation d'Aristote qui ouvre la voie à une conception athée du monde, même s'il s'en défend. Les religieux persuadent l'émir Al-Mansour du caractère pernicieux de ses idées. Averroès est arrêté en 1195 puis placé en résidence surveillée, et ses œuvres sont détruites. Comme à la même époque son contemporain le juif Maïmonide (1135-1204), lui aussi né à Cordoue, est à la fois persécuté par les Almohades et par les rabbins de sa propre communauté, pour avoir tenté dans son *Guide des égarés* (vers 1190) de concilier la foi et la raison, on ne peut que constater le contraste avec l'évolution intellectuelle que connaît l'Europe occidentale au même moment. Alors que l'élite intellectuelle chrétienne s'enthousiasme pour la dialectique et se lance dans la grande entreprise de rationalisation du contenu de la foi, le monde oriental, dans ses deux composantes juive et musulmane, se ferme à toute tentative de conciliation entre la foi et la raison. L'usage libre de la raison est interdit, et l'Orient s'enferme dans l'obscurantisme religieux au moment même où l'Occident tente d'en sortir.

Mongols et Reconquista :
les désastres du XIIIe siècle pour l'islam

Ce grand retournement dans le domaine culturel s'accompagne au XIIIe siècle d'un renversement de la conjoncture politique. Alors que les monarchies européennes se renforcent, se dotent de solides structures administratives, et affirment leur puissance militaire, le monde musulman, bousculé à l'est par les invasions mongoles, refoulé à l'ouest par la *Reconquista* chrétienne, sombre dans l'anarchie des luttes internes.

Certes, les croisés sont définitivement chassés de Palestine. Après l'échec d'une quatrième croisade en 1204, qui s'arrête à Constantinople, et d'une cinquième en 1217-1219, l'empereur Frédéric II obtient en 1229 la restitution de Jérusalem par un accord avec le sultan Al-Kamil, mais la ville est reprise quinze ans plus tard. Les tentatives de Saint Louis en 1248-1250 en Egypte et en 1270 à Tunis se soldent par des désastres. Les dernières places tenues par les chrétiens tombent les unes après les autres, jusqu'à la chute de Saint-Jean-d'Acre en 1291. A partir de ce moment, la seule base latine en Orient est l'île de Chypre, avant que les Hospitaliers ne s'emparent de Rhodes en 1310.

Pourtant, les chrétiens sont plus actifs que jamais au Proche-Orient, mais les marchands ont remplacé les guerriers. Une fois encore, la recherche du profit se révèle plus efficace que la conquête militaire et la foi religieuse pour pénétrer les mondes étrangers. Les Génois, solidement implantés à Constantinople, établissent des comptoirs en Crimée, à Caffa et Tana ; les Vénitiens sont eux aussi à Constantinople, et au Caire, en Crète, dans les îles égéennes ; les monnaies italiennes font reculer le sou d'or byzantin et le dinar turc. Produits d'Orient et d'Occident s'échangent à Chypre, en Egypte, sur la côte syro-palestinienne, et des fortunes colossales se constituent, comme celle du Génois Benedetto Zaccaria.

Sur le continent, les nouveaux maîtres du monde musulman sont les Mamelouks. Ces anciens esclaves d'origine turque, employés par les sultans ayyoubides du Caire comme mercenaires, prennent le pouvoir en Egypte en 1249. Le sultan Al-Malik al-Salih les avait embauchés pour se débarrasser d'autres mercenaires, les Kwarezmiens, qu'il avait recrutés pour se débarrasser de ses rivaux en Palestine et lutter contre les envahisseurs mongols. Les Mamelouks éliminent les Kwarezmiens, qui avaient saccagé Jérusalem en 1244, et à la mort d'Al-Malik ils assassinent le nouveau sultan, battent Saint Louis qui vient de débarquer à Damiette, et proclament comme sultan en 1250 leur chef Aybak. Le successeur de celui-ci, Baybars, qui règne de 1260 à 1277, réussit à réunir l'Egypte et la Syrie sous son autorité, et à battre les Mongols à Aïn Djalout en 1261. Il est à la tête d'une caste militaire et s'appuie sur des émirs dont il s'assure la fidélité en leur distribuant des *iqtas*, revenus fiscaux basés sur des terres, et en échange ils doivent fournir un certain nombre de soldats. Le sultan est le chef temporel, mais il a aussi une garantie spirituelle, car en 1258 les Mongols ayant pris Bagdad et tué le calife, le successeur de ce dernier, chef religieux, s'est réfugié au Caire. Cette ville est plus que jamais la capitale du monde musulman, siège d'une administration divisée en bureaux *(diwan)*, chacun dirigé par un *nazir*, tandis qu'à la tête de chaque province se trouve un gouverneur *(wali)*.

Pour les Mamelouks, la menace n'est plus celle des chrétiens d'Occident, mais celle des Mongols, qui sèment la panique dans tout le Moyen-Orient au XIIIe siècle. La seule motivation de ces hordes venues d'Asie centrale semble avoir été le pillage pour saisir des vivres et des chevaux de remonte. Totalement réfractaires à la vie urbaine et à l'agriculture, ils parcourent les grands espaces en détruisant et en massacrant. Sous la direction de Gengis Khan (vers 1160-1227), ils se retrouvent à la tête d'un monstrueux empire allant de la Corée à la mer Noire, et de la Sibérie au sud de la Chine. Empire bien théorique toutefois : comment 150 000 cavaliers pourraient-ils contrôler les millions de kilomètres carrés que nous montrent les cartes ? Ce qui est certain, c'est que ces hordes sèment la terreur devant elles, et le monde musulman y est confronté dès les années 1220. En 1221, un raid dévastateur touche l'Iran et atteint l'Arménie. Après la mort de Gengis Khan en 1227, des offensives sont menées d'une part vers la Russie méridionale, où le khan Batou crée le khanat de Kiptchak, nommé khanat de la Horde d'Or par les Russes, qui s'étend des bouches du Danube au lac Balkhach, et d'autre part vers l'Irak et l'Asie Mineure, où les Mongols de Tchermogan puis de Baïdjou et de Houlagou à partir de 1255 entrent en contact avec les Turcs Seldjoukides. Contact rugueux, comme on peut l'imaginer. Houlagou élimine les ismaéliens de Perse en 1256, ravage Bagdad en 1258, et fait coudre le calife abbasside dans un sac pour le faire piétiner par les chevaux.

La progression de ces sauvages vers l'ouest pousse les tribus turkmènes vers l'Asie Mineure, où depuis Manzikert s'était installé un sultanat seldjoukide relativement prospère, qui au XIIe siècle, avec le sultan Kilidj Arslan II (1164-1176), avait tenu tête victorieusement aux Byzantins. Dans la capitale, Konya, une administration efficace assurait le bon ordre dans ce sultanat dit de Roum, où les ordres étaient appliqués dans les provinces par des beys, qui étaient aussi chefs de l'armée. Grâce à sa victoire de Myrioképhalon en 1176 sur le basileus Manuel Comnène, Kilidj Arslan II avait assuré un bon demi-siècle de paix relative à son Etat, période marquée par une certaine tolérance religieuse, un essor économique indéniable, avec des exportations par les ports de la mer Noire (Sinope, Samsoun) et de Méditerranée (Alanya, Antalya), et de belles réalisations artistiques dans les mosquées de Konya et de Divrigi.

L'arrivée des Mongols vient perturber ce bel équilibre. Les tribus turkmènes qui fuient devant eux affluent en Asie Mineure, où elles sèment le trouble, car ce sont des semi-nomades turbulents. Le sultan Kaykhosrau II (1241-1246) décide alors de les fixer en bordure des territoires byzantins, en leur confiant des terres. Ils constituent ainsi des marches frontières, les *oudjs*, ou *beyliks*, dirigées par des beys, dont la présence inquiète les empereurs byzantins.

A l'est, les Mongols arrivent. En 1243, ils battent le sultan seldjoukide de Konya à Köse Dagh. Le sultanat se coupe alors en deux, la partie orientale étant sous le contrôle des Mongols. Ceux-ci cependant sont arrêtés par l'intervention des Mamelouks d'Egypte, qui les battent en 1261 à Ain Djalout. En 1277, le sultan mamelouk Baybars, appelé au secours par les Seldjoukides de Konya, bat à nouveau les Mongols à Elbistan, et étend sa domination sur la Cilicie. Mais le sultanat de Konya, trop perturbé par ces évènements, connaît dès lors une période d'anarchie, et en 1303 meurt le dernier sultan seldjoukide, Masoud III, tandis que le basileus lance la Compagnie Catalane, une troupe de mercenaires espagnols, contre les *beyliks*, sans résultat (1303-1304). Parmi ces *beyliks*, celui des Ottomans fera bientôt parler de lui.

Restent donc face à face à la fin du XIIIe siècle les Mamelouks, dont les territoires vont de l'Egypte au nord de la Syrie, et les Mongols du khanat des Ilkhans, qui s'étend de l'est de l'Asie Mineure à l'Asie centrale. Les relations entre ces deux blocs sont particulièrement difficiles, notamment en raison de l'instabilité du gouvernement mongol, dont l'attitude à l'égard des religions est des plus fluctuantes. Le khan Abaka (1265-1282) favorise l'Eglise nestorienne et tente en vain d'obtenir l'alliance des rois de France et d'Angleterre contre les Mamelouks, qui le battent en 1277 et 1282. Son successeur, Teküder, se convertit à l'islam. Il est renversé en 1284 par un khan bouddhiste, Argoun, qui tente lui aussi en 1287 d'obtenir du pape et des rois occidentaux l'envoi d'une nouvelle croisade, sans succès. La suite est chaotique : un khan musulman, très intolérant, Ghazan (1295-1304), un khan chrétien, puis converti à l'islam chiite, Öldjeytü (1304-1316), des révolutions de palais, des querelles religieuses entre chrétiens nestoriens, bouddhistes, chamanistes, sunnites, chiites et autres mazdéens, et finalement la désintégration du khanat dans les années 1330.

Les désordres et l'insécurité permanente qui règnent pendant toute cette période dans le secteur de Syrie-Palestine et de Haute-Mésopotamie détournent les routes commerciales entre l'Europe et l'Asie par le sud (Le Caire et la mer Rouge) et par le nord de la Mer Noire, où le khanat de la Horde d'Or assure de meilleures conditions. Dans cette zone, qui englobe l'Ukraine, la Crimée, le nord du Caucase et la steppe entre la Caspienne et le lac Balkhach, l'autorité du khan est beaucoup plus ferme et fait régner un ordre relatif. Les khans Batou (1227-1255), Oulaktchi (1256-1257), Berkè (1257-1266), Mengu Timour (1266-1280), Touda Mengu (1280-1287) et leurs successeurs jusqu'au début du XIVe siècle entretiennent de bonnes relations avec les Mamelouks, qui sont leurs alliés contre le khanat du Kiptchak. N'ayant pas de convictions religieuses bien définies, ils sont tolérants, évoluant entre chamanisme, nestorianisme, islam, ce qui explique les espoirs d'alliance entretenus par Saint Louis, dont les envoyés Jean de Plan Carpin puis Guillaume de Rubrouck, dans les années 1247-1253, se trouvent à Kiev et en Crimée.

Ces religieux ne sont pas les seuls Occidentaux à fréquenter la zone, on y trouve aussi beaucoup de marchands italiens : des Génois, installés depuis 1266 à Caffa, dans une concession que leur a accordée le khan, et des Vénitiens, notamment à Soldaïa (Soudak), également en Crimée. Les frères Nicolo et Matteo Polo y rencontrent en 1260 une importante communauté de Latins. Marco Polo, quant à lui, empruntera la route de Trébizonde, et il reviendra en 1295 par le Golfe. Ces itinéraires vers l'Extrême-Orient sont la conséquence de l'instabilité qui règne désormais dans le monde musulman d'Asie Mineure, de Syrie, de Palestine, de Haute-Mésopotamie. Les marchands contournent ces régions par le nord et par le sud, car le Proche- et le Moyen-Orient musulman, en plein chaos, sont devenus des zones répulsives.

Cette décadence du monde islamique se retrouve en Occident, où le XIIIe siècle est marqué par une véritable débâcle en Espagne. En 1212, les rois chrétiens Alphonse VIII de Castille, Sanche de Navarre et Pierre II d'Aragon forcent les cols de la Sierra Morena et écrasent les Almohades à Las Navas de Tolosa. En 1235, les Portugais atteignent Beja et les Aragonais sont aux Baléares ;

en 1236, les Castillans sont à Cordoue ; en 1238 c'est Valence qui tombe, puis Murcie en 1243, Carthagène en 1244, Séville en 1248, Cadix en 1265. La reconquête est presque achevée. Il faudra pourtant encore plus de deux siècles pour enlever le dernier bastion musulman, Grenade. En Afrique, les révoltes berbères se multiplient. La domination des Almohades s'effondre. A la fin du XIIIe siècle, le monde islamique est dans un triste état.

L'Empire byzantin sur la défensive (XIe siècle)

Le monde byzantin ne vaut guère mieux. Les XIe-XIIIe siècles sont pour lui une longue période de décadence, ponctuée par des épisodes dramatiques : le schisme de 1054, le désastre de Manzikert en 1071, le passage des croisés en 1097, le nouveau désastre face aux Turcs en 1176, la catastrophe de 1204, l'occupation par les Latins jusqu'en 1261, la perte définitive de l'Asie Mineure en 1302, tout cela dans un contexte de déclin culturel et économique avec la mainmise croissante des Italiens sur les activités commerciales.

Dès le début du XIe siècle, l'Empire est sur la défensive. A la mort de Basile II, en 1025, il s'étend du Danube au Haut Euphrate, et comprend le sud de l'Italie, la Crète et Chypre. Les successeurs du « Bulgarochtone » ne cherchent qu'à compléter son œuvre, en comblant quelques lacunes et en réprimant des révoltes afin d'accroître la cohérence de l'ensemble : campagne de Michel IV contre les révoltés bulgares en 1041, refoulement de l'offensive russe en 1043, annexion du royaume arménien d'Ani en 1045. Si un empereur adopte une attitude expansionniste, comme Romain III en 1030, qui attaque l'émirat d'Alep, il se fait rappeler à l'ordre par le patriarche Psellos, et exprime ensuite son repentir. L'empereur Isaac Ier Comnène (1057-1059) refuse toute annexion, déclarant que « pour de telles annexions, il est besoin de beaucoup d'argent et de bras vaillants et d'une réserve suffisante, et que, lorsqu'il n'en va pas ainsi, l'augmentation c'est la diminution ». Visiblement, on considère que l'Empire a atteint sa taille optimum et raisonnable en fonction de ses ressources, et sur les frontières on établit un réseau de forteresses qui n'est pas sans évoquer le *limes* romain. L'Empire se veut éternel, et pour cela refuse de se lancer dans de nouvelles aventures.

Louable attitude, mais irréaliste, car les voisins n'entendent pas laisser les Byzantins en paix. Les coups pleuvent, et l'Empire plie : en 1048, les Petchenègues franchissent le Danube et les Turcs ravagent l'Arménie ; en 1053, les Normands battent une armée byzantine en Italie ; en 1059, Robert Guiscard est maître d'une bonne partie du sud de la péninsule ; en 1060, la Calabre est perdue ; en 1064, les Turcs prennent Ani et avancent en Asie Mineure ; en 1071, Bari tombe pendant que l'empereur Romain IV Diogène est battu, fait prisonnier et aveuglé par les Turcs en Arménie, à Manzikert. C'est une catastrophe : plus des deux tiers de l'Asie Mineure, au sud-est d'une ligne Trébizonde-Ephèse, sont perdus.

En même temps, les rapports avec l'Occident latin se détériorent, en raison des désaccords religieux entre Rome et les patriarches de Constantinople. Ces derniers sont au XIe siècle d'assez médiocres personnages, piétistes sans relief, intimement liés au pouvoir politique. C'est l'un d'entre eux, Michel Cérulaire, qui provoque en 1054 la rupture définitive entre l'Eglise orthodoxe byzantine et l'Eglise romaine. Très ambitieux, il rêve d'obtenir l'égalité avec le siège de Rome, et pour cela il relance en 1053 les vieilles querelles sur la date de Pâques, l'usage des pains azymes, le jeûne du samedi, le célibat des prêtres, le *Filioque*. En juillet 1054, le pape l'excommunie ; il réplique en lançant l'anathème contre les rédacteurs de la bulle. Cet épisode, qui est vécu sur le moment comme une simple péripétie supplémentaire dans la querelle entre les deux Eglises, va devenir un schisme définitif en raison de l'obstination des deux parties sur de ridicules questions de détails liturgiques. Pendant longtemps, on croira à la possibilité d'une réconciliation, mais sur le terrain la rivalité entre le clergé grec et le clergé latin pour rallier les nouveaux convertis devient un des aspects de la mésentente entre l'Orient et l'Occident : la métropole de Kiev est rattachée à Constantinople à la fin du siècle, tandis que la Hongrie se rallie à Rome.

Dans l'Empire, et en particulier dans la capitale, le clergé, les moines notamment, entretient l'hostilité des Byzantins contre Rome, et c'est finalement cette hostilité populaire qui fera échouer toutes les tentatives de réconciliation. La culture byzantine entre dans une longue phase de stagnation, car elle tombe sous la coupe d'un clergé orthodoxe opposé à toute ouverture, à toute recherche libre, à tout changement. Les empereurs du XIe siècle ne s'intéressent pas à la vie intellectuelle, et l'Eglise en profite pour mettre progressivement la main sur tout l'enseignement. Les écoles privées laïques sont peu à peu éliminées par les écoles religieuses. Dans la capitale, c'est la prestigieuse école de Saint-Pierre, dépendant étroitement du patriarcat, qui impose sa loi. Les connaissances jugées nécessaires sont synthétisées dans un seul gros ouvrage encyclopédique, par ordre alphabétique, la *Souda*, et transmises à une mince élite par un corps de professeurs très médiocres. Culture desséchée, purement formelle et technique, dont le principal exercice est la « schédographie », qui consiste à amplifier certains thèmes oratoires. Au milieu du XIe siècle, l'enseignement s'organise autour des « trois didascales » (psautier, apôtres, Evangiles), excluant le recours à la philosophie antique réputée incompatible avec le christianisme. Comme dans le monde musulman à la même époque, le monde orthodoxe bannit l'usage de la raison au seul profit de la foi, alors qu'au même moment l'Occident entreprend au contraire de les concilier. C'est dans ce contraste qu'en dernière analyse réside la cause profonde de la supériorité acquise par l'Occident.

Economiquement, la situation de l'Empire byzantin reste assez favorable jusque dans les années 1070, même si l'agriculture demeure très traditionnelle et de faible rendement. Ici, peu d'innovations techniques, pas de grands défrichements. La production reste basée sur les céréales, quelques légumineuses et la culture arbustive, surtout de la vigne. Irrigation par simple gravité, pas d'amendement des terres : le retard est flagrant par rapport aux méthodes sophistiquées du monde arabo-musulman. L'équilibre alimentaire n'est pas assuré, et les importations sont nécessaires. Les communautés villageoises libres, les *chôrion*, s'affaiblissent au profit de la grande propriété, qui ne cesse de gagner du terrain en dépit des efforts de l'Etat pour maintenir en place le *chôrion*, qui est aussi une unité fiscale, solidaire pour le paiement de l'impôt. Dès 964, Nicéphore Phocas avait fustigé la « rage évidente d'acquérir » des monastères, qui accumulaient « d'innombrables arpents de terre, de constructions dispendieuses, de troupeaux de chevaux, de bœufs, de chameaux, d'autres bestiaux en nombre encore plus énorme », et il avait interdit de faire des donations en terres. En 996, Basile II avait renouvelé les mesures contre les acquisitions des grands propriétaires. En 1057 et 1059, Isaac Comnène poursuit cette politique, en particulier contre les moines, qui sont, dit-il, « ivres d'une rapacité ayant atteint le stade de la passion ».

Parallèlement, le statut des paysans se dégrade. Les catégories les mieux protégées, les *stratiôtes,* sont contraintes de vendre ou d'abandonner leurs terres, et n'ont d'autre solution que de devenir *parèques* sur les terres des grands propriétaires avides de main-d'œuvre.

Ils restent libres, mais ne sont plus propriétaires et sont accablés de dettes. Là encore, l'Etat se révèle impuissant face à cette évolution. En 1060, Constantin X a beau interdire de transformer en paysans les « stratiôtes, démosiaires et exemptés de la poste », la passion des grands propriétaires, laïcs et ecclésiastiques, est trop forte, et ils obtiennent même de larges exemptions.

Dans les villes, l'activité manufacturière s'accroît : céramique, textile, armurerie, serrurerie, équipement maritime. Le réseau urbain est dense, mais les villes sont de taille réduite, seules Thessalonique et Mélitène atteignent 60 000 habitants. La capitale, qui dépasse sans doute les 400 000, apparaît comme une tête énorme sur un corps amaigri, hors de proportion avec un Empire amoindri. L'exode rural est important, en raison de la dégradation de la condition paysanne et de la croissance démographique. Cette dernière est attestée par différents indices jusqu'au milieu du XIe siècle, mais elle subit un brutal coup d'arrêt lors de la grande épidémie de 1053-1054. La répartition de la population est d'ailleurs déséquilibrée : l'Asie Mineure est sous-peuplée, et en dépit de diverses entreprises de colonisation et d'implantations de groupes balkaniques et syriens, les plateaux et montagnes de l'intérieur comprennent de vastes espaces vides. Une fois la frontière enfoncée après Manzikert (1071), les Turcs pourront foncer jusqu'aux rives de la mer Egée sans rencontrer d'obstacles humains. A l'ouest des détroits, en revanche, les pays grecs sont plus densément peuplés, et ce déséquilibre démographique est révélateur d'un empire qui, à cheval sur l'Europe et l'Asie, est confronté à un dilemme qui est sa principale faiblesse : faut-il réaliser l'impossible synthèse Est-Ouest, ou bien sacrifier l'une des deux parties ? La conquête turque imposera la réponse, mais jusqu'en 1071 Byzance veut encore croire à la possibilité d'unir les deux mondes sous son autorité : au cours du XIe siècle un effort de peuplement est accompli à l'est, où sont créés 30 sièges épiscopaux et 56 monastères, et où la population de Mélitène bondit de quelques milliers à 70 000 habitants en 1096.

Plus encore que des centres de production, les villes sont des relais de l'administration, des centres religieux, des résidences de l'aristocratie et des lieux d'échange. On y trouve une classe marchande dynamique, dont les membres les plus riches pénètrent dans les rouages de l'Etat grâce à la pratique de la vénalité des offices. L'empereur Constantin Monomaque (1042-1055) ouvre le Sénat à cette nouvelle bourgeoisie marchande, au grand dam de la vieille aristocratie : « C'est presque à toute la tourbe du marché et des vagabonds qu'il ouvrit l'accès du Sénat », écrit le patriarche Psellos, écœuré, vers 1070. Le conflit entre les noblesses militaire et civile et la bourgeoisie d'affaires pour le contrôle du pouvoir est responsable de plusieurs coups d'Etat et du chaos de la vie politique byzantine au XIe siècle : Michel IV, qui soutient la classe nouvelle, est renversé en 1057 par le général Isaac Comnène, instrument de l'aristocratie, lui-même renversé en 1059 par Constantin Doukas, instrument de la bourgeoisie ; en 1067, retour d'un militaire, Romain IV Diogène, pris et aveuglé par les Turcs en 1071, d'où le retour des civils jusqu'en 1081.

En dépit de ces soubresauts, les affaires marchent plutôt bien. Contrairement à ce que laisseraient croire les sources littéraires et les chroniques, qui émanent des milieux ecclésiastiques hostiles à l'économie monétaire et au prêt à intérêt, l'argent circule bien. Le traité de jurisprudence d'Eustathe le Romain, la *Peira*, montre qu'on investit largement dans l'immobilier, le commerce, les entreprises maritimes, avec des taux allant de 4 à 12 %. L'Etat lui-même met en vente des rentes, et la vénalité des offices lui permet de drainer des sommes importantes. A partir des années 1040, sous Constantin IX Monomaque, la demande de monnaie d'un marché en expansion pousse certes le pouvoir à la dévaluation : la teneur en or pur des pièces descend à 87, puis 81 %, le complément étant fourni par de l'argent et même du cuivre, mais le mouvement n'a rien de dramatique avant 1070. Un système de lourdes taxes permet de favoriser les marchands byzantins dans l'Empire face à leurs concurrents italiens.

Byzance victime des Turcs et des Latins (XIIe siècle)

La situation se détériore dramatiquement à partir de 1071 : la défaite de Manzikert ouvre aux Turcs l'Asie Mineure, et déclenche une série de soulèvements militaires, auxquels participent des Grecs, des Normands, et même des mercenaires turcs. En 1081, un coup d'Etat porte au pouvoir Alexis Ier Comnène, qui est confronté à l'attaque des Normands de Robert Guiscard en Albanie (1081-1085) et à l'invasion des Petchenègues au sud du Danube (1086-1091).

Puis, en 1096, surgit un problème inattendu et fort embarrassant : des hordes de miséreux venus des Etats chrétiens d'Europe occidentale, dirigés par Pierre l'Ermite, s'abattent comme une nuée de sauterelles sur les abords de Constantinople. Enflammés par les discours de croisade, ils veulent aller à Jérusalem. L'empereur s'empresse de leur faire traverser les détroits pour qu'ils aillent se faire exterminer par les Turcs à Civitot et Xérigordos en septembre-octobre. Mais l'année suivante l'affaire est plus sérieuse : cette fois, c'est une armée de chevaliers, peut-être 100 000 hommes, qui, répondant à l'appel du pape Urbain II, se présente sous les murs de Byzance dans l'intention d'aller prendre Jérusalem. A sa tête, d'inquiétants personnages, comme le duc de Basse-Lorraine Godefroy de Bouillon, le duc de Normandie Robert Courteheuse, l'ambitieux Baudouin de

Boulogne, et Etienne de Blois, Hugues de Vermandois, une brute épaisse, et des ennemis déclarés de Byzance, comme Bohémond, fils de Robert Guiscard, et son cousin Tancrède. Ils exigent de passer en Asie Mineure. L'empereur ne peut pas vraiment refuser, d'autant plus qu'il avait demandé en 1095, au concile de Plaisance, l'envoi de contingents occidentaux pour lutter contre les Turcs. Mais il ne s'attendait pas à voir arriver une armée d'invasion de 100 000 hommes. Avant de faire traverser la troupe, il exige des chefs qu'ils reconnaissent à l'avance sa suzeraineté sur toutes les terres qu'ils viendront à conquérir en Orient et qui avaient autrefois appartenu à Byzance. Ils acceptent, sauf Tancrède et Raymond de Saint-Gilles. Mais l'épisode ne fait qu'accroître la méfiance entre Byzantins et Latins.

A partir de ce moment, le basileus doit non seulement faire face aux musulmans, mais se défendre contre les chrétiens d'Occident : Jean II (1118-1143) passe son règne à contrer les Serbes, les Hongrois, les Petchenègues, les Normands, et il meurt au cours d'une expédition contre les Latins d'Orient. Son fils et successeur Manuel Ier (1143-1180) reprend l'offensive dans les Balkans, récupère Corfou, les Pouilles, les Marches, en profitant de la mort de Roger de Sicile en 1154, mais il en est chassé en 1156. Le passage de la deuxième croisade, en 1148, dirigée par le roi de France Louis VII, est l'occasion d'une nouvelle dispute avec les Latins, et les succès de Manuel en Dalmatie, Croatie, Bosnie inquiètent Venise, Pise, Gênes, les Normands de Sicile, et l'empereur germanique, qui montent contre lui une coalition en 1177. En même temps, le danger turc resurgit, et le basileus est écrasé par eux à Myrioképhalon le 17 septembre 1176.

A partir de 1180, l'Empire byzantin court à sa perte. Les coups d'État se succèdent. En 1185, l'empereur Andronic Ier est renversé, et la dynastie des Comnènes est remplacée par celle des Anges : Isaac II, lui-même renversé et aveuglé par son frère Alexis III en 1195. Les frontières sont enfoncées un peu partout : révolte des Serbes et des Hongrois en 1181-1183, perte de la Bulgarie en 1185-1187, pillage de Thessalonique par les Normands en 1185, passage de la troisième croisade en 1189-1190, au cours de laquelle Richard Cœur de Lion s'empare de Chypre, tandis que Frédéric Barberousse menace de prendre Constantinople.

Pour faire face à ces menaces, les empereurs ont massivement recours aux mercenaires : dans l'armée des Comnènes on trouve des Arméniens, des Valaques, des Alains, des Hongrois, des Allemands, des Français, des Turcs, des Varangues russes, des Normands, des Serbes, des Slaves macédoniens, et même des Anglo-Saxons qui ont fui l'Angleterre après 1066. Tout ce monde coûte cher ; les taxes s'alourdissent ; l'État s'appauvrit en distribuant des terres à l'aristocratie laïque en échange d'un service armé. Par ce système de la *pronoia*, le bénéficiaire reçoit le droit de percevoir les taxes sur les terres, qui restent théoriquement la propriété éminente de l'État, mais qui en réalité ne seront jamais récupérées par ce dernier. De plus, les grands propriétaires en profitent pour accroître leur pression sur les petits paysans, convertis en parèques.

L'Empire connaît aussi au XIIe siècle un recul démographique, causé à la fois par la guerre et par des famines, particulièrement dans les périodes 1080-1120 et 1180-1200. La natalité est en baisse, et les efforts de repeuplement par déportation de prisonniers serbes en Asie Mineure sous Jean et Manuel Comnène ne font qu'illustrer la gravité de la situation. Le commerce intérieur recule ; les besoins croissants d'espèces et les désordres de toutes sortes accélèrent la dépréciation monétaire. Le poids et l'aloi des pièces reculent, et les bonnes monnaies d'or sortent vers l'Occident. Car le commerce extérieur est de plus en plus aux mains des Italiens.

Dès 1084, Alexis Comnène accorde des privilèges aux Vénitiens pour les remercier de leur aide contre les Normands : exemptions de taxes commerciales, liberté de commercer sur le territoire impérial, concession d'un quartier à Constantinople. Dès lors, Venise considère l'Empire comme sa chasse gardée. L'empereur, réalisant le danger de voir s'établir un monopole vénitien, accorde des privilèges à Pise en 1111, avec réduction des droits de douane de 10 à 4 %. Venise réagit en lançant une opération de pillage dans l'Egée, et l'empereur doit lui accorder en 1126 le libre accès à Chypre et à la Crète. Pise obtient de nouveaux avantages en 1136, et Gênes en 1155, ce qui provoque la colère de Pise et de Venise ; cette dernière pille le quartier génois de Constantinople en 1171. L'empereur fait alors arrêter les marchands vénitiens et confisque leurs avoirs ; réplique de Venise, qui s'allie aux Normands et pille les îles de l'Egée. L'empereur doit céder et accorder des dédommagements. Ces péripéties ne font qu'augmenter la haine des Byzantins contre les Latins, accusés de mettre l'Empire au pillage : en 1182, la foule massacre les marchands occidentaux à Constantinople. Mais on ne peut se passer d'eux : Venise obtient de nouveaux privilèges en 1187, Pise et Gênes en 1192. En 1198, les Vénitiens obtiennent des privilèges judiciaires qui leur permettent d'échapper à la justice impériale. Pour assurer définitivement leur position, ils envisagent alors la possibilité de mettre sur le trône impérial un empereur qui serait leur créature et n'aurait rien à leur refuser. L'occasion se présente justement en 1204.

La catastrophe de 1204 et la parenthèse latine (1204-1261)

Une quatrième croisade avait été décidée en 1199 par le pape Innocent III, et l'acheminement des troupes devait se faire par mer. Les seuls capables de rassembler une flotte suffisante pour le transport sont les Vénitiens, qui exigent pour cela le paiement de 85 000 marcs. Comme on ne peut réunir une pareille somme, Venise demande un paiement en nature : les croisés, au passage, devront faire escale sur la côte dalmate, à Zara, et reprendre cette ville au bénéfice de la Sérénissime, dont le doge, Henri Dandolo, participera à l'expédition en dépit de ses 97 ans. Arrive alors le jeune Alexis Ange, fils du basileus Isaac II qui a été détrôné et aveuglé par son frère Alexis III. Il vient demander l'aide des croisés pour détrôner son oncle, en promettant en échange de gros avantages aux Latins dans l'Empire. Marché conclu.

Les croisés, dirigés par Boniface de Montferrat, font une démonstration de force devant Constantinople en août 1203. Alexis III est chassé du pouvoir et remplacé par le jeune Alexis IV. Ce dernier cependant ne peut tenir ses promesses, car la population de Byzance déteste les Latins qui l'ont imposé, et elle l'élimine au cours de l'hiver au profit d'Alexis V Doukas. Les croisés, qui ont passé un très mauvais hiver sous les murs de Constantinople, s'estiment trompés, et après un siège de trois jours prennent d'assaut la ville le 13 avril 1204. La capitale de l'Empire tombe pour la première fois de son histoire en neuf cents ans ! Et cela sous les coups des chrétiens occidentaux, dans le cadre d'une croisade. La ville est mise en coupe réglée, avec le rituel habituel : viols, massacres, pillages, sacrilèges, pour un butin estimé à 300 tonnes d'or et d'argent et des milliers de reliques. Les croisés, comme Villehardouin et Robert de Clari, originaires d'un

Occident encore rustique, n'en croient pas leurs yeux, comme on le constate dans la description qu'ils ont laissée de l'évènement.

Les chefs de la croisade choisissent comme empereur l'un des leurs, le comte de Flandre Baudouin, mais celui-ci ne va régner que sur un territoire très réduit : l'« Empire latin » de Constantinople, ce n'est guère plus qu'une mince bande côtière de part et d'autre des détroits et de la mer de Marmara. Le reste, c'est-à-dire le Péloponnèse, le duché d'Athènes, le royaume de Thessalonique, est attribué à d'autres croisés, comme les Villehardouin et les La Roche ; Venise s'empare de la Crète et de la plupart des îles de l'Egée, tandis que trois Etats grecs revendiquent la légitimité du pouvoir byzantin : l'empire de Trébizonde, isolé à l'est, l'empire de Nicée, où Théodore Laskaris se fait proclamer empereur, et l'Etat grec d'Epire, où s'impose Michel Ange Doukas.

1204 aurait pu marquer la fin définitive de l'Empire byzantin, désormais éclaté en une demi-douzaine d'Etats chrétiens rivaux. Mais les Turcs du sultanat de Roum ne sont pas en mesure de profiter de la situation : ils vont bientôt devoir affronter les Mongols. C'est donc entre chrétiens, latins et grecs, que se déroule la mêlée pendant le demi-siècle qui suit. Si les principautés latines du Péloponnèse restent plus ou moins à l'écart, constituant ce qu'on appelle la Morée, l'Empire latin de Constantinople est tout de suite dans une position très inconfortable, coincé entre l'empire de Nicée de Théodore Laskaris, auquel succède en 1222 son gendre Jean III Vatatzès, et l'Etat d'Epire de Michel Ier, auquel succède en 1215 le prince Théodore, qui se fait lui aussi couronner empereur. Avec celui de Trébizonde, on a alors quatre empereurs pour se disputer les morceaux de l'Empire byzantin. Sur les quatre, celui de Constantinople est le plus faible : dès 1205 Baudouin est pris par les Bulgares ; son successeur Henri de Hainaut ne domine plus que la ville et quelques fragments de la côte. Rapidement, c'est l'empereur de Nicée, Vatatzès (1222-1254), qui prend le dessus, bat les Bulgares et les Epirotes. Son fils, Théodore II (1254-1258), poursuit son œuvre, et l'usurpateur Michel Paléologue (1258-1282) l'achève : en 1259 il bat une coalition des Vénitiens, du roi de Sicile Manfred, du despote d'Epire et du prince de Morée à Pélagonia, ce qui lui permet de reprendre Constantinople par surprise en 1261. La parenthèse latine est terminée.

Elle laisse l'Empire dévasté, la capitale à demi ruinée, les campagnes dépeuplées et entièrement dominées par les grands propriétaires. La culture littéraire et artistique est quasiment réduite à néant. Déjà au XIe siècle on ne signale plus aucune construction majeure, et l'art se réduit aux produits de luxe, bijoux, manuscrits, textiles, peintures, mosaïques. Au XIIe siècle, on restaure et on édifie quelques petites églises. La littérature se perd dans des raffinements rhétoriques pédants comme chez Michel Italikos, Nicéphore Basilikès, ou l'historien Nicétas Choniatès. Le ressort de la grande création artistique byzantine est brisé. Le pillage de 1204 a par ailleurs fait disparaître des trésors inestimables.

Un sursaut éphémère (1261-1321)

Pourtant, un redressement remarquable s'effectue sous le règne de Michel VIII Paléologue (1259-1282). Remarquable mais éphémère. En 1261, son empire est réduit du côté asiatique à la Bithynie, avec les îles adjacentes et Rhodes ; du côté européen à la Thrace, la Macédoine, le nord de l'Epire, l'Illyrie, quelques villes d'Achaïe comme Mistra, Monemvasie, Manè, Géraki. Tout le reste du Péloponnèse est aux mains des Latins, le nord des Balkans est partagé entre Bulgares et Serbes ; Venise contrôle les îles de l'Egée.

Michel VIII est confronté à deux tâches : contrer les ambitions de Charles d'Anjou, roi de Sicile et de Naples, qui a repris à son compte les ambitions des empereurs germaniques sur les rives orientales de l'Adriatique, et reprendre les territoires au sud du Danube contre les Bulgares et les Serbes. Il s'attache d'abord à réorganiser la capitale, en y implantant des colonies destinées à fournir des équipages pour la flotte, en y constituant des stocks alimentaires, en mettant en culture les vastes terrains vagues, en réparant les murailles, afin d'éviter la répétition de la catastrophe de 1204. Contre Charles d'Anjou, Michel mène une habile politique d'alliances : alliances matrimoniales avec les Hongrois et les Mongols de la Horde d'Or, négociations avec Saint Louis, avec le roi de Castille, avec les Pisans ; avantages accordés aux Génois, qui reçoivent en 1267 le quartier de Galata à Constantinople, et aux Vénitiens par les traités de 1265 et 1268. Et puis, surtout, pour désarmer les Latins et leur enlever le prétexte d'une nouvelle croisade, il traite avec le pape, et au concile de Lyon en 1274 est proclamée l'Union des Eglises, romaine et byzantine.

Cela lui permet de remporter des succès en Epire, de reprendre l'Eubée et plusieurs îles de l'Egée. Mais ces avantages restent fragiles. Charles d'Anjou, en 1281, monte une nouvelle coalition, avec les Serbes et les Bulgares. Il est heureusement empêché d'agir lorsqu'en mars 1282, lors des « Vêpres siciliennes », les Siciliens, à l'instigation des Aragonais, se soulèvent et massacrent les Français. Michel VIII n'est pas pour autant tiré d'affaire. D'abord, accaparé par les problèmes de la partie occidentale de l'Empire, il n'est pas en mesure d'intervenir efficacement en Asie Mineure, où éclate la révolte des Arsénites qui, à la suite du patriarche Arsénios, soutiennent l'héritier légitime du trône, Jean IV Lascaris.

Michel était en effet un usurpateur. Les Arsénites sont finalement écrasés, mais la Bithynie, en pleine effervescence, échappe au contrôle de Byzance. Et puis surtout les Byzantins sont très hostiles à l'Union des Eglises. Poussés par le clergé, les moines surtout, ils considèrent que l'empereur a trahi l'orthodoxie au profit des Latins détestés. Les souvenirs de 1204 ne sont pas effacés, et l'Union sera finalement dénoncée. Lorsque Michel meurt, en 1282, dans un village de Thrace, il est extrêmement impopulaire.

Son successeur est Andronic II (1282-1328), qui avait été associé comme coempereur dès 1272. Sous son règne, la décomposition du pouvoir central se poursuit. La grande aristocratie, avec le système de la *pronoia*, ne cesse de gagner en indépendance, face à un Etat appauvri. Le territoire se morcelle, à la mode occidentale, notamment lorsque l'impératrice, Irène de Montferrat, exige la division de l'Empire en zones attribuées à ses fils. L'empereur n'a plus les moyens d'entretenir une puissante armée. Il réduit les forces terrestres à 3000 cavaliers et la marine à 20 navires, se mettant ainsi à la merci des Italiens pour assurer la défense. Mais lorsque la guerre éclate en 1294 entre Venise et Gênes, il est obligé de choisir son camp. Il opte pour Gênes, qui reçoit le droit de fortifier sa colonie de Galata et qui s'empare de Chio en 1304. En 1293-1295, la guerre reprend contre les Turcs. Le général Alexis Philanthrôpénos remporte quelques succès, puis se tourne contre l'empereur. En 1302, les Turcs remportent la bataille de Baphéôs. Andronic envoie bien en 1303 les aventuriers mercenaires de la Compagnie Catalane pour rétablir la situation, mais ils se révèlent être une calamité plus qu'un secours : après quelques succès contre les Turcs, ils descendent en Grèce et se taillent un duché autour d'Athènes et de Thèbes. L'Asie Mineure est définitivement perdue.

En 1321, l'Empire byzantin est réduit à la ville de Constantinople, à la Thrace et à la Macédoine. Le reste échappe totalement à l'empereur : l'Epire a son « despote », le Péloponnèse dépend de la principauté d'Achaïe, Etat latin, l'Attique et la Béotie sont aux mains des Catalans, l'Eubée (Nègrepont), la Crète, la plupart des Cyclades sont aux Vénitiens, Rhodes est aux Hospitaliers, Chio aux Génois, qui se partagent avec les Vénitiens le commerce de Byzance. Et pour compléter le tout, une guerre civile commence, qui va durer trente-trois ans (1321-1354). L'agonie de l'Empire byzantin a débuté. Elle va durer plus de deux siècles.

Du XIe au XIIIe siècle, l'Orient musulman et byzantin connaît donc un profond déclin, provoqué à la fois par des agressions externes et par des blocages politiques et culturels internes. Réduit à la défensive, il est alors irrémédiablement surclassé par un Occident en plein essor.

7

L'affirmation de l'Occident : La chrétienté entre théocratie et césaropapisme

Entre le XIe et le XIIIe siècle, l'Europe occidentale s'éveille. Une civilisation se met en place, structurée par une religion, le christianisme romain, par un ordre sociopolitique, la féodalité, par un impératif culturel, la rationalisation du monde, par un système économique, l'équilibre entre production et satisfaction des besoins élémentaires. Un monde instable, c'est certain, mais qui recherche passionnément la stabilité. Un monde sûr de ses valeurs et qui, fort de ses convictions, veut logiquement les imposer pour le bien de tous.

Dans le domaine politique, l'idée centrale est l'affirmation de l'unité : partageant désormais la même foi, les Européens se pensent avant tout comme des chrétiens, qui se doivent d'être unis dans la chrétienté. Mais ici commence l'ambiguïté : la chrétienté est-elle un ensemble politique ou un ensemble religieux ? Qui doit la diriger : César ou le souverain pontife ? Cette question est à la base du conflit majeur de cette période, conflit dommageable pour les deux parties, mais très fécond sur le plan de la pensée et du droit : le conflit entre le Sacerdoce et l'Empire. Résumer l'histoire de l'Europe à ce seul aspect serait certes trop réducteur. Cependant, il s'agit bien là de l'enjeu principal de cette période, dont les conséquences touchent tous les autres domaines.

L'unanimisme chrétien, qui n'exclut pas les mouvements hétérodoxes, engendre une volonté de regrouper tous les croyants sous une même direction. De 1000 à 1250, le pape et l'empereur s'affrontent dans un long duel à rebondissements pour la suprématie, à l'issue duquel le pape semble l'emporter. Mais pendant que se déroule ce combat des chefs, les rois développent leurs pouvoirs, en s'appuyant d'abord sur le système féodal, puis sur les débuts du sentiment national, et à la fin du XIIIe siècle, profitant de l'épuisement des deux adversaires, ils affirment à leur tour leur prétention : « Le roi est empereur en son royaume. » La victoire du souverain pontife se révèle donc être une victoire à la Pyrrhus : le pape est alors confronté à la menace d'un éclatement politique de la chrétienté.

Ces luttes internes auraient pu affaiblir l'Europe. Elles ont au contraire été le moteur de son affirmation. Car chaque participant – pape, empereur, rois et princes – s'est efforcé de développer les bases intellectuelles et matérielles de son pouvoir. L'opposition est aussi émulation, et contribue à l'élaboration d'une civilisation unifiant force brutale et spiritualité, passion religieuse et recherche rationnelle, guerre et droit, et par conséquent prête à bousculer les mondes voisins. La morale n'a rien à voir dans cette affaire ; toute civilisation qui atteint un tel état d'équilibre est persuadée d'incarner des valeurs supérieures, donc destinées à supplanter celles des voisins. Tour à tour, les Byzantins, puis les musulmans s'y sont essayés. C'est le tour de la chrétienté européenne.

La querelle des Investitures : de Canossa à Worms (1077-1122)

Mais qui doit la diriger ? En l'an 1000, l'entente qui règne entre le pape et l'empereur pouvait faire espérer une harmonieuse collaboration : le pape, c'est Sylvestre II, 50 ans, l'homme le plus cultivé de son temps ; l'empereur, c'est son élève, Otton III, 20 ans, qui le vénère et qui l'a fait nommer souverain pontife. Mais dès 1002-1003, l'harmonie est rompue par le décès, à quelques mois d'écart, des deux hommes. Entre leurs successeurs, c'est désormais la rivalité. Ce sont d'ailleurs des personnages assez médiocres jusque vers 1060 : les empereurs Henri II (1002-1024), Conrad II (1024-1039), Henri III (1039-1056) ont la mainmise sur les nominations pontificales, et choisissent d'abord des aristocrates italiens qui leur sont soumis, et dont certains, comme Benoît IX (1032-1046), pape à 12 ans, font revivre les grandes heures de la pornocratie pontificale. La noblesse italienne lui oppose d'ailleurs un antipape, Sylvestre III, auquel s'ajoute en 1045 Grégoire VI. Au point que l'empereur Henri III se fâche, destitue les trois papes en 1046, et les remplace par un Allemand, l'évêque de Bamberg Suidger, qui devient Clément II. Quatre autres Allemands lui succèdent, dont le plus remarquable est Léon IX (1049-1054), qui entreprend la réforme de l'Eglise.

Les Italiens finissent par être excédés par la tutelle allemande et impériale sur le trône pontifical, et en 1059 Nicolas II (1058-1061), un Bourguignon ex-évêque de Florence, en profite pour fixer de nouvelles règles de nomination : désormais, le pape devra être élu par les cardinaux évêques. Il acquiert donc son indépendance par rapport à l'empereur, mais c'est pour tomber sous la coupe des grandes familles romaines, dont sont issus la plupart des cardinaux. Toujours est-il que Nicolas II mène alors une politique personnelle, en faisant de Robert Guiscard et de ses Normands, qui viennent de s'emparer de la Sicile, les vassaux du Saint-Siège. Son successeur, l'évêque de Lucques Anselme, devenu Alexandre II (1061-1073), étend l'influence de Rome en soutenant Guillaume le Conquérant. A sa mort, c'est l'irascible Toscan Hildebrand qui lui succède sous le nom de Grégoire VII. Son autoritarisme et ses actions d'éclat ont fait de lui l'éponyme de la « réforme grégorienne », terme abusif, car le mouvement de réforme disciplinaire dans l'Eglise et d'affirmation de la suprématie pontificale avait commencé avant lui, et se poursuivra après sa mort en 1085. Mais le combat qu'il mène contre l'empereur Henri IV (1056-1106) est un épisode emblématique de la lutte entre la papauté et l'Empire.

La querelle se cristallise sur la question des investitures. Jusque-là, les princes laïques contrôlaient largement les nominations des titulaires de grands bénéfices ecclésiastiques, abbés et évêques en particulier, qui, tout en étant des personnages d'Eglise, étaient à la tête de grandes seigneuries. Lors de l'investiture, le prince remettait à l'évêque les insignes de son pouvoir ecclésiastique, l'anneau et la crosse, et le prélat lui prêtait l'hommage féodal. En 1075, Grégoire VII, qui voit dans cette pratique un empiétement intolérable du temporel sur le spirituel, interdit l'investiture laïque, et il fait rédiger une liste de 27 propositions abruptes et outrancières proclamant la supériorité du pape sur les souverains temporels. Ces *Dictatus papae* sonnent comme une provocation :

> « Le pape est le seul homme dont tous les princes baisent les pieds... Son nom est unique au monde. Il lui est permis de déposer les empereurs... Aucun synode ne peut être appelé général sans son ordre. Il ne peut être jugé par personne. Personne ne peut condamner une décision du siège apostolique... L'Eglise romaine n'a jamais erré et, comme l'atteste l'Ecriture, ne pourra jamais errer. Le pontife romain, s'il a été ordonné canoniquement, devient indubitablement saint par les mérites de saint Pierre. Sur son ordre et avec son autorisation, il est permis aux sujets d'accuser leurs supérieurs... Le pape peut délier les sujets du serment de fidélité fait aux injustes. »

C'est une véritable déclaration de guerre, à laquelle répond l'empereur en janvier 1076 en nommant son propre candidat à l'archevêché de Milan, et en faisant prononcer la déposition du pape par vingt-quatre évêques allemands. Réplique immédiate de Grégoire, en février : excommunication et déposition de l'empereur : « Bienheureux Pierre, prince des Apôtres..., fort de votre confiance... par votre pouvoir et votre autorité, j'interdis au roi Henri... qui par un orgueil insensé s'est élevé contre votre Eglise, de gouverner le royaume d'Allemagne et d'Italie, je délie tous les chrétiens du serment qu'ils ont contracté envers lui, et défends à qui que ce soit de le reconnaître comme roi. »

La position de l'empereur devient précaire, car la plupart des princes allemands appliquent la sentence pontificale et lui refusent l'obéissance. Henri IV est alors contraint de feindre la soumission : le 28 janvier 1077, en tenue de pénitent, il vient à Canossa, en Emilie, où réside alors le pape, qui le fait attendre trois jours dans la neige, pour demander son pardon. Grégoire l'absout, mais une pareille humiliation ne pouvait rester sans suite, d'autant que les princes allemands hostiles à Henri ont élu un antiroi de Germanie, Rodolphe de Rheinfelden, qui demande l'arbitrage du pape. C'est la guerre. En 1080, Henri, vainqueur de Rodolphe, est excommunié une seconde fois. Il fait alors élire par le synode de Brixen un antipape, Clément III, qui le couronne empereur. L'arrogance de Grégoire ne connaît plus de bornes : « Qui pourrait douter que les prêtres du Christ ne soient les pères et les maîtres des rois, des princes et de tous les fidèles ? [...] Il suffit de tant soit peu de science pour comprendre que les prêtres sont supérieurs aux rois... Nous devons donc, avec le secours de Dieu, parler d'humilité aux empereurs, aux rois et aux princes pour qu'ils puissent endiguer les flots de l'orgueil qui sont en eux, comme les mouvements de la mer », écrit-il le 15 mars 1081 à Hermann de Metz. Le pape et l'empereur, dit-il, sont comme le soleil et la lune ; la seconde reçoit sa lumière du premier. Cela ne l'empêche pas d'échapper de justesse aux troupes impériales en 1083, sauvé par l'intervention des Normands, qui en profitent pour piller Rome. Il doit se réfugier à Gaète, où il meurt en exil le 25 mai 1085.

Après le court intermède Victor III (1085-1087), la lutte recommence sous le pontificat d'Urbain II (1088-1099), qui reprend Rome en 1089 grâce à l'appui de la comtesse de Toscane Mathilde, puis la reperd en 1090, la regagne en 1093, alternant sur le trône de Saint-Pierre avec l'antipape Clément III. Quant à Henri IV, il est confronté à une révolte de son fils, et il meurt à Liège en 1106. Le conflit se poursuit sous Henri V (1106-1125), qui aligne les antipapes contre les papes légitimes Pascal II (1099-1118), Gélase II (1118-1119), qui se réfugie en France, et Calixte II (1119-1124). Finalement, de guerre lasse, un compromis est trouvé en 1122, solution de bon sens qui met fin à un demi-siècle de « querelle des Investitures » : par le concordat de Worms, l'empereur renonce à l'investiture par la crosse et l'anneau, les *spiritualia*, mais le pape lui reconnaît l'investiture des *regalia* : il confère à l'évêque le sceptre, qui représente le pouvoir temporel, et l'élu prête serment de fidélité à l'empereur. La première phase du conflit entre le Sacerdoce et l'Empire se solde par un match nul.

Forces et faiblesses de l'empereur et du pape

Mais elle laisse des traces profondes. Les affirmations péremptoires des *Dictatus papae* ne sont pas oubliées. La crise a stimulé la réflexion des intellectuels sur la nature du pouvoir politique et ses rapports avec l'Eglise. Et ces réflexions ne sont pas favorables à l'empereur. En 1085, Manegold de Lautenbach expose l'idée de contrat, qui serait à la base de la société politique : il existe un *pactum subjectionis* par lequel la communauté du peuple se soumet au souverain moyennant certaines conditions. Si le souverain ne respecte pas ces conditions, n'assure pas l'ordre et la justice, le pape peut autoriser le peuple à refuser l'obéissance. De même, au début du XIIe siècle, Hugues de Saint-Victor (1096-1141) écrit : « Le pouvoir spirituel doit instituer le pouvoir temporel pour qu'il existe et le juger s'il se conduit mal. » Et saint Bernard, en 1152, dans le *De Consideratione*, utilise l'image classique des deux glaives : « Le glaive spirituel et le glaive matériel appartiennent donc l'un et l'autre à l'Eglise : mais celui-ci doit être tiré *pour* l'Eglise et celui-là *par* l'Eglise ; l'un est dans la main du prêtre, l'autre dans la main du soldat, mais au signe, *nutum*, du prêtre et au commandement, *jussum*, de l'empereur. »

Pour ces intellectuels, tous ecclésiastiques, la supériorité du pape ne fait donc aucun doute. Mais la faiblesse de la position impériale n'est pas qu'une question de principes. Sa situation politique et géostratégique est également pour lui un gros handicap. La nature et la base de son pouvoir prêtent à contestation. Il est avant tout roi de Germanie, et pendant longtemps le mode de succession n'est pas clair : élection ou hérédité ? Les souverains au pouvoir tentent d'imposer le principe héréditaire, mais les princes allemands, soutenus par le pape, soutiennent le principe de l'élection, la *libera electio*, censée exprimer le choix de Dieu. C'est finalement un compromis instable qui s'impose : à partir du XIIIe siècle, le corps électoral se réduit à sept électeurs, les archevêques de Trèves, Cologne et Mayence, le comte palatin du Rhin, le duc de Saxe, le margrave de Brandebourg, le roi de Bohême. Mais en même temps le souverain réussit souvent à faire élire son fils, et trois dynasties se succèdent ainsi, non sans contestations : les Ottoniens jusqu'en 1002, les Saliens jusqu'en 1125, les Staufen jusqu'en 1250.

L'élu, qui règne sur le *Teutonicorum regnum*, porte paradoxalement le titre de roi des Romains, *Rex Romanorum*, car il est considéré en même temps comme empereur du Saint Empire romain germanique. Ce titre cependant ne devient officiel qu'à partir du moment où il est sacré à Rome par le pape, et bien souvent c'est par la force qu'il doit s'ouvrir le chemin de la Ville Eternelle. Le chemin vers la reconnaissance du titre impérial est semé d'embûches.

L'exercice du pouvoir ne l'est pas moins. Même en Germanie, la position de l'empereur est fragile. La société allemande, très hiérarchisée, est dominée par une classe de seigneurs qui à partir du moment où, en 1152, Frédéric Ier lui réserve le droit exclusif de porter les armes constitue une véritable caste noble. Ces nobles sont classés, suivant le système féodal, en ordre hiérarchique suivant la théorie des boucliers vassaliques *(Heerschildordnung)*. Au sommet se trouvent les princes d'Empire, à la tête des grands-duchés territoriaux : duchés de Saxe, de Franconie, de Lorraine et Basse-Lorraine, de Souabe, de Bavière. Aux deuxième et troisième rangs viennent les princes : 90 évêques et abbés royaux et 16 margraves, ducs et comtes. Tous ces puissants personnages sont très jaloux de leur indépendance, et s'ils sont tenus à un service militaire dans l'armée impériale, ils exigent en contrepartie des avantages en terres et en argent. En dessous, on trouve la classe des *ministeriales*, fonctionnaires royaux et impériaux (les *Reichsministerialität*), qui visent l'accession à la noblesse. De leur côté, les villes s'émancipent dès le XIe siècle. Les artisans, organisés en métiers, forment une communauté urbaine cimentée par un serment communal, la *conjuratio*. Dirigées par un conseil *(Rat)*, les plus importantes se révoltent, comme Cologne en 1074, et obtiennent une large autonomie. Elles ont leur propre sceau, et attirent les paysans non libres, car on y applique l'adage d'après lequel « l'air de la ville rend libre » *(Stadtluft macht frei)*.

Le pouvoir royal a le plus grand mal à s'imposer à cet ensemble de grands seigneurs, laïcs et ecclésiastiques, et de territoires urbains. Sans capitale, entouré d'une administration rudimentaire composée de quelques *ministeriales* et secrétaires de la chancellerie, le roi-empereur ne peut compter que sur les revenus de ses domaines patrimoniaux : le *Reichsgut* se limite à environ 1 500 localités, quelques châteaux et monastères, sur lesquels il lève la *Bede* (taille), et il en est réduit à quémander des aides de ses vassaux. Cette extrême décentralisation n'empêche pas toutefois l'apparition progressive d'une conscience culturelle germanique, avec la naissance d'une littérature vernaculaire en moyen haut allemand, imitée des chansons de geste françaises : les épopées de *Parsifal, Tristan,* les *Minnesinger* contant les aventures du chevalier von Tannhäuser ou von der Vogelweide. Vers 1204 paraissent les *Nibelungenlied*, et vers 1210 l'épopée *Kudrun*, tandis qu'au XIIe siècle le cistercien Otton de Freising introduit Aristote dans la pensée théologique des grandes écoles cathédrales.

Le roi-empereur du Saint Empire, qui a déjà bien du mal à se faire respecter chez lui, en Germanie, est aussi supposé contrôler l'Italie, où se trouve sa très théorique capitale, Rome. De toute évidence, la tâche est au-dessus de ses moyens. L'Italie est un autre monde, de l'autre côté de la puissante chaîne des Alpes, qu'un seul col permet de franchir en hiver : le Brenner, entre Innsbruck et Trente. La nécessité de faire le va-et-vient entre Germanie et Italie est très coûteuse en temps et en argent, et hasardeuse en termes politiques. Les vassaux allemands sont réticents à suivre l'empereur dans le *Romfahrt*, le voyage de Rome. L'absence du souverain pendant plusieurs mois au nord ou au sud des Alpes encourage l'agitation ; la tutelle d'un souverain allemand et de son entourage germanique entretient l'hostilité des Italiens contre les Teutons.

De plus, la situation politique dans la péninsule complique singulièrement la tâche de l'empereur. Le Sud, aux mains des Arabes, des Byzantins puis des Normands, lui échappe totalement. Au nord, l'opposition vient des villes, notamment en Lombardie et en Toscane. Nombreuses, peuplées de groupes turbulents, celles-ci se constituent très tôt en « communes », et défendent âprement leurs intérêts. La commune est une association volontaire et jurée, dotée d'une milice armée qui contrôle la campagne environnante, le *contado*, qui assure son ravitaillement. Des cadres « consulaires » ou « communaux » sont mis en place à la suite d'un soulèvement populaire, comme à Milan en 1055, ou de l'octroi d'un privilège princier, comme à Gênes en 1081. Les artisans, groupés en *arti*, partagent le pouvoir avec l'aristocratie, dont les grandes familles rivales résident dans des palais urbains dominés par d'orgueilleuses tours. Souvent en conflit, comme Florence, Pise, Lucques, Sienne, pour le contrôle des routes et des débouchés, ces villes peuvent aussi s'entendre face à un adversaire commun, et elles constituent alors une force redoutable, comme vont s'en rendre compte les empereurs au XIIe siècle.

Face à la fragilité du pouvoir impérial, le pouvoir pontifical ne cesse de se renforcer à partir des années 1070. Le prestige des souverains pontifes s'accroît à travers la lutte qu'ils mènent pour l'amélioration de la qualité du clergé, au cours de ce qu'on a appelé la réforme grégorienne. Les abus tels que la simonie, c'est-à-dire l'achat des charges ecclésiastiques, et le nicolaïsme, ou concubinage des prêtres, sont poursuivis. Œuvre de longue haleine, cela va de soi, sans cesse à reprendre, mais qui améliore peu à peu la qualité du clergé et le respect qu'on lui témoigne. Cette tâche est propagée par de zélés réformateurs, comme Humbert de Moyenmoutier, auteur d'un *Adversus simoniacos*, Pierre Damien († 1072), pourfendeur exalté de tout compromis avec le siècle, des ermites ascètes comme Robert d'Arbrissel, Bernard de Tiron, Vital de Savigny, Norbert de Xanten, Jean Gualbert, des évêques intellectuels comme Anselme de Canterbury, Bernard degli Uberti, des monastères comme Cluny, Hirsau en Allemagne, Vallombreuse en Italie.

L'administration pontificale se développe et ses moyens d'action deviennent plus efficaces. Désormais entouré de cardinaux, le pape fait exécuter ses décisions dans toute la chrétienté par des légats qui ont autorité sur les évêques, archevêques et primats. Il n'hésite pas à excommunier le roi de France Philippe Ier (1060-1108) pour des raisons de mœurs ; en Angleterre, il soutient Guillaume le Conquérant et après un bref conflit avec Henri Ier (1100-1135) il conclut avec lui le concordat de Londres (1107), qui préfigure celui de Worms. Sa diplomatie intervient également en Scandinavie, où il soutient les souverains locaux en échange d'avantages pour l'Eglise. En 1103, il crée l'archevêché de Lund, qui permet de soustraire le Danemark à la tutelle ecclésiastique allemande. En Espagne, Grégoire VII obtient la suppression de la liturgie wisigothique, qu'il appelle de façon méprisante la *superstitio toletana*, en Navarre en 1076, en Castille en 1080. A l'égard de Byzance, l'intransigeance est de mise des deux côtés. En 1054, les envoyés du pape sont deux hommes qui n'ont rien de diplomates, et dont l'arrogance n'a rien à envier à celle du patriarche Michel Cérulaire : Humbert de Moyenmoutier et Frédéric de Lorraine. Résultat : excommunication mutuelle, toujours en vigueur depuis près d'un millénaire pour des questions aussi graves que le port de la barbe et le mariage des prêtres orientaux, le jeûne romain du samedi, la date de Pâques et la question du *Filioque*.

Enfin, dernier signe du prestige acquis par le pape vingt ans après les *Dictatus papae* : en 1095, Urbain II déclenche la croisade.

L'essor du pouvoir pontifical au XIIe siècle

Ainsi, le compromis de Worms, en 1122, n'est qu'en apparence un succès partagé. En réalité, l'empereur est dans une situation difficile face à une autorité spirituelle de plus en plus respectée et qui dispose de moyens d'action redoutables. De plus, au XIIe siècle, on voit arriver des papes sérieux, formés par une longue carrière administrative et fins diplomates. Ce sont tous des Italiens, à l'exception de Calixte II (1119-1124), français, et Adrien IV (1154-1159), anglais. Leur principal handicap est la brièveté de leur pontificat, car ils sont élus âgés : 17 papes en un siècle ! Les plus remarquables sont Lucius III (1181-1185), Célestin III (1191-1198), élu à 90 ans après soixante-cinq ans de cardinalat, et surtout Roland Bandinelli, Alexandre III (1159-1181). En face, les empereurs, après la parenthèse de Lothaire, duc de Saxe (1125-1137), ont pour eux la durée, avec trois Souabes de la dynastie des Staufen en soixante ans : Conrad III (1137-1152), Frédéric Ier Barberousse (1152-1190), Henri VI (1190-1197). Comme ce sont des personnages énergiques et imbus de la théorie de la suprématie impériale, le conflit entre le Sacerdoce et l'Empire ne pouvait que s'enflammer à nouveau.

C'est l'arrivée de Frédéric Barberousse à Rome en 1155 qui met le feu aux poudres, si on peut risquer cet anachronisme. Pourtant, c'est en sauveur du pape qu'il y fait son entrée, car ce dernier est dans une situation très difficile. Depuis plusieurs années, Rome est en révolte contre le pontife ; une commune a été créée, dirigée par un sénat et un patrice. Un agitateur inspiré, Arnaud de

Brescia, qui déclame contre la richesse de l'Eglise, joue sur le désir d'indépendance des grandes familles et la nostalgie de la Rome impériale pour mettre en place un régime évangélique refusant toute possession de biens par les ecclésiastiques. Pendant dix ans, les papes Eugène III (1145-1153) et Anastase IV (1153-1154) demandent en vain le secours de l'empereur. Ce n'est qu'en 1155 que celui-ci descend en Italie. Elu roi de Germanie en 1152, Frédéric Hohenstaufen vient à Rome surtout pour se faire sacrer empereur. Le nouveau pape, l'Anglais Adrien IV, l'accueille favorablement. Arnaud de Brescia, qui a perdu le soutien populaire, est pendu et brûlé. Mais tout de suite entre le pape et l'empereur c'est la discorde. Frédéric est bien décidé à s'imposer comme le maître, le « prince des princes de la terre, constitué par Dieu au-dessus des autres rois », comme le proclame un de ses thuriféraires. Pour cela, il s'appuie sur le droit romain, et sur le précédent du grand ancêtre, Charlemagne, qu'il fera canoniser en 1165 par un antipape. Dès la cérémonie du sacre, c'est l'incident : l'empereur refuse de tenir la bride du cheval du pape, comme c'était la coutume, tant que ce dernier ne lui aura pas assuré que cela n'impliquait aucune sujétion de sa part. Puis Frédéric exige que l'on efface une inscription désignant l'empereur comme « homme du pape ». Deux ans plus tard, à la diète de Besançon, autre accrochage : un légat apostrophe le chancelier impérial : « De qui l'empereur tient-il l'Empire, si ce n'est du seigneur pape ? »

En 1158, la tension dégénère en guerre ouverte. Frédéric descend en Italie à la tête d'une armée ; Milan se soumet, et la diète de Roncaglia proclame la « récupération » par l'empereur de la Lombardie ; des fonctionnaires impériaux sont nommés dans les villes. Mais certaines se révoltent, encouragées par Adrien IV, comme Milan, Brescia, Plaisance, Crema. Le pape étant mort le 1er septembre 1159, c'est le canoniste siennois Bandinelli qui lui succède : Alexandre III. Contre lui, l'empereur soutient un antipape, Victor IV (1160-1164), auquel succéderont Pascal III (1164-1168) et Calixte III (1168-1178). Frédéric est excommunié en mars 1160. Il ravage la Lombardie, fait raser Milan en 1162. « Toutes les lois civiles sont violées ; la parole est aux armes seules ; les cités voisines se déchirent réciproquement », écrit un chroniqueur italien. Alexandre III se réfugie en France, d'où il parvient à réorganiser la Ligue lombarde, avec Crémone, Mantoue, Bergame, Plaisance, Brescia. Celle-ci édifie la forteresse d'Alexandrie, que Frédéric ne parvient pas à prendre en 1174. Pis : le 29 mai 1176, il est battu par les milices de la Ligue lombarde à Legnano, au nord de Milan, ce qui l'oblige à se réconcilier avec le pape à Venise en 1177, et à conclure la paix de Constance avec la ligue en 1183.

L'empereur est donc une nouvelle fois battu, mais en 1186 il réussit à effacer l'humiliation de sa défaite militaire par un mariage lourd de menaces antipontificales : son fils et futur empereur Henri VI épouse Constance, héritière du royaume normand de Sicile. Le pape risque d'être bientôt pris dans un étau entre les territoires impériaux du nord et du sud de la péninsule.

Le pouvoir pontifical cependant paraît suffisamment fort pour affronter cette nouvelle menace. Au cours du XIIe siècle, il s'est considérablement renforcé. Non seulement il a triomphé de Frédéric Barberousse, mais il a également fait la leçon aux rois de France et d'Angleterre, réprimandés comme de mauvais élèves : la France a été mise en interdit de 1141 à 1144 pour obliger le roi Louis VII à renoncer à la nomination de son chancelier comme archevêque de Bourges. Privés de sacrements pendant trois ans, les sujets ont forcé le roi à capituler. En Angleterre, le tout-puissant Henri II Plantagenêt est obligé de se livrer à une humiliante pénitence publique après le meurtre en 1170 de l'archevêque de Canterbury,

Thomas Becket, qui défendait les droits du clergé mis à mal par les Constitutions de Clarendon.

La bureaucratie pontificale ne cesse de croître, au profit de la centralisation ; l'inflation de textes produits par la chancellerie, la multiplication des appels aux tribunaux du pape en sont l'illustration. Une œuvre colossale de mise en ordre des textes de loi s'imposait : c'est l'œuvre du canoniste Gratien et de son équipe à Bologne. En 1140 paraît sa *Concordia discordantium canonum*, connue sous le nom de *Décret* : 4 000 textes de décrétales et de décisions conciliaires classés, expliqués, harmonisés ; le droit canon est né, et il témoigne de l'effort de rationalisation de l'administration romaine. Effort poursuivi par les commentateurs de l'œuvre du « père du droit canon » : Huguccio de Pise dans sa *Summa* vers 1190, Alexandre III lui-même, qui produit 470 décrétales, contre 9 pour ses cinq prédécesseurs. Tous ces textes vont dans le même sens : renforcer le pouvoir pontifical. « On ne résiste pas aux préceptes apostoliques, et si l'on désire être dans la communion de la Sainte Eglise de Dieu, on doit pour son salut obéir à ce qui est ordonné par l'autorité de la sainte et apostolique Eglise romaine », dit le *Décret*, et pour Alexandre III, le pape « juge les causes de tous les hommes ».

Autre signe de l'accroissement de son prestige : le pape réussit pour la première fois à réunir des conciles œcuméniques en Occident : Latran I (1123), Latran II (1139), Latran III (1179). Outre les mesures disciplinaires et réformatrices classiques, ce dernier fixe les règles d'élection des évêques par les chanoines et du pape par les cardinaux à la majorité des deux tiers. L'aspiration du souverain pontife à la monarchie universelle est manifestée par le port d'insignes symboliques : sceptre, manteau rouge, tiare, équivalent du diadème impérial. Alexandre III avertit même le Prêtre Jean, ce personnage mythique à la tête d'un royaume chrétien fabuleusement riche situé quelque part en Asie ou en Afrique, et dont la légende se répand au milieu du XIIe siècle, que le seul patron du monde chrétien, c'est lui, le pape : « Le siège apostolique, auquel nous présidons... est la tête et le maître de tous ceux qui croient dans le Christ », écrit-il en réponse à une fausse lettre du mythique Jean. Les prétentions pontificales tournent à la mégalomanie.

L'apogée de la théocratie : Innocent III (1198-1216)

Cette tendance atteint son apogée avec Innocent III (1198-1216). Elu à l'unanimité, Lotario dei Conti di Signa, d'une famille noble du Latium, est un canoniste et un théologien accompli de 37 ans, qui a étudié à Paris et à Bologne. Dès sa proclamation d'avènement, le ton est donné : « C'est à moi que s'applique la parole du prophète : je t'ai établi au-dessus des peuples et des royaumes, pour que tu arraches et que tu détruises et aussi pour que tu bâtisses et que tu plantes. » Il se dit non pas « Vicaire de Pierre », mais « Vicaire du Christ », directement, et de ses nombreux écrits (pas moins de 596 décrétales et des traités de morale et de théologie comme le *De miseria humanae conditionis*, dont on a retrouvé plus de 600 manuscrits), on pourrait tirer une anthologie de déclarations mégalomaniaques et théocratiques : « Le Christ n'a pas seulement laissé à Pierre l'Eglise universelle, mais tout le siècle à gouverner » ; je suis « le plénipotentiaire de Celui par qui règnent les rois et gouvernent les princes, et qui donne les royaumes à qui bon lui semble » ; « aux princes a été donné le pouvoir sur la terre ; au sacerdoce a été attribué le pouvoir sur la terre comme au ciel. La puissance des premiers atteint seulement les corps ; celle du second atteint les corps et les âmes ». A l'égard des rois, le pape prétend qu'ils doivent lui être soumis en raison de leur condition de pêcheurs, et l'empereur ne fait pas exception. Toutes les images classiques sont utilisées : les deux glaives, le soleil et la lune, qui est « inférieure par les dimensions, par la qualité, par la position et par la puissance ». Le pape a le droit de refuser de couronner empereur qui il veut : « Si les princes, divisés entre eux ou non, élisaient comme roi un sacrilège, un excommunié, un tyran, un fou, un hérétique ou un païen, est-ce que par hasard nous devrions oindre, consacrer et couronner un homme de cette espèce ? Absolument pas », écrit-il dans la bulle *Per Venerabilem* de 1202.

Ce ne sont pas là des déclarations en l'air. Lorsqu'en 1198 les princes allemands se divisent autour de deux candidats à l'élection royale, Philippe de Souabe et le Welf Otton de Brunswick, le pape choisit Otton comme roi des Romains, en exigeant de lui en échange la renonciation à l'Italie centrale et au royaume de Sicile, confié au fils d'Henri VI, Frédéric II. Il écarte ainsi la menace d'une union de l'Empire et de la Sicile. Otton IV est couronné empereur en 1209, mais il se retourne bientôt contre le pape, qui l'excommunie et lance contre lui son protégé, le jeune Frédéric II. La chute d'Otton IV est consommée par sa défaite de Bouvines en 1214 face à Philippe Auguste. Frédéric II est sacré roi à Aix en 1215, et fait alors figure de créature du pape.

Ce dernier impose également sa volonté aux autres souverains : il couronne en 1204 Pierre II d'Aragon, ainsi que le roi de Bulgarie, prend sous sa protection le Danemark, la Pologne, la Serbie, Jérusalem, les Etats latins d'Orient. Il oblige Philippe Auguste en 1202 à reprendre son épouse Isambour de Danemark, après avoir mis le royaume en interdit pendant deux ans. En 1208, il jette l'interdit sur l'Angleterre, où Jean sans Terre contestait la juridiction ecclésiastique. En 1213, il invite le roi de France à s'emparer du royaume de Jean. Ce dernier se soumet et doit se reconnaître vassal de la papauté.

Innocent III le prend alors sous sa protection, et lorsque les barons anglais forcent le roi à limiter ses pouvoirs par la Grande Charte de 1215, il déclare ce texte illégal.

Innocent III utilise également l'arme de la croisade. Les deuxième (1147-1149) et troisième (1190-1192) s'étaient soldées par des échecs en dépit de la participation des souverains : Louis VII, puis Philippe Auguste, Richard Cœur de Lion, Frédéric Barberousse, mort en chemin en 1190. Mais elles avaient permis aux papes d'étendre leurs pouvoirs sur l'au-delà, en décrétant par la bulle *Quantum praedecessores* de 1145 que tous ceux qui mourraient dans l'expédition iraient directement au paradis. Les rois y avaient également gagné, en recevant le droit de percevoir une taxe de 10 % sur les revenus de leurs sujets pour financer le voyage. Cette « dîme saladine », comme toutes les taxes ponctuelles et temporaires à but honorable, allait bientôt être détournée vers d'autres objectifs. Toujours est-il qu'en 1203 Innocent III lance la quatrième croisade, qui aboutit en 1204 à la conquête de Constantinople, comme nous l'avons vu, ce qui lui permet de nommer un patriarche latin à Byzance et d'étendre ainsi la chrétienté romaine. La croisade devient en fait un instrument politique entre les mains du pape, qui peut la déclencher pour des motifs entièrement séculiers afin de couvrir les opérations d'un prétexte honorable, si l'on peut dire. Les combattants, persuadés de faire leur salut, sont d'autant plus motivés. En 1213, Innocent III laisse partir la lamentable « croisade des enfants », qui aboutit, comme cela était prévisible, à un massacre. Le pape « voulait laisser sa chance à l'Esprit Saint », écrit ironiquement Emile G. Léonard. Mais l'Esprit Saint n'aime pas qu'on lui force la main. En 1215, le pape prépare une cinquième croisade, dont il ne verra pas le lamentable échec (1218-1221).

En 1208, Innocent III utilise encore la croisade pour venir à bout de l'hérésie cathare qui s'est développée de façon inquiétante dans le comté de Toulouse. Contrairement au mouvement des vaudois, qui, à la suite du marchand lyonnais Pierre Valdès vers 1075, se contentaient de prêcher contre la richesse de l'Eglise tout en menant une vie de pauvreté, sans s'attaquer aux dogmes, et que l'on se contente d'excommunier, les Cathares sont d'authentiques hérétiques, héritiers du dualisme manichéen, affirmant l'existence de deux entités cosmiques rivales, un dieu du bien et un dieu du mal, ce dernier étant à l'origine de la création du monde matériel dans lequel nous vivons et que régente l'Eglise. Ils y mêlent diverses élucubrations et des rituels propres dirigés par leurs sages, les « parfaits », en opposition à l'Eglise. L'hérésie prend des proportions inquiétantes à partir du milieu du XIIe siècle en Lombardie et dans le Toulousain, où le légat pontifical Pierre de Castelnau est assassiné en janvier 1208. La croisade est déclenchée et vise le comte de Toulouse Raymond VI, converti à l'hérésie. Il est vassal du roi de France Philippe Auguste, ce dont le pape ne tient aucun compte : il le déclare déchu de son fief, et demande au roi de conduire la croisade. Le souverain proteste : « Condamnez-le comme hérétique. Alors, seulement, vous aurez le droit de publier la sentence et de m'inviter, moi, le suzerain du comte, à confisquer légalement les domaines de mon feudataire. » Finalement, la croisade des Albigeois est conduite par un seigneur d'origine normande, Simon de Montfort. Elle est marquée par le sac de Béziers (1209), la dévastation du Languedoc, la victoire des croisés à Muret (1213) sur les Albigeois et le roi d'Aragon Pierre II venu à leur secours. Le comté de Toulouse est attribué à Simon de Montfort, qui prête hommage à Philippe Auguste.

Une fois de plus, la volonté du pape l'emporte. Son triomphe, justifiant sa revendication à la monarchie universelle, se manifeste par la tenue du concile de Latran IV en 1215, le plus important depuis les débuts du christianisme : un millier de participants, et des décisions capitales dans tous les domaines, de la pastorale, de la discipline, du dogme. On peut alors parler sans ambiguïté de l'établissement d'une véritable théocratie. Les décrets visent à organiser la vie sociale et individuelle en fonction de la loi religieuse. On impose aux non-chrétiens, les juifs en particulier, le port d'un insigne distinctif. Les fidèles ont désormais l'obligation de se confesser et de communier une fois par an (canon *Utriusque sexus*).

La lutte finale contre l'« Antéchrist » Frédéric II (1220-1250)

Ce triomphe ne survit cependant pas à la mort d'Innocent III en 1216. Non pas que ses successeurs soient des personnages médiocres. La plupart sont des intellectuels de qualité, comme Honorius III (1216-1227), qui compile le *Liber censuum*, Grégoire IX (1227-1241), qui refond les collections canoniques et lance l'université de Paris, Innocent IV (1243-1254), juriste, auteur d'ouvrages de droit comme l'*Apparatus*, les *Novellae*, Jean XXI (1276-1277), un des plus grands scolastiques de son temps, passionné de médecine et de philosophie, auteur d'un important manuel de logique, les *Summulae logicales*. Mais la papauté du XIIIe siècle souffre de deux handicaps : la brièveté des pontificats (encore 17 papes en un siècle, dont 12 Italiens, 4 Français, 1 Portugais), et la durée excessive des vacances à partir de 1241, en raison des luttes de clans entre les grandes familles romaines, ce qui rend difficile l'obtention d'une majorité des deux tiers pour l'élection pontificale. Grégoire X n'est élu qu'au bout de trois ans de discussions, en 1271, et au total le siège pontifical est vide pendant huit ans au cours du siècle. C'est pourquoi le concile de Lyon en 1274 décide, par le canon *Ubi periculum*, qu'à la mort d'un pape les cardinaux électeurs seront enfermés à clé en conclave, d'où ils ne sortiront qu'après avoir élu un successeur. De plus, au bout de trois jours, ils ne recevront plus que deux repas quotidiens ; au bout de cinq jours, ils seront mis au régime pain, eau et vin, et ne toucheront plus les revenus de leurs bénéfices. Miraculeusement, les élections seront désormais très rapides, et le Saint-Esprit n'y est sans doute pas pour grand-chose.

Les successeurs d'Innocent III sont confrontés à un adversaire redoutable : le nouvel empereur Frédéric II Hohenstaufen, dont le pape s'était d'abord servi pour éliminer Otton IV, mais qui, en tant que petit-fils de Barberousse, élu et sacré roi des Romains en 1215, et héritier du royaume de Sicile par sa mère, prétend étendre le Saint Empire de la Calabre à la Baltique. Alors que ses prédécesseurs étaient allemands, il se sent beaucoup plus italien, et réside le plus souvent à Palerme, ce qui prend la papauté à revers. Fils de Constance de Sicile, époux de Constance d'Aragon, Frédéric est un Méditerranéen avant tout. Intelligent et cultivé, c'est un esprit curieux de tout, ouvert à toutes les sources d'information. A la cour cosmopolite de Palerme, il est entouré de juifs et de musulmans aussi bien que de chrétiens, et surtout de sceptiques, comme l'astrologue Michel Scot et son secrétaire Pierre des Vignes, que certains soupçonnent d'être l'auteur d'un mystérieux traité blasphématoire, le *Traité des trois imposteurs* (Moïse, Jésus, Mahomet).

Frédéric II est un éclectique et un relativiste qui se méfie de toutes les religions, ce qui le fait considérer par tous comme un athée : « C'était un athéiste », dit de lui son contemporain le chroniqueur Salimbene. Le musulman Ibn al-Jawsi confirme : « L'empereur était un matérialiste qui ne prenait pas au sérieux le christianisme. » Pour le pape, c'est carrément l'Antéchrist : « Nouveau Lucifer, il a tenté d'escalader le ciel, d'élever son trône au-dessus des astres, pour devenir supérieur au vicaire du Très-Haut. Il a voulu usurper le droit divin, changer l'alliance éternelle établie par l'Evangile, changer les lois et les conditions de la vie des hommes. Ce soi-disant empereur n'est qu'un Hérode ennemi de la religion chrétienne, de la foi catholique et de la liberté de l'Eglise », déclare l'avocat pontifical Albert de Beham au concile de Lyon en 1245, et Grégoire IX écrit en 1239 : « Nous avons des preuves contre sa foi. C'est qu'il a dit que le monde entier a été trompé par trois imposteurs, Jésus-Christ, Moïse et Mahomet, mettant Jésus-Christ crucifié au-dessous des deux autres, morts dans la gloire. Il a de plus osé dire qu'il n'y a que des insensés qui croient que Dieu, créateur de tout, ait pu naître d'une Vierge... et qu'on ne doit croire que ce qu'on peut montrer par la raison naturelle... Il a combattu la foi en plusieurs autres manières, tant par ses paroles que par ses actions. »

Avec la présence d'un tel personnage, la lutte entre le Sacerdoce et l'Empire dépasse le niveau d'une lutte pour le pouvoir et prend des proportions cosmiques, celles d'un combat décisif entre le Bien et le Mal. C'est là une grande nouveauté. Tous les prédécesseurs de Frédéric II à l'Empire étaient des chrétiens sincères. Frédéric croit en un dieu, mais c'est déjà le dieu des philosophes, et il rejette les dogmes et les miracles. Il refuse de croire sans comprendre, et il porte aussi loin que le permet la culture de son époque l'exigence de rationalisation. Laisser la première place à un tel homme serait pour le pape abdiquer entre les mains du diable.

C'est pourtant bien à la monarchie universelle que prétend Frédéric II, et il le fait savoir en des formules emphatiques, déclarant que « le monde vit de son souffle, sa splendeur illumine la chrétienté dans le temps et hors du temps » ; il est « la loi incarnée » ; sa puissance « surpasse toute force humaine » ; il ne tient « que de Dieu la couronne de l'Empire » ; et même « en sa qualité de père et de promoteur de l'Empire, sa personne se confond en un certain sens avec Dieu ». Il parle de son lieu de naissance, près d'Ancône, à « Tesi, où notre divine Mère nous donna le jour, notre Bethléem ». Entre un pape qui se prend pour Dieu le Père et un empereur qui se prend pour le Messie, il ne saurait être question de compromis. Comme tous les deux veulent la *plenitudo potestatis*, qu'ils prétendent chacun avoir reçue de Dieu, il ne peut s'agir que d'une lutte à mort.

Pourtant, le grand combat ne commence qu'en 1227. Jusque-là, le faible Honorius III (1216-1227), qui a été le précepteur de Frédéric, lui garde toute sa sympathie, et le couronne empereur en 1220. Tout change avec l'élection d'un terrible octogénaire, le cardinal Hugolin, qui devient Grégoire IX et n'entend pas tolérer les extravagances du jeune empereur. Comme celui-ci tarde à partir à la croisade, il l'excommunie en 1227. Frédéric II n'en tient aucun compte, et il part en Terre sainte, où il mène une croisade à sa façon : en 1229, il obtient par la diplomatie la restitution de Jérusalem et s'offre le luxe de fraterniser avec les musulmans et d'apprécier en esthète leur mode de vie et les harmonies des appels du muezzin. Un croisé excommunié qui réussit par la négociation là où les bons chrétiens ont échoué, et sans même tuer des musulmans, ce n'est pas la conception que se fait le pape d'une vraie croisade. La croisade, c'est une *guerre* sainte, pas un arrangement entre marchands de tapis. Profitant de l'absence de l'empereur, Grégoire IX envahit le royaume de Sicile. Frédéric revient, et en 1230 force le pape à lui reconnaître le double titre d'empereur et de roi d'Italie par le traité de San Germano.

Au cours des dix années qui suivent, il organise ses Etats, développe l'économie, fonde une université à Naples, construit des châteaux, comme le fameux Castel del Monte, dans les Pouilles, réprime la révolte de son fils Henri en 1235, écrase les troupes de la Ligue lombarde à Cortenuova en 1237, s'empare de la Sardaigne, dont il fait un royaume pour son fils Enzio ; il est une deuxième fois excommunié, en 1239, et envahit en représailles les Etats du pape. Celui-ci convoque à Rome un concile ; Frédéric capture en 1231 la flotte qui y acheminait une centaine d'évêques et trois légats. Le pape meurt, plus que nonagénaire. Son successeur, Célestin IV, ne dure que seize jours, suivis par dix-huit mois de vacance du siège pontifical. En juin 1243, le nouvel élu, Innocent IV, reprend le combat. Réfugié en France, il réunit le concile de Lyon en 1245, qui déclare Frédéric déchu de toutes ses dignités. Une demande d'arbitrage devant Saint Louis met ce dernier dans l'embarras, pris entre la solidarité entre souverains et la fidélité au chef de l'Eglise. Cette attitude ambiguë du futur saint, qui n'est encore que Louis IX, est un premier signe de la montée d'un nouveau danger pour la papauté : l'affirmation des monarchies nationales.

La guerre continue en Italie, où Frédéric II est confronté à un nouveau soulèvement de la Ligue lombarde et à des révoltes et trahisons suscitées par des envoyés pontificaux, qui exploitent le mécontentement de la noblesse contre l'autoritarisme de l'empereur. C'est au milieu de ces combats que Frédéric II meurt prématurément de maladie, le 13 décembre 1250, âgé de 56 ans. C'est la fin de deux siècles de luttes entre le Sacerdoce et l'Empire. S'il y a bien un vaincu, l'Empire, il n'est pas sûr qu'il y ait un vainqueur.

Le pape, vainqueur du pouvoir impérial ?

Pour ce qui est de l'Empire, la mort de Frédéric II marque le début d'une crise profonde d'un quart de siècle : le Grand Interrègne (1250-1273). Le fils de Frédéric, Conrad IV (1250-1254), est en guerre contre un rival élu par un groupe de princes allemands, Guillaume de Hollande. Conrad est excommunié et meurt en 1254 ; Guillaume meurt à son tour en 1256. Deux rois des Romains antagonistes sont alors élus, l'Anglais Richard de Cornouailles et l'Espagnol Alphonse de Castille, pour diriger un Etat allemand. L'anarchie est à son comble. En 1273, l'unité est rétablie au profit de Rodolphe de Habsbourg (1273-1292), mais ses successeurs, qui appartiennent aux maisons de Habsbourg, de Wittelsbach, de Nassau, de Luxembourg, ne sont plus en mesure de s'imposer aux papes, et la plupart ne sont même pas couronnés officiellement empereur. Ils sont même incapables de s'opposer en 1291 à l'union de trois « cantons forestiers » *(Waldstätten)*, Schwyz, Uri et Unterwalden, qui échappent à leur contrôle et sont à l'origine de la Confédération suisse.

De plus, l'Italie est définitivement perdue. Dans la péninsule, le pape, débarrassé de l'Antéchrist, s'appuie sur le parti des guelfes, qui soutient les prétentions pontificales, s'oppose aux féodaux d'institution impériale, et domine dans les villes, « parti de la banque et de l'autel, des bien-pensants, des bien nantis fauteurs du *statu quo* politique, économique et social et exploitant à leur avantage les droits du peuple », écrit E. G. Léonard. En face d'eux, le parti des gibelins, « légitimistes partisans de l'ancien régime, [...] leur parti se recrutait aussi bien dans les basses classes avides d'amélioration, qui lui donnaient une teinte populaire, que parmi les anciens privilégiés rêvant de restauration », suivant le même historien. Les villes italiennes, constituées en communes, deviennent en effet au cours du XIIIe siècle le théâtre de luttes sociales et politiques entre le *popolo grasso* (haute bourgeoisie des *arti maggiore*) et le *popolo minuto* des *arti minori*, avec en dessous la plèbe turbulente des petits artisans et ouvriers, *ciompi* de Florence, *staccioni* de Lucques, *patarins* de Milan, *senza bracche* (sans culottes) de Bologne. Seule Venise réussit à se doter d'un système équilibré, dirigé par un Grand Conseil dominé par les familles aristocratiques : en 1261, 27 familles fournissent 242 membres, dont 80 Contarini, Dandolo, Morosini et Quirini. Le doge, ancien fonctionnaire du basileus, est élu à vie et n'a qu'un rôle représentatif. Ailleurs, les incessants conflits internes des villes expliquent le recours fréquent à un « podestat », sorte de dictateur légal et temporaire. Choisi pour ses compétences juridiques et militaires, il est chargé pour un an d'arbitrer les querelles entre les différents groupes, et au besoin de diriger la milice contre les villes rivales. Ses pouvoirs, très étendus, sont spécifiés dans un contrat qui fixe également sa rémunération. Inévitablement, certains podestats, une fois au pouvoir, sont tentés d'y rester, comme le fameux Ezzelino da Romano, podestat de Vérone en 1227, qui s'attribue un pouvoir illimité en 1132 et devient de plus en 1137 « tyran de Padoue », dirigeant ces régions par la terreur jusqu'en 1259. Le système du podestat est souvent à l'origine des seigneuries urbaines : en 1257, Martino della Torre est acclamé seigneur de Milan ; son frère Filippo est choisi en 1264 comme seigneur de Côme, Lodi, Bergame, Verceil, Novare.

C'est dans ce contexte que le pape Innocent IV, à la mort de Frédéric II, fait appel à Charles d'Anjou, frère de Saint Louis, en lui offrant la couronne de Sicile, à charge pour lui de la conquérir contre le bâtard de Frédéric II, Manfred, qui s'en était emparé. Après des années de tergiversations, Charles d'Anjou arrive en 1265, est investi du royaume de Sicile à Rome par le pape Clément IV (1265-1268), bat Manfred, qui est tué au combat près de Bénévent en 1266. Les gibelins d'Italie font alors appel au petit-fils de Frédéric II, Conradin, qui est battu et pris en 1268 à la bataille de Tagliacozzo. Charles d'Anjou le fait exécuter à Naples, mettant ainsi fin à la dynastie des Hohenstaufen.

A partir de cette date, Charles d'Anjou est le véritable maître de toute l'Italie. Roi de Sicile, dont il transfère la capitale à Naples, il est aussi « seigneur » d'une partie du Piémont, sénateur de Rome, vicaire impérial de Toscane, où quinze communes guelfes lui font allégeance, seigneur de nombreuses villes lombardes, dont Plaisance, Crémone, Parme, Modène, Mantoue, Ferrare, Reggio, Milan, Verceil, Côme, Pavie ; les républiques maritimes de Gênes et de Venise sont ses alliées ; Florence a financé son expédition, et en récompense les banquiers Bardi, Peruzzi, Bonnacorsi, Acciaiuoli reçoivent le droit de commercer librement en France. Il est par ailleurs comte du Maine et d'Anjou, époux de l'héritière du comté de Provence, Béatrice, suzerain de l'Achaïe, bientôt roi de Jérusalem (1277), titre purement honorifique. Sa fille Béatrice épouse l'héritier du tout aussi théorique Empire latin de Constantinople. Extraordinaire mélange de rêves et de réalités plus ou moins solides, qui fait de lui le personnage central du monde méditerranéen, avec le soutien inconditionnel du pape, qui n'a rien à craindre de lui : Charles n'est pas empereur et n'a aucune intention de disputer au souverain pontife la direction de la chrétienté.

Le pape est-il donc le grand vainqueur définitif du duel multiséculaire contre le pouvoir temporel ? Plusieurs éléments pourraient le laisser penser. Avec la maison d'Anjou à son service, qui l'assure du soutien du plus puissant royaume de la chrétienté, la France, il monopolise solidement les deux glaives. Le concile de Lyon (1274) est un triomphe personnel pour Grégoire X, comme Latran IV l'avait été pour Innocent III : l'assistance dépasse même les limites de la chrétienté latine, car il y a là des Mongols, des Perses, des Byzantins, qui acceptent même l'Union des Eglises ; on envisage une prochaine grande croisade. En fin de compte, il n'y aura ni Union ni croisade, mais on ne le sait pas encore. Plus solides sont les progrès accomplis au cours du siècle par l'administration pontificale, qui devient une énorme machine bureaucratique, centralisée, et pourtant efficace. Au sommet, le souverain pontife, *Vicarius Christi*, possédant la *plenitudo potestatis*, entouré de cardinaux affublés d'un grand chapeau rouge à partir de 1245, se réunissant en consistoire pour discuter des affaires importantes. La chancellerie expédie des centaines de lettres chaque année, dont un exemplaire est conservé dans d'énormes recueils. Les décrétales s'amoncellent. En 1234, Grégoire IX en fait réaliser une compilation, le *Liber extra*, par le dominicain Raymond de Penafort. Les procès s'accumulent, en première instance ou en appel ; les justiciables affluent de toute l'Europe. Le cardinal pénitencier envoie les dispenses pour tous les cas réservés, moyennant rétribution, évidemment. Bien des stipulations du droit canon ont d'ailleurs un but purement fiscal : plus les règles sont strictes et précises, plus les fidèles doivent demander des dispenses, et payer pour les obtenir. De plus, en 1265, la constitution *Licet ecclesiarum* donne au pape le droit de nommer à toutes les dignités et à tous les bénéfices. Rome devient une immense pompe à argent : taxe pour aller à la croisade (dîme saladine), taxe pour ne pas aller à la croisade (rachat des vœux), taxe pour l'attribution d'un bénéfice (les annates : une année de revenus) ; taxe sur les prélats qui viennent en visite à Rome ; taxe pour les dispenses ; taxe pour les procès ; la liste ne cesse de s'allonger. Bientôt il y aura une taxe d'entrée au paradis en raccourcissant la durée du séjour au purgatoire : les indulgences.

Au début du XIIIe siècle, la papauté renforce son contrôle sur les consciences et sur les esprits avec la création de nouveaux ordres monastiques adaptés aux besoins du temps : Franciscains et Dominicains, établis dans les villes en plein essor. Pratiquant la pauvreté absolue, ils peuvent désamorcer les critiques contre la richesse de l'Eglise, et pratiquent la prédication et l'enseignement ; ils peuvent satisfaire le besoin de savoir, de comprendre, de combattre efficacement par la raison les hérésies. En prenant sous leur protection les universités naissantes, les papes peuvent former et contrôler la vie intellectuelle ; en rendant obligatoires la confession et la communion annuelles, en utilisant les armes spirituelles de la pénitence, de l'excommunication, de l'interdit, l'Eglise modèle les consciences, oriente la culture et la politique.

Et puis, à partir de la fin du XIIe siècle, s'élabore une redoutable machine à espionner les consciences dans le but d'éliminer les erreurs littéralement damnables, les hérésies doctrinales. Processus logique et fondamentalement raisonnable dans le cadre d'une religion monothéiste révélée : à partir du moment où l'on est certain de posséder la vérité et où la foi met en jeu le salut éternel, il y a un devoir moral d'interdire les erreurs. L'Inquisition, puisque c'est d'elle qu'il s'agit, est en parfaite cohérence avec le monothéisme chrétien et participe à l'effort de rationalisation des XIe-XIIIe siècles : sauver les âmes malgré elles, y compris en employant la force, est une obligation, un devoir de charité. Ou alors, c'est que l'on ne croit pas vraiment à la vérité de ce que l'on enseigne ; laisser les hommes libres de s'égarer et de se jeter dans les tourments éternels serait une monstrueuse marque d'indifférence. Là est tout le problème d'un édifice doctrinal qui ne repose sur aucune preuve : il est conduit à persécuter alors qu'il est fondé sur de simples suppositions et des élucubrations d'esprits exaltés. Mais celles-ci, inacceptables dans la culture moderne, étaient adaptées au contexte préscientifique du Moyen Age.

Dès 1184 donc, Lucius III, dans la décrétale *Ad abolendam*, établit la collaboration entre pouvoirs civils et religieux pour le dépistage de l'hérésie. La procédure devient inquisitoriale : le juge peut se prévaloir de la rumeur publique pour lancer une enquête *(inquisitio)*, qui sera progressivement confiée aux Dominicains. La législation se met en place, et c'est à partir de 1231-1233 que l'on peut parler véritablement d'Inquisition, avec sa procédure d'exception, l'usage de la torture et les exécutions de relaps, qui au XIIIe siècle représentent à peine 10 % des sentences.

Le pape, qui dans la deuxième moitié du XIIIe siècle a éliminé la menace de l'empereur, contrôle l'Italie par l'intermédiaire de Charles d'Anjou, triomphe au concile de Lyon II, peut déclencher des croisades, envoyer des missionnaires jusqu'en Chine, dispose d'une administration performante et de revenus provenant de toute la chrétienté, d'instruments de contrôle des consciences et des intelligences, a-t-il donc enfin réalisé l'ambitieux programme de Grégoire VII et d'Innocent III : faire de la chrétienté une théocratie à visée universelle dont il serait le chef ?

Le pape vaincu par le pouvoir royal
(Boniface VIII et Philippe le Bel, 1294-1303)

S'il le croit, il va très vite s'apercevoir de son erreur. D'abord parce que tout pouvoir qui devient excessif engendre automatiquement des mouvements de protestation. La centralisation, la fiscalité pontificale, la richesse de l'Eglise, les excès du haut clergé suscitent des rébellions, même au sein des ordres mendiants : les Franciscains se divisent entre conventuels, favorables à des accommodements avec les exigences matérielles, et les spirituels, qui, à l'image d'Ubertin de Casale, de Pierre-Jean Ollieu, d'Ange Clareno, sont partisans de la pauvreté intégrale et sont tentés par les idées millénaristes de type joachimite annonçant la venue du règne de l'Esprit.

Plus alarmants pour le pape sont les progrès des théories du pouvoir monarchique, qui visent à faire de chaque roi un empereur en son royaume, suivant la formule française. Ainsi, à peine un empereur vient-il d'être abattu qu'une douzaine d'autres menacent de surgir, avec les mêmes prétentions : être maîtres chez eux et confiner le pape aux affaires spirituelles. Le problème des rapports entre les pouvoirs spirituel et temporel ressurgit comme un serpent de mer. Le fracas de la lutte entre le Sacerdoce et l'Empire avait retenu jusque-là toute l'attention, mais les souverains, tout en observant en spectateurs la grande lutte, ont profité de la leçon et assimilé à leur profit les théories impériales que leurs légistes ont adaptées en se basant sur le droit romain et sur Aristote.

Jusqu'au milieu du XIIIe siècle, la pensée politique est monopolisée par les théologiens, et la réflexion la plus aboutie est celle de Thomas d'Aquin, qui voit dans le pouvoir *in abstracto* une origine divine et une nécessité naturelle, indispensable à la vie en société. Le but des gouvernements est d'assurer le Souverain Bien de la Cité et celui de l'individu, mais comme celui-ci a une fin surnaturelle, le pouvoir temporel doit être soumis au pouvoir spirituel, « confié non aux rois terrestres mais aux prêtres et principalement au Grand Prêtre, successeur de Pierre, Vicaire du Christ, le Pontife Romain, auquel tous les rois de la chrétienté doivent être soumis comme à Notre Seigneur Jésus Christ lui-même, car à celui à qui revient la charge de la fin ultime doivent être soumis ceux qui ont la charge des fins antécédentes, et ils doivent être dirigés par son *imperium* ». Ainsi s'exprime saint Thomas dans la *Somme théologique*, qui expose l'idéal de ce qu'on a pu appeler une « théocratie modérée », dans laquelle la loi relève de l'ordre de la raison naturelle, éclairée par la raison divine.

Sous l'influence des légistes, formés à Bologne, les conceptions évoluent à la fin du XIIIe siècle, où la théorie du pouvoir se laïcise. La renaissance des études de droit romain remet au premier plan la notion de *res publica*, la chose publique, celle d'*imperium*, la puissance pleine conférée au chef qui incarne l'Etat, et celle de *majestas* ou souveraineté. Ces notions sont mises au service du roi considéré comme empereur en son royaume, et opposées aux interventions du pape dans les affaires publiques. Elles sont également opposées à l'idée d'un contrat qui lierait le roi à certaines obligations envers son peuple, et qui avait même justifié la possibilité d'assassiner le souverain abusif : c'est l'idée du tyrannicide, qu'avait notamment développée le théologien Jean de Salisbury en 1159 dans son *Policraticus*. Par ailleurs, l'interprétation d'Aristote à la lumière d'Averroès, très à la mode dans les milieux intellectuels des années 1250-1300, accrédite la conception purement naturelle de l'Etat, qui n'a nul besoin d'une sanction surnaturelle. La sphère de l'Etat et celle de l'Eglise doivent être strictement séparées.

C'est bien ce que soutiennent même des théologiens favorables au roi de France, comme le dominicain Jean de Paris, dans son traité *De potestate regia et papali* de 1302 : l'Etat est naturel, premier et essentiel ; l'Etat existait avant l'apparition du christianisme, dit-il, il est donc indépendant de celui-ci ; il a un but moral et matériel, et peut se passer des interventions de la papauté. De plus, les Etats sont légitimement divers, en raison de la diversité humaine : l'unité politique de la chrétienté et donc du pouvoir aux mains d'un empereur n'est pas conforme à la raison, qui exige des monarchies nationales.

Lors du grand affrontement entre Philippe le Bel et Boniface VIII, de nombreux écrits, inspirés par les légistes du roi, vont reprendre, durcir, amplifier ces idées et les répandre dans les milieux éclairés de la population :

l'*Antequam essent clerici* (« Avant qu'il y eût des clercs »), en 1297 ; le *Rex pacificus* de 1302 ; la *Disputatio inter clericum et militem* (« Dialogue entre un clerc et un chevalier »), vers 1297, dans lequel les prétentions pontificales sont ridiculisées dans un style ironique prévoltairien : « Dans ces conditions, il est facile au pape de s'octroyer des droits sur n'importe quoi ; il n'a qu'à écrire que tout lui appartient aussitôt qu'il l'aura écrit... pour avoir un droit il suffira de le vouloir ; il ne lui reste donc qu'à décréter : je veux que ceci m'appartienne, lorsqu'il aura envie de mon château ou de ma femme, de mon champ ou de mon argent... Le Christ n'a pas donné à Pierre les clés du royaume de la terre, mais les clés du royaume du ciel... Le vicaire du Christ a reçu une royauté spirituelle et non une royauté ou maîtrise temporelle... C'est en ce qui concerne les choses qui regardent Dieu que le Pontife est placé au-dessus des autres. »

Visiblement, le ton annonce l'entrée dans une autre époque, où la vénération à l'égard du pape n'est plus de mise. Contre ces innovations, Rome a aussi ses défenseurs, comme l'archevêque de Bourges Gilles de Rome, ermite de Saint-Augustin, qui, dans son *De potestate ecclesiastica* de 1301, expose sa conception de la théocratie : l'univers est un tout hiérarchisé où le pouvoir des inférieurs dépend des supérieurs afin d'assurer l'ordre et la bonne marche de l'ensemble ; le temporel y est inférieur au spirituel ; ce dernier détient les deux glaives, confie le glaive temporel aux rois et peut le leur retirer s'ils s'en servent mal. La même année, un autre ermite de Saint-Augustin, Jacques de Viterbe, dans son *De regimine christiano*, écrit que l'Eglise est la seule société qui mérite le nom de *res publica*, car en elle seule résident la justice et la vraie communauté ; elle est le *regnum Christi*, le royaume du Christ, regroupant peuples et nations sous l'autorité du pape.

Ces idées théocratiques sont cependant dépassées à la fin du XIIIe siècle, comme le pape va en faire l'expérience au cours de son affrontement avec le roi de France. La position du souverain pontife se dégrade dès 1283 lorsque ses alliés angevins sont chassés de Sicile à la suite des « Vêpres siciliennes ». Une entente entre les gibelins italiens et le roi d'Aragon Pierre III, utilisant les services du médecin Jean de Procida, un aventurier fidèle aux Hohenstaufen, aboutit au massacre des Français de Palerme en avril 1283. Le roi d'Aragon s'empare de l'île, et Charles d'Anjou ne contrôle plus que la partie continentale de son « royaume de Sicile », qui ne sera plus que le « royaume de Naples ». Le pape Martin IV réagit en appelant à la croisade contre l'Aragon pour soutenir son protégé – ou son protecteur, car il est difficile de déterminer lequel protège l'autre. Exemple flagrant de l'emploi abusif du concept de croisade, l'expédition est confiée au roi de France Philippe III, qui franchit les Pyrénées et meurt de dysenterie sans avoir atteint aucun résultat. Son fils Philippe IV lui succède (1285). Le nouveau souverain, dont la personnalité reste une énigme, est acquis à l'idée d'indépendance du pouvoir temporel, développée par ses légistes, et bien décidé à la faire respecter par le pape.

Or celui-ci est à partir de 1294 un irascible vieillard mégalomane, le cardinal Benoît Caetani, devenu Boniface VIII. Elu dans des circonstances troubles, après avoir persuadé son prédécesseur, l'ermite Pierre de Morrone, Célestin V, d'abdiquer, l'avoir fait enfermer et peut-être assassiner pour éviter un éventuel retour, c'est un personnage très controversé, porté à des coups d'éclat, à des extravagances de conduite et à des déclarations outrées : « Le Pontife romain, écrit-il, est censé posséder l'ensemble du droit dans l'écrin de sa poitrine » ; « Je suis César ! Je suis l'empereur ! Je suis le maître du monde ! », se serait-il écrié en 1298 d'après le chroniqueur franciscain

Francisio Pipino. Très attaché à l'argent et aux honneurs, peu regardant sur la morale sexuelle, autoritaire et arrogant, il s'attire des haines farouches dont celles de la famille rivale des Colonna, qui l'accuse du meurtre de son prédécesseur. Cela ne l'empêche pas d'être un excellent juriste et dialecticien, doté d'un bon sens de la communication : en 1300, il organise le premier jubilé de l'histoire de l'Eglise. Tout fidèle qui, pendant cette année sainte, viendra à Rome, se confessera et visitera pendant trente jours de suite les basiliques Saint-Pierre et Saint-Paul-hors-les-Murs, en y laissant si possible des offrandes, bénéficiera d'une indulgence plénière, c'est-à-dire la remise totale de ses peines de purgatoire dans l'au-delà. C'est la ruée, un déluge d'aumônes, et la fortune pour les commerçants et hôteliers. Ce coup de génie est un triomphe personnel et une apothéose pour le pape. Rome découvre par la même occasion que les spéculations sur l'au-delà peuvent être très profitables.

Le roi de France, cependant, n'est pas impressionné. Depuis 1296 il a engagé une épreuve de force contre le pape. Cette année-là, Boniface VIII a cru pouvoir le rappeler à l'ordre pour avoir levé sans autorisation une taxe sur le clergé. Par la bulle *Clericis laïcos*, il rappelle que seul le pape peut lever de telles taxes, et que les rois qui enfreindraient cette règle s'exposeraient à l'excommunication. Riposte du roi : il bloque l'acheminement vers Rome des sommes que la papauté levait sur le clergé de France. Outré, Boniface VIII, par la bulle *Inaffabilis amor* du 20 septembre 1296 menace le roi en termes peu diplomatiques : « Il nous suffirait de te retirer nos faveurs, nous et l'Eglise, pour que toi et les tiens en soyez affaiblis au point de ne pouvoir résister aux attaques de l'étranger. » Puis, alternant la carotte et le bâton, le pape, en 1297, canonise le grand-père de Philippe IV, Saint Louis, en demandant au roi de suivre son exemple.

En 1301, le désaccord rebondit : Philippe le Bel fait arrêter pour trahison l'évêque de Pamiers, Bernard Saisset – violation de la juridiction pontificale. Réaction immédiate du pape : une autre bulle, *Ausculta filii*, du 5 décembre 1301. La violence du ton monte d'un cran : tu as agi « comme une vipère sourde », tu es un mauvais roi, un faux-monnayeur, un pécheur obstiné, alors souviens-toi : « Dieu m'a confié les clés du royaume des cieux, et m'a donné la charge de l'Eglise, faisant de moi le juge des vivants et des morts. Je suis au-dessus de tous les peuples et de tous les royaumes ; je suis comme Noé dans l'Arche, seul maître à bord, et tu dois revenir dans l'Arche de Noé. » Nullement impressionné par la rhétorique biblique, Philippe le Bel montre qu'il sait lui aussi manier la communication : il fait circuler un résumé tendancieux d'*Ausculta filii*, qui rend le texte encore plus injurieux à son égard, afin de susciter l'indignation des Français. Dans ce document, *Scire te volumus*, on peut lire par exemple : « Nous voulons te faire savoir que tu nous es soumis tant sur le plan spirituel que temporel. » Puis il fait appel au peuple, qu'il prend à témoin au cours de ce qu'on pourrait appeler un grand meeting dans le jardin du palais royal de l'île de la Cité. Les universités et les évêques sont invités à soutenir sa position, tandis que ses légistes, Guillaume de Nogaret et Pierre Flote en tête, multiplient les discours incendiaires et les écrits antipontificaux. Avec la collaboration des Colonna, on commence à réunir un dossier d'accusation contre Boniface VIII dans le but de le faire juger comme hérétique, débauché, sodomite, sorcier, meurtrier de Célestin V.

Le pape n'est pas en reste. Dans des entrevues publiques, il se livre à des gesticulations ponctuées d'imprécations et de démonstrations mégalomaniaques, brandissant une épée et se proclamant le maître du monde, suivant le témoignage d'un officier du roi d'Aragon, Arnau Sabastida. L'hystérie culmine avec la fulmination de la bulle *Unam Sanctam*, en novembre 1302, qui se termine par ces mots : « Nous déclarons, affirmons et définissons que toute créature humaine est en tout, par la nécessité du salut, soumise au pontife romain. »

Pour en finir, Philippe le Bel envoie Guillaume de Nogaret et les Colonna arrêter le pape afin de le faire juger par un concile. L'entrevue tourne mal. Le pape est bousculé à Anagni le 7 septembre 1303, et il meurt le 11 octobre. Son successeur, Benoît XI, ne dure que quelques mois, et en juin 1305 est élu un pape français, Bertrand de Got, archevêque de Bordeaux : Clément V. Cette élection marque un tournant essentiel dans l'histoire de la papauté et de ses rapports avec les pouvoirs temporels. Il ne sera plus question de théocratie. Après la défaite de l'empereur, c'est maintenant celle du pape, et le vainqueur de la grande lutte entre le Sacerdoce et l'Empire, c'est finalement le roi de France. Clément V, en tant que Français, se montre conciliant à l'égard du souverain, mais non servile. Ses armes sont la prudence et la lenteur. Alors que le roi fait pression sur lui pour obtenir la condamnation posthume de Boniface VIII, il fait traîner les choses, et au concile de Vienne, en 1311, il réussit à faire accepter un compromis : l'affaire Boniface VIII est enterrée, et en échange le roi est lavé de toute accusation, loué pour son zèle, et l'ordre des Templiers, dont Philippe IV avait fait arrêter tous les membres et confisquer les biens en 1307, est supprimé. Par ailleurs, la ville de Rome n'étant pas sûre en raison des luttes entre factions, le pape s'est installé à Avignon, à la frontière du royaume de France, en 1309. Il y restera, ainsi que ses successeurs, tous français, pendant soixante-dix ans. La papauté, après avoir échappé au pouvoir impérial, tombe sous la dépendance du pouvoir royal français. Rien n'illustre mieux peut-être l'extraordinaire progrès de la monarchie féodale entre le XIe et le XIIIe siècle. L'avenir n'est ni à la théocratie ni au césaropapisme, mais à la monarchie chrétienne et nationale, et cela aussi est le signe d'une évolution rationnelle qui a permis à l'Europe d'étendre son modèle vers l'est. C'est ce qu'il nous faut maintenant examiner.

8

Les monarchies féodales et l'expansion européenne

La monarchie féodale est le système politique le plus représentatif de l'Europe médiévale. Mis en place très progressivement à partir de l'époque carolingienne, il atteint son apogée entre le XIe et le XIIIe siècle, et il est l'expression politique de l'idéal d'ordre et de hiérarchie de la culture médiévale. Ce qui ne signifie pas qu'il soit exempt de conflits, de violences et d'affrontements, bien au contraire. Mais il fournit un cadre précis à ces conflits, il édicte des règles et un code reconnus de tous qui fixent la conduite à tenir dans les rapports sociaux, à la guerre comme en période de paix. Lorsque ce code et ces règles ne seront plus respectés, la civilisation médiévale sombrera dans les désordres annonciateurs d'une nouvelle culture.

La monarchie féodale, comme son nom l'indique, repose sur deux piliers : le monarque et les féodaux, autrement dit les vassaux. Tout le problème est d'atteindre un équilibre entre ces deux forces antagonistes par nature : la force centralisatrice incarnée par le roi et les forces centrifuges de la féodalité. Equilibre toujours instable, mais générateur d'une dynamique inspirée par l'idéologie chrétienne, qui pousse l'Occident à étendre son modèle vers l'est, le nord et le sud. C'est en France et en Angleterre que la monarchie féodale atteint son état le plus achevé, à l'issue d'un long processus. Ces deux modèles sont d'ailleurs sensiblement différents, donnant plus de pouvoir au monarque en France qu'en Angleterre, où les barons imposent à la monarchie des limites constitutionnelles. Les avatars dynastiques conduiront ces deux monarchies à s'affronter dans un duel séculaire aux XIVe et XVe siècles. Tout autour, des royaumes périphériques jouent le rôle de satellites de ces deux puissances.

Par les liens qu'elle crée entre les détenteurs de fiefs, la féodalité constitue un réseau serré de fidélités qui dépasse les frontières des royaumes. L'aristocratie est internationale, la vassalité n'a pas de frontière, et la grande noblesse prête hommage à plusieurs souverains. Cet enchevêtrement complexe élabore un maillage très dense qui renforce le sentiment de solidarité de la chrétienté et permet le déclenchement des croisades. Ce sont les monarques qui brisent cette solidarité, et qui finissent par substituer les intérêts nationaux aux intérêts européens. A l'internationale féodale succédera l'individualisme national ; à la monarchie féodale, la monarchie nationale. Cette étape ultime du Moyen Age verra le jour aux XIVe et XVe siècles. Examinons pour le moment la phase XIe-XIIIe, celle de l'apogée de la monarchie féodale, en commençant par les deux modèles que sont la France capétienne et l'Angleterre anglo-normande.

Les atouts des Capétiens

L'accession d'Hugues Capet au trône de France en 987 ne constitue pas un bouleversement politique majeur. Elle est vécue comme une péripétie supplémentaire dans l'alternance au pouvoir des Carolingiens et des Robertiens, comme nous l'avons vu. Ce n'est que rétrospectivement que cette date deviendra une étape fondamentale dans l'histoire de France, quand on constatera, siècle après siècle, le caractère indéracinable de cette dynastie « capétienne ». On a souvent insisté sur la fragilité du pouvoir royal d'Hugues Capet et de ses premiers successeurs, à juste titre. Il est roi des Francs, mais son autorité se limite en fait à ses terres familiales : un domaine royal d'environ 7 000 km^2, soit la taille d'un département actuel, en plusieurs morceaux séparés, dont on ne connaît même pas bien les limites précises : les régions de Paris, de Poissy, d'Etampes, de Chartres, d'Orléans, de Melun, quelques terres en Berry, dans les vallées de l'Aisne et de l'Oise, le port de Montreuil-sur-Mer, les abbayes de Saint-Riquier en Ponthieu, de Corbie dans l'Amiénois. Le roi n'est même pas capable de se faire obéir de certains châtelains de son domaine, retranchés dans leurs châteaux de Montlhéry, Houdan, Etampes, Le Puiset. Le sire de Coucy le nargue avec sa fameuse devise : « Je ne suis roy, ne comte aussy, je suis le sire de Coucy. » Le domaine royal est entouré par de grands fiefs dont la masse paraît écrasante sur la carte : le comté de Flandre, dont une partie relève du Saint Empire, ce qui confère au comte la possibilité de jouer un suzerain contre l'autre ; le riche et puissant duché de Normandie, dont le titulaire, qui devient roi d'Angleterre en 1066, paraît en mesure d'écraser le roitelet parisien ; le comté de Bretagne, les comtés d'Anjou et de Champagne, dont l'union prend en tenaille le domaine royal, le duché de Bourgogne, l'énorme duché d'Aquitaine. Tous ces grands vassaux sont liés au roi par l'hommage et le serment de fidélité, mais que peut faire le souverain s'ils se rebellent ? Et puis, il faut aussi tenir compte des prétentions de l'empereur, qui se croit toujours en mesure d'imposer son autorité sur tous les souverains chrétiens.

Situation inconfortable donc, et pourtant ces rois capétiens vont se hisser à la première place en Europe, au bout d'un long processus de plus de deux siècles. Ils ne le doivent pas à des capacités humaines extraordinaires, comme le laissent entrevoir les surnoms dont certains ont été affublés – « le Pieux », « le Gros », « le Jeune », « le Débonnaire », « le Bel », « le Hutin » ; bien sûr, il y a aussi « Auguste » et « le Saint » –, mais globalement ce sont des hommes plutôt ordinaires. Leur atout principal, c'est la chance, autrement dit le destin. Une chance extraordinaire : quelle autre famille peut se vanter d'avoir eu pendant trois cent cinquante ans sans interruption une filiation directe de mâle en mâle ? Certes, ils ont su aider la chance, en n'hésitant pas à changer d'épouse si la fécondité de la reine est chancelante, au risque d'encourir l'excommunication, et en faisant couronner de leur vivant leur fils aîné. Car le principe de l'hérédité a mis du temps à s'imposer : la monarchie est supposée élective, et cela depuis Clovis. Hugues Capet fait couronner son fils Robert dès 987, et tous ses successeurs auront recours à cette précaution pendant deux siècles, jusqu'au moment où le principe héréditaire aura totalement effacé l'idée même d'élection. C'est ainsi que douze rois se succèdent sans la moindre contestation pendant trois siècles. Quand on connaît les troubles que peuvent provoquer les successions disputées, comme à Byzance, on mesure à quel point cela représente un atout pour les Capétiens. Et non seulement tous ces rois ont eu des fils, mais en plus ils ont vécu longtemps : la durée moyenne des règnes d'Hugues Capet à Philippe le Bel est de trente ans ; et certains ont même dépassé les quarante ans : Philippe Auguste et Louis VII (quarante-trois ans), Louis IX (quarante-quatre ans), Philippe Ier (quarante-huit ans).

Les rois capétiens ont donc pour eux la durée. Ils ont aussi l'auréole du sacré. Le sacre de Reims, avec onction d'huile sainte par l'archevêque, en présence de tous les grands du royaume, place le roi au-dessus de la condition humaine ordinaire, le rattache aux rois bibliques, et lui confère même le pouvoir miraculeux de guérir par attouchement les malades des écrouelles, rite attesté dès Robert le Pieux, fils d'Hugues Capet. L'Eglise s'efforce d'ailleurs de rappeler que cela ne fait pas pour autant du roi l'équivalent d'un prêtre, même s'il a le droit de communier sous les deux espèces. Aux yeux de ses sujets, le roi, sacré, est intouchable ; porter la main sur lui serait un sacrilège. On ne relève aucune tentative d'assassinat en trois cent cinquante ans. Là encore, le contraste avec Byzance est frappant.

Le roi bénéficie du soutien du clergé, en particulier des évêques, auxquels il confère l'investiture de la seigneurie épiscopale. Les relations avec le pape sont parfois tendues, pouvant aller jusqu'à l'excommunication et à l'interdit, comme avec Philippe Ier et Philippe II, mais à chaque fois il ne s'agit que de questions matrimoniales, et le conflit n'est jamais poussé trop loin. Le pape a trop à faire avec l'empereur pour risquer une rupture avec le roi de France, qui lui donne parfois asile. Seul Boniface VIII oubliera cette prudence. En même temps, les Capétiens gardent de bonnes relations avec l'empereur, ce qui leur permet de jouer le rôle d'arbitres entre le Sacerdoce et l'Empire.

Dans le royaume, le souverain bénéficiera également à partir du XIIe siècle du soutien des villes, qui, lorsqu'elles se constituent en communes, lui demandent de confirmer leur charte, dont il devient le protecteur. Paradoxalement, on peut même affirmer que le pouvoir royal a profité de l'existence des grands fiefs, et cela de plusieurs façons. D'abord, la puissance du domaine royal est plus grande que ne le suggère la seule carte. A une époque où la terre est la plus grande source de richesse, quel vassal peut se vanter d'avoir l'équivalent de la Beauce, de la Brie, du Valois, du Vexin, du Soissonnais, ou tout au moins d'une grande partie de ces plaines d'Ile-de-France ? De plus, les grands vassaux dans leurs fiefs sont confrontés aux mêmes difficultés que le roi pour se faire obéir de leurs propres vassaux, et en mettant en place une administration centralisée, ils facilitent la future assimilation de leur domaine dans le domaine royal. Le roi mettra la main sur des provinces déjà organisées et pacifiées.

Contrairement à ce que pensaient les historiens du XIX\ e siècle, le roi ne mène d'ailleurs pas une politique d'annexion systématique des fiefs. Loin d'être à l'affût de la moindre occasion de s'agrandir, il s'accommode très bien des rapports vassaliques et du système féodal, au point de redonner parfois à un vassal des terres dont il pourrait s'emparer. C'est ce que fait Saint Louis par exemple en 1259 au traité de Paris en restituant au roi d'Angleterre une partie de l'héritage angevin dans le Sud-Ouest en échange d'une prestation d'hommage. L'agrandissement du domaine royal se fait plus par mariages et héritages que par la conquête et la confiscation, et ce qui compte le plus, c'est l'intérêt familial, confirmé par la pratique des apanages : le roi dédommage en quelque sorte ses frères et ses fils cadets en leur conférant un territoire en échange de leur renonciation à la succession royale. En l'absence de descendants, ce territoire reviendra au domaine royal. On voit ainsi Louis VIII, dans son testament de 1226, attribuer l'Artois à son deuxième fils, Robert, l'Anjou et le Maine à son troisième, Jean, le Poitou et l'Auvergne à son quatrième, Alphonse.

La mentalité des souverains capétiens du XI\ e au XIII\ e siècle est une mentalité féodale. Ils n'ont pas de plan préconçu de réunion, morceau par morceau, des fiefs jusqu'au moment où le domaine royal coïnciderait avec les limites du royaume. Leur vision de celui-ci est celle de la pyramide vassalique : gouverner par les liens d'homme à homme, à travers les hommages et les serments, plutôt que par autorité directe sur les territoires. Ce n'est qu'à la fin du XIII\ e siècle que cette vision de la souveraineté évolue, sous l'influence des légistes formés au droit romain qui entourent Philippe le Bel. Et c'est alors que l'on passera de la monarchie féodale à la monarchie nationale.

Des débuts difficiles (XIe-XIIe siècle)

Un rapide examen des quinze règnes des Capétiens directs, de 987 à 1328, illustre cette lente, chaotique et à bien des égards involontaire progression du pouvoir royal, de la situation de roitelet suzerain contesté à celle de premier monarque « national ». Les débuts sont certes difficiles. Après le règne très chahuté d'Hugues Capet (987-996), menacé par des complots menés par l'évêque Adalbéron de Laon, son fils Robert II, dit « le Pieux » (996-1031), a déjà des problèmes avec le pape pour avoir gardé sa seconde femme, Bertrade, et en 1023 il fraternise avec l'empereur Henri II à Ivois sur la Meuse. Henri Ier (1031-1060) a un règne difficile : il doit d'abord s'imposer à son frère cadet Robert, qui lui conteste la succession et à qui il concède le duché de Bourgogne en 1032 ; en 1054, son puissant vassal Guillaume de Normandie le bat à Mortemer, puis à nouveau en 1057 à Varaville. Le Capétien n'est pas de taille à lutter contre ses grands vassaux, ce qui ne l'empêche pas d'épouser en 1049 la fille du grand-duc de Russie Jaroslaw Wladimirowitch et d'Ingegerd de Norvège, Anne, qui prétend descendre du roi de Macédoine Philippe ; raison pour laquelle Henri et Anne donnent à leur fils un prénom totalement étranger au monde franc : ce sera le roi Philippe Ier (1060-1108), un Capétien qui a du sang russe et norvégien dans les vēines. Son long règne a laissé de mauvais souvenirs : pendant qu'autour de lui son vassal Guillaume de Normandie conquiert l'Angleterre (1066), qu'un autre Normand, Robert Guiscard, s'établit en Sicile (1059), et Henri de Bourgogne au Portugal (1095), que le pape déclenche la première croisade (1096), il semble plus occupé à forniquer et à vendre évêchés et abbayes. En 1092, il répudie son épouse Berthe de Hollande et se marie avec Bertrade de Montfort, ce qui lui vaut d'être excommunié en 1094, non pour bigamie, mais pour inceste : Bertrade avait été l'épouse du comte Foulques d'Anjou, qui lui-même avait un arrière-grand-père commun avec le roi ! L'excommunication, réitérée en 1099 par le concile de Poitiers, ne change d'ailleurs rien, et elle est levée en 1105. La mauvaise réputation de Philippe Ier est également due au fait qu'en 1081 il est battu près de Pithiviers par un des seigneurs du domaine royal, le sire du Puiset, dont le château bloquait la route entre Paris et Orléans. Un siècle après l'avènement de la dynastie, les Capétiens ne sont toujours pas maîtres chez eux. Pourtant, Philippe Ier trouve moyen d'acquérir le Gâtinais (1069), Corbie (1074), le Vexin français (1077), Bourges et Dun (1 100).

Son fils Louis VI (1108-1137) est le premier à mettre vraiment de l'ordre dans le domaine royal, en s'attaquant aux seigneurs brigands d'Ile-de-France. Il vient non sans mal à bout d'Hugues du Puiset, dont il prend et détruit trois fois le château : 1111, 1112, 1118. Il prend également Montlhéry et le château de Coucy en 1130, dont le seigneur, Thomas de Marle, tué dans l'affaire, terrorisait la région. Cela ne l'empêche pas d'être battu en 1119 à Brémule, dans le Vexin, par le duc de Normandie. L'image flatteuse de ce roi obèse – Louis VI « le Gros » – doit beaucoup à la présence à ses côtés de l'abbé de Saint-Denis Suger (1082-1152), son principal conseiller. A cette époque, Saint-Denis est devenu depuis longtemps la nécropole royale ; on y garde les insignes royaux, les *regalia*, et on y élabore des chroniques qui bâtissent la réputation des rois. Suger entreprend la reconstruction de la basilique, dont le chœur, premier témoignage de l'art gothique, est inauguré en 1144. Le prestige de la monarchie capétienne est incontestablement en progrès :

en 1124, Louis VI oblige l'empereur Henri V à se retirer de la Champagne, et en 1126 il s'aventure en Auvergne jusqu'à Montferrand, obligeant Guillaume d'Aquitaine à lui prêter hommage. A la fin de son règne, on peut enfin aller de Paris à Chartres et Orléans sans se faire détrousser par un seigneur brigand.

Cela reste modeste, il est vrai. Et le règne de Louis VII (1137-1180) montre à quel point la position du roi de France est encore fragile. En 1141, âgé de 20 ans, il est réprimandé comme un garnement par le pape pour avoir osé nommer son propre candidat à l'évêché de Poitiers : « Le roi est un enfant dont l'éducation est à faire : il faut l'empêcher de prendre de mauvaises habitudes », aurait dit Innocent II, qui met le royaume en interdit. De 1142 à 1144, Louis VII est embourbé dans un conflit contre son vassal Thibaud de Champagne, soutenu par saint Bernard. Les opérations sont marquées par le tragique incendie de l'église de Vitry, au cours duquel périssent 1 300 personnes qui y étaient entassées. Plein de remords, dit-on, mais plutôt pour des raisons politiques, le roi part pour la croisade en 1147, et il emmène avec lui sa jeune femme Aliénor d'Aquitaine. Il en revient vaincu et cocu. Damas, but de l'expédition, n'est pas prise, et la reine Aliénor a eu des relations un peu trop poussées avec son oncle Raymond d'Aquitaine. En 1152, le mariage d'Aliénor et de Louis VII est annulé sous un fallacieux prétexte de consanguinité, et Aliénor, duchesse d'Aquitaine, se remarie avec Henri Plantagenêt, comte d'Anjou, duc de Normandie, et l'année suivante roi d'Angleterre. Comme il contrôle aussi le Maine, la Touraine, et bientôt la Bretagne, Henri II Plantagenêt, tout en étant vassal du roi de France, est maître de plus de la moitié du royaume. Et en 1157 il s'entend avec l'empereur Frédéric Barberousse, qui a des vues sur la Bourgogne et la Champagne. Louis VII est pris dans un étau, menacé d'écrasement entre ces deux blocs gigantesques. Il se sort de ce mauvais pas en jouant habilement sur les problèmes que rencontrent ses deux adversaires. L'empereur est paralysé par son conflit avec le pape Alexandre III, que le roi laisse s'installer à Sens. Quant au roi d'Angleterre, il est confronté à la rébellion de ses quatre fils, soutenus par leur mère Aliénor, et avec lesquels Louis VII s'allie en 1173. Ses deux rivaux étant ainsi occupés, le roi de France termine paisiblement son règne après avoir eu le temps de faire sacrer son fils aîné Philippe en 1179.

De Philippe II à Philippe IV : l'apogée de la dynastie (XIIIe siècle)

La monarchie capétienne avait failli périr. Son redressement sous Philippe Auguste (1180-1223) n'en est que plus spectaculaire, et a valu à ce souverain une réputation flatteuse peut-être pas entièrement méritée. Car sa conduite jusqu'en 1200 est loin d'être glorieuse. Dès le début du règne, il est en butte à des coalitions féodales, et entre 1180 et 1185 il réussit par la négociation à mettre la main sur l'Artois, le Vermandois et le Valois, à la suite de son mariage avec Isabelle de Hainaut. En 1187, il s'allie avec Richard Cœur de Lion qui est en lutte contre son père Henri II, et en 1189, Richard étant devenu roi d'Angleterre, il part avec lui à la croisade, mais sous prétexte de maladie il revient en France en 1191 et profite de l'absence du Plantagenêt pour envahir la Normandie, en violation de ses serments.

Devenu veuf, il épouse en 1193, dans l'espoir d'obtenir des alliés contre l'Angleterre, la sœur du roi de Danemark, Ingeburge (Isambour). C'est le début d'un conflit de vingt ans avec la papauté. En effet, pour une raison qui reste mystérieuse, il prend sa jeune femme de 18 ans en aversion dès sa nuit de noces, fait annuler le mariage par quelques évêques complaisants sous prétexte d'une parenté imaginaire entre Ingeburge et Isabelle de Hainaut, se remarie avec Agnès de Méran, fille d'un seigneur bavarois, fait enfermer Ingeburge au château d'Etampes, où elle est indignement traitée. Le pape lance l'interdit contre le royaume de France, mais la décision est mal appliquée par un clergé soumis au roi.

Le retour de Richard Cœur de Lion en 1194 provoque la reprise de la guerre, au cours de laquelle Philippe Auguste accumule les échecs lamentables : défaite de Fréteval, près de Vendôme, où le roi perd toutes ses archives, en 1194 ; déroute de Gisors en 1198 ; déshonorante trêve de Vernon en 1199, par laquelle Philippe rend toutes ses conquêtes. En 1200, il doit céder Douai, Saint-Omer et Béthune au comte de Flandre. Mais une fois de plus la chance est du côté du Capétien : Richard ayant été tué devant le château de Châlus en Limousin, son frère et successeur Jean sans Terre est incapable de résister à Philippe Auguste, qui reprend le Maine, l'Anjou, une partie du Poitou et la Normandie, campagne marquée par le fameux siège de Château-Gaillard en 1204. Cette victoire fait de lui un allié de circonstance du pape Innocent III, qui est alors en conflit avec Jean sans Terre. On règle d'abord à l'amiable la question d'Ingeburge, en 1213, et le pape est prêt à lancer le roi de France contre l'Angleterre. Expédition annulée au dernier moment par la soumission de Jean et au grand dam de Philippe, qui se retrouve confronté à une dangereuse coalition comprenant le roi d'Angleterre, l'empereur Otton IV, le comte de Boulogne Renaud et le comte de Flandre Ferrand. Il s'en sort brillamment par sa fameuse victoire de Bouvines (27 juillet 1214), sur laquelle sera bâtie sa réputation, tandis que son fils bat Jean sans Terre à La Roche-aux-Moines en Poitou (2 juillet 1214). C'est également son fils, le prince Louis, qui est chargé des deux dernières entreprises avortées du règne : en 1216, les barons anglais révoltés contre Jean sans Terre demandent l'aide du roi de France et offrent la couronne au prince Louis. En dépit de l'opposition du pape, pour qui l'Angleterre est un fief du siège de Saint-Pierre, Louis débarque dans le Kent et entre à Londres. Mais la mort de Jean sans Terre met fin à l'aventure ; son fils Henri III est couronné, les barons se rallient à lui, et Louis, excommunié, battu à Lincoln, revient en France en 1219. La même année il est envoyé, à la demande du pape, pour reconquérir le Toulousain, qui, après la croisade des Albigeois et la mort de Simon de Montfort, était retombé au pouvoir de Raymond VI. Louis remporte quelques succès, fait un massacre épouvantable à Marmande, puis échoue devant Toulouse.

Devenu le roi Louis VIII (1223-1226) à la mort de Philippe Auguste, il trouve tout de même le temps pendant son règne très court d'achever la conquête du Poitou et de la Saintonge sur les Anglais, et d'aller reprendre Avignon au nouveau comte de Toulouse Raymond VII. Il meurt prématurément de la dysenterie à 39 ans, laissant pour la première fois dans l'histoire de la dynastie un fils mineur âgé de 12 ans, Louis IX. La reine mère, Blanche de Castille, exerce la régence, et est confrontée à de nouvelles révoltes féodales ainsi qu'aux prétentions du demi-frère du roi, Philippe Hurpel. Habile et énergique, elle en vient à bout, oblige Raymond VII, au traité de Paris (1229), à céder les régions de Nîmes, Beaucaire, Béziers, Carcassonne, et par le mariage de son fils Alphonse de Poitiers avec l'héritière de Raymond elle prépare la réunion du reste du domaine toulousain. Le règne de Louis IX illustre parfaitement la conception de la monarchie féodale. Loin de chercher l'agrandissement du domaine royal, le roi, pourtant vainqueur d'Henri III et des vassaux révoltés comme Hugues de Lusignan, comte de la Marche, à Taillebourg et Saintes en 1242, rend aux Anglais, par le traité de Paris du 28 mai 1258, la Saintonge, l'Agenais, une partie du Limousin, du

Quercy, du Périgord, en échange de l'hommage vassalique du roi d'Angleterre. De plus, par la paix de Lorris, en 1243, il confirme celle de Paris de 1229, et pousse Raymond VII à en finir avec les cathares, ce qui conduit au drame de Montségur en 1244 et à la chute de Quéribus en 1255. Ajoutons que Louis IX n'hésite pas à mutiler le domaine royal en apanageant ses fils : Jean avec le comté de Valois, Pierre avec le comté du Perche, Robert avec le comté de Clermont.

Par cette politique, déjà mal comprise par ses conseillers, Saint Louis assure la paix dans le royaume, ce qui lui permet d'améliorer le fonctionnement de la justice et l'efficacité de l'administration, avec les grandes enquêtes et les réformes de 1254. Malheureusement, sa piété excessive et peu éclairée le conduit à des actions violentes et maladroites qui lui vaudront la canonisation : soutien aux autodafés conduits par l'inquisiteur Robert le Bougre en 1239, destruction de tous les exemplaires des Talmuds en 1242, obligation pour les juifs de porter un signe distinctif, déclenchement de deux croisades qui aboutissent à deux désastres – en Egypte en 1249-1250, où il est fait prisonnier, et à Tunis en 1270, où il meurt de la dysenterie. En dépit de ces erreurs, la réputation de Saint Louis est telle que l'empereur Frédéric II, en pleine lutte contre le pape, lui demande son arbitrage. En novembre 1245, il rencontre le pape Innocent IV à Cluny, mais garde une certaine neutralité dans le conflit entre le Sacerdoce et l'Empire. En permettant à son frère Charles d'Anjou, qui épouse Béatrice de Provence, de devenir roi de Sicile en 1265, il embarque la famille capétienne dans des complications méditerranéennes à l'issue très incertaine.

Son fils Philippe III (1270-1285) en sera la première victime, puisque, au bout d'un règne empoisonné par les rivalités entre les clans de la Cour, puis entre son favori Pierre de la Brosse et la jeune reine Marie de Brabant, il est entraîné par le pape dans une « croisade » contre le roi d'Aragon, dont les troupes s'étaient emparées de la Sicile à la suite des « Vêpres siciliennes » de 1282. Le 5 octobre 1285, il meurt de la dysenterie à Perpignan.

Le règne de Philippe IV le Bel (1285-1314) marque la transition entre la monarchie féodale et la monarchie nationale et bureaucratique. Entouré, surtout dans sa seconde partie, par des conseillers d'origine bourgeoise et méridionale, juristes formés dans l'esprit du droit romain, les légistes, comme Guillaume de Nogaret, Gilles Aycelin, Guillaume de Plaisians, il est imbu de l'idée de la toute-puissance de l'Etat, incarné dans la personne du souverain. Celui-ci agit certes en souverain féodal, mais il renforce cette fonction par l'élaboration de règles juridiques précises qui lui permettent de multiplier les exigences et les interventions auprès des vassaux. L'utilisation du parlement, c'est-à-dire la section judiciaire de son Conseil, comme d'une cour d'appel pour tous les justiciables lui permet d'évoquer tous les manquements des vassaux, de les sanctionner, de leur imposer amendes et confiscations. Il est aussi le premier à faire appel directement à l'opinion publique, en la manipulant habilement par ses proclamations et par des réunions publiques. C'est ainsi qu'il prend le pays à témoin dans l'affaire des Templiers, accusés de pratiques immorales, comme dans sa lutte contre Boniface VIII, présenté comme un hérétique et un assassin. Il fait également appel au pouvoir intellectuel, en sollicitant l'avis des universités. L'efficacité de son administration est illustrée par l'arrestation surprise de tous les Templiers de France le 13 octobre 1307, opération soigneusement planifiée, dont le secret est gardé jusqu'à la dernière minute, et exécutée simultanément, le même jour et à la même heure, dans toutes les provinces de l'immense royaume.

Philippe IV veut être totalement maître de son royaume. Cela s'applique aussi bien au clergé, sur lequel il entend lever des taxes et dont il exige la soumission, qu'à la noblesse, et en particulier aux grands vassaux, dont le roi d'Angleterre, Edouard Ier, qui lui doit hommage pour la Guyenne. Il le convoque devant son parlement en 1294 pour répondre des actes de piraterie commis contre les Normands, et Edouard ayant fait défaut, Philippe confisque la Guyenne, ce qui entraîne la guerre, au cours de laquelle le roi d'Angleterre s'entend avec le comte de Flandre. Les combats ne sont pas toujours heureux, l'armée royale étant battue à Courtrai en 1302 par les milices flamandes, mais en définitive Philippe impose sa loi par le traité d'Athis en 1305, qui lui permet de s'emparer de Lille, Douai et Béthune. La Guyenne, amputée de territoires à l'est, est restituée à Edouard Ier, qui prête hommage, et dont le fils aîné, le futur Edouard II, épouse la fille de Philippe, Isabelle : c'est le futur germe de la guerre de Cent Ans. Le seul agrandissement majeur du domaine royal sous le règne de Philippe IV est encore le résultat d'un mariage : la Champagne, qui fait partie de la dot de la reine Jeanne de Navarre, épouse de Philippe le Bel.

La monarchie est en passe de devenir une froide mécanique administrative, ce qui est très mal vécu par la noblesse, d'autant plus que les besoins financiers du roi le poussent non seulement à confisquer les biens des juifs en 1306, des Templiers en 1307, à emprunter aux banquiers italiens, mais aussi à pratiquer de très impopulaires mutations monétaires. La fin du règne est marquée, en 1314, par des mouvements de résistance aristocratiques, les ligues provinciales, qui réclament le retour aux bonnes coutumes féodales, mises par écrit dans des chartes. Le malaise est révélateur d'une transition majeure du système politique.

Transition qui se double bientôt d'une crise dynastique sans précédent. Philippe IV laisse trois fils, qui règnent successivement : Louis X (1314-1316), dont le fils,

Jean Ier le Posthume, meurt au bout d'une semaine ; Philippe V (1316-1322), qui n'a que des filles ; Charles IV (1322-1328), qui n'a pas d'enfants. Pour sortir de l'impasse, il y a trois solutions : couronner Jeanne, fille de Louis X, mais ce n'est qu'une fille, et elle a déjà été écartée en 1316 ; offrir la couronne au roi d'Angleterre Edouard III, fils d'Isabelle, fille de Philippe IV, mais logiquement, puisqu'on a écarté Jeanne, qui avait des droits supérieurs, il n'y a aucune raison d'accorder la succession à Isabelle et à son fils, qui, de plus, en tant que roi d'Angleterre, fait figure d'adversaire inacceptable ; pour justifier juridiquement l'exclusion de Jeanne et d'Isabelle, on a recours à un mythique article de la loi salique interdisant aux femmes de régner et de transmettre le droit de régner en France. Il reste la troisième solution : le recours à un cousin éloigné, Philippe de Valois, petit-fils de Philippe III. D'ailleurs, avec l'accord des barons, il prend immédiatement le titre de régent, en attendant l'accouchement de la veuve de Charles IV, qui est enceinte de sept mois à la mort du roi. Le 1er avril 1328, elle donne naissance à une fille. Immédiatement, Philippe de Valois est proclamé roi : Philippe VI.

*La monarchie féodale à la française :
l'élargissement du pouvoir royal*

Pendant les trois siècles écoulés, la monarchie française a fonctionné suivant le principe féodal, qui régit l'ensemble de la société aristocratique. Dans ce système, tout repose sur la dépendance d'individu à individu, scellée par la cérémonie de l'hommage vassalique : le vassal, à genoux, mains jointes dans celles du seigneur, lui prête serment de fidélité sur l'Evangile. Dès 1020, l'évêque Fulbert de Chartres, dans une lettre au duc d'Aquitaine, définit les devoirs réciproques du seigneur et du vassal :

le premier doit la protection, le second l'aide et le service. Vers le milieu du XIIe siècle, le lien féodal se formalise et les juristes en définissent les règles : le vassal doit le service de conseil, à chaque fois qu'il est convoqué, le service de guerre, pendant quarante jours par an avec équipement adéquat, le service pécuniaire dans quatre cas (rançon du seigneur, départ à la croisade, cérémonie d'adoubement du fils du seigneur et mariage de sa fille). Le seigneur confère à son vassal, pour son entretien, un fief, terme dérivé du latin *beneficium*, désignant la terre donnée à un homme à titre de rémunération pour ses services. Le fief est en effet le plus souvent une terre seigneuriale, mais cela peut être aussi un revenu en argent attaché à une fonction. Il est conféré lors de la cérémonie de l'investiture, au cours de laquelle le seigneur donne au vassal un objet symbolique : baguette, motte, gant, ou pour les plus importants oriflamme, épée, anneau. Très tôt, la possession du fief devient héréditaire, moyennant le paiement d'un droit de relief ou rachat à chaque succession. A partir du XIIe siècle, le fief peut même être vendu, à condition de verser au seigneur le droit de quint (un cinquième du prix de vente). En théorie, il ne se confond pas avec la seigneurie, cette dernière étant un territoire dont le titulaire exerce des droits de puissance publique, justice, police, armée, alors que le fief se limite à la nue-propriété de la terre. Mais en réalité la plupart des terres sont des seigneuries. Seuls les alleux sont des terres qui échappent à la dépendance féodale. Inexistants dans certaines régions comme la Bretagne, ils atteignent 10 % de la superficie dans le Bordelais.

Les grands seigneurs, qui sont des vassaux directs du roi, cèdent en fiefs certaines de leurs seigneuries, et les sous-vassaux sont liés à eux par les mêmes obligations. Théoriquement, le royaume est donc une pyramide au sommet de laquelle se trouve le roi, avec au deuxième niveau les ducs, comtes, évêques, au troisième niveau les sous-vassaux, et ainsi de suite. Il va de soi que cette vision géométrique des choses est loin de refléter la réalité, car les achats, héritages, usurpations et accidents divers engendrent un réseau complexe, dans lequel chaque vassal a plusieurs seigneurs et chaque seigneur a plusieurs vassaux, d'où une multitude de problèmes en cas de guerres privées, les vassaux étant tenus de servir plusieurs seigneurs antagonistes. D'où l'apparition au XIe siècle de l'hommage lige, qui l'emporte sur tous les autres. En cas de non-respect de la fidélité, le seigneur peut confisquer le fief : c'est la « commise » féodale, et s'il y a procès le vassal est jugé par ses pairs devant la cour seigneuriale.

Au sommet de la pyramide, le roi est le seigneur des seigneurs, le seigneur lige de tous, le suzerain. Même s'il acquiert un fief d'un de ses vassaux, il n'a pas à prêter hommage. Mais ce qui le distingue le plus des autres autorités politiques, c'est son caractère sacré. Roi de droit divin, il prétend tenir son pouvoir de Dieu seul, sans intermédiaire, comme le précise la formule utilisée à partir de 1270 : « Le roi ne tient [son royaume] de nului, fors de Dieu et de lui. » Par le serment du sacre, il s'engage à faire régner la paix et la justice. La paix, c'est-à-dire qu'il doit protéger ses sujets, en particulier les plus faibles, et respecter les droits et privilèges des églises. Il lève l'armée féodale, l'ost, et en cas de danger pressant il peut y convoquer tous les hommes libres : le ban et l'arrière-ban. La justice, il l'exerce également par le droit de ban, mais il est tenu de respecter les coutumes, qui varient suivant les provinces. L'importance qu'il accorde à ce rôle de justicier est symbolisée par la fameuse image de Saint Louis sous son chêne de Vincennes.

Le roi reçoit au XIIIe siècle l'hommage direct de 32 ducs et comtes, 60 barons, 75 châtelains, 39 communes. Pour gouverner, il est entouré de deux sortes de conseillers : ceux qui composent sa « Maison », ou « Mesnie », et ceux de la *Curia regis*. Font partie des premiers les membres de sa famille, les gens de son entourage direct (les « palatins »), les grands officiers de la Couronne : le sénéchal, dont l'importance est telle que Philippe Auguste supprime la fonction en 1191 car le titulaire peut porter ombrage au roi, le connétable, chef de l'écurie et donc de l'armée, le chambrier, aidé de chambellans, le chancelier, qui dirige les secrétaires et a la garde du sceau royal. La *Curia*, ou cour, est un conseil politique où le roi convoque qui il veut pour discuter des affaires importantes. A partir du XIIIe siècle, on y trouve de plus en plus de spécialistes, clercs et laïcs, légistes qui, pour faire face à l'augmentation du nombre des affaires, préparent les dossiers au sein de sections différentes : finances, justice, administration et autres. Pour les affaires politiques, le roi réunit un conseil privé, plus restreint. Pour les affaires judiciaires, la section spécialisée est la *Curia in parlamento*, ou parlement, dont les sessions, à partir de Saint Louis, deviennent régulières : quatre fois par an, toujours à Paris. Les membres en sont nommés à chaque session. Les conseillers en parlement sont de plus en plus des juristes professionnels. Tout justiciable peut théoriquement faire appel des jugements des tribunaux inférieurs devant le parlement, mais la procédure est longue et coûteuse.

Au XIIIe siècle se constitue également une cour des pairs, composée des vassaux directs les plus importants : ducs et comtes palatins, auxquels se joignent des pairs ecclésiastiques. La liste officielle est définitivement portée à douze membres en 1297 : six laïcs (ducs de Normandie, de Bourgogne, de Guyenne, comtes de Flandre, de Champagne, de Toulouse) et six pairs ecclésiastiques (archevêque de Reims, évêques de Laon, Langres, Beauvais, Noyon, Châlons-sur-Marne). Cette cour de grands vassaux directs peut juger ses membres, et c'est aussi pour le roi un moyen de renforcer la fidélité de ces grands féodaux.

La section financière du Conseil est la *Curia regis in Compotis*, dont les comptes sont surveillés à la fin du XIIIe siècle par la Chambre des comptes. Il n'y a d'ailleurs pas de véritable budget. L'argent va et vient dans le coffre du Trésor royal, confié à partir de Philippe Auguste à la garde des Templiers, dont le trésorier adresse trois fois par an un compte au roi. En l'absence d'impôt permanent, les recettes proviennent des droits de monnayage, des amendes, tonlieux, péages, taxes sur les affranchissements, droits féodaux, droits de chancellerie, aides pour exemption du service d'ost. Les dépenses sont les frais d'entretien des châteaux, églises, hôpitaux, soldes des gardes et du petit personnel. Les grosses dépenses sont occasionnées par les croisades, mais le pape autorise dans ce cas la levée exceptionnelle d'une décime sur les biens du clergé. A la fin du XIIIe siècle cependant, les guerres de Flandre et de Guyenne, ainsi que le gonflement des dépenses d'entretien mettent les finances royales en difficulté, et Philippe le Bel a recours aux dons, aux emprunts forcés, aux avances des banquiers italiens comme les fameux Biche et Mouche, à la spoliation des juifs et des Templiers, à la dévaluation des espèces, d'où sa réputation de « faux-monnayeur ». Le passage à la monarchie nationale, avec son inflation de personnel administratif, a un coût.

Car du XIe au XIIIe siècle la monarchie féodale fonctionne avec un personnel très réduit. Le gouvernement central, c'est 200 personnes au maximum. Le roi n'a pas vraiment de capitale, même s'il réside de plus en plus souvent à Paris, que Philippe Auguste dote d'une enceinte fortifiée et d'une puissante forteresse, le Louvre, et dont il fait paver les rues principales. Philippe le Bel fait reconstruire le palais de l'île de la Cité, qui abrite les administrations et la Sainte-Chapelle de Saint Louis. La monarchie féodale, qui était encore itinérante, se dote alors d'une véritable capitale, qui matérialise la nouvelle nature d'un pouvoir de plus en plus bureaucratique et national.

L'administration locale est également rudimentaire. Dans le domaine royal, les prévôts sont aux XIe et XIIe siècles des hommes à tout faire, percevant les taxes, rendant la justice, convoquant les contingents militaires. Ils prennent leur charge à ferme mais deviennent peu à peu des fonctionnaires. A partir de la fin du XIIe siècle, les prévôtés sont regroupées dans des bailliages, aux limites imprécises. Le bailli, d'abord itinérant, puis fixé dans un chef-lieu, surveille les prévôts, dont il finit par absorber toutes les fonctions. Nommé et révoqué par le roi, c'est en général un petit noble qui a des compétences en droit. Lorsque le domaine royal s'agrandit, le roi conserve les institutions locales, comme les sénéchaussées du Midi. Baillis et sénéchaux sont les rouages essentiels de l'administration locale. Ils disposent d'un personnel très restreint pour accomplir leurs multiples tâches, et souvent abusent de leurs pouvoirs. C'est pourquoi Saint Louis envoie des enquêteurs, qui rassemblent les doléances, et fait rédiger deux grandes ordonnances de réformation, en 1254 et 1256 : baillis et sénéchaux doivent jurer de faire bonne justice, de respecter les coutumes, de n'accepter aucun cadeau. Ainsi, dans la monarchie féodale à la française, le pouvoir royal ne cesse d'accroître son contrôle sur le fonctionnement de l'Etat. Les résistances sont vives, et certains conseillers font les frais de la colère des nobles, qui se sentent de plus en plus écartés du pouvoir au profit des légistes : en 1315, Enguerrand de Marigny, rendu responsable des mesures autoritaires du défunt Philippe le Bel, est pendu à Montfaucon. Mais en dépit de ces réactions, la monarchie féodale française évolue inexorablement vers l'absolutisme à partir de la fin du XIIIe siècle.

*L'Angleterre, du Conquérant au Cœur de Lion :
une monarchie flamboyante (1035-1099)*

En Angleterre au contraire, les barons du royaume parviennent à limiter l'arbitraire royal. L'histoire de la monarchie anglaise du XIe au XIIIe siècle n'a pas l'unité ni l'apparente progression de celle des Capétiens. Ici, pas de continuité dynastique : des rois danois, saxons, normands, angevins se bousculent ; révoltes et guerres civiles, conflits familiaux, et pour terminer un roi détrôné et assassiné. Et pourtant, à travers ces soubresauts, la mise en place progressive d'un système politique solide équilibrant le pouvoir royal et la « communauté du royaume », en fait l'aristocratie.

A la mort du roi danois Cnut le Grand en 1035, son empire, qui entourait la mer du Nord, se morcelle. Son fils Harold règne en Angleterre de 1035 à 1040, puis le demi-frère d'Harold, Hardacnut (1040-1042), auquel succède Edouard le Confesseur (1042-1066), fils du Saxon Aethelred. En dépit des invasions et vicissitudes subies depuis le IVe siècle, le royaume est doté d'une administration efficace : divisé en *shires*, ou comtés, dirigés par un *shire-reeve* ou shérif, délégué du roi, et subdivisés en *hundreds*, il comprend un réseau de cours de justice protégeant les droits de l'individu. Le roi, sacré, est entouré d'un conseil d'évêques et de dignitaires laïcs, et il peut décréter la levée en masse des hommes libres, le *fyrd*. Le problème, c'est celui de la succession. Edouard le Confesseur n'a pas de fils, mais il a un beau-frère, Harold, fils d'un seigneur du Sussex, Godwine. Harold est l'homme le plus puissant du royaume, désigné comme le *dux Anglorum* et le *subregulus*. Le royaume semble lui être destiné. Cependant, le duc de Normandie, Guillaume le Bâtard, prétend qu'en 1051 Edouard lui a promis la succession. De plus, le frère d'Harold, Swein, allié d'Harald de Norvège, prétend aussi avoir des droits.

Edouard meurt en janvier 1066, et tout est réglé en moins d'un an, l'« année des trois rois ». Harold s'empare de la couronne, bat et tue Harald, qui avait débarqué dans le nord le 25 septembre, à Stamfordbridge, revient à marche forcée sur la côte méridionale, où il est battu et tué à la bataille d'Hastings, le 14 octobre, par Guillaume, désormais appelé le Conquérant, qui a organisé un remarquable débarquement de 7 000 Normands et Bretons, avec 2 000 chevaux. Le 25 décembre 1066 il est couronné roi d'Angleterre à Londres. Il lui faudra cependant plusieurs années pour se rendre maître de tout le pays, où des révoltes éclatent jusqu'en 1070. Guillaume impose sa loi de façon impitoyable, par des exécutions, des confiscations, des transferts massifs de terres aux seigneurs normands, l'implantation du système vassalique, et la construction d'un réseau de puissants châteaux de pierre, impressionnantes tours carrées comme celle de Londres. De plus, il fait réaliser en 1086-1087 une vaste enquête dans tout le royaume afin d'en connaître exactement la composition : nombre d'hommes, d'animaux, surfaces cultivées, propriété des terres. Ce type exceptionnel de recensement est très mal perçu par les clercs de l'époque, qui le comparent au bilan exhaustif des actions humaines qui sera produit au jour du Jugement : c'est le *Domesday Book* (Livre du Jugement dernier), dont la *Chronique anglo-saxonne* dit qu'« il n'y eut pas un seul *hide* (unité de surface), ni un seul yard de terre, ni même – on a honte de le dire, mais il n'a pas eu honte de le faire – un seul bœuf, vache, cochon qui ait été oublié ». La remarque exprime l'hostilité anglo-saxonne à l'égard des nouveaux maîtres normands. Ajoutons que Guillaume se réserve le quart du pays, avec l'ensemble des forêts royales. Les spoliations et transferts de propriété provoquent un durable antagonisme contre la tutelle normande.

Le problème majeur du royaume de Guillaume Ier est de savoir si ses deux composantes, Angleterre et Normandie, séparées par la Manche, peuvent rester unies. En fait, elles auront un souverain différent à trois reprises (1087, 1100 et 1144), et pendant vingt-six ans sur quatre-vingt-huit entre 1066 et 1154. A la mort de Guillaume Ier, son fils aîné Robert II devient duc de Normandie, et son fils cadet Guillaume II le Roux, roi d'Angleterre (1087-1100). Un troisième fils, Henri Ier Beauclerc, réunifie les deux blocs : roi d'Angleterre en 1100, il s'empare de la Normandie en 1106 après sa victoire de Tinchebrai sur son frère Robert. Il règne jusqu'en 1135 et bat son suzerain capétien en 1119 à Brémule. A sa mort se pose un gros problème de succession, qui donne lieu à une guerre civile entre son neveu Etienne de Blois et sa fille Mathilde, veuve de l'empereur Henri V. Mathilde a épousé en secondes noces le comte d'Anjou Geoffroy Plantagenêt, qui soutient les droits de son épouse et s'empare pour elle de la Normandie en 1144. Après des années de guerre, un compromis est conclu : à la mort d'Etienne, tout l'héritage passera au fils de Mathilde et de Geoffroy, le jeune Henri Plantagenêt. C'est ce qui se produit en 1154. Or le jeune homme a épousé en 1152 Aliénor, duchesse d'Aquitaine, qui venait de se séparer du roi de France Louis VII. Il se retrouve donc, à 21 ans, roi d'Angleterre, duc de Normandie, comte d'Anjou, du Maine et de Touraine, duc d'Aquitaine : Henri II Plantagenêt (1154-1189) est de loin le plus puissant souverain d'Europe.

Energique, intelligent et autoritaire, il passe son règne à circuler entre l'Angleterre et la France, ce qui l'oblige à déléguer son pouvoir pendant ses fréquentes absences, permettant ainsi à l'Angleterre de se doter d'institutions solides et efficaces, aux mains d'officiers compétents. Les shérifs sont tenus en main, surveillés par des enquêtes comme l'*Inquest of Sheriffs* de 1170. La justice est rendue régulièrement, des codes de lois sont promulgués, comme les *Assizes* de Clarendon de 1166 et les *Assizes* de Northampton de 1176. Les empiétements de la justice royale sur la juridiction ecclésiastique entraînent un violent conflit avec l'archevêque de Canterbury, Thomas Becket, dont l'assassinat en 1170 oblige le roi à se livrer à une pénitence publique. Son autoritarisme provoque également une révolte des barons en 1173-1174.

La puissance d'Henri II se manifeste par l'extension de l'Empire angevin au cours d'expéditions au pays de Galles en 1157, 1163, 1165, en Ecosse, dont le roi Malcolm IV doit céder de vastes territoires dans le Cumberland, le Westmorland, le Northumberland, en Irlande en 1171-1172 ; le Quercy est occupé à partir de 1159 ; en 1166, la Bretagne tombe sous la domination des Plantagenêts : Henri II envahit le comté, oblige le comte Conan IV à abdiquer, et décide le mariage de la fille de ce dernier, Constance, avec son deuxième fils, Geoffroy, qui devient officiellement comte de Bretagne en 1169. Henri II règne donc du sud de l'Ecosse aux Pyrénées, et sur plus de la moitié du royaume de France. « Empire » très hétérogène, dont le seul élément d'unité est sa personne. Un tel ensemble ne pouvait survivre longtemps, et les premiers signes de désagrégation apparaissent quand les fils du roi, Henri le Jeune, Richard et Jean, soutenus par leur mère Aliénor, qu'Henri II retient prisonnière, se révoltent contre leur père. Le roi de France Philippe Auguste profite de la situation en aidant Richard, sans grand succès d'ailleurs.

En 1189, devenu le roi Richard Ier (1189-1199), surnommé plus tard Cœur de Lion, ce dernier accompagne Philippe à la croisade. Mais le roi de France ne tarde pas à revenir en Europe et profite de l'absence du Plantagenêt pour envahir la Normandie. Richard, après la prise de Saint-Jean-d'Acre, multiplie les vains exploits contre Saladin, et est retenu prisonnier sur le chemin du retour par l'archiduc d'Autriche (1192-1194). Enfin libéré contre une énorme rançon, il bat Philippe Auguste à Fréteval, récupère la Normandie, dont il protège l'accès par la vallée de la Seine en édifiant en trois ans l'énorme forteresse de Château-Gaillard (1196-1198). Il est tué en 1199 par un trait d'arbalète devant le château de Châlus en Limousin. Né au Mans, mort à Châlus, enterré à Fontevraud, Richard Cœur de Lion est plus français qu'anglais. Ce n'est pas le cas de son frère Jean, dit Jean sans Terre, qui lui succède de 1199 à 1216.

*Les limites des Plantagenêts, de la Grande Charte
à la montée du Parlement (1199-1327)*

Règne malheureux d'un souverain qui n'est pourtant pas dénué d'intelligence et de courage, mais dont le caractère instable est la cause de ses nombreux déboires. Il commence par perdre les deux tiers des territoires plantagenêts en France : en 1200, il enlève Isabelle, fiancée du fils du comte de la Marche, et l'épouse. La famille du comte, les Lusignan, soutenue par les barons du Poitou, demande justice au suzerain, le roi de France Philippe Auguste. Jean, convoqué devant le Conseil du roi, ne vient pas. La cour prononce la confiscation de ses fiefs en 1202. En 1203 et 1204, Philippe Auguste, en vertu de cette sentence, envahit l'Anjou, le Poitou, la Normandie ; Château-Gaillard tombe le 6 mars 1204. En dépit de l'intervention d'Innocent III en sa faveur, Jean sans Terre, qui a fait prisonnier son neveu Arthur, fils de son frère Geoffroy, en qui il voyait une menace, et l'a fait assassiner, a perdu tous ses territoires français du nord de la Saintonge à la Basse Seine. Une tentative de reconquête échoue en 1206.

Ses malheurs ne font que commencer. En 1208, il entre en conflit avec le pape Innocent III qui veut imposer Etienne Langton comme archevêque de Canterbury. Le royaume est mis sous interdit, et le roi excommunié. Pour faire face à ses dépenses militaires, il accroît la pression fiscale, et dans le but de récupérer ses possessions en France il monte en 1213 une coalition avec l'empereur Otton, le comte de Boulogne et le comte de Flandre, mais en juillet 1214 il est mis en fuite par le prince Louis, fils de Philippe Auguste, à La Roche-aux-Moines, près d'Angers, et ses alliés sont battus à Bouvines.

Ces nouvelles poussent les barons anglais à la révolte contre un roi détesté, auquel ils reprochent ses méthodes de gouvernement autocratiques, ses violations continuelles du droit et des coutumes féodales. Jean s'empresse alors de se réconcilier avec le pape en se reconnaissant vassal du Saint-Siège, mais les barons révoltés, dirigés par Robert Fitz Walter et Eustache de Vesci, le contraignent à signer en juin 1215 la Grande Charte, *Magna Carta*. Ce fameux texte en 66 articles, qui prétend défendre les libertés des Anglais, est en fait une énumération des droits des barons, fixant des limites à l'arbitraire royal et exigeant le respect des coutumes féodales. Au-delà de son contenu, qui sera sérieusement édulcoré peu après, son importance réside dans le fait qu'il proclame que le pouvoir royal a des limites, que le droit est au-dessus du roi. C'est pourquoi il est resté dans l'histoire anglaise un symbole et une référence. Le pape, qui considère cette revendication des libertés comme dangereuse, s'empresse d'ailleurs de casser le texte imposé à son vassal et de relever ce dernier de son serment. Furieux, les barons déclarent alors Jean déchu de ses droits et offrent la couronne au fils de Philippe Auguste, Louis, qui débarque en mai 1216 et commence une campagne militaire en Angleterre. Mais à la mort de Jean, en octobre, les barons se rallient à son fils, Henri III.

Le long règne d'Henri III (1216-1272), à peu près contemporain de celui de Saint Louis, marque une nouvelle étape dans l'abaissement de la monarchie féodale en Angleterre. Aussi bigot que son collègue français, il n'a pas la même énergie, et il commence par perdre ce qui restait sous contrôle anglais dans le Poitou, dès 1224. En 1242, il fait une molle tentative pour reprendre le comté, mais se fait battre lamentablement à Taillebourg et Saintes. Il s'ensuit une longue trêve, à l'issue de laquelle les deux rois concluent le traité de Paris, le 28 mai 1258 : Henri III renonce définitivement à la Normandie, à l'Anjou, à la Touraine, au Poitou ; il prête hommage pour la Gascogne ; en échange, Saint Louis lui restitue des fiefs dans les diocèses de Limoges, Périgueux et Cahors, ainsi qu'en Saintonge et dans le Quercy. Mais les territoires, mal délimités, seront prétextes à de nouvelles contestations au cours du règne suivant.

C'est dans son propre royaume qu'Henri III rencontre les plus grandes difficultés. En 1258, les barons anglais, mécontents de l'influence des « étrangers » poitevins à la Cour et des exigences fiscales du roi, lui imposent les Provisions d'Oxford, qui l'obligent à s'entourer d'un conseil baronial permanent et à réunir trois fois par an les représentants des barons du royaume. En 1259, les Provisions de Westminster exigent des réformes de la *Common Law* en faveur des libertés fondamentales. Le roi, avec l'approbation du pape, ayant refusé d'appliquer ces décisions, un soulèvement armé dirigé par le sénéchal Simon de Montfort, comte de Leicester et troisième fils du chef de la croisade des Albigeois, engage l'épreuve de force. Henri III demande l'arbitrage de Saint Louis, qui tranche en sa faveur par la Mise d'Amiens en 1264. Une guerre civile commence : le roi et son fils Edouard sont battus et faits prisonniers à la bataille de Lewes

(1264). Le prince Edouard redresse la situation en battant les barons à Evesham en 1265, et on arrive à un compromis par le statut de Marlborough en 1267.

Les relations entre la monarchie anglaise et l'Eglise sont constamment tendues au cours des XIIe et XIIIe siècles. Les deux archevêques du pays, celui d'York et surtout celui de Canterbury, défendent énergiquement les droits du clergé, et les conflits sont fréquents, parfois violents, comme l'a montré le meurtre de Thomas Becket. De plus, la papauté s'immisce fréquemment dans les affaires intérieures du royaume, et taxe lourdement le clergé anglais. Cela alimente des sentiments antipontificaux croissants, un rejet des interventions de Rome, qui rapproche le roi de ses sujets. Cette situation facilitera grandement l'adoption de la Réforme anglicane au XVIe siècle. Des foyers de réflexion intellectuelle commencent aussi au XIIIe siècle à développer des critiques antipontificales, à l'université d'Oxford, qui se constitue vers 1209, et à celle de Cambridge, apparue vers 1210-1214.

Le fils d'Henri III, Edouard Ier (1272-1307), énergique, autoritaire et impitoyable, a laissé la réputation d'un terrible souverain, conquérant du pays de Galles et de l'Ecosse. Au pays de Galles, soumis en deux campagnes dévastatrices (1276-1277 et 1282-1283), le prince local, Llywelyn ap Gruffud, est tué, et le titre de prince de Galles est conféré à l'héritier du trône anglais. Un chapelet de colossales forteresses, édifiées à grands frais – Harlech, Conwy, Beaumaris, Rhuddlan, Cricieth, Caernarfon –, surveille le pays. En Ecosse, Edouard saisit l'occasion d'une succession royale contestée pour nommer roi John Balliol, puis s'emparer personnellement de la couronne. La révolte des Ecossais, menée par William Wallace en 1297, est écrasée au cours de plusieurs guerres qui valent à Edouard le surnom de *Hammer of the Scots* (Marteau des Ecossais). Ces campagnes obligent le roi à se montrer conciliant du côté de la France, où

Philippe le Bel cherche l'affrontement en Gascogne, encourageant les seigneurs locaux à faire appel à son parlement contre le roi d'Angleterre. Le duché est même confisqué en 1294, puis restitué en 1303, mais la situation y reste tendue. Edouard y réside en 1286-1289, et y envoie des armées en 1294 et 1296, mais ses problèmes financiers l'empêchent de pousser trop loin les entreprises militaires.

Cet obstacle a d'ailleurs des effets indirects bénéfiques sur le système politique et militaire anglais. D'une part, la nécessité de mener des campagnes sur le continent oblige à recourir à des troupes louées de professionnels efficaces, car la noblesse rechigne à aller combattre outre-Manche et préfère payer en remplacement du service militaire. Au lieu de la cohue féodale, on aura donc de solides corps d'archers soldés, bien commandés et plus attentifs à la tactique en raison des effectifs limités. L'efficacité du système sera démontrée pendant la guerre de Cent Ans. D'autre part, cette armée coûte cher, et il est donc nécessaire de lever des taxes spéciales pour chaque campagne. Dès la fin du XIIe siècle, le roi prend l'habitude de négocier avec les communautés de comtés, qui votent l'impôt en échange de concessions royales. De ce processus naît l'institution du Parlement. Déjà, la Grande Charte prévoyait que le roi ne pourrait pas lever une aide sans consulter « le commun conseil du royaume », et jusqu'en 1290 le souverain avait réuni neuf fois les « Communes », c'est-à-dire les représentants des chevaliers, des bourgeois et des moyens propriétaires (*yeomen*). Puis, avec la multiplication des guerres, en Ecosse, au pays de Galles, en Irlande, en France, le mouvement s'accélère : neuf autres réunions en vingt ans. Désormais, le principe est acquis : pas de Parlement, pas d'argent. Un édit de 1295 précise le mode d'élection des représentants des comtés, des bourgs et du clergé, qui auront le pouvoir de négocier par « commun conseil » avec le roi et ses conseillers naturels, les Lords. Cette nouvelle limitation du pouvoir royal permet de donner aux décisions du pouvoir central une force accrue : les « statuts », promulgués par le roi en Parlement, sont intégrés à la Loi commune *(Common Law)* et sont intangibles. Sous Edouard Ier, les statuts de 1275, 1279, 1283, 1284, 1285, 1290 sont particulièrement importants et sont le résultat de négociations serrées entre le roi et le Parlement.

Ce dernier devient d'ailleurs l'instrument essentiel de l'opposition à Edouard II (1307-1327). Cet homosexuel qui comble ses amants (Piers Gaveston, les Despenser) de titres et de bienfaits, qui subit une défaite humiliante face aux Ecossais à Bannockburn en 1314, qui est confronté à une reprise de la guerre en France à propos de la Gascogne en 1324 et qui fait preuve d'une grande maladresse dans ses rapports avec les barons devient tellement impopulaire qu'en 1326 son épouse la reine Isabelle de France, fille de Philippe le Bel, avec l'aide de son amant Roger Mortimer, prend la tête d'un mouvement armé qui s'empare de lui. En 1327, il est déposé par le Parlement comme indigne de régner, enfermé au château de Berkeley, et assassiné de façon ignominieuse. Son fils Edouard III lui succède.

Ainsi, la monarchie féodale vers 1300 prend en France et en Angleterre deux directions différentes : alors que le roi de France, entouré de légistes, s'appuie sur le droit romain pour affirmer l'autorité croissante de l'Etat face au monde féodal, qui tente de résister, le pouvoir du roi d'Angleterre, limité par la Grande Charte, par les Provisions d'Oxford, par la montée du Parlement, devient de plus en plus constitutionnel. Nous sommes encore loin de la monarchie parlementaire, bien entendu, mais c'est au cours de cette période centrale du Moyen Age qu'en sont jetées les bases. En 1327-1328, les deux monarchies sont d'ailleurs en crise, avec changement de souverain :

crise dynastique chez les Capétiens, et crise de régime chez les Plantagenêts.

*Le Nord et l'Est : les Scandinaves,
le Drang nach Osten et les Slaves*

Alors que ces deux royaumes deviennent les puissances dominantes de l'Europe médiévale, sur les marges de la chrétienté se produisent des changements importants qui se traduisent, au nord comme au sud et à l'est, par une irrésistible expansion européenne. L'Occident chrétien étend son aire d'influence.

Au nord, les Norvégiens poursuivent leurs expéditions maritimes : l'Islande, île déserte au Xe siècle, compte 40 000 habitants vers 1200 ; au Groenland, une stèle runique du XIIIe siècle, par 72° de latitude Nord, marque le point le plus septentrional atteint par les Scandinaves. Aux XIe et XIIe siècles, le royaume danois s'affirme comme la principale puissance du Nord. Déjà, le pittoresque Sven à la Barbe Fourchue (994-1014) avait débarqué en Angleterre, son fils Cnut le Grand (1017-1036) réunissant sous sa domination Anglais, Danois et Norvégiens. Empire fragile cependant, centré sur les eaux froides et tempétueuses de la mer du Nord, et qui se désagrège à sa mort. Repliés sur leur péninsule, les Danois s'organisent cependant en monarchie nationale sous Sven Estridsen (1047-1074), et surtout Valdemar le Grand (1154-1182), l'exact contemporain d'Henri II Plantagenêt. Sous son règne, l'Eglise danoise s'organise avec Absalon, archevêque de Roskilde (1158-1192) et de Lund (1177-1201). Le pays se dote de châteaux, dont le plus important, contrôlant les détroits, devient Copenhague. C'est à cette époque que le clerc danois Saxo Grammaticus raconte dans ses *Historia Danica* la tragique histoire du prince Hamlet. Valdemar II le Victorieux (1202-1241) s'aventure dans la grande histoire européenne en combattant les Allemands, et en devenant le beau-frère de Philippe Auguste, mais la monarchie danoise sombre au XIIIe siècle dans une cascade de régicides et de guerres civiles. Ce siècle voit en revanche l'ascension du royaume de Norvège sous Haakon IV (1217-1263) et Magnus le Législateur (1263-1280), et celle du royaume de Suède, avec la dynastie des Folkungs, qui fonde la capitale, Stockholm, et la capitale religieuse, Uppsala. La monarchie suédoise réforme l'Eglise et achève de s'organiser avec Magnus Ladulaas (1275-1290) et Magnus Eriksson (1319-1365).

Au sud de la Baltique, les Scandinaves sont en contact avec les Allemands et les Polonais. Dans ce secteur, le fait majeur des XIIe et XIIIe siècles est la poussée germanique vers l'est, le *Drang nach Osten*, aux dépens des Slaves. Les colons allemands sont invités à s'établir à l'est de l'Oder, par des promesses de vastes parcelles soumises à des redevances très faibles et la possibilité de former des communautés autonomes. Les autochtones slaves sont présentés sous un jour raciste – pratiquement le seul exemple de racisme médiéval –, comme des « têtes répugnantes », des sous-hommes. Un des racistes les plus convaincus est saint Bernard, qui promet le ciel à qui débarrassera l'Europe de ces ignobles voisins, dont les pieux chevaliers Teutoniques feront un véritable massacre.

Dès le XIe siècle, les princes allemands constituent des « marches » orientales, sans limites vers l'est, territoires militaires où tout est possible aux pionniers et guerriers, sorte de *Far-East* où règne la loi du plus fort : du nord au sud marches de Brandebourg, de Lusace, de Misnie, de Moravie, d'Autriche. Au XIIe siècle, le margrave de Brandebourg Albert l'Ours (1150-1170) progresse vers l'Oder ; le duc de Saxe Henri le Lion (1143-1161) fonde Lübeck et occupe la Lusace ; la Silésie et la Poméranie sont absorbées en 1160 et 1180. Au XIIIe siècle, les chevaliers Teutoniques s'emparent entre 1210 et 1240 des pays de Gdansk, de la Prusse, de la Courlande, de l'Estonie, avant d'être arrêtés en 1242 sur le lac Peipus par le prince de Novgorod Alexandre Nevski.

Bousculés, les Slaves refluent vers l'est. Les Polonais, qui avaient pourtant réussi à constituer un royaume stable avec Piast Miesko (962-992) et surtout Boleslaw le Grand (992-1025), reconnu comme allié par Otton III, sont handicapés par l'existence d'une noblesse turbulente et les guerres contre les Tchèques. Le roi Boleslaw Bouche-Torse (1102-1158) commet l'erreur de faire appel au clergé germanique, et bientôt la Pologne perd tout accès à la Baltique, tandis que les Mongols ravagent le sud-est du pays en 1241, 1259, 1288. Eternel problème des Polonais, pris entre les Allemands et les empires de l'Est, qu'ils soient mongols ou russes.

De ce côté justement, le prince de Kiev Vladimir, époux d'une sœur de l'empereur byzantin Basile II, impose le christianisme à son peuple en 989, mais le pays, ouvert aux multiples invasions des gens de la steppe, finit par s'effondrer en 1240 sous les coups des Mongols. Kiev est réduite en cendres par le khan Batou. La relève est assurée par le prince de Novgorod Alexandre Nevski (1246-1263), vainqueur des Suédois à la bataille de la Neva en 1240 et des chevaliers Teutoniques ou chevaliers Porte-Glaive en 1242. Il est également prince de Souzdalie et de Moscou, dont le nom apparaît pour la première fois dans l'histoire en 1147. Héros national, considéré comme fondateur de la Russie, Alexandre Nevski réussit à fédérer un immense territoire allant de la Baltique au Don et au Dniepr.

Au sud-est de l'Empire germanique, la Bohême peine à se constituer en royaume stable, à cause des rivalités au sein de la famille royale des Premyslides. Pourtant, au XIIIe siècle, le roi Premysl Otakar II (1253-1278) réussit à étendre sa domination sur la Bohême, la Moravie, la

Slovaquie, la Lusace, la Styrie, la Carinthie, la Carniole et l'Autriche. Une telle extension inquiète l'empereur germanique Rodolphe de Habsbourg, qui fait contester ses droits sur l'Autriche, la Styrie et la Carinthie par la diète de Ratisbonne. A la bataille du Marchfeld, en 1278, Otakar II est battu et tué, et les pays autrichiens retombent dans la sphère d'influence du Saint Empire. La dynastie des Premyslides s'éteint en 1304 avec l'assassinat de Venceslas III.

Le Sud : la Reconquista, les Aragonais, les Normands et les Angevins

Plus que vers le nord et vers l'est, c'est vers les marges du sud que se portent les regards des dirigeants européens entre le XIe et le XIIIe siècle, et plus particulièrement vers les deux grandes péninsules, l'ibérique et l'italienne, avec son prolongement sicilien. Nous sommes là en contact direct avec les autres mondes, musulman et byzantin, et dans un cas comme dans l'autre, la dynamique est du côté de la chrétienté latine.

En Espagne se déroule le processus de la *Reconquista*, la reconquête de la péninsule par les chrétiens du Nord, Espagnols renforcés par des Français, des Anglais, des Flamands et Allemands. Vers l'an 1000, la zone chrétienne est encore limitée à une bande ouest-est de 100 à 200 kilomètres de large des Asturies à la Catalogne. Mais cette base de départ dispose d'importants atouts : des vallées assez fertiles et aux abondants troupeaux de bovins, ovins et chevaux, des ressources en bois, en minerais comme le fer des Asturies, du pays Basque, de Catalogne, des communautés paysannes homogènes avec des fraternités guerrières et une forte identité ethnique et linguistique, un ciment juridique basé sur un mélange de droit romain et de coutumes wisigothiques. Des petits royaumes, apparus au cours des IXe et Xe siècles, Asturies, Castille, León, Navarre, comté de Barcelone, sont encore anarchiques jusque vers 1050, avec des châtelains indisciplinés, ce qui a permis aux musulmans de s'avancer entre 985 et 1008 jusqu'à Barcelone, Urgel et Compostelle.

Les choses changent vers le milieu du XIe siècle avec le renforcement du pouvoir royal, l'union de la Castille et du León (1037), puis l'arrivée en nombre croissant de pèlerins armés, attirés par le sanctuaire de Saint-Jacques. La disparition du califat de Cordoue et l'éclatement de l'Espagne musulmane en royaumes des Taifas encouragent les chrétiens à mener des raids audacieux allant parfois jusqu'à Cordoue. Mais la reconquête n'a encore rien de systématique : les rois chrétiens n'hésitent pas à se battre entre eux, avec l'aide de chefs musulmans. Le fameux Rodrigue Diaz de Bivar, le Cid Campeador (1043-1099), prince de Valence, n'éprouve aucun déchirement cornélien à se battre tantôt pour les musulmans, tantôt pour les chrétiens. Au nord-est, les comtes de Barcelone Béranger Raymond (1018-1035) et Raymond Béranger le Vieux (1035-1076) étendent leurs possessions vers l'Ebre inférieur, puis Pierre Ier d'Aragon (1094-1104) et son fils Alphonse le Batailleur (1104-1134) s'emparent de Saragosse, qui devient la capitale du royaume (1118). Au centre, Sanche le Grand, roi de Navarre (1000-1035), s'empare d'une partie du León, mais ses conquêtes ne lui survivent pas. L'essentiel se déroule cependant en Castille, où le roi Alphonse VI (1072-1109), après avoir lutté contre ses frères pour refaire l'unité du royaume, reprend la lutte contre les musulmans et s'empare de Tolède en 1085. Mais l'année suivante il est battu par l'Almoravide Yousouf. Alphonse VI conserve malgré tout ses conquêtes et se pare du titre d'*Imperator totius Hispaniae*. Il introduit les clunisiens dans la péninsule et développe le pèlerinage de Saint-Jacques. En 1108, il est à nouveau battu à Uclès, et son unique héritier est tué dans la bataille. La reconquête marque le pas.

Au XIIe siècle, la Castille est affaiblie par la sécession du Portugal en 1140. Dès lors, le roi du Portugal, Alphonse-Henri, poursuit la reconquête pour son compte personnel sur la façade atlantique, s'empare de Lisbonne en 1147, et conquiert l'Alemtejo, tandis que de l'autre côté l'Aragon et la Catalogne s'unissent en un seul royaume, dirigé par Alphonse II (1162-1196). La création des ordres de moines soldats (Calatrava en 1158, puis Santiago et Alcantara) n'empêche pas les Almohades d'infliger une terrible défaite au roi de Castille Alphonse VIII à Alarcos.

La reconquête ne reprend qu'au début du XIIIe siècle, avec la victoire décisive de Las Navas de Tolosa, le 16 juillet 1212, qui ouvre les portes de l'Andalousie. C'est alors le déferlement : Badajoz et Palma tombent en 1230, Cordoue en 1236, Valence en 1238, Murcie en 1243, Séville en 1248, Cadix en 1262. A partir de ce moment, les musulmans ne conservent plus que le petit royaume de Grenade. Celui-ci va pourtant tenir encore plus de deux siècles, car les rois de Castille et d'Aragon sont confrontés à des problèmes internes. L'assimilation des territoires conquis en si peu de temps se révèle difficile. La cohabitation des mozarabes (chrétiens suivant une liturgie particulière), des mudéjars (musulmans passés sous l'autorité chrétienne), des juifs, des chrétiens venus du nord n'est pas aussi harmonieuse qu'on l'a souvent prétendu : quartiers séparés dans les villes, taxes spéciales sur les non-chrétiens, rivalités économiques et religieuses dégénèrent parfois en conflits ouverts. De plus, les villes et les nobles ont leurs exigences ; les premières obtiennent des *fueros* garantissant leurs privilèges et les bases du gouvernement municipal ; leurs représentants jouent un rôle important au sein des Cortes, les assemblées représentatives des trois *brazos* (clergé, noblesse, bourgeoisie) ; les seconds, turbulents, s'emparent de vastes domaines et forment une aristocratie indisciplinée avec laquelle les rois doivent compter.

La Castille connaît cependant au XIIIe siècle une période faste sous les règnes de Ferdinand III (1217-1252), canonisé, et surtout Alphonse X le Sage (1262-1284), le roi savant, qui encourage le développement des sciences (publication des tables astronomiques dites tables Alphonsines), et la construction de grandes cathédrales. L'œuvre de traduction des textes anciens se poursuit ; en 1215 est créée l'université de Salamanque ; à celle de Murcie, fondée sous Alphonse X, on enseigne à la fois en latin et en arabe. Des monastères cisterciens s'ajoutent aux clunisiens. Mais la sagesse d'Alphonse X ne résiste pas à l'attrait du mirage de la couronne impériale allemande : il dépense d'énormes sommes pour se faire élire empereur, comme le fera plus tard Charles Quint, mais son échec, sa renonciation à la vassalité du Portugal, ses dépenses excessives le rendent impopulaire. Des révoltes féodales éclatent ; il est même détrôné un moment par les Cortes de Valladolid. A sa mort, en 1284, la Castille plonge dans une longue période de troubles.

A la même époque, le royaume d'Aragon se lance quant à lui dans des aventures italiennes. Le roi Pierre III (1276-1285) a épousé Constance de Hohenstaufen, la fille du roi de Sicile Manfred, fils bâtard de Frédéric II, détrôné par le Capétien Charles d'Anjou. Lorsqu'en 1283 les Siciliens se soulèvent contre les Angevins après les « Vêpres siciliennes », ils font appel au roi d'Aragon, qui envahit alors l'île. Le pape, qui soutient Charles d'Anjou, appelle à la croisade contre l'Aragon. Le roi de France Philippe III, neveu de Charles d'Anjou, entre en Catalogne en 1285, mais il meurt de la dysenterie et l'expédition échoue. Les Aragonais restent maîtres de la Sicile, et le roi Jaime II (1291-1327) y ajoute même la Corse et la Sardaigne, cédées par le pape. Avec les Baléares, l'Aragon domine désormais la Méditerranée occidentale, et une bande de mercenaires aragonais, la Compagnie Catalane, d'abord au service du basileus contre les Turcs, s'empare même du duché d'Athènes et de la Morée. Ajoutons que Jaime II est l'époux de la sœur du roi de Chypre, Marie de Lusignan, et qu'il a aussi une base sur la côte tunisienne. Mais ces entreprises ambitieuses coûtent cher, et le roi se heurte à la résistance de la noblesse aragonaise, qui oblige Alphonse III (1285-1291) à signer le *Privilège de l'Union*, autorisant les nobles à se rebeller si le roi enfreint leurs droits, et l'obligeant à réunir annuellement les Cortes. Le document est une sorte de Grande Charte aragonaise.

Les épisodes angevin et aragonais à la fin du XIIIe siècle ne sont que les dernières péripéties d'une histoire italienne très mouvementée depuis le XIe siècle. La péninsule est en effet au centre de toutes les grandes affaires européennes, et le carrefour des ambitions de toutes les puissances de l'époque, disputée entre les Arabes, les Byzantins, les Allemands, les Normands, les Français, les Espagnols et même quelques Italiens. Au centre de la mêlée, le pape, qui se sert des uns contre les autres pour affirmer son pouvoir temporel.

Vers l'an 1000, les Arabes sont toujours présents en Sicile, les Byzantins en Calabre, dans les Pouilles, à Naples, l'empereur germanique contrôle le Nord et le duché de Spolète, et les papes les Etats pontificaux. Le Sud est en proie à des combats continuels entre les émirats rivaux, les Byzantins et les Italiens, chacun recourant aux services de mercenaires et d'aventuriers de toutes origines, à l'affût d'un riche butin dans ces régions au commerce actif. C'est le cas de bandes normandes qui apparaissent dès le début du XIe siècle et qui commencent à se tailler des principautés, comme le comté d'Aversa en 1029. Les plus entreprenants sont les onze fils d'un petit seigneur de Hauteville-la-Guichard, Tancrède de Hauteville. L'un d'entre eux, qui porte le nom évocateur de Guillaume Bras de Fer, employé par les Byzantins contre les Sarrasins de Sicile en 1038, puis par les Italiens contre les Byzantins, devient comte de Melfi en 1043. Le pape s'inquiète des progrès de ces hommes du Nord, qui en plus sont des hérétiques, partisans de la doctrine de Béranger de Tours sur la transsubstantiation. Il tente, avec l'aide des Byzantins, de les expulser, mais il est battu et fait prisonnier par l'un des frères de Hauteville, Robert Guiscard, en 1053. Les Normands continuent leur progression, se réconcilient avec le pape, et en 1059 Nicolas II, qui a besoin de leur aide contre les Byzantins, les Arabes, l'empereur et les barons romains, couronne Robert Guiscard « duc des Pouilles et de Calabre par la grâce de Dieu et du Saint-Siège ». Devenu protégé et vassal du pape, Robert Guiscard s'empare du duché d'Amalfi en 1073, de la principauté de Salerne en 1076, marie sa fille à l'héritier du trône de Constantinople, et en 1081 se lance même, avec son fils Bohémond, à la conquête de l'Empire byzantin, le beau-père de sa fille ayant été détrôné par un usurpateur. En 1084, il revient en Italie pour secourir le pape assiégé par les troupes de l'empereur, puis repart en Grèce, où il meurt en 1085.

Pendant ce temps, son frère Roger fait la conquête de la Sicile, d'où il chasse définitivement les Arabes entre 1061 et 1091. C'est sous le règne de son frère Roger II (1101-1154), roi de Sicile et de Naples, que le royaume normand atteint son apogée. Au cours de longues guerres contre le pape et l'empereur, il repousse les limites du territoire pontifical et il s'en prend même à l'Empire byzantin, menant des campagnes à Corfou, Corinthe, Thèbes en 1147 et 1148, et même jusque sous les murs de Byzance en 1149. Sa capitale, Palerme, est à cette époque un centre intellectuel cosmopolite renommé.

Sous Guillaume Ier le Mauvais (1154-1166) et Guillaume II (1166-1189), le royaume de Sicile est sur le déclin, affaibli par de fréquentes rébellions et répressions. Pendant cette période, le roi de Sicile est l'allié du pape contre l'empereur Frédéric Barberousse, ce qui ne l'empêche pas de mener de nouvelles expéditions contre Byzance. En 1189, Guillaume II meurt sans enfants, et son héritière, qui est sa tante Constance, a épousé le fils de Frédéric Barberousse, qui devient l'empereur Henri VI : le royaume de Sicile est englobé dans l'Empire. Henri VI est couronné à Palerme en 1194, après une courte tentative par le comte de Lecce, Tancrède, et sa femme Sybille pour s'emparer de la couronne. A partir de cette date, l'histoire de la Sicile et du sud de la péninsule suit les vicissitudes de la lutte entre le pape et l'empereur, que nous avons retracées ailleurs. Après le règne de Frédéric II, qui réside le plus souvent à Palerme, puis de son bâtard Manfred, c'est l'arrivée de Charles d'Anjou en 1265, puis des Aragonais en 1283, avec les « Vêpres siciliennes ».

Désormais, l'ancien royaume de Sicile est coupé en deux : d'un côté l'île de Sicile, où règne le roi d'Aragon Pierre III, puis Jaime II (Jacques) à partir de 1285 ; de l'autre, le royaume de Naples, dirigé par Charles Ier puis Charles II d'Anjou, soutenu par le pape. Les Angevins tentent vainement à plusieurs reprises de reconquérir la Sicile, et une paix est finalement conclue en 1302 à Caltabellotta : Charles II reconnaît comme roi de Sicile Frédéric d'Aragon, le frère de Jaime II, ce dernier renonçant à la possession de l'île. La fille de Charles II, Eléonore, épousera Frédéric, et à la mort de celui-ci la Sicile redeviendra angevine. Paix toute provisoire : en 1309, à la mort de Charles II, son fils Robert, un tempérament très entreprenant, très impliqué dans les luttes entre guelfes et gibelins à Florence, fait à nouveau valoir ses droits sur la Sicile. Après avoir empêché l'empereur Henri VII d'entrer à Rome pour y être sacré, il se rend maître du Piémont et de la Lombardie, mais échoue en 1314 en

Sicile, et en 1324 l'île est annexée par Jaime II d'Aragon. Naples et Palerme restent les capitales de deux royaumes distincts, tandis que le centre et le nord de la péninsule voient toujours s'affronter guelfes et gibelins.

Les croisades : origines et motivations

Au nord, comme à l'est et au sud, l'expansion européenne se traduit par l'expansion de la chrétienté latine. Le dynamisme européen, dont le véritable moteur est économique et démographique, comme nous le verrons, se pare de motivations idéologiques, en l'occurrence religieuses. C'est bien ce qui anime les chevaliers Teutoniques comme les Castillans, tandis qu'en Italie méridionale, après avoir chassé les Sarrasins de Sicile et les schismatiques byzantins de Calabre, on se bat entre chrétiens en invoquant la cause du pape. Toutes les luttes politiques sont alors sous-tendues par un esprit religieux, et il n'est pas de guerres sans l'assurance de l'aide divine. Les théologiens élaborent d'ailleurs à cette époque la notion de guerre juste. Et celle-ci atteint son paroxysme avec la guerre sainte, autrement dit la croisade, qui est la grande affaire de la chrétienté au cours de ces trois siècles.

L'idée n'est pas nouvelle, et elle est parfaitement cohérente avec la logique interne d'une religion monothéiste. A partir du moment où l'on est persuadé qu'il n'y a qu'un seul dieu, le devoir du croyant est d'en répandre le culte, et de convaincre par tous les moyens ceux qui sont dans l'erreur en adorant de faux dieux ; l'erreur, lorsqu'elle implique la vie éternelle et le divin, est littéralement intolérable. Tolérer l'erreur dans ce domaine, c'est faire preuve d'indifférence et de mépris pour tous ces pauvres idolâtres qu'on laisse se damner. Le croyant ne peut rester passif face aux cultes trompeurs qui causent la damnation de millions de personnes. Le livre de l'Apocalypse (20, 8), après avoir promis paix et bonheur au peuple de Dieu rassemblé devant la Jérusalem Nouvelle, ajoute en effet : « Quant aux lâches, aux infidèles, aux dépravés, aux meurtriers, aux impudiques, aux magiciens, aux idolâtres et à tous les menteurs, leur part se trouve dans l'étang embrasé de feu et de soufre : c'est la seconde mort. » La promesse ne peut donc s'accomplir qu'avec la disparition de tous les infidèles et de tous les ennemis du Christ. Et le temps presse : au XIe siècle, les chroniqueurs signalent la recrudescence des peurs eschatologiques, non pas tant celles de l'an 1000 que celles de l'an 1033, où sévit une grande famine. « Les hommes croyaient que le déroulement ordonné des saisons et les lois de la nature, qui avaient régi le monde jusqu'alors, avaient sombré dans un éternel chaos, et ils redoutaient la fin de l'humanité », écrit le moine Raoul Glaber. Le Christ va revenir, et ce ne peut être qu'à Jérusalem. Alors, poursuit le même chroniqueur, « une foule innombrable se mit à converger du monde entier vers le sépulcre du Sauveur à Jérusalem. Ce furent d'abord les gens des classes inférieures, puis ceux du moyen peuple, puis tous les plus grands, rois, comtes, marquis, prélats, enfin... beaucoup de femmes, les plus nobles avec les plus pauvres... La plupart avaient le désir de mourir avant de retourner dans leur pays ».

Notons bien qu'il s'agit avant tout d'une recherche du salut individuel par la pénitence et le martyre. Le voyage de Jérusalem est un pèlerinage, dont la durée et les dangers sont tels qu'on a peu de chances d'en revenir, et qui marque donc la rupture totale avec la vie de pécheur. Si l'infidèle barre la route, il est évident qu'il faut le combattre, et alors comment Dieu pourrait-il refuser l'entrée au paradis de ceux qui mourraient dans ce combat ? Déjà au IXe siècle le pape Léon IV en avait fait la promesse à ceux qui combattaient les Sarrasins près de Rome : « Ceux qui mourront dans cette guerre avec fidélité ne se verront pas refuser le royaume des cieux. » Tout cela, répétons-le, est parfaitement cohérent à partir du moment où l'on s'enferme dans une religion monothéiste, basée sur des textes prétendument révélés. Si le fait de combattre pour sa patrie est considéré comme honorable, combien plus est le fait de combattre pour son dieu.

Cette logique prend de l'ampleur au XIe siècle pour une autre raison : depuis les années 990 environ se propagent des mouvements de paix qui, sous la direction du clergé, interdisent la violence certains jours et contre certaines catégories de personnes. Il va de soi que les consignes sont loin d'être toujours respectées, mais cela contribue à développer le sentiment d'une solidarité entre chrétiens et à canaliser les pulsions agressives vers l'extérieur, contre les infidèles. Ainsi, paradoxalement, la paix de Dieu a pour conséquence la guerre de Dieu, la guerre sainte. Après 1033, un nouvel accès de fièvre se manifeste en 1063-1064, et cette année-là le pape Alexandre II promet une indulgence plénière à tous les soldats qui, au cours de la *Reconquista*, sont engagés dans le siège de la ville de Barbasto.

Le contexte général est donc favorable à la réception du fameux appel lancé par Urbain II à Clermont en novembre 1095 en clôture du concile qui vient de se tenir dans cette ville. Les paroles exactes du pape ne sont pas connues. Le texte de son sermon est une reconstruction des chroniqueurs, élaborée au moins dix ans plus tard, à un moment où la première croisade, qui s'est terminée par un triomphe, a abouti à l'Etat latin de Jérusalem. Cette issue a évidemment beaucoup pesé sur la reconstitution des paroles du pape. Il y a d'ailleurs des différences considérables entre les chroniques de Robert le Moine, Baldrick de Bourgueil, Guibert de Nogent, Foucher de Chartres, car chaque chroniqueur présente plutôt sa théologie de la croisade qu'un compte rendu fidèle de l'allocution pontificale. L'une des versions les plus intéressantes est celle de Robert le Moine, car dans sa naïveté elle prête au pape des propos qui mêlent candidement les motifs les plus spirituels aux plus réalistes. Il y a bien sûr le couplet sur le « saint pèlerinage », qui associe combat spirituel et recherche du « sacrifice comme une hostie vivante, sainte et agréable à Dieu » ; il y a l'appel à l'extermination de la « nation maudite » des Arabes et des Turcs, qui « ont envahi en ces contrées les terres des chrétiens, les ont dévastées par le fer, le pillage, l'incendie » ; il y a le rappel flatteur de la supériorité des Francs : vous êtes les meilleurs, les plus forts, « vous à qui le Seigneur a accordé par-dessus toutes les autres nations l'insigne gloire des armes, la grandeur de l'âme, l'agilité du corps et la force d'abaisser la tête de ceux qui vous résistent ». Alors, « prenez la route du Saint Sépulcre, arrachez ce pays des mains de ce peuple abominable », « ne dégénérez point, rappelez-vous les vertus de vos ancêtres ». Il y a la promesse de « la gloire impérissable qui vous attend dans le royaume des cieux »... et pour le moment un riche butin dans ce « territoire fertile par-dessus tous les autres, qui offre pour ainsi dire les délices d'un autre paradis ». C'est aussi ce que fait dire au pape Foucher de Chartres : les croisés « étaient ici tristes et pauvres ; ils seront là-bas joyeux et riches ». Au lieu de vous adonner « à des guerres privées et abusives au grand dam des fidèles », allez donc tuer des infidèles. Et puis, il y a un argument inattendu dans la bouche d'un pape médiéval : la démographie. L'Europe est surpeuplée par rapport à ses capacités de production agricole : allez donc vous défouler en Palestine, cela soulagera la charge humaine de nos campagnes. « La terre où vous habitez, cette terre fermée de tous côtés par des mers et des montagnes, tient à l'étroit votre trop nombreuse population ; elle est dénuée de richesses et fournit à peine la nourriture à ceux qui la cultivent. C'est pour cela que vous vous déchirez et dévorez à l'envi, que vous vous combattez, que vous vous massacrez les uns les autres. Apaisez donc vos haines et prenez la route du Saint Sépulcre. » Ajoutons enfin, mais cela le pape ne le dit pas, que le Saint-Siège, en plein conflit avec l'empereur, espère qu'au passage les croisés pourront lui rendre quelques menus services.

De Clermont à Tunis : l'épopée des croisés (1095-1270)

Quoi qu'il en soit, il est vite dépassé par l'ampleur de la réponse à son appel. Alors qu'il s'attendait à l'envoi d'un simple corps expéditionnaire de chevaliers du Sud de la France en réponse à la demande de secours formulée en mars 1095 au concile de Plaisance par les envoyés du basileus Alexis Comnène, c'est une énorme armée internationale qui surgit de terre. On voit affluer des guerriers aussi bien que des paysans de toute la chrétienté. Répercutées et sans doute déformées par des propagandistes enthousiastes, dont beaucoup d'illuminés, les paroles du pape déclenchent un mouvement incontrôlable. C'est d'abord une foule de pauvres gens, totalement inconscients, qui suivent Pierre l'Ermite et se font massacrer en octobre 1096. Puis c'est le départ des groupes de chevaliers, qui se donnent rendez-vous à Constantinople. Sans véritable unité, ils forment une armée de 60 000 à 70 000 hommes qui est plutôt un assemblage de bandes dont les chefs, Raymond de Toulouse, Bohémond de Tarente, Tancrède, Godefroy de Bouillon, Baudouin de Boulogne, Raymond de Saint-Gilles, ne cessent de se quereller sur des questions de tactique. L'épopée, car c'en est une, dont nous avons vu ailleurs les principaux épisodes, aboutit après trois ans de souffrances et de combats à la prise de Jérusalem, le

15 juillet 1099. Triomphe suivi d'un épouvantable carnage d'hommes, femmes et enfants par les croisés ivres de ferveur divine.

A partir de là, l'esprit de croisade devient une entreprise de colonisation. Les territoires conquis sont organisés en Etats féodaux, avec un système de vassalité très strict : comté d'Edesse, principauté d'Antioche, comté de Tripoli, et surtout royaume de Jérusalem, qui s'étend de Beyrouth à Eilat sur la mer Rouge, et dont le premier souverain est Godefroy de Bouillon, avec le titre d'« avoué » du Saint-Siège. Le comte Baudouin lui succède en 1100. Le plus prestigieux des rois de Jérusalem sera Baudouin IV le Lépreux (1174-1185). Les décisions sont prises par l'assemblée des barons, mais l'histoire des Etats latins de Terre sainte est remplie de querelles intestines entre les princes, et de brouilles avec le basileus, qui se considère comme le suzerain de ces territoires autrefois byzantins. Un certain nombre de croisés s'établissent définitivement en Palestine et en Syrie, épousent des femmes autochtones et font souche, adoptent les coutumes, les vêtements et la langue locaux. Ce métissage est mal vu des « purs », qui le considèrent comme une trahison et méprisent ces « poulains » qui s'intègrent dans la société locale, même si les conversions à l'islam sont très rares.

Les autres grands gagnants des croisades sont les marchands italiens, intermédiaires indispensables entre l'Europe et la Terre sainte : ils acheminent marchandises et matériel, ainsi que les nouveaux croisés, dont le flux incessant vient renforcer les premiers arrivants. Génois, Pisans, Vénitiens se font concéder des quais, des halles, des quartiers entiers d'Antioche, Acre, Tripoli, Arsuf, Césarée, Sidon, Tyr, Beyrouth, Haïfa, et font d'énormes profits avec la location de leurs navires.

L'établissement des Etats d'Orient avait profité des divisions du monde musulman, comme nous l'avons vu. Mais ils restent sous la menace de contre-attaques des Seldjoukides et des Fatimides. Ne contrôlant qu'une mince bande littorale d'une centaine de kilomètres d'Antioche à Gaza, avec des effectifs réduits, ils ont besoin de forces spécialement conçues pour la protection des pèlerins et la défense des Etats chrétiens en territoire hostile. D'où l'institution des ordres de moines-soldats, incarnation des idéaux de la chrétienté médiévale – sainteté, pauvreté, courage, force guerrière au service de la foi : Hospitaliers de Saint-Jean de Jérusalem, et Templiers, ordre fondé par Hugues de Payn en 1118. Dans son traité *A la louange de la milice nouvelle*, vers 1130, saint Bernard a fait l'éloge de ces modèles de chrétiens : sales et puants, « jamais coiffés, rarement lavés, mais plutôt les cheveux négligés et hirsutes, souillés de poussière », ce sont, dit-il, de vrais saints, c'est-à-dire, selon lui, des hommes restés proches de la nature (de l'animalité ?), n'ayant emprunté que le minimum à la civilisation pervertie, illettrés, mais aveuglément dévoués à leurs supérieurs pour la défense de la chrétienté. Sorte de légion étrangère au service des Etats chrétiens, ouverte à tous les « scélérats, impies, homicides ou adultères », ils se rachètent en tuant des infidèles, « car la mort donnée ou reçue pour le Christ ne comporte d'une part rien de criminel, mérite d'autre part une grande gloire. Tuer un ennemi pour le Christ, c'est le gagner au Christ ; mourir pour le Christ, c'est gagner le Christ pour soi... Le soldat du Christ, dis-je, tue en sécurité, meurt avec plus de sécurité encore. S'il meurt, le bénéfice est pour lui ; s'il tue, il est pour le Christ ». Les musulmans sont des « chiens », des « pourceaux », et « pour le moment la meilleure solution est de les tuer ». Telles sont les bonnes paroles du saint le plus vénéré du XIIe siècle, et les Templiers ne se font pas prier pour les mettre en pratique. Les ordres militaires sont retranchés dans d'énormes forteresses comme le Krak des Chevaliers et sont les plus redoutables défenseurs des Etats chrétiens.

Ils sont cependant trop peu nombreux pour empêcher l'inévitable déclin de ces derniers. En 1147 commence la litanie des croisades de secours qui s'échelonnent jusqu'en 1270. 1147-1149 : après la chute d'Edesse, retombée aux mains des musulmans, le pape et saint Bernard lancent une deuxième croisade. Et pour motiver davantage les croisés le pape institue le « privilège de croix » : pendant tout le temps où il est à la croisade, le croisé échappera à toute poursuite judiciaire devant les tribunaux laïcs, il bénéficiera d'un moratoire pour toutes ses dettes jusqu'à son retour, avec des facilités d'emprunt. De quoi attirer pas mal de gibiers de potence séduits par cette promesse d'immunité. La croisade, dirigée par le roi de France Louis VII et l'empereur Conrad III, est un lamentable échec : défaite des Français à Attalia, des Allemands à Dorylée, échec devant Damas.

1187 : Saladin reprend Jérusalem. Une troisième croisade s'impose, et elle est impressionnante, sous la direction d'un trio de célébrités : Frédéric Barberousse, par voie de terre, Richard Cœur de Lion et Philippe Auguste par mer. C'est pourtant un nouvel échec : l'empereur se noie le 10 juin 1190 en Asie Mineure ; le roi de France revient en catimini ; le roi d'Angleterre accomplit de vains exploits, mais n'arrive pas à reprendre Jérusalem, et à son retour il est retenu prisonnier par l'archiduc d'Autriche (1193-1194).

1204 : quatrième croisade, objet de marchandages entre les croisés et les transporteurs vénitiens, qui détournent l'expédition contre Constantinople, comme nous l'avons vu. Innocent III est d'abord furieux, mais il a au moins la satisfaction de pouvoir nommer un clergé latin à Byzance. Il organise ensuite une cinquième croisade, dont il ne verra pas la triste issue : les croisés, débarqués en Egypte en 1218 sous les ordres du légat, le cardinal Pélage, prennent Damiette en 1219, et à cause de mésententes doivent se rembarquer en 1221.

Ironie de l'histoire : c'est un empereur excommunié, Frédéric II, qualifié d'Antéchrist par le pape, qui réussit là où les bons chrétiens avaient échoué. Et, circonstance aggravante, il n'a même pas besoin de faire la guerre pour reprendre Jérusalem en 1229, à la suite de tractations avec le sultan. Nous sommes bien loin désormais des méthodes préconisées par saint Bernard. Frédéric II se comporte en touriste plus qu'en pèlerin, ravi d'entendre, dit-il, l'« appel du muezzin dans la nuit ». Le pape, dénué de sens poétique, jette l'interdit sur la Terre sainte : comble de l'aberration, on ne peut plus célébrer les offices religieux à Jérusalem ! De toute façon, quinze ans plus tard, en 1244, la ville est reprise par des mercenaires au service du sultan d'Egypte. Tout est à refaire, et cette fois avec la bonne vieille méthode guerrière. Et qui plus qu'un saint serait qualifié pour mener une guerre sainte ? En 1249, Louis IX, reprenant le plan de la cinquième croisade, débarque en Egypte, prend Damiette, mais il est battu et fait prisonnier à Mansourah. Libéré contre rançon, il passe quatre ans à Saint-Jean-d'Acre (1250-1254), élaborant d'illusoires projets d'alliance avec les Mongols. Le saint échoue là où l'excommunié avait réussi, et on reste perplexe devant l'attitude d'un roi sur qui repose tout le fonctionnement du royaume et qui reste absent pendant quatre années entières dans un pays que les nouvelles de France mettent deux mois à atteindre. L'attitude de Saint Louis est irresponsable, et lorsqu'en 1270 il décide de recommencer, ses meilleurs conseillers s'indignent. Rien n'y fait : c'est la huitième croisade et la mort du roi à Tunis. C'est fini. Avec la prise d'Acre en 1291, il ne reste plus rien des Etats latins en Terre sainte. Tout le monde s'est replié sur Chypre. Désormais, l'idée de croisade ne séduira plus que des esprits chimériques ; elle servira de prétexte à la levée de taxes pour des expéditions qui n'auront jamais lieu ; elle inspirera de belles envolées lyriques et même des projets sans lendemain. L'idéal ne meurt pas, mais il n'est plus qu'un idéal. Après la disparition des Templiers en 1311, les Hospitaliers entretiennent la flamme et quelques points de résistance à Rhodes et dans la mer Egée. Les souverains, eux, ont tourné la page. La raison, qui s'est mise au service de la foi du XIe au XIIIe siècle, entre dans l'ère du réalisme.

Depuis plus d'un siècle déjà, la croisade avait été assimilée dans le circuit politique et commercial. Elle était devenue un élément parmi d'autres dans les rapports entre les pays méditerranéens. Manifestation du dynamisme supérieur de l'Occident, elle a considérablement affaibli le monde byzantin, qui a même failli disparaître et est tombé sous la coupe des Génois et des Vénitiens. Le monde musulman a presque disparu en Espagne, et a été très perturbé en Orient. Même si le résultat final se solde apparemment par un échec militaire, puisque Jérusalem reste aux mains de l'islam, le bilan est pour l'Occident largement positif, mais pas dans le domaine qui était envisagé au départ. La religion chrétienne n'a rien gagné à l'affaire, mais le grand vainqueur, ce sont les affaires, celles des marchands italiens avant tout. Les monarchies ont également tiré profit de ces expéditions, qui ont considérablement affaibli la noblesse et donc les vassaux du roi. Combien de grandes familles aristocratiques décimées et ruinées par ces coûteuses aventures ? Aucune estimation chiffrée n'est possible, mais les généalogies sont parlantes, avec des coupes sombres et des interruptions brutales. Les transferts de propriété sont également significatifs : des seigneuries sont engagées, ou vendues à des bourgeois. Les rois n'ont pas brillé par leurs exploits guerriers, mais leur pouvoir s'est renforcé grâce à l'appauvrissement de la noblesse, et leur Trésor a bénéficié de la perception des taxes pour la croisade.

Celle-ci a affaibli le système de la monarchie féodale au profit des souverains.

Dans les familles aristocratiques, le rôle des femmes s'est accru : ce sont elles qui ont souvent géré les domaines pendant les longues absences de leurs époux ; et elles y ont gagné en liberté sexuelle : toutes ne sont pas restées chastes pendant les deux ou trois ans que dure le voyage, au cours duquel leurs croisés de maris ont également laissé derrière eux pas mal de bâtards. Plus globalement, les croisades ont eu un impact considérable sur la culture occidentale, avec le développement des chroniques, d'une littérature épique et courtoise, l'approfondissement de la réflexion philosophique et théologique. C'est par ce biais qu'elles ont aussi contribué au dialogue entre la raison et la foi.

9

L'Eglise, la société et la culture :
Un idéal de foi et de raison

La véritable grandeur des XIe-XIIIe siècles en Occident réside dans le domaine culturel, dans cette vision grandiose d'une unification du monde autour d'une synthèse totalisante de la foi et de la raison. Cette époque élabore une conception globale de l'être matériel et spirituel, comme création divine et rationnelle, un système du monde équilibré, stable et intangible, une explication exhaustive, unificatrice et ultime de l'univers et de l'homme. Bien sûr, qui dit système global dit système totalitaire. Quand on est certain d'avoir trouvé la vérité, peut-on accepter la diffusion du mensonge ? Le vrai est vrai pour tous, et on n'est pas libre de croire ce qui est faux. La vérité est éternelle et universelle, et les penseurs chrétiens du Moyen Age central croient que la vérité existe et qu'ils l'ont trouvée. Et ils sont d'autant plus certains de l'avoir trouvée qu'ils pensent avoir réussi à faire la synthèse entre les deux seules sources du savoir : la Révélation divine et la Raison. Ne voulant renoncer ni à l'une ni à l'autre, ils ont élaboré cette explication globale qui s'exprime dans les sommes théologiques. Toute l'histoire culturelle des XIe-XIIIe siècles tourne autour de cette élaboration. Il s'agit de répondre à toutes les questions existentielles, de mettre fin à tous les doutes et à toutes les erreurs. Que de combats intellectuels pour y arriver !

Dans ces combats, raison et foi sont indissociables, puisque la raison est indispensable pour comprendre et relier les textes révélés, et même ses adversaires sont contraints de l'utiliser, sous peine d'être incompris.

La mise au point de l'explication ultime du monde a évidemment des répercussions, en tant que théorie globale, dans tous les domaines : la politique, l'économie, la société, la science doivent être organisées en fonction des principes du christianisme rationnel, puisque c'est de lui qu'il s'agit. L'Eglise s'arroge un pouvoir totalitaire sur toutes les activités humaines, individuelles et collectives. Elle est la grande organisatrice, imposant une pensée unique à tous les Européens. Si cette pensée est vraiment la vérité, qui pourrait s'en offusquer ? Imposer la vérité et combattre l'erreur est un devoir moral. La vérité ne peut que faire l'unanimité, et pendant ces trois siècles les autorités y travaillent. La tâche est noble, débouche sur de magnifiques réalisations, jusqu'au moment où, vers 1300, certains esprits commencent à tout remettre en question, provoquant une première crise de la conscience européenne, annonciatrice de la Réforme.

L'avènement de la dialectique au XIe siècle : Anselme de Canterbury

Rationaliser : tel est le maître mot de la pensée européenne du XIe au XIIIe siècle. L'affirmation peut surprendre. Et pourtant, c'est bien l'objectif que préconise Guiot de Provins vers 1204 dans son poème intitulé *Bible* : il faut « vivre selon la raison », et se mettre à l'école des philosophes antiques. Il n'est pas le premier à le dire. Tout commence en l'an 1000, lorsque le moine Gerbert d'Aurillac, devenu le pape Sylvestre II, compose son traité *Du rationnel et de l'usage de la raison (De rationali et ratione uti)*, qui est en quelque sorte le manifeste du nouvel esprit intellectuel, un appel à se servir de la raison pour déchiffrer le monde. Le monde n'est pas ce chaos, ce magma incompréhensible livré aux forces obscures dans lequel on vivait depuis des siècles. C'est un ensemble harmonieux, intelligible, rationnel : « La nature est raison », dira Albert le Grand. L'esprit humain peut et doit le comprendre, expliquer, chercher les causes, résoudre les contradictions apparentes, trouver les lois qui le régissent. Gerbert, avant de devenir écolâtre de Reims, avait fréquenté les monastères de Catalogne, et il s'y était initié aux sciences du *quadrivium* (arithmétique, géométrie, astronomie, théorie musicale), mais aussi aux techniques intellectuelles du *trivium* : grammaire, rhétorique et dialectique. Cette dernière, qui enseigne l'art de raisonner, va devenir à partir du XIe siècle la discipline reine, l'outil d'investigation majeur et presque exclusif des intellectuels du Moyen Age classique. Un outil tellement merveilleux qu'on en oublie le recours à l'observation et à l'expérimentation. Le savoir qui va s'élaborer dans les écoles et les universités médiévales est un savoir spéculatif, qui jongle avec les concepts, reliés entre eux par les lois de la logique. Le danger est de perdre le contact avec le réel, qui souffre du mépris concernant la matière et de la méfiance à l'égard des sens. Les sens sont trompeurs, alors que l'intellect bien formé est infaillible. On s'intéresse donc exclusivement aux principes, élaborant une science livresque, car on estime que c'est au niveau des concepts, qu'on appelle les universaux, que se trouve la vérité. Jusqu'au XIIIe siècle prédomine cette conviction dite « réaliste », terme trompeur, qui affirme que ces idées générales, ces concepts, tels que le Bien, le Mal, le Beau, le Laid, le Vrai, le Faux, ont une existence réelle en eux-mêmes, alors que pour une minorité de penseurs ce ne sont que des noms, des abstractions utilisées en logique formelle, les seules « réalités » étant les objets individuels. Ces « nominalistes » finiront par l'emporter au XIVe siècle, introduisant par là le doute dans les grandes constructions intellectuelles de l'âge précédent, comme nous le verrons.

Du XIe au XIIIe siècle au contraire, on élabore avec confiance et optimisme le grand système du monde basé sur les Ecritures et la Raison. Cette dernière fait une entrée remarquée en apportant à la foi le soutien de la preuve. Cette innovation est fondamentale ; elle est révélatrice de l'esprit nouveau. La foi, jusque-là, se suffisait à elle-même, l'existence de Dieu était une évidence qui n'avait pas besoin d'être prouvée. Or voilà que vers 1070 un moine italien, prieur de l'abbaye du Bec en Normandie, et qui deviendra archevêque de Canterbury en 1093, Anselme, prétend *prouver* que Dieu existe. Répétons-le : c'est là le signe d'une véritable révolution intellectuelle, car cela aboutit à mettre la raison au même niveau que la foi ; cela veut dire que même s'il n'y avait pas la Révélation, l'esprit humain serait capable d'arriver à la connaissance de Dieu. Dans le prologue de son *Monologion*, Anselme annonce qu'il ne se fondera pas sur l'autorité de l'Ecriture, mais sur « la nécessité de la raison » et « l'évidence de la vérité ». Et il avance trois « preuves » de l'existence de Dieu : l'expérience du bien particulier postule l'existence d'un Bien suprême ; de même, il est nécessaire qu'il existe une Grandeur suprême, et une Nature suprême. Mais la preuve qui a rendu Anselme célèbre est exposée dans le *Proslogion*. C'est la fameuse preuve ontologique : l'existence de Dieu est prouvée par la définition même de Dieu, qui est « quelque chose de tel qu'on ne peut rien concevoir de plus grand ». Merveille de logique formelle, d'une déconcertante simplicité ; la première caractéristique de ce « quelque chose » est nécessairement l'existence ; c'est la moindre des choses pour un être suprême que d'exister ; donc, ce « quelque chose », Dieu, existe. Les logiciens mettront quelque temps avant de démonter ce sophisme qui, pour beaucoup, est parfaitement superflu : à quoi sert de prouver l'existence d'un Être dont personne ne doute ? La démarche est pourtant une étape décisive dans l'avancée de la pensée européenne, qui cherche à sortir de la foi du charbonnier en élaborant une foi éclairée.

Désormais, la dialectique ne connaît plus de bornes. Elle s'attaque à tous les sujets. Au XIe siècle, elle est à l'œuvre dans les monastères, d'abord timidement à Reichenau, Tegernsee, Wissembourg, Saint-Gall, Gembloux, Stavelot, puis ouvertement à Saint-Benoît-sur-Loire, rebâti à partir de 1067, au mont Cassin sous le gouvernement de Didier (1058-1086), au Bec, où l'abbé Lanfranc (1005-1089), maître d'Anselme, exprime cependant des réserves, écrivant que « le juste vit de la foi, ne cherche pas à scruter à l'aide d'arguments, à concevoir par la raison, la façon dont le pain devient cher. Il aime mieux ajouter foi aux mystères célestes qu'oublier la foi et travailler vainement à comprendre ce qui ne peut être compris ».

On le voit, il y a des résistances. Certains s'alarment de l'audace de l'esprit humain trop curieux, qui s'aventure de façon indiscrète dans le monde divin. La raison n'est pas partout la bienvenue. Le moine Otloh (1010-1070), maître de l'école claustrale de l'abbaye de Saint-Emmeran de Ratisbonne, s'en prend directement aux dialecticiens : « J'appelle savants ceux qui sont instruits en la Sainte Ecriture plutôt qu'en la dialectique ; car j'ai trouvé des dialecticiens assez naïfs pour juger qu'il fallait soumettre toutes les paroles de l'Ecriture sainte à l'autorité de la dialectique, et je les ai souvent entendus accorder plus de confiance à Boèce qu'aux auteurs sacrés. » A la même époque, Manégold de Lautenbach († 1103) tient à peu près le même langage, et Pierre Damien (1007-1072), ermite puis évêque d'Ostie, pourfend toutes les sciences humaines, œuvres du diable : « En méditant de faire entrer les bataillons de tous les vices, il a mis à la tête de l'armée le désir de la science », écrit-il dans *De la sainte simplicité*. Le premier grammairien fut Satan, dit-il. Adepte du plus pur obscurantisme, Pierre Damien se réjouit de l'absence d'écoles pour les laïcs et pense que les moines devraient tout juste savoir lire pour déchiffrer les offices. Pour lui, la dialectique, comme il l'écrit dans *De la toute-puissance divine*, en 1067, est un art diabolique, car Dieu est au-dessus de la logique et peut même faire que ce qui a été n'ait pas été *(ut quae facta sunt, facta non fuerit)*. En le canonisant, l'Eglise a canonisé l'ignorance, poussant même le paradoxe (ou la provocation ?) jusqu'à proclamer Docteur de l'Eglise, en 1821, cet adversaire de toute science humaine.

Mais, plus éclairés que leurs lointains successeurs du XIXe siècle, les théologiens du XIe siècle se rangent davantage derrière Bérenger de Tours († 1088), directeur de l'école de Saint-Martin et archidiacre d'Angers, grand défenseur de la dialectique : « La dialectique est l'art des arts, la discipline des disciplines ; elle sait apprendre, elle sait instruire ; elle veut rendre les hommes sages, et le fait », écrit-il dans le *De Ordine*. C'est par la raison que l'homme ressemble à Dieu, et renoncer à la raison c'est renoncer à ce qui fait la dignité humaine. Cet état d'esprit se développe dans les écoles épiscopales, en particulier dans celle de Chartres, où l'évêque Fulbert († 1029), un Italien éduqué à Reims, a pour élèves de futurs maîtres de la dialectique.

Les combats de la raison au XIIe siècle.
Abélard contre saint Bernard

C'est au XIIe siècle que l'enthousiasme des dialecticiens s'exprime le plus ouvertement. Dès 1079, le pape avait fait obligation aux chapitres cathédraux d'ouvrir une école, et un siècle plus tard Alexandre III demande à chaque évêché d'embaucher un maître théologien. L'école est dirigée par un chanoine, l'écolâtre ou chancelier. Ces écoles sont des institutions d'Eglise, et l'enseignement y est un ministère d'Eglise, où les professeurs sont astreints au célibat, d'où les problèmes que va rencontrer Abélard. Devant l'afflux des élèves, les chapitres cathédraux font de plus en plus appel à des clercs extérieurs, auxquels on accorde une licence d'enseigner. A Paris, les écoles s'installent de préférence sur la rive gauche, qui dépend des chanoines de Sainte-Geneviève et des moines de Saint-Germain-des-Prés, échappant ainsi à l'autorité épiscopale. Ce secteur est bientôt connu comme le « quartier latin », et on y trouve aussi les écoles des chanoines réguliers de Saint-Victor et de Sainte-Geneviève. On y enseigne en latin les matières du *trivium* et du *quadrivium*, en utilisant les auteurs anciens comme Ovide, Cicéron, Boèce, Platon, Aristote, que l'on redécouvre peu à peu. Cet enseignement sert de propédeutique à la théologie. En Italie, il y a aussi des écoles spécialisées pour les notaires et les marchands.

L'enseignement utilise largement les traductions d'auteurs anciens rapportées de Catalogne et de Sicile par des clercs enthousiastes comme Jacques de Venise, Gérard de Crémone, Adélard de Bath, Aristippe de Palerme, Robert de Ketten, Platon de Tivoli et bien d'autres. Outre les traités philosophiques, la logique et l'éthique d'Aristote, les Occidentaux récupèrent ainsi des pans entiers de la science antique, les mathématiques d'Euclide, l'astronomie de Ptolémée, la médecine d'Hippocrate et de Galien, auxquels il faut ajouter les apports proprement arabes, l'algèbre d'Al-Khwarizmi, la médecine de Rhazès et Avicenne, les traités d'agronomie et de botanique. L'apport de ces traductions concerne non seulement le contenu mais aussi la méthode : la curiosité intellectuelle et le raisonnement. Et devant cet afflux de (re)découvertes, les auteurs chrétiens expriment leur émerveillement et leur fierté : nous sommes sortis des temps « horribles et puants », des ténèbres de l'ignorance, dit Guiot de Provins. Et Honorius d'Autun déclare : « L'exil de l'homme, c'est l'ignorance ; sa patrie, c'est la science. » Bernard de Chartres lance la fameuse image : « Nous sommes des nains juchés sur les épaules de géants. » Pour tous, « il n'y a pas d'autre autorité que la vérité prouvée par la raison », comme le dit encore Honorius d'Autun, à qui fait écho Adélard de Bath : « Moi, j'ai en effet appris de mes maîtres arabes à prendre la raison pour guide », au lieu de « suivre en captif la chaîne d'une autorité affabulatrice ». Ceux qui ne suivent pas la raison « sont prisonniers d'une crédulité animale et se laissent conduire enchaînés à des croyances dangereuses par l'autorité de ce qui est écrit ». Voilà qui va très loin. Fustigeant le respect superstitieux des autorités, Adélard écrit que lorsqu'il découvre quelque chose par la dialectique, pour être cru il doit faire semblant de l'avoir trouvé chez un auteur vénéré.

L'école de Chartres est le principal foyer de la culture scientifique dans la première moitié du XIIe siècle. Mettant en œuvre le programme d'Anselme, qui affirmait qu'« on ne peut croire ce qui ne se comprend pas », et qui voulait une « foi en quête d'intelligence », les maîtres de Chartres entreprennent l'étude de la nature, recherchant les causes secondes des phénomènes naturels, le fonctionnement des rouages de la mécanique universelle, car, explique Guillaume de Conches († vers 1154), « ce qui importe, ce n'est pas que Dieu ait pu faire cela, mais d'examiner cela, de l'expliquer rationnellement, d'en montrer le but et l'utilité... Sans doute, Dieu peut d'un tronc d'arbre faire un veau, comme disent les rustauds, mais l'a-t-il jamais fait ? ».

Cet audacieux programme scandalise les esprits traditionnels, les obscurantistes qui voudraient que l'homme se contente de croire sans chercher à comprendre, comme Absalon de Saint-Victor, qui s'en prend aux vaines recherches sur « la conformation du globe, la nature des éléments, l'emplacement des étoiles » : qu'avons-nous à faire de tout cela ? C'est aussi ce que pensent Isaac de l'Etoile, abbé du monastère de ce nom près de Poitiers de 1147 à 1169, et Guillaume de Saint-Thierry (1085-1148), qui dénonce dans une lettre à saint Bernard l'existence de gens qui ont l'audace, dit-il, d'expliquer la création du premier homme « non à partir de Dieu, mais de la nature, des esprits et des étoiles ». Le cistercien Pierre de Celles partage cette indignation, mais le plus redoutable adversaire de la science et de la dialectique est son illustre confrère Bernard de Clairvaux (1090-1153), véritable maître de l'obscurantisme, pour qui l'étude de la nature est une curiosité malsaine. « Vous feriez mieux d'apprendre Jésus-Christ », écrit-il à Thomas de Saint-Omer, et il invite les étudiants à fuir les écoles : « Fuyez et sauvez vos âmes... Tu trouveras bien plus dans les forêts que dans les livres. » La science est vanité et orgueil : « Si on mettait autant de zèle et de soin à obtenir la conscience, comme on en met à acquérir une science vaine et séculière, on la trouverait bien plus vite et on la garderait avec bien plus de profit », écrit-il dans le *Traité de la maison intérieure*. Apôtre de la « sainte ignorance », il attaque Pierre le Vénérable, abbé de Cluny, qui avait entrepris de faire traduire le Coran afin de mieux connaître la doctrine des infidèles. Comme nous l'avons vu, saint Bernard préfère une méthode plus expéditive, celle des Templiers : nul besoin d'étudier le Coran pour combattre les musulmans ; il suffit de les tuer.

On comprend pourquoi la bête noire de cet apôtre de l'ignorance est le grand maître de la dialectique du XIIe siècle, Pierre Abélard, qu'il poursuit d'une haine venimeuse. Le duel saint Bernard-Abélard est l'un des épisodes cruciaux de l'histoire intellectuelle de l'Europe. Né en 1079 près de Nantes, Abélard se fait remarquer à Paris comme étudiant brillant, très sûr de lui, au point de mettre en difficulté ses maîtres, dont le plus illustre, Guillaume de Champeaux, incapable de répondre aux objections du jeune homme, abandonne l'enseignement. A Laon, où il étudie ensuite la théologie, Abélard juge que le vieil Anselme (1050-1117) est « nul » : « Pour le verbiage, il était admirable, pour l'intelligence, méprisable, pour la raison, vide », écrit-il sans pitié. Rentré à Paris, il commence lui-même à enseigner sur la montagne Sainte-Geneviève, au cœur du quartier latin, et on se presse pour venir l'écouter. Provocateur, brillant, arrogant, bousculant toutes les traditions, il devient rapidement l'intellectuel à la mode. Logicien subtil et étincelant, maniant la dialectique en virtuose, il fascine. Ses étudiants le vénèrent, car son enseignement rompt totalement avec la pratique traditionnelle et conformiste qui consistait à lire les textes des autorités reconnues et à en faire le commentaire élogieux. Son iconoclasme, son audace intellectuelle provoquent l'admiration : « Ce n'était pas mon habitude d'avoir recours pour professer à la tradition, mais aux ressources de mon esprit », écrit-il dans son autobiographie, l'*Histoire de mes malheurs*. Avant tout, il se sert de la raison ; il veut comprendre et expliquer, pour la plus grande satisfaction de ses élèves : « Mes étudiants réclameront des raisons humaines et philosophiques et il leur fallait des explications intelligibles plus que des affirmations. Ils disaient qu'il est inutile de parler si on ne donne pas l'intelligence de ses propos, qu'on ne peut croire que ce qu'on a d'abord compris et qu'il est dérisoire d'enseigner aux autres ce que ni soi ni ceux qu'on enseigne ne peuvent comprendre. »

C'est avant tout un virtuose de la logique, dont il expose les principes dans le *Sic et Non*, montrant comment on peut résoudre les apparentes contradictions.

Mais c'est aussi un théologien et un moraliste, qui, dans son *Dialogue entre un philosophe, un juif et un chrétien*, développe une position irénique, mettant en valeur les éléments communs aux trois grands monothéismes pour en tirer une leçon de relativisme et de tolérance. Attitude scandaleuse aux yeux des pourfendeurs d'infidèles.

Et puis, il y a l'épisode d'Héloïse. Elle a 17 ans, elle est belle, intelligente et cultivée ; il a 40 ans, il est célèbre et admiré. Elle est la nièce du chanoine Fulbert, qui invite l'illustre professeur à s'installer chez lui pour donner des leçons particulières à la jeune fille. Pour être dialecticien, on n'en est pas moins homme. L'inévitable se produit : ils s'aiment ; elle tombe enceinte ; elle accouche d'un petit Astrolabe ; Abélard l'épouse en secret, mais Fulbert veut proclamer le mariage. Abélard, qui tient à sa carrière, refuse, car les professeurs doivent être célibataires. Fulbert, avec l'aide de quelques hommes de la famille, tranche alors dans le vif : Abélard est châtré. Scandale. Il reprend pourtant son enseignement, car ses disciples le réclament. Ses adversaires font alors condamner un de ses livres par une assemblée ecclésiastique à Soissons en 1121. Abélard s'installe en Champagne, à l'oratoire du Paraclet, puis au monastère breton de Saint-Gildas-de-Rhuys, où les moines, qui détestent cet intellectuel, tentent de l'assassiner. Retour à Paris, et reprise triomphale des cours au quartier latin.

Pour saint Bernard, le scandale a assez duré. En 1140, il tente d'abord de débaucher les étudiants, sans succès. Il rencontre alors personnellement Abélard, dans un face-à-face tendu : le tenant de la foi aveugle et de l'anti-intellectualisme face au tenant de la raison et de la dialectique. Dialogue de sourds, évidemment. On décide d'organiser une grande joute publique devant une assemblée de théologiens et d'évêques, à Sens. Mais les cartes sont tronquées : saint Bernard, avec l'aide de Guillaume de Saint-Thierry, constitue un dossier à charge contre

Abélard, et fait de l'assemblée un concile chargé de juger son adversaire. La nuit qui précède les débats, il réunit les évêques, leur communique le dossier et présente Abélard comme un dangereux hérétique. Abélard en appelle au pape. Bernard envoie d'urgence son secrétaire à Rome pour gagner les cardinaux. Abélard est excommunié et ses livres sont brûlés. La foi l'emporte sur la raison, avec ses armes habituelles, l'autorité et le refus du débat.

Victoire à la Pyrrhus cependant. L'abbé de Cluny, Pierre le Vénérable, qui désapprouve l'esprit obtus de saint Bernard, accueille et protège Abélard, qui meurt en 1142, après la levée de son excommunication. Guillaume de Conches résume bien l'attitude des opposants à la raison : « Ils veulent que nous restions liés à leur ignorance, nous refusent le droit de recherche, et nous condamnent à demeurer comme des rustauds dans une croyance sans intelligence. » Mais les intellectuels ne veulent plus être des « rustauds ».

L'Eglise contrôle la culture : les universités au XIIIe siècle

En ville, ils représentent même une force sur laquelle doivent compter les autorités civiles et religieuses, obligées de concéder au XIIIe siècle la création des universités. Ces institutions typiquement médiévales allient la rigidité du cadre à la souplesse du contenu. L'enseignement y est en liberté surveillée. Tous les sujets peuvent y être abordés sans tabous, dans des débats périodiques servant d'exutoires ; objections et contestations peuvent s'y exprimer, à condition que la doctrine orthodoxe l'emporte à la fin. L'université est donc à la fois un moyen d'exprimer les doutes et de réfuter les erreurs.

Elle naît aux alentours de 1200 d'une volonté des professeurs et des étudiants de s'émanciper de la tutelle des évêques et des autorités civiles locales. Les premiers, par l'intermédiaire de leur chancelier, contrôlaient étroitement le contenu de l'enseignement ; les secondes surveillaient les comportements souvent turbulents des étudiants, et réprimaient les désordres avec brutalité. En se regroupant en associations professionnelles *(universitas)*, maîtres et étudiants cherchent à protéger leur liberté. Ils n'y réussissent qu'à moitié. A Paris, le pape accorde dès 1194 à la corporation ses premiers privilèges, que le roi approuve en 1200. En 1205, Innocent III garantit sa protection personnelle ; en 1213, le chancelier de l'évêque perd le privilège de conférer la licence d'enseigner, au profit des maîtres de l'Université ; en 1215, le légat Robert de Courson délivre les premiers statuts officiels ; en 1229-1231 enfin, à la suite de sanglants affrontements entre les étudiants et la police royale, suivis d'une longue grève des cours, le pape Grégoire IX, par la bulle *Parens scientiarum*, accorde de nouveaux statuts à l'Université, et le pouvoir royal reconnaît solennellement son indépendance. Ainsi, l'Université n'échappe au pouvoir de l'évêque et du roi que pour tomber sous celui du pape, qui la protège pour mieux la surveiller et en faire un instrument intellectuel au service de la doctrine officielle de l'Eglise.

Le même processus se répète à Oxford, qui dépend de l'évêque de Lincoln. Les affrontements entre étudiants et habitants se multiplient : assassinat d'une femme en 1209, pendaison de deux étudiants par les bourgeois en 1214, nouveaux conflits en 1232, 1238, 1240. C'est au cours de ces troubles que l'université obtient progressivement ses libertés. A Bologne, où on enseigne surtout le droit, l'université ne se libère que lentement de la tutelle de la Commune. A la fin du XIIIe siècle, on ne compte pas moins de 21 universités dans la chrétienté. Ainsi se constitue une sorte de troisième pouvoir, fondé sur le savoir et la science.

L'organisation interne se retrouve partout avec quelques nuances locales. Les professeurs sont regroupés en facultés : Arts, Décret (droit canon), Droit civil, Médecine, Théologie. Les enseignants jouissent des privilèges des clercs, mais sont rarement des ecclésiastiques. Cependant, la création des ordres mendiants au début du siècle provoque un grave conflit. Franciscains et Dominicains reçoivent au sein de leur ordre une formation intellectuelle de haut niveau qui fait d'eux des prédicateurs et des maîtres très écoutés, mais les enseignants séculiers les considèrent comme des intrus, pour des raisons corporatistes : vivant d'aumônes, les mendiants ne se font pas payer, ne se sentent pas solidaires du reste du corps enseignant, ne respectent pas les statuts, détournent les étudiants vers la carrière ecclésiastique, et leurs qualités leur attirent une audience qui n'est pas sans causer des jalousies. Pour les séculiers, il s'agit d'une concurrence déloyale. L'opposition à l'entrée des ordres mendiants à l'université provoque des heurts à Paris en 1252-1259, 1265-1271. Mais les papes, qui voient en eux des auxiliaires dévoués et prestigieux, finissent par les imposer, notamment par la bulle *Quasi lignum vitae* d'Alexandre IV en 1255. Certains professeurs mendiants sont de véritables vedettes qui contribuent à attirer des foules d'étudiants et dont les œuvres monumentales sont des piliers de la théologie scolastique. Ainsi à Paris enseignent les franciscains anglais Alexandre de Hales (1186-1245), Robert Grosseteste (1175-1253), l'Italien Bonaventure (1222-1274), le dominicain allemand Albert le Grand (1206-1280), le dominicain italien Thomas d'Aquin (1225-1274).

L'administration interne est particulière à chaque université. Celle d'Oxford est dirigée par le chancelier, choisi par ses collègues. Celle de Paris par le recteur de la faculté des Arts, qui est la plus vivante et qui regroupe le plus grand nombre d'étudiants, répartis en quatre nations selon leurs origines géographiques : la française, la picarde, la normande, l'anglaise. L'université n'a pas de bâtiments propres, et les cours ont lieu dans des églises ou des couvents. Les études sont rythmées par des examens ou grades, exclusivement oraux, comprenant un exposé et une « dispute » *(quaestio disputata)* : baccalauréat (*baccalaureatus*, de *bacca laurea*, baie de laurier), maîtrise ès arts, doctorat, licence, qui permet d'accéder aux fonctions de maître régent. La durée des études est très variable, et le cycle complet peut facilement durer de seize à vingt ans. Les statuts de Robert de Courson fixent l'âge minimum pour obtenir le doctorat à 35 ans, et certains sont d'éternels étudiants, errant d'une université à l'autre, fréquentant davantage les tavernes, les étuves et les bordels que les salles de cours. Le vagabondage intellectuel caractérise le monde turbulent des goliards, étudiants pauvres, volontiers voleurs, voire assassins, à l'esprit contestataire ou révolutionnaire.

L'esprit général de l'enseignement dit « scolastique » dans ces universités est avant tout la recherche d'un ordre logique : organiser, classer de façon systématique, claire, rigoureuse. A l'université, on apprend à raisonner, à penser droit, en combinant l'autorité des textes de référence et la dialectique. Pas de verbiage, les mots sont pesés et ont un sens précis, car il y a un rapport étroit entre le mot et la chose, le mot et le concept, l'être. Rien n'est plus éloigné de l'esprit scolastique que le flou, l'approximatif, l'à-peu-près du bavardage moderne. A chaque mot correspond une chose précise. L'enseignement est un modèle de rigueur que l'on retrouve dans les grandes sommes de l'époque.

Le cours ordinaire est la *lectio*, analyse en profondeur d'un texte, qui débouche sur la *quaestio*, examen critique systématique passant en revue les différentes objections possibles. Et puis il y a les fameux exercices intellectuels aptes à développer le sens critique et l'art de la controverse dans le but d'atteindre la vérité. C'est la *disputatio* : le maître annonce que tel jour à telle heure on débattra de tel sujet ; un bachelier, avec l'aide du professeur, expose la thèse et répond aux objections soulevées par les étudiants. La conclusion revient au maître, et le contenu des *quaestiones* disputées peut servir à l'élaboration d'un corps doctrinal, d'une somme. Il règne dans la *disputatio* une grande liberté de critique. Mais c'est dans la dispute quodlibétique qu'on atteint le sommet de la liberté d'expression : deux fois par an le maître tient une séance au cours de laquelle n'importe qui peut aborder n'importe quel sujet. Questions, objections et réponses mettent à l'épreuve la virtuosité dialectique du maître, et peuvent être l'occasion d'aborder les thèmes les plus audacieux : le monde est-il éternel ? L'âme est-elle mortelle ? Sommes-nous libres ? Et même : Dieu existe-t-il ? Exercice périlleux et stimulant, le *quodlibet* montre que les universitaires médiévaux ont au XIIIe siècle toute confiance en la raison. Les théologiens scolastiques, contrairement à leurs successeurs modernes, qui recourent à l'esquive ou à l'anathème, n'ont pas peur d'affronter directement les critiques de la foi, parce que la dialectique leur permet d'y répondre avec assurance. Nous sommes bien dans l'âge de raison. La contrepartie, c'est évidemment que la foi, confirmée par la raison, ne laisse aucune excuse aux hérétiques et aux incroyants, qui sont donc doublement condamnables, pour crime contre la foi et contre la raison.

Cependant, faire confiance à la raison peut comporter des dangers pour la foi, dangers que les scolastiques semblent avoir sous-estimés. C'est par Aristote que le scandale arrive. Vers 1200, l'essentiel de ses œuvres a été traduit, et l'ampleur, la solidité de ses conclusions et de sa logique séduisent les penseurs occidentaux au point qu'ils le considèrent comme indispensable dans la construction du grand système du monde qu'élabore la pensée chrétienne. Mais comment faire d'un philosophe païen la colonne vertébrale d'une philosophie chrétienne ? Certains pensent que cela est impossible : en 1210, 1215, 1228, le Saint-Siège interdit l'enseignement de la *Physique* et de la *Métaphysique* d'Aristote à l'université de Paris. Seule sa *Logique* est acceptable. La décision est peu respectée, mais le problème s'aggrave lorsque dans les années 1230-1240 une nouvelle image du Stagirite se répand, avec la traduction des commentaires d'Averroès. Le philosophe arabe pousse la logique d'Aristote jusqu'à ses conclusions ultimes, et celles-ci sont inacceptables pour le christianisme : le monde est éternel et incréé, l'âme est mortelle, et l'âme individuelle n'existe peut-être même pas ; Dieu n'est pas la cause efficiente des choses, mais seulement la cause finale. Devant de telles affirmations, plusieurs attitudes sont possibles. Pour Albert le Grand, Aristote s'est tout simplement trompé ; pour Thomas d'Aquin, c'est Averroès qui a déformé sa pensée, et Aristote bien interprété reste récupérable ; pour Siger de Brabant (1240-1284) en revanche, il faut accepter que la raison puisse aboutir à des conclusions irréfutables qui contredisent les vérités révélées. Pour ce théologien chef de file de ce qu'on a appelé l'averroïsme latin, les démonstrations d'Aristote n'ont jamais pu être démenties : « Je dis qu'Aristote a achevé les sciences, parce qu'aucun de ceux qui l'ont suivi jusqu'à notre temps, c'est-à-dire pendant près de quinze cents ans, n'a pu rien ajouter à ses écrits, ni y trouver une erreur de quelque importance... Aristote est un être divin. » Il va de soi que pour Siger la vérité révélée est tout aussi certaine ; il y a donc une double vérité : selon la foi et selon la raison, la vérité du théologien et celle du philosophe.

Position inacceptable pour l'Eglise, bien entendu. En 1270, Thomas d'Aquin critique la théorie de la double vérité dans son traité *De l'unité de l'intellect*. Et puisque

Siger, très populaire à l'université, ne veut pas entendre raison, il est convoqué le 23 octobre 1277 devant le tribunal de l'Inquisition. Reconnu hérétique, il est interné à la Curie, où il meurt en 1284. Thomas d'Aquin lui-même ne sort pas indemne de l'affaire, car il flirte un peu trop avec Aristote. En 1277, l'évêque de Paris Etienne Tempier dresse une liste de 219 propositions condamnées comme hérétiques. L'ensemble, très hétéroclite et désordonné, touche certains aspects du thomisme, mais son intérêt est surtout de mentionner des affirmations qui montrent jusqu'où pouvaient aller les critiques de la foi dans les milieux intellectuels du XIIIe siècle. Sans ce texte, se douterait-on que certains affirment « que la résurrection future ne doit pas être admise par le philosophe, parce qu'il est impossible d'examiner la chose rationnellement » (proposition 18) ? « Que la théologie est fondée sur des fables » (proposition 152) ? « Que la foi chrétienne a ses fables et ses erreurs comme les autres religions » (proposition 174) ? « Qu'elle est un obstacle à la science » (proposition 175) ? Et d'autres du même genre, qui montrent que des esprits médiévaux n'hésitent pas à utiliser la raison contre la foi d'une façon même plus audacieuse que des esprits modernes. Certains, comme Robert Grosseteste et Roger Bacon, prônent la pratique de la science expérimentale pour atteindre la vérité, « car sans expérience on ne peut rien savoir suffisamment », écrit ce dernier.

Les condamnations de 1277 n'ont d'ailleurs aucun effet. « Il ne faut pas s'en soucier », dit Gilles de Rome. En cette fin de XIIIe siècle, le contrôle de l'Eglise sur la pensée commence à être contesté. En essayant de concilier foi et raison, les scolastiques ont introduit dans la foi l'indestructible virus du doute, au point que certains commencent à réclamer la stricte séparation des deux domaines : on ne peut sauver la foi qu'en la coupant de la raison. C'est déjà ce que suggère le théologien franciscain écossais Jean Duns Scot (1270-1308), qui enseigne à Oxford jusqu'en 1304, et à Paris de 1305 à 1308. Le triomphe du nominalisme est proche.

Contestations et répressions

En dépit de sa vigilance, l'Eglise est confrontée pendant ces trois siècles à l'apparition de courants hétérodoxes, qu'il lui faut éliminer pour maintenir la pureté de la doctrine. Les dérives sont en effet nombreuses, ce qui est plutôt un signe de vitalité, car les mouvements hérétiques ne contestent pas le christianisme : ils en donnent au contraire une version plus radicale, mais socialement subversive. Au niveau du petit peuple, les dérives superstitieuses sont inévitables mais relativement bénignes. La foi des humbles a besoin de résultats concrets, de gestes spectaculaires : miracles, interventions merveilleuses, divines ou diaboliques, culte des reliques, processions, qui peuvent naturellement dégénérer, d'autant plus qu'il s'y mêle de nombreux vestiges des pratiques et croyances païennes. Dès le début du XIe siècle, les chroniqueurs signalent en Aquitaine vers 1020, à Orléans en 1022, à Arras en 1025, à Monforte en 1028 des mouvements rappelant le manichéisme antique ; à Vertus, près de Châlons-sur-Marne, le paysan Leutard s'en prend au crucifix et invite à ne plus payer la dîme au clergé. Plus élaborée, la contestation du grammairien Wilgard à Ravenne, qui annonce que la révélation chrétienne ne contient pas plus de vérité que les fables mythologiques. Ces mouvements sont rapidement étouffés, par le feu et l'épée, mais ils sont révélateurs d'un profond besoin de renouvellement du clergé, dont la qualité vers 1050 est extrêmement médiocre. Les clercs, ignorants et cupides, partagent la vie et les vices des paysans, dont pratiquement rien ne les distingue. Les plus fervents ressentent le besoin de rompre avec « le monde » et ses tentations diaboliques : dans la seconde moitié du XIe siècle, on assiste à une poussée de l'érémitisme, ce qui n'est pas sans danger pour l'Eglise. Tous ces ermites hirsutes, exaltés, pittoresques, dont les exploits ascétiques attirent les fidèles en quête de modèles, sont des francs-tireurs de la foi, qui vilipendent le clergé corrompu et peuvent répandre d'étranges doctrines et provoquer des mouvements sociaux. Ainsi à Milan, à partir de 1057, un certain Ariald prêche contre l'archevêque et le clergé local, simoniaque et concubinaire. Qualifiés de « patarins » (de *patarii*, les gueux) par leurs opposants, les partisans d'Ariald commencent à inquiéter les autorités. Des mouvements similaires se développent aux Pays-Bas avec Tanchelm, et dans le sud de la France avec Pierre de Bruys.

Les papes étant eux-mêmes corrompus, ce n'est pas avant Léon IX (1049-1054) et surtout Grégoire VII (1073-1095) que Rome prend la tête d'un mouvement de réforme en profondeur du clergé, la réforme dite grégorienne. L'idée de base est de séparer radicalement le spirituel du temporel, le sacré du profane, le clerc du laïc, afin de redonner aux premiers prestige et autorité. Cela implique d'une part l'interdiction aux laïcs d'intervenir dans les nominations des clercs, ce qui provoquera la querelle des Investitures, et d'autre part l'exigence d'une meilleure formation et d'un progrès moral du clergé. Le prêtre, ayant reçu le sacrement de l'ordre, est une personne sacrée, et ce caractère est indélébile : les sacrements administrés par des curés aux mœurs douteuses restent valides. Les prêtres sont des êtres à part, consacrés à Dieu : mariage et concubinage leur sont strictement interdits ; ils échappent à toutes les autorités séculières et ne peuvent être jugés que par des tribunaux d'Eglise, dont sont exclus les juges civils. Il est interdit aux laïcs de débattre en public des questions de foi ; dans les églises, le jubé matérialise la séparation des clercs et des laïcs, ces derniers étant exclus du chœur.

Dans les faits, la réforme grégorienne n'aura pas de résultats spectaculaires et immédiats, car son application suppose un changement de mentalité, et cela nécessite beaucoup de temps, le passage de plusieurs générations. C'est pourquoi les plus pressés ont recours à des moyens plus radicaux : le XIIe siècle voit l'apparition de mouvements contestataires qui prennent des allures de révolution sociale. Au nom de l'idéal de pauvreté du Christ et de ses apôtres, Arnaud de Brescia prend le pouvoir à Rome de 1151 à 1155 et demande à l'Eglise de renoncer à ses richesses ; vers 1170, le marchand lyonnais Vaudès abandonne ses biens pour vivre dans la pauvreté, se met à prêcher dans les rues et envoie ses fidèles en mission dans les environs. En 1179, il vient à Rome avec quelques partisans pour faire approuver son genre de vie par le pape Alexandre III. Un membre de la Curie, l'Anglais Walter Map, assiste à l'entrevue, et le compte rendu qu'il en a laissé exprime tout le mépris des clercs pour ces va-nu-pieds ignorants : « Nous avons vu les Vaudois, gens simples et sans lettres... Ils demandaient avec instance qu'on leur confirmât l'autorisation de prêcher, se jugeant en effet instruits, alors qu'ils étaient à peine des demi-savants... Telle la perle aux pourceaux, la Parole sera-t-elle donnée à des simples que nous savons incapables de la recevoir et plus encore de donner ce qu'ils ont reçu ? Cela ne saurait être et il faut l'écarter... Si nous les laissons faire, c'est nous qui serons mis dehors. »

Pourtant, Alexandre III accorde à Vaudès l'autorisation de prêcher, sous réserve de l'accord du curé du lieu. Tolérance de courte durée : l'archevêque de Lyon retire l'autorisation et excommunie les vaudois en 1183 ; le pape Lucius III confirme la sentence en 1184, ce qui n'empêche pas le mouvement de s'étendre à la fin du siècle. A la même époque, en Lombardie, le mouvement des Humiliés, né à Milan en 1175, répand à peu près le même message. Composé de gens modestes, artisans et paysans, qui mènent une vie quasiment religieuse et d'une grande pureté, il est condamné en 1184 : l'Eglise ne peut tolérer que des laïcs se mêlent de la prédication.

Mais il y a plus grave : lorsque le mode de vie des contestataires s'appuie sur une doctrine religieuse incompatible avec les dogmes catholiques. Il s'agit alors d'une hérésie caractérisée, qui met en danger le salut éternel des croyants. C'est le cas du mouvement cathare. A vrai dire, la « doctrine » cathare est extrêmement confuse, floue, mouvante, et comprend tellement de variantes qu'il est impossible de s'y retrouver, et il semble y avoir autant de versions que d'adeptes. Disons qu'il s'agit à la base d'un mélange d'idées gnostiques et manichéennes reposant sur ce dualisme fondamental : Dieu, assimilé au Bien et à l'Esprit, s'oppose à Satan, principe du Mal et créateur de la Matière ; le combat entre ces deux principes est un combat cosmique, qui se livre aussi à l'intérieur de chacun, car les hommes sont des parcelles d'Esprit emprisonnées dans la Matière. La vie doit être un effort pour libérer l'Esprit de la Matière en suivant l'exemple de Jésus, qui est un ange envoyé par le Dieu du Bien. Sur ce canevas fondamental se greffent une multitude de variantes. Sous toutes ses formes, le catharisme accuse l'Eglise de trahir le message du Nouveau Testament. Les cathares, très anticléricaux, rejettent le culte catholique, la liturgie, les dîmes, et s'organisent en communautés formant une sorte d'Eglise parallèle, dans le comté de Toulouse et en Italie du Nord.

Face à ces mouvements hétérodoxes, le pape Innocent III (1190-1216) réagit de façon graduée. Il commence par récupérer ce qui est récupérable. Les Humiliés, qui ne sont pas dangereux sur le plan doctrinal, sont intégrés en 1201 au sein d'un ordre canonique traditionnel à trois niveaux : des frères menant une vie conventuelle, des laïcs vivant dans des communautés doubles, des laïcs vivant dans le siècle en suivant une règle de vie axée sur la pénitence et le travail. Les vaudois sont un peu plus difficiles à assimiler ; certains, comme David de Huesca, se rallient en 1208, mais beaucoup d'autres restent réfractaires.

Les cathares, eux, sont irrécupérables tels quels, car ils ont leurs croyances propres. Il n'y a que deux solutions : les convertir ou les éliminer, et il faut reconnaître que l'Eglise a d'abord essayé la conversion. Faire entendre raison : tel est bien le but. Cela suppose un effort intellectuel et de prédication. Or justement des volontaires se présentent au début du XIIIe siècle. En 1210, un ex-marchand d'Assise, François, arrive à Rome avec quelques compagnons et demande l'approbation du pape pour mener un genre de vie particulier : vivre en mendiants, avec interdiction de rien posséder, et sans domicile fixe, allant de ville en ville pour prêcher le renoncement, l'humilité, l'amour. La pauvreté semble décidément attirer beaucoup de monde vers 1200, mais autoriser officiellement ces clochards de la foi dans une société qui regorge déjà de gueux pouvait comporter des risques. Innocent III a le mérite d'avoir su discerner leurs qualités, et il approuve oralement la règle de ce qui va devenir les Frères Mineurs ou Cordeliers, c'est-à-dire les Franciscains. Leurs statuts sont confirmés en 1223 par Honorius III. Leur vocation au départ n'est nullement intellectuelle, mais rapidement les besoins de la prédication les forcent à acquérir une vaste culture qui pourra servir dans les controverses religieuses.

Cela est encore plus vrai pour les Dominicains, ou Frères Prêcheurs, institués en 1216 par le chanoine espagnol Dominique. Eux aussi vivent en mendiants, et se mêlent à la population urbaine dans le but de combler les besoins spirituels des laïcs par l'enseignement et la prédication. Implantés d'abord en Languedoc, la lutte contre l'hérésie cathare est un de leurs premiers objectifs. Le succès des ordres mendiants est extraordinaire, car ils répondent à un besoin. Vers le milieu du siècle, on compte déjà 195 couvents franciscains, 87 dominicains, 43 trinitaires, 21 carmes, 10 augustiniens. L'admiration qu'ils suscitent pousse de nombreux laïcs, hommes et femmes, à former des confréries pieuses et des tiers ordres obéissant à une règle de vie stricte.

Mais les cathares ne sont pas des intellectuels, et ils sont peu sensibles aux arguments rationnels. Contre eux, la croisade est plus efficace. Elle est déclenchée par Innocent III après l'assassinat de son légat Pierre de Castelnau en 1208. Nous l'avons relatée ailleurs. Après moult massacres, répondant à la mythique injonction de Simon de Montfort, « tuez-les tous, Dieu reconnaîtra les siens », le comte de Toulouse s'incline en 1229 et promet de coopérer à l'extinction de l'hérésie « albigeoise ». Il reste malgré tout quelques foyers : l'Inquisition va s'en occuper avec ses tribunaux spéciaux et sa procédure expéditive à partir de 1233. Sorte de Gestapo médiévale – la comparaison ne nous semble pas déplacée –, cette institution est dirigée de main de maître par les Dominicains, parfois aidés par les Franciscains. Ainsi en 1233 ils se partagent le travail en Italie, les premiers faisant brûler les cathares de Bologne et de Vérone, les seconds ceux de Lombardie. Le métier d'inquisiteur n'est d'ailleurs pas sans risques : en 1247, Pierre Martyr, grand prédicateur et inquisiteur dominicain de Florence, est assassiné. L'Eglise le canonise dès 1253. Il convient d'autre part de relativiser le nombre de condamnations : 23 à la prison à vie et 134 au port de la croix à Toulouse, dans la région la plus infestée de cathares, de mai à juillet 1246, et 21 à mort et 239 à la prison perpétuelle de 1250 à 1257.

Parallèlement à la répression, l'Eglise accentue son travail de formation et de contrôle des fidèles. La prédication s'intensifie. Franciscains et Dominicains, professionnels de la parole, arrivent à tenir en haleine les auditoires, en agrémentant leurs sermons d'*exempla*, brefs récits imagés débouchant sur une morale. Le canon XXI du quatrième concile du Latran (1215), en rendant obligatoire la confession annuelle, permet au clergé d'exercer une surveillance des âmes. Les manuels de confesseurs, de plus en plus sophistiqués, contiennent une casuistique des péchés et des conseils sur la façon de mener les interrogatoires pour débusquer les fautes. Car c'est bien d'un « tribunal de la pénitence » qu'il s'agit, débouchant sur des sanctions, avec en toile de fond la menace de la damnation. Au XIIe siècle, avec la naissance du purgatoire, brillamment retracée par Jacques Le Goff, il devient possible de jouer sur la proportionnalité des peines, que l'on pourra bientôt racheter par le système des indulgences. La liturgie, la multiplication des dévotions, à la Vierge, à l'humanité du Christ, permettent d'enserrer les fidèles dans un réseau étroit d'offices qui sont autant d'occasions de contrôle. Au besoin, on a recours au miracle pour persuader les plus récalcitrants. Les hosties qui saignent plaisent beaucoup à partir de 1250 environ, avec le développement des confréries du saint sacrement. Et l'instauration de la Fête-Dieu en 1264.

Omniprésence de l'Eglise dans la vie quotidienne

L'Eglise, par ses prêtres, par ses moines, par ses clercs de tous ordres, par ses bâtiments, par sa prédication, par ses livres, ses processions, ses pèlerinages, ses offices, est omniprésente, obsédante. Elle marque les paysages par la prolifération des églises, chapelles, cathédrales, abbayes, couvents, basiliques, oratoires, croix, calvaires. Le « blanc manteau d'églises » dont se couvre l'Occident vers l'an 1000, comme l'a bien vu Raoul Glaber, n'a fait que s'épaissir pendant ces trois siècles, avec la densification du réseau paroissial et la multiplication des fondations privées. Ainsi, Rouen ne compte pas moins de 35 paroisses pour environ 50 000 habitants, et Paris 88 églises et chapelles vers 1300, pour 200 000 habitants dont 24 000 ecclésiastiques, hommes et femmes : 12 % du total !

L'église paroissiale est beaucoup plus qu'un bâtiment de culte. C'est la maison de Dieu et la maison du peuple. Lieu sacré, lieu de protection, assurant l'asile à tous, y compris aux criminels, sous peine d'excommunication, c'est la porte d'entrée et de sortie de la vie, par le baptême et les funérailles ; elle contient les reliques ; on s'y réunit pour assister aux offices, entendre (sinon écouter) les sermons ; seul bâtiment capable de contenir toute la population du village, et même davantage, c'est le lieu d'assemblée du corps paroissial ; elle peut même tenir lieu de forteresse dans les périodes d'insécurité. En ville, où les moyens financiers sont plus importants, elle écrase de sa masse les quartiers alentour, et les clochers vertigineux sont des repères dans le paysage. C'est aussi un livre d'images, le seul contact du peuple avec des représentations figurées, statues, fresques, vitraux, qui meublent les imaginations, façonnent les représentations des saints, des diables, des personnages bibliques.

Les églises sont en fait de perpétuels chantiers, surtout les cathédrales, dont la construction s'étend sur des dizaines, voire des centaines d'années. Le plan, d'abord basilical, à nef unique, se complexifie dès le Xe siècle, avec l'ajout de bas-côtés, puis de transepts, d'absidioles, de chapelles latérales. Les lourdes, sombres et austères constructions romanes des années 1050-1150, avec leurs décors hallucinés, effrayants, disproportionnés, pleins de monstres et de damnés, cèdent ensuite la place aux édifices gothiques, toujours plus grands, plus hauts, plus beaux, décorés d'un peuple de statues aux proportions réalistes sous les porches occidentaux et latéraux :

patriarches, rois de l'Ancien Testament, prophètes, et sur le tympan l'inévitable Jugement dernier, avec le Christ en seigneur-juge, séparant les quelques élus condamnés à l'ennui éternel du paradis et la foule innombrable des damnés conduits aux souffrances non moins éternelles par des démons aux mines réjouies. A l'intérieur, les vitraux déploient des scènes bibliques et historiques, dont on ne peut d'ailleurs guère profiter en raison de la hauteur des voûtes. La course à la verticalité culmine avec les 48 mètres sous clé de voûte de la cathédrale de Beauvais (1247-1272), dont l'effondrement en 1284 est prémonitoire de la fin d'une époque. Les grandes cathédrales gothiques, avec leurs proportions gigantesques et leur peuple de statues, sont les témoignages les plus spectaculaires de cet idéal d'union de la foi et de la raison qui marque les XIe-XIIIe siècles. Elles en révèlent aussi le caractère contradictoire et utopique : folie de la foi, qui pousse vers le ciel des voûtes d'une hauteur extravagante construites grâce à la raison mathématique des architectes... jusqu'au moment où la folie exige trop de la raison et où l'ensemble s'écroule. Rien de moins fonctionnel qu'une cathédrale gothique, chef-d'œuvre d'acoustique, sans doute, mais dont les volumes extravagants sont impossibles à chauffer, dont les piliers cachent la vue, dont les vitraux perchés sont indéchiffrables, et rien de plus magnifique en même temps. C'est ce que la foi pouvait produire de plus beau en collaborant avec la raison, à Chartres, Bourges, Reims, Paris en France, Bamberg, Magdebourg, Cologne, Heisterbach dans l'Empire, Burgos, Tolède, Avila, Compostelle en Espagne, Anagni, Venise, Spolète, Vérone en Italie, Canterbury, York, Norwich, Wells, Lincoln en Angleterre, et tant d'autres.

Etroitement associé à l'église, le cimetière, lui aussi lieu de sociabilité pour les vivants, qui s'y promènent, y tiennent marchés et réunions publiques. Au niveau du village, église et cimetière forment le seul pôle de vie commune. Le seul rival du curé à la campagne dans la surveillance de la vie quotidienne des habitants est le seigneur local, dont le château est à l'origine des bourgs castraux : le castelnau aquitain, le *castro* d'Italie du Nord et du Centre, le *castilion* d'Italie du Sud, le *burgo* d'Aragon, le *Hofburg* allemand, le *burgh* ou *borough* anglo-saxon. Dans ces localités apparaît au XIIe siècle le début d'une autogestion villageoise, quand le seigneur accorde une délégation de sa justice aux *prudentes homines*, les prud'hommes locaux, c'est-à-dire en fait les plus riches paysans, pour régler les petites affaires de larçins, injures et coups. Après 1130, certains seigneurs reconnaissent officiellement l'existence d'une organisation propre au village ; en 1155, le règlement accordé par Louis VII à Lorris-en-Gâtinais est adopté par 90 localités, et la charte de Beaumont-en-Argonne, accordée par l'archevêque de Reims en 1182, inspire 500 communautés rurales. D'autres cas existent dans le Hainaut, les Pays-Bas, le Berry. Mais toujours le curé a son mot à dire. Son influence est moindre dans les villeneuves et bastides du Sud-Ouest, où les chartes de création des XIIe et XIIIe siècles spécifient dès le départ la répartition des compétences, attribuant une plus grande liberté aux artisans et commerçants. En ville, le contrôle de la vie quotidienne par le clergé est plus difficile en raison du renouvellement rapide des populations, du brassage, des passages, de l'immigration, de l'anonymat. Ici, l'Eglise a des concurrents sérieux : les tavernes et les étuves, ces bains publics où l'on rencontre toutes sortes de gens, et en particulier des prostituées. Mais même dans ces lieux de perdition on peut trouver des ecclésiastiques, car la réforme grégorienne n'a pas fait disparaître toutes les brebis galeuses, comme le prouvent les statuts synodaux qui ne cessent de réitérer les interdictions contre les prêtres ivrognes et luxurieux.

Le clergé est donc présent partout, même là où il ne devrait pas être. Pléthorique, il comprend différentes catégories. Les séculiers, simples tonsurés, sous-diacres, diacres, prêtres, curés de paroisses, vicaires, chanoines, archidiacres, sans compter les évêques, qu'on croise rarement dans la rue, prolifèrent en ville. Ainsi, à Besançon, qui ne compte pas plus de 10 000 habitants vers 1200, on recense 100 prêtres séculiers en 1200-1210, 140 en 1260-1270, 295 en 1300-1310, auxquels il faut ajouter 115 réguliers à cette dernière date, dont 48 mendiants, soit un total de 410 ecclésiastiques, 1 pour 24 habitants. A la campagne, nous n'avons pas de statistiques fiables, mais, outre le clergé paroissial, les innombrables monastères et prieurés assurent un encadrement serré. Les ordres se sont multipliés depuis le milieu du XIe siècle. Il y en a pour tous les goûts : les adeptes de la règle classique et équilibrée de saint Benoît vont chez les Bénédictins, les Clunisiens ou leurs succédanés, les congrégations de Tiron ou de Savigny, fondée en 1088, celles du Bec, de Molesmes, de Saint-Victor de Marseille, de Vallombreuse en Italie (1039), fondée par Jean Gualbert, de la Sauve Majeure (1079) ; souhaite-t-on un peu plus d'austérité ? On peut aller à Camaldoli, où les ermites ne se réunissent que pour les offices, ou bien à Muret, où en 1076 saint Etienne établit un ordre alliant austérité et pauvreté extrême. Préfère-t-on les contacts humains, la communication et la prédication ? En 1043, Robert de Turlande fonde à la Chaise-Dieu une communauté qui compte bientôt quinze abbayes répondant à cet idéal. Veut-on garder une certaine liberté, dans un cadre plus souple ? Alors il faut aller chez les chanoines réguliers, qui vivent dans des collégiales, astreints à l'obéissance et aux offices monastiques, mais gardent un certain degré de confort et peuvent circuler facilement ; il y en a de nombreuses variantes, qui suivent la règle de saint Augustin ; les plus répandus sont les Prémontrés, ordre fondé par l'Allemand Norbert de Xanten vers 1120. Est-on très sociable ? Robert d'Arbrissel a créé pour eux en 1100 le monastère double de Fontevraud, où coexistent – sans cohabiter – hommes et femmes, sous les ordres d'une abbesse. Ceux qui aiment les exercices physiques et qui ne sont pas trop intellectuels peuvent s'engager chez les Templiers ou les Hospitaliers. Ceux qui aiment la solitude et le silence seront très bien à la Chartreuse, née d'une remarquable idée de saint Bruno en 1084 : chacun dans sa petite maison, dans un silence absolu, recevant leur repas individuel par un guichet, et ne se retrouvant en communauté que pour l'office du dimanche, capuchon baissé et toujours sans un mot. Ce n'est pas la ruée : 39 couvents seulement en 1200. En revanche, on accourt chez les Cisterciens, une branche particulièrement austère de l'ordre de Cluny, fondée à la fin du XIe siècle par Robert de Molesme. La « charte de charité » de 1118 en fixe les objectifs : extrême pauvreté, dépouillement, travail manuel intense, organisation décentralisée. L'ordre cistercien reçoit une impulsion décisive lorsque Bernard de Fontaine le rejoint en 1112, et devient abbé de Clairvaux en 1115. Animé d'un zèle aussi intolérant qu'intempestif, qu'il puise dans une mystique illuminée, saint Bernard, censeur et conseiller des papes et des rois, devient la grande autorité morale du siècle. En 1300, il y a plus de 600 abbayes cisterciennes en Europe.

L'Eglise, le mariage et la procréation

Avec un tel encadrement clérical, auquel il faut ajouter au XIIIe siècle les ordres mendiants, aucun domaine de la vie publique et privée des laïcs n'échappe au contrôle de l'Eglise. Elle a un droit de regard sur toutes les structures professionnelles, politiques, économiques, culturelles, et elle réglemente particulièrement la cellule de base de la société, la famille.

Dans ce domaine, le trait essentiel des XIIe-XIIIe siècles est la valorisation, la formalisation et la réglementation du mariage, avec le *Décret* de Gratien et l'œuvre de Grégoire IX (1145-1235). Là encore, on remarque ce souci de clarification et de rationalisation si caractéristique de la période. Afin d'éviter consanguinité et bigamie, la publication de « bans » devient obligatoire, et l'interdiction de mariage s'étend à la parenté au quatrième degré, ce qui est aussi très lucratif grâce à la vente de dispenses. Le caractère sacramentel du mariage est réaffirmé, et si l'essentiel réside dans l'échange du consentement mutuel entre les époux, la présence d'un prêtre est vivement souhaitable. Il va de soi que le mariage est indissoluble, et le remariage est autorisé après la mort d'un des deux conjoints. Sacrement, le mariage est aussi un contrat.

Son but premier est la procréation, et l'Eglise veille à ce que le principe biblique du « croissez et multipliez » soit respecté sans entraves. Les pénitentiels et les manuels de confesseurs interdisent rigoureusement toutes les pratiques contraceptives, abortives, et les déviations sexuelles, de la zoophilie à la sexualité anale et à l'homosexualité, en passant par la masturbation, avec un réalisme et une précision de langage toutes scolastiques. Le pénitentiel de Burchard de Worms au début du XIe siècle est à cet égard un catalogue très instructif et révélateur de l'esprit inventif des fidèles dans les pratiques sexuelles.

Mais contrairement à ce que l'on pourrait penser, l'Eglise médiévale n'est pas insensible au risque de surpeuplement que pourrait causer une conduite populationniste débridée. Cet aspect semble avoir échappé jusqu'ici à l'historiographie. L'Europe connaît entre le XIe et le XIIIe siècle une croissance démographique sans précédent. Et les théologiens en sont conscients, d'Urbain II qui en 1095 justifie la croisade par le fait que l'Europe a « une trop nombreuse population », jusqu'à Jean XXII qui en 1317 crée de nouveaux diocèses « parce que la multitude des habitants a crû de façon démesurée ». Vers 1250, Barthélemy l'Anglais écrit que certaines régions sont « trop peuplées ». Pour le dominicain Giordano de Pise (1260-1311), « le monde est trop peuplé, et par conséquent il est meilleur pour ceux qui le peuvent de rester vierges ». Cela donne même lieu à des plaisanteries, comme celle que raconte Salimbene dans les années 1280 : apprenant que le dominicain Jean de Vicence va venir dans leur ville, les Florentins déclarent : « Bonté divine, il ne faut pas qu'il vienne ici ! Il paraît qu'il ressuscite les morts, et il n'y a déjà pas assez de place pour les vivants ! »

Confrontés à cette situation, les théologiens font preuve de pragmatisme. Les manuels de confesseurs mentionnent que les pratiques contraceptives sont de plus en plus utilisées en raison de la surcharge d'enfants qui accable les familles paysannes. Robert de Courson, dans sa *Somme*, entre 1208 et 1213, note que parfois les jeunes gens se marient en se prêtant ce serment : « Je m'engage avec toi si tu fais en sorte que nous n'ayons pas d'enfant. » Même remarque dans la *Summa confessorum* de Thomas de Chobham à la même époque : « Je te prends comme mien (ou mienne) à condition de rester stérile. » En 1326, John Bromyard, dans sa *Summa praedicantium*, fait état d'un « pauvre homme qui a une femme qui produit de nombreux rejetons et n'a pas les moyens de les nourrir » ; elle répète qu'« il est affreux d'avoir beaucoup d'enfants et pas beaucoup de pain ». Partant de là, il généralise : « En ces temps modernes, les limites des terres et des biens se sont rétrécies, parce que les possesseurs et les habitants se sont multipliés, la terre est à peine suffisante pour eux. » En 1330, le pénitentiaire pontifical Alvaro Pelayo, dans le *De planctu ecclesiae*, établit clairement le lien entre contraception et pauvreté due au surpeuplement. Les paysans, écrit-il, « s'abstiennent fréquemment de rapports sexuels avec leur femme, afin de ne pas générer des enfants, craignant de ne pouvoir les nourrir, sous prétexte de pauvreté ».

La plupart des théologiens du XIIIe siècle l'admettent : le monde est plein, trop plein. L'époque du « croissez et multipliez » est révolue. Certains en prennent prétexte pour déprécier le mariage et exalter la virginité. D'autres, plus conciliants, sont prêts au compromis. Vers 1300, Pierre de la Palud admet la pratique du *coitus interruptus* à certaines conditions : « L'homme qui répand sa semence à l'extérieur afin de n'avoir pas plus d'enfants qu'il n'en peut nourrir, commet une chose détestable... mais, s'il se retire avant l'accomplissement de l'acte et ne répand pas la semence, dans la même intention, il ne semble pas qu'il pèche mortellement. » Certains vont plus loin, beaucoup plus loin, comme l'Anonyme d'Aragon, qui écrit vers 1319 qu'« il est préférable d'avoir peu d'enfants parfaits et vivant longtemps que beaucoup d'imparfaits et maladifs », et qu'en conséquence « on devrait fixer le nombre d'enfants à nourrir dans la cité, afin d'éviter que la multitude des habitants souffre du manque de nourriture à cause de cet excès de multitude d'enfants ». La solution aristotélicienne, contraception, avortement, abandon d'enfants, est donc envisageable. La qualité avant la quantité : c'est la raison qui parle. Pierre d'Auvergne, vers 1300, est du même avis, de même que Tolomeo de Lucques vers 1330 : avoir trop d'enfants, écrit-il, n'est pas une vertu, « la raison montre que cela est répréhensible ». Sans le dire aussi ouvertement, beaucoup d'autres l'impliquent : Richard de Middleton, Thomas de Strasbourg, le franciscain Robert de Cowton, Pierre de Tarentaise (« la race humaine s'est suffisamment multipliée »), Alexandre de Hales (« la multiplication des croyants n'est plus nécessaire »), Guillaume d'Auxerre.

Le franciscain Pierre-Jean Olivi, dans son *De perfectione evangelica* de 1276, en vient même à se demander si le mariage a encore une raison d'être.

Ce serait oublier que, dans la conception chrétienne, il n'a pas pour but que de faire des enfants. Il est aussi destiné à fournir une satisfaction légale à la concupiscence charnelle. Puisque la virginité est au-dessus des forces de la grande majorité des humains, mieux vaut se marier que de brûler, dit saint Paul, et c'est pourquoi l'Eglise fait de l'acte sexuel entre époux une obligation, le « devoir conjugal », à partir du moment où l'un des deux le réclame. Le refuser, c'est pousser son conjoint à l'adultère. Or, là encore, l'attitude de l'Eglise médiévale est plus souple qu'on pourrait le penser. La prolifération des prostituées, jusque sous les porches des églises et dans les cimetières, qui comptent parmi leurs clients bon nombre d'ecclésiastiques, en est déjà un signe, et la littérature laïque en apporte la confirmation. Robert Fossier a pu évoquer « l'étonnante floraison des écrits romancés ou lyriques qui, de "trobadors" d'oc en romans de la Table Ronde, exaltent la conquête, rien moins que platonique pense-t-on, de la femme mariée ; la *cortesia* peut se donner des airs de vassalité au service du sexe, baiser et caresser ne suffisent manifestement pas au *juvenis* ou au chevalier errant pour atteindre la "joy"... Or l'Eglise reste muette devant cette apologie de l'adultère : indulgence comme celle de Jésus pour la pécheresse ou la Madeleine ? ». En aucun cas. Disons plutôt que l'Eglise a su faire de la Madeleine l'archétype de la femme, c'est-à-dire une pécheresse, une séductrice, le parfait bouc émissaire responsable de tous les maux de l'humanité. La femme, qui a causé la chute originelle, est la tentatrice, lubrique, envieuse, querelleuse, menteuse, inférieure physiquement et intellectuellement à l'homme. Bien sûr, il y a Marie, l'éternel alibi des clercs pour nier tout sexisme dans l'Eglise. Mais Marie est-elle encore une femme ? Vierge, conçue sans péché, asexuée, qu'a-t-elle encore de féminin ? La Madeleine, en revanche, est une vraie femme : une prostituée. Et la littérature le confirme : chansons de geste et romans courtois envisagent l'amour comme une affaire de conquête de l'objet sexuel convoité, et qui n'a rien à voir avec le mariage. Dans les récits destinés à l'aristocratie, qui empruntent beaucoup à la tradition orale préchrétienne (les *Nibelungenlied*, la *Matière de Bretagne*), l'amour hors mariage est quasiment une obligation, qui est peut-être une réaction contre le durcissement des règles du mariage par l'Eglise, et dont le but exclusif est le plaisir. Au XIIIe siècle, avec la montée d'une littérature bourgeoise, ce but est plus franchement avoué, tout en restant exprimé de façon symbolique. Le *Roman de la Rose* en est la parfaite illustration. Alors que la première partie, rédigée vers 1230 par Guillaume de Lorris, est encore pleine de retenue, la seconde, qui est l'œuvre de Jean de Meung vers 1270, est une invitation à la sexualité la plus débridée : « Pour Dieu, seigneurs, suivez la nature assidûment, mettez-vous tout nus, [...] levez aux deux mains les mancherons de vos charrues, [...] peinez-vous de bouter le soc roidement dans la raie », et surtout, pas de mariage : « Le mariage est un lien détestable... Nature nous a faits toutes pour tous et tous pour toutes. » Dans cette ambiance surchauffée, le pire des malheurs, c'est évidemment la castration, qui fait de « l'écouillé » une femme, donc un être faible, peureux, pervers : « C'est grand péché d'écouiller un homme. Celui qui se livre à cet attentat ne lui ôte pas seulement l'organe de la génération, mais la hardiesse et le caractère viril qui sont l'apanage du sexe mâle, car les écouillés, c'est chose certaine, sont couards, pervers et méchants, parce qu'ils ont des mœurs féminines. L'eunuque n'a d'audace et de courage que dans la malice, car les femmes sont hardies pour faire des choses infernales, et les écouillés leur ressemblent en cela. »

La littérature profane reflète évidemment les goûts de son maigre public, et cherche à combler ses attentes. Il y a eu la vogue des chansons de geste et des romans courtois, avec Chrétien de Troyes, Raoul de Cambrai, le cycle d'Arthur, Tristan et Yseut pour les nobles ; il y a les œuvres encyclopédiques, les « miroirs » de Vincent de Beauvais, Brunetto Latini, les récits de voyages, dont le fameux *Livre des Merveilles* de Marco Polo pour les esprits curieux, les œuvres satiriques, dont les héros sont souvent des animaux, comme le *Roman de Renart*, *Renart le Contrefait*, le *Roman de Fauvel*, pour les bourgeois qui s'amusent aux dépens des nobles. L'Eglise n'accorde guère d'importance à ces œuvres en langue vulgaire, qui peuvent se répandre en dehors de toute censure. Le ton pourtant en est de plus en plus grinçant, voire cynique, annonçant de futurs affrontements. Mais jusqu'à la fin du XIIIe siècle l'Eglise, sûre de ses positions, barricadée derrière le rempart de ses gros volumes de sommes théologiques, gère imperturbablement le monde de la culture qui compte, la culture savante.

L'Eglise, gardienne de la paix sociale

C'est aussi elle qui veille sur la paix sociale, enracinée dans une conception religieuse de la société. En 1015, l'évêque de Laon Adalbéron en donne un exposé devenu classique, dans un poème dédié au roi Robert le Pieux. La société terrestre, dit-il, est un reflet dégradé du royaume de Dieu. Comme la Trinité, le peuple chrétien est un et trine. Il se compose de trois ordres hiérarchisés : les clercs, qui remplissent la fonction la plus noble, prier ; les nobles, qui exercent le pouvoir et la justice et protègent par les armes l'ensemble de la société ; les travailleurs, qui assurent par leurs tâches viles la subsistance de la collectivité. Les trois ordres sont solidaires, aucun ne peut se passer des deux autres, et le bon fonctionnement de la société exige que chacun reste à sa place. C'est Dieu qui a voulu cette répartition, donc il n'est pas question de la changer. La division tripartite est le reflet de l'univers physique et est fixée par la Providence divine. Elle assure la stabilité, l'ordre et la paix de l'ensemble. La contester, dira Guillaume d'Auvergne au XIIIe siècle, c'est s'attaquer au ciel lui-même. La stabilité de l'ensemble exige l'immobilisme : chacun à sa place et on ne bouge plus. Evidemment, c'est dommage pour ceux qui travaillent, admet Adalbéron. Pour lui, ce sont tous des serfs, voués aux travaux manuels : « Cette race accablée ne possède rien sans peine. Qui peut compter l'effort des serfs, leurs courses et leurs tâches innombrables ? Fournir à tous la richesse et le vêtement, voilà le lot du serf. Aux larmes et à la plainte des serfs, il n'y a pas de limite. » Mais il n'est pas question pour autant de chercher à améliorer leur condition. D'ailleurs, qu'ils se consolent : les clercs prient pour eux, ce qui doit grandement les réconforter !

Quant aux nobles, ce sont des guerriers. La guerre est leur raison d'être. Encore faut-il qu'ils la pratiquent à bon escient, ce qui est loin d'être toujours le cas, car dans ce monde féodal aux alentours de l'an 1000 ils perturbent l'ordre social non seulement en se battant entre eux, mais aussi en brutalisant les clercs, les travailleurs, les femmes et les enfants. Les exactions des seigneurs prennent de l'ampleur au Xe siècle : avides de terres, ils font pression sur les communautés monastiques et les chapitres pour qu'ils leur confient la gestion de leurs domaines par un contrat nommé *commenda*, et ils se conduisent dès lors en propriétaires, ils lèvent des taxes, molestent et rançonnent les paysans, qui recherchent la protection de l'Eglise. De plus, au cours de leurs guerres privées, ils brûlent les villages, saccagent les récoltes, violent les femmes et enlèvent les enfants.

La résistance s'organise à la fin du Xe siècle, notamment autour des moines de Cluny et de leurs sympathisants devenus évêques. Résistance pacifique au début : en certains lieux les ecclésiastiques réunissent des « assemblées de paix » autour de quelques reliques. En présence des clercs et des paysans, les chevaliers présents sont invités à prêter serment de ne plus molester les faibles, les personnes sans défense, de ne plus commettre de vols et d'exactions. Le mouvement commence semble-t-il au Puy, en 987. L'assemblée de Charroux, dans le Limousin, en 989, est restée célèbre. D'autres sont organisées dans le Poitou, le Lyonnais, la Bourgogne. Puis, vers 1020, l'interdiction des violences est étendue à certaines périodes de l'année, lors des fêtes, des pèlerinages, et même certains jours de la semaine. En 1037-1041, le concile d'Arles codifie la trêve de Dieu, interdisant aux seigneurs de guerroyer du mercredi soir au lundi matin, ce qui réduit à trois le nombre de jours ouvrables pour se défouler.

Ne soyons pas dupes. Le mouvement de paix n'est ni général, ni respecté par tous. Les brutes illettrées que sont la plupart des seigneurs de l'époque oublient trop facilement les serments et les menaces de damnation une fois sortis des offices religieux. Il est impossible d'évaluer l'efficacité des mouvements de paix, qui divisent les gens d'Eglise. Adalbéron lui-même y est opposé, car il y voit paradoxalement une menace pour la sacro-sainte organisation sociale tripartite. Pour lui, ainsi que pour un autre prélat, Gérard de Cambrai, en 1033, les mouvements de paix risquent de dégénérer en entreprises subversives de l'ordre social. Il voit dans ces « pacifistes » des révolutionnaires qui usurpent la fonction des souverains. Il accable l'abbé de Cluny, qu'il appelle « le roi Odilon », de sarcasmes : en prenant la tête de mouvements de paix, il se prend pour le roi, à qui seul revient la tâche de maintenir l'ordre, dit-il. Il s'inquiète de voir que parfois les mouvements de paix encouragent de véritables insurrections : ainsi en 1038 l'évêque de Bourges pousse les paysans à s'attaquer aux châteaux des seigneurs pillards ; des révoltes spontanées éclatent en France dans les années 1020-1025, dues au fait que les ruraux se sentent encouragés par les idées de la paix de Dieu. Pour Adalbéron, c'est le monde à l'envers, le renversement de l'édifice social. Dénonçant les « conciles ruraux », les milices paysannes, il n'a pas de mots assez durs pour fustiger ces rustres hideux, aux gros yeux grotesques, montés sur des ânes : pourquoi pas des buffles ou des chameaux, dit-il. Cela est pour lui d'autant plus inadmissible que souvent les paysans ne font pas la différence entre les biens de l'Eglise – les grands domaines monastiques en particulier – et ceux des nobles.

En définitive, la paix et l'ordre social ne peuvent être maintenus que par la traditionnelle alliance du trône et de l'autel. Les masses populaires, proches de la bestialité, font peur. Pendant qu'Adalbéron tonne contre les révoltes paysannes, le chanoine Guibert de Nogent s'en prend aux « conjurations » urbaines, comme l'insurrection de Laon en 1125, qui aboutit au massacre de l'évêque. Le mouvement des communes, au XIIe siècle, est pour l'Eglise une autre menace contre l'ordre social providentiel, que seule peut maintenir la solidarité entre les deux ordres supérieurs, les clercs et les nobles. Il convient donc de surveiller étroitement le monde des travailleurs, en évitant aussi que des chefs improvisés, des prophètes autoproclamés n'y répandent des idées subversives, basées sur des interprétations erronées de l'Ecriture. C'est pourquoi la traduction de la Bible en langue vulgaire est interdite, et les milieux mystiques sont particulièrement suspects, d'autant plus qu'avec les tiers ordres et les béguinages on y trouve, au XIIIe siècle surtout, beaucoup de femmes. En Flandre, en Rhénanie, une littérature mystique féminine se développe, comme avec la béguine d'Anvers, Hadewych, vers 1250. Ces élucubrations mystiques provoquent les sarcasmes du franciscain allemand Lamprecht de Ratisbonne :

> « Cet art s'est levé depuis hier
> Parmi les femmes de Brabant et de Bavière.
> Quel est donc cet art, Seigneur Dieu,
> Auquel vieil femme s'entend mieux
> Qu'homme docte et savant ? »

L'Eglise, facteur de rationalisation du droit

La paix, c'est d'abord le respect de l'ordre social providentiel, et la soumission aux autorités établies, dans un esprit de plus en plus légaliste. A partir du XIIe siècle, avec la résurgence du droit romain, l'Eglise et l'Etat se judiciarisent de plus en plus. Signe révélateur : sous les porches des églises et cathédrales, la scène centrale est désormais le Jugement dernier ; le Christ, après avoir été le triomphateur, et avant de devenir le crucifié, est le grand juge. Cette évolution reflète parfaitement les trois phases de l'histoire médiévale : après les grandes illusions, avant les grandes calamités, l'équilibre rationnel de la justice. Nous sommes à l'ère des droits et des codes, qui expriment la solidarité de l'Eglise et du pouvoir politique. Le droit canon et le droit civil s'imposent simultanément.

Entre 1125 et 1140, Gratien, moine de Bologne, compile, regroupe, classe les décisions pontificales et conciliaires dans un grand recueil systématique du droit de l'Eglise : le *Décret*. A la même époque, les tribunaux d'Eglise, les officialités, qui jugent clercs et laïcs pour les délits d'ordre moral ou religieux et infligent des sanctions canoniques, comme le refus de sépulture chrétienne, l'excommunication, l'interdit, deviennent des rouages essentiels du pouvoir ecclésiastique. Le pape Alexandre III, juriste formé à Bologne, décide de donner force de loi aux décrétales pontificales, c'est-à-dire aux décisions prises par les pontifes à propos de problèmes précis, et à partir de 1234 ces textes sont rassemblés en collections officielles, à l'initiative de Grégoire IX. Le droit canon est né. Aux papes théologiens issus des ordres monastiques succèdent les papes juristes : Innocent III (1198-1216), formé à Bologne, comme Innocent IV (1243-1254), auteur d'importants ouvrages juridiques (*Novellae, Apparatus*) ; Grégoire IX (1227-1241) est un des plus grands juristes de son temps, et Boniface VIII (1294-1303) a étudié les deux droits à Todi puis à Bologne.

L'émergence de ce dernier centre comme capitale des formations juridiques en Europe date du XIIe siècle, lorsqu'un certain Irnerius réussit à faire de l'enseignement du droit une discipline autonome, avec la redécouverte progressive des textes authentiques du droit romain impérial, en particulier du *Digeste* de Justinien. L'empereur Frédéric Barberousse encourage cet enseignement, et accorde en 1158 des privilèges aux écoles de droit de cette ville. Il y trouve en effet son compte, car le recours au droit romain renforce son prestige et son influence. Le droit romain se diffuse précocement et rapidement dans le sud de la France, où des écoles à Toulouse et Montpellier sont créées dans les années 1140. De là sortiront les « légistes », qui donnent au droit civil une tournure plus rationnelle : introduction du serment prêté sur l'Evangile ou sur des reliques, pratique de la procédure accusatoire, sur simple plainte d'une personne privée, recul du recours aux ordalies par le feu, l'eau ou le duel judiciaire au profit de la recherche de preuves tangibles. Les ordalies sont officiellement interdites par l'Eglise en 1215 par le concile du Latran.

Le droit romain se répand plus lentement dans l'Europe du Nord, où les rois capétiens par exemple en interdisent l'enseignement à Paris parce qu'il favorise trop la suprématie impériale. Mais on l'étudie à Orléans dès la fin du XIIe siècle, et la mise progressive par écrit des coutumes et du droit oral des provinces va aussi dans le sens d'une rationalisation : rédaction des *Coutumes normandes* de Ramnulf Glanville, *Assises* du comte Geoffroy de Bretagne, *Usages d'Amiens* en 1249. En Allemagne, Eike von Repgow compile le *Sachsenspiegel (Miroir des Saxons)* vers 1221. Les délits criminels perdent peu à peu leur caractère d'affaires privées réglées entre particuliers pour devenir des délits d'ordre public, transgressions de l'autorité du comte.

Cette rationalisation progressive de la justice contribue à la renaissance de l'idée de *res publica*, de chose publique, que développe en 1159 l'évêque de Chartres Jean de Salisbury dans son *Policraticus*, où il écrit que le prince est « personne publique et puissance publique ». Ainsi l'Eglise, par ses intellectuels, favorise-t-elle la pénétration de la raison dans le droit. Aucun domaine ne lui échappe. L'économie ne fait pas exception, comme nous allons le voir maintenant.

10

Economie et société d'un monde (trop) plein
Les limites d'un idéal stationnaire

Lorsqu'on aborde le monde économique et social au Moyen Age, il faut avant tout éviter de juger les résultats de cette époque en fonction des critères de la nôtre. Le monde du XXIe siècle est obnubilé par les idées de croissance, de développement, d'innovation, de consommation et d'inflation. Une économie en bonne santé serait une économie où tout augmente, production, population, consommation. Tout dépend du sacro-saint taux de croissance, visualisé par les courbes ascendantes des graphiques. La consommation doit sans cesse augmenter afin qu'augmentent les profits, qui alimentent les investissements, qui permettent d'accroître la production, qui doit être écoulée par une consommation accrue, qui requiert une croissance démographique. Cette absurde course à la croissance indéfinie, due à l'avènement du capitalisme, est totalement étrangère à la mentalité médiévale, qui privilégie l'état stationnaire, la stabilité, la continuité, la tradition, bref, ce que nous appellerions la stagnation, mais qui est en fait l'équilibre entre production et consommation. Satisfaire les besoins vitaux, rejeter le luxe et le superflu, se contenter d'une modeste aisance adaptée à la condition sociale de chacun, sans chercher à monter dans l'échelle sociale, répéter les gestes et les procédés des ancêtres, en rejetant l'innovation, la compétition et la concurrence : tel est l'idéal socio-économique qui sous-tend les activités productives et commerciales, et qui est dicté à la fois par la morale religieuse et par la raison. Cet idéal n'a jamais été parfaitement respecté, mais c'est entre le XIe et le XIIIe siècle que l'on s'en approche le plus.

A la fin du XIIIe siècle il atteint cependant ses limites, en raison de l'absence de contrôle d'une de ses composantes essentielles : la démographie. L'état stationnaire ne peut rester stationnaire qu'à condition que soit respectée la proportionnalité entre la production, la population et la consommation. Or, alors que la variante « production » a une marge de progression très limitée en raison des mentalités routinières, des réglementations et des techniques rudimentaires, la variante « population » est laissée à la seule disposition de la Providence, c'est-à-dire du hasard. Les mécanismes de régulation sont les famines, les épidémies, les guerres, les variations climatiques ; toute régulation des naissances est interdite, et l'évolution démographique dépend avant tout de la mortalité. Il se trouve qu'entre le XIe et le XIIIe siècle les grandes causes de mortalité reculent ; la population augmente ; l'équilibre est rompu ; vers 1300, on atteint une situation de surpopulation relative, prélude à de graves crises. Avant d'examiner les secteurs de la production et du commerce, il faut donc nous intéresser au phénomène fondamental de la démographie.

L'excessive croissance démographique et ses causes

Le fait est indéniable : la population européenne a très fortement augmenté entre 1000 et 1300. Tous les historiens sont d'accord sur le constat, même si les chiffres avancés varient de l'un à l'autre. D'après Russell, on passe de 23 millions d'habitants en 950 à 32 millions en 1100, et 50 en 1300. Bennett avance 42 millions en l'an 1000, 48 en 1100, 61 en 1200, 69 en 1250. Fourquin donne environ 25 millions en l'an 1000 et 56 en 1300, soit une augmentation de 126 %, ce qui lui fait dire que « vers 1300 les campagnes d'Occident étaient donc à la fois surpeuplées et menacées à brève échéance de catastrophes ». Dans le Vexin, il relève en 1300 des densités supérieures à celles de 1800. De partout affluent les mêmes constats : les hommes prolifèrent. Doublement de la population entre 1249 et 1315 dans certains secteurs de Provence, triplement ailleurs ; doublement de la population hongroise entre 1000 et 1200 ; celle de l'Allemagne passe de 3 ou 4 millions en 1000 à 12 ou 15 millions en 1300, avec l'apparition de phénomènes de pénurie alimentaire ; l'Italie passe de 5 à 10 millions d'habitants, les campagnes y sont surchargées, avec des densités de 100 à 200 hab./km^2 en Toscane ; la croissance urbaine atteint des sommets : Prato passe de 1 200 à 4 000 foyers entre 1200 et 1300, et des famines à répétition apparaissent au début du XIVe siècle (1322-1323, 1328-1330, 1339-1340, 1346-1347) ; si l'Espagne augmente un peu moins vite, passant de 7 à 9 millions, l'Angleterre passe de 1,3 à 3,8 millions. Dans les campagnes navarraises on atteint des densités qui ne seront dépassées qu'au XXe siècle. Dans la grande région de la Ribera de la *merindad* d'Estella, on recense 7 350 feux vers 1300, alors qu'il n'y en aura que 6 785 cinq siècles plus tard ; dans les vallées pyrénéennes, dans la *merindad* de Pamplona, le maximum du début du XIVe siècle n'a jamais été égalé jusqu'à aujourd'hui.

Après la longue stagnation démographique du haut Moyen Age, à quoi est due cette forte croissance ? La première explication qui vient à l'esprit est d'ordre météorologique : ces trois siècles correspondent à une phase climatique favorable aux récoltes, qui fait reculer le fléau des famines. C'est le « petit optimum médiéval » (POM) des historiens du climat, qui se lit dans le fort retrait glaciaire mesuré en Suisse. La période est marquée par des étés beaux et secs, facteurs de belles moissons, surtout au XIIIe siècle. Ceux de 1205, 1217, 1222, 1236, 1237, 1241 sont particulièrement chauds. Il y a certes quelques accidents de parcours générateurs de courtes famines, mais toujours très localisées : la pluviosité excessive de 1146, qui provoque une grosse disette en Champagne et dans les Ardennes, étés pourris de 1151 et 1195-1197. De sérieuses crises de subsistances sont également signalées en diverses régions en 1005-1006, 1031-1033, 1050, 1090, 1123-1125, 1144, 1160, 1172, 1202-1204, 1221-1224, 1232-1234, 1240, 1246-1248, 1256, 1272. Mais il n'y a là rien de catastrophique. C'est à partir de 1303 que le climat se détériore de façon alarmante ; l'entrée dans le XIVe siècle coïncide avec le début du « petit âge glaciaire », inaugurant l'ère des cataclysmes : onze hivers très froids, dont quatre qualifiés de « sévères » de 1303 à 1328. Ceux de 1305-1306 et de 1322-1323 comptent parmi les plus rudes du second millénaire.

Récoltes plus abondantes, donc meilleure alimentation et meilleure résistance à la maladie. A cela s'ajoute une lente transformation des mentalités qui joue en faveur d'une augmentation de la natalité. La lutte du christianisme contre les pratiques anticonceptionnelles et abortives et contre l'infanticide est ici fondamentale. Les pénitentiels des IXe et Xe siècles montrent à quel point ces pratiques étaient répandues dans une Europe encore fortement imprégnée de paganisme. On lit dans le *Poenitentiale Hubertensi* et dans le pénitentiel de l'abbé Réginon de Prüm (892-906) l'avertissement suivant : « Si quelqu'un a pris des potions pour que la femme ne puisse pas concevoir, ou a tué le fruit de la conception, ou si l'homme a versé sa semence, dans ses rapports avec la femme, afin de ne pas concevoir... » ;

au début du XIe siècle, le manuel de l'évêque Burchard de Worms prévoit de demander aux pénitentes : « As-tu appris comment faire les avortements ou as-tu donné la recette à d'autres ? As-tu tué volontairement ton fils ou ta fille, après la naissance ? » Une multitude de pratiques superstitieuses, de recettes de potions supposées contraceptives ou abortives se transmettent de génération en génération. Des croyances locales nombreuses aboutissent à des morts accidentelles de nourrissons, comme dans les Dombes : si le bébé est chétif ou malade, on pense que cela est dû au fait qu'un esprit diabolique venu des bois ou des eaux s'est substitué à son esprit véritable au moment de la naissance. Le remède : exposer l'enfant dans le bois de saint Guinefort avec des offrandes pour que ce dernier lui restitue son véritable esprit. Le rituel est accompli par la mère et une vieille femme qui sait « la manière rituelle d'agir ». L'enfant a de bonnes chances de mourir de froid ou d'être mangé par les loups, et s'il est encore miraculeusement vivant au retour des deux femmes, il faut le plonger neuf fois dans l'eau froide : de quoi l'achever !

Le recul de ces superstitions sous la pression de l'Eglise contribue peu à peu à réduire la mortalité infantile. Le clergé déconseille également de faire dormir les nouveau-nés dans le lit des parents, où ils risquent l'étouffement. L'infanticide, en particulier des filles, régresse également, notamment avec la baisse du servage : le taux de fécondité des paysans libres est plus élevé que celui des serfs et des esclaves. Dans les milieux plus aisés, le recours croissant à des nourrices réduit les intervalles de stérilité. La plus stricte réglementation du mariage et la plus grande fréquence des remariages jouent également en faveur d'une hausse de la natalité. La croissance démographique a donc des causes culturelles autant que naturelles.

Ce phénomène, qui réjouirait aujourd'hui les démographes et les économistes, a au Moyen Age des effets plutôt indésirables. Progressivement, le poids du nombre devient insupportable. Les théologiens eux-mêmes s'en rendent compte, comme nous l'avons vu : au XIIIe siècle beaucoup d'entre eux déclarent que « le monde est plein », et que la priorité n'est plus désormais au « croissez et multipliez ». Malheureusement, ils n'en tirent pas les conséquences souhaitables : la raison se heurte ici aux préjugés de la foi, il y a trop d'enfants, mais il est interdit d'en limiter la production autrement que par l'abstinence sexuelle. Certains confesseurs pourtant, conscients de la misère qu'engendre ce surpeuplement, se montrent un peu plus indulgents. La recrudescence des propos sur le recours aux méthodes contraceptives est d'ailleurs révélatrice de l'utilisation croissante de ces méthodes dans le monde paysan, qui, d'instinct, pratique l'autorégulation : « Les ruraux de cette époque [...] ont le sentiment très net de la pression démographique des années 1300 », écrit Emmanuel Le Roy Ladurie. On voit réapparaître les vieilles recettes des temps païens : les femmes, écrit le pénitentiaire pontifical Alvaro Pelayo au début du XIVe siècle, « se rendent stériles par des mixtures d'herbes, des charmes de vieilles femmes, et avec la baguette de roseau des docteurs... souvent dans leur folie elles les tuent (les nouveau-nés), [...] fréquemment avec les maudites herbes et potions qu'elles boivent elles tuent le fœtus, [...] certaines femmes ne reçoivent pas la semence de l'homme dans leur sein, afin de ne pas concevoir ». Le ministre général des Franciscains, Guiraud d'Ot, remarque lui aussi que « certaines ne reçoivent pas bien leurs rejetons, comme de nombreux pauvres, qui n'ont pas le nécessaire pour les nourrir ». Les théologiens s'alarment et consacrent de plus en plus de place à ce sujet dans leurs œuvres : 77 000 mots sur les buts du mariage par Pierre de Tarentaise au milieu du

XIIIᵉ siècle, 87 000 chez Thomas d'Aquin, 100 000 chez Bonaventure, 143 000 chez Pierre de la Palud au début du XIVᵉ siècle. Autre réaction instinctive, le recul de l'âge au premier mariage : entre 21 et 24 ans pour les femmes, entre 26 et 31 ans pour les hommes à la fin du XIIIᵉ siècle en Europe.

Insuffisante croissance agricole : rendements et défrichements

C'est que la production ne peut pas suivre, avec les moyens de l'époque, l'essor de la demande de produits de première nécessité. L'Europe a de plus en plus de mal à nourrir ses habitants. Augmenter les rendements agricoles nécessiterait des progrès technologiques hors de portée dans le contexte de l'époque. Des avancées ont certes eu lieu, et la rédaction de traités d'agronomie au XIIIᵉ siècle en Angleterre et en Italie montre que les grands propriétaires, surtout ecclésiastiques, cherchent à optimiser leur production. Les attelages s'améliorent : attelage en file de chevaux avec colliers d'épaule, qui supplantent peu à peu les bovins. Les plus riches remplacent de plus en plus l'araire, qui se contente d'ouvrir le sol, par la charrue à versoir, qui le retourne. Les progrès de la métallurgie permettent d'avoir des socs résistants, mais coûteux, dont la possession distingue la catégorie des « laboureurs » de celle des pauvres « brassiers ». L'usage de la herse assure un meilleur mélange de la terre et des graines. L'apport d'engrais reste très insuffisant. La pratique du marnage dans certaines contrées d'Angleterre, et en Artois, Normandie, Poitou, Anjou, Ile-de-France, reste une exception. La fumure des terres par la vaine pâture après la moisson est trop limitée pour être vraiment efficace. En l'absence d'un véritable assolement triennal, qui n'apparaît que sur les plus riches terroirs après 1250, la rotation des cultures est la seule méthode de reconstitution des sols. On joue essentiellement sur l'alternance blés d'hiver-blés de printemps. L'orge, le seigle, l'avoine, mais aussi le mil, le millet, le méteil sont les cultures de base, avec un progrès du froment, dont la demande augmente en ville, sur les meilleures terres. Les légumineuses ont tendance à remplacer la jachère en raison des besoins croissants d'une population surabondante. Les rendements sont bien entendu extrêmement variés d'une région à l'autre, et toute généralisation est nécessairement très approximative. D'après Georges Duby, on peut risquer l'hypothèse suivante à l'échelle de l'Europe entre le XIe et le XIIIe siècle : « Les rendements moyens qu'il est permis de situer aux environs de 2,5 pour 1 passèrent, dans les cas les moins favorables, aux environs de 4 », soit une augmentation de 60 %, pour une population qui augmente de 120 %. Le compte n'y est pas, même en ajoutant les progrès de l'élevage, qui provoquent même en certains endroits une surcharge pastorale. Le *Domesday Book* de 1086 donne à ce sujet des précisions étonnantes : dans trois comtés anglais où vivent 11 707 paysans, on compte 129 971 moutons, 31 088 porcs, 9 000 bovins, 2 721 chevaux. Tout cela fournit d'impressionnants tonnages de laine, de viande, de lait, de bouse et de crottin. La consommation de viande augmente, et en ville les métiers de la boucherie constituent un redoutable *lobby* face aux autorités municipales.

Pour faire face à la demande croissante, on met aussi en culture de nouvelles terres. Les défrichements des XIe-XIIIe siècles sont un trait marquant de cette époque et modifient sensiblement les paysages ruraux. Le phénomène est attesté de multiples façons : par la toponymie, avec les noms en *sart* et *rupt* de la langue d'oïl, en *artiga* de la langue d'oc, en *hurst* et *shot* anglo-saxons, en *ried, rod, schlag* germaniques, par les contrats de défrichement et d'assèchement de marais, par les documents exprimant les revendications de communautés paysannes privées de terrains de parcours et de pacage, les querelles de seigneurs à propos de la levée des dîmes novales sur les sols récemment mis en culture. Le mouvement commence dès la première moitié du XIe siècle dans l'Europe méridionale, dans la vallée du Pô, la Catalogne, la Provence, l'Auvergne ; il s'étend dans la seconde moitié du siècle à l'Aquitaine, au Poitou, à la Normandie, à la Flandre, gagne au XIIe siècle le Bassin parisien, la Bavière, la Lorraine, l'Angleterre moyenne, puis les Midlands, la Saxe, la Franconie. On commence par les terres les plus accessibles et les plus faciles à travailler, avant de s'en prendre aux lourdes terres argileuses et marneuses, aux versants caillouteux qui nécessitent d'épuisants travaux d'épierrage, de construction de terrasses, dans les *gradoni* d'Ombrie, les *bonifachi* lombards, les *orts* de Provence, les *huertas* ibériques. Il est impossible de chiffrer les étendues ainsi récupérées. Elles peuvent être par endroits considérables : dans tel village milanais la superficie en friche tombe de 45 à 16 % en quatre-vingts ans. Globalement, on estime que les terres cultivées avancent de 10 % dans les zones déjà fortement occupées, et de 40 % dans les régions très boisées de Germanie. On s'attaque non seulement aux forêts et aux landes, mais aussi aux zones humides et marécageuses, aux vastes estrans que la mer ne recouvre qu'aux très hautes marées : poldérisation de la Flandre, de la Zélande, des *Fens* anglais, de la baie du Mont-Saint-Michel, des lagunes du Languedoc. Le tracé des côtes est modifié, les grands fleuves sont endigués. Ces opérations nécessitent la mise en œuvre de moyens importants et la coopération des communautés d'habitants, des monastères et des seigneurs laïcs.

C'est au XIIe siècle que l'essentiel est réalisé, mais on distingue deux phases culminantes : 1100-1125, et un dernier effort, dans les secteurs les plus difficiles, vers 1250-1275. Les opérations sont de trois types. Le premier consiste à élargir les terroirs anciens, c'est la façon la plus discrète et la plus facile de procéder. Le deuxième consiste à ouvrir de nouveaux terroirs, dans des zones plus éloignées et désertiques. Cela suppose une entreprise communautaire, et l'initiative en revient presque toujours à un ou deux seigneurs, qui s'associent dans ce cas par un contrat de pariage. Pour attirer les paysans défricheurs, les *sartores*, les « hôtes », le seigneur leur offre des conditions avantageuses : le statut d'homme libre, l'exemption ou la réduction des services de corvées, des tenures sur lesquelles ne pèsent que des charges réduites, le plus souvent en nature. Au milieu de ce nouveau terroir se crée un village nouveau, une « villeneuve », un « bourg », une « bastide ». Le succès de ces nouveaux établissements est tel que les historiens se demandent si la vague de défrichements n'est pas plutôt due à des causes sociales qu'à la nécessité d'accroître la production alimentaire. Les hôtes semblent rechercher davantage l'amélioration de leur condition que l'augmentation de la production. Enfin il y a un troisième type de défrichement, dû à des initiatives individuelles, mais il est plus tardif et concerne simplement des espaces intercalaires limités. Il contribue à implanter un habitat dispersé.

L'importance des défrichements est telle qu'elle suscite rapidement une opposition. L'équilibre agro-sylvo-pastoral semble menacé. Les nobles s'inquiètent du recul des forêts, qui sont leur territoire de chasse ; la réduction des terrains de pâture, friches et broussailles dresse les communautés paysannes et monastiques les unes contre les autres ; la régénération de certaines espèces d'arbres, les chênes en particulier, à une époque où le bois est le matériau indispensable à la construction des maisons, des chariots, des outils, des armes, des navires, ainsi qu'au chauffage, alimentant un commerce actif, ne manque pas d'inquiéter. Les communautés monastiques mettent au point les premiers règlements forestiers. Les seigneurs laïcs interdisent parfois l'abattage des arbres et l'essartage clandestin. Les rois, surtout en Angleterre, durcissent la législation forestière.

Les défrichements, de toute façon, cessent d'eux-mêmes peu avant 1300, en dépit de la demande toujours croissante de produits agricoles, car les terroirs qui restent sont de qualité de plus en plus médiocre et d'accès trop difficile. Les rendements sur certaines terres nouvellement défrichées sont si faibles qu'on laisse la friche reprendre ses droits. C'est le cas en Haute-Provence dès les années 1250. La création de villeneuves s'arrête en Ile-de-France dès 1230.

La situation de l'Europe vers 1300 est donc critique. La population est devenue trop importante par rapport aux capacités de production. Le prix de la terre ne cesse de monter, car on a atteint les limites du défrichement : entre 1200 et 1250, la valeur du journal de terre en France du Nord passe de 2 à 4,5 livres ; en Angleterre, le prix du quartier passe de 2,5 à 4,5 sous ; en Allemagne le prix de la terre passe de l'indice 100 à 175. Le prix du blé en Angleterre a pratiquement doublé en un siècle, avec un bond phénoménal après 1260 : indice 100 en 1180-1199, 108 en 1200-1219, 104 en 1220-1239, 114 en 1240-1259, 190 en 1260-1279. La tension sur le marché devient extrême ; les disettes se multiplient à partir de 1260. Bientôt ce seront des famines.

*Conséquences du surpeuplement :
aggravation des tensions sociales*

Le surpeuplement relatif se manifeste aussi par l'aggravation des tensions sociales. La compétition entre les hommes se durcit, compétition pour le travail, pour la terre, pour les biens. La pulvérisation des petites exploitations agricoles, par divisions successorales, atteint un niveau caricatural : on a calculé que vers 1300 entre l'Escaut et la Meuse 80 % des ménages vivent sur moins de 3 hectares. Le manque de terres pousse les prix à la hausse : doublement entre 1240 et 1280 dans le Chartrain, hausse de 35 % dans le val de Meuse. Les seigneurs en profitent pour exiger des baux de location exorbitants : hausses allant jusqu'à 500 % en Normandie entre 1260 et 1300. Avec l'inflation des prix céréaliers, certains seigneurs en reviennent au faire-valoir direct, qui leur permet de faire des profits en commercialisant leur récolte : ainsi, la part des grains vendus directement par l'évêque de Winchester passe de 31 à 46 % de la récolte totale de ses seigneuries entre 1208 et 1299. Mais la majorité des seigneurs ont recours au bail à ferme, à des conditions de plus en plus dures ; ils s'assurent ainsi de bons revenus tout en évitant les soucis de l'exploitation ; seuls les paysans les plus aisés, les laboureurs, peuvent faire face à des baux de plus en plus coûteux, et le monde rural se scinde ainsi en deux : une minorité de « coqs de village » qui exploitent 50 ou 60 hectares, et une masse paysanne qui se prolétarise rapidement. En même temps, les restrictions apportées aux droits de pacage et le début de partage des terres communes par les seigneurs réduisent les compléments de ressource dont bénéficiaient encore les plus pauvres. La chasse aux braconniers, le durcissement des lois forestières provoquent une multitude d'incidents. Le ton monte, et la situation devient explosive. La paupérisation paysanne s'accentue. Vers 1300, on estime qu'un ménage paysan en Angleterre et dans le nord de la France verse 20 % de ce qu'il récolte en taxes seigneuriales, 10 % au titre de la dîme, un peu moins pour le cens, et doit mettre de côté 20 % pour les semailles suivantes. Il ne reste donc au paysan que 40 % de sa maigre récolte pour nourrir sa famille et subvenir aux besoins élémentaires en outillage. S'il emprunte, au curé, aux juifs, aux bourgeois, c'est avec un intérêt de 5 à 8,33 %. Prisonnier de ses dettes, il sombre alors dans la catégorie des non-libres et corvéables à merci, ou alors il s'enfuit.

Il va grossir la masse des mendiants, dont le gonflement provoque une transformation fondamentale dans les mentalités collectives : l'image du pauvre se dégrade radicalement. Jusqu'au XIIe siècle, pauvres et misérables sont parfaitement intégrés dans le schéma socioreligieux du Moyen Age. La pauvreté est ambivalente : d'une part, c'est une punition, un châtiment immanent pour des péchés que Dieu seul connaît ; d'autre part, c'est une forme de bénédiction qui permet de se détacher des biens terrestres, et qui donne aux nantis l'occasion d'exercer la charité. Au XIIe siècle, on assiste même à une promotion de la dignité des pauvres. Ils sont pris en charge par les communautés paroissiales et monastiques, les fondations hospitalières se multiplient, ainsi que les cas de pauvreté volontaire. La spiritualité exalte les mérites d'une pauvreté assimilée à un détachement salutaire. Hospitaliers de Saint-Antoine, fondés en 1095, Hospitaliers de Saint-Lazare, en 1120, Hospitaliers du Saint-Esprit, en 1180, apportent le réconfort matériel et moral. Quelques seigneurs abandonnent leurs richesses pour mener une vie d'austérité. Des théologiens, comme Anselme, Guillaume de Champeaux, Rupert de Deutz, Pierre le Mangeur, Raoul l'Ardent, élaborent une théologie de la pauvreté. Au début du XIIIe siècle, celle-ci devient un idéal de vie, illustré par le succès des ordres mendiants, dont le prestige témoigne de la sympathie des foules urbaines pour un genre de vie fondé sur la mendicité. Jusque-là, le pauvre n'est pas un problème, il fait partie intégrante de la structure sociale suivant un schéma théologique qui lui confère une valeur propre dans l'histoire du salut.

La situation change à partir du milieu du XIIIe siècle. Les campagnes, saturées, commencent à rejeter un nombre croissant de paysans réduits à la misère par le morcellement des exploitations. Les misérables affluent vers les villes, se regroupent en troupes de mendiants, brutalement gonflées par les premières disettes ; la faim les rend agressifs ; ils squattent les porches des églises ; tout un monde de marginaux, vrais et faux infirmes, vagabonds, mendiants, prostituées, instaurent un climat d'insécurité, importunent bourgeois, artisans et commerçants. L'image du pauvre change : de sympathique faire-valoir de la charité il devient un dangereux parasite ; de sujet de réflexion théologique il devient un problème social. La pauvreté, fille du surpeuplement, comme l'avait dit Aristote, engendre à son tour tension et révolte.

Dans les villes, la compétition accrue dans les rangs d'une main-d'œuvre surabondante contribue à dégrader la condition ouvrière face à un patronat qui se ferme, réduit les salaires, interdit les coalitions de travailleurs. A la campagne, la pression humaine engendre des conflits entre les communautés et devient source de brigandage. En Navarre, dont le cas a été étudié par Maurice Berthe, « la vie quotidienne des campagnes fait après 1300 une place croissante aux affrontements de communautés. Poussées par la pénurie, bourgades et petites villes en quête de pâtures ou d'eau pour irriguer n'hésitent pas à s'agresser mutuellement... Chaque communauté menacée sur son propre terroir par la pression des hommes et des bêtes et à sa périphérie par les empiétements de voisins, revendique avec âpreté son espace vital... Le banditisme fait après 1300 de rapides progrès. Les terres de prédilection des brigands étaient les pays limitrophes des provinces basques d'Alava et Guipuzcoa ».

Le surpeuplement désintègre le tissu social et facilite la propagation d'idéologies extrémistes fondées sur une interprétation extravagante des Ecritures. Les individus, qui se retrouvent désemparés, hors des réseaux de solidarité traditionnels surchargés, sont la proie de prédicateurs fanatiques qui promettent une ère de bonheur après la destruction d'un ordre social inique rendu responsable de tous les maux. Comme l'a bien montré l'étude de Norman Cohn, tous les grands mouvements millénaristes médiévaux sont nés dans les zones surpeuplées d'entre Seine et Rhin et de la Rhénanie : « Les régions dans lesquelles les vieilles prophéties sur les Derniers Jours prirent une signification nouvelle et révolutionnaire, une force explosive, furent les régions qui devenaient gravement surpeuplées et qui connaissaient un processus de rapide changement économique et social. » Ces secteurs « portaient une population excédant ce que le système rural traditionnel pouvait entretenir ». Prolétariats rural et urbain se développent, échappant aux cadres protecteurs de la société féodale classique. Cette foule de misérables désorientés, sans repères, anxieuse et impulsive, est le terrain de prédilection pour la propagande de messies, prophètes et autres exaltés et déséquilibrés qui se présentent comme des sauveurs providentiels.

Le climat de croisade ne peut qu'exacerber les choses. Déjà en 1249, pendant la détention de Saint Louis en Egypte, des bandes de « pastouraux » menés par un illuminé, le Maître de Hongrie, dévastent tout sur leur passage ; vers 1270, un certain Segarelli de Parme entraîne des paysans lombards, et en 1305 le franciscain Fra Dulcino dirige un mouvement violent contre la richesse de l'Eglise, et finit sur le bûcher. D'autres mouvements éclatent en Sicile, en Provence, dans la vallée du Rhin. Toutes les séditions ne sont pas animées par un idéal spirituel. Mercenaires démobilisés, serfs en fuite, citadins bannis, « charbonniers » et marginaux de toutes sortes forment des bandes de truands et brigands, « coquillards », « caïmans », « ribots », « houliers ».

La charité est complètement débordée. Le nombre de maisons-Dieu passe de 4 à 83 dans le diocèse de Paris entre 1150 et 1250 ; les monastères consacrent jusqu'à 10 % de leurs dépenses à des distributions gratuites. L'aide aux mendiants se professionnalise et s'institutionnalise : en Italie ils sont enregistrés, ce sont les *immatriculati* ; à la fin du XIIIe siècle à Paris, Nantes, Lille, ils sont regroupés en « métiers », avec des signes distinctifs. Mais le flot est trop important, et on en vient aux solutions extrêmes : enfermement et expulsion. Entre 1239 et 1265, 3 000 gueux sont parqués dans un quartier de Tolède, 5 000 à Gand, 6 000 à Milan et à Montpellier. Les lépreux, catégorie dans laquelle on trouve toutes sortes de maladies de peau supposées contagieuses, mais qui circulaient en liberté depuis des siècles, sont mis à l'écart dans des maladreries. La première ouvre en 1106 dans le diocèse de Paris ; en 1250, il y en a 53.

Le surpeuplement, facteur d'intolérance et de colonisation

Et puis il y a les juifs. Jusque-là tolérés, acceptés et même intégrés, on les trouvait dans tous les secteurs, et pas seulement comme prêteurs et médecins, et s'ils avaient leur culte, leur langue, leurs lois, nul ne les considérait comme un danger. C'est à partir de la fin du XIe siècle que l'hostilité à leur égard grandit, et cela est largement dû à la pression démographique croissante. Non pas que leur nombre soit jugé excessif, mais on considère que dans un contexte de surpeuplement les éléments étrangers sont potentiellement dangereux. Cet aspect a échappé jusqu'ici, semble-t-il, à l'historiographie. Aristote, la grande référence des scolastiques, écrit dans les *Politiques* qu'en cas de surpeuplement « il n'est pas difficile de passer inaperçu, du fait du nombre excessif de citoyens », ce qui ouvre la porte à d'éventuels complots et prises de pouvoir par des étrangers ennemis de la cité. Commentant ce passage peu avant 1300, Pierre d'Auvergne écrit : « Il arrive qu'il y ait de nombreux étrangers, éléments extérieurs et autres, qui n'aiment pas la cité, où il y a déjà une multitude surabondante. Il est alors facile pour ces étrangers et autres qui n'aiment pas l'Etat de le transformer, à cause de leur multitude. En raison de l'excès de multitude il n'est pas difficile pour eux de dissimuler leur complot. » On n'est jamais mieux caché qu'au sein de la foule. Déjà Albert le Grand avait signalé le danger : « Il est facile pour les étrangers et les éléments extérieurs, qui causent un excès de multitude, de prendre le pouvoir. » Ces « éléments extérieurs », ce sont avant tout les juifs, ennemis du christianisme et comploteurs potentiels. L'idée d'un complot juif menaçant fait alors son apparition, il devient un thème développé par les théologiens. En 1306, le cistercien Jacques de Thérines propose comme sujet de discussion quodlibétique à la faculté de théologie de Paris : « Les juifs expulsés d'une région devraient-ils être expulsés d'une autre [où ils sont réfugiés] ? » Dans les arguments positifs, il explique : « Il faut comprendre cependant qu'ils peuvent se multiplier à tel point dans tel royaume, et se liguer ensemble, et ainsi faire du tort aux chrétiens et les molester, qu'on peut les expulser pour un temps de tel royaume. »

Et c'est bien ce que l'on va faire. Le petit peuple, lui, enflammé par quelques illuminés, est plus expéditif. Entraînées par le millénarisme ambiant, les bandes de brutes de Pierre l'Ermite massacrent des centaines de juifs dès 1095. Le pape proteste, mais le mouvement est lancé. Les interdictions commencent : défense de posséder des terres, d'accéder aux métiers ; première vague d'expulsions et de spoliations en 1144-1145 en France, puis dans le reste de l'Europe en 1175-1182 ;

émigration vers l'est, la Silésie, la Poméranie. La papauté prend le relais : le 68e canon du concile du Latran IV, en 1215, interdit de cohabiter avec des juifs, de leur confier des fonctions publiques, les oblige à porter le bonnet, la rouelle, l'étoile de David. Le zèle fanatique de Saint Louis va plus loin : il laisse se produire des massacres à Paris, harcèle les communautés pour forcer les conversions, spolie les récalcitrants, les expulse en 1240, interdit le Talmud et organise un énorme autodafé de livres hébreux en 1242. Henri III l'imite en Angleterre en 1244. Un peu partout, les statuts synodaux interdisent d'embaucher des juifs comme domestiques, de prendre un repas avec eux, de les rencontrer aux bains. Expulsions et confiscations des biens se multiplient : en Bretagne (1240), Gascogne (1288), Anjou (1289), Angleterre (1290), France (1306). Les prétextes avancés sont d'ordre religieux, les motivations réelles d'ordre financier, mais c'est bien la situation de surpeuplement qui en dernière analyse alimente la peur et donc la haine des juifs. Des mesures similaires sont prises en Espagne en 1248, 1252, 1268. La surpopulation accroît l'hostilité à l'égard de toutes les minorités ethniques et religieuses.

Elle provoque aussi la forte poussée colonisatrice des Allemands vers l'est, l'*Ostbewegung* ou *Drang nach Osten*. Tout atteste un fort accroissement de population en Allemagne à partir du XIIe siècle : les toponymes de défrichement, le nombre de lieux habités. C'est pourquoi, écrit Charles Higounet, « la forte poussée de la population et l'extension de l'occupation du sol dans l'Allemagne occidentale, entre le IXe et le XIIe siècle, ont été, assurément, en créant, sinon en accentuant, un déséquilibre démographique avec les pays slaves, un des facteurs fondamentaux des migrations du XIIe siècle et du XIIIe siècle ». Toutes les études confirment ce propos : l'Allemagne du XIIIe siècle est surpeuplée, « certaines terres semblent soudain grouiller d'hommes, écrit Jean-Pierre Cuvillier. La région de Geismar, en Hesse orientale par exemple, qui se situe dans le coin formé par la Weser et la Fulda, ne comportait que dix-sept lieux habités vers 500, mais plus d'une centaine vers 1290... C'est entre l'an 1000 et la fin du XIIIe siècle que les nouveaux habitats se sont gonflés d'agriculteurs au point d'être parfois surpeuplés... Au XIIIe siècle, c'est l'explosion : la colonisation bondit, en quelques décennies, 200 ou 300 kilomètres plus avant. Prenzlau en Poméranie est fondée en 1234, Stettin en 1243 et Stargard en 1253 ; en Silésie, Brieg, à l'est de Breslau, est atteinte en 1248. Il en résulte que plus des 4/5 des 170 000 implantations de l'habitat allemand dans les frontières de 1933 furent ainsi déterminées dès la fin de la première moitié du XIVe siècle ».

Nobles, seigneurs et vassaux

Les signes inquiétants annonciateurs de grands bouleversements se multiplient donc au XIIIe siècle. Mais ces nuages n'altèrent pas encore gravement l'impression générale de beau temps. Le ciel reste majoritairement bleu, éclairé par la double lumière optimiste de la foi et de la raison. Le crépuscule du Moyen Age, c'est pour demain. Pour le moment, la chrétienté jouit encore d'un relatif équilibre.

A la campagne, le monde rural est plutôt calme. Chacun a trouvé sa place. Les maîtres, ce sont les seigneurs, qui possèdent l'immense majorité des terres. Seigneurs ecclésiastiques, avec les gigantesques territoires possédés par les grandes abbayes comme Saint-Germain-des-Prés, Saint-Denis, Saint-Vaast d'Arras, Corbie, Saint-Riquier ; seigneurs laïcs, qui tendent à former une aristocratie de nobles au cours d'un processus lent et complexe. Les origines de la noblesse restent extrêmement confuses, remontant aux siècles obscurs dépourvus de documents écrits. L'emploi longtemps indifférencié des termes de seigneur, chevalier, vassal, noble, montre que les contemporains n'avaient pas eux-mêmes une idée très précise de leur sens. Globalement, vers l'an 1000, le noble est un personnage riche, qui possède un domaine et qui garde le souvenir d'ancêtres qui se sont distingués soit comme guerriers dans les pays du Nord de l'Europe, soit plutôt dans des activités administratives, judiciaires, cléricales dans les pays du Sud. Certains se rattachent à des lignages gallo-romains, et d'autres à des chefs francs, tout cela étant très hypothétique et sans la moindre preuve. L'essentiel est d'être riche, d'habiter une grande demeure, de posséder des terres, seule véritable source de pouvoir. Peu à peu s'opère la fusion entre le système vassalique et celui de la seigneurie judiciaire. Au début du XIIe siècle, la noblesse n'est toujours pas une catégorie juridique déterminée. C'est une classe sociale d'hommes riches et donc puissants, les *ricos hombres, rikes homes, divites, viri hereditarii, magnati, proceres, nobiles, optimates*. La multiplication des termes est révélatrice de leur imprécision. Lentement et à des époques différentes suivant les régions, le vocabulaire féodal envahit le monde de la seigneurie rurale. Acquérir un fief, devenir vassal, c'est au XIIe siècle accéder à la noblesse. Le fief est une ancienne notion germanique, le *feohu* ou *faihu*, désignant un présent qui crée un lien d'amitié. Ce don, qui au départ était un objet, devient une terre, le *feudum*, et son attribution donne lieu à une cérémonie, qui prend ses caractéristiques définitives vers le début du XIIe siècle : l'hommage. Le vassal, à genoux, sans armes, place ses mains jointes dans celles de son seigneur et se reconnaît son homme ; le baiser sur la bouche scelle l'accord, et on prête serment sur les reliques. Le vassal doit respect, conseil, hébergement éventuel, aide financière dans certains cas, et service militaire dans des limites précises de durée et d'étendue géographique. Le seigneur doit protection, cadeaux, éduquer les fils et marier les filles du vassal, et lui confier un fief, symbolisé par une motte, un bâton ou tout autre objet. En cas de rupture de contrat, le seigneur peut confisquer le fief : c'est la « commise », ce qui en général entraîne une guerre entre les deux hommes.

Rapidement en effet, des difficultés apparaissent. Notamment en raison des hommages multiples, comme dans le cas de ce seigneur allemand qui en 1229 est vassal de 48 seigneurs différents. Cela fait beaucoup d'obligations pour un seul homme. Et si ces seigneurs se battent entre eux, lesquels doit-il servir ? D'autre part, pour éviter la division des fiefs, le droit d'aînesse ne tarde pas à s'imposer, qui contribue à créer des lignages mais aussi à jeter sur les routes une multitude de cadets pauvres en quête d'aventures et de bonnes fortunes. Au XIe siècle et encore pendant une bonne partie du XIIe, l'établissement du système féodal génère de nombreux conflits, contestations, guerres privées, mais peu à peu le régime se stabilise, surtout à partir du moment où le pouvoir royal est capable, avec l'aide de l'Eglise et de la paix de Dieu, d'imposer un ordre relatif. La féodalité repose alors sur un consensus, qui allie seigneurie et féodalité.

Le seigneur, maître d'une seigneurie, est en même temps un vassal, maître d'un fief, et le plus souvent un noble chevalier ; propriétaire terrien, guerrier et membre du second ordre, il est tout cela à la fois, et il affiche son statut et sa puissance par son château. Ces constructions, de plus en plus élaborées, servent à la fois à protéger et à opprimer les paysans de la seigneurie. De l'énorme tour carrée de la période normande vers 1100 aux fortifications à double enceinte, tours flanquantes et donjon circulaire du XIIIe siècle, le château fort est l'un des symboles du Moyen Age, siège du pouvoir, dont la masse menaçante domine villes et campagnes. De

Coucy à Caernarfon, de Château-Gaillard à Fougères, ces monstres de pierre, adaptés aux dernières innovations militaires, matérialisent le pouvoir temporel des rois, des princes et des vassaux face aux églises et cathédrales, sièges du pouvoir spirituel.

Au XIIIe siècle, la noblesse est fixée, et elle se ferme, devenant une véritable caste inaccessible. Les lignages sont établis, avec leurs généalogies, leurs armoiries, leur château, leur fief, et ont un seul but : se perpétuer en transmettant l'ensemble à l'aîné. Tenir son rang est de plus en plus coûteux : cérémonies d'adoubement, armement, train de vie, droits de relief, ce qui introduit une cassure à l'intérieur de cet ordre, entre les « tenants en chef », vassaux directs, presque toujours chevaliers, et les « vavasseurs », *vassi vassorum*, simples écuyers, qui n'ont pas les moyens d'accéder à la chevalerie. Certains n'arrivent pas à suivre, et pratiquent un malthusianisme matrimonial, avec un seul héritier marié, les autres garçons et filles entrant dans les rangs du clergé, ce qui aboutit parfois à l'extinction biologique : en Westphalie, le nombre de lignages nobles passe de 120 en 1150 à 98 en 1200, 64 en 1250 ; en Picardie, on passe aux mêmes dates de 100 à 82 et 42. Un certain renouvellement par anoblissements royaux vient limiter les pertes : on compte 30 % de lignages nouveaux en Picardie vers 1230-1240.

Les seigneuries, cadres de base du monde rural

Les revenus de ces nobles viennent de la terre, donc des seigneuries. Qu'elles soient laïques ou ecclésiastiques, celles-ci se composent toujours de deux parties : la réserve, que le seigneur fait cultiver en faire-valoir direct par des corvées et des travailleurs salariés, et les tenures, c'est-à-dire les petites exploitations attribuées aux familles paysannes, qui en ont la propriété utile, contre redevances. La réserve, c'est en moyenne le tiers de la seigneurie, mais cela varie considérablement d'un domaine à l'autre. Elle comprend des bois, des garennes, des étangs, des clos, des terres labourées, et elle a plutôt tendance à s'étendre, surtout dans les domaines des abbayes : on le constate au XIIe siècle avec les « granges » cisterciennes, et la politique de Suger à Saint-Denis comme de Pierre le Vénérable à Cluny. Le travail sur la réserve est assuré par quelques familles de serfs, paysans non libres, attachés à la terre, et par des tenanciers libres de la seigneurie qui doivent des journées de travail gratuit, souvent trois jours par semaine : les corvées. Mais la tendance est à la réduction de ce type d'emploi, peu productif, en raison du manque d'ardeur et de l'indolence des corvéables. Dès 1117, l'abbé de Marmoutier supprime ces corvées, remplacées par une redevance en argent, qui permet de faire appel à des salariés, motivés par le gain. De plus en plus de seigneurs ont recours à cette main-d'œuvre rétribuée, sauf, semble-t-il, en Angleterre, où les obligations de travail des tenures en « villeinage » se maintiennent.

Le reste de la seigneurie, ce sont les tenures exploitées par les familles paysannes. Elles sont de différents types, soumises à différentes obligations, mais il y a une telle variété de statuts, personnel ou foncier, que toute généralisation est illusoire. Rappelons simplement que l'esclavage subsiste de façon résiduelle sur les marges septentrionales et méridionales de l'Europe, et que le servage est encore répandu mais en régression. Les tenures serviles sont soumises à de lourds handicaps : saisie du tout ou d'une partie au décès du tenancier, entraves à la liberté du mariage, avec paiement d'une taxe de « formariage », acquittement d'une « capitation », ou « chevage », ou « questa ». Ces contraintes sont souvent contre-productives, car le serf, dépouillé du fruit de son travail, est démotivé. Les seigneurs en sont conscients, et le servage est en recul : à la fin du XIIIe siècle, il ne touche plus que 8 à 9 % de la population en France, surtout dans le Berry, le Nivernais, la Franche-Comté, la Flandre, la Thiérache, le Vermandois, le Languedoc.

La grande majorité des tenures libres se répartissent en deux catégories : les tenures à cens et les tenures en champart. Le paysan tenancier d'une censive acquitte une modeste somme, le cens, qui à l'origine représentait sans doute la valeur locative de la terre, mais le montant étant fixe, il pèse de moins en moins lourd dans un contexte de hausse des prix de la terre et des céréales. La censive est aliénable : le paysan peut la transmettre ou la vendre, en acquittant un droit de mutation : le quint pour les sols fieffés, les lods et ventes pour les sols roturiers (de 8 à 12 % de la valeur de la terre en moyenne). Les tenanciers d'une tenure en champart acquittent un loyer en nature, établi au prorata de la récolte, en général entre 1/9 et 1/14.

En outre, le seigneur lève trois types de revenus sur les tenures. Le premier est justifié par la protection qu'il est supposé assurer à ses paysans : c'est la taille, ou *tallia, tolta, tonsio, bede, Steuer, petitio, precaria*. Fixée arbitrairement, elle est de 40 sous par homme à Cluny vers 1150, 5 à 8 sous dans le Poitou vers 1200, moitié moins en Picardie, et encore plus faible en Italie. Le second type de revenu provient des droits de justice qui, contrairement au cens, qui est bloqué, et à la taille, limitée par la coutume, sont entièrement libres, et donnent lieu à des abus considérables : vers 1270, ils représentent par exemple 62 % des revenus de l'évêque d'Ely, et on cite un grand seigneur anglais qui perçoit en un an 4 300 livres d'amendes, soit l'équivalent de 70 000 journées de travail ! Le troisième type de revenu, issu du pouvoir de ban, pèse sur les activités de production : taxes pour l'utilisation du moulin, du four, du pressoir seigneuriaux, et aussi pour le rachat des corvées. Ces dernières présentent en effet des inconvénients : problèmes d'organisation, de répartition des tâches, mauvaise volonté et manque d'ardeur des paysans, qui doivent travailler sur la réserve seigneuriale au moment où ils devraient s'occuper de leurs propres tenures. Il y a donc perte de temps et d'efficacité aussi bien pour le seigneur que pour les paysans. Mais pour le premier exiger la corvée est une marque de sa supériorité, de sa domination, un rappel de la hiérarchie sociale, et c'est pourquoi certains maintiennent cette pratique, voire l'étendent, notamment dans le Lyonnais, le Bordelais, la Sologne, la Champagne, et en particulier les seigneurs ecclésiastiques : l'abbaye Saint-Bavon de Gand vers 1210, celle de Saint-Denis vers 1240, l'évêque d'Ely entre 1221 et 1251. Ce sont cependant des exceptions : massivement, la corvée recule ; en 1234, elle est réduite à deux jours de fenaison par an en Picardie ; en Provence, elle passe de six jours en 1198 à trois en 1260, et disparaît en 1277. Les résistances paysannes se multiplient, avec de véritables sabotages des travaux entre 1250 et 1257 à Péronne et Saint-Denis. Les rachats sont massifs dans la seconde moitié du XIIIe siècle.

Derrière cette évolution, on pressent une amélioration progressive de la condition paysanne. C'est aussi ce que révèle l'obtention de chartes de franchises qui, contre argent, codifient les coutumes locales, mettant les communautés à l'abri des pratiques abusives des seigneurs : on tarifie les amendes, la taille, les banalités, les péages. Inauguré en France par la charte de Lorris-en-Gâtinais au début du XIIe siècle, le mouvement touche l'Allemagne, où les chartes portent le nom de *Weistümer*. La charte de Beaumont-en-Argonne (1182) reconnaît même à la communauté d'habitants le droit de choisir des représentants et de participer à l'administration de la seigneurie, aux dépens des agents du seigneur, les « ministériaux » détestés, gardes forestiers, meuniers, juges, prévôts, baillis, qui dans les grandes seigneuries se conduisaient en maîtres en raison de l'éloignement du seigneur.

Certaines réserves seigneuriales sont affermées, surtout au nord de la Loire et aux Pays-Bas, ainsi qu'en Angleterre, mais dans ce pays les grandes abbayes comme Ramsey et Ely en reviennent au faire-valoir direct après 1175. Le métayage, lui, est plus courant dans le Sud de l'Europe. Les seigneuries dégagent en général des excédents commercialisables, qui permettent de ravitailler les marchés urbains en plein essor à partir du XIIe siècle. On a calculé qu'une petite ville de 3 000 habitants draine les grains de 3 000 hectares de terre au XIIIe siècle, soit 1 000 tonnes. De quoi occuper et enrichir la catégorie montante des négociants et détaillants. Ils sont une douzaine dans une bourgade de 2 000 habitants dans le Forez, Montbrison. Foires et marchés se multiplient, et les prix de tous les produits alimentaires, légumes, vin, viande, céréales, sont en hausse pendant tout le XIIIe siècle. La demande de cultures industrielles augmente également : lin, chanvre, guède de Picardie, du Toulousain, de Franconie, gaude d'Espagne et d'Ile-de-France, sans oublier la laine, qui fait la richesse de l'Angleterre, où on compte trois fois plus de moutons que d'habitants en 1300 : 8 millions.

Globalement, la seigneurie résiste bien et continue à dégager des profits jusqu'à la fin du XIIIe siècle. L'idée de profit fait d'ailleurs son apparition, notamment dans les comptes seigneuriaux des abbayes, qui sont beaucoup mieux tenus que ceux des seigneurs laïcs. On constate par exemple qu'une part non négligeable des revenus est consacrée aux investissements : construction et entretien des bâtiments agricoles. Ainsi en 1288-1289, des travaux sont effectués dans les seigneuries de l'abbaye de Saint-Denis sur 15 pressoirs, 14 moulins, 3 fours. Sur le continent, c'est la réserve qui fournit la plus grosse part des revenus de la seigneurie : 80 à 85 % pour Saint-Denis par exemple, le reste provenant des bois, péages, tonlieux et censives. Pour les seigneuries laïques, on évalue la part du cens entre 5 et 7 % du total, les droits de mutation entre 8 et 13 %, les banalités entre 15 et 20 %, les amendes aux alentours de 30-35 %.

Si le seigneur s'en tire encore plutôt bien, en revanche la situation des paysans est précaire, et se dégrade sérieusement vers la fin du XIIIe siècle. La faute, encore une fois, à la croissance démographique excessive. Les exploitations ne cessent de se morceler, atteignant des superficies très insuffisantes pour faire vivre une famille. Dans le Namurois et en Picardie vers 1280, 35 à 60 % des exploitants ont moins de 1,5 hectare, 25 à 40 % de 3 à 10 hectare, alors que le minimum vital se situe vers 5-7 hectare. Suivant les calculs de Robert Fossier, « sur dix paysans quatre sont dans la gêne ou la misère, quatre vivent modestement, mais dans une certaine sécurité, deux connaissent l'aisance ». Guy Fourquin n'est pas plus optimiste : notant qu'au Mesnil-Amelot, dans une seigneurie du chapitre de Notre-Dame de Paris, 171 familles se partagent 80 hectares, et qu'à Garges, près de Saint-Denis, 66 familles sur 97 ont moins d'un demi-hectare, il en conclut qu'« un angoissant problème de survie se posait à la masse ». Beaucoup de paysans s'endettent auprès des bourgeois ou des seigneurs, ou cèdent leur terre contre une rente. Seules l'utilisation des communaux, pour faire paître quelques porcs ou moutons, ou la pratique d'un artisanat rural peuvent apporter l'indispensable complément au revenu paysan.

Il existe cependant une catégorie de paysans sans seigneurs, totalement indépendants et propriétaires de leurs terres, les alleutiers. Beaucoup plus nombreux dans le Sud, en Espagne et en Italie, ils possèdent une terre ancestrale, un alleu, et se groupent en « parentèles » et « voisinages », forment des communautés libres, dirigées par des « bons hommes » qu'ils nomment, et règlent leurs problèmes entre eux, dans des assemblées judiciaires. Cependant, les seigneurs de la région convoitent leurs terres et exercent des pressions pour s'en emparer, dès le début du XIe siècle : empiétements, harcèlements, violences se multiplient à partir de 1020. Ainsi, les comtes de Carcassonne et les vicomtes de Béziers, alliés à un châtelain du pays nîmois, Bernard le Velu, sire d'Anduze, terrorisent les paysans, comme le rapporte une charte de l'abbaye de Conques, qui a des biens dans la région : « Un certain chevalier, Bernard, surnommé le Velu, assiégea Loupian avec mille cavaliers et presque autant de piétons. L'encerclant par un fossé, il détruisit par le fer, le feu et le pillage tout ce qui se trouvait autour. Ceux qui avaient prévu ces malheurs avaient rassemblé tous leurs biens à l'abri des murs qui entouraient notre église de Pallas, ne laissant rien au-dehors que leurs cabanes vides. Les chevaliers déçus dans leur espoir de pillage, parcourent les lieux voisins, et tout ce qu'ils peuvent trouver, ils l'emportent dans leur camp. » Des scènes de ce genre se produisent un peu partout dans le Languedoc, l'Auvergne, l'Albigeois, le Rouergue, le Quercy, le Limousin. Le livre des *Miracles* de Sainte-Foy mentionne que 26 % des interventions de la sainte se produisent dans de telles circonstances entre 980 et 1020, et 36 % dans la période 1030-1076. Le résultat est un recul massif des alleux à la fin du XIe siècle ; ils sont englobés dans les seigneuries et leurs anciens propriétaires deviennent fermiers ou métayers. Dans le Nord de l'Europe, les alleux avaient déjà quasiment disparu au Xe siècle, les alleutiers ayant été forcés de se placer sous la « protection » des abbayes et des seigneurs pour échapper aux contraintes excessives auxquelles les soumettaient les rois et les comtes au nom du « service public ».

*Le phénomène urbain : croissance des villes
et naissance des communes*

Un des traits majeurs de l'évolution économique et sociale des XIe-XIIIe siècles est la croissance urbaine. Ce phénomène a une double origine : démographique et économique. La croissance démographique, qui provoque un morcellement excessif des tenures, engendre un trop-plein de jeunes hommes qui se dirigent vers l'agglomération la plus proche. Aux paysans libres s'ajoutent les esclaves et serfs en fuite, qui cherchent une amélioration de leur statut : en général, surtout en Allemagne, le droit urbain, *Stadtgerichte*, leur offre certaines garanties, et au bout d'un an, si leur maître ne les a pas récupérés, ils deviennent libres, car « l'air de la ville rend libre » *(Stadtsluft macht frei)*. Une chose est certaine : l'immigration est la seule source d'accroissement de la population urbaine, et les immigrants viennent des campagnes toutes proches, dans un rayon de 30 kilomètres au maximum. A Arras vers 1150, 72 % d'entre eux viennent de moins de 10 kilomètres, et ils gardent donc des liens très forts avec la campagne. Encore faut-il que la ville offre des possibilités de travail. C'est la deuxième cause de la croissance : l'essor des activités commerciales.

Deux cas se présentent. Dans l'Europe du Sud, dans l'ancienne *Romania*, des noyaux urbains datant de l'Empire romain subsistent. Réduits à la taille d'une maigre agglomération entourée de murs, la cité, *civitas*, devenue siège épiscopal, ils regroupent essentiellement des agents de la puissance publique et religieuse, quelques familles se targuant d'une origine ancienne et affichant leurs prétentions par leur demeure surmontée d'une tour. Autour de ces cités commencent à se former à partir de l'an 1000 des excroissances accueillant les immigrés : ces *borghi* italiens, *barri* du Languedoc, *bordaria* d'Aquitaine, *barrios* ibériques, *bourgs* du Poitou et de l'Ile-de-France, *Burgum* rhénans, regroupent aussi des marchands, qui ont besoin de s'unir et de s'entraider dans leurs opérations commerciales. Dès 1050 ils forment des associations à la fois professionnelles et religieuses, assurant l'entraide : les ghildes et les hanses. Vers le milieu du XIIe siècle, les vieilles cités et leurs bourgs périphériques sont englobés dans une enceinte commune : en 1132 à Pise, 1152 à Gênes, 1145 à Toulouse, 1157 à Avignon, 1175 à Ratisbonne, 1176 à Florence, 1180 à Cologne et Beauvais, 1192 à Amiens, 1200 à Paris et à Liège.

D'autres villes sont des créations récentes ou des renaissances d'anciennes localités désertées, qui se repeuplent spontanément ou de façon autoritaire. Ainsi en Espagne, à la suite de la *Reconquista*, on voit renaître Salamanque, Tarragone, Valence, Cordoue, Séville, auxquelles s'ajoutent des créations royales comme Burgos, Oviedo, León, ou ecclésiastiques, comme Lérida, Urgel, Jaca, Estella. Dans l'Europe du Nord, les villes sont dès l'origine des comptoirs commerciaux comme Lübeck, Hambourg, Brême, Bruges, Gand, Anvers, Bruxelles, Lille. Dans le Saint Empire, les empereurs saxons puis saliens créent des villes pour appuyer leur autorité séculière et fixer les sièges d'évêchés. On n'y compte pas moins de 40 cités épiscopales, 20 villes de monastères, 12 villes palatines, 48 villes princières au XIIIe siècle.

En 1300, on peut distinguer dans le réseau urbain européen une douzaine de grandes villes de 100 000 habitants ou plus. Toutes sont italiennes, à l'exception de Paris, qui atteint peut-être 200 000 habitants : Milan, Venise, Florence, Gênes, Naples, Palerme. A un niveau intermédiaire, entre 50 000 et 100 000 habitants, on trouve Gand et Bruges, puis, de 20 000 à 50 000, Londres (peut-être 40 000), Cologne, Barcelone, Valence, Nuremberg, Augsbourg, Prague, Vienne, Strasbourg, Toulouse,

Metz, Narbonne, Rouen. Tous ces chiffres sont évidemment très approximatifs et donnent lieu à bien des débats entre historiens. Au total, une soixantaine de villes dépasseraient les 10 000 habitants.

Leur aspect est mieux connu, grâce à la préservation de certains quartiers, à l'iconographie et à des textes. Leur saleté est proverbiale : les ruelles de terre, étroites, sont des égouts à ciel ouvert, où l'on marche dans les excréments et les abats de boucherie, où l'on croise chiens et cochons ; tout cela est bien connu, et illustré par de nombreux règlements d'urbanisme du XIIIe siècle, à l'efficacité très relative. L'anecdote de Philippe Auguste incommodé par la puanteur de la boue soulevée par les chariots à Paris, et ordonnant de paver les rues principales avec « dures et fortes pierres », est célèbre. Les incendies sont fréquents : dans la seule année 1188, Reims, Beauvais, Troyes, Provins, Arras, Poitiers sont en partie détruites par le feu ; Rouen brûle six fois entre 1200 et 1225. Les ruelles sont des coupe-gorge ; on y vole, on y viole, on y assassine ; vrais et faux infirmes et mendiants agressent les bourgeois ; les étudiants sèment la pagaille ; saleté et promiscuité propagent les maladies ; prostituées et truands hantent certains quartiers, les étuves et les tavernes. Il y a pourtant de belles églises, des cathédrales, mais elles sont serrées de si près par les maisons qu'on ne peut guère en apprécier les perspectives. Bref, la ville est un concentré de tous les problèmes sanitaires et sociaux, aggravé par la promiscuité. Elle n'a même plus de fonction défensive : les invasions ont cessé, une paix relative règne en Europe, si bien que les remparts ne sont plus entretenus ; englobés dans le tissu urbain par la croissance des bourgs, ils tombent en ruine, servent de carrières, de dépôts d'ordures, de lieu de trafic et de prostitution.

Pourtant, la ville attire, par instinct grégaire, bien sûr, et parce qu'elle offre beaucoup plus d'opportunités que la campagne, où la violence n'est pas moindre. Clercs, étudiants, artisans, commerçants, domestiques, personnel de justice et d'administration, sans compter les marginaux, s'y pressent. Mais ces concentrations humaines, si modestes soient-elles au regard de nos mégalopoles, posent de sérieux problèmes d'organisation et d'administration. Jusqu'au XIe siècle, c'est l'aristocratie foncière qui y fait la loi : les villes occupent un espace, et cet espace appartient à des seigneurs, comme à la campagne. Ces nobles, qui souvent alternent les séjours dans leur château rural et dans leur hôtel urbain, prétendent exiger des taxes sur les occupants du sol et y imposer leur loi. Parfois ils appartiennent à l'aristocratie comtale ou épiscopale. Leur demeure se signale par une tour dont la hauteur est proportionnelle à leur puissance ou à leur prétention : on en compte 135 à Florence vers 1180, 300 à Avignon en 1226, 80 à Ratisbonne. Les 13 qui subsistent aujourd'hui à San Gimignano suffisent à rendre spectaculaire cette petite ville de Toscane qui en compta, paraît-il, 200. Cette noblesse foncière laïque reste relativement ouverte jusqu'au milieu du XIIIe siècle, accueillant des nouveaux venus aux origines rustiques ou ministériales, comme les Doria à Gênes, les Albizzi et les Pazzi à Florence, les Dandolo et les Barbarigo à Venise. Puis le milieu se ferme : 25 familles dominent Barcelone vers 1230, 46 à Lübeck, 95 à Arles, 180 à Venise. L'aristocratie religieuse, évêques et chapitres, qui contrôle également une bonne partie du sol urbain, est très liée à ces familles.

Et puis, il y a le petit peuple, les *minores*, le *popolo minuto*, le *commun peuple*, dans lequel se mêlent artisans et marchands, maîtres et ouvriers, valets et compagnons. Cette foule turbulente et difficilement contrôlable a son mot à dire dans l'administration de la ville. On la consulte parfois dans de tumultueuses réunions au XIe siècle, mais c'est à partir du XIIe siècle que de véritables institutions urbaines s'organisent, avec des spécificités régionales.

Le cas italien est particulier. Au XIe siècle, les lignages aristocratiques, qui veulent contrôler la campagne et les affaires commerciales, s'organisent en consulats, dirigés par des *consules primores*, à Crémone (1030), Venise (1035), Milan (1045), Plaisance (1070), Vérone, Parme, Pise (1080), Gênes (1099), Bologne (1105). Ces consulats sont des cours de justice et même de véritables seigneuries, comme à Florence, où les métiers, les *arti*, y sont représentés par leurs prieurs. Le peuple, organisé par quartiers, représentés par les *gonfalonieri*, a un droit de regard sur la cooptation des prieurs et des consuls, et les relations ne sont pas toujours faciles. En 1144-1145, à Rome, Arnaud de Brescia, s'appuyant sur le peuple des quartiers, renverse les nobles, prend le pouvoir, recrée un sénat, mais l'aristocratie, à l'approche de Frédéric Barberousse, rétablit l'ordre ancien et exécute Arnaud en 1155. Pour résoudre les conflits entre clans, on a recours à l'arbitrage d'un agent extérieur, à qui on confie le pouvoir par un contrat à durée déterminée, ce qui n'est pas sans risques si le *podestat* ainsi nommé s'accroche à son poste et prolonge sa dictature, comme Boccanegra à Gênes en 1256-1262, Della Torre à Milan en 1266, Ugolino Della Gheradesca à Pise en 1282-1284. Au cours du XIIIe siècle, les métiers obtiennent peu à peu une place croissante dans les organes de gouvernement à l'occasion d'une série d'émeutes, à Gênes en 1217, 1241, 1262, à Florence en 1223, 1237, 1250, à Pise en 1254, 1270, à Milan en 1214, 1266, 1277. A Florence, où 147 familles anciennes sont exclues et où tout le monde doit s'inscrire à un métier en 1293, la seigneurie s'ouvre à 21 métiers, et on verra des membres des arts mineurs occuper des postes de prieur ou de consul. Sienne, Viterbe, Bologne, Gênes, Milan suivent. Les rivalités de clans se couvrent également de prétextes politiques : les guelfes soutiennent le pape, et les gibelins l'empereur et les intérêts germaniques.

La vie communale est moins agitée dans les autres régions méditerranéennes, où généralement les consulats se composent pour moitié de consuls nobles et pour moitié de « populaires », c'est-à-dire en fait de marchands, à Avignon à partir de 1129, Arles (1138), Montpellier (1141), Nîmes (1144), Toulouse (1152), Marseille (1178), Agen (1189). De la même façon en Espagne, les *fueros* délivrés par les rois partagent les pouvoirs entre les nobles et les principaux bourgeois, avec des *concejos* qui désignent les juges *(alcades)* et organisent les milices.

Entre la Seine et le Rhin, le contexte est tout à fait différent. Dans les villes, d'origine plus récente, la vieille aristocratie foncière est moins importante. L'élément marchand domine dès le départ, très tôt organisé en confréries et métiers, comme à Liège dès 1002, Gand (1013), Saint-Omer (1027), Bruxelles (1047). Les revendications des bourgeois sont de trois ordres : juridiques (échapper aux tribunaux seigneuriaux, incompétents en matière de commerce), politiques (secouer l'emprise des seigneurs terriens et des évêques), économiques (se libérer des entraves au commerce, à la circulation des marchandises et des marchands). Pour forcer la main au seigneur ou à l'évêque local, les bourgeois se prêtent serment d'entraide, forment une *conjuratio*, dans le but d'obtenir une « commune » qui leur permette de s'autogérer : comme les nobles, ils auront leur hôtel urbain, l'Hôtel de Ville, leur tour, le beffroi, leur sceau, et comme l'église, leur cloche ; ils nommeront des échevins et un maire, qui décideront des taxes et règlements commerciaux. En général, le rapport de force jouant en faveur des bourgeois, on arrive rapidement et pacifiquement à un accord. Des dizaines de communes sont créées entre 1090 et 1130, comme Saint-Quentin (1090), Arras (1108), Valenciennes (1114), Amiens (1119), Gand

(1124), Bruges (1128). Les cas de violence sont rares : en 1112, l'évêque de Laon, Gaudri, supprime la commune après l'avoir accordée ; furieuse, la population se soulève au cri de « Commune ! Commune ! », et l'évêque est massacré dans le tonneau où il s'était caché. Episode pittoresque mais exceptionnel.

Le roi soutient le mouvement communal dans les fiefs de ses vassaux, mais dans son domaine il a soin de garder le contrôle par l'intermédiaire de ses baillis, et il intervient directement pour réglementer les finances, le commerce et l'ordre public. C'est ainsi que Paris n'a pas de commune. A la fin du XIe siècle, les Marchands de l'Eau se groupent en une hanse pour contrôler le commerce fluvial, et leur chef, le prévôt des marchands, entouré d'échevins, reçoit au XIIIe siècle le droit de répartir et lever les impôts, diriger la police des vivres, procéder aux travaux d'utilité publique. Siégeant dans le Parloir aux bourgeois (Hôtel de Ville), le prévôt et les échevins peuvent présenter des doléances au roi, qui maintient cependant un prévôt royal.

Dans le Saint Empire, il faut attendre le milieu du XIIe siècle pour voir les villes se doter d'un conseil *(Rat)*, comme Ratisbonne (1156), Augsbourg (1157), Lübeck (1159), Hambourg (1189). A l'ouest, les « villes libres » de Cologne, Mayence, Worms, Spire, Aix, Francfort, Strasbourg, Bâle, Constance bénéficient d'une large autonomie, mais prêtent serment à l'empereur, doivent le service de guerre, l'impôt et le gîte. Enfin les « villes d'Empire », comme Ratisbonne, Nuremberg, Augsbourg, Lübeck, Goslar, sont sous la coupe d'un comte ou d'un chef de guerre. Une exception remarquable dans ce mouvement européen qui tend à doter les villes d'institutions municipales : le cas des domaines des Plantagenêts, où les représentants du roi gardent tous les pouvoirs, aussi bien en Angleterre, avec les shérifs, que sur le continent, où les « établissements » de Rouen (1195), étendus à Bordeaux (1206) et La Rochelle (1214), ne sont qu'une très pâle imitation des communes françaises.

Artisanat et commerce entre réglementation et morale

La ville, c'est avant tout un centre de production et d'échanges. Le monde des artisans, qui se développe au XIe siècle pour répondre à la demande croissante de produits de consommation, s'organise en « métiers » dans le premier quart du XIIe siècle. Les premiers règlements de ces corps professionnels sont ceux des cordonniers de Rouen, sous Henri Ier (1100-1135), puis le mouvement se généralise, et en 1246 par exemple, le *Livre des Métiers* d'Etienne Boileau révèle qu'à Paris il y a plus d'une centaine de métiers différents. Le « métier », qu'on appellera plus tard « corporation », est un organisme qui défend les intérêts professionnels. La direction, collégiale, se compose d'un groupe de jurés (France d'oïl), de consuls (France d'oc), de prieurs (Italie), de *Meister* (Allemagne), de syndics, cooptés parmi les maîtres. Ils édictent des règlements stricts concernant la qualité des fabrications, le nombre d'apprentis et de compagnons par boutique, le temps de travail, les horaires. Le principe de base est celui de la confraternité, qui exige une parfaite égalité entre les maîtres : interdiction de la moindre publicité et de toute innovation, qui seraient des facteurs de concurrence déloyale. Ce que l'on vise, ce n'est pas la croissance, c'est l'honnête aisance, qui assure à chacun un niveau de vie correct et la stabilité de l'ensemble : dans ce domaine aussi c'est la raison qui l'emporte, de concert avec la foi, car le métier se double d'associations religieuses d'entraide, les confréries. Chaque métier a son saint patron, ses bannières, ses fêtes et ses processions, et ce monde professionnel est souvent à l'origine des institutions municipales. Les plus importants de ces métiers, par le nombre d'opérations et la quantité de main-d'œuvre employée, sont ceux du textile : une trentaine d'opérations différentes, chacune requérant un travail spécialisé et donc un métier à part entière – tisserands, foulons, cardeurs, tondeurs, teinturiers, couturiers, drapiers. Deux régions dominent ce secteur : la Flandre, avec ses énormes « villes drapantes » de Bruges, Ypres, Gand, Lille, et la Toscane, où se détache Florence, avec l'*Arte di Calimala* (gros marchands drapiers), l'un des sept arts majeurs qui dirigent la ville au sein de la seigneurie.

L'organisation des métiers est fondée sur la solidarité entre les maîtres et les compagnons, solidarité verticale entre employeurs et employés, ce qui exclut toute organisation horizontale de type syndical dans le but de défendre des intérêts de classe : les coalitions et les grèves ouvrières sont formellement interdites, comme le rappelle le juriste Philippe de Beaumanoir dans ses *Coutumes de Beauvaisis* vers 1280, car « si on le souffrait, ce serait contre le droit commun » et contre « la raison ». En cas de coalition et de grève, le roi fait emprisonner les grévistes, « et quand ils ont eu longue peine de prison, on peu lever de chacune personne soixante sous d'amende ». Pourtant, dans la seconde moitié du XIIIe siècle, avec la baisse des prix et la stagnation des salaires en raison de la surabondance de main-d'œuvre, la condition ouvrière se dégrade et les premiers affrontements sociaux éclatent : à Arras en 1253 et 1260, à Liège en 1253-1255, à Bruges en 1302. Des agitateurs comme Henri de Dinant à Liège ou Pierre de Koninc à Bruges lancent des mots d'ordre révolutionnaires : « Tous doivent avoir autant les uns que les autres. » En 1267, le maire de Pontoise est assassiné ; en 1281 celui de Rouen, où en 1292 une insurrection populaire détruit les locaux de perception d'une maltôte ; Philippe le Bel supprime la commune et fait pendre les meneurs. La crise qui s'annonce est sociale aussi bien qu'économique et politique.

La plus grave menace qui pèse sur l'économie médiévale de type stationnaire, solidaire et hyperréglementée réside cependant dans l'irrésistible montée du grand commerce, cheval de Troie d'une économie monétaire, libérale et capitaliste, basée non plus sur l'idée du bien commun et de l'utilité publique, mais sur la rentabilité et l'accumulation des profits. Ce secteur, qui comporte de gros risques et nécessite de gros moyens financiers, est incompatible avec les réglementations tatillonnes de l'artisanat et les interdits religieux d'une Eglise qui affecte de diaboliser l'argent, l'esprit de lucre, le prêt à intérêt, le désir d'enrichissement. On prête à Jésus des paroles de malédiction contre les riches (« Malheur à vous les riches »), qui auront plus de mal à entrer au paradis qu'un chameau à passer par le trou d'une aiguille. Cette attitude, qui aurait pu bloquer tout développement d'une économie monétaire, est cependant plus une rhétorique destinée à consoler les pauvres, et le clergé, dont la richesse collective est proverbiale, sait faire preuve d'un grand pragmatisme en la matière. Une fois de plus, nous constatons que la foi sait parfaitement faire usage de la raison lorsque cela sert les intérêts de l'Eglise, et bien loin de freiner l'essor des affaires, cette dernière est un acteur essentiel de la montée de l'esprit capitaliste du XIe au XIIIe siècle.

L'Eglise, l'argent, la monnaie et les foires

Car l'Eglise donne sa caution morale à l'usage commercial de la monnaie. La monnaie est la mesure légitime de la valeur des biens, dit Thomas d'Aquin ; elle est « *regula et mensura rerum venalium* », et « elle a pour usage propre et premier d'être dépensée dans les échanges ».

Instrument indispensable à la circulation des biens, elle est aussi une assurance, « un lien pour l'homme entre le présent et l'avenir », « une garantie en regard des besoins futurs », et « le moyen de faire du pouvoir d'achat mis en réserve un emploi optimum à un moment choisi ». C'est aussi l'avis d'Albert le Grand. La monnaie, sous forme de pièces métalliques, a une valeur intrinsèque, celle du métal qui la compose, et une valeur extrinsèque supérieure, puisque la promotion du métal en monnaie lui confère un pouvoir supérieur, et c'est pourquoi le roi, qui frappe monnaie, peut légitimement en retirer un bénéfice. Innocent III, Innocent IV, aussi bien que saint Thomas pensent que les mutations monétaires sont justifiées, à condition de rester « raisonnables ».

De même, la prétendue interdiction du prêt à intérêt par l'Eglise relève de la propagande, hostile ou favorable selon les points de vue, et ce principe n'a aucune incidence directe sur la pratique. La réalité, c'est que pour l'Eglise toute opération de prêt comporte un risque, et que toute prise de risque légitime une rémunération. C'est le cas pour les opérations de change, indispensables au négoce, aussi bien que pour les prises de participation dans une entreprise commerciale. Thomas d'Aquin écrit dans la *Somme théologique* : « Celui qui confie son argent à un marchand ou à un artisan, par le moyen d'une association quelconque, ne transfère pas la propriété du numéraire, qui lui reste. C'est donc au péril dudit propriétaire que le marchand fait commerce ou que l'artisan œuvre. Aussi, celui qui a confié son argent est-il autorisé à revendiquer une part du bénéfice obtenu, comme provenant de son propre bien. » De la même façon, les dépôts bancaires rémunérés sont tout à fait légitimes, car ils sont assimilables à une prise de participation à une entreprise. La banque va elle-même prêter l'argent des déposants, et en tirer un bénéfice, et il est logique que les déposants perçoivent leur part. La papauté n'est d'ailleurs pas la dernière à recourir aux services des banques. La prétendue interdiction du prêt à intérêt n'est qu'un prétexte utilisé le cas échéant contre les juifs, alors qualifiés d'usuriers, bien que les taux d'intérêt qu'ils demandent soient bien souvent inférieurs à ceux des prêteurs lombards, lucquois ou florentins.

Nul obstacle donc aux transactions financières. Sous l'effet de la demande, la circulation monétaire s'accroît à partir du XIe siècle, où les ateliers de frappe prolifèrent, grâce à l'afflux de métaux précieux : le commerce excédentaire avec l'Orient draine les pièces d'or et d'argent ; les pillages des croisés, comme celui de 1204 à Constantinople, y contribuent également ; les mines d'argent allemandes, dans le Harz et en Saxe à partir de 1170, produisent de grandes quantités de métal. En même temps, la circulation des espèces s'accélère. Un problème majeur est celui de la multiplication des ateliers de frappe seigneuriaux, ce qui contribue à mettre sur le marché des pièces d'aloi différent, circulant en parallèle. D'où l'importance prise par les changeurs, spécialistes des monnaies, installés sur leur banc, ancêtre de la banque, équipés de leur balance. L'anarchie est accrue par le fait que les princes, pour rembourser plus facilement leurs dettes, font décrier leur monnaie, faisant frapper des pièces de moindre teneur en métal précieux. Saint Louis met un peu d'ordre dans ce domaine : en 1262, il impose le cours légal de la monnaie royale dans tout le royaume ; les monnaies des vassaux n'auront plus cours que sur leurs terres ; pendant son règne, le nombre d'ateliers seigneuriaux tombe de 300 à 100 dans le royaume de France, et il n'y en aura plus que 30 en 1315.

Le XIIIe siècle est une grande époque dans l'histoire monétaire européenne. Pour faire face aux besoins accrus du grand commerce, les rois et les républiques marchandes mettent en circulation de belles pièces, plus lourdes et au pouvoir libératoire plus élevé. Pièces d'argent comme le matapan vénitien, le sterling anglais, le gros d'argent ou sous tournois de Saint Louis en 1266, pesant 4,22 g. Surtout, on reprend la frappe de l'or, que l'on avait abandonnée depuis cinq siècles. En 1231 apparaissent les augustales de Frédéric II, les plus belles pièces d'or du Moyen Age ; puis ce sont les florins de Florence, les génois de Gênes, les ducats vénitiens, les écus de Saint Louis (1266). Les difficultés de la fin du siècle, la pénurie de métaux précieux, les besoins croissants de marchandise, la nécessité de lutter contre les mauvaises espèces, qui chassent les bonnes, amènent cependant les rois à manipuler, dévaluer et décrier leur monnaie à partir des années 1280. Dans ce domaine, Philippe le Bel se fait même une réputation de « faux-monnayeur », ce qui lui vaut d'être désigné par Dante dans la *Divine Comédie* comme « celui qui fausse la monnaie ».

Autre signe de grande activité économique : les progrès des techniques financières, destinées à faciliter les paiements, les emprunts, les transferts. Les innovations décisives sont dues aux changeurs génois, qu'on commence à appeler *bancherii*, banquiers, au cours du XIIe siècle, quand ils se mettent à accepter des dépôts remboursables sur demande de la part de clients qui ne veulent pas s'encombrer de lourdes espèces. De là, on passe au paiement par virement, d'un banquier à l'autre, sur ordre du client. Puis on s'aperçoit qu'il suffit de conserver une partie des dépôts pour faire face aux demandes courantes de remboursement, ce qui permet d'investir le reste et d'en retirer un bénéfice. Banques de dépôt et banques d'affaires se lancent également dans des opérations de prêt à intérêt déguisées en contrats de change, avec la lettre de change entre différentes monnaies. Ces activités monétaires et financières sont révélatrices du développement des échanges de biens, du grand commerce de marchandises, qui échappe à la réglementation paralysante des métiers. C'est par lui que s'infiltre subrepticement l'esprit capitaliste, qui finira par renverser le système corporatiste... un demi-millénaire plus tard.

L'essor du grand commerce est rendu possible par l'amélioration des moyens de transport. Les routes terrestres empruntent toujours des tronçons de voies romaines, mais de nouveaux itinéraires sont ouverts : routes de pèlerinages, jalonnées d'auberges, routes de jonction des grandes abbayes, des centres de gouvernement, avec par exemple les débuts du réseau étoilé autour de Paris. Les sections pavées (les « chaussées ») sont encore rares, mais dans les secteurs les plus fréquentés d'Ile-de-France et de Champagne par exemple, on estime que pouvaient circuler des charrois de plus de six tonnes, et que la vitesse y était équivalente à ce qu'elle sera au début du XIXe siècle. Le grand progrès à partir du XIIe siècle, ce sont les ponts de pierre : à Paris, Londres, Liège, Namur, Huy, Verdun, Maastricht. Mais les marchandises passent davantage dessous que dessus : les moindres petites rivières sont parcourues par des barges, ce qui permet d'économiser le carburant, autrement dit le fourrage. Mais le fléau du transport terrestre et fluvial, ce sont les péages : pas moins de 130 sur le cours de la Loire par exemple. Chaque seigneur, sous prétexte d'assurer la sécurité des marchands dans la traversée de la seigneurie, s'arroge le droit de percevoir des taxes au passage. Véritable brigandage légal, les péages représentent 50 % du prix des grains qui descendent la Seine vers Rouen.

D'où l'intérêt du transport maritime, qui bénéficie au cours des XIIe et XIIIe siècles d'innovations remarquables : boussole, astrolabe, gouvernail d'étambot. Vers 1200 apparaît en mer du Nord un nouveau type de navire, mis au point par les Frisons, la kogge, ou cogge : 30 mètres de long, 7 de large, 3 de tirant d'eau, une seule voile, un gouvernail d'étambot, elle peut transporter huit à dix fois plus de marchandises que les nefs classiques, à une vitesse atteignant 10 ou 15 milles par heure par bon vent (18-25 km/h). La navigation n'est cependant pas sans danger : pirates et naufrages rendent les voyages incertains. Au XIIe siècle est élaboré en Aquitaine un code élémentaire de droit maritime, les « rôles d'Oléron », qui sera étendu à toutes les mers occidentales et septentrionales.

Ce sont justement les risques inhérents au grand commerce qui expliquent la création, dès le XIe siècle, d'associations commerciales, les compagnies ou sociétés. La plus simple est la commande, association d'une ou plusieurs personnes apportant les capitaux et d'un marchand qui fait le voyage sans apport d'argent. La commande est conclue pour un seul voyage, le plus souvent maritime. La véritable société ou compagnie, plus stable, est formée en général pour plusieurs années et concerne surtout le transport terrestre et fluvial. C'est en Italie que l'on trouve les plus nombreuses et les plus prospères ; les plus importantes montent leur propre secteur de fabrication, dans le textile surtout, et jouent également le rôle de banquiers, comme, au XIIIe siècle, les Tolomei et les Buonsignori de Sienne, les Rapondi de Lucques, les Spini, Scali, Frescobaldi de Florence. Cependant, toutes font faillite vers 1300, en raison de leurs activités bancaires auprès des rois et des papes, qui sont de dangereux débiteurs et remboursent rarement leurs emprunts. Dans le secteur flamand, on ne trouve pas d'équivalent à ces sociétés, mais certains grands négociants atteignent un niveau de fortune considérable qui leur permet de jouer un rôle politique dans le gouvernement de leur ville, comme le marchand drapier Jean Boinebroke, de Douai, mort en 1286, qui impose sa loi aux bourgeois et exploite sans pitié une main-d'œuvre rurale et urbaine.

Au-delà du commerce local des produits de première nécessité, surtout alimentaires, le grand commerce international connaît du XIe au XIIIe siècle un essor considérable, en volume et en valeur. Les épices restent le produit roi : denrée de luxe, non pondéreux, très coûteux, ils sont la source d'énormes profits pour les marchands italiens de Gênes et Venise, qui importent aussi la soie, le coton, les étoffes fines du Proche-Orient, et exportent essentiellement les draps flamands. Dans l'Europe du Nord, la laine brute anglaise est la principale denrée qui traverse le pas de Calais vers les villes drapantes flamandes, parmi lesquelles Bruges prend progressivement l'ascendant, avec, dès le XIe siècle, le creusement d'un canal reliant la ville à l'estuaire du Zwin. La création de l'avant-port de Damme, avant 1180, puis de L'Ecluse (Sluis) vers 1260, permet l'accès de navires plus importants, hanséates, italiens, bayonnais, bretons, catalans. L'installation de correspondants des compagnies italiennes en fait également le principal centre bancaire nordique. En 1281, la fusion des hanses de Cologne, Hambourg et Lübeck en une seule association, la Hanse germanique, consacre la domination des marchands allemands en mer du Nord. Monopolisant le commerce des blés de Prusse, des fourrures de Scandinavie et de Russie, du miel, du bois de construction, des harengs, de la bière, la Hanse est même une puissance politique, qui peut utiliser l'économie comme moyen de pression. Le sel de la côte atlantique (Bourgneuf) et les vins de Gascogne complètent les trafics sur les mers occidentales.

Parmi les lieux d'échange des marchandises se détachent les foires de Champagne, qui atteignent leur apogée entre 1150 et 1250. Points de rencontre des Italiens et des Flamands, elles attirent également six fois par an des marchands de toute l'Europe, à Provins (deux fois), Troyes (deux fois), Bar-sur-Aube, Lagny. Leur succès est largement dû à la politique habile du comte de Champagne, qui en tire de gros profits en taxant les transactions : par le « conduit » des foires, il assure une protection efficace des marchands qui s'y rendent, et par les « gardes des foires » il en assure la police et règle les contentieux. Chaque foire dure un minimum de trois semaines, en trois étapes : l'« entrée » (déballage et location des étaux), la vente et l'« issue » (apurement des comptes). On y échange principalement draps et épices, et les marchands y ont leur organisation, avec la présence de consuls représentant les villes d'origine.

A partir de 1250 environ, les foires de Champagne changent de caractère. Le volume des échanges de marchandises diminue, avec l'ouverture de nouvelles routes : la voie maritime progresse et surtout de nouveaux cols transalpins permettent le passage des Italiens par la Suisse et la vallée du Rhin. Les foires gardent cependant jusqu'au début du XIVe siècle une fonction de places de change, où l'on règle des billets à ordre : remboursements d'emprunts en jouant sur les taux de change, ces derniers étant connus grâce aux « courriers de foire ». Mais même cette activité financière finit par décliner à partir de 1300, négociants, marchands et banquiers ayant de plus en plus des représentants permanents à Paris, Bruges ou Londres.

Les signes précurseurs de la crise

Ainsi, la date de 1300 marque un tournant dans tous les domaines, l'entrée dans une phase nouvelle du Moyen Age, une phase de crise et de bouleversements, le crépuscule d'une civilisation. Les contemporains n'en sont pas pleinement conscients. Seuls les esprits les plus lucides perçoivent les prémices des difficultés à venir, car l'édifice de l'âge de raison garde encore une belle façade. Le succès du grand jubilé de 1300 est comme l'apogée de cette civilisation de la stabilité, tournée vers l'au-delà, qui a tenté d'aménager le séjour terrestre comme préparation à la vie céleste par une synthèse de la foi et de la raison. Le problème est que si la fin du monde tarde un peu trop à survenir, le fragile équilibre auquel on est parvenu ne résistera pas aux forces dissolvantes de la nature et des passions humaines.

Déjà des fissures apparaissent : le climat se dégrade ; des hommes trop nombreux commencent à s'affronter pour le partage de biens trop rares ; la concentration croissante des pouvoirs politiques accroît les rivalités entre souverains ; la légitimité des autorités religieuses et séculières commence à être contestée par certains, et la confiance optimiste placée dans la synthèse de la raison et de la foi est ébranlée. Tout cela ne laisse rien présager de bon.

Les premières disettes apparaissent en Ile-de-France en 1305, en Allemagne en 1309 et 1311. Les défrichements s'arrêtent alors que la population continue à croître. Les guerres de Flandre sous Philippe le Bel perturbent l'industrie textile, l'approvisionnement en laine anglaise est menacé ; les rivalités maritimes entre Gênes et Venise, la perte des derniers territoires en Terre sainte, l'affrontement entre Aragonais et Angevins désorganisent le commerce en Méditerranée. L'approvisionnement en fer catalan, en alun oriental, est rendu plus difficile. En ville, les métiers ont tendance à se fermer, à durcir les règlements, à réduire l'accès à la maîtrise, provoquant de vives tensions sociales. La croissance urbaine alourdit l'emprise et la ponction des villes sur les campagnes, où la seigneurie donne des signes de faiblesse. La rente seigneuriale ne suit pas la hausse des prix, et les seigneurs, en réaction, deviennent plus exigeants, alors qu'ils sont de plus en plus souvent absents et ne remplissent plus leur rôle de protecteurs ; les rancœurs paysannes s'accumulent. L'emprise des riches marchands sur l'économie urbaine et l'administration municipale, avec l'apparition de colossales fortunes, provoque l'hostilité du monde artisanal et des petits commerçants. Le monde des marchands et des banquiers est lui-même perturbé et mécontent en raison des dérèglements monétaires : l'arrivée d'or africain se ralentit à partir de 1275 environ, ce qui altère l'équilibre du système bimétalliste – le rapport entre l'or et l'argent passe de 1 pour 9,65 à 1/10,5, et même 1/11,4 à la Curie. Mais l'argent lui-même commence à manquer, avec l'épuisement des mines, comme celles de Melle en Poitou ; le marc d'argent, qui se vendait 58 sous tournois en 1289, monte à 145 sous en 1305. Les souverains, confrontés à la pénurie de métal précieux et aux dépenses croissantes, notamment pour la guerre, se lancent dans des mutations monétaires qui perturbent gravement l'économie. Philippe le Bel dévalue le gros d'argent en 1295, 1303, 1311.

Dans un autre domaine, la centralisation et la bureaucratisation croissantes des monarchies sous l'influence des légistes engendrent de profonds mécontentements et l'impopularité des souverains. L'aristocratie se sent dépossédée de son rôle « naturel » de conseillère du roi, et l'efficacité croissante de la justice et de l'administration provoque des mouvements de résistance, comme les révoltes des barons en Angleterre et les ligues féodales en France. La pression fiscale due à l'augmentation des frais de fonctionnement du gouvernement suscite des oppositions populaires qui contraignent les rois à négocier avec les représentants des contribuables. Cela peut engendrer des épreuves de force et conduire à des drames si le souverain est maladroit ou méprisé, comme le renversement d'Edouard II en 1327.

Les relations avec l'Eglise se détériorent également. La papauté est en crise : après l'abdication et la mort suspecte de Célestin V en 1294, Boniface VIII, en conflit avec Philippe le Bel, se fait molester à Anagni en 1303, et le siège de Saint-Pierre s'établit à Avignon, sous la coupe des Capétiens. Le clergé est critiqué pour sa richesse, et à la suite de Duns Scot les nouveaux théologiens remettent en cause l'équilibre scolastique de la raison et de la foi. Dans tous les domaines, intellectuel, politique, économique, social, les signes inquiétants se multiplient. Mais même les plus pessimistes n'imaginent pas que le siècle qui s'ouvre va être celui de l'Apocalypse.

TROISIÈME PARTIE

1300-1500
LE TEMPS DE L'APOCALYPSE
ET L'ÂGE DE LA TRANSITION

En 1380 sont achevés dans les ateliers du lissier parisien Nicolas Bataille sept panneaux de tapisserie actuellement exposés au château d'Angers. Commandés par le duc d'Anjou Louis Ier vers 1373, ils illustrent le texte de l'Apocalypse de saint Jean en une série de tableaux saisissants où se succèdent des scènes cataclysmiques de tremblements de terre, incendies, invasions de sauterelles, destructions de cités, averses de grêle, scènes de guerre et de famines. Réalisés d'après les cartons du peintre de Charles V Hennequin de Bruges, les tableaux s'inspirent de miniatures de manuscrits, et mettent en scène les quatre terribles cavaliers dont parle saint Jean au chapitre VI, semant la mort et la désolation : à celui qui monte le cheval rouge feu « fut donné le pouvoir de ravir la paix de la terre pour qu'on s'entre-tue, et il lui fut donné une grande épée » ; celui qui monte le cheval noir répand la famine ; le cavalier du cheval blême fauche par l'épidémie ; celui du cheval blanc a un rôle mal défini mais lui aussi facteur de mort. Les cavaliers de l'Apocalypse, guerre, famine, peste, accompagnés de l'allégorie de la mort, ont été au cours de l'histoire le sujet de maintes représentations hallucinées, dont l'une des plus terrifiantes est celle de Dürer vers 1496-1498. Si pendant plus d'un siècle, de la commande de Louis d'Anjou à la gravure de Dürer, cette scène d'épouvante a inspiré mécènes et artistes, ce n'est évidemment pas un hasard. Les deux derniers siècles du Moyen Age sont marqués par une accumulation d'épisodes littéralement apocalyptiques comme l'histoire en a rarement produit avant le XXe siècle : retour des famines à partir de 1315, guerre européenne endémique, dont celle dite de « Cent Ans » n'est que la plus célèbre, peste bubonique qui tue le tiers de la population en 1348-1349 et resurgit sans cesse comme les répliques d'un séisme, à quoi il faut ajouter les catastrophes politiques et religieuses qui désorientent les esprits, telles que le Grand Schisme d'Occident et la menace islamique, déjà, qui culmine avec la prise de Constantinople en 1453. La chrétienté a perdu ses repères. Dieu semble l'avoir abandonnée. Théologiens, intellectuels, mystiques cherchent désespérément le sens de ce chaos. La grande alliance de la foi et de la raison vole en éclats, et l'irrationnel resurgit, avec ses prophéties millénaristes, ses visions de l'Antéchrist, ses élucubrations sataniques, ses sorciers et ses illuminés, en un foisonnement de courants hétérodoxes qui en appellent à une réforme radicale de l'Eglise.

Certes, de nombreux historiens ont réagi contre cette vision trop noire, trop pathétique, théâtrale et catastrophiste du *Déclin du Moyen Age*, titre de l'ouvrage classique de Johan Huizinga. Peut-on parler de déclin, de crépuscule, de « bas » Moyen Age à propos d'une époque qui a produit Dante et Pétrarque, Van Eyck et Donatello, les cathédrales de Florence et de Canterbury, l'imprimerie et les académies, la banque Médicis et le machiavélisme ? Le terme de transition, plus neutre, serait sans doute plus adapté. Aux XIVe et XVe siècles, les structures de base de l'Europe médiévale se défont. Sous l'effet des chocs naturels et culturels, l'édifice se lézarde, sans toutefois s'effondrer, et lentement, au milieu des vieilles institutions qui se survivent, grandissent de nouvelles valeurs qui seront les cadres d'une Europe nouvelle. La chrétienté se morcelle en monarchies nationales à la centralisation croissante, les solidarités traditionnelles s'affaiblissent face à l'affirmation de l'individualisme, l'aristocratie menacée dans son style de vie s'invente un décor théâtral et des codes de conduite exclusifs, affirmant sa différence de façon excessive, voire caricaturale, affectant de mépriser l'argent, qui poursuit son irrésistible ascension. De nouvelles classes sociales s'affirment : banquiers, juristes, intellectuels, guerriers professionnels. L'Etat bureaucratique grandit et étend ses tentacules fiscales. Les identités nationales se forgent, et l'imprimerie stimule la recherche d'une foi plus personnelle et intériorisée. Paysans et salariés urbains, touchés par les bouleversements économiques, s'agitent, et parfois se révoltent violemment. Les autorités morales, à commencer par la papauté, sont contestées. Pour tous, les repères traditionnels se brouillent, et l'avenir devient incertain. A la stabilité relative des XIe-XIIIe siècles succède le mouvement ; à l'immobilisme des structures et des valeurs succède l'évolution, facteur d'espoirs mais surtout de craintes. De quoi demain sera-t-il fait ? C'est peut-être là que se situent la caractéristique essentielle de la fin du Moyen Age et le passage progressif à la modernité : l'Europe prend conscience de l'évolution, elle passe du fixisme à l'évolutionnisme. Le monde change, et cela commence à se voir, et cela est angoissant. La stabilité était rassurante, avec ses repères immuables et ses certitudes éternelles. Certitudes illusoires sans doute, mais combien consolantes, sur lesquelles s'était bâti le bel édifice médiéval. Et voilà qu'après l'âge des illusions et celui de la raison nous entrons dans celui de l'évolution, c'est-à-dire de la transition permanente. L'homme médiéval, qui vivait dans un éternel présent, entrevoit l'existence de l'avenir, un avenir différent, qu'il commence à scruter avec inquiétude :

prophéties et prédictions se multiplient, se basant sur les Ecritures, les révélations, les mouvements des astres. Et ce que révèlent ces prophéties n'est pas rassurant. Les hommes des XIVe et XVe siècles n'ont pas confiance en l'avenir ; l'idée de progrès leur est étrangère. C'est à reculons qu'ils se dirigent vers ce que nous appelons la Renaissance, et le sentiment qui domine derrière les beautés du quattrocento, c'est la peur.

Entendons-nous : la peur ne signifie pas le déclin. Elle peut au contraire pousser les hommes à se surpasser, et on peut constater que c'est dans la période 1300-1500 que sont nés la plupart des chefs-d'œuvre médiévaux. Cette époque est autant une apothéose qu'une apocalypse. Epoque d'excès en tous genres, et de contradictions, qui débouche sur un monde qui n'est ni meilleur ni pire, celui de l'humanisme, du réalisme politique, de la Renaissance, de la banque, de l'absolutisme, de la conquête coloniale, de la science nouvelle. Passer de François d'Assise à Jacob Fugger, de Thomas d'Aquin à Machiavel, de Notre-Dame de Paris à Saint-Pierre de Rome, ou de Saint Louis à Henri VIII, de la prise de Jérusalem à la Saint-Barthélemy, n'est ni un progrès ni un recul, c'est une fatalité. En tout cas, c'est un indéniable bouleversement, un changement de société, de mentalité et de climat culturel, en d'autres termes l'avènement d'une nouvelle civilisation.

Phénomène de longue durée, que les contemporains ont vécu à travers les soubresauts tragiques que nous avons mentionnés, fin d'un monde qui pour beaucoup préfigure la fin du monde. C'est pourquoi nous pouvons qualifier cette époque à la fois de transition et d'apocalypse. Nous en étudierons d'abord les aspects culturels, avec les catastrophes liées au passage des cavaliers de l'Apocalypse et leurs séquelles sur les mentalités. Nous verrons ensuite, sur le plan politique, comment l'Occident se morcelle en monarchies nationales tandis que l'Orient se réunifie sous la tutelle des Ottomans. Et nous verrons enfin comment l'apocalypse se révèle facteur de transition, l'économie jouant le rôle de moteur des mutations.

11

Les cavaliers de l'Apocalypse : Famines, guerres, pestes et leurs séquelles

Aux XIVe et XVe siècles, la multiplication des sources écrites permet à l'historien d'avoir accès à des témoignages directs de contemporains. Parmi eux, l'anonyme Bourgeois de Paris nous parle dans son *Journal* de la vie dans la capitale dans la première moitié du XVe siècle :

« Tout était saccagé dans un rayon de vingt lieues environ... Ils pillaient, volaient, tuaient, dans les églises et ailleurs ; le résultat, c'est que le pain fut si cher, pendant plus d'un mois, que le setier de bonne farine valait 54 ou 60 francs ; et les pauvres, comme au désespoir, fuyaient » (1410).

« Cette épidémie de peste était, au dire des vieilles gens, la plus cruelle qui eût sévi depuis trois siècles... Vers la fin du mois il mourut en si peu de temps tant de monde qu'il fallut creuser dans les cimetières parisiens de grandes fosses, où l'on mettait, dans chacune trente ou quarante personnes, entassées comme du lard et poudrées à peine d'un peu de terre par-dessus » (1418).

« On tua tant de gens, hommes ou femmes, de minuit à midi, que l'on dénombra 1 518 victimes au Palais dans la cour de derrière » (1418).

« Sur les tas de fumier dans Paris vous eussiez pu trouver de-ci, de-là, vingt ou trente enfants, garçons ou filles, mourant de faim et de froid... Les pauvres mangeaient ce que n'auraient pas voulu les pourceaux... Les loups étaient à cette époque si affamés que, dans les villages et dans les champs, ils déterraient les cadavres avec leurs pattes ; la nuit, ils entraient dans les villes et faisaient beaucoup de mal... Ils mangèrent aussi en plusieurs endroits des femmes et des enfants » (1420).

« Le grand froid dura tous les mois d'avril et de mai ; il ne se passa guère de semaines sans gel, glace ni pluie tous les jours... et, cette année, la Seine fut si haute que le jour de la Pentecôte, le 8 juin, elle atteignit la Croix en Grève... L'île Notre-Dame fut inondée... toutes les maisons étaient inondées jusqu'au premier étage » (1427).

« Les loups furent si enragés de manger de la chair humaine que, dans la dernière semaine de septembre, ils étranglèrent et mangèrent quatorze personnes, tant grandes que petites, entre Montmartre et la porte Saint-Antoine » (1439).

Ils sont bien là : la guerre, la famine, la peste, cavaliers de l'Apocalypse semant la terreur et la mort. Témoignage irrécusable, qu'on ne peut accuser de préjugé ou de parti pris. A lire ces lignes et tant d'autres de la même veine, comment peut-on encore parler de dramatisation excessive à l'égard des horreurs qui traumatisent les hommes des XIVe et XVe siècles ? L'auteur, probablement un chanoine de Notre-Dame de Paris et membre de l'Université, était là, lui, et voilà ce qu'il a vu. Et il est loin d'être le seul à témoigner à travers toute l'Europe. On comprend que s'installe alors une mentalité obsidionale, que Jean Delumeau a longuement analysée dans *La Peur en Occident* : « Un "pays de la peur" se constitua, à l'intérieur duquel une civilisation se sentit "mal à l'aise" et qu'elle peupla de fantasmes morbides. Cette angoisse, en se prolongeant, risquait de désagréger une société comme elle peut lézarder un individu soumis à des stress répétés. Elle pouvait y provoquer des phénomènes d'inadaptation, une régression de la pensée et de l'affectivité, une multiplication des phobies, y introduire une dose excessive de négativité et de désespoir. »

« Tout va mal » (Eustache Deschamps) :
la teinte sombre d'une époque

Rarement dans l'histoire a-t-on vu une telle unanimité dans le pessimisme. « Tout va mal », se lamente Eustache Deschamps, né l'année du désastre de Crécy (1346), deux ans avant la Peste noire (1348), et mort sept ans avant le désastre d'Azincourt (1415), après avoir, en tant que bailli de Senlis, vécu en soixante ans l'éventail complet des calamités de cette époque. Sa vision du monde et de la vie est marquée du sceau de la tristesse, de la mélancolie, « dame Merencolie » comme il la nomme allégoriquement : « Tous cueurs ont prins par assaut tristesse et merencolie. » Ce siècle, dit-il, est

> « Temps de doleur et de temptacion,
> Aages de plour, d'envie et de tourment,
> Temps de langour et de dampnacion,
> Aages meneur près du définement,
> Temps plains d'orreur qui tout fait faussement,
> Aages menteurs, plain d'orgueil et d'envie,
> Temps sanz honeur et sanz vray jugement,
> Aage en tristour qui abrege la vie. »

Alain Chartier, qui hante la cour de Bourges, est tout aussi désespéré, état d'esprit que partagent les poètes et les chroniqueurs : René d'Anjou, qui appelle la tristesse sa « parente bien prochaine », Charles d'Orléans, qui doit à la guerre un séjour forcé de vingt-cinq ans dans les brumes d'Albion où, dit-il, je puise « l'ennuy » « au plus profond de la mélancolie », Jean Chastellain, qui se définit comme « douloureux homme, né en éclipses de ténèbres en espesses de bruynes de lamentation », Olivier de La Marche, dont la devise est : « Tant a souffert. » En Angleterre, Geoffroy Chaucer incrimine Saturne, la funeste planète, qui provoque les guerres :

> « Mienne est la prison dans le sombre donjon ;
> Miennes la pendaison et la strangulation par la gorge ;
> Le murmure et la rébellion des paysans
> Le mécontentement et l'empoisonnement secret. »

En 1405, Jean Gerson rend la guerre responsable de la vague de désespoir suicidaire qu'il croit déceler : « De nos jours, beaucoup désespèrent et se tuent..., l'un en se pendant, l'autre en se noyant, un autre en se frappant d'un coup de couteau dans la poitrine. » La guerre est omniprésente dans les esprits, obsédante. Le thème revient sans cesse : « Il n'est rien que la guerre ne tue, [...] guerre est toute prison, [...] guerre si veut tout détenir et tout happer, c'est venoison », écrit Jean Régnier en 1433. Christine de Pisan, dans ses *Lamentations sur les guerres civiles*, fait écho à son maître Eustache Deschamps qui, en 1385, lançait des cris d'alarme : « Guerre de jour en jour s'avance », « Nous aurons guerre, guerre », « Princes, en tout cas de la guerre me plaint », « Guerre partout ».

Sa célèbre ballade contre la guerre illustre l'atmosphère crépusculaire de cette fin du Moyen Age, où la chrétienté sombre dans les horreurs de conflits sans fin :

> « Car on y fait les sept pechiez mortez
> Tollir, murdrir, l'un va l'autre tuant,
> Femmes ravir, les temples sont cassez,

> Loy n'a entr'eulx, le mendre est le plus grant,
> Et l'un voisin va l'autre deffoulant.
> Corps et ame met a perdicion
> Qui guerre suit ; aux diables la comment !
> Guerre mener n'est que dampnacion. »

« Je vois toute la sainte chrétienté aggravée de guerres et de haines, de larcins et de dissensions qu'à grand-peine si l'on peut nommer un petit pays, soit duché ou comté, qui soit en bonne paix. » Ainsi s'exprime Honoré Bonet en 1380 dans *L'Arbre des batailles*. Un siècle plus tard, le fameux manuel des inquisiteurs, le *Malleus maleficarum*, croit avoir découvert le responsable : « Au milieu des calamités d'un siècle qui s'écroule », dit-il, alors que « le monde sur le soir descend vers son déclin et que la malice des hommes grandit », Satan « sait dans sa rage qu'il n'a plus que peu de temps », et c'est lui qui est derrière ces catastrophes. Ses agents sont partout, et on les pourchasse. Les procès pour sorcellerie sont en constante augmentation, de même que le nombre de traités relatifs à ce phénomène : 13 paraissent entre 1320 et 1420, et 28 entre 1435 et 1485. Dès les années 1330-1340, des procès sont intentés à des sorcières toulousaines ; on y entend parler du sabbat. Les affaires se multiplient : 12 procès répertoriés entre 1320 et 1420, chiffre apparemment faible, mais non exhaustif, et 34 de 1420 à 1486 devant les tribunaux d'Inquisition, tandis que pour les tribunaux laïques le nombre des affaires passe, pour les mêmes dates, de 24 à 120. Certains sont considérables : 67 sorciers et sorcières brûlés à Carcassonne en 1387 par exemple. Entre 1428 et 1447, des condamnations sont prononcées contre 110 femmes et 57 hommes dans l'affaire des vaudois du Briançonnais, pour apostasie, sacrilèges, accouplements avec le diable. En fait, toute la chrétienté est touchée.

Un des grands succès iconographiques de l'époque, outre le *Dit des trois morts et des trois vifs*, est la danse macabre, dont les recherches récentes situent la naissance vers 1350, soit juste après le premier grand passage de la Peste noire. Si la terrible épidémie est au départ de ce thème, il est certain que les ravages de la guerre ont contribué à le répandre. En 1421, un chroniqueur français écrit en effet : « Il y a quatorze ou quinze ans que cette danse douloureuse commença ; et la plus grande partie des seigneurs sont morts par le glaive ou par le poison ou de quelques mauvaises morts contre nature. » Le thème est véritablement européen : sur les 80 représentations recensées, 22 sont françaises et 14 anglaises, mais il y en a également 22 en Allemagne, 8 en Suisse, 8 en Italie, 6 aux Pays-Bas. La plus célèbre est celle qui est peinte en 1424 sur le mur du cimetière des Innocents à Paris, lieu de rencontres, de promenade, de discussion, de prédication, au milieu des ossements entassés le long des arcades. Même les grands aiment ces endroits : le duc de Berry voulait y être inhumé, et avait fait sculpter sur le portail de l'église les trois morts et les trois vifs. Quant à Philippe le Bon, il fait représenter en 1449 la danse macabre dans son hôtel de Bruges.

Jean Gerson n'est pas le seul à remarquer la montée des tendances suicidaires. Vers 1300 déjà on peut lire dans un récit de miracle accompli par la Vierge :

> « ... en veez
> De ceuz qui sont desesperez
> Petit en est a bien venuz
> Li uns noiez lautre pendus
> Et des fames autel vous di
> Assez souvent avez oui
> A leur guinples se sont pendues
> Estranglees et deronpues
> Et occises de fres coutiaus

> Li anemis li desloiaus
> Prent ensi ques les gens au laz. »

Les indices se multiplient tout au long des XIVe et XVe siècles : allusions dans un sermon de Jean XXII vers 1320, dans plusieurs poèmes de Guillaume de Machaut, dans un sermon allemand de la région du Danube, où le prédicateur déclare : « Nous avons souvent appris qu'une personne s'est pendue, ou poignardée. » Vers 1440, un chartreux d'Erfurt affirme dans un sermon que « de nombreuses personnes se tuent et se jettent à l'eau, comme hélas on le voit souvent aujourd'hui, par la *tristitia* ». Au même moment, un dominicain allemand écrit que beaucoup, « dans les profondeurs du désespoir, se tuent », tandis que près de Cologne un moine commentant la *Consolation de la philosophie* de Boèce traite « de ceux qui se tuent pour éviter les malheurs, la lassitude et les tourments de la vie présente », qui « cherchent la mort d'une mauvaise façon, par désespoir ou par une condamnable fatigue de vivre » : la *tristitia*, dit-il, « affaiblit le cœur et, comme on peut le voir, tue beaucoup de monde ». Vers 1490, on signale à Lyon une épidémie de « melancholie » qui touche plus particulièrement les femmes : elles se noient ou se poignardent. Bien des poètes avouent avoir été à deux doigts de se suicider, comme Jean Meschinot :

> « Désespoir vient sur moy logis prendre...
> Conviendra que la dague je saque
> A cette fin que ma vie je défroque. »

François Villon connaît lui aussi les atteintes du désespoir. Dans le *Grand Testament*, il affirme que parfois seule la peur de Dieu le retient :

> « Tristesse son cueur si estreinct
> Souvent se n'estoit Dieu qu'il crainct
> Il ferait un horrible faict.
> Si advent qu'en ce Dieu en frainct
> Et que luy mesmes se deffait. »

En Angleterre, comme l'a montré la remarquable étude, quasiment exhaustive, d'Alexander Murray, *Suicide in the Middle Ages*, de nombreux textes, allant du mystique *Cloud of Unknowing* au *Piers Ploughman* de William Langland, mettent en garde contre la séduction diabolique qui pousse les mélancoliques à se tuer. Et ces deux siècles terribles s'achèvent avec la montée de la folie, thème littéraire consacré en 1494 par la *Nef des fous* de Sébastien Brant : l'humanité, poursuivie par la misère, la mort et la hantise de la damnation, s'embarque vers un avenir totalement incontrôlable. Et quelques années plus tard, en 1511, l'*Eloge de la folie* d'Erasme tire la leçon : devant l'accumulation de « toutes les calamités auxquelles est soumise la vie des hommes, [...] quels sont particulièrement ceux qui par dégoût se sont donné la mort ? Ne sont-ils pas proches de la sagesse ? ».

Le constat est accablant. En deux siècles, l'accumulation des malheurs a ruiné les illusions de l'âge précédent et révélé la triste vérité : l'humanité n'est pas guidée par la raison, mais par la folie, et sa fin ultime n'est pas le triomphe de la vie, mais celui de la mort. Mais bien loin d'être une régression, ce constat est la marque d'une lucidité enfin assumée. Après les illusions de l'enfance (V^e-Xe siècle), les fausses certitudes rassurantes de l'âge de raison (XIe-XIIIe siècle), le Moyen Age découvre dans sa maturité la vraie nature de la condition humaine : le néant. Tous ne l'acceptent pas, bien sûr, et les âges futurs, à partir de la Renaissance, feront tout pour camoufler la triste vérité et engendrer de nouvelles illusions. Mais dans le subconscient des Européens, rien n'effacera les traces laissées par la sinistre cavalcade des cavaliers de l'Apocalypse aux XIVe et XVe siècles.

La famine : le grand retour de 1315 et ses suites

Le premier à se présenter est la famine. Sa réapparition est brutale : après une récolte déficitaire en 1314 dans toute l'Europe du Nord-Ouest, laissant prévoir une soudure difficile en 1315, des pluies continuelles à partir du printemps de cette année gênent les semailles et font pourrir la récolte sur pied. La moisson de 1315 est catastrophique ; celle de 1316 n'est guère meilleure. La sanction est immédiate : le prix du blé quadruple en Angleterre en 1315 ; il est multiplié par huit en 1316. C'est l'hécatombe : à Ypres, cité de 30 000 habitants, on recense 2 794 morts de mai à octobre 1316, 160 par semaine entre mai et août ; à Bruges, 1 938 morts entre le 7 mai et le 1er octobre 1316, soit 5 % de la population, et même les membres des classes dirigeantes ne sont pas épargnés. La chronique d'Anvers parle de « la grande détresse du peuple, les cris et les pleurs des gens du peuple qui se lamentaient, couchés dans les rues…, la faim faisant enfler leurs membres ».

Après cette entrée fracassante en 1315-1316, la famine reste une menace permanente pendant presque deux siècles, et frappe de nombreuses fois, de façon plus localisée mais toujours redoutable, au gré des aléas climatiques. En 1322-1323, après un hiver exceptionnellement rigoureux, le prix du froment triple dans le sud de l'Angleterre, et des révoltes éclatent en Flandre. En 1333, la famine dure deux mois en Catalogne, et se fait sentir jusqu'en Navarre, en Castille et même au Portugal. La Haute-Provence est touchée en 1338. La décennie 1340-1349 est marquée par un excès de pluies qui gâte les récoltes : en 1342, le Rhin, la Moselle, la Meuse, la Seine débordent, les récoltes de foin et de grains sont détruites ; à Douai, les prix du froment doublent, ceux de l'avoine triplent. L'été 1346 est pourri, et pas seulement pour l'armée française à Crécy. 1347 est pire. Outre l'Espagne, les témoignages affluent d'Italie : 4 000 morts à Florence ; Bologne est attaquée par des hordes de paysans affamés ; Sienne, Pise, Venise, Milan, Brescia sont durement touchées ; à Pistoia, un chroniqueur écrit : « En 1346 et 1347 il y eut une grande disette de denrées alimentaires dans toute la chrétienté, au point que beaucoup de gens moururent de faim. » En Angleterre, certaines localités perdent 10 % de leur population ; en France, les constats catastrophistes parviennent du Lyonnais, du Forez, de Provence, du Toulousain, du Bordelais, où « beaucoup de gens moururent de faim ». Mêmes cris de détresse en Allemagne, où les sols fertiles, surexploités, s'épuisent, et où les nouvelles terres défrichées, de qualité médiocre, sont abandonnées.

En 1351 et 1360, c'est la sécheresse qui fait baisser le niveau des récoltes. Puis c'est le terrible hiver de 1363-1364, l'un des plus froids enregistrés en cinq siècles par les historiens du climat : 19 semaines de gel et de neige à Tournai, la Meuse est gelée à Liège du 21 décembre au 24 mars, le Rhin à Cologne du 13 janvier au 25 mars, même chose pour la Seine, la Loire, les lacs suisses, et même le Rhône, la Garonne, la lagune de Venise ; deux mois et demi de gel à Bologne. En 1370, le rude hiver, suivi d'une sécheresse au printemps et de pluies exceptionnelles d'été, provoque le triplement du prix des grains. Les vignes sont gelées. En 1374-1375, c'est la catastrophe : avec les pluies continuelles du printemps 1374, la moisson est réduite de moitié en France et en Italie ; la famine touche le Poitou, les Charentes, le Languedoc, le Bassin parisien, la Bavière, la Wallonie, la Lombardie, la Toscane, le Latium ; à Montpellier par exemple, le prix du blé quadruple, on ferme les portes de la ville pour empêcher toute sortie des grains ; le carton de froment, qui valait ordinairement 4 francs, grimpe à 32 francs en mars et avril 1375 ; les pauvres meurent de faim.

Le XVe siècle n'est pas meilleur. Les études menées notamment par l'historien britannique John Titow montrent que l'excès de pluviosité concerne 42 années, causant dans 35 cas une réduction des rendements de 10 %. Certaines années sont terribles. Arbres fruitiers et vignes sont détruits dans l'est de la France et en Europe centrale ; le rendement des blés baisse de 12 % dans les domaines de l'évêché de Winchester. En 1420, la baisse atteint 23 % en raison de la canicule et de la sécheresse ; le foin manque ; le prix de l'avoine est multiplié par vingt ; le pain est hors de prix, et on meurt de faim dans les rues de Paris. Le Bourgeois s'est fait l'écho de cette famine, montrant les femmes désespérées faisant la queue devant les boulangeries : « Les pauvres créatures, qui pour leurs pauvres maris qui étaient aux champs, ou pour leurs enfants qui mouraient de faim en leurs maisons, quand ils n'en pouvaient avoir pour leur argent ou pour la presse, après cette heure, ouïssiez parmi Paris piteuses plaintes, piteuses lamentations, et petits enfants crier : "Je meurs de faim." » Pour aggraver la situation, la peste, ou tout simplement la dysenterie, s'abat à l'automne sur les survivants affamés et affaiblis : les rivières, asséchées par la chaleur de l'été, deviennent des cloaques infestés de microbes et de vermine. De Toulouse à Cambrai, on signale des mortalités effrayantes.

Nouvelle famine en 1432-1433, qui touche pratiquement toute la France : les pluies et le gel commencent à la Toussaint 1431 ; la Seine gèle pendant dix-sept jours en janvier, puis ce sont les inondations, à partir de mars ; grêle, neige et gel en avril-mai, orages et grêle en juin, vingt-quatre jours de pluie en juillet ; les récoltes sont perdues, les prix s'envolent, les épidémies s'en mêlent, et c'est un nouveau pic de mortalité. Le scénario se répète six ans plus tard, en 1438 : le setier de froment passe à Paris de 1,68 livre à 5,95 livres. Le Bourgeois se lamente : « Tout grain renchérit toujours, que bon blé valait 8 francs le setier, forte monnaie, et petites fèves noires qu'on soulait donner aux porcs dix sols pour le boissel. Item, Seine fut si grande à la Saint-Jean qu'elle passait assez la Croix de Grève. Item, il faisait si grand froid à la Saint-Jean comme il devrait faire en février ou en mars... Y avait si grande cherté à Paris, car on n'y pouvait rien apporter qui ne fût rançonné ou tout robé des larrons qui étaient ès garnisons d'entour Paris ; car environ la Saint-Martin d'hiver (11 novembre 1438), qu'on a semé, bon blé valait 7 francs et demi et plus. »

Et la litanie se poursuit, avec les canicules de 1442, 1447, les étés froids et pluvieux de 1445-1446, 1448-1449, 1453-1456, 1465-1468, 1474-1477, 1480-1481, 1485, 1488-1493, 1496-1497. L'année 1481 est épouvantable : après les inondations de l'été 1480, qui touchent toute l'Europe, l'hiver 1480-1481 est particulièrement rude ; les pauvres meurent de faim et de froid par milliers ; au printemps et en été, ce sont les inondations ; il n'y a plus rien à manger ; on passe aux racines et aux trognons de choux, les pauvres « recherchent l'herbe qu'on appelle bouchibarbe pour remplir leur pauvre ventre », dit une chronique, et on évalue dans le royaume de France l'excédent de décès à plus de 500 000 personnes, au point que Louis XI, en janvier 1482, proclame la libre circulation des grains, tout en interdisant de les exporter hors du royaume. Mesures contradictoires et inefficaces. De toute façon, il n'y a plus de grain à moudre ni à transporter.

Le bilan est éloquent. Le premier cavalier de l'Apocalypse a bien fait son travail. Il reste à expliquer pourquoi, après plus de trois siècles de relative accalmie, la famine frappe si durement l'Europe aux XIVe et XVe siècles. Une raison évidente vient d'abord à l'esprit : la détérioration climatique. L'Europe est touchée par le « petit âge glaciaire », étudié par les climatologues et dont Emmanuel Le Roy Ladurie a retracé les péripéties dans son *Histoire humaine et comparée du climat*. Le témoignage des glaciers alpins est sans ambiguïté : les langues glaciaires atteignent leur extension maximum vers 1380, avant un recul qui s'amorce vers 1420. Comme nous l'avons vu, les années de disette correspondent à des dérèglements climatiques qui perturbent les rendements agricoles.

L'explication est toutefois insuffisante. Si un simple recul des rendements de l'ordre de 10 % engendre des famines aussi catastrophiques, c'est parce qu'il y a trop de bouches à nourrir. L'Europe de 1315 est surpeuplée par rapport à ses capacités de production. Le célèbre *Etat des feux*, recensement réalisé dans un but fiscal en 1328 à la demande de Charles IV, révèle des densités qui peuvent aller jusqu'à 50 ou 70 hab./km^2, supérieures à celles de nos campagnes actuelles, et la population du royaume de France, sur 320 000 km^2, est évaluée entre 18 et 20 millions d'habitants, plus que sous Louis XIV, 10 millions en Italie, de même qu'en Allemagne. La mortalité commence d'ailleurs à augmenter dès le début du siècle, et les comportements à évoluer, avec un recul de l'âge au mariage. La grande famine de 1315-1316 frappe une population qui est à la limite de la rupture de l'équilibre alimentaire. C'est aussi la conclusion de Michael Postan pour l'Angleterre : on atteint à la fin du XIIIe siècle la limite des terres défrichables, il n'y a plus de réserves. Il écrit : « Au début du XIVe siècle, et peut-être avant, le surpeuplement relatif était assez grand pour faire monter le taux de mortalité à un niveau exorbitant. » Pour Georges Duby, « l'évolution des taux de mortalité porte un dernier témoignage, le plus probant, sur la charge démographique excessive qui accablait certaines campagnes d'Occident à la fin du XIIIe siècle ». Pour l'Europe méridionale, Henri Dubois parle du « moment malthusien ». A. Fiero écrit à propos du Dauphiné : « Le nombre exagéré de bouches à nourrir me semble à l'origine des famines qui n'ont cessé de frapper l'Europe à partir de 1315. » La grande majorité des historiens souscrivent à ce constat. Dans le petit royaume de Navarre, les disettes apparaissent dès 1260, puis ce sont de véritables famines : neuf entre 1300 et 1318 ; celle de 1333-1336 est catastrophique, et celle de 1347 fait disparaître le quart de la population, qui dépassait dans certaines vallées le niveau qu'elle atteindra au XXe siècle.

Le temps qui se dérègle, des récoltes en baisse pour une population trop nombreuse : telles sont donc les deux causes essentielles des famines. Ajoutons une baisse de la production sur les sols récemment défrichés et qui sont de mauvaise qualité, le manque de bêtes de trait qui, joint à l'épuisement des hommes, empêche l'intensification des travaux agricoles. En revanche, il ne semble pas qu'un supposé « blocage des techniques », parfois invoqué pour la fin du Moyen Age, soit vérifié. D'après Robert Fossier, on constaterait au contraire une amélioration des rendements sur les meilleures terres, comme dans le sud de l'Angleterre et en Ile-de-France, avec 8 ou 10 pour 1, des semailles plus serrées, un développement de l'épandage de fumure, des cultures dérivées et du jardinage.

Les contemporains, eux, ont une explication beaucoup plus simple : le cavalier apocalyptique de la famine est envoyé par Dieu pour punir les hommes, et on en veut pour preuve les signes précurseurs : comètes de 1315, annonciatrices de la mort par la famine, éclipses de lune, séismes. Le chroniqueur hollandais Lodewijk Van Velthem, se fondant sur le livre de Daniel, voit dans la famine la préfiguration de la fin du monde toute proche. La solution n'est pas dans les améliorations agricoles mais dans la pénitence, les prières, les jeûnes (cela économisera toujours de la nourriture), les processions, comme celle de ces lamentables squelettes ambulants que Guillaume de Nangis a vus dans la Beauce : « Nous avons vu une grande foule d'hommes et de femmes, sur plus de cinq lieues, pieds nus, dont beaucoup même, à part les femmes, étaient complètement nus, se rendre en procession à l'église avec leurs prêtres pour implorer les saints martyrs, et portant avec dévotion des statues de saints et de pieuses reliques afin de les faire bénir. » De la procession à la manifestation, il n'y a parfois qu'un pas : des émeutes de subsistances éclatent en 1315 et 1316 à Verdun, Metz, Provins, Magdebourg, des révoltes en Flandre en 1323, à Bruges de 1323 à 1328, d'autant plus que seigneurs et souverains se contentent de vaines proclamations contre les spéculateurs. Or, la famine n'est qu'un début. Elle affaiblit la résistance des corps, et prépare l'entrée en scène du deuxième cavalier de l'Apocalypse, la peste, qui surgit en 1348 au milieu de populations dont les défenses naturelles sont gravement amoindries.

La peste. Le débarquement de la Mort noire en 1348 et ses récurrences

« En janvier de l'année 1348, écrit un chroniqueur flamand, trois galères relâchèrent à Gênes, poussées par un fort vent d'Est, porteuses d'une horrible infection et chargées d'épices et d'autres biens précieux. Quand les habitants de Gênes l'apprirent et virent comment ils contaminaient brutalement et sans rémission les gens, ils les chassèrent du port avec des flèches enflammées et divers engins de guerre ; car personne n'osait les toucher, ni commercer avec eux, car s'ils le faisaient, ils étaient sûrs d'en mourir. »

Trop tard ! La mort venue d'Orient a débarqué, probablement avec les puces des rats qui étaient à bord. La peste bubonique, la plus virulente, la plus contagieuse, transmissible par l'air, se répand de façon foudroyante en Italie du Nord, puis au printemps par Marseille, Narbonne, Montpellier, elle remonte la vallée du Rhône. Elle est à Lyon en avril, à Paris en août, à Londres en octobre, puis, par les routes commerciales, gagne l'Europe entière en 1349. Aucune région n'est épargnée, et les populations sont totalement démunies face à la *Pestis atra*, c'est-à-dire « terrible » ou « noire », sur la nature de laquelle les historiens discutent encore. Ce fléau, qui avait quasiment disparu depuis le VIIe siècle, fauche des populations affaiblies par les disettes. La contagion est foudroyante : par l'haleine à quelques mètres, par le toucher, les habits, les cadavres noircis pendant quarante-huit heures. Boccace, qui a vécu ce traumatisme à Florence, écrit qu'« au commencement de la maladie, aux hommes comme aux femmes, naissaient à l'aine et sous les aisselles certaines enflures dont les unes devenaient grosses comme une pomme ordinaire, les autres comme un œuf, et d'autres moins, et que le vulgaire nommait bubons pestilentiels... Plus tard, la nature de la contagion vint à changer et se manifesta par des taches noires ou livides qui apparaissaient sous les bras et sur les cuisses... Presque tous mouraient dans les trois jours de l'apparition des signes susdits... Ce qui donna encore plus de force à cette peste, ce fut qu'elle se communiquait des malades aux personnes saines, de la même façon que le feu quand on l'approche d'une grande quantité de matières sèches ou ointes... Plus de 100 000 créatures humaines perdirent certainement la vie dans les murs de la cité de Florence ». Le chroniqueur Stefani avance le chiffre de 96 000 ; les historiens actuels donnent une fourchette de 50 000 à 80 000. Les pertes varient certes suivant les régions, mais globalement les calculs les plus sérieux situent le nombre de morts à environ 35 % de la population de l'Europe. Réalisons bien l'ampleur du désastre :

si un fléau semblable touchait l'Europe actuelle, il ferait 200 millions de morts en trois ans, quatre fois le nombre de victimes de la Seconde Guerre mondiale. Quelle économie, quelle société pourrait résister à un tel cataclysme ?

Les vivants, paniqués, sont débordés par le nombre de morts, que l'on ne peut enterrer assez vite : 8 000 victimes à Brême, soit 70 % de la population ; entre 20 et 40 % pour la plupart des grandes villes. Les villages ne sont pas épargnés : à Givry, en Bourgogne, 643 habitants sur 1 500 périssent entre le 1er août et le 15 novembre 1348, soit 43 % du total ; dans quelques domaines de l'abbaye de Westminster, où on enregistrait 24 décès par an en moyenne, il y en a 707 en 1349. Et comme la famine, la peste, une fois installée, ne lâche plus les Européens. Elle revient en 1360-1362, où elle frappe surtout les jeunes, puis en 1368-1370, 1375-1378, 1380-1383, 1399-1400, 1418-1420, 1433-1434, 1438-1439, 1457-1458, et si elle recule ensuite, c'est pour laisser la place au choléra et à la tuberculose. L'Europe est exsangue. L'Ile-de-France a perdu la moitié de ses habitants entre 1348 et 1444 ; Toulouse passe de 30 000 à 22 500 habitants entre 1348 et 1350, Ypres de 30 000 à 18 000, Arras de 20 000 à 10 000, Zurich de 12 300 à 4 700, l'Angleterre de 3 757 000 en 1348 à 2 100 000 en 1400, le Saint Empire perd 35 % de sa population, la France, 50 %. En 1435-1440, l'évêque de Lisieux, Thomas Basin, écrit dans son *Histoire de Charles VII* : « Nous-même avons vu les vastes plaines de la Champagne, de la Beauce, de la Brie, du Gâtinais, du Pays de Chartres, du Pays de Dreux, du Maine et du Perche, du Vexin, tant français que normand, du Beauvaisis, du Pays de Caux, depuis la Seine jusque vers Amiens et Abbeville, du Pays de Senlis, du Soissonnais et du Valois jusqu'à Laon, et au-delà du côté du Hainaut, absolument désertes, incultes, abandonnées, vides d'habitants, couvertes de broussailles et de ronces ;

ou bien dans la plupart des régions qui produisent les arbres les plus drus, ceux-ci pousser en épaisses forêts. »

La Mort noire, facteur de chaos

Les conséquences socio-économiques et culturelles d'un tel choc sont considérables. Le premier terme qui vient à l'esprit est le chaos. En trois ans (1348-1350), l'Europe a perdu une partie de ses cadres et de ses élites, désorganisant toutes les administrations. Car les dirigeants, bien que mieux protégés, ne sortent pas indemnes, et ceux qui ne meurent pas sont en fuite. En France, la peste tue le duc de Bourgogne en avril 1349, puis la reine, la duchesse de Normandie, le chancelier. Le roi erre pendant des semaines dans le Gâtinais et la Brie. Les services administratifs sont désertés. Les secrétaires, décimés. Les revenus s'effondrent avec l'hécatombe des contribuables et des collecteurs d'impôts. Ce n'est pas mieux ailleurs : 76 % des conseillers municipaux de Hambourg sont morts en 1350 ; à Moscou, le grand-duc, ses deux fils et son frère périssent, de même que le patriarche. Le renouvellement des élites est compromis. Les universités sont paralysées, faute d'étudiants et surtout de professeurs. Celles de Naples, Reggio, Verceil, Grenoble disparaissent ; Sienne ferme pour plusieurs années. Le chancelier de celle d'Oxford écrit au roi que « l'Université est ruinée et affaiblie par la pestilence », et à Avignon les étudiants s'adressent au pape : « Au moment où le corps universitaire de votre studium... est privé de cours, car leur nombre a été réduit par la mort, due à la peste, des docteurs, licenciés, bacheliers et étudiants... » A Florence, Boccace constate que « l'autorité révérée des lois, tant divines qu'humaines, était comme tombée et abandonnée par les ministres et les propres exécuteurs de ces lois, lesquels, comme les autres citoyens, étaient tous, ou morts, ou malades, ou si privés de familles, qu'ils ne pouvaient remplir aucun office ; pour quoi, il était licite à chacun de faire tout ce qui lui plaisait ». Les brigands profitent de la vacance du pouvoir dans des campagnes qui n'étaient déjà pas très sûres en temps normal : en Navarre par exemple, la bande d'Arbizu met au pillage les régions de Pamplona et Estella, incendie les villages, massacre les paysans que la peste a épargnés, et prend 9 000 brebis.

Là où ce n'est pas le chaos complet, les bouleversements économiques sont profonds, provoquent ou accélèrent des mutations, qui ne sont pas toutes négatives, mais qui toujours causent des tensions annonciatrices d'affrontements. Dans la campagne tout d'abord, où vivent 90 % de la population. Les paysans meurent ou s'enfuient. « Les hommes et les femmes, poussés au désespoir, erraient comme fous… le bétail était laissé sans surveillance… les loups devenaient d'une hardiesse inconnue jusque-là », dit la Chronique de Neubourg. Les champs retournent en friche. Le phénomène des villages désertés a frappé les contemporains : 18 à 25 % de villages fantômes en Angleterre, 20 à 64 % suivant les régions en Allemagne. Dans un petit canton de Navarre, 302 foyers sur 500 ont disparu à la suite du décès de toute la famille, et 116 à la suite du départ des occupants ; 80 % des terres sont incultes.

La cellule de base des campagnes, la seigneurie, est complètement désorganisée. Le seigneur est pris en tenailles entre l'effondrement de ses revenus, avec une demande de produits agricoles en baisse à cause du recul démographique, et des dépenses accrues pour conserver une main-d'œuvre rare et de plus en plus exigeante. Les prix des produits manufacturés, qu'il achète en ville, où la main-d'œuvre qualifiée devient rare, montent en flèche, de même que les salaires. En Angleterre, ils doublent, voire plus : à Cuxham, près d'Oxford, un laboureur est payé 2 shillings par an avant la peste, 7 shillings en 1349, et 10 en 1351. Les paysans survivants, en position de force, quittent leur seigneur pour se louer au plus offrant, et les seigneurs doivent souvent renoncer aux revenus en nature et aux corvées, remplacés par des rentes en argent. La peste accélère la transformation de l'économie rurale. Les terres les plus médiocres sont abandonnées ; la culture recule au profit de l'élevage, qui demande moins de main-d'œuvre ; le bocage progresse, les survivants s'emparant des terres laissées sans propriétaires et entourant leurs nouveaux biens de haies ; le circuit monétaire tend à remplacer les échanges en nature. Les seigneurs sont contraints de vendre ou d'affermer une partie du domaine. Peu habitués à subir les exigences de la classe paysanne, ils considèrent ce renversement de situation comme une véritable subversion ; la tension monte.

En ville, les relations se détériorent également, chaque groupe se repliant sur la défense de ses intérêts particuliers. Chaque ville, chaque métier se protège contre la concurrence. Les corporations se ferment, interdisent l'accès à la maîtrise de nouveaux membres qui seraient des concurrents dans un marché déjà très restreint. Les maîtres sont confrontés aux exigences croissantes d'une main-d'œuvre raréfiée.

Cette situation explosive conduit l'Etat à intervenir pour tenter de stabiliser les prix, les salaires et la main-d'œuvre. En février 1351, une ordonnance du roi de France Jean le Bon limite la hausse des salaires au tiers du niveau de 1347, permet aux maîtres de recruter autant d'apprentis qu'ils voudront, et d'allonger la durée de la journée de travail après le coucher du soleil. La même année, le Parlement anglais interdit de verser des salaires supérieurs à ceux de 1347, et interdit aux ouvriers de quitter leur patron : c'est le statut des Travailleurs. Des décisions similaires sont prises en Castille, mais leur efficacité est à peu près nulle. Le seul résultat est de durcir encore les conflits sociaux et de préparer les esprits à une véritable guerre de classes, qui va éclater un peu partout dans les années suivantes : jacquerie de la région parisienne en 1358, soulèvement des tisserands de Gand en 1379, émeutes de Rouen en 1380, révolte des paysans anglais en 1381, des Maillotins à Paris en 1382.

C'est au niveau culturel que l'impact de la Peste noire est le plus profond. Comme toutes les grandes crises, elle ébranle les mentalités et les valeurs traditionnelles. Cela se traduit par une dégradation des mœurs, constatée par le chroniqueur florentin Matteo Villani : « Puisque les hommes étaient rares et que, par héritage, ils regorgeaient de biens, ils oublièrent le passé et s'adonnèrent à une vie plus honteuse et plus désordonnée qu'avant... Ils s'abandonnèrent de façon dissolue au péché de gloutonnerie, aux fêtes et tavernes, aux viandes délicates, aux jeux de hasard et à une luxure débridée, inventant des pratiques étranges et inaccoutumées et des modes vestimentaires indécentes », comme des robes décolletées, et « maintenant les seins si haut qu'on aurait pu y faire tenir une bougie ». Pour Boccace, les gens « affirmaient que boire beaucoup, jouir, aller d'un côté et d'autre en chantant et en se satisfaisant de toutes choses, selon son appétit, et rire et se moquer de ce qui pouvait advenir, était le remède le plus certain à un si grand mal ». Débauche du désespoir ; s'étourdir pour étouffer la peur, chez des gens pour qui la parole de l'Ecclésiaste, « mangeons, buvons et amusons-nous, car demain nous mourrons », est devenue tragiquement littérale. Chacun pour soi : « Le frère abandonnait son frère, l'oncle son neveu, la sœur son frère, et souvent la femme son mari. » De ces désordres, le *Decameron* a laissé un tableau exemplaire qui peut s'appliquer à toutes les époques post-traumatiques, depuis les extravagances des Incroyables et des Merveilleuses après la Terreur jusqu'à celles des Années folles d'après 1914-1918.

La peur collective extrême désinhibe les esprits et exacerbe les instincts élémentaires : il faut du sexe et du sang. Le sexe par la débauche, le sang par la vengeance. Car il doit y avoir des responsables ; il faut des boucs émissaires, dont le châtiment mettra fin au fléau. Qui sont les coupables ? Pour les uns, ce sont les chrétiens eux-mêmes, qui ont irrité Dieu par leur conduite ; pour d'autres, ce sont des groupes de maudits, de diaboliques, dont l'existence même est un affront à la divinité : juifs, lépreux, marginaux. Dans le premier cas, on s'autoflagelle ; dans le second, on massacre.

Le mouvement des flagellants, dont les groupes sinistres sillonnent en particulier l'Allemagne, est décrit par le chroniqueur Henry de Herford. Chacun des « Frères de la Croix » a son fouet, et « chaque fouet était une sorte de bâton d'où pendaient trois lanières avec de gros nœuds. Dans les nœuds étaient des pointes de fer acérées comme des aiguilles... Avec ces fouets, ils lacéraient leur corps nu, qui devenait boursouflé et bleu ; le sang ruisselait au sol et éclaboussait les murs des églises dans lesquelles ils se fouettaient ». Ainsi 5 300 de ces exaltés passent à Tournai en deux mois, et des centaines ailleurs. Cependant, très vite, ces flagellants deviennent un mouvement subversif qui s'en prend à l'Eglise, accusant le clergé d'avoir failli à sa mission et d'avoir mis Dieu en colère par ses vices : luxure, absentéisme, ignorance, cumul des bénéfices. La peste a d'ailleurs éclairci les rangs des ecclésiastiques : les meilleurs prêtres, dévoués, sont restés dans leur paroisse et sont morts ; il reste les médiocres, ceux qui se sont enfuis. Les évêques remplissent les vides avec des sujets douteux, sans formation, qui prêtent le flanc à la critique. Ainsi, la peste contribue à développer un anticléricalisme qui, en Allemagne et en Angleterre, prépare la Réforme. Le pape, inquiet, par une bulle d'octobre 1349, interdit les flagellants, dont certains sont condamnés, à Rome, ... à la flagellation.

D'autres coupables sont à portée de la main : les juifs, accusés d'empoisonner les puits, de disséminer les vêtements des pestiférés. Des pogroms éclatent à Strasbourg, Mayence, Cologne, Zurich, Francfort et ailleurs, massacres condamnés par Clément VI et par la plupart des souverains, qui n'ont pas intérêt à voir disparaître ces fournisseurs d'argent au moment où le système bancaire des bons chrétiens est fragilisé par la crise – la banque Peruzzi a fait faillite en 1343, celle des Bardi en 1346.

Dans ce climat de panique, l'irrationnel submerge les esprits déconcertés par l'impuissance de la raison à fournir des explications. Boccace note le désarroi des Florentins devant l'inefficacité des prières et processions aussi bien que des mesures d'hygiène et d'isolement. Epoque bénie pour les exaltés et déséquilibrés de tout poil : les astrologues, qui clament leurs inepties, comme Guy de Chauliac, pour qui la peste est due à la conjonction de Saturne, Jupiter et Mars ; les prophètes de l'Apocalypse, qui voient là l'œuvre de l'Antéchrist, comme Jean de Roquetaillade, qui dans son *Liber secretorum* annonce trois ans et demi de cataclysmes, qui seront suivis par mille ans de paix et la fin du monde vers 2370.

Et puis, à côté de ces divagations, de ces violences, débauches, chaos, il y a les sublimations : la peste inspire les artistes et les écrivains, et l'on doit à ce fléau aussi bien la fresque grandiose du Triomphe de la Mort, d'Orcagna, dans l'église Santa Croce de Florence, que les récits pleins de verve du *Decameron*. La Peste noire, peut-être la plus grande catastrophe humanitaire de l'histoire européenne, a été une sorte de répétition générale de l'Apocalypse, illustrant jusqu'à la caricature les comportements de l'humanité placée dans des conditions extrêmes : résurgence des instincts primaires, fragilité du vernis civilisateur, égoïsme féroce, irrationalité et contradictions de l'esprit humain, absurdité de la condition humaine jusque dans l'extraordinaire résilience de l'espèce : après trois ans de chaos, les survivants reprennent leurs activités normales – se reproduire et s'entre-tuer. La guerre de Cent Ans, à peine interrompue par la Mort noire, peut reprendre de plus belle.

La guerre : bilan humain de deux siècles de conflits sauvages

Car le troisième cavalier de l'Apocalypse redouble d'activité, tuant et terrorisant ceux que les deux premiers ont épargnés. La guerre est endémique au cours des XIVe et XVe siècles. Certes, on pourrait presque faire le même constat à toutes les époques. Cependant, les conflits atteignent alors une fréquence et une extension inhabituelles, et s'accompagnent d'un facteur aggravant : avec l'emploi généralisé des mercenaires, la guerre échappe à tout contrôle, et les périodes de trêve se révèlent encore plus meurtrières que les phases de combat, lorsque des dizaines de milliers de coupe-jarrets, privés de solde, deviennent autant de brigands qui vivent sur le pays.

Si la guerre de Cent Ans, que l'on situe traditionnellement entre 1337 et 1453, est le conflit le plus emblématique de la période, il est bien loin d'être le seul. Pendant deux siècles il ne se passe pas une année où l'on ne se bat pas quelque part en Europe : les Ecossais contre les Anglais, les Teutoniques contre les Polonais, les Bourguignons contre les Suisses, les cités italiennes entre elles, les Aragonais contre les Angevins, les Flamands contre les Français, les Grecs contre les Turcs, les Castillans contre les Arabes, les Hanséates contre les Danois, les Armagnacs contre les Bourguignons, les York contre les Lancastre, les partisans de Pierre le Cruel contre ceux d'Henri de Transtamare, la liste est loin d'être exhaustive. Dans certaines régions, des générations entières n'ont connu que la guerre. Nous verrons dans un autre chapitre l'histoire de ces conflits. Ce qui nous importe dans celui-ci, c'est de mesurer l'impact économique, social et culturel de cette culture de la guerre qui caractérise les XIVe et XVe siècles.

La guerre tue. C'est une évidence. Mais elle tue moins par les flèches et les coups d'épée que par ses effets indirects. Le nombre de victimes directes des combats est faible en comparaison des victimes de la peste et des famines. Les armées ont des effectifs très réduits, et même si les batailles se soldent par un véritable massacre dans les rangs des fantassins de l'armée vaincue, on peut estimer que le nombre total de morts dans la vingtaine de rencontres majeures doit se situer entre 50 000 et 100 000, ce qui est proportionnellement faible. Il faut bien sûr y ajouter les victimes militaires de la guerre de siège, qui doivent sans doute doubler ce total. Mais en tout état de cause Philippe Contamine pense que le nombre de soldats par rapport au total des hommes adultes ne doit pas dépasser 1 %. Le nombre de morts militaires au combat doit donc effectivement être peu important.

Le nombre de victimes civiles est totalement inconnu. On peut raisonnablement supposer qu'il a dépassé celui des militaires, en raison de la nature des guerres, qui préfigurent les guérillas modernes. On sait que les victimes des guérillas sont pour 90 % des civils. Sans défense, ils sont des proies toutes désignées pour les compagnies de mercenaires, caïmans, écorcheurs, retondeurs et brigands de toutes sortes, qui parcourent librement l'Europe.

Mais la guerre a surtout tué indirectement, en désorganisant la vie économique, en détruisant les récoltes et les maisons, en abattant le bétail, réduisant les paysans à la fuite, à la mendicité, à la disette, à la famine. En

Angleterre, John Gower remarque que la guerre prive l'agriculture de bras : « Tous vont aux armes travailler. » Thomas Basin a maintes fois décrit les ravages causés par les gens de guerre en Normandie. Dans un secteur périphérique, la Navarre, Maurice Berthe a étudié les effets directs et indirects du passage des troupes. En 1378, le petit royaume est envahi par les Castillans. Les documents fiscaux montrent l'ampleur des dégâts, vallée par vallée. Celle de Villatuerta a perdu 22 des 72 familles qui l'habitaient ; les récoltes ont été détruites, privant les paysans de réserves pour les semailles suivantes ; le bétail a disparu ; la fiscalité royale est venue s'ajouter à ce désastre, d'où un exode massif. En 1429, nouveau passage de troupes castillanes. Dans la vallée d'Araquil, plus de 400 paysans ont été tués ; les autres ont fui, les villages ont été brûlés, et dans le sillage de la guerre la peste est réapparue : 300 morts dans la vallée de l'Allin, 800 dans celle de Larraum. En bien des endroits, plus de la moitié de la population disparaît. Dans le val d'Araquil, elle tue les deux tiers des survivants de la guerre. Enfin arrive la famine, les champs n'ayant pu être ensemencés : elle décime la poignée de misérables rescapés. On constate clairement dans ce cas la coordination des cavaliers de l'Apocalypse. Des phénomènes semblables ont touché à plusieurs reprises de nombreuses régions françaises, et on peut affirmer que la guerre a souvent ouvert le chemin à la contagion et à la famine. En Normandie, Guy Bois parle de « modèle Hiroshima » pour une province qui perd les trois quarts de sa population sous les effets conjugués de la guerre, des pillages et de la peste, et Emmanuel Le Roy Ladurie y évoque « l'apocalypse finale de 1438-1439 ».

Autre effet démographique de la guerre : les migrations et brassages de population. Migrations vers les villes tout d'abord, qui apparaissent comme des havres de relative sécurité lorsque les troupes approchent. Les migrations massives et définitives concernent les populations chassées par la misère et les dévastations. Les Normands, par exemple, qui fuient les Anglais et les brigands, et vont s'installer en Bretagne et dans le Sud ; avec la reconquête française, beaucoup s'en vont également en Angleterre, par crainte des représailles après une génération de collaboration. Dans l'autre sens, de nombreux Anglais s'établissent en France : des archers et des nobles en garnison dans le Sud-Ouest, en Bretagne, à Paris, se marient et se fixent sur place. Certains sont même bigames, ayant laissé leur épouse en Angleterre. Edouard III et Henri V, les rois conquérants, ont également organisé la colonisation de Calais et d'Harfleur, en redistribuant aux volontaires anglais les biens confisqués aux Français. Cela provoque des réactions xénophobes. C'est au XIVe siècle que se répandent dans les mentalités populaires les stéréotypes dépréciatifs sur les défauts des étrangers : les Bretons larrons, les Flamands braillards, les Lombards couards, les Anglais ivrognes, et ainsi de suite. En revanche, la guerre a fortement ralenti, voire tari, les déplacements d'étudiants. Paris, principal centre universitaire d'Europe, est particulièrement touché. Les déplacements devenant périlleux, les étudiants étrangers restent à l'écart. Oxford est la principale bénéficiaire du déclin de Paris : en 1369, les étudiants français en sont expulsés.

Si les guerres des XIVe et XVe siècles se révèlent catastrophiques humainement, cela est également dû à certaines pratiques spécifiques sur le plan stratégique et tactique. C'est ainsi que les Anglais, dans la première moitié de la guerre de Cent Ans, lancent des « chevauchées ». Il s'agit d'opérations de dévastation systématique d'un territoire, ce qui affaiblit économiquement l'adversaire, réduit ses recettes fiscales, et dresse les populations contre leurs seigneurs et souverains incapables de les protéger. Un modèle du genre est la chevauchée du Prince Noir en

Aquitaine, d'octobre à décembre 1355, de Bordeaux à Carcassonne et retour : 7 000 Anglais et Gascons avancent en trois groupes, détruisant systématiquement tout sur leur passage, tuant hommes et animaux, brûlant récoltes et villages. On contourne les localités trop fortement défendues, pour ne pas perdre son temps en sièges. C'est une des opérations de terre brûlée les plus sauvages de la guerre de Cent Ans, et qui va laisser des souvenirs de terreur pendant longtemps. Cinq cents villages détruits, les faubourgs de plusieurs villes commerçantes incendiés, une traînée de dévastation de 50 kilomètres de large sur 200 de long, un nombre inconnu de victimes, des provinces entières dont la capacité fiscale est anéantie pour des années, et dont les revenus devront être consacrés à la reconstruction. Satisfait, le Prince Noir, digne cavalier de l'Apocalypse, écrit à son père le roi : « Nous avons dévasté et détruit cette région, ce qui a causé une grande satisfaction aux sujets de Notre Seigneur le roi. »

Grandes Compagnies, écorcheurs et caïmans

Tout aussi terrible pour les paysans, la stratégie recommandée par Charles V à partir de 1368 : si l'ennemi se présente, refuser le combat, s'enfermer dans les villes, et le laisser passer sa colère sur les campagnes, où, découragé par le maigre butin et l'absence de rançons, il va s'épuiser sans résultat. Les paysans vont en faire les frais, mais la victoire est à ce prix. Cependant, la plus grave menace pour les populations vient du recrutement massif de mercenaires : c'est le phénomène des « compagnies ». Les contingents féodaux, menés par les vassaux des souverains, ne sont plus adaptés à la guerre « moderne » : lents à se réunir, coûteux à équiper, indisciplinés, ces lourds cavaliers bardés de fer ont perdu de leur efficacité face aux troupes de piétons armés de piques des milices urbaines ou équipés du grand arc, dont les flèches percent les cottes de mailles à 100 mètres. Les princes préfèrent enrôler des troupes de soldats professionnels, qui suivent un chef de bande avec qui l'employeur signe un contrat, une *condotta* en Italie, une *indenture* en Angleterre. Ces « routiers », de toutes nationalités, sont aussi bien des marginaux chassés des villes que des paysans en fuite, des petits nobles, des bâtards, des cadets, des déséquilibrés, des criminels, des aventuriers. Les compagnies, suivies d'une horde de prêtres en rupture d'ordre, de prostituées, de marchands, n'obéissent qu'à leur chef, qui décroche les contrats et répartit la solde. Le problème est que ces apatrides qui ne savent rien faire d'autre que se battre sont privés de revenus lors des trêves, très fréquentes. Ainsi, à la suite du traité de Brétigny, en 1360, des milliers de routiers sans emploi errent dans le centre de la France, vivant de pillages, tuant et violant. Il y a là les Bretons de Maurice Trésiguidi, les Allemands d'Albrecht, les Anglais de John Hawkwood, William Starkey, John Verney, un brigand banni d'Angleterre pour ses crimes, et puis beaucoup de Gascons, Navarrais, Brabançons, Hennuyers, Castillans. A la tête de ces brigades internationales, un Ecossais, Walter, probablement Sir Walter Leslie. Ces Grandes Compagnies, au moins 15 000 hommes, sont une menace permanente. Dans le Limousin et le Rouergue, les bandes de Seguin de Badefol, de John Cresswell, du Petit Meschin, « homme indigne mais grand maître de guerre » dit le chroniqueur Matteo Villani, terrorisent les campagnes, et se permettent même de battre une armée royale à Brignais, près de Lyon, en 1362. D'autres forment la Compagnie Blanche et sont envoyés se battre en Italie, où les chroniqueurs soulignent leur sauvagerie : « C'étaient tous des hommes jeunes, élevés dans les longues guerres d'Angleterre et de France, féroces, enthousiastes, formés à la routine de tuer et de piller », écrit Filippo Villani. D'une totale insensibilité, ils torturent, violent, tuent au service de l'Eglise. Leur équipement, avec échelles à rallonges, arcs, armures légères, leurs méthodes de combat, leur résistance, leur capacité à se déplacer la nuit, à se battre hiver comme été, étonnent les Transalpins. Au bout de deux ans, la Compagnie Blanche a complètement détruit la troupe de Conrad de Landau, qui était employé par les Visconti. Elle se fragmente alors, la plus grande partie passant au cours de l'été 1363 au service de Pise. En octobre, le commandement revient à John Hawkwood, fils d'un tanneur de l'Essex qui commence alors, à plus de 40 ans, une magnifique carrière de condottiere, devenant un des chefs les plus redoutés de la péninsule, dont on achète les services à prix d'or. Il épouse bientôt une fille Visconti. En 1394, à sa mort, il a droit à des funérailles d'Etat, et à son portrait géant par Paolo Uccello dans la cathédrale de Florence. Apothéose religieuse ambiguë d'un terrible chef mercenaire.

Sans atteindre ce niveau, d'autres chefs de bandes parviennent à la notoriété, et traitent presque d'égal à égal avec les princes et les rois. Arnaud de Cervole, dit « l'Archiprêtre », Robert Knolles, Hugh Calveley, Seguin de Badefol. L'historien britannique Kenneth Fowler, dans son étude sur les *Medieval Mercenaries*, a pu retrouver les origines de 91 capitaines d'aventures ayant participé aux Grandes Compagnies des années 1360 : 31 étaient anglais, 27 aquitains, dont 21 de Gascogne proprement dite, 4 du Périgord, 2 du Quercy. Le chroniqueur Jean Froissart, grand reporter de guerre, a interviewé l'un d'eux en 1399 à Orthez : le Bascot de Mauléon. Il a passé sa vie à faire la guerre, combattant à Poitiers dans l'armée anglaise, puis en Lituanie sous Gaston Phoebus, en France pour Charles le Mauvais, et à nouveau pour Edouard III. Devenu chef de route, il a écumé les campagnes, et a entassé une fortune qui lui permet de vivre en grand seigneur, étalant bruyamment sa richesse. Pour lui, comme il le déclare à Froissart, il est tout à fait normal de piller quand on n'a plus d'employeur : il faut bien vivre ! Il se vante de ses exploits et se présente comme un homme tout à fait honorable.

Certains ont des talents particuliers, comme Bernard de La Salle, noble de la région d'Agen, renommé pour son audace et son agilité comme « fort et subtil escaladeur de murailles », selon Froissart. En novembre 1359, il prend le château de Clermont-en-Beauvaisis en « grimpant comme un chat » sur les murs, exploit qu'il réédite à La Charité-sur-Loire et Figeac. En 1375, le pape le prend à son service. C'est ce genre d'homme que Du Guesclin emmène en Espagne en 1366 dans une « croisade » contre Pierre le Cruel, simple prétexte pour débarrasser le royaume de France de ces gibiers de potence.

Mais le fléau subsiste jusqu'au milieu du XVe siècle. Il s'accroît même à la suite du traité d'Arras, en 1435, par lequel le duc de Bourgogne se réconcilie avec le roi de France. Olivier de La Marche écrit : « Par le milieu du royaume et des païs voisins, s'assemblèrent toutes manières de gens de compagnies, que l'on nommoit escorcheurs, et chevauchoyent et aloyent de païs en païs, et de marche en marche, quérans victuailles et aventures pour vivre et pour gaigner... et à la vérité lesdits escorcheurs firent moult de maux et griefs au pauvre peuple de France et aux marchans... Qui me demanderoit comment ce pourroit estre qu'ainsi, après la paix faicte à Arras, jurée et promise par le roy de France si solennellement qu'il est cy-devant escrit et touché, ses capitaines, serviteurs et gens d'armes pilloyent, [...] à ce je respon, et vray est, que le roy et le royaume de France furent en icelui temps fort chargé de grand nombre de gens d'armes de divers païs et contrées qui avoyent bien servi ; et leur faloit, pour le devoir, faire entretenue, payement ou récompense. A quoy le roy ne pouvoit fournir, pour les affaires passés, portés et soustenus. » De son côté, le Bourgeois de Paris parle d'« un grand nombre qu'on nommait les plus larrons qui fussent au remenant du monde, et étaient nommés les écorcheurs » ; et Thomas Basin : « Il y avait en effet des bandes de gens d'armes en nombre indéterminé et sans solde, qui erraient de-ci, de-là dans le royaume ; l'horreur des crimes et des cruautés qu'ils commettaient sans la moindre pitié au préjudice des populations de leur propre pays et nations les faisaient appeler Bouchers ou, comme on dit vulgairement, Ecorcheurs. » On parle aussi de « caïmans », « coquillards », « tuchins », « gueux », « retondeurs », autant de brigands dont les ravages font dire en 1439 à Jean Jouvenel des Ursins dans son *Epistre au Roy* : « Pour Dieu, Sire, [...] le peuple est comme désespéré et enragé, et ne fait que murmurer et maudire vous-même et ceux qui se disent à vous. » La nouvelle génération de chefs de bandes, ce sont Perrinet Gressard, La Hire, Poton de Xaintrailles, Rodrigue de Villandrando, Antoine de Chabannes, Jean de Surienne, Jean de Grailly, et tant d'autres, employés par les rois et les papes, tandis qu'en Italie les condottieri se conduisent en maîtres, accumulant les fortunes en louant leurs services aux cités rivales, à l'image du célèbre et terrible Bartolomeo Colleoni, le « Colleone » (1400-1475), au service de Venise et de Milan.

Militarisation de l'espace et culture de la violence

Ces bandes, qui sillonnent l'Europe pendant presque deux siècles, y créent un climat d'insécurité permanente et engendrent une psychose du complot de brigands et de truands, accrue par les rumeurs rapportant les pires atrocités, enfants mutilés, coupés en morceaux, rôtis à la broche. La nervosité est extrême. Thomas Basin rapporte qu'en Normandie chaque paroisse a des guetteurs dans les clochers ; au moindre mouvement suspect, on fuit dans les bois, et on entasse bêtes et gens dans l'église fortifiée. Les villes ferment leurs portes, expulsent, arrêtent. L'espace se militarise. Une véritable frénésie de fortifications se répand en France dans les années 1350-1360 : moulins, manoirs, églises, fermes, granges s'entourent de fossés, se dotent de hourds, voire de créneaux ; on y entasse les projectiles. Chaque communauté veut se doter d'un lieu de défense. Les tours des églises sont particulièrement adaptées à ces aménagements. Le chroniqueur Jean de Venette a décrit ces travaux d'autodéfense dans la région parisienne. En 1371, les commissaires chargés d'inspecter les défenses du bailliage de Caen y dénombrent 111 lieux fortifiés de toutes natures ; en 1367, dans l'ouest du Gâtinais, entre le Loing, la Seine et l'Essonne, sur un territoire de 30 kilomètres sur 20, on compte 6 châteaux, 12 forts, 5 tours, 5 fermes et 28 églises fortifiées, sans compter les villes et villages entourés de murs. Cela entraîne des dépenses exorbitantes : 22 000 florins pour Dijon, 67 000 livres à Cahors, 112 000 florins à Avignon, 150 000 livres à Reims. Les travaux de construction et d'entretien pèsent très lourd dans les budgets urbains : 40 à 50 % des dépenses à Rennes à partir de 1419, 60 à 80 % à Tarascon à la fin du XIVe siècle, 60 % à Tours, 14 à 45 % à Saint-Flour, ce qui oblige les autorités à accroître la pression fiscale et perturbe gravement la vie économique. Les faubourgs sont les plus touchés. Quand ils ne sont pas complètement rasés pour faciliter la défense, ils sont ravagés par les assaillants. Les registres fiscaux sont sans ambiguïté : à Saint-Flour, 45 % des contribuables habitaient dans les faubourgs en 1345, et seulement 8 % en 1364, à la suite du passage des compagnies ; à Rodez, les proportions passent de 34 à 17 % entre 1355 et 1397 ; à Chalon-sur-Saône, le recul des faubourgs est deux fois plus rapide que celui de la cité. Il faut parfois des dizaines d'années pour effacer les traces des destructions : à Amiens, en 1410, on voit encore des ruines causées par le passage des Navarrais en 1358. La ville, barricadée derrière ses murailles, se coupe encore davantage de la campagne.

L'incapacité des autorités à assurer la protection des populations rend nécessaire la pratique de l'autodéfense, encouragée par les gouvernements : en Angleterre, les statuts de 1328 et 1331 font obligation à tous les hommes entre 15 et 60 ans d'avoir des armes offensives et défensives – du simple couteau à l'arc et à l'épée, avec haubert et casque si on en a les moyens. L'entraînement est également obligatoire, avec des exercices sous la direction des connétables. En France, Charles VI, en 1384, encourage le tir à l'arc et à l'arbalète. Cela n'est pas sans inquiéter l'aristocratie. Christine de Pisan dénonce le « péril que c'est de donner menu peuple plus auctorité qu'il ne leur affiert ». Pour elle, « si n'est plus grant folie a prince, si je l'ose dire, qui veult obtenir sa seigneurie franchement et en paix que donner licence au menu peuple de soy armer ». Pour Jean Jouvenel des Ursins, il est préférable que le peuple joue aux cartes. Un peuple armé et entraîné, c'est un danger permanent de révolte, comme le montrent les jacqueries françaises et anglaises des années 1358 et 1381.

Le climat de guerre endémique aboutit à une banalisation de la violence. Certes, les temps mérovingiens et même le Moyen Age classique ne sont pas renommés pour la douceur des mœurs. Pourtant, par un patient effort, la chrétienté avait fait progresser l'idéal de paix : paix de Dieu, trêve de Dieu, droit d'asile, protection des femmes, des enfants, des clercs, des pèlerins, multiplication des havres de paix que sont supposés être les monastères et abbayes. Ne soyons pas naïfs : les hommes de 1300 ne sont pas des agneaux, mais la douceur et la paix sont au moins reconnues comme un idéal. Deux siècles plus tard, ce n'est plus le cas. La violence est devenue la règle, parce que chacun doit assurer sa propre défense. On vit la peur au ventre, et la peur décuple l'agressivité. On frappe, on tue pour de légers prétextes, et c'est l'enchaînement infernal. La justice réagit en utilisant des châtiments sauvages : on pend, on noie, on décapite, on écartèle, on empale, on roue, on dépèce, on mutile, on torture, on expose têtes et membres, il n'y a pas de limites à la variété des supplices. A Dijon, au milieu du XVe siècle, trois faux-monnayeurs de la bande des Coquillarts sont bouillis vivants. Au dire même du pape Urbain V en 1364, l'Europe est devenue un véritable enfer : « Des multitudes de scélérats de diverses nations, associés en armes par le désir avide de s'approprier le fruit du travail des peuples innocents et désarmés, prêts aux pires cruautés pour extorquer de l'argent, dévastent avec méthode les campagnes, brûlent les maisons, coupent les arbres et les pieds des vignes, contraignent les pauvres paysans à la fuite, assaillent, assiègent, dépouillent, et détruisent aussi les châteaux et les cités emmurés, torturent, sans égard pour l'âge ou pour l'état ecclésiastique, violent les dames, les vierges et les religieuses, contraignent les gentes dames à les suivre dans leurs camps, pour y servir à leurs plaisirs et pour porter leurs armes et leurs bagages. »

Dans la vie politique, l'assassinat devient un procédé courant, alors qu'il avait beaucoup reculé entre 800 et 1300 dans le cadre du monde féodal. La déliquescence des liens d'homme à homme fait du meurtre le moyen le plus efficace de résoudre les querelles privées et publiques, et le débat sur le tyrannicide, après l'assassinat du duc d'Orléans en 1407, contribue à donner une certaine respectabilité à cette méthode, même auprès des ecclésiastiques : le théologien Jean Petit n'a aucun mal à trouver des arguments bibliques en faveur du crime politique.

Sous l'effet de la violence ambiante, la religion elle-même se militarise. Dans la première moitié du XVe siècle, les saints guérisseurs et évangélisateurs cèdent la place aux saints guerriers et libérateurs, comme saint Georges. Saint Michel, archange militaire, est revêtu d'une armure dernier cri. L'idéal de paix, désormais, ce sont les hérétiques qui le défendent. Les Eglises nationales sont tellement intégrées dans le climat de guerre que les propos pacifistes sont quasiment tenus pour des hérésies, et la théologie de la guerre juste en vient à légitimer pratiquement tous les conflits. Les théologiens de Cambridge déclarent en 1393 : « Combattre pour la défense de la justice contre les infidèles aussi bien que contre les chrétiens est chose en soi sainte et licite ; soutenir un avis opposé, c'est être dans l'erreur. »

La guerre devient l'affaire de tous, puisque les nobles, dont c'était la fonction, se montrent incapables d'assurer la sécurité et la protection des autres ordres. Les chevaliers, décimés par les flèches anglaises à Crécy, Poitiers, Azincourt, par les piques flamandes à Courtrai, par les hallebardes suisses à Grandson et Morat, ruinés par les rançons (celle de Du Guesclin se monte à 460 kg d'or en 1367), sont dépassés et déclassés. La guerre moderne n'a que faire des idéaux chevaleresques : les fantassins tuent sans discrimination ; les canons, apparus dès 1304 en Lombardie, et dont l'efficacité devient redoutable à la fin du XIVe siècle, renversent les murailles et pulvérisent les armures les plus sophistiquées. La guerre, autrefois sorte de grand jeu sportif pour aristocrates, devient un art, une affaire de professionnels, de techniciens, pour lesquels sont rédigés des traités de tactique et de stratégie comme celui de Théodore Paléologue en 1327, le *De Bello* de Jean de Legnano en 1360, *L'Arbre des batailles* d'Honoré Bonet en 1387, le *Livre des faits d'armes et de chevalerie* de Christine de Pisan en 1410, le *Bellifortis* de Conrad Kyeser à la même époque, le *De Machinis* de

Marciano di Jacopo Taccola en 1449, *Le Jouvencel*, vers 1460, de Jean de Bueil, qui écrit : « La conduite de la guerre est artificieuse et subtile ; par quoy il convient gouverner par art et par science, procéder petit à petit, avant que on en ai parfaite cognoissance. »

Dépitée et dépassée, l'aristocratie se bâtit un monde à part, théâtral, extravagant, bardé de codes et de rites, un espace réservé dans lequel elle mime son propre rôle rêvé : vêtements excentriques et coûteux, armoiries et devises énigmatiques, grands jeux sportifs comme les joutes, où on s'identifie aux figures mythiques des neuf preux, les Roland, Arthur, Lancelot, Perceval. La grande mode, ce sont les ordres de chevalerie, clubs très exclusifs où on se retrouve entre preux, liés par un code d'honneur : l'Ecu de Louis de Bourbon, le Porc-Epic de Louis d'Orléans, l'Epée de Pierre de Lusignan, l'Etoile de Jean le Bon, la Jarretière d'Edouard III, la Toison d'or de Philippe le Bon, le Saint-Michel de Louis XI. Chaque ordre a son héraut d'armes ; on y fait des vœux, comme celui du Faisan au banquet de Lille en 1454. Formalisme, conventions, tout cela a des allures de jeux de grands enfants qui refusent d'entrer dans le monde adulte de la modernité qui se profile. Alors que le sort des guerres se joue à coups de canon, avec des armées de mercenaires sans foi ni loi, on voit des princes se défier en duel pour régler les questions internationales : en 1425 par exemple, Philippe le Bon défie Humphrey de Gloucester « pour éviter effusion de sang chrestien et la destruction du peuple, dont en mon cueur ay compacion… ». Pure comédie, bien entendu, jeu, convention : aucun de ces duels n'a jamais eu lieu.

Identités nationales et xénophobie

Beaucoup plus sérieuses sont les conséquences des guerres perpétuelles dans l'apparition du sentiment national. La guerre de Cent Ans en est l'exemple le plus flagrant. Elle débute comme un affrontement purement dynastique et féodal, entre un roi capétien et son vassal plantagenêt, et se termine en guerre nationale entre Français et Anglais. Le passage de l'un à l'autre est progressif, et dû à l'accumulation des misères dans la France occupée, qui engendre la xénophobie. En France, écrit Thomas Basin, les habitants, vers 1410, « avaient horreur du nom anglais, absolument inconnu alors des habitants du pays, malgré la médiocre largeur du bras de mer qui séparait les deux peuples, et qui désignait, comme nous l'avons dit, plutôt des bêtes féroces que des hommes, aux yeux de la plupart de ces gens simples ». L'existence de la Manche n'est-elle d'ailleurs pas la preuve que Dieu a voulu la séparation des Français et des Anglais se demande un libelle de la même époque : « La mer est et doit estre une limite. » Comment s'entendre avec ces « hommes anglais estrangers desquels on ne connaît la langue » ? « Comment des barbares comme vous... pouvez-vous désirer de nous commander, nous, Français ? » L'Anglais est violent, cupide, glouton, grossier, gonflé de bière, alors que nous, Français, sommes des gens travailleurs et paisibles. Le *Journal* du Bourgeois de Paris est plein de remarques désobligeantes à l'égard de ces mangeurs de viande bouillie, qui parlent une langue incompréhensible, et qui habitent un pays triste, dans le brouillard et la pluie. Jean de Montreuil rédige un *Traité contre les Anglais*, dans lequel il réfute leurs droits sur l'Aquitaine et la couronne de France. De nombreux sermons, étudiés par l'historien Hervé Martin, contiennent de vibrants appels à la défense de la patrie : « Mieux vaut pour nous tous mourir à la guerre plutôt que de voir notre race dans le malheur », dit l'un d'eux.

Les œuvres de propagande attisent la haine de l'Anglais. En 1411, dans un appel *A toute la chevalerie de France*, Jean de Montreuil écrit : « Quand je vois qu'ils ne désirent rien tant que gâter et détruire ce royaume, dont Dieu le garde, et qu'à tous leurs voisins ils ont guerre mortelle, je les ai en telle abomination et haine que j'aime ceux qui les haïssent et hais ceux qui les aiment. » En 1420, l'anonyme *Dialogue de vérité et de France* déclare que « la guerre qu'ils ont faite et font est fausse, déloyale et damnable, mais ils sont une secte de gens maudits, contredisant à tout bien et à toute raison, loups ravissants et sans conscience, tyrans et persécuteurs de chrétiens et qui boivent et transgloutissent le sang humain, ressemblant à la nature d'oiseaux de proie, qui vivent de rapine ». Dans les années 1450 paraissent deux livres révélateurs. Le *Débat des hérauts d'armes de France et d'Angleterre* compare les mérites des deux royaumes, et insiste sur la supériorité de la France, qui a tous les avantages, en particulier celui de la situation géographique. Dans le *Livre de la description des pays*, le héraut Berry vante également les mérites de la France.

Les Anglais ne sont pas en reste. Dès 1340, le *Dit de la Rébellion d'Angleterre et de Flandre,* adressé à Philippe VI, déclare : « Tu peux bien savoir et connaître qu'Anglais jamais Français n'aima. » En 1346, un poème en latin parle de « France efféminée, pharisienne, ombre de vigueur,/ lynx, vipère, renarde, louve, Médée,/ sournoise sirène sans cœur, répugnante et fière ». Composé juste après Crécy, le texte exprime la fierté anglaise. Après Poitiers et Azincourt, cela devient une véritable arrogance : un Anglais peut vaincre trois étrangers, disait-on. Des libellistes, comme le poète Laurence Minot et le clerc d'Oxford Geoffroy Baker, se déchaînent avec une férocité et une grossièreté étonnantes contre les Français.

Puis, avec les revers et le reflux qui commencent dans les années 1430, l'humiliation attise la haine du Français et même de l'étranger en général. Peu après 1436 circule le *Libelle of Englysche Polycye* (« Libelle de la politique anglaise »), écrit xénophobe appelant les bons Anglais à rejeter les Flamands, les Italiens, les Français, et à s'assurer le contrôle de la Manche. L'épisode de Jeanne d'Arc a autant aidé à développer le patriotisme anglais que le patriotisme français. Le thème de la « vachère », de la « putain du dauphin », a contribué à ridiculiser les Français crédules et superstitieux, et la propagande anglaise a davantage exploité l'épisode que celle de Charles VII. Des lettres ouvertes fustigent l'attitude des chefs français, assez grossiers pour se laisser tromper par cette créature immorale en habits masculins.

Chaque peuple semble découvrir son identité culturelle, dont la langue devient un élément essentiel. L'aristocratie anglaise abandonne sous Edouard III l'usage du français, qu'elle parlait depuis 1066. Les premières œuvres littéraires en langue anglaise paraissent avec John Gower, William Langland, Geoffroy Chaucer. L'agression d'Henri V, le cataclysme d'Azincourt accélèrent le mouvement. La brutalité de l'évènement, que, toutes proportions gardées, on pourrait comparer à l'effondrement de juin 1940, est à l'origine d'une prise de conscience chez les intellectuels français. Le Normand Robert Blondel appelle les « bons Françoys » à « deffendre leur pays » contre le « mortel et ancien ennemi du royaume ». Ses écrits abondent en allusions au « païs de France », « pays françoys », et il est un des premiers à lancer l'appel : le chevalier « ne doit point craindre à mourir en bataillant pour son païs ».

Ce rapide panorama des catastrophes des XIVe et XVe siècles suffit à qualifier, pensons-nous, cette fin du Moyen Age de « temps de l'Apocalypse ». Il faut certes introduire des nuances géographiques et signaler des périodes de répit, mais globalement il s'agit bien d'un des moments les plus sombres de l'histoire européenne. Et puis, progressivement, les cavaliers de l'Apocalypse s'éloignent, mais ils ne sont jamais très loin. Famines et disettes reculent dans la seconde moitié du XVe siècle, mais elles touchent encore le Bourbonnais en 1465, la Flandre et les Pays-Bas en 1481 et 1492. La peste reflue, mais resurgit encore périodiquement, comme en 1457 et 1458, et le relais est pris par le typhus, le choléra, la tuberculose et bientôt la syphilis, que les armées françaises ramènent d'Italie en 1498. Quant à la guerre, si celle de Cent Ans se termine enfin en 1453, elle est immédiatement suivie de conflits localisés : guerre des Deux-Roses en Angleterre jusqu'en 1485, guerres bourguignonnes en Flandre et en Suisse jusqu'en 1482, guerres d'Italie à partir de 1494, guerres contre les Turcs avant et après la chute de Constantinople en 1453, guerre de Grenade en 1491, et si de nombreux routiers sont exterminés en Alsace en 1444, on signale encore des bandes d'écorcheurs en Ile-de-France vers 1488.

La « reprise » est donc lente, relative, et plus ou moins tardive suivant les régions : pas avant 1440 dans bien des cas, et souvent beaucoup plus tard. Elle est pourtant bien réelle, notamment sur le plan démographique, où le redressement commence dans les années 1440-1450. Le cas de l'Italie, particulièrement bien documenté, fournit quelques chiffres : la population de Florence augmente de 59 % entre 1427 et 1552, Pistoia de 138 %, Montepulciano de 286 % ; Parme passe de 11 500 habitants en 1421 à 19 034 en 1509 ; Mantoue de 26 407 à 37 850 entre 1463 et 1560 ; Vérone de 14 225 à 42 000 de 1425 à 1582 ; la Sicile de 290 000 à 576 000 de 1439 à 1501 ; la population de campagne toscane augmente de 76,5 % de 1427 à 1552. La taille des familles s'accroît : à Vérone on passe de 3,7 personnes par foyer en 1425 à 5,2 en 1456, et ensuite c'est le nombre de foyers qui augmente, avec les mariages de la génération nombreuse née à partir de 1440. L'âge au premier mariage est un bon révélateur de cette évolution : à Prato, il est très élevé au début du XIVe siècle, à cause de la surpopulation – près de 40 ans pour les hommes, 25 ans pour les femmes ; il s'abaisse pendant la période de recul démographique, et remonte à la fin du XVe siècle, suggérant un phénomène d'autorégulation des populations.

Mais l'Europe de 1500 est encore loin d'avoir rattrapé le niveau de 1300. Et les Européens, moins nombreux, sont également différents dans leur façon de penser et de voir le monde : les mentalités collectives ont plus évolué en deux siècles que dans le millénaire précédent. Car le traumatisme causé par les catastrophes s'est accompagné d'une profonde crise religieuse, spirituelle et intellectuelle qui a désorienté les esprits, anéanti les espoirs fondés sur la raison, et provoqué une résurgence de l'irrationnel.

12

Des esprits désorientés :
Les fissures de la chrétienté
et le divorce foi-raison

L'impact des famines, guerres et pestes de la fin du Moyen Age est d'autant plus durement ressenti qu'au même moment l'Eglise hiérarchique, seule autorité spirituelle capable de procurer aux hommes de cette époque une consolation, une explication et un espoir, traverse une crise profonde qui fragilise sa crédibilité et remet en cause sa légitimité. Excès, abus et divisions internes sapent la confiance des fidèles, qui demandent des réformes et cherchent à combler le vide laissé par un clergé défaillant en se tournant vers des mouvements hétérodoxes et extravagants colportés par des illuminés ou des charlatans : prophètes millénaristes et astrologues. Pour le plus grand malheur des sociétés désemparées, l'irrationnel envahit les mentalités même dans les milieux intellectuels.

Les papes d'Avignon ou la « captivité de Babylone »
(1309-1378)

L'Eglise est malade. A commencer par la tête. La papauté, déjà malmenée pendant le conflit entre Boniface VIII et Philippe le Bel, est incapable de réintégrer sa capitale, Rome, déchirée par les conflits entre les factions aristocratiques. Après avoir erré pendant quatre ans, Clément V se fixe en 1309 à Avignon. C'est le début d'un long exil de soixante-dix ans, qui affaiblit le prestige des souverains pontifes. Le choix d'Avignon est pourtant judicieux. La cité est dans une situation plus centrale que Rome, sur le grand axe rhodanien ; plus facile à défendre, avec le rocher des Doms ; son climat est plus sain ; et pour un pape français comme Clément, la proximité du royaume capétien, de l'autre côté du fleuve, est rassurante. Le Comtat Venaissin est déjà en possession pontificale depuis 1274. Quant à la ville, elle appartient au comte de Provence, et le pape l'achète en 1348. Clément V, archevêque de Bordeaux, sacré à Lyon, et préparant le concile de Vienne (1311-1312), trouve tout naturel de s'y établir. Il réside d'abord dans le couvent des dominicains, puis ses successeurs y édifieront l'énorme palais forteresse, somptueusement décoré à l'intérieur par des artistes italiens. Le pape n'avait pas au départ l'intention de s'y éterniser, mais la persistance de l'insécurité à Rome transforme le provisoire en définitif, tout au moins jusqu'en 1378. Pour les Italiens, ainsi que pour beaucoup de personnalités spirituelles, comme Catherine de Sienne, cette « captivité de Babylone » est un scandale : le chef de la chrétienté ne peut résider ailleurs que dans la Ville Eternelle, lieu du martyre de Pierre et Paul. Le pape à Avignon, c'est un peu comme le roi de France à Bourges : il n'est pas à sa place, et sa légitimité en est affaiblie.

D'autant plus qu'il semble perdre son universalité pour devenir l'instrument du roi de France. De 1309 à 1378, le trône de Saint-Pierre est occupé successivement par sept papes français, très liés aux Capétiens : Clément V, de 1305 à 1314 (Bertrand de Got, archevêque de Bordeaux), Jean XXII, de 1316 à 1334 (le Cahorsin Jacques Duèze), Benoît XII, de 1334 à 1342 (Jacques Fournier, évêque de Pamiers), Clément VI, de 1342 à 1352 (le chancelier de Philippe VI, Pierre-Roger de Beaufort), Innocent VI, de 1352 à 1362 (le Corrézien Etienne Aubert), Urbain V, de 1362 à 1370 (le Languedocien Guillaume Grimoard), Grégoire XI, de 1370 à 1378 (neveu et homonyme de Clément VI). Sur 110 cardinaux créés pendant cette période, 90 sont français, et la Curie prend des allures de conseil royal capétien. Cela est d'autant plus fâcheux et dommageable à l'autorité du pape que nous sommes en pleine guerre de Cent Ans, ce qui motive les accusations de partialité formulées par le roi d'Angleterre. Accusations justifiées par les déclarations de Clément VI, pour qui le roi de France mène une guerre juste contre un vassal rebelle. Une partie des taxes pontificales levées en Angleterre en 1343 et 1344 sert même à financer l'effort de guerre français sous forme de prêts. Edouard III réagit en limitant les droits d'intervention en Angleterre : interdiction des appels à la cour pontificale, éviction des candidats pontificaux à un évêché face au candidat du chapitre ou du roi (statut de *Provisors*, 1351), interdiction de traduire un Anglais devant une juridiction pontificale (statut de *Praemunire*, 1353), fin en 1366 de la vassalité des rois d'Angleterre à l'égard du Saint-Siège, qui durait depuis Jean sans Terre. L'impopularité des papes d'Avignon grandit non seulement en Angleterre, mais dans presque toute l'Europe.

Car les exigences financières pontificales ne cessent de croître. La monarchie pontificale se dote d'une administration de plusieurs centaines de curialistes, rétribués en espèces depuis 1310. Les cérémonies grandioses, la construction du palais, le faste, les distributions, les pensions aux lettrés, dont Pétrarque, tout cela coûte très cher, et la fiscalité pontificale devient de plus en plus lourde : transformation des dons volontaires en taxes obligatoires (subside caritatif), exemption des visites canoniques épiscopales en échange du paiement d'une contribution, taxes exigées lors de la nomination des clercs à un bénéfice, versement à la Curie de l'équivalent d'une année de revenus par les nouveaux titulaires (l'annate), perception des revenus des bénéfices vacants (les « vacants »), saisie des biens meubles et immeubles des ecclésiastiques qui avaient possédé des bénéfices à la collation du pape (les « dépouilles »).

Cette pression fiscale s'accompagne d'un renforcement sans précédent de la centralisation et de la bureaucratisation pontificales. Des centaines de fonctionnaires sont employés à la chancellerie, chargés de l'expédition des lettres, de l'examen des requêtes et demandes de dispenses qui affluent de l'Europe entière, de la Lituanie au sud de la Castille. Le vice-chancelier dirige le travail des notaires apostoliques, des *abbreviatores*, qui confectionnent les minutes des bulles, des *scriptores* qui les rédigent, des *bullatores* qui les scellent, des correcteurs qui les vérifient, des *scriptores registri* qui les recopient. La Chambre apostolique, sous la direction du camérier, emploie une armée de clercs, d'expéditionnaires, d'auditeurs, de procureurs, qui s'occupent de la gestion des finances. Le Saint-Siège est submergé par l'afflux des procès dus aux multiples contestations et appels. Des montagnes de dossiers s'accumulent, sous lesquelles croulent les magistrats du tribunal de la Rote, entourés de notaires, greffiers et avocats. Les instances s'éternisent ; l'énorme machine judiciaire d'Avignon, engorgée, est au bord de la paralysie. Les justiciables, excédés par les frais de procédure et les délais interminables de plusieurs années, voire dizaines d'années, en rendent responsable une papauté accusée d'incompétence, d'arbitraire, de corruption et d'exactions fiscales.

Reprise de la lutte entre le pape et l'empereur :
Bulle d'or (1356) et déclin de l'autorité

Les papes d'Avignon ne sont pourtant pas dénués de qualités, comme l'a montré la remarquable étude de G. Mollat, mais, embourbés dans un contexte politique complexe, dans une Europe confrontée aux famines, pestes et guerres, ils ne sont pas à la hauteur de la tâche. Manquant de lucidité face aux grands défis contemporains, ils sont aveuglés au point de relancer la vieille querelle contre l'empereur, de 1323 à 1356, ce qui va contribuer à affaiblir davantage les deux adversaires. Conflit d'un autre âge, celui de la monarchie universelle, dont les illusions continuent à alimenter les rêves de théologiens et d'intellectuels nostalgiques, comme Dante. Vers 1310-1311, alors que l'empereur Henri VII poursuit une humiliante campagne militaire en Italie pour se faire sacrer à Rome par un légat, Dante publie le *De Monarchia*, dans lequel il plaide en faveur de l'unité de la chrétienté romaine dirigée par deux têtes indépendantes qui tiennent chacune leur pouvoir directement de Dieu : le « Monarque universel » et le « Pape universel ». Il ne doit y avoir entre les deux aucune subordination, mais une parfaite coordination. Ni l'un ni l'autre ne l'entend de cette oreille. En 1314, deux candidats se disputent l'Empire : Louis de Bavière et Frédéric d'Autriche. Le conflit tourne à l'avantage du premier, qui écrase son rival à Mühldorf en 1323. Le pape Jean XXII refuse de le reconnaître, et l'excommunie en 1324. Louis de Bavière riposte par l'appel de Sachsenhausen, qui traite le pape d'ennemi du Christ, et en 1327 il se rend à Rome, se fait couronner sur le Capitole par Sciarra Colonna, un vétéran d'Anagni, qui représente le peuple romain, et il fait élire un antipape, le franciscain Pierre de Corbara : Nicolas V.

Louis de Bavière a dans son entourage deux intellectuels ardents défenseurs de la cause impériale contre le pape. Le franciscain anglais Guillaume d'Occam (ou Okham), dont nous reparlerons, accepte l'autorité monarchique du pape sous réserve du respect des droits et libertés des princes, rois et empereurs dans les matières temporelles, « où les laïques ont compétence de préférence au souverain pontife ». L'empereur ne tient pas son pouvoir du pape, mais du consentement du peuple, exprimé par le collège des électeurs. Et en cas de nécessité, l'empereur peut même intervenir dans les matières de foi : « Je ne me souviens pas avoir lu dans les Ecritures divines que l'on dût dénier toute *potestas* dans les matières spirituelles à un empereur qui serait catholique », écrit-il dans le *Dialogus*.

Marsile de Padoue va plus loin. Ce professeur de la faculté des Arts publie en 1324 le *Defensor Pacis*, dédié au « très illustre Louis, empereur des Romains », dans lequel il établit qu'il y a une seule autorité légitime dans la société : celle du Prince, l'autorité laïque donc, qui est une délégation de l'universalité des citoyens, *universitas civium*. L'Eglise ne constitue pas une société à part de la société civile, et n'a donc pas à avoir un chef distinct du Prince. Celui-ci exerce le pouvoir en matière religieuse aussi bien que civile, en consultant les experts que sont les prêtres. Le clergé est réduit aux fonctions rituelles. Dans son système, il n'y a pas séparation de l'Eglise et de l'Etat. De telles idées lui valent évidemment l'excommunication, mais leur circulation contribue à saper l'autorité d'un pape dont l'exil à Avignon est pour beaucoup un signe de faiblesse alors que la Ville Eternelle est aux mains de l'empereur et même, de 1347 à 1354, d'un notaire mégalomane imbu des idées antiques, Cola di Rienzo, que le peuple finit par massacrer. L'empereur semble donc l'emporter, et en 1338 la diète de Francfort, par la constitution *Licet juris*, déclare que le roi des

Romains élu n'a besoin d'aucune confirmation papale et peut exercer les droits royaux et impériaux avant même son couronnement.

Cependant, Louis de Bavière finit par s'aliéner l'opinion des princes allemands par des décisions territoriales malencontreuses, et en 1346 les électeurs le déposent et élisent à sa place Charles de Moravie, petit-fils d'Henri VII, en accord avec Clément VI. Le nouvel empereur, Charles IV, qualifié de *Pfaffenkoenig*, « roi des curés », se fait couronner à Rome en 1355, et l'année suivante il promulgue la fameuse Bulle d'or, qui établit le divorce définitif entre la papauté et l'Empire. La fonction impériale est totalement sécularisée : l'empereur sera élu à Francfort par les sept électeurs (les trois archevêques de Trèves, Mayence, Cologne, le roi de Bohême, le comte palatin, le duc de Saxe et le margrave de Brandebourg), et couronné à Aix-la-Chapelle par l'archevêque de Cologne. Il n'est plus question d'approbation ou de confirmation pontificale. Le pape perd une de ses principales prérogatives politiques.

L'empereur ne sort pas pour autant grandi de cette affaire. L'Italie est perdue : l'Empire est désormais purement germanique, et il devient une expression beaucoup plus géographique que politique, avec l'émiettement du pouvoir. Ce n'est plus qu'une fédération de territoires, sur lesquels l'empereur n'exerce plus qu'une autorité limitée. Sa force lui vient exclusivement de ses territoires patrimoniaux *(Hausmacht)*, qu'il cherche à accroître dans l'espoir de fonder une dynastie impériale : les Wittelsbach avec Louis IV (1314-1346), les Luxembourg avec Charles IV (1346-1378), Wenceslas (1378-1409), Sigismond (1410-1437), qui possèdent le duché de Luxembourg, le royaume de Bohême, le Brabant, le Hainaut, la Moravie, la Lusace, la Silésie, le Brandebourg, la Hongrie. Les Habsbourg, avec Albert II (1438-1439), Frédéric III (1440-1493), augmentent considérablement leur puissance avec Maximilien (1493-1509), qui ajoute à l'Autriche, à la Carinthie, à la Styrie, à la Rhénanie alémanique l'héritage de son épouse Marie de Bourgogne, fille de Charles le Téméraire : Franche-Comté, Alsace, Flandre, Hollande. Les pouvoirs de l'empereur sont bridés par la Diète, où s'affrontent les représentants des princes et des villes libres, par les pouvoirs exorbitants des électeurs, quasiment indépendants et qui ont tendance à élire des empereurs faibles, donc moins autoritaires, par la puissance des ligues urbaines, dont la Hanse des villes baltiques, capable de battre les Danois en 1370 et d'imposer ses exigences à la Scandinavie par l'Union de Kalmar en 1397, par l'esprit indépendant des montagnards alpins des cantons d'Uri, Schwyz et Unterwalden, qui se révoltent en 1318, battent les forces de Léopold de Habsbourg en 1386, et forment la fédération suisse. Ajoutons qu'à partir de la fin du XIVe siècle, l'Empire ne cesse de reculer devant la poussée des Turcs, et que sur les franges orientales les troubles de Bohême et de Hongrie dans la seconde moitié du XVe siècle perturbent la stabilité régionale : en 1457, ces deux pays se dotent de rois nationaux, Georges Podiebrad (Bohême) et Mathias Corvin (Hongrie). La Bohême est agitée par les guerres hussites, par l'intervention du roi de Pologne Ladislas Jagellon en 1471, et l'attaque de Mathias Corvin, poussé par le pape. Mathias s'en prend même à l'empereur Frédéric III, qu'il chasse d'Autriche, et s'installe à Vienne en 1485. Seule sa mort permet au Habsbourg de reprendre possession de ses territoires patrimoniaux. Bref, les pouvoirs de l'empereur à la fin du Moyen Age sont d'une extrême fragilité, et les deux têtes traditionnelles de la chrétienté, « les deux moitiés de Dieu » comme les appelait Dante, le pape et l'empereur, sont affaiblies et ont perdu leur prestige. Le déclin de ces deux autorités morales et politiques accroît le désarroi des peuples européens confrontés aux catastrophes.

Le Grand Schisme, de 1378 au concile de Constance (1414-1418)

Pour la papauté, la descente aux enfers se poursuit : après la « captivité de Babylone » s'ouvre le Grand Schisme. En janvier 1377, Grégoire XI, harcelé par les exhortations de Catherine de Sienne, quitte Avignon et réintègre Rome. Quinze mois plus tard, le 27 mars 1378, il meurt. L'élection de son successeur se déroule dans la confusion. Les cardinaux – sept Français du Midi, quatre Français du Nord, quatre Italiens et un Espagnol – n'arrivent pas à se mettre d'accord, et sous la pression de la foule romaine finissent par choisir Barthélemy Prignano, archevêque de Bari, qui devient Urbain VI. Ils réalisent bientôt leur erreur : Urbain est un malade mental, que son élection transforme en mégalomaniaque délirant, insultant les cardinaux, les ambassadeurs, le personnel de la Curie. Les cardinaux, faisant valoir l'irrégularité des conditions de l'élection, le somment de se démettre, et devant son refus ils élisent le 20 septembre Robert de Genève, évêque de Cambrai et surtout redoutable militaire, qui avait commandé les armées pontificales quelques mois plus tôt. Devenu Clément VII, il tente de déloger Urbain VI à la tête de ses mercenaires. Battu en 1379, il se replie sur Avignon, où se trouve encore une bonne partie des archives pontificales. Ce n'est pas la première fois que l'Eglise se retrouve avec un pape et un antipape, mais le problème est maintenant plus sérieux, car personne ne peut dire lequel des deux est l'antipape. Même les saints sont divisés ! Les deux Catherine, celle de Sienne et celle de Suède, sont pour Urbain, alors que Vincent Ferrier et Pierre de Luxembourg soutiennent Clément. Les fidèles ne savent littéralement plus à quel saint se vouer. Le clergé est divisé ; on s'excommunie mutuellement, et les souverains choisissent leur camp en fonction de leurs intérêts politiques : les rois de France, d'Ecosse, de Castille sont clémentistes, et bien entendu le roi d'Angleterre, suivi des Flamands, Hongrois, Polonais et Scandinaves, est urbaniste, tout comme l'empereur, qui ne peut d'ailleurs empêcher de nombreux princes allemands de soutenir Clément. D'autres hésitent, changent de camp, comme les rois d'Aragon, du Portugal, de Naples.

C'est bientôt le chaos : à chaque vacance de bénéfice, les deux papes désignent un nouveau titulaire ; les deux s'anathématisent mutuellement et contestent la validité des sacrements conférés par leur rival. Les procès, recours, demandes de dispenses sont dans l'impasse : faut-il s'adresser à la Curie d'Avignon ou à celle de Rome ? Dieu lui-même semble y perdre son latin : le Ciel ne donne aucun signe probant en faveur de l'un ou l'autre des deux papes ; les fidèles sont désemparés. D'autant plus que le schisme s'éternise. A chaque décès d'un pape, les cardinaux de son camp élisent un successeur, et deux lignes pontificales se constituent : après Urbain VI (1378-1389), Boniface IX (1389-1404), Innocent VII (1404-1406), Grégoire XII (1406-1415) à Rome, et après Clément VII (1378-1394), Benoît XIII (1394-1423) à Avignon.

Pour mettre fin au schisme, on a d'abord recours à la guerre : c'est la *via facti*, la « voie de fait ». Des deux côtés, on se pare du titre de croisés. Les clémentistes attaquent en Italie en s'appuyant sur la maison d'Anjou ; ils sont tenus en échec par Charles de Durazzo, tandis que les urbanistes lancent deux « croisades » anticlémentistes, qui sont en fait des opérations annexes de la guerre de Cent Ans : l'une, dirigée par l'évêque de Norwich, en Flandre, et l'autre, par le duc de Lancastre, en Castille. Ce sont des échecs. A l'instar de l'université de Paris, on tente alors la *via cessionis*, la « voie de la démission » : que les deux papes se démettent et que l'on organise une nouvelle élection. A la mort de Clément VII, en 1394, la cour de France demande aux cardinaux d'Avignon de ne pas élire de successeur. L'appel n'est pas entendu, et le 28 septembre le cardinal espagnol Pedro de Luna devient Benoît XIII. Avant l'élection, on lui a fait signer une cédule par laquelle il s'engage à « se dépenser pour l'union et ne rejeter aucune des voies aptes à la réaliser... même s'il lui fallait déposer la dignité pontificale ». Une fois élu, Benoît, qui est un homme énergique, autoritaire, austère, excellent théologien et diplomate, ne tient aucun compte de cet engagement. C'est pourquoi en 1396 un concile national des évêques français, pour faire pression sur lui, le menace de lui retirer leur fidélité. Cette « soustraction d'obédience », soutenue par le gouvernement de Charles VI, est adoptée le 27 juillet 1398. Sans effet. Le 28 mai 1403, une ordonnance annonce la restitution d'obédience. La situation paraît complètement bloquée.

Benoît XIII, qui se refuse à démissionner, envoie des négociateurs à son rival Boniface IX pour lui demander de se démettre. La « négociation » tourne vite aux insultes et au pugilat, et quand le pape de Rome meurt le 1er octobre 1404, les cardinaux romains élisent comme successeur l'archevêque de Bologne Cosma de Migliorati, Innocent VII, qui n'est pas plus disposé à déposer la tiare. Chez les théologiens, une nouvelle idée de solution progresse alors : le conciliarisme. Depuis le XIIe siècle, la concentration excessive des pouvoirs entre les mains du pape avait relégué le concile au rang de simple rouage utilisé par les souverains pontifes pour imposer leurs décisions. Un approfondissement de la théologie ecclésiale conduit certains docteurs à réévaluer le rôle des conciles dans l'Eglise. En tant que représentant de la communauté croyante, le concile a le droit de juger le chef de la chrétienté si sa conduite est nuisible au bien de tous. Problème : c'est le pape qui convoque les conciles ; s'il refuse, qui peut en prendre l'initiative ? Le Sacré Collège ? Les princes ? Il est bien évident que ni Benoît XIII ni Innocent VII ou son successeur Grégoire XII ne vont convoquer une assemblée qui serait un tribunal destiné à les juger et à les destituer. Cependant, les cardinaux des deux obédiences s'étant ralliés à l'idée conciliaire pour sortir de l'impasse, ils décident en mars 1409 de convoquer un synode œcuménique des prélats des deux obédiences, tandis que les deux papes se retranchent chez leurs fidèles : Benoît en Aragon et Grégoire à Rimini, sous la protection de Malatesta.

Le concile se réunit à Pise. Les deux papes sont déclarés « schismatiques notoires et fauteurs de division », coupables d'hérésie, et déposés. Les cardinaux, réunis en conclave, élisent alors Pierre Philargès, l'archevêque de Milan, qui prend le nom d'Alexandre V. Bien loin de résoudre le problème, cette décision ne fait qu'aggraver la crise, car Benoît et Grégoire refusent de se soumettre, et la chrétienté se retrouve avec trois papes. Ce n'est plus la division, c'est le chaos. A la mort d'Alexandre V, en mai 1410, il est remplacé par Balthazar Cossa, un militaire plus qu'un homme d'Eglise, ex-condottiere devenu cardinal, qui devient Jean XXIII. En 1413, il est chassé de Rome par les troupes de Ladislas de Naples, et se réfugie auprès de l'empereur Sigismond. Ce dernier saisit l'occasion de manifester le prestige de l'Empire : ironie de l'histoire, c'est l'empereur qui va sauver la papauté ! Belle revanche du pouvoir temporel. Sigismond prend l'initiative de convoquer un concile, qui se tiendra sur ses terres, à Constance, au bord du lac, à partir du 1er novembre 1414.

Pendant presque quatre ans, de novembre 1414 à avril 1418, toute la chrétienté a les yeux fixés sur Constance, où le concile réunit 29 cardinaux, 3 patriarches, 33 archevêques, 300 évêques, des centaines de docteurs et universitaires, et les plus grands théologiens de l'époque : la plus grande assemblée du Moyen Age. C'est que les enjeux sont immenses : il s'agit de sauver l'Eglise, en éliminant les hérésies, dont celle de Jean Huss, en réformant les abus du clergé, et en restaurant l'unité. Nous examinerons plus bas les deux premiers points. Pour ce qui est du troisième, l'assemblée, par le décret *Haec sancta*, proclame que le concile, représentant l'Eglise universelle, tient son pouvoir du Christ et a autorité sur le pape lui-même. Devant cette détermination, Jean XXIII tente de s'éclipser ; rattrapé, il est emprisonné et déposé le 29 mai 1415. Grégoire XII n'insiste pas : il abdique le 4 juillet. En revanche, Benoît XIII est intraitable. Réfugié en Aragon, il persiste à se considérer comme seul pape légitime, même après sa déposition le 27 juillet 1417. Jusqu'à sa mort, en 1423, il ne règne plus que sur la forteresse de Peniscola. Le 11 novembre 1417, le conclave élit le Romain Odon Colonna, un fils bâtard du cardinal Colonna, qui devient l'unique pape, Martin V. Le Grand Schisme est terminé.

Le conciliarisme et les aspirations à une réforme religieuse

Mais pour l'Eglise les ennuis continuent. En 1417, le concile a décidé que désormais il participerait au gouvernement normal de l'Eglise, en compagnie du pape, qu'il conseillerait et surveillerait à la fois. Pour cela, le décret *Frequens* prévoit des réunions régulières du concile : en 1423, en 1430, puis tous les dix ans. La réunion de Sienne, en 1423, se déroule sans incident majeur. En revanche, celle de Bâle, qui s'ouvre en février 1431, dégénère rapidement. Le nouveau pape, Eugène IV, profite du fait que très peu d'évêques se sont rendus à Bâle pour dissoudre le concile et en convoquer un autre dix mois plus tard à Bologne. Indignés, les Pères de Bâle refusent de partir : après avoir eu deux papes, on risque d'avoir maintenant deux conciles ! Eugène IV, qui est en même temps confronté à la révolte des Colonna et doit se réfugier à Florence, cède : il déclare en décembre 1433 que le concile de Bâle reste légitime. Forts de leur victoire, les Pères entreprennent alors une réforme profonde du gouvernement de l'Eglise, suivant les idées conciliaristes les plus extrêmes. L'enjeu est de savoir qui commande dans l'Eglise : le pape ou le concile ? Pour assurer sa suprématie, le concile décide de s'adjoindre des universitaires, gradués dans les deux droits, signe du prestige croissant des intellectuels dans la vie publique. On décide de réduire les droits du pape sur les nominations aux bénéfices, de supprimer les réserves, les annates et les services, de diminuer le nombre de cardinaux, qui devront être titulaires de diplômes universitaires, d'amputer les pouvoirs de la Curie, d'imposer aux futurs papes un serment de respecter les décisions conciliaires.

L'épreuve de force est engagée entre le concile et le pape. Celui-ci, après avoir rappelé l'origine divine de son autorité, décide de transférer le concile à Ferrare, où doivent s'ouvrir des discussions avec les orthodoxes. La majorité des prélats refusent d'obéir, et, considérant qu'Eugène IV a violé le décret *Haec sancta*, ils le déposent et choisissent comme pape le duc de Savoie Amédée VIII, qui devient le pape Félix V en 1439. Il y a donc à nouveau deux papes, et en plus chacun a son concile. Celui d'Eugène IV, à Ferrare, transféré ensuite à Florence, remporte cependant un succès majeur en 1439 en concluant un accord de réunification avec l'Eglise d'Orient. Accord qui se révélera illusoire, mais qui sur le moment est assez impressionnant pour attirer les principaux théologiens du côté d'Eugène IV. Le concile de Bâle, déserté, se réfugie d'abord à Lausanne en 1447, puis disparaît, tandis que Félix V dépose la tiare. Le pape de Rome l'emporte, et le conciliarisme est vaincu. Eugène IV étant mort en 1447, son successeur Nicolas V (1447-1455) s'efforce, avec l'aide du cardinal Nicolas de Cues, d'extirper les abus du clergé. En apparence, le pape est le grand vainqueur : en 1450, les fêtes du jubilé sont pour lui un triomphe, et en 1460, Pie II, par la bulle *Execrabilis*, interdit à l'avenir d'en appeler d'une décision pontificale au concile.

Victoire trompeuse cependant. D'abord parce que les péripéties de la « captivité de Babylone », du Grand Schisme, de la crise conciliaire, laissent des traces. Le Saint-Siège, compromis dans ces luttes continuelles, critiqué, contesté, ne sort pas indemne de l'épreuve. Son prestige spirituel a souffert. Ensuite, les conflits intenses n'ont pas permis de s'attaquer sérieusement aux abus, et la demande de réforme est plus forte que jamais. Enfin, les papes de la seconde moitié du XVe siècle ne sont pas en mesure de répondre aux aspirations des fidèles. Ce sont des personnalités cultivées, non dénuées d'intelligence, mais plus tournées vers les arts, les sciences et les lettres que vers la spiritualité. Ce sont des humanistes, alors que la masse des fidèles attend des saints. De ce point de vue, on est loin du compte. Nicolas V est un amoureux des beaux livres, fondateur de la bibliothèque Vaticane ; il lui lègue 824 volumes latins et 352 volumes grecs. Calixte III (1455-1458) y ajoute des manuscrits rapportés de Constantinople par des savants grecs. C'est un juriste espagnol, de la famille des Borgia, peu portée sur les affaires spirituelles. Pie II (1458-1464), brillant humaniste, s'intéresse plus à la protection des ruines du Forum et à l'idée dépassée de croisade qu'à la réforme de l'Eglise. Paul II (1464-1471) améliore le réseau d'égouts et commence une collection d'antiquités romaines. Sixte IV (1471-1484), Francesco della Rovere, vend des indulgences et des offices de la Curie pour subvenir aux besoins de sa politique et de sa grande famille, entassant les bénéfices sur la tête de ses neveux, dont six deviennent cardinaux, l'un à 25 ans avec quatre évêchés et le patriarcat de Constantinople, un autre à 28 ans avec six évêchés, en attendant de devenir pape à son tour. Sixte IV institue la fête de l'Immaculée Conception et touche les revenus des maisons de prostitution dépendant du Saint-Siège ; il réintroduit l'Inquisition en Espagne et fait décorer la chapelle Sixtine. Innocent VIII (1484-1492) poursuit la vente des indulgences, se livre à de louches combinaisons avec les Médicis et les Turcs, et s'occupe surtout de bien marier ses bâtards. Et le siècle s'achève dignement avec Alexandre VI Borgia (1492-1503), qui fait revivre la pornocratie pontificale et la porte à un niveau inégalé avec ses enfants, César et Lucrèce. On aura beau mettre en avant les qualités de mécènes et d'humanistes de ces pontifes, on ne peut que se rallier au jugement du cardinal Nicolas de Cues : « Tout, absolument tout ce qui se passe dans cette cour me dégoûte. Tout y est pourri. » C'est bien ce que pensera Luther, qui passera par là en 1511. Le Moyen Age s'achève sur une faillite totale de la papauté, faillite morale et pastorale qui est peut-être l'illustration la plus frappante de l'échec du modèle médiéval de la chrétienté, un modèle incapable de se réformer.

Dans ces conditions, il est évident que les idéaux du conciliarisme, apparemment écartés après Bâle, survivent chez les meilleurs sujets. Car le désir de réforme est plus fort que jamais, justifié par l'état lamentable du clergé aux XIVe et XVe siècles. Sans céder à un misérabilisme excessif basé sur les rapports des visites épiscopales et les descriptions des moralistes réformateurs comme Jean Gerson, Jean Buridan, Pierre d'Ailly, Nicolas Oresme, il est certain que le tableau est fort sombre : évêques absents, plus occupés à placer leurs parents et à gérer leurs revenus qu'à remplir leurs devoirs pastoraux ; chanoines dont le passe-temps favori est d'entretenir des procès avec les évêques ; clergé paroissial pléthorique, inculte, concubinaire, absentéiste, simoniaque. Ainsi dans le diocèse de Genève en 1411, on recense 40 % de prêtres aux mœurs « indignes », 35 % d'une science « médiocre » ou « très insuffisante », 31 % d'absentéistes. Beaucoup pratiquent le cumul des bénéfices. Le clergé régulier n'est pas épargné. Les ordres anciens, Bénédictins, Clunisiens, Cisterciens, sont en pleine décadence : effondrement du recrutement, ruine du temporel, abandon de la Règle et de la vie commune. Les ordres mendiants eux-mêmes ne sont plus à la hauteur de la tâche : les Franciscains se déchirent entre « conventuels », favorables à des accommodements avec l'esprit du siècle, et « spirituels », qui veulent un retour à la pauvreté stricte des origines ; mais les mouvements de la « stricte observance » n'ont qu'un succès très relatif. Les Dominicains brillent surtout dans les tribunaux de l'Inquisition et par la célébrité de quelques vedettes de la chaire qui annoncent la venue de l'Antéchrist et la fin du monde, comme Bernardin de Sienne ou Vincent Ferrier. Mais à part ces quelques exaltés qui drainent les foules, les Prêcheurs sont rentrés dans le rang, et leurs propos frappent par leur banalité et leur conformisme. Ils sont également en butte à l'hostilité du clergé séculier, qui voit en eux de dangereux rivaux pour la confession et la perception des aumônes.

Ainsi, alors même que l'accumulation des fléaux aurait nécessité la présence d'un clergé éclairé, compétent et réconfortant, guidant les fidèles par son enseignement et une conduite exemplaire, prêtres et moines, du pape au curé de paroisse, semblent faillir à leur mission. Poursuivant des buts exclusivement temporels, richesse et pouvoir politique, ils perdent pour beaucoup leur légitimité. Cette faillite du clergé dans une Europe en plein naufrage ne pouvait que susciter des mouvements de contestation, de la simple demande de réforme à la révolte ouverte. Mais contrairement aux grandes hérésies des siècles précédents, l'opposition ne touche pas directement le contenu de la foi. On ne cherche pas à réformer le dogme, mais le fonctionnement des institutions, les structures ecclésiales. Ce que demandent par exemple les « Spirituels » et les « Apostoliques » du début du XIVe siècle, c'est un retour à l'esprit de pauvreté absolue. Les flagellants appellent à la pénitence et fustigent la richesse de l'Eglise, non ses croyances. Cependant, en mettant en cause le clergé et ses abus, les réformateurs ouvrent inévitablement la voie à des hérésies dogmatiques, car le clergé, jusque-là intermédiaire obligatoire entre Dieu et les hommes, est le seul interprète autorisé de la Révélation. L'écarter au profit d'une relation directe entre le fidèle et la divinité, c'est ouvrir la porte à des croyances individuelles incontrôlables. Le risque est d'autant plus grand que les contestataires de la fin du Moyen Age ne sont pas des autodidactes inspirés issus directement de la paysannerie, comme c'était le plus souvent le cas chez les cathares par exemple, mais des intellectuels, des universitaires formés à la réflexion et à la controverse, des théologiens rompus aux exercices scolastiques, ce qui les rend très redoutables.

C'est le cas pour les deux principaux d'entre eux : John Wyclif et Jean Huss. John Wyclif (1320-1384), docteur en théologie d'Oxford, s'en prend directement à l'Eglise-institution, qu'il dévalorise au profit d'une relation directe entre les croyants et Dieu. Liturgie et sacrements sont rejetés, y compris la transsubstantiation. La Bible, immédiatement compréhensible par les fidèles, croit-il, doit être leur seul guide ; l'Eglise, corrompue par la richesse, doit être soumise à l'Etat, et le pape, déconsidéré par l'épisode d'Avignon et le Schisme, est inutile. Wyclif annonce directement les termes de la Réforme anglicane, prônant l'utilisation de traductions anglaises de la Bible. Pourtant, il meurt sans avoir été inquiété, grâce à ses protections politiques. Ses idées, reprises par des prédicateurs populaires, les « pauvres prêtres » ou « lollards », alimentent un courant anticlérical qui inquiète les autorités à partir de la fin du XIVe siècle, et qui sera persécuté par les souverains et le haut clergé au XVe siècle.

Rien de comparable cependant avec le mouvement hussite qui éclate peu après en Bohême. Jean Huss (1369-1415), recteur de l'université de Prague et lecteur en théologie, tire son inspiration des écrits de Wyclif, tout en conservant la valeur de certains sacrements, essentiellement de l'eucharistie. Critique acerbe des dérives du clergé et de l'Eglise-institution, aspirant à une piété plus personnelle, il rencontre davantage d'écho dans le peuple tchèque, qui trouve dans ses idées une façon d'exprimer son hostilité à l'égard des Allemands. Cette alliance d'oppositions nationale et religieuse le rend particulièrement dangereux aux yeux de l'empereur Sigismond et de son concile réuni à Constance. Convoqué devant cette assemblée, Jean Huss est arrêté, en dépit d'un sauf-conduit qui lui avait été accordé, jugé et brûlé comme hérétique en 1415. L'évènement déclenche une révolte générale de la Bohême contre la tutelle allemande et pour une réforme religieuse. Les Tchèques, dirigés par des chefs audacieux, comme Zizka et Procope, tiennent tête aux croisades allemandes et pontificales. La branche radicale des hussites, les taborites, dérive rapidement vers des élucubrations millénaristes, rassemblant des exaltés de toutes origines, vaudois, adamites, béghards, rêvant d'une société libertaire et communiste. Ils sont liquidés par les hussites modérés, les utraquistes, qui obtiennent en 1436 un certain nombre de concessions au concile de Bâle : les Compactats (communion sous les deux espèces, reconnaissance de l'Etat national comme garant de l'ordre chrétien, réduction des pouvoirs du clergé).

*Les fissures de la chrétienté
et la montée des sentiments nationaux*

Ces évènements illustrent les fissures de la chrétienté et l'affirmation des sentiments nationaux, qui se manifestent à la fois dans la politique, la guerre, la religion, la culture. Le grand idéal d'unité chrétienne se morcelle en Eglises nationales, avec l'appui des princes et des rois, qui aspirent à contrôler tous les aspects de la vie de leurs sujets. Le recul du prestige et du pouvoir du pape et de l'empereur contribue fortement à cet éparpillement et à cette montée des identités nationales. La France n'y échappe pas, avec la pragmatique sanction de Bourges en 1438, qui réserve au roi en pratique le contrôle de toutes les nominations aux bénéfices ecclésiastiques. La vie intellectuelle elle-même se « nationalise ». Les universités perdent leur caractère international. Chaque roi, chaque prince veut avoir la ou les siennes, tandis que les guerres et les épidémies réduisent la circulation des étudiants. Les créations d'universités se multiplient en Espagne (Lérida, 1300 ; Huesca, 1354 ; Barcelone, 1450 ; Saragosse, 1470 ; Palma de Majorque, 1483 ; Siguenza, 1489 ; Alcala, 1499 ; Valence, 1500), en Italie (Pavie, 1361 ; Pise, 1343 ; Ferrare, 1391 ; Turin, 1405 ; Catane, 1444, qui s'ajoutent à Florence, Naples, Modène, Vicence, Sienne), en France, où à côté de Paris, Orléans, Montpellier, Toulouse, naissent Cahors (1332), Grenoble (1339), Aix (1409), Valence (1452), Poitiers (1431), Caen (1432), Bordeaux (1441), Nantes (1460), Bourges (1464), en Europe centrale et septentrionale : Prague (1347), Vienne (1365), Erfurt (1392), Heidelberg (1385), Cologne (1388), Leipzig (1409), Rostock (1419), Trèves (1454), Fribourg (1456), Bâle (1459), Ingoldsadt (1459), Mayence (1476) Tübingen (1476), Louvain (1425), Cracovie (1364), Budapest (1389),

Presbourg (1465), Upsal (1477), Copenhague (1478), en Ecosse, avec Saint-Andrews (1413), Glasgow (1450), Aberdeen (1494).

Toutes n'ont pas le même rayonnement, mais elles contribuent à développer le sentiment national, surtout dans les cas où, comme à Prague, existe une rivalité ethnique exacerbée : en 1409, le décret royal de Kutnà Horà impose à tous les membres de l'Université de prêter serment de fidélité à la couronne de Bohême, et les étudiants allemands, indésirables, s'en vont et créent l'université de Leipzig. Avec la montée du pouvoir des intellectuels, les universités deviennent souvent des instruments du pouvoir royal, consultées sur le droit et même la politique, elles doivent fournir au souverain des arguments. Cela est très net à Paris au cours des tribulations de la guerre de Cent Ans et du Schisme. Pendant la domination anglaise, elle soutient Henri VI et se prononce contre Jeanne d'Arc, ce qui lui vaut la méfiance de Charles VII, qui lui enlève ses privilèges fiscaux et judiciaires en 1437 et 1445 après la reconquête de la capitale. Elle soutient alors la politique gallicane et la pragmatique sanction. En 1470, pendant la lutte contre Charles le Téméraire, Louis XI impose aux maîtres et étudiants bourguignons de lui prêter serment de fidélité. A l'égard du pape, l'université de Paris suit la voix de son maître : pour Avignon, puis pour la soustraction d'obédience, puis pour l'appel au concile.

La montée de l'esprit national est l'une des grandes caractéristiques de la fin du Moyen Age, au point d'apparaître comme le nouvel idéal et la valeur suprême des peuples européens. Les monarchies en sont les grandes bénéficiaires, étendant leurs pouvoirs et leurs moyens d'action à l'occasion des guerres, profitant de la crise de l'Eglise et de la papauté pour renforcer leur contrôle sur le clergé en pesant sur les nominations. Au sein de la chrétienté universelle s'affirment les Eglises nationales, gallicane, anglaise, germanique, dont se servent les souverains en enrôlant à leur service les prédicateurs, les saints nationaux, et Dieu lui-même, prié d'intervenir au service de leur juste cause.

L'irrésistible montée du sentiment national transforme évidemment la pensée politique. Libérée du carcan religieux, elle se laïcise et vise désormais une seule chose : l'efficacité. Les légistes de la génération de Philippe le Bel ont préparé le terrain, en libérant la politique de la morale, en séparant temporel et spirituel, en proclamant la toute-puissance du roi juge et législateur. Occam, Marsile de Padoue, Wyclif donnent une base théologique au mouvement. Pour Wyclif, le roi, vicaire de Dieu, représente le Christ et n'a de comptes à rendre qu'à lui. Toute résistance à sa volonté est condamnable. L'absolutisme est en marche, et à cet égard la date de 1516 pourrait être retenue sur le plan politique comme la fin du Moyen Age et l'entrée dans l'ère moderne. Cette année-là en effet quatre auteurs aussi différents que l'Italien Machiavel, le Hollandais Erasme, l'Anglais More et l'Allemand Luther proclament simultanément et indépendamment, en partant de principes différents, les nouveaux objectifs de la vie politique. Et leur accord, au-delà de nuances superficielles, est total dans les grandes lignes. Nicolas Machiavel (1469-1527), au service de Florence, termine les *Discours sur la première décade de Tite-Live*, dans lesquels il fonde, à l'image des Romains, l'ordre social sur le réalisme, la combinaison de la force et de la ruse du souverain, incarnation de la *virtu*, par opposition à la *vertu*. Désiré Erasme (1464-1536), dans *L'Institution du prince chrétien*, affirme au contraire que le souverain doit viser avant tout la perfection morale. Mais, écrivant pour le futur Charles Quint, cette perfection morale a pour but ultime, comme chez Machiavel, d'assurer la stabilité du pouvoir du prince ; la *virtu* antique comme la *vertu* chrétienne ne sont que des moyens de régner. C'est aussi ce que pense Thomas More (1478-1535), dont l'*Utopie* paraît à Louvain en cette même année 1516. Dans son Etat idéal, le souverain est un prince choisi à vie et surveillé par une assemblée ; les prêtres sont écartés du gouvernement, et le prince doit être capable de mener des guerres justes dans lesquelles, pour épargner les vies humaines, on promet « des récompenses magnifiques au meurtrier du prince ennemi ». Au même moment, Martin Luther (1483-1546), commentant l'Epître aux Romains, écrit que nul n'a le droit de résister à l'autorité du prince, « parce que Dieu l'a instituée ».

Les identités nationales s'affirment également par le développement des littératures en langues vulgaires, ce qui répond à un besoin croissant des élites alphabétisées de nobles et de bourgeois qui réclament une nourriture spirituelle. Et là encore, c'est au début du XIVe siècle que naît cette tendance, avec la *Divine Comédie* de Dante en 1312-1314, suivie des œuvres de Pétrarque, de Boccace, de Langland et Chaucer en Angleterre, de Christine de Pisan, Guillaume de Machaut, Eustache Deschamps, Charles d'Orléans, François Villon en France, et bien d'autres. Les souverains s'ouvrent au mécénat, qui leur permet de faire chanter leurs louanges par des écrivains patentés, tandis que des chroniqueurs de talent, comme Villani ou Froissart, exaltent les faits d'armes et commencent à bâtir des épopées nationales. A la fin du XVe siècle, on peut déjà parler d'une propagande monarchique, orchestrée par les princes et les rois, autre trait révélateur de l'entrée dans une nouvelle époque. Bernard Guénée a retracé cette naissance de l'histoire propagande dans son ouvrage *Histoire et culture historique dans l'Occident médiéval*. Tandis que Monstrelet, Mathieu d'Escouchy, Jacques du Clercq, Jean de Wavrin, Georges Chastellain, Olivier de La Marche, Jean Molinet, Jean Le Fèvre mettent leur plume au service du duc de Bourgogne, Guillaume Gruel, Pierre Le Baud, Alain Bouchart,

Jean de Saint-Paul travaillent pour le duc de Bretagne, Robert Gaguin pour le roi de France. Thomas Basin et Philippe de Commynes se placent davantage au-dessus de la mêlée, avec une réflexion plus profonde sur les évènements, mais ils font figure d'exception.

La devotio moderna et le retour de l'irrationnel prophétique

La montée des sentiments nationaux va de pair avec le désir de réforme religieuse : l'une des revendications majeures des contestataires est la traduction de la Bible en langue vulgaire afin de permettre au fidèle laïc lettré de prendre directement connaissance de la Révélation. John Wyclif entreprend ce travail colossal, qui sera poursuivi clandestinement par quelques lollards. Le clergé, qui se présente comme le seul interprète autorisé des Ecritures, prend conscience tardivement des risques de dérives que cela représente, lorsque l'imprimerie permet de diffuser largement ces Bibles pirates. En 1497 paraît la première Bible en français, œuvre de Jean de Rely, évêque d'Angers et confesseur de Charles VIII, pour qui elle a été réalisée. En 1523, ce sera celle de Lefèvre d'Etaples, et en 1522 le Nouveau Testament allemand de Luther.

Ce désir d'un accès direct à la Parole de Dieu caractérise les formes nouvelles de la piété. Une piété intériorisée, individualisée et intellectualisée, tout au moins dans l'élite sociale, formée dans les petites écoles à la lecture de courts traités en langue vulgaire et entretenue au sein d'associations parallèles à l'Eglise officielle : tiers ordres mendiants, confréries, béguinages, surtout dans l'Europe du Nord, provoquant méfiance et critique des évêques. Ces derniers sont particulièrement soupçonneux à l'égard des mystiques, ces francs-tireurs de la foi qui prétendent avoir des relations privilégiées avec Dieu. Ce sont surtout des Allemands et des Flamands : maître Eckhart (1260-1328), théologien de l'union mystique, Suso (1296-1366), Tauler (1300-1361), Ruysbroeck (1293-1381). Leurs propos poétiques, imagés, sensuels, décousus, séduisent des milieux comme les Frères du Libre Esprit, les Frères et Sœurs de la Vie Commune, les chanoines de Windesheim, mais effarouchent la hiérarchie ecclésiastique. Leur influence est considérable aux Pays-Bas, et se ressent dans le plus grand succès de la littérature religieuse du XVe siècle, l'*Imitation de Jésus Christ*, œuvre de Thomas de Kempen, chanoine de la congrégation de Windesheim, rédigé entre 1420 et 1427. On y trouve toutes les caractéristiques de la *devotio moderna*, la « dévotion moderne » : l'obsession du salut personnel, le christocentrisme, l'éloge de l'ascèse, la recherche de Dieu dans la prière et la solitude, le pessimisme existentiel, l'importance de la mort, qui a tant fait sentir sa présence au cours de ces deux siècles. Les images macabres prolifèrent : danses macabres, squelettes et « transis » des tombeaux, *Dit des trois morts et des trois vifs*, Triomphe de la Mort, Christ souffrant. Cette piété doloriste, marquée par la peur de l'enfer, favorise ce que l'on a appelé l'« arithmétique du salut », ou la « comptabilité de l'au-delà », que l'Eglise a su habilement récupérer : pour éviter l'enfer, les hommes qui en ont les moyens multiplient, dans leurs testaments, les legs pieux et les fondations de messes, et un système d'« indulgences » permet également, moyennant dons et prières, d'obtenir la réduction des peines du purgatoire. Salut et damnation deviennent négociables dans des mentalités marquées par la montée des affaires, du commerce et de la banque.

La *devotio moderna* a perdu les dimensions rationnelles que les grands théologiens du XIIIe siècle avaient tenté d'introduire dans la foi. Celle-ci, sous le choc des catastrophes incompréhensibles de l'époque, est devenue purement affective, une question de sentiment et non plus de raison. Elle peut revêtir un aspect modéré, celui de la « voie moyenne », la *via media*, incarnée par exemple par le chancelier de l'université de Paris, Jean Gerson (1363-1429), qui se méfie des illusions du mysticisme, tout en prônant une piété fondée sur l'amour d'un Dieu sensible au cœur, accessible par la méditation, la prière, dans un cadre qui reste délimité par les sacrements, les œuvres pies et la liturgie classique de l'Eglise, mais une foi prudente et conformiste, qui tente d'équilibrer espoir et pessimisme.

Cette modération ne convient qu'aux âmes les plus méditatives, et aux esprits les plus cultivés. Pour beaucoup, et en particulier pour les classes populaires, la foi, débarrassée du contrôle de la raison, se livre à tous les excès d'une exaltation spirituelle maladive. Le trait le plus marquant est la prolifération des prophéties : « Nous sommes envahis jusqu'à l'écœurement de prophéties annonçant l'avènement de l'Antéchrist, les signes du jugement prochain et la réforme de l'Eglise », écrit Bernardin de Sienne (1380-1444). Pour les esprits perturbés par les catastrophes, ce monde ne saurait durer bien longtemps ; l'Antéchrist ne doit pas être loin, et après lui le millenium de paix tant attendu par ceux qui souffrent et qui s'imaginent faire partie des élus. Les esprits s'échauffent, dans une explosion d'irrationnel et d'occulte. Dès le début du XIVe siècle, Jean de Pise, en 1300, dans son *Tractatus de Antichristo*, annonce la fin du monde avant deux cents ans, et Arnaud de Villeneuve, dans son *Expositio super Apocalipsim* de 1305, prévoit la venue de l'Antéchrist pour 1368. Pierre Auriol (1280-1322), Pierre-Jean Olieu (1248-1298), Ubertin de Casale (1259-1328), l'*Horoscopus* de 1303-1305 annoncent également des bouleversements pour les siècles à venir. En quoi ils ne prennent pas trop de risque. Et chaque catastrophe engendre une surenchère de prophéties délirantes. Une anthologie compilée au milieu du XVe siècle recense 126 prophéties, dont 72 sont inspirées par la guerre de Cent Ans et 30 par le Grand Schisme. Parmi les premières, celles de Jean de Bridlington, peu après 1361, et de Jean de Murs, vers 1340, annoncent des catastrophes pour les Capétiens. La Peste noire stimule les imaginations. En 1368, Johann Hartmann, un flagellant d'Erfurt, se présente comme le messie et prophétise le Jugement dernier pour l'année suivante ; il invite ses fidèles à remplacer le baptême dans l'eau par le baptême dans le sang. Son message révolutionnaire inquiète les autorités, et il est brûlé vif à Nordhausen. C'est que beaucoup de ces visionnaires sont en même temps des agitateurs, qui prêchent contre la corruption de l'Eglise et appellent à son renversement. C'est le cas en Bohême de Jean Milic et de son disciple Mathieu de Janov à la fin du XIVe siècle. Les taborites annoncent que la colère de Dieu va s'abattre sur le monde du 10 au 14 février 1420, n'épargnant que la colline où ils sont réfugiés et qu'ils ont baptisée mont Tabor. Ils prônent un retour à l'âge d'or initial, celui d'un communisme libertaire, tout comme le prêtre John Ball en Angleterre vers 1380, qui prêche sur le thème : « Quand Adam tissait et qu'Eve filait, où était alors le gentilhomme ? » Les adamites, sous la direction d'un exalté qui se fait appeler Adam-Moïse, tentent de recréer la société parfaite du paradis terrestre en vivant tout nus, ce qui les rend encore plus vulnérables aux coups des soldats de Jean Zizka, qui les massacrent en octobre 1421. Les mouvements millénaristes mêlent presque toujours l'appel à la révolte sociale et l'annonce du millenium de paix et de bonheur qui suivra le renversement des puissants. Le déclencheur des bouleversements sera la venue de l'Antéchrist. Le franciscain Jean de Roquetaillade, lui, en prévoit même deux. Ecrivant en 1356, il annonce pour 1360 et 1365 l'arrivée d'un Antéchrist occidental et d'un Antéchrist oriental. A la tête des juifs et des musulmans ils pilleront les pays chrétiens, tandis que les souverains s'empareront des biens de l'Eglise. En 1367 viendra le *Reparator orbis*, un roi de France élu empereur et pape, ce qui résoudra le traditionnel conflit. Mais le monde ne connaîtra la paix qu'après l'extermination de ces deux pestes que sont les juifs et les musulmans, continuels fauteurs de troubles dans l'histoire du monde.

Le Grand Schisme déclenche une vague de prophéties apocalyptiques sans précédent. L'Antéchrist est probablement déjà parmi nous, dit le dominicain Vincent Ferrier en 1403 ; c'est encore un enfant, mais bientôt, annonce-t-il à la foule terrorisée dans un sermon à Fribourg le 10 mars 1404, « d'abord, il vous prendra tous vos biens temporels. Puis il tuera les enfants et les amis en présence des parents. Puis chaque heure, chaque jour, il vous arrachera un membre après l'autre, pas de façon continue, mais à petit feu ». De pareilles inepties, débitées par un personnage que l'Eglise a dûment canonisé dès 1455, sont également colportées par Télesphore de Cosenza, par le moine Guillaume, par le franciscain Richard, dont les sermons à Paris sont rapportés par le Bourgeois. Les meilleurs esprits eux-mêmes sont ébranlés. Le cardinal Pierre d'Ailly, docteur en théologie et chancelier de l'université de Paris en 1389, déclare dans un sermon de 1385 : « Nous pouvons déterminer, par des conjectures plausibles, l'approche de l'Antéchrist et l'imminence de la fin du monde. » Comme rien ne vient, il se tourne vers l'astrologie, et en conclut que l'apocalypse est pour... 1789 : « Si le monde dure jusqu'à cette date, ce que Dieu seul sait, alors il y aura de grands et merveilleux changements et altérations dans le monde, et principalement en ce qui concerne les lois et la religion », écrit-il en 1414. Ce sera sinon la fin du monde, du moins la fin d'un monde. N'allons surtout pas conclure de cette coïncidence que les inepties astrologiques soient plus valables que celles de l'Apocalypse, mais l'évolution de Pierre d'Ailly est révélatrice de la séduction croissante des prédictions astrales au cours du XVe siècle, et cela préfigure également le passage à l'époque moderne, au siècle de Nostradamus. L'astrologie, avec ses calculs savants, se pare du titre de « science », et cette respectabilité usurpée lui ouvre la porte des cours royales et princières. Tous les souverains du XVe siècle ont leurs astrologues, et les « prognostications » annuelles sont imprimées à partir de 1470. Pic de La Mirandole a beau publier en 1494 une attaque en règle contre les chimères et charlataneries astrologiques dans les *Disputationes adversus astrologiam divinatricem*, le besoin de connaître l'avenir, révélateur des angoisses du présent, l'emporte. Le *Recueil des plus célèbres astrologues*, composé entre 1494 et 1498 par Simon de Phares, remporte un grand succès. Ce qui n'écarte pas pour autant les prophéties apocalyptiques, dont Savonarole est un grand propagandiste à Florence dans ses écrits et sermons de 1472 à 1491. Et pour clore dignement le siècle, et le Moyen Age, mentionnons le *Livre des cent chapitres*, composé en 1500 en Alsace. Ecrit en allemand sous la dictée de l'archange saint Michel en personne, il annonce la venue du dernier empereur, qui restaurera la grandeur et la pureté de la race allemande après avoir éliminé les juifs et les Arabes. Installé à Trèves, il régnera pendant mille ans sur un grand Reich allemand allant de l'Atlantique à l'Oural, et instaurera la communauté des biens.

Occam et son rasoir : le divorce entre foi et raison

Cette irruption de l'irrationnel dans les mentalités mêmes des lettrés aux XIVe et XVe siècles est d'une part le résultat du désarroi des esprits, qui cherchent dans les prophéties à redonner un sens à une existence que les catastrophes ont rendue absurde, incompréhensible, et d'autre part la conséquence du divorce entre la foi et la raison, qui avait permis d'élaborer un système cohérent aux XIe-XIIIe siècles. Ce divorce est la marque du succès de la philosophie nominaliste chez les intellectuels, succès qui n'a pas que des aspects négatifs, loin de là. Tout le mérite en revient au franciscain anglais Guillaume d'Occam (1285-1349). Enseignant la théologie à Oxford, il se fait remarquer par des thèses suspectes et contraires au thomisme, au moment même où le pape Jean XXII canonise Thomas d'Aquin, en 1323. L'année suivante, Occam est convoqué à Avignon pour s'expliquer. Il y reste jusqu'en 1328, d'autant plus surveillé qu'il prend ouvertement parti pour l'empereur Louis de Bavière contre le pape. A partir de 1328, il est à Munich, où il compose ses principaux traités, et où il meurt en 1349, probablement de la peste.

Sa pensée repose sur ce constat nominaliste : toute connaissance vient des sens, et ne concerne que les objets singuliers ; la connaissance théorique, fondée sur des mots et des concepts, n'est qu'une construction de l'esprit pour rendre compte des apparences. Les genres et espèces n'ont aucune existence en eux-mêmes ; ce sont des vocables, alors que le thomisme y voyait des réalités. Cette attitude, qui marque la rupture avec l'esprit aristotélicien, annonce la conception moderne et même contemporaine de la Science. L'esprit humain connaît intuitivement des objets singuliers, constate intuitivement des relations ; pour exprimer ces relations, il élabore un langage de signes et une logique formelle. La vérité scientifique est donc nécessaire au niveau de la logique formelle, mais contingente au niveau de l'être. Toute science est une science des relations formelles. De même, les vérités religieuses sont indémontrables, parce que Dieu est au-delà de la raison. Son existence même ne peut être prouvée. D'une part, parce que la seule existence certaine est celle qui peut être perçue intuitivement, et d'autre part parce que les « preuves » cosmologiques données par saint Thomas reposent sur une fausse conception scientifique de l'univers : nécessité d'un premier mouvement et d'une première cause. A plus forte raison, on ne peut prouver la réalité des attributs divins – unicité, immutabilité, toute-puissance, infinité –, puisque nous n'avons de connaissance intuitive que des contraires de ces qualités : pluralité, changement, finitude en puissance et en extension.

La foi et la raison n'ont rien à voir l'une avec l'autre. Le divorce est consommé. Pour ce qui est de la foi, elle repose uniquement sur la Révélation, et toute théologie rationnelle est un leurre. En ce qui concerne les connaissances terrestres, l'occamisme est un empirisme : les seules certitudes concernent les objets singuliers, saisis intuitivement. Ce qui ne veut pas dire que la science soit vaine, mais il ne faut pas être dupe : elle est une construction formelle de l'esprit et donc susceptible de changements, d'améliorations, de progrès, afin de rendre de mieux en mieux compte des apparences. Pour cela, il faut une logique rigoureuse, basée sur le principe de simplicité et d'économie ; c'est le fameux « rasoir d'Occam » : *Entia non sunt multiplicanda praeter necessitatem* (« Les entités ne doivent pas être multipliées par-delà ce qui est nécessaire »). Les nominalistes vont s'attacher à mettre au point un langage formel d'une précision et d'une rigueur telles que l'erreur sera impossible. Dans ce langage de type mathématique, chaque mot n'aura qu'un sens, d'une très grande précision, excluant toute ambiguïté. L'idée est en soi intéressante et très moderne, mais elle conduira à bien des excès et des débats d'un byzantinisme stérile. La scolastique finira par s'y ridiculiser et les humanistes auront beau jeu de la condamner. Elle est pourtant à la base de la science contemporaine, qui met l'univers en formules mathématiques. Et dès le XIVe siècle des savants comme Nicolas d'Autrecourt dans les années 1330, Jean Buridan (1300-1358), Nicolas Oresme (1325-1382), émettent, en appliquant les principes d'Occam, des hypothèses annonçant l'univers mécaniste.

Le legs du Moyen Age finissant à l'esprit moderne n'est cependant pas du goût de l'Eglise, qui condamne le renoncement à l'union de la foi et de la raison. Le 25 septembre 1339, l'université de Paris condamne l'enseignement des livres de Guillaume d'Occam. Le 20 mai 1346, le pape Urbain VI intime l'ordre à tous les universitaires « d'oublier, de rejeter totalement ces doctrines, opinions et sophistications étranges, diverses, inutiles et, qui plus est, nuisibles et périlleuses », et il leur demande de s'en tenir aux œuvres d'Aristote, « écrits véridiques sur lesquels s'appuie la science ». Des sanctions individuelles sont prises, comme la destitution de Nicolas d'Autrecourt en 1347. Aristote et saint Thomas deviennent les références officielles en philosophie, science et théologie. Pourtant, rien n'arrête la vague occamiste et nominaliste. Les noms les plus prestigieux du monde universitaire du XIVe siècle s'y rallient : outre Nicolas d'Autrecourt, maître à Paris vers 1340, mentionnons Nicolas Oresme, maître de théologie à Paris et mort évêque de Lisieux en 1382, Henri de Hainbuch, maître de philosophie à Paris en 1363, Marsile d'Inghen, maître à la faculté des Arts en 1362, Jean Buridan, recteur de l'université de Paris en 1327 et 1348, Albert de Saxe, un de ses successeurs en 1353, le dominicain Robert Holkot, maître de théologie à Cambridge, mort en 1349, l'augustinien Grégoire de Rimini, maître de théologie à Paris en 1345, le cistercien Jean de Mirecourt, maître à Paris à la même date, le franciscain Adam de Wodham, maître en théologie à Oxford en 1340.

Tous ces ecclésiastiques et une pléiade de disciples ont développé, complété et poussé jusqu'à ses conséquences extrêmes le nominalisme d'Occam : séparation foiraison ; impossibilité de prouver les vérités religieuses ; impossibilité de connaître les substances, c'est-à-dire la nature profonde des choses. La science ne peut connaître que les accidents, les manifestations sensibles, et établir, par une logique formelle, des relations probables, mais, au sens strict, le principe même de causalité ne peut être affirmé : je constate une succession de faits et j'en tire une conclusion probable que rien ne me permet d'ériger en loi de la nature.

Les nouveaux intellectuels

Le débat d'idées autour de ces notions prend d'autant plus d'ampleur aux XIVe et XVe siècles que le rôle des intellectuels, en particulier des universitaires, ne cesse de grandir dans la société européenne. Riches, considérés, les professeurs d'université ont tendance à former une caste, à l'image de la chevalerie, avec ses signes distinctifs : l'anneau d'or, la toque, la robe longue, les gants, le capuchon de vair. Ils enseignent du haut d'une chaire, sous un dais, et ont même tendance à former des dynasties. En 1391, Froissart distingue les « chevaliers en armes » et les « chevaliers en lois », et le maréchal Boucicaut (1366-1421) écrit : « Deux choses ont été instituées par la volonté de Dieu, comme deux piliers pour étayer l'ordre des lois divines et humaines. Ces deux piliers sont chevalerie et science, qui moult bien conviennent ensemble. » Considérés comme des autorités, que les souverains consultent sur les grands problèmes de droit et de diplomatie, les universitaires, désormais rétribués par les étudiants, constituent une élite sociale, vivant dans de somptueuses demeures et méprisant les occupations manuelles.

Par là, ils prêtent le flanc aux attaques des milieux anti-intellectualistes comme les mystiques, dont le cardinal Nicolas de Cues (1401-1464) prend la défense. Auteur en 1440 du traité *De la docte ignorance*, il écrit que « plus un homme sera savant, plus il saura qu'il est ignorant ». D'une façon générale, la sclérose de l'enseignement universitaire au XVe siècle, en dépit de quelques tentatives de réforme, comme celle du cardinal d'Estouteville à Paris en 1452, conduit les esprits les plus novateurs à chercher d'autres cadres pour exprimer leurs idées, soutenus en cela par des princes éclairés et mécènes, comme Laurent le Magnifique, fondateur vers 1470 à Florence d'une académie à la grecque, où l'enseignement s'ouvre à la poésie, à l'éloquence, à l'astronomie : l'humanisme fait son apparition, et il s'agit bien d'une innovation médiévale.

Car les milieux intellectuels n'ont pas attendu Erasme ou Lefèvre d'Etaples pour développer des voies nouvelles du savoir. Les prémices apparaissent dès le XIVe siècle avec Pétrarque et Boccace, et c'est au sein même des universités italiennes que la tendance se confirme : à Bologne, où Pierre de Muglio enseigne la rhétorique dès 1371, et où le cardinal Bessarion réforme les programmes entre 1450 et 1455 ; à Padoue, renommée pour l'enseignement du grec au XVe siècle. C'est la grande revanche de Platon, qui devient la nouvelle idole alors que pâlit l'étoile d'Aristote. Lorenzo Valla (1407-1457) mérite sans doute le titre de « père des humanistes » par l'esprit de ses écrits, qui privilégient la forme sur le fond, par son application à rendre aux textes leur forme authentique, par ses tentatives prudentes de conciliation entre l'Antiquité païenne et le christianisme. Grand démystificateur, c'est lui qui dévoile la supercherie de la fausse donation de Constantin, détruisant ainsi une des bases médiévales de l'idéologie pontificale. Marsile Ficin (1433-1499), traducteur de Platon, de Plotin, de Porphyre, est en quelque sorte le grand prêtre de la religion platonicienne au sein de l'Académie florentine, où le jeune Pic de La Mirandole (1463-1494) déploie une éblouissante érudition.

Ces humanistes aiment à se présenter comme anti-intellectualistes, mais cela n'est qu'une pose destinée à les distinguer des universitaires, dont ils se séparent également par le genre de vie : aristocrates, fréquentant la cour des princes, ils abandonnent la vie publique et même l'enseignement pour se retirer au milieu de leurs livres, souvent dans une villa de campagne, ou dans un prieuré, travaillant dans le silence et la solitude. Jacques Le Goff y voit le signe d'« un repliement, un recul » : « Les humanistes abandonnent une des tâches capitales de l'intellectuel, le contact avec la masse, le lien entre la science et l'enseignement... Rien de plus frappant que le contraste entre les images qui représentent au travail l'intellectuel du Moyen Age et l'humaniste. L'un est un professeur, saisi dans son enseignement, entouré d'élèves, assiégé par les bancs, où se presse l'auditoire. L'autre est un savant solitaire, dans son cabinet tranquille, à l'aise au milieu de la pièce dégagée et cossue où se meuvent librement ses pensées. »

Si ce nouveau type d'intellectuel peut ainsi s'isoler, c'est aussi grâce à la grande innovation technologique du XVe siècle, l'imprimerie, qui lui permet à la fois de disposer d'une masse croissante de livres dans sa bibliothèque et de diffuser ses propres ouvrages sans avoir à fréquenter les milieux turbulents et bruyants de l'enseignement. L'imprimerie permet à l'intellectuel de s'isoler ; elle est un puissant facteur d'individualisme, et annonce indirectement la mort de la civilisation médiévale. Examinons ces deux points.

L'individualisme se manifeste dans tous les domaines. C'est un phénomène constant des périodes de grandes mutations culturelles : lorsque les valeurs collectives, morales, spirituelles, politiques, passent au second plan, et sont supplantées par des individus censés les incarner, cela signifie que ces valeurs ont perdu leur force et que la civilisation qui reposait sur elles est proche de sa fin. La personnalisation du pouvoir marque la déliquescence de l'organisation politique et sociale. Au XVe siècle, les papes, les empereurs, les rois, les princes, jusque-là incarnations d'une fonction, deviennent des individus, des personnalités, dont les caractères individuels, qui transparaissent dans les portraits de plus en plus réalistes, sont plus importants que les titres. Et cela est vrai également des artistes, des intellectuels, des militaires. C'est le début de l'âge des célébrités, où s'affirment les fortes personnalités. Et pour s'affirmer, il faut faire parler de soi, faire du bruit, se faire remarquer par des excès. La vie sociale devient un spectacle : fêtes, vêtements extravagants, banquets à entremets, comme le fameux banquet du Faisan organisé par le duc de Bourgogne à Lille en 1454, joutes, entrées royales. L'art est de plus en plus consacré à l'ornementation, avec une profusion de détails et de ciselures qui transforment les monuments en véritables décors de théâtre. Le gothique classique privilégiait la structure, le gothique flamboyant la surcharge de superstructures. N'y voyons pas une décadence, mais un aboutissement naturel, qui donne naissance à de véritables merveilles de virtuosité, comme la chapelle d'Henri VII dans l'abbaye de Westminster. On y retrouve d'ailleurs l'affirmation des identités nationales, à travers des styles différenciés, du perpendiculaire avec voûtes en éventail du gothique anglais aux dômes et coupoles inspirés de l'antique des cathédrales italiennes. Dans tous les cas, des prouesses techniques, dont la plus spectaculaire est sans doute la réalisation de la coupole de la cathédrale de Florence par Brunelleschi entre 1417 et 1446.

L'individualisme se manifeste aussi bien chez les commanditaires, ces princes mécènes qui recherchent la gloire à travers des monuments immortels, que chez les artistes, qui deviennent de véritables célébrités, adulés et grassement rétribués. Tous préfigurent la Renaissance, certes, mais tous sont de purs produits du Moyen Age. La peinture, qui connaît alors un véritable épanouissement, en est l'illustration la plus flagrante. Ce qui change, ce sont les techniques, les instruments et les supports, mais les thèmes demeurent en grande majorité religieux ; les corps restent voilés ; les détails gardent la précision des miniatures de manuscrits, en particulier chez les Flamands Hubert et Jan Van Eyck († 1426 et 1441), Roger Van der Weyden († 1464), Dirck Bouts († 1475), l'Allemand Hans Memling († 1454), le Français Jean Fouquet († 1480). Les Italiens Giotto († 1337), Masaccio († 1428), Ucello († 1451), Fra Angelico († 1455), Lippi († 1469) ne sont pas plus audacieux dans leurs sujets. Il faut attendre Sandro Botticelli († 1510) pour contempler enfin des nudités païennes et mythologiques, tandis que Ghirlandaio († 1494) explore davantage la psychologie. Son *Portrait d'un vieillard et d'un jeune garçon*, vers 1490, est un chef-d'œuvre absolu, alliant le symbolisme du Moyen Age et le réalisme moderne dans un tableau où le regard mélancolique, las et désabusé du vieil homme, image de l'époque médiévale, croise celui de l'enfant, interrogatif, image d'une Renaissance qui se cherche encore. Mais le véritable basculement dans l'âge nouveau on le trouve chez les artistes à cheval sur les deux siècles : Léonard de Vinci (1452-1519), Albrecht Dürer (1471-1528), Michel-Ange (1475-1564), Raphaël (1483-1520). Contemporains de Luther (1483-1546), de Machiavel (1469-1527) et d'Erasme (1469-1536), ils sont les hérauts d'un âge nouveau qui prétend s'opposer au Moyen Age alors qu'il en est l'héritier direct. Le triomphe de l'individualisme et du culte de la personnalité et de la gloire au XVIe siècle se bâtit sur les valeurs nominalistes élaborées aux XIVe et XVe siècles : seul le singulier est objet de connaissance ; le général est une vue de l'esprit.

L'imprimerie, fossoyeur du Moyen Age

L'autre élément dissolvant de la civilisation médiévale est l'imprimerie. On pourrait presque dire sans exagérer que la presse à imprimer a tué le Moyen Age. A cet égard, on ne peut s'empêcher de faire le rapprochement avec l'époque actuelle, où l'ordinateur est en train de tuer le mode traditionnel des relations humaines. Pour le meilleur ou pour le pire, ce n'est pas le lieu d'en discuter. Ce qui importe ici est de constater que les mutations socioculturelles sont le résultat d'une innovation brutale et fondamentale dans le domaine de la communication des idées. Le bouleversement actuel est bien entendu sans commune mesure avec celui du XVe siècle, car il est en passe de provoquer non seulement un bouleversement de l'organisation sociale, mais aussi une mutation du cerveau humain en développant certaines fonctions au détriment d'autres, et ainsi de transformer l'espèce humaine. Les conséquences de l'imprimerie ne sont sans doute pas aussi dramatiques, car elles ne concernent qu'une petite minorité, mais elles sont néanmoins responsables de la fin de la civilisation médiévale dont elles sont en même temps le fruit.

Rappelons les données de base. En 1453, année de la chute de Constantinople et de la fin de la guerre de Cent Ans, le Mayençais Gutenberg, combinant la presse à vis et les caractères isolés en alliage de plomb, d'étain et d'antimoine, met au point l'imprimerie. Le succès est fulgurant : en moins de trente ans, plus de 110 villes européennes sont équipées d'ateliers typographiques, dont une cinquantaine en Italie, une trentaine en Allemagne, neuf en France, huit en Hollande, huit en Espagne, cinq en Suisse, cinq en Flandre, quatre en Angleterre, deux en Bohême, un en Pologne. Entre 1453 et 1500, 35 000 éditions ont vu le jour, représentant environ 20 millions de livres, soit infiniment plus qu'au cours des mille ans précédents ; 77 % des ouvrages sont en latin, 7 % en italien, 5 à 6 % en allemand, 4 à 5 % en français, 1 % en flamand ; 45 % sont des livres religieux, 30 % des textes littéraires, classiques, médiévaux et contemporains, 10 % des livres de droit, et 10 % des livres scientifiques.

La première réaction de l'Eglise est enthousiaste. Dans son pays d'origine, l'Allemagne, s'élèvent au XVe siècle de véritables hymnes à la presse typographique, « art divin » d'après l'archevêque Berthold de Mayence ; c'est « l'art des arts, la science des sciences, renchérit le *Fasciculum Temporum* ; grâce à sa rapide diffusion, le monde a été doté d'un magnifique trésor jusque-là enfoui, de sagesse et de science ». « Que d'élévations vers Dieu, que d'intimes sentiments de dévotion ne doit-on pas à la lecture de tant de livres dont l'imprimerie nous a dotés », lit-on dans la chronique de Koelhoff. Les Frères de la Vie Commune de Rostock parlent de « mère commune à toutes les sciences », et d'« auxiliatrice de l'Eglise ». Partout, on s'empresse de s'équiper : Torquemada installe l'imprimeur Ulrich Hahn à Rome en 1466 ; le cardinal Caraffa appelle Georges Lauer en 1469 ; monastères et évêchés disposent de presses avant même le pouvoir civil ; le premier livre imprimé à Paris sort en 1470 de l'atelier d'Ulrich Gering, installé par la faculté de théologie, la Sorbonne.

Très vite cependant, l'Eglise va déchanter et s'apercevoir que cet « art divin » est peut-être bien en fait un « art diabolique » : « L'œuvre des premiers imprimeurs a conduit aux mystifications autant qu'à la lumière », écrit l'historien E. Eisenstein. L'occultisme, l'astrologie, la sorcellerie en profitent aussi bien que la Bible et les livres religieux. Et même si ces derniers dominent la production, ce n'est pas nécessairement une bonne chose : mettre la Bible directement entre les mains des fidèles, c'est permettre à ces derniers de se passer de l'intermédiaire du clergé, d'autant plus que sortent des presses des traductions en langue vulgaire : en allemand en 1466, en italien en 1471, en hollandais en 1477, en castillan en 1485, en français en 1487. Les chrétiens vont pouvoir se faire une opinion par eux-mêmes. Et les auteurs hétérodoxes vont pouvoir disséminer leurs dangereuses idées. Alors que les écrits de Wyclif n'avaient circulé qu'à quelques dizaines d'exemplaires manuscrits, ceux de Luther sont vendus à plus de 300 000 exemplaires entre 1517 et 1520, ce qui fait dire au réformateur John Fox : « Autant de presses de par le monde, autant de redoutes dressées contre le château Saint-Ange, si bien que le pape devra abolir le savoir et l'imprimerie ou celle-ci devra enfin avoir raison de lui. »

Il s'en occupe, d'ailleurs : dès 1475, Sixte IV autorise l'université de Cologne à censurer imprimeurs, éditeurs et auteurs. Son successeur Innocent VIII demande aux évêques de surveiller la production de livres dans leur diocèse. En 1491, le légat Niccolo Franco établit que tout ouvrage traitant de questions religieuses devra obtenir l'autorisation de l'évêque ou du vicaire général du diocèse. Les premières censures atteignent alors certains humanistes, et non des moindres, comme Pic de La Mirandole.

Mais c'est à Alexandre VI Borgia que nous devons le premier grand texte de répression systématique de l'écrit. Le 1er juin 1501, il publie une constitution qui jette les bases de la censure : « Il faut donc, dit-il, employer des remèdes opportuns pour que les imprimeurs cessent de reproduire tout ce qui est contraire ou opposé à la foi catholique, ou susceptible d'engendrer le scandale dans l'esprit des fidèles. » En conséquence, poursuit-il, pour « exterminer les ténèbres de l'erreur », les évêques devront se faire remettre tous les livres mauvais et les brûler ; ils devront se renseigner sur les imprimeurs, leur infliger l'excommunication, une amende, rechercher s'ils sont suspects d'hérésie, et, dans ce cas, invoquer au besoin l'appui du bras séculier, ce qui, en d'autres termes, signifie le bûcher. Tous les nouveaux livres à imprimer devront être examinés « par des hommes habiles et catholiques », qui délivreront une autorisation. Tous ceux qui possèdent des livres interdits devront s'en débarrasser immédiatement. Ainsi, dès l'apparition de l'imprimerie, la censure romaine se lance dans la folle entreprise de contrôler toute la production littéraire dans la chrétienté. En 1557, ce sera la première publication de l'*Index des livres prohibés*, ou *Catalogue des auteurs et des livres que l'Office de la Sainte Inquisition romaine et universelle mande à tous et à chacun dans toute la République chrétienne d'éviter sous peine des censures contenues dans la bulle* In Coena Domini *contre ceux qui lisent ou gardent des livres prohibés et sous les autres peines contenues dans le décret du même Saint Office*. Pendant quatre siècles, l'Index romain va courir après l'inflation des publications jusqu'à ce que, submergé par l'avalanche des titres, il renonce à la tâche en 1948.

L'imprimerie, qui répand les bonnes comme les mauvaises idées, facilite également les échanges intellectuels, stimule la curiosité, accélère l'éducation et l'innovation, et par là elle sape l'unanimisme qui était un des piliers de la civilisation médiévale. Les idées contestataires ou non conformistes, jusque-là confinées à des milieux marginaux très réduits, sont amplifiées. Le consensus se désintègre. La pensée dominante, stable depuis des siècles, est déstabilisée par l'attrait de la nouveauté. Les nouveaux philosophes ont le moyen de faire connaître leurs idées réformatrices. Et en même temps la diffusion de l'imprimé élargit le fossé entre culture des élites et culture populaire. Tout comme l'ordinateur a créé une « fracture numérique », l'imprimerie a créé une « fracture alphabétique » entre une élite qui maîtrise lecture et écriture, formée à la culture livresque, et des masses populaires, essentiellement paysannes, analphabètes, et dont la culture, exclusivement orale, est basée sur les traditions, transmises de génération en génération. La culture livresque avance, se renouvelle au gré des publications ; la culture populaire est immobile, et l'écart ne cesse de se creuser. Dans le monde médiéval, en dépit des différences de niveaux culturels, un vieux fonds de croyances, de superstitions, de pratiques ancestrales et de traditions était largement partagé par les élites et le peuple. L'imprimerie va peu à peu rompre ce lien, et creuser un fossé intellectuel qui ne va cesser de s'approfondir. L'imprimerie, fille du Moyen Age, en est aussi le fossoyeur.

13

Un Occident divisé :
Vers les monarchies nationales

Tandis qu'en profondeur, sous les coups des catastrophes et des chocs culturels, les mentalités médiévales évoluent insensiblement vers une conception humaniste de l'existence, où les certitudes de la foi ne répondent plus directement aux interrogations de la raison, la surface est agitée par le bruit et la fureur d'une vie politique dont la violence et l'apparent désordre dissimulent une double évolution de fond : la désintégration de l'unité chrétienne et l'affirmation des pouvoirs royaux. L'Occident se morcelle en monarchies nationales.

Bien sûr, ce que l'on appelait jusque-là la chrétienté n'avait jamais constitué une entité cohérente et sans failles. Bien des guerres y opposaient les princes et les rois. Mais ces luttes se déroulaient entre dynasties, seigneurs, groupes d'intérêts qui partageaient des valeurs spirituelles communes, et les peuples étaient peu concernés par les enjeux de ces querelles. L'opposition aux non-chrétiens, essentiellement les musulmans, constituait un ciment entre tous les Etats occidentaux, capables de faire taire périodiquement leurs oppositions pour participer à des croisades. L'Europe, c'était une chrétienté à deux têtes, le pape et l'empereur, deux têtes rivales, certes, mais poursuivant le même but.

Cette époque est révolue. Papes et empereurs perdent leur prestige, et les éléments fédérateurs s'effacent derrière de nouvelles aspirations. Les rois, les princes et parfois les villes font valoir leurs intérêts particuliers et renforcent les liens avec leurs sujets, transformant les conflits familiaux en conflits nationaux. Lorsque ceux-ci, à la fin du XVe siècle, éclipseront l'idée de chrétienté, ce sera la fin de ce qu'on appelle le Moyen Age.

L'effacement de l'idée de croisade

L'affaiblissement de l'idéologie et de la pratique de la croisade est à la fois une cause et un effet de cette division de l'Occident, qui tourne son attention vers des querelles internes. Il minimise la menace musulmane, et les appels du pape ne mobilisent plus les ardeurs des souverains, occupés à affirmer leurs pouvoirs contre leurs voisins. L'heure n'est plus à l'unité. La chute de Saint-Jean-d'Acre, en 1291, avait pourtant été ressentie comme un sérieux avertissement : les chrétiens n'avaient plus une seule base sur le continent. Seule l'île de Chypre tient encore, mais, de façon révélatrice, elle sert davantage d'entrepôt commercial que de camp militaire. On y trouve le roi et le patriarche de Jérusalem, les Templiers et les Hospitaliers, mais surtout des marchands italiens, qui ne respectent guère la prohibition pontificale de Nicolas IV, renouvelée en 1303 par Clément V, de commercer avec les infidèles. Dès 1305, il y a d'ailleurs des consulats vénitien, génois et pisan à Alexandrie, et les marchands chrétiens n'hésitent pas à vendre même des esclaves du Darfour et du Pont au sultan d'Egypte. L'éventualité d'une reprise des croisades militaires provoque des réticences, même dans le clergé, qui serait mis à contribution. Celui de France, réuni en synode, pose des conditions préalables : la paix entre les princes chrétiens et l'union entre Grecs et Latins. Autant dire qu'il repousse la croisade aux calendes grecques.

Les ordres de moines-soldats sont également affaiblis. Le 6 juin 1306, le pape convoque les maîtres des ordres du Temple et de l'Hôpital à Poitiers pour la Toussaint afin de discuter avec eux de la croisade et de l'union des deux ordres. Le 13 juin, il exhorte en outre les nobles et les ecclésiastiques à soutenir le projet d'Humbert Blanc, maître du Temple en Auvergne, et de Pierre de Lengres, marchand de Marseille, gratifié du titre d'amiral des galères envoyées pour le secours de la Terre sainte, qui se proposent d'aller en Orient pour lutter contre les musulmans et contre les chrétiens qui trafiquent avec eux. Il est prévu que l'expédition sera accompagnée d'un prêtre, chargé d'absoudre les trafiquants... s'ils acceptent de céder au pape un pourcentage de leurs profits. Mais l'union des Templiers et des Hospitaliers échoue, en raison de l'opposition de Jacques de Molay, grand maître des Templiers, qui craint que cette fusion se fasse au détriment de son ordre. De toute façon, l'année suivante, Philippe le Bel en fait arrêter tous les membres en France, et l'ordre est supprimé par le concile de Vienne en 1311.

Certains se tournent vers d'autres formes de croisade : croisade politique, avec la formation d'une ligue entre le roi de France, l'empereur byzantin, Venise et le roi de Chypre en 1333, pour discuter avec le sultan ; croisade pacifique, avec l'établissement de couvents franciscains en territoires musulmans : en 1309, frère Roger Guérin obtient pour cela l'autorisation du sultan d'Egypte ; en 1310, il est nommé provincial de Terre sainte ; en 1316, son ordre l'autorise à négocier l'achat des Lieux saints, et en 1333 commence la construction des couvents du mont Sion, du Saint-Sépulcre et de la grotte de Bethléem. Mais désormais, beaucoup plus que les actes, ce sont les projets et les théories qui se multiplient, ce qui est le signe le plus flagrant du manque de volonté des dirigeants chrétiens. En 1291, le franciscain Fidentius de Padoue adresse à Nicolas IV son *Liber de recuperatione terrae sanctae*, imité la même année par Thaddeus de Naples. En 1294, le Génois Galvano de Levanti, médecin à la cour pontificale, dédie un essai au roi de France, lui demandant d'intervenir. En 1298, Raymond Lulle (1235-1315) produit à son tour un *Pro recuperatione terrae sanctae*, adressé sous forme d'une lettre à Boniface VIII, qu'il reprend en 1309 dans un traité. Cet Espagnol excentrique met tous ses espoirs dans un projet utopique : convertir les musulmans. Il apprend l'arabe, voyage chez les infidèles, fait la tournée des cours européennes et, convaincu de la possibilité d'une entente universelle des hommes sur une base culturelle commune, il appelle à une conversion autour de quelques grands principes rationnels. Illusion extravagante : son irénisme le conduit au martyre en 1315 à Bougie.

En 1306, un avocat de Coutances qui fréquente la cour de France, Pierre Dubois, rédige lui aussi un *De recuperatione terrae sanctae*, projet resté le plus célèbre parce que le plus détaillé de ce genre de littérature. Pour lui, la chrétienté doit s'unir derrière le roi de France, qui est le plus puissant et le plus saint d'Occident. Le pape, français lui aussi, le nommera empereur et suzerain de tous les souverains, qui lui prêteront hommage. Le souverain pontife lui-même abandonnera ses Etats, contre une confortable pension, et sera confiné à ses fonctions spirituelles et théologiques. La paix régnant ainsi en Europe, le roi de France organisera la croisade, à laquelle il ne participera pas personnellement, qu'il financera en confisquant les biens du clergé. Après la conquête de la Terre sainte, on organisera politiquement le territoire : Charles II d'Anjou aura le royaume de Jérusalem, dont il porte déjà le titre, et Charles de Valois, le frère du roi, aura l'Empire latin de Constantinople, qu'il a hérité par sa femme Catherine de Courtenay. L'assimilation du monde byzantin ne posera pas de problème : les Latins n'auront qu'à apprendre le grec et les langues orientales, et tout sera réglé. Encore faudra-t-il peupler ces territoires, pour ne pas être submergé par le nombre de musulmans. Face à ces polygames obsédés sexuels qui consacrent toute leur énergie à la reproduction, les chrétiens, avec leur clergé célibataire et leur culte de la virginité, sont désavantagés, écrit Pierre Dubois. Il suggère donc d'employer les grands moyens : déportation de femmes, mariage des clercs, mariages mixtes suivis de la conversion des épouses musulmanes, séduction des musulmans par des femmes chrétiennes qui élèveront leurs enfants dans leur foi. Croisade d'un nouveau genre, substituant la procréation à l'extermination.

Au concile de Vienne, en 1311, le roi de Chypre Henri II de Lusignan préconise des moyens plus traditionnels, par l'intermédiaire de Simon de Carmadino – envoi d'une forte escadre pour préparer le terrain et faire porter l'effort principal sur l'Egypte –, tandis que l'évêque d'Angers, Guillaume Le Maire, exprime ses doutes : il faudra au moins dix ou quinze ans pour préparer la croisade, dit-il, accorder les indulgences, réunir les fonds, le matériel, les hommes ; en fait, il est peu probable « que vienne jamais le temps de la libération de Jérusalem ». Et en effet, les souverains se dérobent. Le pape, pourtant, veut y croire : il annonce le 3 avril 1312 que Philippe le Bel et toute sa famille se sont engagés à partir dans un délai d'un an, et pour cela il accorde au roi la levée d'une décime. Le roi encaisse l'argent et ne bouge pas.

D'autres projets sont élaborés : un blocus économique par exemple. Mais on manque de bateaux pour l'assurer, et les grands ne veulent pas se priver des produits d'Orient que leur vendent les Arabes. Le dominicain Guillaume d'Adam, dans le *De modo Sarracenos extirpendi*, fustige ces mauvais chrétiens qui privilégient leur profit à l'élimination des infidèles, tandis que le Vénitien

Marino Sanudo, toujours dans les années 1330, suggère une croisade à la vénitienne : faire le blocus de l'Egypte et détourner le commerce par la Syrie, où les taxes sont moins lourdes, ce qui augmenterait les bénéfices de la Sérénissime.

Dans ces conditions, les quelques tentatives sérieuses de croisade, mal préparées, mal soutenues par des princes qui se désintéressent de ces entreprises d'un autre âge, sont vouées à l'échec. En 1316-1318, Charles de Valois, frère de Philippe le Bel et mari de Catherine de Courtenay, semble prêt à partir ; le chef de l'avant-garde a même été désigné : Louis de Clermont. Mais le projet est abandonné. C'est le moment où éclate le mouvement des « pastoureaux et des enfants », qui sous la direction d'un certain « maître de Hongrie » reprennent l'idée de croisade des pauvres gens de Pierre l'Ermite. Ce « ramas de paysans et d'hommes du commun », disent avec mépris les *Chroniques de Saint-Denis*, « sans argent et munis seulement d'une besace et d'un bâton », est plus dangereux pour les autorités chrétiennes que pour les musulmans, en raison des idées millénaristes qu'il véhicule. Il est dispersé sur les routes de France.

La croisade n'est pas une affaire de gueux. C'est une affaire de princes et de grands seigneurs. En 1333-1335, le roi de France Philippe VI est prêt à partir. La date de départ est même fixée : août 1336. Mais le roi d'Angleterre, sollicité, tergiverse, et préfère finalement attaquer le roi de France que le sultan. Le projet est abandonné. Pendant toute la première partie de la guerre de Cent Ans, les papes d'Avignon vont harceler sans succès les Capétiens et les Plantagenêts en faveur d'une réconciliation qui serait le prélude à une croisade qui n'aura jamais lieu. Un succès pourtant, en 1344 : la prise de Smyrne, avec force massacres, par les Hospitaliers et des Italiens. En 1345, c'est la croisade très controversée d'Humbert II, dauphin de Viennois, toujours pour le contrôle de Smyrne. L'expédition irrite les Génois et les Vénitiens, dont elle perturbe le commerce, et des écrits circulent en Occident contre la croisade. C'est le cas d'une lettre apocryphe de l'émir Omour-Beg à Clément VI, sans doute forgée par les Vénitiens, et qui pose au pape les questions suivantes : pourquoi vous attaquez-vous aux Turcs, alors que ce sont les juifs qui ont tué le Christ ? Pourquoi ne pas nous entendre contre l'ennemi commun, les Byzantins ? Les Turcs et les Italiens descendent tous des Troyens, alors pourquoi ne s'entendraient-ils pas ?

La croisade d'Humbert échoue, et les Turcs reprennent leur avancée : prise de Gallipoli (1354), de la Thrace (1359), défaite des Bulgares à Maritza (1371), des Serbes à Kosovo Polje (1389). Face à cette marée, les réactions chrétiennes sont sporadiques et vaines : en 1365, Pierre Ier de Chypre s'empare d'Alexandrie, mais les croisés s'empressent de quitter la ville avec leur butin. En 1396, le roi Sigismond de Hongrie, dont les Etats sont directement menacés, réunit une coalition de princes chrétiens, avec la bénédiction des deux papes rivaux, mais en raison de l'incompétence des chefs, l'armée des croisés est écrasée par les Turcs à Nicopolis, sur le Danube. Parmi les prisonniers, Jean sans Peur, le fils du duc de Bourgogne, qui doit payer une rançon de 200 000 ducats. La maison de Bourgogne est sans conteste la plus active dans l'effort de croisade. En 1421, le duc Philippe le Bon envoie Gilbert de Lannoy en Orient pour étudier les possibilités d'un débarquement en Egypte et en Syrie. En 1425-1426, des chevaliers bourguignons vont prêter main-forte au roi de Chypre. En 1432, tandis que Charles VII et Jacques Cœur font du commerce avec le sultan, Philippe le Bon envoie un nouvel espion sous couvert de pèlerinage, Bertrandon de la Broquière, qui rapporte des informations destinées à favoriser une expédition militaire. Le duc envoie plusieurs navires, reçoit en 1442-1443 les ambassadeurs de l'empereur byzantin venus demander de l'aide. En 1444-1445, une petite flotte bourguignonne, conduite par Waleran de Wavrin, lutte contre les Turcs. En 1451, au chapitre de la Toison d'or tenu à Mons, l'évêque de Châlons Jean Germain exhorte les chevaliers à se croiser, et le duc l'envoie en ambassade auprès de Charles VII pour prier celui-ci de se mettre à la tête d'une croisade. La réponse est très évasive.

La situation, pourtant, est grave : le 11 novembre 1444, le sultan Mourad a écrasé à Varna une armée chrétienne dirigée par le roi de Hongrie Ladislas, le voïvode de Transylvanie Jean Hunyadi et le légat pontifical Jules Césarini. Les croisés avaient pourtant juré de respecter une trêve de dix ans avec le sultan, mais le légat les avait persuadés qu'un serment prêté à un infidèle était sans valeur. Ladislas et Césarini sont tués dans la bataille. Puis le 29 mai 1453, c'est la catastrophe : les Turcs prennent Constantinople ; le dernier rempart de l'Europe chrétienne contre la vague islamique vient de tomber. Est-ce la panique ? Même pas. Venise s'empresse d'envoyer des cadeaux au sultan, en l'assurant qu'elle n'a aucune intention de dénoncer ses traités de commerce. Elle demande simplement un dédommagement pour ses galères détruites pendant l'assaut. Les affaires continuent comme avant. Gênes obtient la promesse que son comptoir de Péra ne sera pas détruit, et c'est tout juste si Florence ne félicite pas Mehmet, qui est un grand admirateur des Médicis. Les rois chrétiens, eux, font semblant de regarder ailleurs. Charles VII vient tout juste de remporter la guerre de Cent Ans par la victoire de Castillon le 17 juin, deux semaines après la chute de Constantinople, et le royaume est exsangue. L'Angleterre sombre dans la guerre des Deux-Roses. Alphonse d'Aragon, âgé, ne pense qu'à préserver ses territoires italiens. L'empereur Frédéric III tergiverse, à son habitude. Seul le duc de Bourgogne se dit prêt à partir à la croisade ; il en fait le serment lors du fameux banquet du Faisan, à Lille, le 17 février 1454. Tous les participants, échauffés par la mise en scène et le vin de Bourgogne, prennent le même engagement... à condition que le « très chrétien et très victorieux » roi de France participe à l'expédition. Or tout le monde sait qu'il n'a aucune intention d'aller en découdre avec Mehmet II.

Face à cette indifférence des souverains, le pape se démène en vain. Dès le 30 septembre 1453, Nicolas V promulgue une bulle prêchant la croisade, et le cardinal Bessarion blâme l'attitude des Vénitiens. En 1456, Calixte III équipe une petite flotte, qui s'empare de Naxos, Lemnos et Samothrace, mais personne ne veut se charger de les défendre, et les Turcs les reprennent aussitôt. Pie II, en 1464, reprend le projet de croisade, mais il meurt à Ancône alors qu'il allait bénir l'expédition. Quelques années plus tôt, alors qu'il n'était encore que le cardinal Enea Silvio Piccolomini, il avait fait ce constat désabusé qui analyse avec lucidité la division de la chrétienté à la fin du XVe siècle : « La chrétienté est un corps sans tête, une république qui n'a ni lois ni magistrats. Le pape et l'empereur ont l'éclat que donnent les grandes dignités ; ce sont des fantômes éblouissants, mais ils sont hors d'état de commander, et personne ne veut obéir : chaque pays est gouverné par un souverain particulier, et chaque prince a des intérêts séparés. Quelle éloquence faudrait-il pour réunir sous le même drapeau un si grand nombre de puissances qui ne sont point d'accord et qui se détestent ? Si l'on pouvait rassembler leurs troupes, qui oserait faire les fonctions de général ? Quel ordre établirait-on dans cette armée ? Quelle en serait la discipline militaire ? Qui voudrait entreprendre de nourrir une si grande multitude ? Parviendrait-on à savoir leurs langues diverses ou à diriger leurs mœurs incompatibles ? Quel homme viendrait à bout de réconcilier les Anglais et les Français, Gênes et l'Aragon, les Allemands et les peuples de la Hongrie et de la Bohême ? » L'histoire politique des XIVe et XVe siècles justifie amplement ces propos amers.

La guerre de Cent Ans (I) : l'effondrement de la France (1340-1364)

Elle est dominée par ce conflit emblématique qu'on a baptisé la guerre de Cent Ans, conflit féodal et dynastique dans ses origines, dont émergent deux nations antagonistes. Tout commence en fait en 1327-1328, par deux évènements dynastiques totalement indépendants au départ. En 1327, le roi d'Angleterre Edouard II, dont le règne a été calamiteux, est déposé et bientôt assassiné, à l'initiative de sa femme Isabelle, fille de Philippe le Bel, et de son amant Mortimer, eux-mêmes écartés du pouvoir en 1330 par le fils d'Edouard II, le jeune Edouard III, 18 ans, ambitieux et chevaleresque. Il règne sur un royaume exigu de 130 000 km^2 et environ 5 millions d'habitants et tenu en échec par les Ecossais du roi Robert Bruce. Sur le continent, Edouard est duc d'Aquitaine, et en tant que tel vassal du roi de France, à qui il doit prêter hommage et qui ne cesse d'encourager les seigneurs gascons de faire appel à son Parlement. Or, en 1328, pour la première fois en plus de trois siècles, la succession dynastique est interrompue : Charles IV, dernier fils de Philippe le Bel, meurt sans enfants. Une assemblée de pairs et de princes de la famille capétienne désigne pour lui succéder Philippe de Valois, fils de Charles de Valois, frère de Philippe le Bel. Obèse, médiocre, hésitant, « toujours prêt à accepter les conseils des fous », écrit Froissart, il n'est pas à la hauteur d'une situation délicate.

Pendant plusieurs années, Edouard III ne conteste pas la légitimité de Philippe VI. Mais en 1337, c'est la rupture, en raison de deux crises simultanées. En Flandre, le Capétien soutient le comte Louis de Nevers contre les paysans et artisans révoltés, qu'il a battus à Cassel en 1328. Le chef des révoltés, Jacques Van Artevelde, réussit cependant à prendre le pouvoir à Gand, et fait appel au roi d'Angleterre. Celui-ci, justement, conteste les exactions des hommes de Philippe VI en Guyenne, et le 24 mai 1337, le roi de France lui confisque le duché et se met en devoir de l'occuper militairement. Les deux camps se dessinent donc : d'un côté, le roi de France, qui soutient le comte de Flandre Louis de Nevers, réfugié à Paris, et le fils de Robert Bruce, le roi d'Ecosse David II, lui aussi réfugié en France ; il est soutenu dans l'Empire par Jean de Bohême, quelques grands féodaux des Pays-Bas, et en Espagne par le roi de Castille. En face, le roi d'Angleterre, allié des Flamands révoltés de Jacques Van Artevelde, partenaires indispensables pour les exportations de laine anglaise ; il a le soutien de l'empereur Louis de Bavière et de plusieurs princes d'Empire, et en Ecosse il a réussi à placer sur le trône sa créature Edouard Balliol. Afin de mieux légitimer sa cause aux yeux de ses alliés, surtout flamands et gascons, Edouard III, en 1338, accuse officiellement Philippe VI d'avoir usurpé la couronne de France, qu'il revendique pour lui-même en tant que petit-fils direct de Philippe le Bel par sa mère Isabelle. Prétention rejetée du côté français selon une mythique « loi salique » qui exclurait les femmes de la succession royale.

Théoriquement, les forces sont disproportionnées : le royaume de France, avec ses 420 000 km^2 et 16 à 18 millions d'habitants, c'est 3,2 fois la superficie et la population anglaises. Mais les ressources financières du roi, environ 500 000 livres tournois, ne sont guère plus importantes que celles de son rival, et sur le plan militaire l'armée anglaise a acquis expérience et efficacité au cours des guerres en Ecosse : une majorité de fantassins, recrutés dans les couches supérieures de la paysannerie, armés du grand arc, dont les flèches percent les cottes de mailles à 100 mètres, sont placés en formations serrées sur les ailes, abrités derrière une palissade de pieux taillés en pointe ; capables de décocher six flèches à la minute, en tir plongeant, ils font pleuvoir une pluie de projectiles qui déciment les charges ennemies. Au centre du dispositif, les cavaliers lourds, qui ne sont guère plus de 3 000 à 5 000, achèvent le travail. Il existe dans cette armée un esprit de corps, chaque groupe étant souvent de même origine géographique, obéissant à un chef qui est lié au roi par contrat d'*indenture* (les deux parties possèdent une moitié du parchemin, découpé en dents de scie). L'armée française, au contraire, repose encore majoritairement sur le système du service féodal, les vassaux se rassemblant pour une période limitée, en vertu du droit de ban, et misant sur la force d'impact d'une charge de cavalerie dans laquelle les grands seigneurs rivalisent d'audace et d'indiscipline. Le recours aux professionnels salariés se répand, mais il est encore limité dans les années 1330 en raison des coûts du système.

Les opérations commencent véritablement vers 1340, avec une série ininterrompue de désastres français. Le 24 juin, dans le port de L'Ecluse, près de Bruges, la flotte française est anéantie ; grâce à ce Trafalgar médiéval, Edouard III pourra traverser la Manche quand il le voudra. C'est ce qu'il fait en 1346, débarquant dans le Cotentin, prenant Caen, saccageant la Normandie, et détruisant l'armée de Philippe VI, qui l'avait rattrapé sur la Somme, à Crécy (26 août), ce qui lui laisse le loisir d'assiéger et de prendre Calais le 3 août 1347. Repeuplée par les Anglais, la ville sera pendant deux siècles une base britannique en France.

En même temps, un autre front s'ouvre en Bretagne, où une guerre de succession vient se greffer sur le conflit franco-anglais en 1341 : à la mort du duc Jean III, le duché est disputé entre sa nièce Jeanne de Penthièvre, épouse de Charles de Blois, un parent des Valois, et donc soutenu par Philippe VI, et Jean de Montfort, demi-frère du défunt, qui reçoit l'aide des Anglais. La guerre s'étend à la Guyenne, tandis qu'en Flandre Artevelde est tué et que Louis de Bavière abandonne le camp anglais. Les succès de ce dernier se poursuivent cependant en 1346 et 1347 : le comte de Derby s'empare de Poitiers et progresse en Aquitaine ; en Ecosse, David Bruce, allié des Français, est fait prisonnier, de même que Charles de Blois en Bretagne, battu à La Roche-Derrien.

Philippe VI meurt en août 1350. Le règne de son fils Jean le Bon va se révéler encore plus catastrophique que le sien. Irascible, imprévisible, le nouveau souverain est entouré de favoris douteux, comme Charles d'Espagne, et voit surgir un nouvel adversaire, le tortueux roi de Navarre, Charles le Mauvais, largement possessionné en Normandie, et qui a même des droits très valables sur la couronne de France, puisque sa mère, Jeanne de Navarre, était la fille unique du roi Louis X. Charles, également lésé comme héritier légitime de la Champagne, cherche à se venger en négociant avec Edouard III. Jean II, dans un de ses accès de colère, vient lui-même l'arrêter à Rouen en avril 1356. Il ne peut cependant rien contre les chevauchées dévastatrices menées en Aquitaine par le fils aîné du roi d'Angleterre, le prince de Galles Edouard, surnommé le Prince Noir. Et lorsqu'il tente de l'intercepter au retour d'une de ses expéditions, près de Poitiers, le 19 septembre 1356, il est complètement battu et fait prisonnier. Emmené en Angleterre, il y restera trente-huit mois, le temps de négocier le montant de sa rançon, fixée finalement au chiffre fabuleux de 3 millions d'écus d'or.

La bataille de Poitiers et la capture de Jean II plongent le royaume de France dans le chaos. En l'absence du roi, la régence est exercée par son fils, le dauphin Charles, 18 ans, hésitant et influençable. En octobre 1356, il convoque à Paris les états généraux, assemblée des représentants des trois ordres du royaume, pour leur demander conseil et surtout voter de nouvelles taxes pour financer la guerre et la rançon du roi. La réunion tourne mal : sous l'impulsion du prévôt des marchands de Paris, Etienne Marcel, et de l'évêque de Laon, Robert Le Coq, les délégués manifestent leur colère contre l'impéritie du gouvernement, et rédigent un projet de réforme profonde de l'administration : la Grande Ordonnance de Réformation. Devant les hésitations du dauphin, Etienne Marcel déclenche une insurrection à Paris, au cours de laquelle deux conseillers de Charles sont massacrés sous ses yeux. Epouvanté, le dauphin s'enfuit et va chercher des soutiens en province, tandis que le roi de Navarre, Charles le Mauvais, sorti de sa prison par un commando le 9 novembre 1357, s'entend avec Etienne Marcel.

Et voilà qu'en mai 1358 éclate dans le Beauvaisis une révolte paysanne, mouvement spontané, contre les nobles incapables d'assurer la protection des populations et contre les taxes. Quatre-vingts châteaux et manoirs sont brûlés par cette grande jacquerie entre Paris et Soissons, mais le mouvement est écrasé dans le sang par Charles le Mauvais. La situation est plus confuse que jamais : le dauphin, qui a maintenant une armée d'au moins 10 000 hommes, dont les rangs sont gonflés par une foule de nobles qui éprouvent le besoin de resserrer les rangs derrière le pouvoir après l'alerte de la jacquerie, s'apprête à assiéger Paris, où Etienne Marcel dirige l'opposition. Le roi de Navarre se trouve dans une position ambiguë : il est l'allié d'Etienne Marcel contre le dauphin, mais en même temps il est apparu comme le chef de la noblesse face à la jacquerie, or la noblesse est dans le camp du dauphin, contre les Parisiens. De plus, Charles le Mauvais a rassemblé au nord de Paris des bandes mercenaires qui rêvent d'entrer dans la capitale, où il y a tant de riches demeures à piller. Etienne Marcel, dont la démagogie a de plus en plus de mal à tenir les Parisiens, veut leur ouvrir les portes : il est massacré à la porte Saint-Antoine. Du coup, le roi de Navarre se retire en Normandie, tandis que le dauphin entre dans la capitale (juillet-août 1358).

Profitant de cette situation anarchique, Edouard III débarque à Calais en novembre 1359, avec l'intention d'aller se faire sacrer à Reims. C'est un échec. Les villes lui ferment leurs portes, et comme il n'a pas de matériel de siège, il erre en Champagne et dans la Beauce, et le 8 mai 1360 il préfère conclure avec le dauphin un traité de paix à Brétigny, près de Chartres : il renonce à la couronne de France, mais en échange reçoit en toute souveraineté un bon quart sud-ouest du royaume – l'Aquitaine dans sa plus grande extension. Jean II sera libéré, mais plusieurs de ses fils resteront otages à Londres pour garantir le paiement de la rançon. Le roi revient effectivement en juillet 1360 dans un royaume exsangue et amputé, livré aux bandes de mercenaires qui se retrouvent sans emploi. La fin du règne est aussi lamentable que les débuts. On a les plus grandes difficultés à rassembler le montant de la rançon, et comme un de ses fils s'enfuit de Londres, violant ainsi le code d'honneur chevaleresque, le roi se fait un devoir (et peut-être un plaisir) de se constituer prisonnier en décembre 1363. Il meurt le 8 avril 1364 dans sa confortable résidence londonienne.

La guerre de Cent Ans (II) :
heurs et malheurs de l'Angleterre (1364-1453)

Le dauphin, devenu le roi Charles V, peut alors donner la pleine mesure de ses capacités. Agé de 26 ans, intelligent, lucide, cultivé, il sait s'entourer d'auxiliaires capables, et dès son avènement il trouve en Bertrand Du

Guesclin, un petit noble breton qui s'est fait un nom dans le monde militaire par sa ruse et son audace, un collaborateur idéal. Le 16 mai 1364, Du Guesclin bat l'armée navarraise du Captal de Buch à Cocherel, près d'Evreux, mais en septembre il est battu et fait prisonnier en Bretagne, à la bataille d'Auray, où Charles de Blois est tué par les Anglais. Par le traité de Guérande (avril 1365), Jean de Montfort, dit « l'Anglophile », est reconnu seul duc de Bretagne.

Charles V a un autre souci : comment se débarrasser des Grandes Compagnies de mercenaires ? L'idée est de les envoyer se battre ailleurs, en Castille, où Henri de Transtamare, protégé des Français, revendique la couronne de son oncle, Pierre Ier, dit « le Cruel », allié des Anglais. Du Guesclin, dont le roi paye la rançon, est chargé par celui-ci de conduire les compagnies, en passant par Avignon pour y recevoir la bénédiction du pape, car l'opération est qualifiée de croisade. La Castille est conquise en 1366, jusqu'au moment où les Anglais du Prince Noir, venus au secours de Pierre le Cruel, battent et prennent Du Guesclin à Najera, à l'ouest de Burgos, le 3 avril 1367. Charles V paye à nouveau sa rançon et le renvoie en Castille, où le 14 mars 1369, à Montiel, il bat Pierre le Cruel, assassiné peu après. L'année suivante, Du Guesclin, revenu en France, remporte plusieurs succès en Aquitaine, et le 2 octobre 1370 le roi le nomme connétable de France.

Les dix années qui suivent sont marquées par la reconquête du royaume sur les Anglais. C'est que ceux-ci connaissent à leur tour des difficultés. Edouard III vieillit ; il devient même complètement sénile à partir de 1373, et à sa mort en 1377 la couronne passe à son petit-fils Richard II, qui n'a que 12 ans et dont la personnalité autoritaire donne déjà des signes inquiétants. Il est dirigé par son oncle Jean de Gand, duc de Lancastre, très impopulaire. Sur le terrain, les grands capitaines se font rares. L'un des principaux, Jean Chandos, est tué en 1370 ; le prince de Galles lui-même, malade, rentre en Angleterre en 1371, et meurt en 1376. Du côté français au contraire, c'est l'éclaircie. Charles V impose une nouvelle stratégie : celle de l'huître. Face aux chevauchées anglaises, refuser la bataille et s'enfermer dans les villes fortifiées, laisser l'ennemi s'épuiser et se disperser dans d'infructueuses opérations de dévastation des campagnes, attaquer par surprise ses détachements éparpillés, renforcer les défenses urbaines, comme à Paris, où une nouvelle enceinte de plus de cinq kilomètres est construite, ponctuée par six portes défendues par des bastilles, dont celle de Saint-Antoine, *la* Bastille, dont la première pierre est posée le 22 avril 1370. Et puis, à l'extérieur de la ville est édifiée l'énorme forteresse de Vincennes, avec son donjon de 52 mètres de haut.

Une stratégie qui n'est pas du goût de la noblesse, mais qui est payante et parfaitement mise en pratique par Du Guesclin, qui dès le 4 décembre 1370 attaque par surprise et disperse une bande anglaise à Pontvallain, près du Mans. Exploit suivi de la reconquête du Poitou et de la Saintonge, avec la victoire de Chizé le 21 mars 1373. Du Guesclin et Charles V meurent à quelques mois d'intervalle, en 1380. A ce moment, les Anglais ne contrôlent plus en France que Calais, Cherbourg, Brest et quelques lambeaux de territoires autour de Bordeaux et Bayonne.

Puis tout rebondit, car les deux royaumes sombrent dans des difficultés internes qui interrompent l'effort de guerre. Etrange similitude : des deux côtés de la Manche, le roi est un adolescent, avec tout ce que cela implique d'immaturité : Richard II, 13 ans, et Charles VI, 12 ans. Dans les deux cas, trois oncles monopolisent le pouvoir : Lancastre, Cambridge et Gloucester d'un côté ; Anjou, Berry, Bourgogne de l'autre. A Londres comme à Paris, un des oncles est le véritable maître et utilise le pouvoir royal au service de ses intérêts personnels : Lancastre vise la Castille, et Bourgogne le Brabant. Enfin, dans les deux royaumes on est confronté à de graves révoltes à caractère social : les Travailleurs de Wat Tyler en Angleterre, les Maillotins en France. Dans ce contexte, les préoccupations des deux monarchies les détournent de la longue guerre qui les mettait aux prises.

En Angleterre, Richard II doit donc faire face en 1381 à un très grave soulèvement parti du Kent et de l'Essex contre un nouvel impôt, la *Poll tax*. La révolte dite des Paysans, ou des Travailleurs, dirigée par Wat Tyler, s'inspire des prêches exaltés de John Ball, et réussit même à s'emparer de la tour de Londres. Le jeune roi fait face : les rebelles sont sauvagement massacrés. C'est le début d'une dérive mégalomaniaque de Richard, dont les manières tyranniques provoquent l'hostilité de la noblesse. En 1399, le roi exile à vie le duc de Lancastre Henri Bolingbroke et confisque ses biens. Henri, à la tête d'une coalition féodale, s'empare du souverain, que le Parlement force à démissionner, et s'empare de la couronne. Petit-fils d'Edouard III par son père Jean de Gand, Henri IV fonde la dynastie des Lancastre. Richard est assassiné dans le château de Pontefract, mais le nouveau souverain doit faire face jusqu'à sa mort en 1413 à des mouvements de contestation de sa légitimité qui l'empêchent de reprendre activement la guerre contre la France.

Celle-ci n'est pas en mesure d'en profiter, car elle est dans une situation encore pire. A la mort de Charles V, en 1380, ses frères prennent la direction du gouvernement au nom de leur neveu, Charles VI, qui n'a que 12 ans. Ils se débarrassent des conseillers expérimentés du roi sage, les « marmousets », et utilisent les ressources du pouvoir pour favoriser leurs intérêts personnels. L'aggravation des charges fiscales provoque des révoltes en 1381-1382 : les Maillotins à Paris, les Tuchins du Languedoc, la Harelle de Rouen, tandis que la Flandre se soulève à nouveau avec Philippe Van Artevelde, le fils de Jacques. Le jeune Charles VI, comme Richard II, réprime sans pitié. Les Flamands sont battus à Roosebeke le 27 novembre 1382. En 1388, le roi rejette la tutelle de ses oncles, rappelle les marmousets, comme Bureau de la Rivière et Jean Le Mercier. La remise en ordre dure peu : en 1391, Charles VI a son premier accès de folie, et ses crises vont devenir de plus en plus fréquentes. Au sein du Conseil, deux personnages aux intérêts opposés prennent l'ascendant : Philippe, duc de Bourgogne, oncle du roi, puis son fils Jean sans Peur à partir de 1404, et Louis, duc d'Orléans, frère du roi. Le 23 novembre 1407, Jean sans Peur fait assassiner à Paris le duc d'Orléans. C'est le début d'une atroce guerre civile entre « Bourguignons » et « Armagnacs », le fils du défunt, Charles, nouveau duc d'Orléans, ayant épousé une fille du duc d'Armagnac.

A Paris, les massacres se succèdent. Jean sans Peur fait alliance avec le boucher Simon Caboche, qui dirige un soulèvement dont les revendications ne sont pas sans rappeler celles d'Etienne Marcel. En 1413, les états généraux, convoqués par le roi fou, adoptent l'Ordonnance cabochienne de réformation. Mais les excès des Cabochiens provoquent une réaction ; en septembre 1413 les Armagnacs reprennent Paris, d'où Jean sans Peur s'enfuit, et en 1414 il passe un accord avec le nouveau roi d'Angleterre, Henri V. Ce dernier profite de l'occasion pour reprendre la guerre en France, dont il réclame toujours la couronne. En août 1415, il débarque en Normandie, et le 25 octobre, rattrapé dans la Somme par l'armée française, bien supérieure en nombre, il remporte l'éclatante victoire d'Azincourt. La noblesse française est décimée, les ducs d'Orléans et de Bourbon sont prisonniers. Il poursuit ses succès de 1417 à 1419, prenant Caen, Rouen, Paris, où son allié Jean sans Peur s'installe, soutenu par les hommes de main du bourreau Capeluche. Le roi fou Charles VI est emmené par son entourage à

Troyes, mais son fils, le dauphin Charles, 16 ans, qui fait maintenant figure de chef des Armagnacs, attire le duc de Bourgogne dans un guet-apens, sous prétexte de négociations, et le fait assassiner en sa présence sur le pont de Montereau, le 10 septembre 1419. Le nouveau duc de Bourgogne, Philippe le Bon, fils de Jean sans Peur, fait serment de le venger et se range officiellement du côté d'Henri V. Fort de ce soutien, ce dernier conclut avec les représentants de Charles VI le traité de Troyes (21 mai 1420), qui consacre la victoire anglaise : la couronne de France passera au roi Lancastre, mais seulement à la mort de Charles VI, ce qui ne devrait pas tarder : il a 51 ans, il est fou et bien malade ; le dauphin Charles est déshérité, en raison de l'assassinat de Montereau ; et pour sceller l'union des deux couronnes, Henri V épousera la fille de Charles VI, Catherine.

En 1421 et 1422, Henri V poursuit la conquête de son royaume français contre les forces du dauphin, réfugié à Bourges et qui n'accepte pas le traité de Troyes. Et puis, le 31 août 1422, l'incroyable se produit : Henri V, 34 ans, meurt à Vincennes, sans doute de la dysenterie. Le vieux Charles VI lui survit d'à peine deux mois, ce qui est assez, du point de vue armagnac, pour rendre caduc le traité de Troyes. Le dauphin Charles se proclame donc roi de France, Charles VII, tandis que les Bourguignons et les Anglais acclament le fils d'Henri V comme roi de France : Henri VI. Ce dernier ne s'en rend même pas compte : il a neuf mois. Ce qui laisse présager une longue et difficile régence.

La situation à la fin de 1422 est donc la suivante : Charles VII, ex-dauphin, qualifié par ses ennemis de « roi de Bourges », contrôle le sud du royaume, jusqu'à la Loire, ainsi que le Maine et l'Anjou. Personnalité trouble, hésitant, il est entouré par des favoris peu recommandables, comme Pierre de Giac et Georges de La Trémoille. Au nord de la Loire, le duc de Bedford, oncle d'Henri VI, gouverne à Paris avec le titre de régent, tandis que son frère le duc de Gloucester dirige l'Angleterre. A l'est et au nord-est s'étendent les territoires du duc de Bourgogne Philippe le Bon, allié des Anglais et dont la sœur est l'épouse de Bedford. En Bretagne, le duc Jean V est neutre. Les Anglais ont l'initiative. Leur but est de conquérir le sud du royaume. Leurs armées, commandées par le duc de Salisbury et John Talbot, remportent d'abord des succès : victoires de Cravant en 1423, de Verneuil en 1424, prise du Mans en 1425. Mais en 1429 ils doivent lever le siège d'Orléans en raison de l'intervention de capitaines énergiques tels que La Hire, Poton de Xaintrailles, Gaucourt, le Bâtard d'Orléans, et de Jeanne d'Arc, qui persuade ensuite Charles VII d'aller se faire sacrer à Reims.

A partir de ce moment, l'initiative passe du côté de ceux que l'on commence à appeler les « Français ». Les Anglais ont beau brûler Jeanne d'Arc et faire sacrer à Paris le petit Henri VI (1431), ils n'ont plus les moyens de leur politique. Confrontés à de nombreuses révoltes, surtout en Normandie, à court de moyens financiers, ils perdent le sage Bedford, mort en 1435, tandis qu'en Angleterre le conseil de régence se divise. En 1435, ils acceptent de participer à un congrès de la paix à Arras, mais l'arrogance de leurs délégués fait échouer les négociations, tandis que Philippe le Bon se réconcilie avec Charles VII, qui accepte de payer le prix fort : amende honorable, dons et dédommagements pour le meurtre de Montereau, cession des villes de la Somme au duc de Bourgogne.

Dès lors, le reflux des Anglais est irrémédiable. Dès 1436, le connétable de Richemont reprend Paris. La guerre se poursuit de façon désordonnée, au milieu des exactions des écorcheurs. En 1444, les adversaires, épuisés, concluent une trêve à Tours, qui durera jusqu'en 1449, et pendant laquelle Charles VII s'offre même le luxe d'intervenir en Lorraine pour soutenir le duc contre la ville de Metz, et d'envoyer son fils, le dauphin Louis, en Alsace avec une armée de routiers, à la demande de l'empereur Frédéric III, qui a des problèmes avec les Suisses. Surtout, le roi profite de la trêve pour réorganiser l'armée, en créant les compagnies d'ordonnance, noyau d'une armée de métier, rétribuées et donc relativement disciplinées : chaque compagnie est formée de 100 lances, qui comprennent chacune un homme d'armes, un coutilier, un page, deux archers et un valet, tous à cheval. Deux mille lances sont recrutées, auxquelles s'ajoute une milice de francs archers, désignés par les communautés et exemptés d'impôts. Une puissante artillerie est organisée par les frères Bureau. Tout cela coûte très cher et nécessite la mise en place d'un impôt permanent, la taille, qui pèse sur les revenus individuels des roturiers et permet au roi de percevoir annuellement 1 800 000 livres dans les dernières années du règne.

Au même moment, l'Angleterre est paralysée par les querelles entre le duc de Gloucester et le comte de Suffolk, qui maintiennent le jeune roi Henri VI dans la bigoterie afin de conserver le pouvoir. Le pauvre souverain finit, à force de dévotions, par tomber dans la folie, tandis que sur le terrain les ducs d'York et de Somerset sont en désaccord sur la stratégie à adopter. Richard, duc d'York, est cousin du roi et a déjà des vues sur la couronne. L'incompétence du gouvernement, les défaites en France en dépit d'une pression fiscale croissante sont les causes d'une nouvelle révolte populaire dans le Kent, dirigée par un vétéran de la guerre en France, Jack Cade, en 1460. Le mouvement est écrasé, mais le duc d'York exige le renvoi de certains ministres et des réformes profondes. La reine, Marguerite d'Anjou, soutenue par Somerset, s'y oppose. Deux clans se dessinent : York et Lancastre.

Dans ces conditions, lorsque la guerre reprend en 1449, les forces anglaises sont rapidement bousculées : le connétable de Richemont, après sa victoire de Formigny (avril 1450), reconquiert toute la Normandie. Dunois se rend en 1451 maître de l'Aquitaine, où les Anglais tentent un dernier retour en 1452, avec le vétéran John Talbot. Le 17 juillet 1453, ce dernier est battu et tué à la bataille de Castillon. Bordeaux et Bayonne capitulent. La guerre est finie, en fait sinon en droit, car aucun traité n'est signé. Les Anglais n'ont plus en France que Calais. Désormais les deux royaumes, définitivement séparés, vont se consacrer à leurs problèmes internes.

Le cas anglais : guerre des Deux-Roses et avènement des Tudors (1455-1509)

Le plus sérieux de ces problèmes concerne la nature des pouvoirs. La guerre de Cent Ans a mis à mal le système de la monarchie féodale, en révélant l'incapacité des grands féodaux et des vassaux en général à assurer la sécurité du royaume et à conduire une guerre d'usure. Rivalités, retournements, trahisons, assassinats, poursuite d'objectifs personnels par la grande aristocratie ont amené les rois au bord de la catastrophe et les ont obligés à avoir recours à d'autres moyens de gouvernement, à faire appel à des professionnels issus de la petite noblesse et de la bourgeoisie pour l'administration, à des soldats de métier et à des mercenaires pour la guerre. Les grands vassaux, qui se considèrent, dans le système traditionnel, comme les conseillers naturels du roi, en vertu de liens d'homme à homme qui leur assurent un rôle politique actif, sont farouchement hostiles à cette évolution. La guerre de Cent Ans marque le divorce entre les deux partenaires du pacte de la monarchie féodale : le monarque, qui cherche à renforcer son pouvoir personnel, et les féodaux, qui cherchent à renforcer leur tutelle sur la monarchie. Le conflit va se résoudre dans la seconde moitié du XVe siècle en faveur du roi, aussi bien en Angleterre qu'en France.

Le conflit est beaucoup plus violent en Angleterre, où il prend la forme d'une guerre féodale acharnée entre la famille d'York (rose blanche) et celle de Lancastre (rose rouge) : la guerre des Deux-Roses (1455-1485). Derrière ce terme poétique inventé au XIXe siècle se cache un combat féroce de trente ans, ponctué de nombreuses batailles impliquant des effectifs beaucoup plus importants que ceux de la guerre de Cent Ans : 50 000 combattants à Towton par exemple. Conflit aux multiples rebondissements, qui décime la noblesse anglaise et par là facilite le renforcement du pouvoir royal. Tout commence en 1453, avec le début de la folie d'Henri VI Lancastre. La reine, Marguerite d'Anjou, qui protège les droits de son jeune fils, Edouard, aurait voulu exercer la régence. Or elle est attribuée à Richard, duc d'York, cousin du roi, soutenu par Richard Neville, comte de Warwick, qui va se forger la réputation de « Faiseur de rois ». Les deux Richard remportent en 1455 une première bataille, à Saint Albans. Henri VI est emprisonné, son fils déshérité, et York est reconnu comme héritier légitime. Mais il est tué en 1460 à la bataille de Wakefield. Son fils Edouard, avec l'appui de Warwick, se proclame roi : Edouard IV, et il bat les Lancastriens à Towton en 1461. Marguerite s'enfuit en France.

De 1461 à 1469, Edouard IV cherche à s'émanciper de la tutelle de Warwick. Celui-ci, frustré dans ses ambitions, passe dans le camp des Lancastre ; il rejoint Marguerite en France, et avec l'aide de Louis XI il revient en Angleterre, libère Henri VI et le remet sur le trône. Edouard IV s'enfuit chez le duc de Bourgogne, Charles le Téméraire, qui est son beau-frère (1470). Grâce à l'aide bourguignonne, il revient en Angleterre, bat et tue Warwick à Barnet (14 avril 1471). Marguerite est battue à son tour, faite prisonnière, et son fils est tué à Tewksbury (4 mai 1471). Henri VI est remis en prison, où il meurt dans des circonstances très suspectes. Edouard IV reprend son règne. Quand il meurt, en 1483, son fils, Edouard V, a 12 ans. Son oncle, le duc de Gloucester, l'enferme à la tour de Londres avec son frère cadet Richard, sous prétexte de bâtardise. Les deux jeunes princes disparaissent mystérieusement sans laisser de traces, et Gloucester est proclamé roi : Richard III. Apparaît alors un nouveau prétendant, Henri Tudor, Lancastre par sa mère, Marguerite Beaufort, et York par sa femme, fille d'Edouard IV. Avec une petite troupe rassemblée en Bretagne, il débarque au pays de Galles, et le 22 août 1485 il bat Richard III à Bosworth. Richard est tué dans la bataille, et Henri Tudor s'empare de la couronne. Il devient Henri VII, et sa famille, les Tudors, régnera jusqu'en 1603.

De ces épisodes spectaculaires et sanglants, sur lesquels Shakespeare bâtira ses drames épiques, transfigurant par son génie une réalité souvent sordide, sort une monarchie renforcée. En dépit de toutes ses vicissitudes (trois rois destitués et assassinés, plusieurs changements de dynasties en moins de deux siècles), le pouvoir royal est intact. La grande noblesse est définitivement affaiblie : hécatombe de ducs et de comtes dans les batailles, exécutions, confiscations, dépenses exorbitantes pour la guerre ont provoqué l'extinction ou la ruine de puissantes familles. A sa mort, en 1527, le comte de Northumberland laisse 13 £ en liquide, et 17 000 £ de dettes. Plus que jamais, les grands dépendent des banquiers et du roi, et la monarchie féodale fait place à ce qu'on appelle parfois le « féodalisme bâtard », dans lequel le vassal ne reçoit plus une terre mais une pension annuelle, en échange de services précis. Certes, les grands nobles entretiennent encore des « retenues » considérables, mais ils ne sont plus en mesure de défier le roi. La guerre a également éliminé tous les prétendants possibles : « Il n'y a plus une goutte de sang prétendu royal » en Angleterre, constate en 1500 l'ambassadeur d'Espagne, Puebla.

Si le pouvoir royal est renforcé, c'est aussi parce qu'en Angleterre la fonction royale dépasse l'individu, et qu'il existe une association étroite avec le Parlement, qui est censé représenter les sujets. A chaque bouleversement, le nouvel homme fort s'empresse d'obtenir la caution du Parlement, quitte à le réunir dans des conditions peu orthodoxes, afin de donner un aspect légal à son action. A la fin du XVe siècle, le Parlement a sa composition quasiment définitive : une Chambre des lords comprenant les lords spirituels (2 archevêques, 19 évêques, 27 abbés) et une quarantaine de lords temporels ; une Chambre des communes composée d'une part de chevaliers (deux par comté, élus par les grands propriétaires francs tenanciers), et d'autre part de bourgeois, élus par quelques riches marchands d'environ 200 bourgs. Le Parlement a un pouvoir législatif (il vote les statuts du royaume), un pouvoir judiciaire (par la procédure d'*attainder*, il peut condamner à la peine de mort), et un pouvoir financier (le roi ne peut lever l'impôt qu'avec son accord, qu'il donne en général en échange de concessions). C'est pourquoi, écrit le grand juriste Sir John Fortescue dans son *De laudibus legum angliae* de 1469, la monarchie anglaise n'est pas absolue. Il dresse un parallèle entre le roi de France, qui « dirige son peuple par de telles lois qu'il a faites lui-même, et qui peut donc les assujettir à des tailles et autres impositions sans leur consentement », et le roi d'Angleterre, qui « ne peut diriger son peuple par d'autres lois que celles auxquelles il a consenti. Et ainsi il ne peut pas le soumettre à des impositions sans son consentement ».

Certes, mais ce consentement n'est quasiment jamais refusé, car au cours du XVe siècle des réformes ont permis au roi de limiter les pouvoirs du Parlement : surveillance des élections par le shérif, désignation du *Speaker*, président de l'assemblée, par le souverain, qui s'attribue également en 1463 l'initiative des *bills*, ou projets de lois, désignation en 1478 d'un tribunal spécial, dont les membres sont nommés par le roi, la Chambre Etoilée, pour juger les causes politiques. Si bien que le Parlement fait plutôt figure d'instrument du pouvoir royal, et la première chose que fait Henri VII, douze jours seulement après son entrée à Londres, le 3 septembre 1485, est de le convoquer afin de légitimer sa prise de pouvoir.

Pendant tout le règne, les relations entre Henri VII et ses parlements sont excellentes. Le peuple est las des guerres, qui paralysent le commerce, et le roi est économe. Une administration financière efficace lui permet d'élever les revenus de ses domaines de 13 633 £ en 1486 à 32 630 £ en 1505, ceux des douanes de 32 950 £ à 41 000 £, et de laisser à sa mort 1 800 000 £ dans les caisses, que s'empresse de dilapider son fils Henri VIII. Le soutien du royaume permet à Henri VII de venir à bout des révoltes suscitées par des imposteurs qui prétendent être les deux princes qui ont disparu de la Tour en 1483 : Lambert Simnel en 1487, Perkin Warbeck de 1491 à 1499. Appuyé sur un Conseil de gens compétents, le roi assure les bases qui permettront à la dynastie Tudor d'imposer pendant plus d'un siècle un absolutisme déguisé.

Le cas français : l'élimination des derniers grands fiefs (1461-1515)

En France, en revanche, c'est un absolutisme sans fard qu'instaurent Louis XI (1461-1483) et ses successeurs Charles VIII (1483-1498) et Louis XII (1498-1515). Ici, le principal obstacle que rencontre le pouvoir royal est la constitution de principautés territoriales organisées en véritables Etats et menant une politique quasiment indépendante : duché de Bourbon, comtés d'Armagnac et de Foix, et surtout duchés de Bretagne et de Bourgogne. Le prestige royal est bien sûr grandi par la victoire finale dans la guerre de Cent Ans en 1453, qui permet à Charles VII de disposer d'une impressionnante puissance militaire et financière, mais à l'est et à l'ouest la Bourgogne et la Bretagne constituent un défi permanent à son pouvoir, surtout si elles s'entendent pour prendre en tenailles le cœur du royaume, ce qui est le cas à partir de 1461, à l'avènement de Louis XI. En Bretagne règne de 1458 à 1488 le duc François II, frivole et indolent, toujours prêt à se joindre aux coalitions féodales contre le roi. Le duché possède une solide administration, mais ses moyens financiers et militaires ne sont pas à la hauteur des ambitions hasardeuses du duc. A l'inverse, le duc de Bourgogne Philippe le Bon, qui règne de 1419 à 1467, a hérité d'une impressionnante collection de territoires, à cheval sur le royaume de France et l'Empire, qui font de lui le prince le plus puissant de l'Europe médiane et une menace permanente pour le roi de France. Le « grand-duc d'Occident » est en effet maître de la Hollande, du Brabant, de la Flandre, du Hainaut, de la Picardie, du Luxembourg, de la Franche-Comté, de la Bourgogne, du comté de Nevers, et si la politique de Philippe le Bon a été relativement prudente, tout change en 1467 avec l'avènement de son fils Charles le Téméraire, un jeune homme emporté, d'une ambition sans limites, qui convoite la Lorraine et même la Provence afin de reconstituer le royaume de Lotharingie et d'accéder éventuellement au titre impérial.

Avant même de devenir duc de Bourgogne, Charles a suscité en 1465 une coalition féodale contre Louis XI, la ligue du Bien public, et après une bataille confuse à Montlhéry il a obtenu la restitution des villes de la

Somme, que le roi avait récupérées. Louis XI mène cependant contre les féodaux une lutte implacable. Calculateur, maître comploteur, cynique et dénué de tout scrupule, il encourage en sous-main tous les adversaires potentiels du Bourguignon : Liège, le duc de Lorraine, et bientôt les Suisses, inquiets des progrès du Téméraire dans le pays de Vaud. Mis en difficulté lors de l'entrevue de Péronne en 1468, le roi s'en tire avec des promesses, et réussit à neutraliser son propre frère, Charles de Berry, un jeune homme débile dont le duc de Bourgogne avait réussi à se faire un allié.

Une guerre décousue et indécise se déroule entre les troupes royales et ducales à partir de 1471, en Picardie et en Normandie, mais les ambitions dévorantes de Charles le Téméraire provoquent la dispersion de ses forces dans des entreprises inconsidérées : conquête de la Gueldre, négociations avortées à Trèves avec l'empereur Frédéric III pour obtenir le titre royal (1473), achat de la Haute-Alsace à l'archiduc Sigismond et soulèvement des Alsaciens, intervention contre Cologne révoltée contre son archevêque (1474). A cette occasion, le Téméraire assiège la petite ville de Neuss pendant presque un an (juillet 1474-juin 1475), et il y gaspille troupes et argent, ce qui le rend incapable de tenir ses engagements à l'égard d'Edouard IV, avec qui il s'était entendu pour reprendre la guerre de Cent Ans. Le roi d'Angleterre débarque à Calais, mais, en août 1475, à Picquigny, il conclut un accord avec Louis XI qui le persuade de repartir moyennant le versement de 35 000 écus et une rente de 50 000 écus pendant neuf ans. Charles le Téméraire se tourne alors vers la Lorraine, dont il fait la conquête, et vers le pays de Vaud, où il entre en conflit avec les Suisses. Battu à deux reprises en 1476 à Grandson et Morat, chassé de Lorraine, il meurt en janvier 1477 en essayant de reprendre Nancy.

L'écroulement de la puissance bourguignonne est suivi d'une guerre pour le dépeçage de l'héritage entre le fils de l'empereur, Maximilien, qui épouse Marie de Bourgogne, fille du Téméraire, et Louis XI. Ce dernier reste maître de la Picardie, de l'Artois et de la Bourgogne, mais après la défaite de Guinegate en 1479 il doit céder les Pays-Bas, la Flandre, la Franche-Comté à Maximilien par le traité d'Arras (1482). Reste à régler le sort de la Bretagne. A la mort de Louis XI (1483), la régence est exercée par sa fille Anne de Beaujeu, au nom de son frère Charles VIII, qui n'a que 13 ans. La grande noblesse, avec en tête le duc d'Orléans, Louis, veut en profiter pour arracher des concessions au pouvoir royal. La réunion des états généraux, en 1484, n'ayant rien donné de concret, les grands féodaux entrent en révolte ouverte et se réfugient chez le dernier grand vassal du royaume, François II, duc de Bretagne. Celui-ci, déjà sénile et abruti par les débauches, n'est pas en mesure de résister à l'armée royale, qui bat les Bretons à Saint-Aubin-du-Cormier le 27 juillet 1488. Le duc meurt en septembre, et ne laisse que deux filles, dont l'aînée, Anne, héritière du duché, a 12 ans. Anne de Beaujeu saisit l'occasion pour éviter que la Bretagne ne tombe aux mains de Maximilien, qui, devenu veuf, projette d'épouser l'héritière de Bretagne après avoir épousé celle de Bourgogne. Le duché est envahi par les troupes françaises. La duchesse Anne de Bretagne, bloquée dans Rennes, doit accepter d'épouser le roi de France Charles VIII, ce qui est fait en 1491. Pour être bien sûr que le duché n'échappera pas à la Couronne, le contrat spécifie que si le roi meurt avant la reine sans enfant mâle, cette dernière devra se remarier avec le nouveau roi. C'est ce qui arrive en 1498, quand Anne de Bretagne épouse l'ex-duc d'Orléans, devenu le roi Louis XII. Le traité d'union officielle de la Bretagne à la France ne sera signé qu'en 1532, mais dès 1491 on peut considérer qu'il n'y a plus en France d'opposition féodale sérieuse. Le règne de la monarchie absolue commence.

Son avènement a été préparé tout au long des XIVe et XVe siècles, à travers les vicissitudes de la guerre de Cent Ans. Même les désastres militaires y ont contribué, en persuadant Charles VII de réformer l'armée, avec les compagnies d'ordonnance et une puissante artillerie : le roi n'a plus à redouter les châteaux et les bandes hétéroclites des armées féodales. Ses revenus lui donnent également des moyens d'action bien supérieurs : confiscations, saisies, plus grande rigueur dans la tenue des comptes ont fait progresser les revenus du domaine, auxquels s'ajoute désormais l'impôt permanent, la taille, dont le taux ne cesse d'augmenter, les aides indirectes, et de nombreux artifices, comme la vente du droit de chasse. La perception est améliorée ; elle est aux mains d'officiers nommés et rétribués, les élus, sauf dans les « pays d'états », où c'est l'assemblée locale, les « états », qui s'en chargent. Les cours des Comptes et des Aides, de même que les trésoriers généraux, centralisent et surveillent recettes et dépenses. Le pouvoir royal commence également à découvrir l'intérêt du développement économique. S'il est encore trop tôt pour parler d'une véritable politique économique, on constate que Charles VII soutient les initiatives de son argentier, Jacques Cœur (jusqu'au moment où il lui confisque tous ses biens), et que Louis XI encourage le développement de l'industrie de la soie à Lyon et en Touraine, crée des foires à Lyon et Rouen pour attirer les marchands, accorde des lettres de naturalité à des artisans étrangers, comme les verriers italiens, les drapiers flamands, les mineurs allemands. Le roi s'engage sur la voie de l'interventionnisme et du mercantilisme, et il n'hésite pas à manipuler les monnaies pour déstabiliser ses adversaires.

Un des leviers les plus puissants du pouvoir royal est l'exercice de la justice. Afin de rendre la justice royale, toujours concurrencée par celle des seigneurs, plus accessible à tous les sujets, par l'intermédiaire du droit d'appel, les rois créent des parlements en province, pour décongestionner celui de Paris : à Poitiers après le traité de Troyes en 1420, à Toulouse (1444), Grenoble (1457), Bordeaux (1462), Dijon (1477), Rouen (1499), Aix (1501). L'administration centrale, de plus en plus bureaucratique, regroupe autour du roi des bourgeois compétents, efficaces et fidèles qui doivent tout au souverain. Réunis dans le Conseil privé, qui est désormais l'organe suprême du pouvoir, ils sont méprisés par la grande noblesse mais bénéficient de la confiance du souverain, qu'ils servent sans états d'âme : Etienne Chevalier, Jean Jouvenel, Guillaume Cousinot, les frères Bureau, Jacques Cœur sous Charles VII, Jean Bourré, Antoine de Castelnau, Imbert de Batarnay, ou même Olivier le Mauvais, anobli en 1474 sous le nom plus amène d'Olivier le Daim, sous Louis XI.

Le roi dispose aussi d'un atout essentiel avec le soutien inconditionnel de l'Eglise nationale, que l'on commence à appeler gallicane. Dans les faits, même si la pragmatique sanction de 1438 ne fut jamais appliquée dans toute sa rigueur, le roi est le véritable maître des nominations épiscopales et abbatiales. Profitant de l'épisode de la papauté d'Avignon puis des démêlés de Rome avec les théories conciliaires, il devient le véritable chef du clergé, qui magnifie la fonction royale et développe une idéologie proche de la monarchie sacerdotale. Il n'est plus question pour les évêques de faire la leçon aux rois, et le statut clérical n'est plus pour eux une protection : le cardinal Balue a pu méditer ce constat pendant onze ans (1469-1480), sinon dans une cage, du moins en captivité.

Il reste aux sujets un seul moyen de faire entendre leur voix à un souverain de plus en plus absolu : confier leurs doléances à leurs représentants aux états.

Ces assemblées, composées des représentants des trois ordres, sont convoquées dans les circonstances graves, et peuvent parfois être tumultueuses et contestataires, comme en 1358 lors de la révolte cabochienne. Mais le roi parvient au cours du XVe siècle à les neutraliser. D'abord, c'est lui qui les convoque, et il évite le plus souvent de convoquer les états *généraux*, de tout le royaume : en réunissant des états locaux (de langue d'oc ou de langue d'oïl), autour d'une question particulière, comme en 1439, 1444, 1454, 1458, 1470, il évite les débats de fond et limite le nombre de délégués. Ceux-ci ne représentent d'ailleurs que des intérêts particuliers ; la masse paysanne n'y a évidemment pas accès. Et puis, si les états se montrent trop rétifs, ils sont tout simplement ajournés, et le roi passe outre. C'est ce qui advient en 1484 à la réunion de Tours, et le silence retombe : on ne reverra pas d'états généraux avant 1560 ! Contrairement à la monarchie anglaise, qui associe le Parlement au gouvernement royal, la monarchie française exclut la représentation nationale. Elle a ainsi les mains libres pour trois siècles. Mais elle se coupe de la masse des sujets.

Les puissances émergentes : Espagne et Portugal, des guerres civiles au partage du monde

Dans le reste de l'Europe occidentale, on assiste également à un renforcement des pouvoirs royaux et princiers, qui traduit une affirmation des identités locales à travers les souverains. Dans la péninsule Ibérique, la reconquête est en panne. La priorité n'est plus la croisade, mais les rivalités et problèmes dynastiques entre Castille, Aragon et Portugal. A partir du début du XIVe siècle, la Castille plonge dans une longue période d'anarchie. C'est d'abord le règne confus d'Alphonse XI (1313-1350), dont les oncles et les cousins se disputent la tutelle. Son fils Pierre Ier le Cruel (1350-1369) a des vues plus larges. Installé à Séville, il a des projets vers le Maroc, mais sa brutalité, son entourage d'Africains et de juifs lui attirent l'hostilité de la grande noblesse et de l'Eglise, qui lui suscite un rival, son demi-frère Henri de Transtamare. Celui-ci, soutenu par le roi d'Aragon, le pape et le roi de France, qui lui envoie Du Guesclin et les Grandes Compagnies, est d'abord battu à Najera par les Anglais du Prince Noir, mais après la victoire de Montiel il tue Pierre le Cruel et s'empare de la couronne (1369). Son règne (1369-1379) marque le début de la domination de la grande noblesse, qui se fait accorder de nombreux privilèges. Jean Ier (1379-1388) Henri III (1388-1406) sont des souverains faibles. Sous Jean II (1406-1454) et surtout Henri IV (1454-1474), le pays sombre dans les guerres civiles entre factions rivales, dues aux complications matrimoniales d'Henri IV l'Impuissant, plusieurs fois renversé et rétabli. C'est finalement sa sœur, Isabelle, qui lui succède. Or elle avait épousé en 1469 son cousin Ferdinand, qui devient en 1474 roi d'Aragon. L'union des deux royaumes ouvre une nouvelle ère de l'histoire espagnole.

Jusque-là en effet, l'Aragon était tourné vers ses intérêts méditerranéens : la Sicile et les Baléares. Jaime II (1291-1327) se fait céder par la papauté les droits qu'elle possédait sur la Corse et la Sardaigne. La Méditerranée occidentale prend des allures de lac catalan. Mais en Aragon les souverains ont bien du mal à se faire respecter de la noblesse et des Cortes sous les règnes de Pierre IV le Cérémonieux (1335-1387), Jean Ier (1387-1395), Martin Ier (1395-1410). A la mort de ce dernier, deux prétendants s'affrontent et ce sont les Cortes qui, par le compromis de Caspe, en 1412, choisissent Ferdinand d'Antequera, l'infant de Castille. Tout le règne d'Alphonse V le Magnanime (1416-1458) est encore occupé par les guerres en Italie du Sud, la reine Jeanne de Naples ayant appelé le roi d'Aragon à son secours contre les ambitions de Louis d'Anjou, soutenu par le pape. A la mort d'Alphonse V s'ouvre une longue crise successorale, compliquée par la volonté sécessionniste de la Catalogne. La bourgeoisie catalane offre la couronne comtale à René d'Anjou, le « roi René », qui envoie son fils en faire la conquête, avec le soutien de Louis XI. Le roi d'Aragon Jean II, soutenu par le clergé, la noblesse et les serfs de la glèbe *(remensas)*, réussit à rétablir son autorité, non sans avoir cédé le Roussillon à la France. En 1472, il soumet Barcelone, mais promet de respecter les *fueros* et privilèges catalans. A sa mort, en 1479, son fils Ferdinand, époux d'Isabelle de Castille, lui succède : les deux royaumes espagnols sont unis, même si chacun conserve ses institutions.

L'évènement a une portée européenne. La domination aragonaise en Méditerranée occidentale, à Naples, en Sicile, aux Baléares, se conjugue aux ambitions castillanes vers le sud et bientôt vers l'ouest pour aboutir aux évènements de 1492 et faire de cette date un repère tout à fait acceptable comme fin du Moyen Age : en janvier, Ferdinand s'empare de Grenade et met fin à presque huit siècles de présence musulmane dans la péninsule. L'unification religieuse suit immédiatement l'unification politique, avec l'expulsion ou la conversion forcée des juifs et des musulmans, sous la surveillance des tribunaux de l'Inquisition. En octobre, l'expédition de Christophe Colomb, financée par Isabelle et quelques marchands, ouvre des perspectives gigantesques au nouveau royaume, qui dès 1493 reprend le Roussillon à la France, et en 1494 se partage le monde avec le Portugal au traité de Tordesillas.

Sorte de Yalta médiéval, cet accord prend acte des nouvelles orientations de la politique ibérique. Tournés vers la Méditerranée et les Pyrénées pendant tout le Moyen Age, la Castille, l'Aragon, le Portugal regardent maintenant vers l'océan. Les Portugais ont d'ailleurs devancé les Espagnols dans ce domaine. Après les règnes d'Alphonse IV (1325-1357) et de Pierre Ier (1357-1367), encore tournés vers la Castille, Ferdinand Ier (1367-1383) s'intéresse déjà aux affaires maritimes. Il favorise la construction navale et instaure un système d'assurances fondé sur une taxe sur le fret des navires. En 1383-1385, une révolution dynastique porte sur le trône la famille d'Avis, soutenue par la bourgeoisie, qui réussit à battre les Castillans à Aljubarrota (14 août 1385). Désormais, toute l'attention des Portugais se porte vers l'océan. La motivation est essentiellement économique, bien entendu. L'idée de base est la recherche d'un passage vers l'Asie en contournant l'Afrique par le sud, sans savoir encore si cela est possible. Cela vaut la peine d'essayer, car le monopole des Arabes sur les routes d'Extrême-Orient rend le commerce aléatoire et extrêmement coûteux. De l'or et des épices : voilà ce que l'on cherche. Si on trouve de surcroît le royaume du Prêtre Jean en chemin, tant mieux, mais ce n'est pas le but principal. A partir de Jean Ier (1385-1433) donc, on se lance dans l'exploration des côtes africaines. Installé au cap Saint-Vincent, le fils de Jean Ier, Henri le Navigateur (1394-1460), avec une équipe de cosmographes, de cartographes et de marins, organise les expéditions, auxquelles participent des Italiens. Madère et les Açores sont occupées entre 1418 et 1430, le cap Bojador est doublé en 1434 ; en 1445 on atteint l'embouchure du Sénégal ; les îles du Cap-Vert en 1455. En 1487, Barthélemy Diaz trouve enfin le passage, baptisé par Jean II (1481-1495) cap de Bonne-Espérance, et en 1498 Vasco de Gama jette l'ancre à Calicut, aux Indes. Tout au long de la route, on établit des comptoirs, et le trafic commence : or, épices, ivoire, teck, esclaves. A propos de ces derniers, on ne saurait s'étonner d'une pratique qui existe depuis les origines de l'humanité, qui est considérée comme normale dans l'ensemble du bassin méditerranéen pendant tout le Moyen Age, chez les musulmans en particulier, et que les théologiens chrétiens ne contestent guère eux-mêmes. Les chefs des peuples noirs de la côte africaine en sont les principaux artisans et bénéficiaires.

Entre Portugais et Espagnols, qui viennent, eux, de se rendre compte qu'ils ont découvert un nouveau continent à l'ouest, s'instaure donc une compétition qui risque de tourner à l'affrontement direct pour la possession des nouveaux territoires. D'où le traité de partage de Tordesillas en 1494 : tout ce qui sera découvert à l'ouest du méridien passant à 170 lieues des Açores sera à l'Espagne ; tout ce qui est à l'est sera au Portugal. Stupéfiante confiance de deux royaumes sur les marges de la chrétienté, qui sortent à peine des querelles féodales et qui maintenant, avec une poignée de caravelles, se partagent le monde ! Tordesillas, c'est aussi la fin du Moyen Age.

Cette spectaculaire montée en puissance est également marquée, dans le cas de l'Espagne, par un renforcement du pouvoir monarchique. En s'appuyant sur l'expérience acquise au cours de la *Reconquista*, où les *hidalgos* et la *caballeria villana* avaient montré leur efficacité, Ferdinand et Isabelle instaurent un système de recrutement militaire imité de celui des Valois : dans chaque communauté, un homme sur douze est désigné comme mobilisable à l'occasion, et soumis à un entraînement sévère. L'armée, dirigée par d'excellents généraux, comme Gonzalve de Cordoue et Gonzalo de Ayala, formée de piquiers, arquebusiers et cavaliers groupés en unités homogènes, les *coronelia*, va acquérir dès le début du XVIe siècle une réputation d'invincibilité qui ne sera brisée qu'à Rocroi en 1643.

Les revenus du roi augmentent, avec une amélioration de la perception des impôts par la mise en place de cadres urbains et une ébauche de Chambre des comptes en 1495, l'*Hacienda*, en attendant les flots d'argent d'Amérique du Sud. La monarchie, pour des raisons plus politiques qu'économiques, intervient dans l'organisation de la *Mesta*, qui regroupe les grands éleveurs de moutons et producteurs de laine. L'appui de l'Eglise et de l'Inquisition, reconnaissantes pour l'expulsion des juifs et des Maures, assure à Ferdinand et Isabelle, les « Rois Catholiques », un prestige quasiment religieux, et lorsque leur fille, Jeanne la Folle, épouse Philippe le Beau, fils de l'empereur Maximilien et de Marie de Bourgogne, on voit se dessiner les contours de la première puissance mondiale, qui va être dirigée à partir de 1519 par leur fils, Charles Quint. Là encore, nous sortons du Moyen Age pour entrer dans une nouvelle ère géostratégique.

A l'est et au nord : royaumes et empires en mutation

Du Saint Empire romain germanique nous avons suivi la dislocation au cours des XIVe et XVe siècles. Avec la formation des ligues urbaines – Hanse germanique, Ligue du Rhin, Ligue souabe –, de la Confédération suisse, l'affirmation des pouvoirs princiers, le rôle des empereurs n'a cessé de reculer, d'autant plus qu'ils sont choisis par les sept électeurs plus en raison de leur faiblesse que de leur force. Les Luxembourg, les Wittelsbach, les Habsbourg ne peuvent compter que sur leurs territoires patrimoniaux, souvent situés à la périphérie de l'Empire, et où les identités nationales, là comme ailleurs, s'affirment jusqu'à tourner parfois au séparatisme. Le cas de la Bohême est le plus évident. Objet d'une germanisation massive au XIVe siècle, où le titre de roi est porté par un membre de la famille de Luxembourg (1346), qui devient l'empereur Charles IV de 1355 à 1378, elle manifeste violemment son identité propre avec le mouvement hussite, et lorsqu'un homme du cru, Georges Podiebrad, devient roi en 1458, elle rompt avec Rome. L'Empire subsiste comme entité politique formelle, avec des liens très lâches entre les 350 états qui le composent, comme une sorte de commonwealth, honorable relique d'un passé révolu. C'est le mariage de Maximilien avec Marie de Bourgogne qui permet aux Habsbourg de redonner du lustre et un poids politique réel à la fonction impériale, promise avec leur petit-fils Charles (Quint), né en 1500, à un empire sur lequel le soleil ne se couche jamais. En attendant, l'autorité réelle de l'empereur à la fin du XVe siècle sur les membres de l'Empire reste bien limitée. La Diète d'Empire, le *Reichstag*, est une assemblée indisciplinée, dont les décisions sont d'ailleurs peu respectées, et Frédéric III a beau créer en 1495 un tribunal d'Empire, juridiction suprême d'appel, personne n'y vient.

A l'est, il y a du nouveau, mais les nouvelles ne sont pas bonnes. C'est d'abord la poussée turque, dont nous parlerons dans le chapitre suivant, qui met en danger la Hongrie, prise entre la germanisation, la slavisation et l'islamisation. Lorsque Sigismond, fils de Charles IV de Luxembourg, devient roi en 1387, il entraîne le pays dans l'orbite de l'Empire. En 1396, il appelle les forces chrétiennes à son secours contre les Turcs, mais la croisade se termine par le désastre de Nicopolis. Devenu empereur en 1411, il fait de la Hongrie une sorte de marche protectrice de l'Empire, mais en 1444 c'est un nouveau désastre lorsque la croisade lancée par le roi de Pologne Ladislas Jagellon est anéantie à Varna. Le redressement se produit avec Jean Hunyadi, noble hongrois devenu régent pendant la minorité d'un descendant de Sigismond. En 1456, il réussit à bloquer l'avance turque devant Belgrade, et son successeur Mathias Corvin édifie une efficace barrière de fortifications de la Bosnie à la Moravie de 1458 à 1463. Son ambition est d'étendre sa domination de l'Adriatique à la porte de Moravie, ce qui l'entraîne à des opérations contre les Polonais, et en 1490, à sa mort, c'est le roi de

Pologne, Ladislas, également roi de Bohême, qui s'empare de la couronne hongroise.

C'est que le XVe siècle est le grand siècle de la Pologne. Les progrès de ce royaume commencent avec Casimir Ier (1333-1370), qui crée une nouvelle noblesse, sélectionnée dans la bourgeoisie et parmi les membres fidèles de l'ancienne aristocratie. Il en fait la base d'une clientèle qui soutient son pouvoir. En 1364, la fondation de l'université de Cracovie confère un certain prestige intellectuel au pays, et permet de former des élites pour l'administration et l'Eglise. L'Union de Radom, en 1410, qui scelle la fusion de la Pologne et de l'énorme duché voisin de Lituanie, qui s'étendait de la Baltique à la mer Noire, donne naissance à l'Etat le plus vaste d'Europe orientale. Le nouveau roi, le Lituanien Ladislas Jagellon, réussit la même année à vaincre les chevaliers Teutoniques à la bataille de Tannenberg, ce qui lui permet de s'emparer de leurs biens dans la région de la Baltique. La poussée germanique vers l'est est arrêtée. En 1444 cependant, Ladislas III est battu et tué à Varna par les Ottomans.

Cet échec n'empêche pas Casimir IV Jagellon (1447-1492) de porter la puissance polonaise à son apogée. En s'appuyant sur la petite aristocratie, il réussit à imposer ses décisions à toute la noblesse, qu'il ne convoque plus en assemblées générales, mais seulement en « diétines », qui lui permettent de la diviser. Il prend le contrôle d'une partie du commerce extérieur, réglemente la production de blé et de bois, redistribue en fief les biens de l'ordre Teutonique, qui perd tout accès à la Baltique. Par plusieurs manœuvres diplomatiques, il prépare la mainmise sur les pays voisins, en établissant son fils Ladislas sur les trônes de Bohême et de Hongrie, tandis que Cracovie devient un des grands centres culturels d'Europe.

Politique trop ambitieuse cependant, qui dépasse les moyens de la monarchie polonaise. A la mort de Casimir IV, en 1492, le déclin s'amorce : révolte de la Lituanie, empiétements économiques des Allemands et des Anglais, qui se font accorder de larges privilèges commerciaux à Gdansk puis ailleurs, opposition croissante de la noblesse, qui en 1505 obtient que désormais aucune décision royale ne pourra être prise sans approbation d'une diète générale. La Pologne est mûre pour l'anarchie gouvernementale, qui va en faire une proie pour ses voisins au cours des trois siècles suivants.

Et parmi ses voisins, un nouveau venu, à l'est, qui va se révéler le plus dangereux : le grand prince de Moscou, à l'origine de l'Etat russe. Profitant de la décomposition du khanat de Kiptchak, ou Horde d'Or, en plusieurs khanats rivaux à la fin du XIVe siècle, les grands princes de Moscou rassemblent progressivement de vastes territoires. Dès 1326 ils transfèrent à Moscou le métropolite de Kiev, faisant ainsi de leur ville la capitale de l'orthodoxie russe. En 1380, le prince Dimitri Donskoï (1362-1389) bat les Tatars et les Lituaniens à Koulikovo, et devient ainsi le champion de la lutte contre la domination mongole dans les vastes plaines d'Ukraine. Son œuvre est poursuivie par Vassili Ier (1389-1425) et Vassili II (1425-1462), qui détache le patriarcat de Moscou de celui de Constantinople, et fait de l'Eglise orthodoxe russe une Eglise nationale. La chute de Constantinople en 1453 fait d'ailleurs de Moscou la « troisième Rome », et le centre de la chrétienté orthodoxe.

Ce rôle est amplifié sous le règne d'Ivan III (1462-1505), véritable fondateur de l'Etat moscovite. Grand rassembleur de terres, il s'empare en 1463 de Jaroslav, en 1474 de Rostov, en 1475 de Perm, en 1478 de Novgorod, en 1485 de Tver et Riazan, puis de Pskov, dont il transporte les habitants à Moscou en 1490. Pour la première fois, il envoie des expéditions en Sibérie, jusqu'à l'Ob, tandis que son allié Mengli Ghiraï assoit solidement le khanat de Crimée au nord de la mer Noire, et enlève Caffa aux Génois en 1475. Vassal du sultan de Constantinople, le khanat de Crimée empêchera les Russes d'atteindre la mer Noire jusqu'en 1783.

Ivan III cependant endosse le rôle de successeur des basileus byzantins en prenant le titre de « tsar » (César) et en épousant en 1472 Zoé Paléologue, une des dernières représentantes de la dynastie grecque. En 1485, le tsar commence la construction à Moscou d'un palais fortifié, un « kreml », dont il confie la réalisation à des architectes italiens. Comme le Sacré Palais de Constantinople, l'enceinte englobe résidences et églises, et le maître du Kremlin envoie des ambassadeurs à Rome, Milan, Venise, au Danemark, en Hongrie, auprès de l'empereur. L'arrivée de ces nouveaux venus dans la diplomatie européenne est un autre signe du passage vers 1500 à une époque nouvelle.

Au nord, la grande affaire des pays scandinaves au cours des XIVe et XVe siècles est la tentative d'union entre le Danemark, la Norvège et la Suède, qui constituerait un ensemble baltique capable de peser efficacement sur la politique et l'économie européennes. Cette union, réalisée à plusieurs reprises au niveau des souverains, ne parvient cependant pas à s'imposer durablement dans les populations et en particulier chez les nobles, jaloux de leur indépendance. La première union est réalisée par le hasard des successions lorsqu'en 1319 Magnus Eriksson devient roi de Suède et de Norvège, auxquelles il ajoute la Scanie, jusque-là danoise. Mais dès 1343 les deux royaumes retrouvent leur indépendance. En 1389, sous l'impulsion de Marguerite Valdemarsdotter, veuve du roi de Norvège, héritière du Danemark (1387) et reine de Suède, l'union est cette fois complète, et officialisée en 1397 par une assemblée de notables et d'évêques des trois royaumes tenue à Kalmar. Mais l'entente se défait rapidement après la mort de Marguerite, en 1412, en raison des oppositions entre Suédois et Danois. L'Union de Kalmar n'est plus guère qu'une alliance, jusqu'au moment où Christian Ier d'Oldenbourg, élu roi du Danemark en 1448, de Norvège en 1449, de Suède en 1457, et duc de Schleswig et Holstein en 1460, restaure l'union monarchique. Il fonde une université à Copenhague, limite l'influence des évêques et de la noblesse, mais il est chassé de Suède en 1471 après la bataille de Brunkeberg, remportée par les indépendantistes. Christian Ier meurt en 1481, et son fils Hans (1481-1513) réussit à rétablir l'autorité des Oldenbourg, mais l'union est définitivement ruinée sous le règne de Christian II, qui échoue, en dépit de mesures brutales, à soumettre la Suède. A partir de 1517 et pour trois siècles, les pays scandinaves sont partagés en deux blocs rivaux : le Danemark et ses dépendances de Norvège et d'Islande d'un côté, la Suède et la Finlande de l'autre. La période des unions éphémères a tout de même permis au Danemark de prendre le contrôle des détroits du Sund au détriment de la Hanse germanique, et de donner à Copenhague la stature de grande ville européenne.

L'Italie de Machiavel, laboratoire de la politique nouvelle

Mais en cette fin du XVe siècle, c'est vers une autre péninsule que convergent tous les regards : l'Italie. Celle-ci est en effet le laboratoire de toutes les expériences et nouveautés politiques, économiques, artistiques et littéraires de l'époque, ce qui confère à son histoire un aspect chaotique, où les interventions étrangères se mêlent aux conflits entre cités et principautés. Le trait le plus étonnant est peut-être le contraste entre la violence des affrontements politiques et le raffinement de la vie culturelle. C'est au milieu des complots, des assassinats, des trahisons, des batailles que travaillent Fra Angelico et Pic de La Mirandole, Botticelli et Marsile Ficin. C'est dans le bruit et la fureur que s'élabore la future civilisation dite de la Renaissance. Nous en avons survolé déjà les aspects culturels. Voyons maintenant la situation politique.

Au début du XIVe siècle, à l'époque de Dante, le centre de gravité de la péninsule est au sud : c'est le royaume angevin de Naples, qui connaît son apogée sous le roi Robert, de 1307 à 1343. Certes, il ne réussit pas à reconquérir la Sicile sur les Aragonais, et il échoue contre les gibelins de Lombardie, mais il a la sagesse de se tenir à l'écart de la grande querelle entre Jean XXII et Louis de Bavière, ce que lui reproche amèrement le pape. Roi sage, incarnation du « Bon Gouvernement », c'est un mécène, dont la Cour est fréquentée par Pétrarque et Boccace, qui voit en lui « le roi le plus savant que les mortels aient vu depuis Salomon ». Simone Martini et Giotto travaillent pour lui, et Ambrogio Lorenzetti le représente en 1338 sur les murs du palais communal de Sienne comme un exemple de roi juste et cultivé.

L'histoire montre que ce genre de paradis ne dure jamais bien longtemps. Les choses se gâtent en effet sous le règne de Jeanne Ire, de 1343 à 1382. Petite-fille de Robert, elle est chassée de Naples dès 1348 par Louis de Hongrie, qui revendique la couronne napolitaine en raison de son ascendance angevine. Jeanne s'enfuit à Avignon, en compagnie de son deuxième mari, Louis de Tarente, qui l'a débarrassée du premier. La vente d'Avignon au pape en 1348 permet à la reine de rassembler les ressources nécessaires pour financer son retour à Naples, d'où le roi de Hongrie est chassé en 1352. Au déclenchement du Grand Schisme, en 1378, Jeanne prend le parti de Clément VII, le pape d'Avignon, qui a été élu dans ses Etats, à Fondi. Cela lui vaut évidemment l'excommunication par l'autre pape, Urbain VI, qui est d'ailleurs soutenu par la population napolitaine. Et tout cela se termine très mal : en 1380, Charles de Duras, soutenu par le roi de Hongrie, envahit le royaume de Naples et fait étouffer la reine Jeanne entre deux matelas, le 27 juillet 1382.

Devenu le roi Charles III de Duras, l'assassin est lui-même assassiné en 1386 lors d'une tentative inconsidérée en Hongrie et en Pologne. La place nous manque pour suivre les ahurissantes péripéties subséquentes : la lutte entre Ladislas, fils de Charles III, et Louis d'Anjou (Louis II), chacun protégé par sa mère, avec intervention des deux papes, l'accession de Jeanne II, sœur de Louis II, en 1414, « version empirée de Jeanne Ire », écrit Emile Léonard, son règne calamiteux, avec un pouvoir partagé entre ses amants et ses condottieri, la désignation de René d'Anjou (le « roi René ») comme héritier de Naples par Jeanne avant sa mort en 1435, l'arrivée de René à Naples en 1438, d'où il est immédiatement chassé, et la victoire finale des Aragonais en 1443, en dépit de l'intervention du duc de Milan Filippo-Maria Visconti, en faveur des Angevins. Alphonse V d'Aragon, déjà maître de la Sicile, réussit donc à joindre les deux blocs du « royaume des Deux-Siciles » en un royaume de Naples unifié.

Pendant que se déroulent ces épisodes confus au sud, la situation n'est pas plus simple au nord, où s'affrontent Florence, Gênes, Venise, Milan. Cette dernière ville, dominée après 1354 par les deux frères Visconti, Bernabo et Galeas, domine la Lombardie centrale. Le duché de Milan, affaibli par les guerres continuelles, retrouve de la vigueur avec le duc Philippe-Marie Visconti (1412-1447), dont l'œuvre est poursuivie par l'usurpateur François Sforza (1450-1466). A Florence, les Médicis prennent le pouvoir en 1434 avec Cosme, tandis qu'à Venise le doge Francesco Foscari (1423-1457) favorise l'extension des domaines de Terre Ferme avec la prise de Bergame, de Brescia et de Ravenne. La prise de Constantinople par les Turcs en 1453 est cependant un avertissement qui ramène à la raison pour un temps les Etats d'Italie du Nord : le 9 avril 1454, Venise conclut la paix de Lodi avec le duc de Milan, et les autres Etats y adhèrent bientôt. Le 2 mars 1455, le pape Nicolas V transforme cette paix en une « Sainte Ligue ».

Miraculeusement, cette paix va durer vingt-huit ans, et cette pause nous permet de faire un bilan d'autant plus important que la carte de l'Italie ne bougera pratiquement plus jusqu'en 1860. Le royaume de Naples réunifié est revenu à sa configuration de la période normande et Souabe, couvrant plus de 40 % de la péninsule. Les Etats pontificaux atteignent leur plus grande extension avec la reprise des Marches et de Bologne ; en 1509 s'y ajoute Ravenne. C'est aussi le cas de la république de Venise, dont le *contado* s'étend des Alpes au Pô, et des frontières de la Carniole à l'Adda. Le duché de Milan a comme frontières la Sesia, les montagnes de Ligurie, l'Enza, le bas cours de l'Oglio et le cours supérieur de l'Adda. La république de Florence couvre toute la Toscane ; elle s'est emparée d'Arezzo, puis de Pise en 1406, mais la république de Sienne lui échappe. La république de Gênes occupe toute la Ligurie, mais elle va bientôt tomber dans la seigneurie milanaise (1464-1478 et 1487-1499) ou française (1499-1513), et le duché montagnard de Savoie court de Neuchâtel à Nice. Des Etats plus petits complètent le puzzle : Urbino, Modène, Mantoue, Ferrare, Lucques, Montferrat.

Dans tous ces Etats on assiste à un processus de monarchisation : les princes deviennent héréditaires et perdent leur caractère de délégués du peuple, les assemblées populaires sont supprimées, l'administration se bureaucratise, et le prince gouverne avec un conseil restreint dont il nomme les membres. Cela est vrai aussi bien pour les Visconti à Milan avec Philippe-Marie, duc de 1412 à 1447, et ses successeurs, les Sforza, avec François de 1450 à 1466, Galéas-Marie de 1466 à 1476, Jean-Galéas-Marie de 1476 à 1494, que pour les Médicis à Florence, avec Cosme l'Ancien de 1434 à 1464, Pierre, de 1464 à 1469, Laurent (Laurent le Magnifique) de 1469 à 1492. A Venise, l'oligarchie marchande joue le rôle de prince et gouverne par l'intermédiaire d'un Grand Conseil héréditaire.

A la différence des souverains des vieilles dynasties de France, d'Angleterre, d'Espagne, auréolées d'un prestige religieux conféré par le sacre, ces princes italiens, arrivés au pouvoir par leurs qualités personnelles, leur *virtù*, ne peuvent compter que sur elles pour s'y maintenir. Condamnés à être des surhommes, ils doivent être vigilants, se méfier d'éventuels concurrents et les éliminer en cas de besoin, au risque de périr eux-mêmes par le poison ou le poignard. L'assassinat politique devient une spécialité italienne, jusque dans les milieux pontificaux : nous l'avons vu avec les Borgia. En 1476, Galeazzo-Maria Sforza est assassiné par deux jeunes nobles ; en 1478, Laurent de Médicis et son frère Julien sont les cibles d'un attentat monté par leurs rivaux, les Pazzi. Julien est tué, Laurent blessé. Le tyrannicide est considéré comme une pratique politique légitime, au nom de la défense d'une illusoire liberté, comme l'écrit l'humaniste florentin Leonardo Bruni (1369-1444) : « Nous abhorrons la domination d'un seul... Nous voulons la liberté, égale pour tous, obéissant seulement aux lois, délivrés de la crainte d'un homme... Notre cité demande en effet vertu et probité à ses citoyens, et elle estime digne de gouverner l'Etat quiconque possède ces qualités. Elle hait la superbe et le caractère hautain des grands. Voilà la vraie liberté, voilà l'égalité des citoyens : ne craindre la violence ou l'injustice de personne, jouir de droits égaux, pouvoir également aspirer au gouvernement de l'Etat. » Assassiner, oui, si cela sert le bien public ; mais aussi se suicider si on perd « cette gloire et cette liberté dans lesquelles on avait été élevé », écrit Matteo Palmieri. Guichardin est du même avis. Les conseils de Machiavel (1469-1527) dans *Le Prince* sont adaptés à ces mœurs politiques dans lesquelles la *virtù* (énergie, valeur, audace) prend la place de la vertu. *Le Prince*, écrit en 1513 et publié avec l'approbation du pape Clément VII en 1531, est la bible de la vie politique moderne, et l'Italie est le laboratoire où l'on expérimente ses recettes. Recettes qui s'exportent rapidement. La réputation des Italiens est telle en ce domaine dès la fin du

XIVe siècle qu'à l'occasion de la première attaque de folie de Charles VI, des rumeurs accusatrices circulent contre Valentine Visconti, l'épouse du duc d'Orléans : elle est italienne, donc a priori suspecte d'être une empoisonneuse. D'ailleurs, son père, Jean-Galéas, n'a-t-il pas assassiné son oncle, Bernabo, en 1385 ? Au XVIe siècle encore, on connaît la réputation sulfureuse de Catherine de Médicis et de son « cabinet des poisons ».

La paix de Lodi avait mis fin à la guerre ouverte entre les Etats italiens, mais n'avait pas effacé les méfiances. En 1467, Venise tente une attaque contre Milan, et pousse son condottiere, le fameux Colleone, contre Florence, mais une ligue s'organise aussitôt entre Naples, Florence, Milan et le pape Paul II, qui fait reculer Venise. En 1481, avec la mort du sultan Mehmet II et la reconquête d'Otrante, le danger turc semble s'éloigner ; on peut donc recommencer à se battre entre soi. On ne perd pas de temps : dès la fin de l'année, Venise attaque Ferrare, provoquant la formation d'une coalition des Médicis de Florence, des Sforza de Milan, des Bentivoglio de Bologne, des Gonzague de Mantoue contre elle. Abandonnés par le pape, les Vénitiens appellent à leur secours la France, offrant le duché de Milan au duc d'Orléans, héritier de Valentine Visconti, et le commandement de leurs troupes à René II de Lorraine, qui convoite le trône de Naples. Ces projets sont abandonnés en 1484 lorsque Ludovic Sforza, dit le More, qui gouverne Milan au nom de son neveu Jean-Galéas, se retire du conflit. Mais en attirant l'attention de la monarchie française sur la situation italienne, Venise va déclencher une intervention dont elle n'a pas mesuré l'ampleur et les conséquences possibles.

Fin août-début septembre 1494, une puissante armée française franchit en effet les Alpes, dirigée par le roi lui-même, Charles VIII, un jeune homme de 24 ans, féru de romans de chevalerie et attiré dans cette entreprise par des considérations de prestige et les manœuvres des princes italiens. Il a hérité de la maison d'Anjou ses droits sur la couronne de Naples, et il entend les faire valoir, d'autant plus que la conjoncture semble favorable : le roi aragonais de Naples, Ferdinand, vient de mourir, et sur la route du Sud il n'y a que des amis, qui laisseront passer l'armée sans problème : la duchesse de Savoie, la marquise de Montferrat, le duc de Milan Ludovic le More. A Florence, Pierre de Médicis n'est pas en mesure de s'opposer aux Français, que le moine Savonarole accueille comme les envoyés de Dieu en attendant la prochaine fin du monde. Le pape Alexandre VI laissera également passer. De plus, Charles VIII, avant de partir, s'est assuré de la neutralité de l'Aragon, en lui restituant le Roussillon, et de Maximilien, en lui cédant la Franche-Comté. L'expédition se présente donc comme une promenade militaire, avec au bout, après Naples, le mirage d'une reconquête de Constantinople et – pourquoi pas, pendant qu'on y est ? – de Jérusalem. De quoi enflammer l'imagination de l'écervelé Charles VIII.

Le voyage aller se passe effectivement sans encombre. Le temps de saluer au passage toutes les célébrités qui sont sur le chemin, le roi met tout de même cinq mois pour aller de Grenoble à Naples, où il fait son entrée le 25 février 1495, déguisé en empereur byzantin, ce qui est aller un peu vite en besogne. Le roi de Naples, Ferrandino, ne l'a pas attendu. Il est en fuite. Un succès aussi facile inquiète cependant les Italiens, qui craignent de s'être donné un nouveau maître. A l'instigation de Venise, une ligue se forme dès le 31 mars, regroupant, outre la Sérénissime, Ludovic le More et Alexandre VI, avec le soutien de Maximilien et du roi d'Aragon. De plus, les Napolitains, d'abord curieux, deviennent franchement hostiles. Il faut rentrer précipitamment, de peur d'être bloqué dans le sud de la péninsule. Le retour est plus rapide que l'aller : le 20 mai 1495, Charles VIII quitte Naples ; le 6 juillet il force le passage dans les Apennins ligures, à Fornoue, et retrouve la France. L'échec est total : Naples est perdue, de même que le Roussillon et la Franche-Comté, et les Français ne rapportent guère de cette expédition que la syphilis.

Deux ans plus tard, en 1498, Charles VIII meurt accidentellement. Le duc d'Orléans lui succède dans tous les domaines : il épouse sa veuve, Anne de Bretagne, et reprend à son compte ses projets italiens, auxquels il ajoute ses droits propres – en tant que petit-fils de Valentine Visconti, il affirme avoir des droits sur le Milanais. En 1499, Louis XII entre en vainqueur à Milan. Le 10 avril 1500, Ludovic le More est fait prisonnier à Novare et envoyé en France, où il mourra à Loches. Le processus de 1495 se répète, car la présence de Louis XII, vainqueur des Vénitiens à Agnadel en 1509, est insupportable pour les Etats italiens et en particulier pour le pape Jules II, qui a de grands projets d'unité pour la péninsule. En 1511, il organise avec Venise, l'Aragon et l'Angleterre une Sainte Ligue contre le roi de France et Maximilien. L'affaire prend même une coloration religieuse lorsque le roi et l'empereur réunissent à Pise un concile et que Jules II réunit le sien au Latran. Le pape met le royaume de France en état d'interdit, et les Français sont battus à Novare en 1512. Victoire à la Pyrrhus pour la Sainte Ligue, qui se désintègre peu après. Le 1er janvier 1515, Louis XII meurt. Son successeur, François d'Angoulême, reprend ses objectifs, et le 14 septembre il remporte la victoire de Marignan sur une armée de contingents suisses recrutés par le pape Léon X et ses nouveaux alliés, Maximilien et Ferdinand d'Aragon. 1515, Marignan : cette fois, il n'y a plus de doute, le Moyen Age est terminé en Occident.

Il l'est aussi en Orient, depuis plus longtemps : depuis qu'en 1453 l'Empire byzantin a disparu de la carte, désormais envahie par la couleur verte de l'Empire ottoman islamique.

14

Un Orient réunifié :
De l'Empire byzantin à l'Empire ottoman

Un des signes marquants de la fin de l'époque médiévale est la disparition de l'Empire byzantin, le seul Etat à avoir traversé les mille ans d'histoire du Moyen Age. Il était certes depuis bien longtemps dans une triste situation, et sa mort prochaine semblait inéluctable. Mais si on peut lui appliquer l'expression d'« homme malade de l'Europe », comme on le fera au XIXe siècle pour son successeur, l'Empire ottoman, il avait déjà surmonté tant de crises que certains pouvaient le croire immortel. C'est dire si la prise de Constantinople, en 1453, est un évènement capital. Non pas tant sur le plan politique, diplomatique et militaire que dans l'imaginaire collectif et dans l'ordre du symbole. Réduit à un minuscule territoire sur le Bosphore, l'Empire byzantin était dans les faits une entité négligeable, cerné par les possessions turques qui le prenaient en tenailles et le menaçaient à tout moment d'étouffement. Mais le prestige de la ville de Constantin, qui avait résisté à tant de sièges, restait immense. Sa position ambiguë sur le plan culturel et religieux reposait sur un complexe amour-haine, attraction-répulsion, avec ses deux grands et menaçants voisins. Byzance fascine l'Occident, qui la déteste comme traître à Rome, et Byzance entretient avec les Turcs des relations étroites faites de guerres et d'échanges culturels. Pris en étau entre ses deux meilleurs ennemis, l'Empire byzantin est à la fois un pont et un tampon entre l'Europe chrétienne latine et l'Orient musulman. Sa disparition signe la fin de la géostratégie médiévale, et ouvre la voie à l'affrontement direct entre christianisme et islam pour la suprématie en Eurasie. C'est là peut-être que l'on pourrait situer formellement la fin du Moyen Age.

L'irrémédiable déclin de Byzance au XIVe siècle

Le XIVe siècle est marqué par le déclin continuel de l'Empire byzantin, pris dans ses querelles internes et incapable de présenter un front commun aux Turcs et aux Serbes. En 1321, un groupe de jeunes officiers, dirigés par Jean Cantacuzène, se soulève contre le vieil empereur Andronic II Paléologue, qui régnait depuis 1282. Le putsch, soutenu par l'opinion publique, qui réclame un abaissement des taxes et une action militaire plus énergique, aboutit au couronnement du petit-fils d'Andronic II, Andronic III, qui entre à Constantinople en 1328. Andronic II est enfermé dans un monastère, où il mourra quatre ans plus tard.

La nouvelle équipe au pouvoir, dominée par Jean Cantacuzène, remporte quelques succès, mais uniquement à l'ouest. L'Asie Mineure est abandonnée définitivement aux Turcs, qui s'emparent de Brousse en 1326, de Nicée en 1329, de Nicomédie en 1337. C'est qu'Andronic III et Jean Cantacuzène se méfient davantage des Italiens que des Turcs. Jean Cantacuzène est un grand ami de l'émir d'Aydin, Umur, et il n'hésite pas à employer des mercenaires turcs contre le tsar de Bulgarie et les Latins. Grâce à lui, Andronic III reprend Chios et Mytilène, puis annexe les provinces grecques dissidentes depuis 1204 : la Thessalie et l'Epire. La prise de Dyrrachion redonne à Byzance une ouverture directe sur l'Adriatique.

Ce début de redressement est brisé net en 1341 avec la mort d'Andronic III. Le fils de ce dernier, Jean V Paléologue, n'a que 9 ans, et une entente pour la régence se révélant impossible, Jean Cantacuzène se proclame empereur le 26 octobre 1341 dans son château de Didymotique. Une guerre civile commence entre Jean V (Paléologue) et Jean VI (Cantacuzène). Le premier est soutenu par les villes, le second par l'aristocratie, ce qui donne au conflit des allures de guerre sociale, manifeste par exemple à Thessalonique, où se forme une sorte de commune indépendante, soutenue par les classes moyennes et par le mégaduc Alexis Apokaukos, de 1342 à 1350, opposée à Cantacuzène. Des deux côtés on fait appel à des troupes étrangères, qui ravagent le pays : les Serbes d'Etienne Doushan, qui changent plusieurs fois de camp, et les Turcs de l'émir d'Aydin, Umur, et même du sultan Orhan, à qui Cantacuzène donne sa fille Théodora en mariage. En 1347, Jean VI entre en vainqueur à Constantinople, et un curieux compromis est mis au point : Jean V et Jean VI régneront conjointement, et Jean V épouse Hélène, une autre fille de Jean VI, qui se retrouve donc à la fois beau-père du sultan et du basileus, tout en étant basileus lui-même.

La situation continue à se dégrader. En 1347-1348, la peste fait des ravages. Les pirates turcs multiplient les raids sur les côtes, tandis que les Italiens accaparent le commerce. Jean VI tente vainement de déloger les Génois, en s'alliant aux Vénitiens, mais il doit finalement conclure un accord avec eux en 1352. Au moins réussit-il à abaisser les taxes commerciales pour les marchands grecs à 2 %. Les éléments s'en mêlent : le 2 mars 1354, un tremblement de terre détruit la forteresse de Gallipoli ; les Turcs en profitent pour s'emparer de la ville, ce qui leur donne un point de passage vers l'Europe, où déjà de nombreux mercenaires ottomans sont établis.

Dégoûté, Jean VI abdique, se retire dans un monastère et rédige ses Mémoires.

Les désastres s'accumulent. En 1356, une armée commandée par le fils du sultan, Suleïman, traverse le détroit des Dardanelles, s'empare de Chorlu, Didymotique, Andrinople, et en 1362, à la mort du sultan Orhan, toute la Thrace occidentale est soumise. L'occupation est destinée à durer : les tribus turques sont encouragées à s'installer dans les territoires conquis. Lorsqu'une ville est assiégée, si elle capitule, les habitants sont autorisés à garder leurs églises et leurs coutumes ; si elle résiste et est prise par la force, le cinquième de la population peut être réduit en esclavage, les autres perdent tous leurs droits, les hommes doivent travailler sur les terres des conquérants, les jeunes garçons sont enlevés à leur famille, éduqués dans la religion musulmane et formés au métier des armes : c'est la naissance du corps redoutable des janissaires. L'armée est d'ailleurs réorganisée pendant le règne du sultan Orhan : d'un côté elle comprend une milice régulière, composée d'hommes qui reçoivent un lopin de terre en échange du service militaire et d'un petit loyer, et d'autre part on trouve des soldats rétribués pour chaque campagne. Le corps de troupe principal est formé des *spahis*, qui comprennent canonniers, armuriers, maréchaux-ferrants, marins. Un système efficace de mobilisation permet de réunir rapidement des effectifs imposants.

A la mort d'Orhan, en 1362, son fils Mourad Ier lui succède. Il commence par faire exécuter son frère Ibrahim, intervient contre quelques émirs rebelles d'Asie Mineure, puis complète la conquête de la Thrace et établit sa capitale à Andrinople. En Italie, on commence à s'inquiéter. En 1373, l'empereur Jean V (qui curieusement succède à Jean VI) s'y rend, mais n'obtient aucun secours, et il est contraint de se reconnaître vassal du sultan, de lui promettre le versement d'un tribut annuel, et de lui envoyer son fils Manuel en otage. Le sort de l'Empire byzantin semble être dès lors entre les mains de Mourad, qui intervient pour rétablir Jean V, détrôné de 1376 à 1379 par un de ses fils, Andronic. En échange, le basileus et son fils Manuel doivent se joindre à l'armée turque pour conquérir la cité grecque de Philadelphie, dernière possession byzantine en Asie.

Personne ne semble plus en mesure de s'opposer aux Ottomans. En 1371, le Serbe Voukashin est écrasé à la Maritza, et Mourad s'empare de la plus grande partie de la Bulgarie et de la Macédoine serbe. Le roi de Bulgarie devient vassal du sultan, qui ajoute sa fille Thamar à son harem. En 1387, Thessalonique tombe. Le 15 juin 1389, au lieu-dit Champ des Merles, dans la plaine du Kosovo, l'armée turque de Mourad fait face à l'armée serbe du roi Lazar. Juste avant la bataille, Mourad est assassiné par un déserteur serbe, qui est massacré sur place. Les deux fils de Mourad livrent la bataille sans révéler la mort de leur père. L'aîné, Bayezid, au soir de la victoire, fait assassiner Lazar, qui avait été pris ; puis il fait étrangler son frère et se proclame sultan. Surnommé « la Foudre », il tombe comme un éclair sur le royaume bulgare de Tirnovo, qui disparaît en 1393, puis envahit le Péloponnèse en 1394. En 1396, il s'apprête à assiéger Constantinople lorsqu'une croisade de secours, rassemblée à l'appel du roi Sigismond de Hongrie, avec de nombreux chevaliers d'Occident, arrive par le nord. Il va à sa rencontre et l'écrase à Nicopolis, sur le Danube. A la suite de quoi il annexe le royaume bulgare de Vidin et réduit le prince de Valachie à l'état de vassal.

Manuel II, qui règne à Byzance depuis 1391, est sans ressources. Le personnage est remarquable. Il a passé sa jeunesse dans les guerres et les querelles familiales ; il a été otage du sultan ; il s'est fait des amis chez les Turcs et il connaît bien l'islam. Il a même rédigé un ouvrage le comparant au christianisme. Il a associé au trône son neveu Jean VII. Conscient du fait que Constantinople ne peut être sauvée sans l'aide occidentale, il obtient un petit renfort avec le maréchal Boucicaut, et en 1402 il se rend personnellement en Occident pour demander des hommes et des subsides. Mais les Latins sont en plein schisme, et il n'obtient que des bonnes paroles. Pendant son absence, Bayezid, qui vient de terminer la construction de la forteresse d'Anatolu Hisar, sur la rive asiatique du Bosphore, s'apprête à lancer l'assaut sur Byzance. A ce moment, les armées de Timour le Tartare (Tamerlan), descendant de Gengis Khan, qui ravageaient depuis quelques années la Syrie et la Mésopotamie, avancent vers l'ouest à travers l'Anatolie. Les envoyés de Tamerlan somment Bayezid d'abandonner ses attaques contre Byzance. Le sultan les insulte, va à la rencontre de Tamerlan, et est complètement battu à Ankara le 25 juillet 1402. Fait prisonnier, il mourra en 1403. Tamerlan retourne dans sa capitale, Samarkand, où il meurt en 1405, mais la puissance turque est brisée pour plusieurs années, et Constantinople sauvée une fois de plus. En effet, les fils de Bayezid se disputent le trône. L'aîné, Suleïman, demande l'aide de Manuel, à qui il restitue Thessalonique, mais il est assassiné en 1409, et son frère Musa reprend la ville, avant d'être lui-même assassiné par un autre frère, Mehmet, qui restitue Thessalonique à Manuel, et meurt d'apoplexie en 1421.

Son fils aîné, Mourad, souhaiterait établir des relations pacifiques avec Byzance, mais le vieux basileus Manuel est maintenant dominé par son fils Jean VIII, qui adopte une attitude arrogante à l'égard des Turcs, qu'il croit définitivement affaiblis. Le résultat est que Mourad vient assiéger Constantinople en juin 1422. Il doit cependant abandonner cette entreprise pour faire face à des rebelles conduits par son frère et à des attaques venues de Hongrie. En 1440, il échoue à prendre Belgrade. Les Turcs ont du mal à se remettre de la défaite infligée par

Tamerlan en 1402, et ce qui reste de l'Empire byzantin peut respirer pendant une quarantaine d'années après cet évènement.

La situation dramatique de l'Empire vers 1400

Il n'en est pas moins dans un état lamentable. Le terme d'« empire » paraît d'ailleurs grandiloquent pour qualifier ces quelques lambeaux de territoires qui sont encore sous l'autorité du basileus : l'extrémité du Péloponnèse, autour de Mistra, un minuscule morceau autour de Thessalonique, qui ne cesse de changer de mains, quelques îles du nord de l'Egée, comme Skyros, Thasos, Lemnos, Imbros, et la capitale, qui est en fait l'Empire à elle seule. Constantinople est dans un triste état. Sa population, qui atteignait le million d'habitants à l'époque de sa splendeur, est tombée vers 1400 à un peu plus de 100 000. La ville flotte à l'intérieur de ses 22 kilomètres de remparts : on y trouve des champs, des vergers, des friches, et surtout des ruines. Les voyageurs de l'époque ont tous exprimé leur surprise et leur déception devant ce spectacle : au milieu du XIVe siècle, Ibn Battuta dénombre treize villages à la place de ce qui aurait dû être une grande ville. Au début du XVe siècle, Gonzales de Clavijo, Bertrandon de la Broquière, Pero Tafur se disent également stupéfaits. Les bâtisses du vieux palais impérial ne sont plus habitables ; on a retiré le plomb de toutes les toitures pour le vendre ; l'immense hippodrome menace de s'effondrer ; seule Sainte-Sophie garde une allure digne. Les quartiers les plus animés sont ceux des étrangers : le quartier vénitien, près du port, et, de l'autre côté de la Corne d'Or, Péra, le comptoir génois. Un demi-siècle après la grande peste de 1348-1349, la population de l'Empire ne s'est toujours pas relevée. A part Thessalonique, où on recense 40 000 habitants en 1423, et Mistra

(10 000), les autres villes ne sont que des bourgades, et les continuelles attaques des pirates à la recherche d'esclaves interdisent toute croissance significative.

L'activité économique est contrôlée essentiellement par les Italiens. Les mines d'alun de Phocée ont été concédées au Génois Benedetto Zaccharia, qui a ensuite mis la main sur Chios. A Constantinople, Vénitiens et Génois monopolisent le commerce, bénéficiant de conditions fiscales très avantageuses concédées en échange de leur soutien contre les Turcs. Il y a bien quelques marchands grecs, comme les Sophianoi et les Notaras, qui sont en même temps banquiers et à la tête d'une importante fortune, mais leur nombre est très limité, et la plupart d'entre eux sont confinés à un petit cabotage le long des côtes de l'Egée. Les produits de luxe viennent maintenant d'Occident, et leur trafic est aux mains d'Italiens, comme en témoigne le livre de comptes du Vénitien Badoer, établi à Constantinople de 1436 à 1440.

Dans ces conditions, les revenus de l'Etat ne cessent de diminuer, en dépit d'une fiscalité de plus en plus lourde : dès 1343, l'impératrice a dû engager les bijoux de la Couronne auprès de banquiers vénitiens pour 30 000 ducats. L'Etat ne peut plus frapper de monnaie d'or et doit se contenter de médiocres pièces d'argent, et les transactions les plus importantes sont effectuées en ducats vénitiens. L'empereur ne dispose même plus de la possibilité de rétribuer les grands officiers en leur attribuant une terre par le système de la *pronoia*, car sous la pression des grands nobles ces domaines sont devenus héréditaires. Le gouvernement multiplie les impôts extraordinaires, alors qu'en même temps la vénalité, la corruption, les détournements sévissent dans l'administration et la justice. L'empereur doit renoncer à avoir une marine et réduire les effectifs de l'armée. L'impopularité du gouvernement et l'indignation devant l'injustice sociale sont exprimées par le pamphlet d'Alexis Makrembolitès, le

Dialogue entre les riches et les pauvres, qui attribue la victoire des Turcs à la punition divine contre les péchés des dirigeants byzantins, qui exploitent les pauvres. Au moins, les Turcs, dit-il, sont pieux et ne détruisent que les icônes de bois, alors que vous détruisez les icônes vivantes.

Et cependant, au milieu de cette situation catastrophique, la vie intellectuelle est brillante. Les savants byzantins s'intéressent aux œuvres de l'Antiquité grecque, dans un souci de cultiver les racines helléniques face aux contaminations latines et orientales. Les manuscrits sont recopiés, les textes édités. Maxime Planoudès, sous Andronic II, compose une *Anthologie grecque* et édite les œuvres de Plutarque ; Manuel Moschopoulos compose une grammaire et un lexique du grec classique, et édite des pièces de Sophocle. Au XIVe siècle, des historiens comme Georges Pachymère et Nicéphore Grégoras retracent l'épopée byzantine. Les sciences sont également pratiquées, comme la médecine avec Jean Zacharias, l'astronomie avec Théodore Métochite. Un esprit universel et syncrétique, Gémiste Pléthon (1360-1452), élabore une synthèse du néoplatonisme et du paganisme antique qui n'est pas du goût des autorités orthodoxes. Enseignant à Constantinople, il doit s'exiler à Mistra, et ses écrits sont brûlés après sa mort.

Les contacts avec la philosophie et la théologie occidentales se développent également, par l'intermédiaire des Italiens. La *Somme* de Thomas d'Aquin est traduite en grec par Maxime Planoudès et Démétrios Kydonès, tandis que dans l'autre sens Homère est traduit en latin par Léonce Pilate vers 1360, et que Pétrarque et Boccace s'intéressent aux œuvres grecques. L'enseignement du grec est introduit à Florence, où Manuel Chrysolaras rédige un usuel et donne des cours entre 1397 et 1400. Le passage d'une culture à l'autre est illustré par la carrière de Jean Bessarion (1400-1472). Moine puis métropolite non résident de Nicée, maîtrisant une vaste culture et collectionnant les manuscrits, il rallie le catholicisme en 1439, devient cardinal, et manque de peu la tiare pontificale. Ardent partisan de l'union des Eglises, il est un des participants les plus en vue du concile de Ferrare et Florence en 1438-1439.

Echec de l'Union des Eglises (concile de Florence, 1439)

Cette question de la réunion des Eglises orthodoxe et latine est justement au centre des débats à Constantinople, et il n'est pas exclu de penser que l'intransigeance et l'obstination du clergé orthodoxe, suivi par la masse des fidèles, sont les causes principales de la catastrophe de 1453.

Nous l'avons dit : la réputation des orthodoxes « coupeurs de cheveux en quatre » et amateurs de vaines discussions sur le sexe des anges n'est pas usurpée. Le « byzantinisme » n'est pas un mythe. Certes, les nominalistes occidentaux pratiquent également les ratiocinations, mais elles portent essentiellement sur le domaine de la logique, du raisonnement, alors qu'ici les discussions à n'en plus finir concernent la nature même des croyances, le contenu, poussées à des raffinements d'autant plus grotesques qu'elles concernent des produits de l'imagination. Et l'acharnement des théologiens à défendre ces chimères a été responsable de multiples et violents conflits qui n'ont cessé d'affaiblir la cohésion de l'Empire. Le dernier en date, au XIVe siècle, concerne l'hésychasme. Le moine Grégoire, qui, venu du Sinaï, réside au monastère de l'Athos, affirme que l'*hésychia*, ou tranquillité, permet d'accéder à une connaissance intime de Dieu en percevant la lumière divine qui entourait Jésus lors de la Transfiguration sur le mont Thabor. Ce point de vue est défendu notamment par le théologien

Grégoire Palamas (1296-1359), l'un des théoriciens du mysticisme et des Energies incréées de Dieu. Il s'oppose aux intellectuels humanistes qui soutiennent, comme les nominalistes latins, que Dieu est inconnaissable. Cette grave question provoque un violent conflit, dont Palamas sort vainqueur au concile de Constantinople, avant d'être canonisé en 1368. Le plus curieux est que l'affaire ne divise pas seulement les Byzantins : les historiens et les théologiens se disputent encore pour savoir si la victoire de Palamas est celle de l'obscurantisme et de l'anti-intellectualisme, ce qu'elle est de toute évidence en dépit de l'avis du grand historien Steven Runciman.

Ce qui est dramatique, c'est que dans la Byzance orthodoxe ce sont les moines et leur mystique anti-intellectualiste qui dirigent l'opinion publique et, par cet intermédiaire, pèsent sur les orientations politiques. Or, leur haine du catholicisme latin est plus grande encore que leur crainte de l'islam : « Plutôt le turban que le chapeau de cardinal », déclare le mégaduc Luc Notaras, un des hommes les plus influents de Byzance au XVe siècle. Et effectivement, les higoumènes de l'Athos se montrent très accommodants avec les musulmans lorsque le sultan s'empare de la région en 1383. En 1430, quand Thessalonique est assiégée par les Ottomans, le métropolite de la ville, Syméon (1420-1430), est partagé entre sa haine des Turcs et son refus de toute compromission religieuse avec les Vénitiens.

L'empereur, quant à lui, est bien conscient de la nécessité de l'Union des Eglises avec Rome pour obtenir l'aide indispensable des Occidentaux, et cette Union nécessitera des compromis auxquels est farouchement opposé le clergé orthodoxe. Rappelons les principaux points de divergence : faut-il dire que le Saint-Esprit procède du Père « par » le Fils (orthodoxes), ou « et » du Fils (latins) (querelle du *Filioque*) ? Faut-il utiliser dans la célébration de l'eucharistie du pain levé (orthodoxes) ou du pain azyme (latins) ? Faut-il invoquer le Saint-Esprit (Epiclèse) lors de la consécration ? Les laïcs peuvent-ils communier sous les deux espèces ? Les prêtres séculiers peuvent-ils se marier ? L'évêque de Rome a-t-il une simple primauté d'honneur, ou une suprématie absolue sur l'Eglise ?

Les partisans de l'Union, donc du compromis, voire de la soumission, se trouvent uniquement parmi les esprits éclairés, des intellectuels désireux de se rapprocher de la culture occidentale, avec la possibilité de trouver des postes bien rémunérés d'enseignants dans les universités italiennes. Autrement dit, il s'agit d'une infime minorité. Les moines, le bas clergé, le peuple sont farouchement hostiles à tout rapprochement, et les esprits s'accoutument peu à peu à l'idée de vivre sous la domination musulmane. Des contacts sont même pris par des évêques victimes de l'illusion d'un islam tolérant. Par un raisonnement aberrant, certains prétendent même qu'un accord avec Rome, loin de renforcer la défense de l'Empire, en causerait la perte, parce que Dieu punirait Byzance pour avoir mis en danger l'âme des fidèles en se rapprochant de ces hérétiques.

Dans ce climat, une entente avec les Latins était bien improbable. Pourtant, le nouvel empereur, Jean VIII (1425-1448), est décidé à l'obtenir, en espérant que le pape déclenchera ensuite une croisade regroupant tous les chrétiens pour repousser définitivement les Turcs. Le moment peut sembler favorable : le Grand Schisme vient de se terminer, et Eugène IV, affaibli par les théories conciliaires, ne peut refuser la tenue d'un concile qui aurait pour but de mettre fin au schisme orthodoxe. La réunion a lieu à Ferrare en 1438, et se poursuit à Florence en 1439, en raison de la peste. La délégation latine est composée d'habiles polémistes, travaillant en équipe, sous la direction du pape. La délégation grecque est dirigée par l'empereur lui-même, accompagné du patriarche de Constantinople, mais ses membres sont divisés. Il y a bien là Pléthon, Scholarios, quelques philosophes laïcs favorables à l'Union, mais beaucoup de patriarches orientaux ont refusé de venir et ont envoyé des représentants médiocres qui n'ont même pas pleins pouvoirs de décider.

On perd d'abord beaucoup de temps en querelles de préséance ; il y a également un problème linguistique : les concepts théologiques grecs sont difficilement traduisibles en latin ; l'interprétation des canons des conciles précédents et des textes des Pères de l'Eglise, qui se contredisent, entraîne des palabres et des ratiocinations sans fin. Mais on ne peut pas se permettre d'échouer. Alors, comme toujours en pareil cas, on met au point un texte suffisamment vague pour dissimuler les désaccords. Sur la délicate question du *Filioque*, on conclut qu'après tout la formule latine « du Père *et* du Fils » veut dire la même chose que la formule grecque « du Père *par* le Fils » : en arriver là après six siècles d'anathèmes mutuels, de conflits, de dizaines de volumes de démonstrations théologiques péremptoires pour prouver le contraire couvre de ridicule la théologie et ses grotesques controverses. Le patriarche Joseph en tombe malade et meurt : « Que diantre pouvait-il faire d'autre après s'être embrouillé dans ces prépositions ? », ironise un participant. La formule d'Union, tout en étant vague, est globalement favorable aux positions de Rome. Du côté grec, elle est ratifiée de bon cœur par les philosophes, notamment les trois Georges : Scholarios, Amiroutzès et de Trébizonde. Pléthon y est hostile, mais, séduit par les honneurs que lui rend Cosme de Médicis, il se tait. Les évêques signent à contrecœur, sauf le métropolite d'Ephèse, Mark Eugénikos.

En Occident, l'Union est célébrée comme une grande victoire de la chrétienté latine, tout à l'honneur du pape et du concile, mettant fin à quatre siècles de schisme. Victoire en trompe-l'œil cependant. Car à Byzance l'opposition du peuple et du clergé rend impossible l'application de l'accord. L'accueil des délégués au concile à leur retour est franchement hostile. Les patriarches orientaux refusent de se reconnaître liés par la signature de leurs représentants. Il faut renoncer à faire célébrer une messe d'union à Sainte-Sophie. Les partisans de l'Union jugent plus prudent de s'enfuir : c'est le cas de Bessarion et d'Isidore, et même du nouveau patriarche de Constantinople Grégoire III, choisi par l'empereur pour sa complaisance. D'autres changent de camp, comme Georges Scholarios et Georges Amiroutzès, qui étudient la possibilité d'une entente avec l'islam. Jean VIII commence lui-même à douter, et sous l'influence de sa mère, l'impératrice Hélène, il cesse d'exiger l'application de l'accord. Les Byzantins se replient sur eux-mêmes, et pour quelques formules creuses de théologie sont prêts à saborder l'Empire. Beaucoup sont conscients de l'issue inévitable du conflit avec les Turcs, et certains pensent même que l'occupation musulmane serait salutaire pour maintenir l'intégrité de leur foi. Rien de tel qu'une bonne persécution pour renforcer les convictions religieuses d'un peuple opprimé. L'histoire en offre de multiples exemples. Et l'avenir va leur donner raison. La route est donc ouverte vers le naufrage de l'Empire byzantin.

Vers la chute de l'Empire byzantin

Un dernier effort est pourtant accompli en 1444 pour écarter la menace ottomane, mais le basileus, enfermé à Constantinople, n'y joue aucun rôle. Profitant de ce que le sultan Mourad est occupé à réprimer une révolte en Anatolie, le roi de Hongrie et de Pologne, Ladislas, avec l'approbation du pape, réunit une armée dirigée par le voïvode de Transylvanie, Jean Hunyadi, et traverse le Danube, tandis que le chef albanais, le musulman Scanderberg, se soulève contre le sultan. Le pape envoie des renforts à Ladislas, sous les ordres du légat Jules Césarini. Mourad revient donc d'Anatolie avec toutes ses forces, traverse le détroit des Dardanelles sans difficulté, car les Vénitiens ne font rien pour l'en empêcher, contrairement à leur promesse. Ladislas et Mourad se rencontrent à Szegedin en juin 1444, mais ni l'un ni l'autre ne veut risquer la bataille, et ils concluent une trêve de dix ans. Comme nous l'avons vu, le légat persuade alors Ladislas qu'un serment passé avec un infidèle n'a aucune valeur et qu'il peut envahir les territoires turcs. Mourad, qui était reparti en Anatolie, revient et écrase l'armée chrétienne à Varna, le 11 novembre 1444. Ladislas et Césarini sont tués. En 1446, les Turcs ravagent le Péloponnèse ; en 1448, Jean Hunyadi, maintenant régent de Hongrie, est à nouveau battu à Kosovo, tandis que Mourad est venu à bout des rebelles en Anatolie et a éliminé les émirats d'Aydin et de Germiyan. Par une réforme militaire, il réorganise le corps des janissaires : désormais, toute famille chrétienne devra remettre sur requête un enfant mâle aux représentants du sultan. Ces enfants recevront une formation musulmane et deviendront des soldats d'élite.

En 1448 et 1451, l'Empire byzantin et l'Empire ottoman changent de souverain. Les deux acteurs du dernier acte de la tragédie sont des personnalités très différentes. A la mort de Jean VIII Paléologue, fin octobre 1448, son frère Constantin XI lui succède. Il a presque 45 ans et l'expérience du pouvoir et de la guerre pour avoir gouverné la Morée. Il est d'ailleurs à Mistra quand on lui annonce la mort de son frère, et c'est là qu'il est couronné, le 6 janvier 1449. Car il faut faire vite : ses frères Dimitri et Thomas se verraient bien empereurs, et il faut les écarter en leur donnant quelques compensations. Le 12 mars, Constantin XI entre à Constantinople. A l'égard de l'Union, il adopte une attitude prudente, sur les conseils de son secrétaire et confident, Phrantzès.

Le 13 février 1452, le sultan Mourad meurt. Son fils et successeur est Mehmet II, un très jeune homme de 19 ans qui n'est pas dénué de qualités : il a reçu une bonne éducation philosophique et scientifique, maîtrise plus ou moins le grec, l'arabe, le latin, l'hébreu, le persan, en plus du turc, mais son expérience comme associé au gouvernement de son père n'a pas été très convaincante, et on peut s'interroger sur ses véritables intentions. Va-t-il tenter de prendre Constantinople ? A la Cour, les jeunes officiers de sa génération, dirigés par Zaganos, l'y poussent, alors que le vizir Halil lui conseille de maintenir une bonne entente avec les Byzantins. Il semble d'abord écouter ce dernier, confirmant les traités avec Venise, jurant sur le Coran devant les ambassadeurs byzantins qu'il respectera l'intégrité de leur territoire.

En Occident, on est donc rassuré, et chacun retourne à ses occupations : Frédéric III a un couronnement impérial à préparer, Charles VIII une guerre de Cent Ans à terminer, Henri VI une santé mentale à soigner, Nicolas V une bibliothèque Vaticane à organiser. Constantin XI reste cependant méfiant, et envoie à Rome un ambassadeur, Andronic Léontaris, pour sonder les dispositions du pape en cas d'attaque turque. La réponse est claire : « Si vous, avec vos nobles, et le peuple de Constantinople, acceptez le décret d'Union, vous nous trouverez, ainsi que nos vénérables frères, toujours prêts à défendre votre honneur et votre Empire. Mais si vous et votre peuple refusez d'accepter le décret, vous nous contraindrez à prendre les mesures nécessaires à votre salut et conformes à notre honneur. » Autrement dit : pas d'Union, pas d'aide. Le 12 décembre 1452, le basileus fait donc célébrer l'Union au cours d'une cérémonie à Sainte Sophie, mais le peuple ne suit pas.

En dépit des promesses du sultan, on se dirige manifestement vers l'épreuve de force, et Constantin fournit maladroitement des prétextes de rupture au sultan, en réclamant le versement d'une rente annuelle pour l'entretien du prince Orhan, un rival de Mehmet, qui réside à Byzance. Le sultan riposte à cet affront en décidant la construction d'une forteresse sur le rivage du détroit du Bosphore, à l'endroit le plus étroit, afin d'en bloquer l'accès. Le monument, toujours debout, est édifié en un temps record : terminé le 31 août 1452, il est surnommé, de façon appropriée, le « coupe-détroit » ou le « coupe-gorge », aujourd'hui appelé Rumeli Hisar. Constantin envoie ses ambassadeurs pour s'assurer que la forteresse ne sera pas utilisée contre Constantinople. Mehmet les fait décapiter. Ce sera donc la guerre.

En Occident, on est embarrassé. On devine une certaine mauvaise conscience chez les puissances catholiques paralysées par leurs querelles. Gênes est inquiète sur le sort de Péra et de ses colonies de la mer Noire, et à titre individuel certains viennent participer à la défense de Constantinople, comme Maurice Cattaneo, les frères Bocchiardo, les frères de Langasco, et surtout Giovanni Longo, habile soldat qui arrive le 29 janvier 1453 avec 700 hommes, mais officiellement Gênes se tient à l'écart du conflit. Venise est également partagée ; elle souhaite préserver ses intérêts commerciaux en Méditerranée orientale, et elle est en froid avec le pape ; malgré tout, en apprenant les mauvaises nouvelles d'Orient, le Sénat décide le 9 février d'envoyer 800 hommes et 15 galères, mais qui arriveront trop tard. Quelques courageux membres des familles Mocenigo, Contarini, Cornaro participeront aux combats. Le pape envoie à ses frais 200 archers sous les ordres de l'archevêque latin de Chios, Léonard. Hongrois et Serbes sont paralysés par leurs propres problèmes, et les Albanais de Scanderberg ne veulent pas intervenir aux côtés des Vénitiens.

En tout état de cause, les forces de Byzance sont insuffisantes. Au début du siège il n'y a dans le port de la Corne d'Or que 26 navires armés en guerre, dont

5 vénitiens, 5 génois, 3 crétois, un d'Ancône, un catalan, un de Provence, et 10 grecs. En mars 1453, Phrantzès recense seulement 4 983 soldats grecs et 2 000 étrangers. L'empereur interdit de divulguer ces chiffres, de peur de ruiner le moral des troupes. La véritable force de Byzance, c'est sa muraille : 22 kilomètres, en assez bon état. Le long de la Corne d'Or et de la mer de Marmara, le mur est simple, plongeant directement dans la mer ou dominant de petites plages, avec 11 portes au sud, 16 au nord. Le secteur vulnérable du triangle est évidemment l'est, où l'approche est terrestre. Aussi les fortifications y sont-elles colossales : une triple ligne de remparts de 12 à 18 mètres de haut, flanqués tous les 100 mètres de tours carrées de 20 mètres et séparées par de profonds fossés. Ces défenses ont prouvé leur efficacité pendant mille ans en résistant à des dizaines d'attaques. Mais pourront-elles tenir contre l'artillerie ? Ajoutons que l'entrée du port de la Corne d'Or est fermée par une énorme chaîne mise en place par un ingénieur génois entre la tour d'Eugène et les murs de Péra.

Conscient de la difficulté de la tâche, le sultan Mehmet a de son côté rassemblé des forces considérables. D'abord une flotte, qui devra assurer le blocus maritime. Le sultan a bien compris qu'on ne peut prendre Byzance si elle continue à être ravitaillée par la mer. Il fait donc venir par les Dardanelles une armada de 6 trirèmes, 10 birèmes, 15 galères, 75 fustes, 20 parandaires, et une multitude de plus petites embarcations, sous les ordres de Suleïman Baltoglu. L'armée de terre comprend, d'après les sources les plus fiables, 80 000 hommes, plus 20 000 irréguliers, les fameux bachi-bouzouks ; il y a environ 12 000 janissaires. Le plus terrifiant, c'est l'artillerie, dont la pièce la plus spectaculaire est un canon géant fondu à Andrinople par un ingénieur hongrois : un tube de 8 mètres de long et de 2,4 mètres de circonférence, projetant des boulets de 600 kg à 1 500 mètres, creusant des cratères de

2 mètres de profondeur. Le monstre, tiré par 60 bœufs et escorté par 200 hommes, est acheminé par une route spécialement aplanie pour l'occasion.

Le siège et la prise de Constantinople (29 mai 1453)

C'est le lundi 2 avril 1453 que l'armée turque apparaît en vue de Constantinople. Le moral est bon : n'a-t-on pas promis qu'Allah réserverait une place de choix au paradis au premier qui mettrait les pieds sur le rempart ? Connaissant le genre de réjouissances du paradis musulman, il y a de quoi stimuler l'ardeur des combattants. A Byzance, au contraire, on n'est pas très optimiste. On continue à débattre de l'opportunité de l'Union avec les Latins. L'opinion est divisée, et l'on n'a qu'à moitié confiance dans les canons, dont les tirs, du haut des tours, ébranlent celles-ci. Le siège proprement dit commence le 6 avril. Le sultan a installé sa tente au nord-ouest, à quelques centaines de mètres du rempart, entre ses bachi-bouzouks et derrière ses janissaires ; son canon géant est à proximité, tandis que la flotte de Baltoglu bloque le Bosphore et tente de forcer le barrage de la Corne d'Or. Un intensif bombardement met à mal la muraille, que les défenseurs rafistolent pendant la nuit. Deux petites forteresses à l'extérieur des remparts sont prises et tous les défenseurs sont empalés sous les yeux des soldats byzantins.

On s'installe dans l'horreur. Six semaines de pilonnage incessant, entrecoupé d'assauts, toujours repoussés. Le canon géant est difficile à manier, et la cadence de tir n'est pas très rapide : 7 coups par jour, mais à chaque fois les dégâts sont considérables. L'enceinte extérieure est bientôt en ruine. Mais les assauts sont infructueux, et les défenseurs commencent à prendre confiance. Confiance accrue par l'arrivée de trois galères génoises affrétées par le pape et chargées d'armes et de vivres. Baltoglu n'ayant pas réussi à les intercepter, il est condamné à la bastonnade, chassé, et tous ses biens sont confisqués. Puis, le 22 avril, la flotte turque accomplit un exploit décisif : ne pouvant pénétrer dans la Corne d'Or par la mer, en raison de la chaîne barrant l'accès, elle contourne le faubourg de Péra par la terre. Les bateaux, tirés par des bœufs, franchissent une colline et sont remis à l'eau dans la Corne d'Or, où ils infligent de sérieuses pertes à la flotte byzantine, et surtout obligent les défenseurs à assurer la protection des 6 kilomètres de murs de ce côté, dégarnissant par là le secteur occidental, le plus menacé. Pendant toute cette opération, les Génois de Péra sont restés neutres, au grand scandale des Byzantins. Vénitiens et Génois se rejettent la responsabilité de l'échec.

Le siège, cependant, piétine. Les Turcs tentent de creuser des mines sous les remparts. Ils sont repoussés par des contre-mines. Ils essayent des tours de bois sur roues ; elles sont incendiées et s'écroulent. Le moral des assiégés, cependant, baisse. Les mauvais présages s'accumulent. Lors d'une procession, une icône précieuse tombe. Du côté turc, le doute commence également à s'installer. Le 25 mai, on tente une négociation, rompue par le sultan, qui laisse le choix aux Byzantins : reddition, mort par l'épée ou conversion à l'islam. Et le 27 il passe son armée en revue, lui annonce le dernier grand assaut pour le lendemain, avec la promesse de trois jours de pillage libre et partage équitable des trésors. Le 28, les Turcs préparent l'assaut, comblent les fossés, mettent en place les engins, et en pleine nuit, vers une heure du matin, se ruent à l'attaque. Bachi-bouzouks en tête, poussés par les janissaires qui ont ordre de les abattre s'ils fléchissent, ils tentent de prendre pied sur les remparts, mais sont refoulés. Une deuxième vague, composée d'Anatoliens, subit le même sort après de furieux combats. Puis c'est le tour des janissaires, qui n'ont pas plus de succès jusqu'au moment où un flottement se produit chez les défenseurs lorsque le Génois Giustiniani est blessé et doit être emporté alors que l'empereur, qui se bat comme un simple soldat, voudrait qu'il reste. Les janissaires en profitent, pénètrent par une brèche. L'empereur Constantin réalise que tout est perdu ; il enlève ses insignes impériaux, se jette au cœur de la mêlée, et disparaît. Sur les autres sections du mur la nouvelle se répand, la panique se propage, et en dépit de quelques îlots de résistance la ville est prise le 29 mai 1453.

La suite était prévisible. C'est le hideux rituel qui suit la prise d'assaut d'une ville. Et quand cette ville est la capitale d'un empire millénaire, contenant des richesses artistiques merveilleuses, on peut s'attendre au pire. Et c'est bien ce qui arrive. Byzance, nous l'avons dit, avait certes perdu beaucoup de sa splendeur, et le sac par les Latins en 1204 avait déjà opéré une sérieuse ponction. Mais elle n'en contenait pas moins encore de fabuleux trésors. D'abord, le massacre : hommes, femmes, enfants ; puis on saccage : icônes, livres, reliures, mosaïques sont détruits ou brûlés. Mehmet se conduit lui-même de façon odieuse. Cinq jours après la prise de la ville, lors d'un banquet, il exige qu'on lui livre les fils du gouverneur, Luc Notaras, dont il veut jouir sexuellement ; sur le refus du gouverneur, il le fait décapiter, ainsi que ses fils. Le ministre Phrantzès est réduit en esclavage, son fils exécuté pour avoir refusé de servir aux dépravations sexuelles du sultan. Sa fille, encore enfant, est mise au harem, où elle meurt peu après. Les femmes sont violées, les plus belles mises au harem. La ville est à feu et à sang, parcourue par les musulmans ivres, qu'aucun interdit supposé du Coran n'arrête. La prise de Constantinople par les Turcs : derrière cette expression neutre des manuels d'histoire se cache une hideuse réalité humaine, dans laquelle l'islam se révèle encore plus odieux que le christianisme lors de la prise de Jérusalem.

Revenons à la façade policée des évènements. Mehmet tient à se présenter comme l'héritier des empereurs byzantins, et il fixe les grandes lignes de sa politique à l'égard de ses sujets orthodoxes : ils formeront un *milet*, communauté autonome sous l'autorité du patriarche, qui sera responsable de leur bonne conduite devant le sultan. A ce poste il nomme Georges Scholarios, intronisé le 6 janvier 1454 sous son nom monastique de Gennade. La cérémonie est présidée dignement par le sultan, qui lui adresse ces bonnes paroles : « Soyez patriarche, que le bonheur soit avec vous, soyez assuré de notre amitié et gardez tous les privilèges dont vos prédécesseurs ont joui », c'est-à-dire l'immunité personnelle et l'exemption d'impôt. La communauté orthodoxe sera dirigée par un synode et gardera ses églises, sauf Sainte-Sophie, convertie en mosquée. Promesse qui ne sera pas tenue. Les familles chrétiennes devront toujours fournir un enfant pour le corps des janissaires.

Le sultan s'établit à Constantinople, où il se fait construire un palais, et il encourage les Grecs aussi bien que les Turcs à venir habiter dans sa nouvelle capitale, dont la population remonte à 500 000 habitants avant la fin du XVe siècle. En Occident, une fois passée la stupeur, on s'accommode assez vite de la nouvelle situation, comme nous l'avons vu. Les intérêts commerciaux reprennent vite le dessus : Venise envoie des cadeaux et annonce qu'elle n'a aucune intention de dénoncer les traités. Gênes accepte de bonne grâce la perte de Péra, dont les résidents sont dispensés d'impôts et de droits spéciaux. Florence établit des relations amicales avec Mehmet, grand admirateur des Médicis. Les Catalans reviennent bien vite et reprennent les échanges commerciaux. Certes, l'empereur germanique fait les gros yeux et le pape continue à prêcher dans le désert en faveur d'une improbable croisade, mais bientôt le « Très Chrétien » François Ier n'hésitera pas à faire alliance avec le sultan musulman contre le « Très Catholique » Charles Quint, en dépit des hypocrites protestations des souverains européens. Bref, la disparition de l'Empire byzantin est rapidement intégrée dans les nouvelles données géopolitiques de l'ère moderne. Peut-on dire pour autant, comme l'ont fait plusieurs historiens, que la chute de Constantinople est un non-évènement ? Évènement inévitable, certes, et attendu depuis longtemps. Mais, comme l'écrit le grand historien britannique Stephen Runciman, « la date du 29 mai 1453 n'en marque pas moins un tournant décisif. Elle marque la fin d'une vieille histoire particulière, celle de la civilisation byzantine. Pendant onze cents ans, il y avait eu sur le Bosphore une cité où l'on admirait les intellectuels, où l'on étudiait et conservait la science et les lettres classiques du passé. Sans la contribution des commentateurs et des scribes byzantins, nous connaîtrions peu de chose aujourd'hui de la littérature de la Grèce antique ». La chute de Constantinople, c'est bien la fin d'une époque, la fin du Moyen Age. Désormais, il ne reste que deux mondes face à face, la chrétienté et l'islam, qui entretiendront des relations complexes dont nous n'avons pas fini de voir les développements.

L'Empire ottoman de Mehmet II, héritier de Byzance

Ce que l'on pouvait redouter, c'est que sur la lancée de leur succès retentissant à Constantinople, les Turcs n'entreprennent une ruée vers l'ouest. Et les révolutions de palais dans l'entourage du sultan sont en effet inquiétantes : en août 1453, le vizir Halil, qui avait toujours conseillé la prudence et la modération, est arrêté et exécuté. Des jeunes ambitieux poussent Mehmet à entreprendre de nouvelles conquêtes. Les tributs versés par les Etats vassaux sont alourdis : 12 000 ducats annuels par le despote de Serbie, 10 000 par ceux de Morée,

6 000 par Chios, 3 000 par Lesbos. Puis on passe à la conquête pure et simple : la Serbie en 1459, la Bosnie en 1463, où le roi est décapité et la reine mise au harem. De 1459 à 1462, c'est le tour d'Imbros, de Ténédos, de Lemnos, d'Enos, de Lesbos, dont le souverain est étranglé. Le duché d'Athènes est envahi en 1456, mais le jeune duc, Franco, beau comme un éphèbe, plaît beaucoup au sultan, qui le laisse en place pendant quatre ans avant de le faire exécuter et d'enrôler ses fils dans les janissaires. La Morée est envahie en 1458 après la prise de Corinthe, et en 1460 tout le Péloponnèse est mis en coupe réglée ; les despotes Thomas et Dimitri, frères du basileus Constantin XI, sont en fuite, les populations massacrées. Trébizonde tombe en 1461. A l'ouest, l'Albanie résiste jusqu'en 1468, date de la mort de Scanderberg, et elle est ensuite occupée. De l'autre côté du Danube, les Turcs ont affaire au redoutable prince de Valachie, Vlad Dracul, surnommé l'Empaleur, dont la terrifiante réputation fera naître le mythe de Dracula le vampire. De 1456 à 1462, ce maniaque de l'empalement, dont sont victimes même les ambassadeurs de Mehmet, tient tête au sultan. Mais la Valachie est ensuite elle aussi envahie.

A sa mort, en 1481, le sultan Mehmet II est maître de presque tout le monde arabo-musulman. Son pouvoir est absolu. Il est souverain temporel, nomme le grand vizir, les hauts fonctionnaires du *diwan*, les gouverneurs de provinces, les dignitaires de la Cour. Il est chef de l'armée, dont il nomme tous les généraux. Il est aussi chef religieux, bien que ne portant pas encore le titre de calife. En tant qu'émir des croyants, il nomme les grands muftis des principales villes, il peut adjoindre des éléments de droit coutumier à la loi coranique. En fait, personne ne peut s'opposer à ses décisions. Mehmet II est un homme cultivé, poète à ses heures, polyglotte, mécène, qui aime à s'entourer d'écrivains grecs et italiens, comme Amiroutzès de Trébizonde, Critoboulos d'Imbros, Ciriaco d'Ancône ; admirateur de l'art italien, il fait venir plusieurs peintres, dont Gentile Bellini, qui fait son portrait. Ce qui ne l'empêche pas d'être un véritable tyran sanguinaire, sadique et débauché, comme nous avons pu l'apercevoir, une réalité dérangeante trop souvent occultée par une version « lisse » et flatteuse de l'histoire ottomane.

L'armée est la véritable armature de l'Empire, formant une classe militaire avec des corps spécialisés de techniciens. L'élément le plus redoutable est la catégorie des janissaires, infanterie dotée d'une forte artillerie, et qui constitue avec les cavaliers une armée permanente soldée. Il faut y ajouter les *spahis*, cavaliers libres recrutés dans les provinces, et une flotte qui sera bientôt capable de rivaliser avec celle des Occidentaux.

La population de l'Empire est clairement répartie en deux groupes : les musulmans et les non-musulmans. Les premiers bénéficient de tous les droits prévus par la loi coranique, et sont exemptés de certains impôts. Les seconds, chrétiens et juifs, dépendent de leurs chefs religieux (patriarches, métropolites, grands rabbins), et ils sont sous la « protection » du sultan, qui a tout intérêt à éviter les persécutions systématiques : ils payent de lourds impôts, dont la *djiziya*, taxe exigée en échange d'une certaine liberté de culte. Parler de liberté religieuse serait excessif ; le terme de relative tolérance est plus adapté.

Les provinces de l'Empire sont dirigées par des gouverneurs, et l'administration est aux mains de fonctionnaires formés dans les écoles juridiques religieuses, les madrasa. L'économie est assez prospère. Si l'agriculture est plutôt médiocre et traditionnelle, l'artisanat urbain et rural, réglementé par le kadi et le *mouhtesib* (chef de la police des marchés), est de qualité. Certaines productions s'exportent à l'étranger, comme les peaux, cuirs, tapis, laines, soies, camelots, et le transit des produits orientaux vers l'Occident est la source d'importants profits. La Cour, avec ses centaines de fonctionnaires, et l'armée sont de gros foyers de consommation qui stimulent l'activité.

Une partie du monde musulman occidental échappe cependant à la tutelle ottomane et vit sa vie propre : l'Afrique du Nord. L'Ifriqiya (Tripolitaine, Tunisie, Algérie orientale), morcelée en deux puis trois royaumes, est réunifiée à la fin du XIVe siècle par Aboul Abbas (1370-1394), mais ses successeurs sont incapables de poursuivre son œuvre, et les révoltes se multiplient. La situation est également instable dans le Maghreb central, où les complots continuels obligent les sultans de Tlemcen à quitter leur capitale à plusieurs reprises. Puis, après 1492, les Espagnols interviennent fréquemment, car ils soupçonnent les Maghrébins de susciter des révoltes dans l'ancien royaume de Grenade. Les troupes de Ferdinand et Isabelle s'emparent de Mers el-Kébir en 1501, puis de plusieurs autres points sur la côte. Les Algérois font alors appel aux corsaires turcs : c'est le début des problèmes avec les Barbaresques, auxquels sera confronté Charles Quint – les frères Barbaros font des incursions dans le sud de l'Espagne dès le début du XVIe siècle. Le Maroc est lui aussi exposé directement aux entreprises espagnoles et portugaises : dès 1399, Henri III de Castille s'empare de Tétouan, et en 1415 les Portugais occupent Ceuta. En 1420, une guerre civile aboutit au renversement des Mérinides et à la prise de pouvoir à Marrakech par les Wattasides, qui reprennent Ceuta en 1437. Au cours de ces guerres, le fanatisme religieux refait surface avec la mystique du soufisme, qui pousse à la reprise de la guerre sainte. Mais à la fin du XVe siècle les Ibériques prennent nettement le dessus : en 1471, les Portugais prennent Arzila et Tanger ; en 1497 les Espagnols s'emparent de Mellila.

Les troubles des XIVe et XVe siècles n'empêchent pas l'Afrique du Nord de connaître une vie intellectuelle et artistique tout à fait remarquable. Quelques noms ressortent, comme celui du mathématicien et médecin Ibn al-Banna, mort en 1321, ceux des géographes Ibn Said, Ibn Rouchayd, Al-Tidjani, et surtout Ibn Battuta (1304-1377), équivalent musulman de Marco Polo, qui parcourt l'Asie centrale, l'Inde, l'Indonésie, la Chine, et dont le *Journal de route (rihla)* contient autant d'histoires fantastiques et d'observations authentiques que le *Livre des Merveilles* du célèbre Vénitien. Mais le grand nom de la vie intellectuelle de cette époque est celui d'Ibn Khaldun (1332-1406). Né à Tunis, il mène une vie mouvementée, en Afrique du Nord, en Andalousie, en Egypte, où il remplit des fonctions politiques, enseigne, complote, rencontre même Tamerlan à Alep. Ses voyages, ses aventures et ses lectures lui permettent d'acquérir une vaste culture qui fait de lui à la fois un philosophe, un économiste, un sociologue, mais surtout un historien, qui expose sa méthode et ses réflexions judicieuses dans les *Prolégomènes (Muqaddima)* et l'*Histoire universelle* ou *Livre des Evènements (Kitab al-ibar)*.

Cette vie intellectuelle et artistique brillante, contrastant avec une vie politique troublée, caractérise également le royaume de Grenade à la même époque, sous la dynastie Nasride. La chute de Grenade en 1492, ainsi que les avancées espagnoles et portugaises en Afrique du Nord achèvent de couper en deux le bassin méditerranéen : l'ouest, dominé par les Espagnols et les Vénitiens, face à l'est, où règnent les Ottomans. Tout semble prêt pour un grand affrontement final Est-Ouest entre monde musulman et monde chrétien, affrontement qui sera indéfiniment reporté, en dépit de guerres localisées, jusqu'à une époque ultérieure.

Quant au monde byzantin, disparu de la carte en 1453, il se perpétue dans les esprits et dans les fictions diplomatiques. Dans les esprits d'une part, grâce à la perpétuation d'une Eglise orthodoxe qui s'estime investie de la mission de veiller sur le legs culturel hellénique et la tradition byzantine. Comme l'avaient envisagé les adversaires de l'Union, le passage sous la domination turque ne fait que renforcer l'unité, la force et la cohésion des convictions orthodoxes. Les Grecs se replient sur leur identité, dont le cœur est la foi religieuse. L'immobilisme, le refus de toute innovation, la fidélité absolue aux traditions caractérisent tous les groupes religieux placés dans un monde hostile et qui ont peur de perdre leur âme. Le sultan encourage d'ailleurs cette attitude : en nommant patriarche un adversaire résolu de l'Union, il s'assure la fidélité de ses nouveaux sujets – plutôt le turban que le chapeau de cardinal. L'Eglise orthodoxe entretient le flambeau byzantin dans les esprits.

Moscou l'entretient par la fiction diplomatique, avec le mariage de la princesse Zoé Paléologue et du tsar Ivan III en 1472. Ce dernier se considère dès lors comme l'héritier des basileus, et en 1512 le moine Philothéos déclare à son successeur Basile III : « Deux Rome sont tombées, mais la troisième Rome (Moscou) est debout et il n'y en aura pas de quatrième... Vous êtes le seul souverain chrétien du monde, le seigneur de tous les pieux chrétiens. » En Occident cependant, on a une autre vision des choses : là, on considère que l'héritier légitime du trône byzantin est le frère de Zoé, neveu de Constantin XI, André, qui s'intitule dans un chrysobulle de 1483, *Andreas Paleologus Dei gratia fidelis imperator Constantinopolitanus*. Un titre bien prétentieux pour quelqu'un qui en fait ne règne sur rien du tout. Son père, Thomas Paléologue, frère de Constantin XI, est réfugié à Rome, où le pape lui verse une pension, tandis que son oncle Dimitri, autre frère de Constantin, se rallie au sultan. La famille Paléologue est ainsi éclatée en trois branches : une à Moscou, une à Rome, et une chez le sultan. Dans les faits, le vrai vainqueur est ce dernier. Le Moyen Age se termine sur un monde bipolaire : Occident chrétien et Orient musulman ottoman.

15

Une économie en mutation :
Vers le règne de l'argent

La dernière partie du Moyen Age est marquée par de profondes transformations économiques et sociales, qui font progressivement passer l'Europe au stade précapitaliste. Les catastrophes en tous genres qui marquent cette époque ont bien entendu perturbé de façon décisive le fonctionnement des secteurs agricole, artisanal et commercial : la disparition brutale du tiers de la population au milieu du XIVe siècle, l'état de guerre permanent, les famines, les récurrences de la peste, les affrontements religieux ont désorganisé les activités de production et d'échange, ainsi que les rapports sociaux. Mais le mouvement était amorcé dès la fin du XIIIe siècle, et à la réflexion il apparaît bien comme inéluctable. En Europe aux XIVe et XVe siècles, comme partout ailleurs dans le monde à des époques différentes, le vainqueur ultime, qui finit toujours par terrasser idéaux et idéologies, révolutions et pouvoirs en place, c'est l'argent. L'argent est la seule idole capable de remplacer les dieux. Qu'on le déplore ou qu'on s'en réjouisse, c'est un fait, c'est la loi fondamentale des sociétés humaines. Bien sûr, les autres valeurs se perpétuent, évoluent, collaborent ou protestent, mais directement ou indirectement elles tombent toutes sous la loi de Mammon : le Moyen Age se termine quand le pape se met à vendre des indulgences, quand l'empereur est à la merci des banquiers Fugger, quand le roi d'Espagne spécule sur les revenus de l'Eldorado américain, quand les artistes monnayent leurs talents auprès des princes mécènes, quand les souverains sont conseillés par des financiers et épousent les filles des banquiers Médicis. Dans tous les domaines, la recherche du profit devient, quoique de façon inavouée, la motivation essentielle. C'est le passage à l'économie monétaire qui marque la transition entre l'esprit médiéval et l'esprit moderne, plus encore que le passage de l'esprit chrétien à l'esprit humaniste.

Crise de la seigneurie

Les campagnes elles-mêmes n'échappent pas au mouvement. Regroupant 80 % de la population, l'agriculture est la base de l'économie, organisée dans le cadre traditionnel de la seigneurie. Or celle-ci est confrontée entre 1350 et 1450 à une crise sans précédent, qui alimente un flot de lamentations dans les archives seigneuriales. Les historiens de l'économie sont partagés sur le qualificatif à employer : « crise » ou « mutation » ? Débat formel : toute mutation n'est-elle pas ressentie comme une crise ? Sur le fond, le constat est unanime : la seigneurie doit faire face à une brutale évolution en sens inverse ; baisse des prix agricoles et de la rente foncière, et hausse des salaires : ce sont les fameux « ciseaux », mais avec un rôle inversé par rapport aux crises classiques. La catastrophe démographique de 1348-1349 est à l'origine de ce renversement : moins d'acheteurs et pénurie de main-d'œuvre. La loi de l'offre et de la demande montre une fois de plus sa terrible efficacité à double sens. En Ile-de-France, le prix des grains tombe de l'indice 100 pour la période 1300-1319 à 56 en 1360-1379, et remonte péniblement à 70 en 1440-1459. En Thuringe, aux mêmes dates, les indices passent de 100 à 55 et 52, et dans les domaines du chapitre de Winchester de 100 à 89 et 53. Les recettes agricoles du monastère de Saint-Denis chutent des deux tiers entre 1342 et 1374 : les censives sont désertées, les paysans sont morts ou se sont enfuis ; ceux qui restent n'arrivent plus à payer la rente, et les baux sont en chute libre ; l'abbaye n'a plus rien à vendre : 133 muids de blé d'hiver en 1342, 4 en 1374. En 1384, l'abbaye du Lys, dans la région de Melun, présente au roi son dénombrement : 300 arpents de bois sur 460 sont « brulez et gastez », 90 arpents de terre agricole sur 190 sont en « espines », 22 arpents de vigne sur 32 en « friches et espines », le revenu du cens a baissé de moitié, « pour les maisons et terres qui sont demourees a desert pour les guerres ». Guy Fourquin, qui présente ces résultats dans sa grande étude sur *Les Campagnes de la région parisienne à la fin du Moyen Age*, insiste également sur la baisse de la rente seigneuriale : dans la seigneurie du Tremblay, le revenu, qui était de 500 livres parisis en 1335-1343, tombe à 205 livres en 1368-1369, et ne remonte qu'à 270 livres vers 1400. Aux mêmes dates, le fermier livrait respectivement 40 muids de blé d'hiver, puis 26 et 33. Les responsables sont clairement identifiés : guerre, peste, accidents climatiques. En 1451 encore, un bail à ferme parisien de l'abbaye de Saint-Denis stipule que si, « par fortune de guerre, pestillance ou oraige de temps, iceulx preneurs ne puissent labourer ou recueillir, en ce cas iceulx preneurs ne seront tenus de paier, pour ledit temps de guerre ou fortune durant, que au dit de preudhommes et gens en ce congnoissans ». Georges Duby le confirme : « Le tarissement des ressources seigneuriales fut en grande partie le fruit de la guerre », et de la peste bien entendu. Car toute l'Europe est touchée. En Angleterre, dans le manoir de Forncett, l'acre de terre est concédée à plus de 10 pence annuels en 1376-1378, 8 entre 1400 et 1440, 6 entre 1450 et 1460 ; en Allemagne, les revenus fonciers du chapitre cathédral de Schleswig tombent de l'équivalent de 7 600 tonnes de blé en 1352 à 2 420 en 1437, et les chanoines attribuent cette baisse aux guerres, aux inondations et au dépeuplement. A cela il faut ajouter la pression fiscale accrue des Etats, des villes, de l'Eglise, et les charges de plus en plus lourdes auxquelles sont confrontés les seigneurs pour s'équiper et maintenir leur train de vie. Il y a bien sûr des périodes de répit, voire de reprise, mais elles ne sont ni durables ni généralisées.

Face à la baisse des revenus seigneuriaux, la hausse des salaires dans les campagnes désertifiées, où on manque cruellement de main-d'œuvre : en Ile-de-France, le salaire d'un journalier passe de l'indice 100 en 1300-1319 à 380 en 1340-1359, 600 en 1380-1399, avant de revenir à 390 en 1420-1439. L'homme est rare, et donc cher. L'époque est marquée par un spectaculaire phénomène de désertification. Des milliers de villages sont abandonnés, dont les traces ne subsistent que dans les parchemins, la topographie ou la photographie aérienne. En Angleterre, les *lost villages* représentent environ 20 % du total des lieux habités. En Allemagne, 40 000 villages sur 170 000 disparaissent de la carte : le phénomène d'*Entsiedlung* touche 20 % des lieux habités dans le Mecklembourg, 10 à 15 % en Rhénanie, en Alsace, en Poméranie, 40 % en Thuringe. En Italie, 10 % des villages toscans, 25 % de ceux du Latium et 50 % en Sicile et en Sardaigne disparaissent. En France, on estime la perte à 10 %. Elle atteint 20 % dans le Hurepoix et 30 % dans le Bordelais vers 1450, mais la plupart des sites seront ensuite réoccupés.

Où sont donc passés tous ces paysans ? Beaucoup sont morts, bien entendu, lors du passage de la Mort noire ; d'autres se sont enfuis pour échapper aux écorcheurs, caïmans et autres brigands. Ruine et désolation s'étendent sur les campagnes gagnées par la friche : « L'invasion de la végétation sauvage au XIVe et au XVe siècle constitue, dans l'histoire de la civilisation européenne, un épisode d'égale importance à l'aventure des défrichements », écrivait Georges Duby. Cependant, une interprétation plus optimiste prévaut désormais chez les historiens : les paysans auraient tout simplement émigré vers les secteurs plus attractifs, et l'abandon des hameaux et villages se serait fait au profit de centres plus actifs. Ce sont surtout les mauvaises terres qui ont été délaissées, les dernières à avoir été défrichées à la fin du XIIIe siècle. « En d'autres termes, écrit Robert Fossier, loin d'apparaître comme le témoignage d'une fuite ou d'un échec, ce phénomène est le signe d'un resserrement et d'un dynamisme ruraux de bon augure ; la figure de la campagne est remodelée en fonction des réalités du moment. » Signe du caractère positif de ce changement, d'après le même historien, le renforcement des solidarités villageoises. Des villages moins nombreux mais plus gros, où les familles s'entassent dans un habitat plus exigu, regroupant plusieurs générations, ce qui permet entre autres de réduire le poids de l'impôt, qui est perçu par « feu », ou foyer fiscal. C'est l'époque où se multiplient les confréries et autres associations d'entraide qui permettent de mieux défendre les droits, usages et traditions : *hermandades* d'Aragon, mutuelles du Dauphiné, *Gauerberg* de Bavière, poiles d'Alsace, *bloetvrieden* de Flandre. On se rassemble et on resserre les liens pour être plus fort.

Vision à nos yeux un peu trop optimiste de la désertification des campagnes. Car ces migrations de Normands, de Picards, de Poitevins, de Bretons et d'autres vers des régions moins exposées sont avant tout des migrations de la misère, et les nouveaux venus ne sont pas bienvenus ; les confréries et autres associations de défense sont plutôt des témoignages de repli identitaire et de communautarisme méfiant que des marques de solidarité. Et comme nous l'avons vu, les témoignages des contemporains font tous écho au « tout va mal » d'Eustache Deschamps. Le spectacle des campagnes françaises vers 1430-1450 est affligeant : désolation, désertion, ruine, mort. En Provence, 25 à 33 % des villages sont totalement abandonnés. A l'autre bout du pays, dans le Pas-de-Calais, dans le pays de Langle, on lit dans le compte d'une recette locale de 1438-1439 que « les terres sont demourees gastes et n'a esté personne qui les ai volu cultiver ne labourer, et mesmement les gens dudit pays se sont absentez d'icelle et n'y a demoré que povres femmes ». Les canaux sont à l'abandon, les moulins ne rapportent plus rien, « pour ce qu'il n'y demeure personne, pour les Anglois qui marchissent audit pays et y courent de jour en jour ». En Bretagne, l'étude des registres de réformation des feux, relativement bien conservés pour 1425-1427 et 1445, nous a permis de constater, dans le Trégor, un recul général de la population qui a frappé les contemporains. En 1445, Jean Le Duaut, 72 ans, « recorde qu'il y a plusieurs villages et lieux vuides, où il y a démonstrance de maisons avoir estez aultrefoiz ».

Le désarroi de la noblesse

Le bilan global est sans appel : prise entre la baisse dramatique de la rente foncière et la hausse des salaires, la seigneurie subit de plein fouet un choc sans précédent. Les revenus en argent de l'abbaye de Saint-Denis tombent de 30 000 livres parisis vers 1340 à moins de 15 000 vers 1404, ce qui, en tenant compte de la baisse du pouvoir d'achat de la livre, représente une chute d'environ les deux tiers. La situation est pire en ce qui concerne les revenus en nature : la rente foncière en grains de la même abbaye a perdu vers 1430 presque 90 % de son niveau d'avant guerre. Les moines sont obligés d'accorder des « amodérations » de cens pour retenir les paysans. En Tonnerrois, les revenus des terres de Jeanne de Chalon tombent de l'indice 100 en 1343 à 35 en 1405 et 23 en 1421. En pouvoir d'achat réel, Jeanne dispose de 15 à 20 % des revenus de ses grands-parents. En Ile-de-France, les nouveaux contrats d'accensement réduisent considérablement les demandes des seigneurs. En Normandie, dans le Neubourg, trois prévôtés de la baronnie ne rapportent plus rien en 1444-1445 ; le prix de l'acre de terre dans la prévôté de Neuville-du-Bosc tombe de 15 livres en 1400 à 8 livres en 1445 ; les droits de passage dans la forêt de Neubourg ne rapportent plus au seigneur que 3 livres 11 sols en 1445, contre 23 livres en 1398, et il reste 430 porcs là où il y en avait 2 000.

Dans le Sud-Ouest, où la seigneurie résiste mieux, les seigneurs sont malgré tout obligés d'accorder des réductions de droits. Beaucoup d'entre eux, habitant les « châteaux de la Misère », sont à la dernière extrémité : Bertrand, seigneur de Preignan, demande aux consuls d'Auch le titre de bourgeois afin de pouvoir prendre des fagots dans le bois municipal pour se chauffer. Les aléas de la guerre, les dépenses d'armement aggravent la détresse. Le coup de grâce est asséné par les rançons, responsables de la ruine de plusieurs milliers de petits nobles. Exemple : Raymond-Bernard de Gaulejac, seigneur de Puich-Calvet et de Lunegarde, dans le Quercy. D'abord victime des Anglais, qui détruisent son château : « Lesdits Anglois lui prindrent son hostel et chastel de Puchecalvel et l'abatirent et demolirent tellement qu'ilz n'y lessèrent que une tour, en laquelle lui, son père et tout leur mesnage se tenoient et faisoient leur demeure en grande povreté et nécessité. » Il est ensuite fait prisonnier cinq fois en un an, doit liquider les biens familiaux pour payer ses rançons, et est réduit à la mendicité. Même au sommet de la hiérarchie, on sait à quel point les rançons ont pu perturber la bonne marche des duchés et comtés.

En 1460, le sénéchal de Saintonge décrit ainsi la désolation des châteaux et manoirs : « On puyt veoir que deça la... rivière de Charante, tous les nobles lieux et gros villages ont esté et sont déserts, en friche et en ruyne, et là où souloient estre les beaulx manoirs, dommaynes et heritaiges sont les grans buissons et aultres désers. »

Baisse des revenus seigneuriaux, frais de guerre, rançons, entretien des châteaux, les seigneurs sont pris en étau entre des revenus en chute libre et des dépenses en hausse galopante. De ce point de vue, ils se conduisent souvent de façon aberrante : les dépenses domestiques ne cessent de croître, pour assurer un train de vie au luxe ostentatoire ; les extravagances vestimentaires et alimentaires, qui atteignent des sommets, sont un défi à la raison. A la raison bourgeoise en tout cas : ces nobles sans le sou jettent par la fenêtre l'argent qu'ils n'ont pas ; ils s'endettent pour se payer des draps de luxe, des chausses à la poulaine et d'ahurissants hennins. Plus leur position est menacée, plus ils affirment leur présence de façon spectaculaire.

Des inconscients ? Un certain nombre le sont certainement. La majorité cependant se rend bien compte de la situation. « Nous ne pouvons vivre du vent et nos revenus ne suffisent pas à soutenir les frais de la guerre », fait dire Alain Chartier à un chevalier. Alors, on cherche à améliorer la gestion du domaine, mais la résistance paysanne est vive. On se regroupe aussi : le phénomène de la famille élargie concerne aussi bien les tenanciers que les seigneurs, surtout dans le Sud. Et puis, on envisage même de travailler : les offices attirent ceux qui ont un minimum de formation juridique ; pour les autres, il y a les travaux manuels : maîtres de forges, maîtres verriers. On peut aussi se marier avec une riche héritière bourgeoise, quémander des pensions, ou, pour les plus dynamiques, devenir brigand : on ne compte plus les petits nobles déclassés dans les groupes d'écorcheurs.

Bronislaw Geremek a rapporté le cas de ce jeune rescapé d'Azincourt, âgé de 18 ans, Colin de Sales, écuyer, devenu un vulgaire voleur dans les bas-fonds de Paris. Les plus doués pour le sport peuvent toujours tenter une carrière de jouteur professionnel, comme le fameux Jacques de Lalaing, sorte de « don Quichotte », écrit Charles Petit-Dutaillis, mort à 32 ans.

La noblesse est désorientée. A la dégradation de son pouvoir d'achat, à la dislocation des propriétés et des familles, s'ajoute la perte du pouvoir politique au profit d'une monarchie envahissante de plus en plus contrôlée par les bourgeois. Les velléités de résistance sont rapidement brisées, comme la Praguerie de 1440, ce qui illustre la faiblesse d'un groupe social qui cherche sa place dans le monde émergeant des catastrophes de la période 1340-1440.

Un monde rural en mutation et en révolte

Il faut cependant nuancer. Comme dans toutes les crises, il n'y a pas que des perdants. Aux deux extrémités de l'échelle sociale, deux groupes traversent la période en limitant les dégâts : les très pauvres, qui n'ont rien à perdre, et les très riches, qui ont d'autres sources de revenus pour faire face aux problèmes de la seigneurie. Les premiers vivent pratiquement en autosuffisance et sont peu concernés par les fluctuations de prix et de salaires. Ils représentent une masse importante : en Ile-de-France, 85 % des paysans exploitent moins de 4 hectares ; dans le Neubourg vers 1380, 43 % ont moins de 2 hectares. Une petite activité artisanale permet à ces paysans pauvres – brassiers français, *cottiers* anglais, *Gärtner* bavarois, *Kossäten* rhénans – de compléter leurs maigres revenus. Tous cependant n'arrivent pas à faire face, et certains voient leur statut juridique se dégrader avec la perte de leur liberté ; le servage progresse par endroits : en Angleterre vers 1370, le tiers des paysans ont le statut de *villeins*.

Au sommet de l'échelle, les grands propriétaires s'en sortent bien. Les grandes seigneuries d'Eglise, mieux gérées, aux archives mieux tenues, compensent les baisses de revenus en céréales par d'autres ressources ; exemptes de partages successoraux, elles traversent les crises au prix de quelques restructurations des domaines. Chez les grands seigneurs laïcs, on assiste même à une concentration de la propriété : profitant des nombreux départs des paysans, des abandons de terres, de l'extinction de beaucoup de familles par la mortalité excessive, de l'extension des friches, de l'absence de titres de propriété chez beaucoup de paysans pauvres, les grands propriétaires, par achats, expulsions, occupations de fait, mettent la main sur de nombreux champs voisins des leurs. Dans certains secteurs, la concentration aboutit au gigantisme : en Allemagne orientale, les *Junkers* s'emparent des terres abandonnées et alourdissent leurs exigences en travail sur les petits paysans réduits au servage. C'est ce que révèle le *Landbuch* de Brandebourg en 1375. En Prusse, les chevaliers Teutoniques exproprient massivement Mazoviens et Poméraniens. En Espagne, les grandes familles, *los Grandes de Castilla*, se constituent des domaines immenses, les *fabulosos dominiones* : le comte de Haro possède pratiquement toute la Rioja ; Albuquerque a des dizaines de milliers d'hectares qui s'étendent du Portugal à l'Aragon ; les Guzman, les Mendoza ne sont pas en reste, pas plus que les ordres militaires, Alcantara, Calatrava, qui confisquent les *llanos* de la Meseta. En Italie du Sud, les *latifundi* perpétuent les antiques traditions romaines. Dans le nord-ouest de l'Europe, les grands nobles et vassaux directs des rois de France et d'Angleterre étendent également leurs domaines, notamment en achetant des terres avec l'argent qu'ils tirent de leurs diverses activités – ou inactivités – à la Cour. L'argent est encore, et pour longtemps, converti en terres, forme de placement considéré comme plus sûr et plus noble. Et sur le marché foncier apparaissent déjà de nouveaux acquéreurs : les bourgeois. Le mouvement n'est pas encore massif, mais autour des plus grandes villes les fortunes des marchands, des banquiers, des officiers s'investissent régulièrement en terres, ce qui permet aux nouveaux acquéreurs de devenir « seigneur de... » : les Ysalguier à Toulouse, les Jossard à Lyon, les Orgemont, les Dormans. Le cas de Jacques Cœur et de ses dizaines de seigneuries est évidemment exceptionnel, mais autour de Paris on constate qu'entre 1390 et 1430 ce ne sont pas moins de 52 seigneuries foncières sur 65, dans le secteur de Josas, qui sont passées à des marchands, officiers et robins. En Italie, banquiers, marchands et nobles étendent leurs domaines autour des grandes villes : les Médicis, Pitti, Strozzi à Florence, les Spinola, Doria, Speroni, Grimaldi à Gênes.

Les grandes seigneuries ne font pas que s'étendre. Leur gestion se transforme également. L'apparition de traités d'agronomie, comme l'*Art de bergerie* de Jean de Brie, le *Ruralium commodorum opus* de Pietro dei Crescenzi, les avis de Gilles le Muisis, témoigne de l'intérêt de certains seigneurs pour l'amélioration des techniques agricoles, alors que d'autres préfèrent se conduire en rentiers du sol et résider dans leur hôtel urbain en se déchargeant de la gestion sur un intendant. Mais une double évolution marque presque toutes les grandes seigneuries. La première est le progrès de l'élevage aux dépens des cultures. Ces dernières reculent pratiquement partout : moins de bouches à nourrir, des prix en baisse, recours croissant à l'importation en cas de besoin, coût élevé de la main-d'œuvre agricole expliquent cette évolution. Sur les domaines ecclésiastiques de l'évêché de Winchester, les surfaces emblavées reculent de 24 % entre 1270 et 1350, et encore de 20 % entre 1350 et 1400 ; le volume de production de céréales baisse de 35 % en Ile-de-France, en Lombardie, en Autriche, de 50 % en Normandie, de 60 à 70 % en Angleterre et en Allemagne du Nord. Sur les terres ainsi libérées, la vigne gagne du terrain, ainsi que les plantes industrielles, surtout tinctoriales. Mais les grands gagnants sont en fait les cochons, les bovins, et avant tout les moutons. On mange un peu plus de viande et de fromage, et la demande de laine, de cuir et de parchemin ne cesse de croître. Et puis ces bêtes coûtent peu à élever : un berger pour plusieurs centaines d'animaux, ce qui permet de se passer des services onéreux de la main-d'œuvre pour les travaux agricoles. Les moutons envahissent l'Espagne et font de la *mesta* une véritable puissance et un groupe de pression efficace. En Allemagne, en Angleterre, les troupeaux se multiplient, et avec eux les haies et les murs de pierres sèches, sources de futurs affrontements avec les communautés rurales.

L'autre évolution de la seigneurie concerne le sort de la réserve, cette partie du domaine gérée en faire-valoir direct par le propriétaire. D'une façon générale, la tendance est à la réduction de cette réserve au profit du métayage et surtout du fermage. Certes, il reste des réserves imposantes, surtout sur les terres ecclésiastiques, mais l'évolution est cependant très nette : les seigneurs, qui résident de plus en plus souvent en ville, se déchargent des soucis et des aléas du faire-valoir direct, qui est par ailleurs très coûteux en raison de la hausse des salaires agricoles ; ils préfèrent toucher un revenu fixe, presque toujours en argent, en confiant leurs champs à des fermiers, même à des conditions peu avantageuses. Les baux de fermage sont en effet tout à l'avantage des fermiers, qui sont en position de force face à des propriétaires en difficulté. On voit ainsi se développer, entre grands seigneurs et paysans misérables, une classe de moyenne paysannerie qui possède quelques hectares en faire-valoir direct et qui prend à ferme, pour une longue durée et une redevance modique, de vastes portions des réserves seigneuriales. Cette classe montante, celle des « coqs de village », qui profite à la fois des besoins financiers des seigneurs et de l'abondance des terres disponibles, a tendance à dicter sa loi au monde rural. Conscients d'être en position de force, ces moyens propriétaires et fermiers ont des exigences, et acceptent mal la domination, le mépris et les demandes d'une noblesse qui entend rester maîtresse de ses campagnes en dépit du nouveau contexte. Frustrés dans leurs aspirations à plus d'indépendance, réticents à s'acquitter des droits et corvées, aigris contre une noblesse déficiente et incapable d'assurer la sécurité, ces paysans n'hésitent pas à se révolter.

La seconde moitié du XIVe siècle est marquée par une série de jacqueries qui ne sont pas des soulèvements de la misère à proprement parler, mais qui sont plutôt l'œuvre de cette moyenne paysannerie en plein essor. On le sait, ce ne sont jamais les plus misérables, trop occupés à simplement survivre, qui se révoltent ; ce sont ceux dont le sort s'améliore : prenant conscience de l'injustice de leur situation, désireux de briser les obstacles à leur ascension, impatients des contraintes coutumières qui pèsent sur eux, frustrés dans leurs désirs et leurs ambitions, et conscients de la force que leur donne leur début d'indépendance, ils ont des exigences, et la violence est le seul moyen dont ils disposent pour se faire entendre dans une société qui reste hermétiquement bloquée par des siècles d'une mentalité de castes. L'effervescence des esprits est accrue au XIVe siècle par le climat d'excitation millénariste entretenu par les flagellants, les prédicateurs mystiques, les délires prophétiques suscités par les catastrophes. Les revendications sociales se mêlent alors aux élucubrations eschatologiques dans un désir de subversion de l'ordre politique et social. En Angleterre, des troubles éclatent entre 1352 et 1359 dans l'ouest et le centre à la suite des mesures d'Edouard III pour limiter les hausses de salaires. En France, la grande jacquerie de 1358 touche le Valois, le Beauvaisis, l'Amiénois. L'explosion est terrible, dans un contexte de profond mécontentement après la défaite de Poitiers : le gouvernement et les nobles se sont montrés incapables de défendre le royaume alors qu'en même temps la fiscalité royale se fait oppressante ; le roi est prisonnier ; Paris est en ébullition, sous la direction démagogique d'Etienne Marcel. Les paysans – les Jacques, surnom dont on ignore l'origine – sont conduits par d'anciens soldats, comme Guillaume Carle. La répression est rapide et terrible : sous la direction de Charles le Mauvais, les nobles massacrent et pendent par centaines ; leur fureur est à la mesure de la peur qu'ils ont éprouvée. La révolte avait éclaté le 23 mai ; à la mi-juin, tout est fini. Il n'y aura plus que quelques mouvements sporadiques dans les années 1370.

C'est en Angleterre que la contestation reprend, avec la grande révolte des Travailleurs de 1381. Les écrits de John Wyclif, les prédications incendiaires de John Ball ont échauffé les esprits. Le blocage des salaires, une nouvelle taxe en 1377-1378, la *Poll tax*, provoquent un vif mécontentement. En 1381, une capitation d'un shilling par tête est la provocation de trop. Les comtés les plus riches et les plus peuplés, le Kent et l'Essex notamment, se soulèvent. Ils ont un chef, Wat Tyler, et un programme. Londres ouvre ses portes ; la Tour est occupée. Mais là encore les nobles, dirigés par le roi adolescent Richard II, ont le dernier mot. Wat Tyler est traîtreusement assassiné ; c'est la débandade et la répression. On ne discute pas avec des rustres.

En Europe centrale, en attendant la grande révolte paysanne de 1525, des mouvements ont lieu, qui mélangent les revendications fiscales, nationales et religieuses, comme les guerres hussites et le courant taborite vers 1420. Toujours, comme l'a montré l'étude classique de Norman Cohn, *La Poursuite du millenium*, ces mouvements apparaissent dans des régions à la limite de la surpopulation, où se produisent des changements économiques et sociaux rapides qui déstabilisent le monde traditionnel. Les révoltés appartiennent aux classes moyennes de la société rurale, qui ressentent les nouveautés comme des obstacles menaçant leur niveau de vie, et ils se battent pour un retour à un mythique état originel égalitaire. Les plus pauvres, eux, n'ont aucune « idéologie », aucun projet de réorganisation sociale, aucune forme structurée de résistance. A la limite de la déshumanisation, ils tuent et volent pour la simple survie, en bêtes fauves, dans des accès de violence ponctuels, seuls ou en groupe : ce sont les tuchins du Languedoc, les caïmans, les écorcheurs, les coquillards de bourgogne, les retondeurs, les chaperons blancs de Picardie, brigands qui font régner la terreur par leurs atrocités.

Après 1450 : vers la seigneurie-entreprise

Les bouleversements des campagnes s'accélèrent à partir des années 1450. Ils prennent alors l'apparence d'un redressement de la seigneurie, qui s'accompagne d'une indéniable reprise démographique. Les défrichements reprennent ; des terroirs abandonnés depuis le milieu du XIVe siècle sont reconquis, et désormais le nerf de la reprise, c'est l'argent. Les acquisitions de terres par la bourgeoisie progressent, surtout dans le monde méditerranéen, et les nouveaux propriétaires gèrent leurs domaines comme une entreprise ou un investissement spéculatif : on a pu calculer que la terre rapporte désormais 4 à 6 % de sa valeur chaque année, taux égal à celui du loyer de l'argent versé par exemple par la *Casa di San Giorgio* à Gênes, et certains profits fonciers s'élèvent jusqu'à 25 %. Dans ces conditions, banquiers, robins, marchands, mais aussi nobles urbains, n'hésitent pas à injecter des capitaux dans les activités agricoles, et à orienter la production vers les secteurs les plus lucratifs : l'élevage continue à gagner du terrain, car la demande de laine ne cesse de croître dans les villes en plein essor. Le prix de la laine anglaise augmente de 30 % entre 1450 et 1480 environ, et comme le coût du transport est 50 fois plus faible que celui des grains, l'élevage du mouton gagne des terres de plus en plus éloignées. Et là où le mouton passe, la culture trépasse : en Espagne, le bras de fer entre pasteurs transhumants et agriculteurs sédentaires tourne à l'avantage des premiers. Les grands exploitants éleveurs, groupés en puissantes compagnies, imposent leur volonté sur les terrains de parcours de leurs immenses troupeaux : chaque année, plus de 3 millions de mérinos traversent la Castille. Ces troupeaux appartiennent à *los hermanos de la Mesta*, qui confient leurs bêtes à des bergers communs. Le duc de Béjar en possède 40 000 à lui seul. Entre les régions du Sud et les pâturages estivaux du Nord, le long des voies de parcours, les *canadas*, les grands troupeaux ravagent les cultures, renversent les clôtures. Les villages se dépeuplent, et les terroirs sont transformés en *cortijos*, grandes exploitations domaniales. En Aragon, la puissante association d'éleveurs, la *Veintana* de Saragosse, fait interdire aux paysans de protéger leurs cultures et fait démolir des villages entiers pour accroître les terrains de pâture. En Angleterre, la progression des éleveurs a au contraire pour effet de multiplier les haies : les seigneurs accaparent les terres communes, les clôturent et les transforment en pâturages privés. Le mouvement des *enclosures*, qui va s'accentuer au XVIe siècle, a déjà couvert la plus grande partie du Yorkshire et des Midlands, provoquant des soulèvements locaux et l'exode des paysans.

Les moutons chassent les hommes, car leur toison vaut de l'or.

Les capitaux bourgeois, et parfois aussi aristocratiques, s'investissent aussi dans des cultures spécialisées hautement rémunératrices : la vigne, pour la production de vins forts et de qualité, dont la demande augmente dans les villes, en Bourgogne, Provence, Espagne ; les plantes textiles et tinctoriales ; le houblon et les arbres fruitiers. Ces cultures permettent aussi le développement d'industries rurales, surtout textiles, qui fournissent un complément de revenus indispensable à certains secteurs de la petite paysannerie, dont les conditions de vie continuent à se dégrader. En Angleterre par exemple, 25 % des paysans du Kent et du Sussex n'ont que 2 acres de terre à cultiver, 41 % ont de 2 à 10 acres. Ceux de Souabe, de Hesse, d'Allemagne du Nord ne sont guère plus favorisés. En France, 70 % des paysans du Neubourg ont moins de 4 hectares, et 94 % en Ile-de-France. Avec la reprise démographique, le morcellement s'accentue. En même temps, la pression fiscale s'accroît, de même que les exigences seigneuriales. Dans de nombreuses régions, le statut des hommes libres se dégrade : dans le comté de Leicester, la proportion de *cottagers, villeins, squatters*, logés sur d'infimes lopins et dont les droits sont limités, passe de 67 à 72 % de 1400 à 1455. Alors, les révoltes se multiplient.

A la fin du Moyen Age, les campagnes sont particulièrement agitées, et cette fois ce ne sont plus des révoltes de nantis qui protestent contre le blocage de leur ascension, ce sont des misérables poussés au désespoir et qui luttent pour leur survie : en Scandinavie, où les pauvres sont menés par des inspirés comme le « roi David », Engelbrekt, Reventlow ; en Espagne, où le mouvement des *remensas* affecte l'Aragon de 1462 à 1471 et de 1484 à 1487 ; en France, où les écorcheurs et les coquillards redoublent d'activité d'autant plus que la fin de la guerre de Cent Ans transforme les mercenaires sans emploi en purs brigands ; en Angleterre, où en 1450 la noblesse massacre les hordes de Jack Cade ; en Allemagne et en Bohême, où dans les années 1460 et 1470 les frères Janko et Livin de Wirsberg appellent à massacrer les riches pour préparer la venue du messie, et où, en 1474, un jeune berger de Nicklashausen, près de Würzbourg, Hans Böhm, manipulé par un ermite, prétend avoir vu la Vierge, qui lui aurait laissé un message sur l'avènement prochain de l'égalité parfaite. Bientôt, de 1521 à 1525, ce sera le mouvement de Thomas Müntzer, en Thuringe, qui prône une société communiste, puis la grande révolte de 1525.

Ces troubles endémiques de la société rurale à la fin du Moyen Age sont la conséquence de la pénétration croissante de l'économie monétaire dans les campagnes. Les mentalités seigneuriales changent : la seigneurie, élément de prestige social permettant au seigneur de faire vivre sa famille, de tenir son rang et de remplir ses devoirs militaires de vassal, devient une entreprise dont le but est de dégager des profits grâce à une gestion rationnelle et efficace. L'élément de prestige social n'a certes pas disparu, et il reste une motivation importante pour les acquéreurs bourgeois qui visent à intégrer la noblesse, mais il s'accompagne désormais d'un objectif spéculatif : le seigneur doit gagner de l'argent. Devenu « entrepreneur en défrichements », il n'hésite pas à investir des capitaux dans son exploitation, qu'il entend bien rentabiliser. Cela est vrai avant tout des acquéreurs bourgeois, bien entendu, dont l'importance grandit surtout en Italie, mais de plus en plus les grands seigneurs aristocrates s'intéressent eux aussi aux revenus financiers de leurs domaines : en Allemagne, Friedrich von Hohenzollern, Friedrich von der Pfalz, Eberhard von Wurtemberg achètent des terres et rationalisent la gestion ; en Angleterre, Elisabeth de Burgh acquiert des manoirs dans dix comtés, les Neville, comtes de Warwick, accumulent les domaines fonciers, couvrant 25 villages en 1485, 70 en 150 ; les Percy, grands seigneurs du Nord, tirent 600 livres de revenus ordinaires et 2 000 livres de taxes indirectes de leurs biens.

La concentration des seigneuries se poursuit : en Angleterre, la part des domaines de 50 à 200 hectares passe de 40 à 55 % entre 1450 et 1480. La proportion de propriétaires d'origine bourgeoise ne cesse de croître, et comme le prouvent les archives, leur gestion, inspirée des pratiques commerciales, est méticuleuse. Pour ces nouveaux venus, la seigneurie est une étape vers l'obtention de la noblesse, comme en témoignent en France les cas des Montaigu, Budé, Boulainvilliers, Bureau, Dormans, Braque. A l'inverse, on assiste au déclassement de nombreux seigneurs nobles, accablés par les exigences fiscales de plus en plus lourdes de la royauté, par la baisse des revenus et surtout par la négligence dans la gestion de leurs biens. En France, les droits de mutation sur les terres nobles (droits de quint et requint) atteignent 40 % en 1480. Les paysans, métayers, fermiers accumulent les retards de paiement. La mentalité traditionnelle de l'aristocratie, qui met un point d'honneur à mépriser les affaires financières, pousse de nombreux nobles à la ruine.

Souvent, ils ne doivent s'en prendre qu'à eux-mêmes, mais ils préfèrent accuser la montée de la bourgeoisie et la fiscalité royale, ce qui leur fournit des prétextes à des révoltes peu convaincantes, comme la Praguerie de 1440-1444, et la ligue dite du « Bien public » de 1465 contre Louis XI. Pour ces nobles aigris et déclassés, la seule possibilité de salut est d'entrer dans la clientèle des ducs et des rois, ou de faire des mésalliances permettant de redorer leur blason, comme dans le cas d'un Montmorency épousant une Poilevilain. Vers 1500, l'argent impose sa loi sur la campagne, et ceux qui ne peuvent ou ne veulent s'y soumettre sont mis à l'écart après les vaines tentatives de révolte que sont les soulèvements paysans et les frondes nobiliaires. L'avenir est aux comptables et aux gestionnaires.

La croissance urbaine

Cela est encore plus vrai en ville. Les XIVe et XVe siècles sont une période de forte croissance urbaine. Les malheurs du temps y sont pour beaucoup, accélérant l'exode rural vers des agglomérations dont les murailles semblent offrir une protection contre les dangers qui menacent le plat pays, en particulier le brigandage et le passage des troupes, dont les effets sont à peu près identiques. La stratégie de la terre brûlée, menée aussi bien par les chevauchées anglaises que par la politique de l'huître préconisée par Charles V, la fuite devant la peste, les expulsions par les grands propriétaires et les éleveurs, les disettes à répétition, tout cela conduit vers les villes des migrants désorientés. Globalement donc, une fois l'impact de la Peste noire absorbé, la taille des agglomérations augmente. Si Bruges, Ratisbonne, Bordeaux, Rome sont en déclin, Paris, Milan, Venise, Florence, Gênes, Cologne, Barcelone, Londres atteignent ou dépassent les 100 000 habitants, et la ville s'étale : Milan et Bologne passent de 250 à 800 hectares, Cologne de 300 à 500, Paris, plus tassée, de 275 à 450. On construit donc de nouveaux remparts, englobant des faubourgs encore à demi ruraux. Ces travaux coûteux pèsent lourdement sur les finances municipales, mais l'insécurité endémique les rend indispensables. Portes fermées la nuit, chaînes barrant les rues : la ville des XIVe-XVe siècles est une redoutable forteresse. Hérissée d'une multitude de clochers et de tours, elle a fière allure, comme on le voit dans de nombreuses miniatures de manuscrits du XVe siècle. Mais ne nous y trompons pas : ces images sont flatteuses, ce sont des œuvres d'art qui ne montrent ni la saleté, ni la vétusté, ni le délabrement de bien des quartiers. A Paris par exemple, vers 1420, le tiers des maisons de l'île de la Cité est dans un état « désert et ruineux », et bien des ruelles sont la nuit de vrais coupe-gorge, où même le duc d'Orléans peut se faire assassiner.

Enfers ou paradis, les grosses villes sont des foyers de consommation dont le ravitaillement quotidien est le principal souci des autorités municipales. Au moindre signe de pénurie, les prix bondissent et l'émeute gronde : c'est pourquoi les municipalités étendent leur contrôle sur des régions de plus en plus larges, à l'intérieur desquelles les producteurs s'engagent par contrat à livrer leur récolte à un prix fixé. Littéralement, la ville dévore la campagne environnante. Paris est une pieuvre dont les tentacules sont la Seine, l'Oise, la Marne, l'Yonne, et même l'Orge, l'Essonne, l'Yerre ou le Grand Morin, par où arrivent les grains, le vin, la viande, le bois. Cette mainmise sur la campagne voisine prend aussi la forme des achats de terres par les bourgeois, qui cherchent à s'assurer leur approvisionnement personnel. Le *Journal du Bourgeois de Paris* nous les montre assistant impuissants, du haut des remparts, au saccage de leurs vignes par les bandes de caïmans qui rôdent à la périphérie. Car depuis l'édification de l'enceinte de Charles V, qui a englobé une vaste superficie périurbaine, la séparation entre la ville et la campagne est brutale ; il n'y a pas de zone de transition, et dans les *Riches Heures* du duc de Berry on voit, pour les mois de juin et octobre, les paysans en plein travail de fenaison et de labour jusqu'au pied des murs, quasiment sous les fenêtres du palais de la Cité et du Louvre.

La ville consomme, certes, mais elle produit également. L'artisanat s'y concentre, mais cette activité connaît à la fin du Moyen Age bien des vicissitudes, et la situation est explosive en raison d'un durcissement des règlements et de l'attitude malthusienne des organisations patronales. Dès le début du XIVe siècle, la tendance est à l'exclusivisme et au monopole. Exclusivisme urbain tout d'abord, qui se manifeste en premier lieu en Flandre : inquiets du ralentissement des affaires, les patrons de l'artisanat textile poussent le comte de Flandre puis le duc de Bourgogne à interdire l'ouverture d'une boutique ou d'un atelier hors de l'enceinte urbaine. En 1314, la ville de Gand proscrit l'exercice de la draperie dans un rayon de 5 milles autour des remparts, et organise des expéditions pour détruire ou confisquer les métiers à tisser et les cuves à foulon dans le plat pays. Bruges et Ypres font de même en 1322, Saint-Omer en 1327. Cet exclusivisme des villes se double d'un exclusivisme des métiers : ceux-ci se ferment, interdisant toute concurrence, afin d'assurer la stabilité des prix et des salaires. L'ouverture d'une boutique est soumise à des conditions draconiennes édictées dans chaque ville par les maîtres du métier, qu'on appellera plus tard corporation. Celle-ci surveille étroitement les activités des membres, fixe le nombre d'apprentis, de valets et de compagnons autorisé, la qualité du travail, les prix d'achat des matières premières et de vente des produits finis, les jours et les heures d'ouverture. Entre les membres du métier, toute concurrence, toute publicité, toute innovation sont interdites. Sous prétexte d'assurer la qualité de la production, l'accès à la maîtrise est soumis à des conditions telles que progressivement seuls les fils de maîtres sont à même de remplir : droits d'entrée très élevés, banquet coûteux ouvert à tous les membres de la corporation, et surtout réalisation d'un chef-d'œuvre, tâche qui nécessite beaucoup de temps libre et d'argent, et dont la qualité est examinée par les jurés de la profession. Dans les faits, la maîtrise devient héréditaire. Pour devenir patron, il faut être fils de maître... ou épouser sa fille. L'obligation du chef-d'œuvre apparaît dès 1313 chez les forgerons de Stettin, puis chez les orfèvres de Riga en 1360, chez les cordonniers de Lübeck en 1370, et se généralise au XVe siècle.

Essor de la production et des échanges

Le monopole des métiers et l'interdiction de toute concurrence sont des facteurs indéniables de blocage des progrès technologiques, toute invention étant qualifiée de concurrence déloyale. Il est difficile d'évaluer l'impact réel de cet obstacle sur l'histoire des techniques, mais force est de constater que les avancées sont très minces en cette fin de Moyen Age. Ainsi le rouet, qui permet d'accélérer le filage, apparu dans la seconde moitié du XIIIe siècle, ne se généralise qu'au XVe siècle, de nombreux règlements urbains limitent son emploi au fil de trame ; même réticence à l'égard du métier à tisser à pédale, manié par deux hommes. Cette opposition au machinisme permet aussi d'éviter le déclassement et la déqualification de la main-d'œuvre, cette plaie des époques de course à l'innovation. C'est dans les secteurs d'industrie « lourde » que l'on constate les avancées techniques les plus importantes : le soufflet branché sur la forge, qui permet vers 1340 d'obtenir une coulée de fonte ; le perfectionnement du travail du bronze et du fer, stimulé par l'industrie de l'armement pour la réalisation des tubes des canons. Les forges s'agrandissent : dans les Pyrénées, les forges catalanes produisent 50 kg de fer par coulée, soit 15 tonnes par an. En Europe centrale apparaît le haut-fourneau : un four d'une hauteur de 4 mètres, que l'on remplit de couches alternées de charbon de bois et de minerai, avec du calcaire, qui améliore le rendement et facilite la fusion ; la fonte, portée à la forge, refondue, est transformée en fer à l'aide de grands marteaux mus par la force hydraulique. A la fin du Moyen Age, on trouve des hauts-fourneaux un peu partout en Europe, et certaines régions, comme celle de Liège, se font une spécialité dans la production d'armes et d'armures de grande qualité. La verrerie progresse aussi avec l'augmentation de la demande par l'aristocratie et la haute bourgeoisie en quête de confort ; les secrets des verriers de Murano se diffusent peu à peu. La construction navale bénéficie de la mise au point du gouvernail d'étambot et du bordage à franc-bord. Avec l'imprimerie, aboutissement vers 1450 dans les ateliers du Mayençais Gutenberg d'un long processus de perfectionnement dans l'usage des lettres mobiles en alliage métallique, c'est tout un secteur industriel nouveau qui apparaît, qui va révolutionner non seulement l'organisation du travail, avec des ateliers à la main-d'œuvre spécialisée et hautement qualifiée, mais aussi la culture et les mentalités. De plus, l'imprimerie provoque un développement spectaculaire de l'industrie du papier à base de chiffon ; les chiffonniers récupèrent les débris à base de lin, chanvre, futaine, feutre et les vendent aux propriétaires de moulins à papier, qui se multiplient sur le cours des petites rivières.

Ainsi, en dépit de la méfiance et des réticences, les procédés de fabrication s'améliorent, contribuant à abaisser les prix de revient, d'autant plus que les coûts de transport sont eux aussi en baisse : vers 1500, ils ne représentent plus que 0,5 % du prix de revient de la soierie, 2 % pour les épices, 16 % pour l'alun entre Chios et la Flandre, 10 à 14 % pour le blé entre la Sicile et Gênes. Cela n'est certes pas dû au transport terrestre, dont la capacité n'a guère évolué depuis l'Antiquité : le mulet est toujours l'animal le plus utilisé dans les secteurs les plus accidentés, avec une capacité de charge de 250 kg ; les charrettes à avant-train mobile peuvent porter en plaine jusqu'à 4 tonnes, mais les routes restent peu sûres, creusées de fondrières et jalonnées d'innombrables péages.

La voie d'eau est en revanche très fréquentée, par des embarcations de toutes tailles. Sur la Seine, 57 % des bateaux traversant Meulan jaugent entre 40 et 80 tonneaux, et les plus gros dépassent 100 tonneaux ; en Flandre, canaux et écluses semblent bien tenus. Mais c'est surtout la navigation maritime qui fait de gros progrès à la fin du Moyen Age, progrès qui rendront possibles les grands voyages d'exploration et de colonisation au XVIe siècle. Amélioration dans le système de guidage et le repérage avec la boussole, les cartes marines (portulans) et le gouvernail d'étambot ; progrès dans les capacités de transport : les caraques génoises peuvent atteindre 1 000 tonneaux de charge, les kogges et les hourques hanséates presque autant, les galères méditerranéennes, 300 tonneaux. Le long des côtes atlantiques et de la Manche le cabotage est pratiqué par une multitude de barges, pinasses, escaffes, crayers et autres vessels de 20 à 100 tonneaux. Vers 1450 apparaît en Méditerranée la caravelle, avec ses trois mâts et sa coque lisse, plus rapide et d'une capacité de 300 à 400 tonneaux. Il faut ajouter les galères, dont les capacités de transport sont limitées, car les 75 ou 80 rameurs et leur ravitaillement réduisent la place du fret. En 1423, d'après le testament du doge Mocenigo, toute la flotte vénitienne se résume à 45 galères de 300 tonneaux, 300 nefs de 150 tonneaux, 3 000 barques plus petites : environ 60 000 tonneaux au total ; à peu près autant pour la Hanse, 20 000 pour Gênes, 15 000 pour l'Espagne et la France, autant pour l'Angleterre. C'est-à-dire que la capacité de transport de tous les navires d'Europe réunis est inférieure à celle d'un seul de nos gros porte-conteneurs ! Il faut garder à l'esprit ce constat pour bien réaliser dans quel contexte évoluent les Européens du XVe siècle : quinze fois moins nombreux qu'aujourd'hui, se déplaçant à la vitesse de 30 kilomètres par jour dans les meilleurs cas, à travers de vastes étendues de forêts et de campagnes presque désertiques, entre des villes dont les plus grosses ont la taille d'une bourgade actuelle, recevant les nouvelles de l'autre bout du pays avec des jours de retard, ils sont confrontés à un monde proportionnellement vingt fois plus vaste que le nôtre. Les échanges commerciaux y sont, à cette échelle, infiniment plus risqués et audacieux, et si les quantités peuvent sembler dérisoires, ils n'en constituent pas moins un exploit permanent.

La hiérarchie des routes commerciales et des foyers économiques évolue au cours de ces deux siècles. Le fait majeur est sans doute le déclin de la Méditerranée et la montée du secteur atlantique. Le centre de gravité de l'économie européenne se déplace vers le nord-ouest. L'avancée ottomane puis la chute de Constantinople provoquent le repli des marchands chrétiens vers la Méditerranée occidentale. Entendons-nous : comme à toutes les époques, les intérêts commerciaux ne s'occupent guère des oppositions politiques et religieuses, et le pape lui-même n'hésite pas à accorder des autorisations de négocier avec les infidèles, comme à Jacques Cœur. Mais malgré tout les échanges deviennent plus difficiles : le prix des épices, de la soie, du coton transitant par l'Empire ottoman atteint un niveau prohibitif. Les Génois et les Vénitiens réorganisent peu à peu leur commerce vers l'Espagne et l'Italie : l'alun de Tolfa supplante celui de Chios en 1468 ; la cochenille, le vin, la cire de Ligurie et de Naples, la soie de Calabre, le sucre de Sicile, de Grenade, de l'Algarve, la soie de Valence, les raisins et figues sèches de Malaga offrent des possibilités de profits plus accessibles et moins risqués. Le commerce avec les musulmans reste indispensable pour un seul produit : les esclaves noirs et caucasiens, dont le trafic enrichit Napolitains, Marseillais, Barcelonais en dépit des froncements de sourcils de l'Eglise – il y a vers 1430 environ 10 000 esclaves africains en Catalogne.

Mais déjà la façade atlantique s'apprête à prendre le relais. Au XIVe siècle, Bretons, Normands, Basques pratiquent un actif cabotage dans le golfe de Gascogne et la Manche, où les limites entre le commerce et la piraterie ne sont pas toujours très nettes : pastel toulousain, sel de Guérande, vins d'Aquitaine circulent dans les modestes navires de Nantes, Vannes, Saint-Malo, Bayonne, Rouen, Dieppe, alors que le trafic bordelais décline en raison des troubles de la guerre de Cent Ans.

Dans les mers septentrionales, la rivalité est âpre entre les marchands de la Hanse germanique et les Anglais. La Hanse atteint son apogée au XIVe siècle, regroupant 77 villes en 1375, réparties en quatre quartiers : westphalien (Cologne), vende (Lübeck), saxon (Brunswick), prussien (Danzig). Dominée par Lübeck et Hambourg, elle contrôle les détroits danois mais aussi les routes fluviales et terrestres vers l'Europe centrale et l'Italie, par le Rhin, le Simplon, le Saint-Gothard, et ses marchands sont solidement implantés à Venise. Ses comptoirs de Francfort, Nuremberg, Constance, Bâle, Leipzig lui assurent des étapes le long du Main, de la Weser et en Allemagne du Sud. La ligue va englober jusqu'à 200 villes en 1450. Mais à cette époque elle est confrontée à un rival redoutable, qui combine les actions militaires et des techniques commerciales plus modernes : l'Angleterre, qui mène une politique économique agressive. Sous Edouard IV, la ghilde des *Merchants Adventurers* reçoit de la Couronne des privilèges extraordinaires qui lui permettent de contrôler 50 % du commerce insulaire et 70 % du commerce extérieur. L'essor du commerce anglais, contemporain de la guerre de Cent Ans, comporte un aspect xénophobe et national très marqué : dès 1381 une première loi de navigation tente d'imposer le monopole du pavillon anglais dans les ports de l'île. Mesure illusoire, car la marine anglaise est encore loin d'être en capacité d'assurer cette tâche, mais mesure révélatrice d'un état d'esprit conquérant. Les Anglais battent en brèche le monopole hanséatique dans la Baltique, apportant leurs draps, l'étain du Devon et de Cornouailles, le sel et le vin aquitains, les fruits secs du Portugal. Menant une véritable guerre commerciale, l'Angleterre supprime les privilèges du comptoir hanséatique de Londres, le *Steelyard*, attaque les navires hanséatiques, et en 1474 la paix d'Utrecht lui assure une nette suprématie en mer du Nord. C'est en Flandre, le cœur de l'économie de l'Europe septentrionale au Moyen Age, que son succès est le plus net. Dans ce secteur, où est située l'« étape » de la laine anglaise, les exportations de cette dernière ne cessent de reculer, tombant de 35 000 à 5 000 sacs par an, au profit des pièces de drap : 38 000 débarquent à Calais en 1400, 65 000 en 1480, 90 000 en 1510. L'industrie drapière fait la fortune de l'East Anglia et des Cotswolds, et stimule l'activité des ports de Boston, Ipswich, Hull, Bristol. Londres est en plein essor, tandis que les ports flamands sont en difficulté : Bruges s'envase, et en dépit de l'équipement d'avant-ports à Damme et L'Ecluse, c'est Anvers, où une bourse est créée en 1460, qui attire désormais le grand commerce.

Dans cette réorganisation du commerce européen à la fin du Moyen Age, la France reste à l'écart. Pénalisée pendant un siècle par les désordres et l'insécurité dus à la guerre et au brigandage, elle est maintenant contournée par les marchands. Au lieu d'être le carrefour entre l'Italie, l'Espagne, la Flandre et l'Angleterre, rôle auquel la prédisposait sa situation géographique, elle est devenue un pôle répulsif. Les foires de Champagne sont mortes ; désormais, les marchands empruntent la voie maritime atlantique ou l'axe rhénan et les cols alpins, et les grandes foires sont maintenant à Francfort, Leipzig, Nordlingen, Berg-op-Zoom, Delft, Genève, même si en 1463 Louis XI tente de ruiner cette dernière en accordant des privilèges à Lyon.

L'irrésistible ascension des hommes d'affaires

Les nouvelles orientations de l'économie ne sont pas simplement géographiques. Elles concernent aussi les structures, l'organisation du commerce et des échanges, soumis désormais exclusivement à la loi du profit. Gagner de l'argent a certes toujours été le but de l'activité commerciale, et sa motivation essentielle. Mais cet objectif bien réel restait en partie inavouable et honteux, stigmatisé par les anathèmes chrétiens contre la richesse et par les hypocrites préjugés de la noblesse militaire contre l'argent, la finance et les comptes réputés d'« apothicaires ». Des ordres monastiques se glorifiaient d'être « mendiants » ; la pauvreté était exaltée dans le discours ecclésiastique, qui promettait aux misérables les premières places au paradis, et il ne serait pas venu à l'idée des princes d'avoir un ministre des Finances et de l'Economie. La politique se faisait autour d'enjeux « nobles », sans considération des moyens financiers pour les atteindre. Pour un aristocrate, un chevalier, un homme d'Eglise, l'argent était sans valeur et source de péchés : l'avarice, la vénalité, l'esprit de lucre étaient les marques des méprisables bourgeois ; le prêt à intérêt était théoriquement interdit, du moins réputé immoral. Tout cela au niveau du discours, du « politiquement correct », si on peut risquer cet anachronisme, car dans les faits les comportements étaient beaucoup plus réalistes. Ce qui se produit au XIVe, et surtout au XVe siècle, c'est que la recherche du profit devient une activité honorable, et l'argent une valeur positive, voire morale. Les métiers de la finance acquièrent une certaine respectabilité, et les banquiers deviennent des notabilités qu'on invite à la table des rois, dont les plus grands seigneurs épousent les filles, et qui bientôt seront eux-mêmes princes et papes. L'argent commence son règne.

Son ascension est irrésistible, car il est indispensable dans tous les domaines. Les princes et les rois en ont besoin pour mener des guerres de plus en plus coûteuses, où le service féodal déficient cède la place aux mercenaires ; les liens d'homme à homme ne résistent pas à l'évolution des mentalités vers l'individualisme ; le désir croissant de confort et de luxe nécessite toujours plus de moyens de paiement. Tout s'achète : le titre d'empereur comme la tiare pontificale, les réductions de peines de purgatoire ou un simple office de justice. Les nouveaux secteurs industriels nécessitent des capitaux importants : la verrerie, la métallurgie, l'imprimerie qui utilisent des machines coûteuses, et surtout les mines, dont l'exploitation requiert la création de sociétés anonymes. Les mines d'argent, de plomb, de cuivre, de fer d'Europe centrale sont à l'origine d'un capitalisme industriel, avec des sociétés dont les parts sont achetées par des marchands aussi bien que par des clercs, des nobles ou des villes. La production de minerai de fer, qui quadruple entre 1460 et 1530, se concentre dans le Harz et la Thuringe, où il y aura jusqu'à 120 000 mineurs en 1525. Les banquiers y investissent de grosses sommes, comme les Fugger, qui sont également présents dans les mines de cuivre de Styrie. Le sel gemme de Saxe, de Salins en Franche-Comté, l'argent de Kutna-Hora en Bohême nécessitent également la constitution de sociétés, et le pape n'hésite pas à mettre son pouvoir spirituel au service des intérêts capitalistes : l'exploitation des mines d'alun de Tolfa, en territoire pontifical, à partir de 1463, est confiée aux Médicis, avec sentence d'excommunication contre tous ceux qui achèteraient de l'alun provenant d'ailleurs. Moyen radical d'éliminer la concurrence.

En droit romain, le sous-sol appartient à l'Etat, et au XIVe siècle se met en place une législation d'après laquelle le souverain, contre une redevance proportionnelle aux résultats, délègue ses droits à une compagnie dont les membres possèdent des parts. C'est ce que fait l'empereur Charles IV en 1366, et le roi d'Angleterre Edouard III en 1377. En France, ce n'est qu'au XVe siècle que les rois commencent à s'intéresser à ce domaine, avec Charles VII, qui accorde plusieurs licences d'exploitation. Le matériel est encore rudimentaire, et les galeries ne descendent guère à plus de 20 mètres de profondeur, mais il faut néanmoins des capitaux importants pour payer les salaires de centaines d'ouvriers, assurer les systèmes de pompage, d'aération, d'évacuation de l'eau, comme celui qui est mis au point en Pologne en 1460.

La plupart des « actionnaires » de ces compagnies sont des hommes d'affaires aux activités multiples, de véritables capitalistes qui investissent dans divers secteurs, comme Jacques Cœur. Ce fils d'un pelletier de Bourges commence par de petites opérations dans les ateliers monétaires, puis prête à des officiers du roi, entre dans la clientèle de Charles VII, devient maître de la Monnaie en 1436, fermier des aides et de la gabelle en 1437, argentier et conseiller du roi en 1442, exploite des mines dans les Cévennes, pratique le commerce du Levant à partir de Montpellier, avec ses propres bateaux, prête au roi et aux grands, s'occupe de courtage et de change, achète manoirs et seigneuries, est envoyé en mission diplomatique auprès du pape. Le cas est exceptionnel en France, où les capitalistes sont d'une stature plus modeste, comme les Jossard à Lyon, les Le Pelletier en Normandie, les Ysalguier à Toulouse, les d'Heu à Metz, les Forbin à Marseille. En Allemagne, les grandes fortunes du commerce, de la banque et des mines que sont les Welser, les Humpys, les Imhof, les Heim, les Hülpüchel, les Popplau, à Augsbourg, Ravensburg, Nuremberg, Lübeck, sont éclipsées par le destin fabuleux des Fugger. D'abord installés à Nuremberg, puis à Augsbourg, ils introduisent les futaines dans l'Empire, puis prennent des participations dans les mines d'or de Hongrie, de cuivre de Styrie et de Bohême, de sel du Tyrol ; en 1494-1500, ils gagnent des bénéfices de 33 % sur les ventes de cuivre de Slovaquie ; Jacob Fugger II se lance dans la banque, prête à Maximilien Ier, devient banquier personnel des Habsbourg et assurera l'élection de Charles Quint à l'Empire en 1519 en achetant les électeurs. Les Fugger ont une organisation très centralisée, sans succursales ou agents. En revanche, les Humpys, fondateurs en 1380 de la Compagnie de Ravensburg, ont vers 1500 quatre comptoirs en Allemagne, trois en Espagne, trois en Italie, trois en Angleterre, cinq à Bâle et Montpellier, et traitent aussi bien du commerce du lin, du safran, du bois, que des opérations bancaires.

En Italie, l'activité bancaire est plus ancienne et souvent liée au départ à l'industrie textile. C'est encore le cas pour un homme d'affaires comme Francesco di Marco Datini entre 1383 et 1401, avec des capitaux engagés dans quatre sociétés lainières à Prato, Florence, Pise et Gênes, et d'autres à Avignon et Barcelone. D'après Villani, la draperie florentine compte plus de 200 boutiques en 1335-1340, et le travail de la soie est prospère à Lucques, Sienne, Gênes, Milan, Venise. Il y a là d'immenses opportunités pour des hommes d'affaires entreprenants, dont savent bien tirer profit les grands marchands de Gênes et de Venise. Dans ce pays, le règne de l'argent a commencé plus tôt qu'ailleurs, et a acquis une honorabilité dont témoigne le mécénat du *quattrocento*. C'est à l'argent des banquiers et des grands marchands que nous devons une bonne partie des chefs-d'œuvre de la première Renaissance italienne. Les marchands vénitiens ont autant de prestige que les princes, et ils échappent même au droit commun : au XVe siècle, la *Mercanzia* florentine a ses propres tribunaux, ses quartiers, ses notaires, ses exonérations de taxes, ses parts des revenus publics. Il est vrai que beaucoup de villes allemandes ont aussi leur *jus mercatorum*, leur *Kaufmannsgerichte*, mais en Italie plus qu'ailleurs le marchand est roi, presque littéralement, comme l'illustre le cas des Médicis. Cosme, mort en 1464, en combinant de multiples activités commerciales et bancaires, finit par être à la tête d'un capital de 2,5 millions de florins. Son entreprise, contrairement à celle des Fugger, est composée d'une dizaine de succursales, dont les directeurs jouissent d'une grande autonomie, à Londres, Bruges, Cologne, Genève, Lyon, Avignon, Milan, Venise, Rome, ce qui permet de se séparer facilement des branches qui font faillite sans entraîner la chute de l'ensemble. C'est ce qui arrivera à Tommaso Portinari, directeur de la filiale de Bruges, en raison des prêts inconsidérés accordés à Charles le Téméraire. Cosme de Médicis se tient habilement en retrait de la politique florentine, qu'il oriente discrètement en fonction de ses intérêts, mais Laurent n'a pas cette prudence : mécène éclairé, fastueux, ce banquier devient le véritable prince de Florence sans le titre. Ami du pape, pour qui il gère les mines de Tolfa, qui lui rapportent un bénéfice de 48 % (25 000 ducats), il est un partenaire essentiel dans la diplomatie italienne. Ce mélange des genres, affaires et politique, n'est pas sans danger, comme le montre le complot mené par la famille rivale des Pazzi, qui aboutit à l'assassinat de son frère Julien en 1478.

Nous ne sommes pas encore au règne des banquiers, mais déjà les rois les plus puissants ne peuvent se passer d'eux. A une époque où la diplomatie, la guerre, le gouvernement nécessitent des sommes sans commune mesure avec les budgets des XIIe et XIIIe siècles, les souverains ne peuvent se contenter des revenus du domaine royal, ni même de celui des impôts. Il faut emprunter, et avoir recours à tous les procédés de manipulation monétaire. Les banquiers lombards sont indispensables, à l'exemple des fameux « Biche » et « Mouche » (Albizzo et Musciato dei Franzesi), compagnons inséparables de Philippe le

Bel. Prêter aux rois est une opération périlleuse, qui peut se finir par une banqueroute, comme pour les Bardi et les Peruzzi, créanciers d'Edouard III. Mais ce peut être aussi très lucratif : les rois remboursent (parfois) en terres, droits, privilèges, offices, perception de taxes. En tout état de cause, le banquier est le seul technicien capable de trouver des solutions aux problèmes financiers des souverains. Car il y a pénurie de métal précieux alors qu'on a besoin de pièces de plus en plus nombreuses. Au XIVe siècle, les princes ont recours à l'expédient le plus élémentaire : diminuer le poids des pièces, réduire leur teneur en métal précieux, et augmenter leur valeur nominale. Les pièces deviennent fines comme une feuille de papier ; leur faible teneur en argent provoque leur noircissement rapide, alors que ces piètres rondelles de métal, rognées sur les bords, doivent être acceptées à un niveau exorbitant : en France, le « gros » d'argent passe d'une valeur théorique de 12 à 39 deniers, alors que son poids tombe de 4,22 à 3,50 g, et son titre baisse de 30 % avec les dévaluations successives de 1295, 1303, 1311, 1318, 1322. Ces manipulations monétaires ont cependant leurs limites, et à partir du milieu du XIVe siècle les gouvernants misent davantage sur les impôts pour remplir leurs coffres. Ce sont d'ailleurs les villes qui ont commencé, en multipliant les taxes. Un système d'impôt permanent sur la fortune et les revenus nécessite des recensements précis, ce qui nous vaut la rédaction de ces documents fiscaux extrêmement précieux pour les historiens de la démographie, comme le fameux *catasto* florentin de 1427. Les princes ne sont pas en reste : la même année, le duc de Bretagne fait lui aussi réaliser un recensement des feux ; le roi Charles VII établit peu après la taille royale permanente, dont le montant ne cesse de croître sous Louis XI. On relance la frappe de pièces d'or, comme l'écu au soleil de Louis XI en 1475, ou l'agnel d'or de Richard III en 1483. Dans les transactions bancaires, ce sont toujours les pièces italiennes qui dominent : le florin, « dollar du Moyen Age », et le ducat vénitien. En Allemagne, la pénurie monétaire sera bientôt un puissant élément de conversion des princes au protestantisme, qui leur permet de saisir les biens d'Eglise.

Commerce et banque, facteurs d'évolution culturelle

La place croissante occupée par la monnaie dans la politique comme dans la vie quotidienne explique aussi l'essor des techniques commerciales et financières. Et cela n'est pas sans conséquence sur les mentalités et la culture. La pratique des affaires exige la maîtrise de la lecture, de l'écriture et du calcul, car l'utilisation du papier dans les échanges monétaires s'accroît de façon spectaculaire, avec la lettre de change, le chèque, la tenue d'une comptabilité en partie double, spécialité italienne et en particulier vénitienne au XVe siècle, où on appelait cela tenir ses comptes *alla veneziana*. La nécessité de maîtriser les techniques commerciales contribue au progrès intellectuel de la bourgeoisie. Un enseignement spécialisé apparaît : dès 1338, d'après Villani, il y a six écoles de comptabilité et de gestion à Florence, et au début du XVe siècle il y en a aussi à Gênes, Milan, Londres, Bristol, Bruges, Brême. Des manuels sont rédigés à leur usage, comme la *Pratica della mercatura* en 1340 et le *Libro di mercantie* en 1432. L'écriture ne sert pas seulement à tenir les comptes. Entre banquiers et associés, d'une succursale à l'autre, on entretient une volumineuse correspondance, on échange des informations sur tout ce qui peut avoir une incidence sur les affaires : l'évolution des goûts, de la demande, des prix, des arrivées, les déplacements princiers, les négociations diplomatiques, les tensions, les guerres, les traités, les mariages. Les banquiers sont les hommes les mieux renseignés d'Europe au XVe siècle, et sont au courant des évènements avant même les souverains. Anticiper, réagir rapidement est pour eux une nécessité vitale, et la densification du réseau bancaire contribue à ouvrir les horizons et l'intérêt pour les informations internationales dans le public urbain.

Le monde des affaires contribue également à développer une mentalité nouvelle par la prise de risques, l'innovation, l'inventivité. Là réside aussi un des signes de la sortie de l'esprit médiéval, par essence conservateur, traditionaliste et hostile aux nouveautés. La structure des sociétés évolue, s'adapte. La grande majorité sont d'un niveau très modeste, 67 % de celles de Toulouse ont un capital de moins de 200 livres, et très éphémères, 56 % sont conclues pour un an. Le capital se compose d'une part des apports personnels des associés, le *corpo*, et d'autre part des dépôts des clients, le *sopra corpo*, remboursable à vue. Ces sommes sont investies dans des affaires diverses : mines, commerce, industrie, prêts. Les risques sont élevés : comme le *sopra corpo* est largement supérieur au *corpo*, que les placements sont souvent hasardeux, qu'on ne garde en caisse que 25 à 30 % de liquidités, si une mauvaise nouvelle provoque la panique des déposants, ceux-ci se ruent sur les caisses, et la société est incapable de les rembourser : c'est la *banca rotta*, la banqueroute, qui peut balayer les plus puissants groupes, comme les Peruzzi en 1343 et les Bardi en 1346, qui avaient prêté respectivement 600 000 et 900 000 florins à Edouard III, sommes colossales. Or le roi d'Angleterre, avant Crécy, subit des échecs militaires qui laissent penser qu'il ne pourra jamais rembourser. Pour limiter les risques, les plus grosses sociétés pratiquent la décentralisation, avec des succursales dans les plus grands centres économiques, ou des filiales presque indépendantes, dont on peut se séparer sans mettre en danger tout le groupe, comme les Médicis. Pour le commerce, on a aussi recours à des techniques d'assurances maritimes passées devant notaires. En 1427, le Génois Bagnaria assure 200 000 florins de marchandises.

Les banques privées sont issues du milieu des changeurs. Il s'y ajoute, en Italie surtout, des banques publiques, formées le plus souvent par une association de créanciers de la ville. Appelés *montes*, ou *maones*, ce sont des bourgeois qui ont souscrit des emprunts municipaux, en échange desquels les échevins leur accordent la perception de certaines taxes locales : ainsi pour le « mont » de Florence, la banque San Ambrogio de Milan, et surtout la puissante *Casa di San Giorgio* de Gênes. Les banques pratiquent les dépôts, les prêts et les virements. Ces derniers, qui ne nécessitent qu'un jeu d'écriture sur un registre, évitant les délicats et risqués transports d'espèces. Pour les virements de banque à banque, étant donné la multitude des espèces en circulation, les transactions sont exprimées en monnaie de référence, comme le florin de Florence, le ducat vénitien, la lire de Gênes, l'écu de Savoie.

Le secteur commercial et bancaire offre de nouvelles possibilités d'emploi et de carrière : commis, caissiers, comptables, courtiers, et jusqu'à directeur de succursale pour les jeunes gens les plus doués. Le métier de banquier est à la fin du Moyen Age une profession honorable et en plein essor, dont la réussite est illustrée par son entrée dans le monde de l'art. Riches, instruits, les hommes d'affaires se conduisent en mécènes et se font immortaliser par les meilleurs portraitistes du temps, à l'image du marchand Lucquois Giovanni Arnolfini, peint par Jan Van Eyck vers 1437-1439. Le fameux tableau des époux Arnolfini, qui date de 1434, est comme le symbole de la réussite de cette bourgeoisie d'affaires et de ses valeurs.

Les troubles urbains, révélateurs d'une mutation économique et sociale

L'apothéose du bourgeois s'accompagne malheureusement, et presque inévitablement, du déclassement et de la paupérisation du travailleur manuel urbain. Le Moyen Age finit mal pour les ouvriers, aussi bien dans le cadre de la petite boutique artisanale que dans les grands centres industriels, et l'accumulation des mécontentements est à l'origine d'une série de révoltes urbaines.

D'une façon générale, le sentiment prédominant dans toutes les catégories sociales aux XIVe et XVe siècles est le mécontentement, l'insatisfaction. Etant donné l'accumulation des malheurs, le contraire serait surprenant. L'autosatisfaction qui s'exprime dans les portraits de banquiers ne doit pas faire illusion : plus que la satisfaction, ces visages expriment la dureté. La bourgeoisie montante a une mentalité guerrière, et l'idée de négociation lui est totalement étrangère. Jacques Cœur organise des rafles pour se procurer de la main-d'œuvre forcée sur ses galères : « A cœur vaillant, rien d'impossible », pas même l'exploitation éhontée des misérables sur ses chantiers. Mais mis à part une poignée de grands manieurs d'argent, toutes les catégories sociales sont insatisfaites. Nous l'avons vu pour les paysans, pour les seigneurs, pour l'aristocratie. Le monde urbain ne fait pas exception, et les tensions entre nantis et pauvres se durcissent : en 1335, à Toulouse, 7 % des habitants possèdent 65 % du sol ; les inégalités grandissent. Les métiers se ferment, et les compagnons n'ont plus accès à la maîtrise. Alors, ils commencent à s'organiser, à former des « coalitions », à déclencher des grèves, sévèrement réprimées.

La situation est particulièrement tendue dans les grands centres de l'industrie textile, très sensible à la conjoncture. La Flandre est fortement touchée. Située au cœur des affrontements franco-anglais, elle subit les pressions des deux rois et pâtit des interruptions fréquentes des arrivées de laine anglaise, et des vicissitudes de l'Etape. Surtout, elle est victime d'une vive concurrence : les Anglais fabriquent désormais leurs propres draps et les exportent sur le continent ; les Italiens ne se contentent plus de teindre les draps du Nord : leur draperie est en plein essor, à Pise, Lucques, Sienne, Pérouse, Aquila, Milan, Vicence, Padoue, Crémone, et surtout Florence, où Villani recense vers 1335-1340 plus de 200 boutiques, produisant 80 000 pièces de drap par an. L'Espagne commence elle aussi à travailler la laine de ses mérinos, notamment en Catalogne et en Aragon. Et puis, il y a la concurrence des régions voisines de la Flandre, le groupe brabançon en particulier, avec Bruxelles, Louvain, Malines. Les centres traditionnels, Ypres, Bruges, Gand, Lille, Douai, Arras, Saint-Omer, souffrent. Les patrons baissent les salaires ; certains ouvriers émigrent vers l'Angleterre ou l'Italie. Un début de reconversion s'opère, vers des productions plus légères et de moindre qualité, les saies. Mais tout cela engendre des tensions sociales, aggravées par le blocage des accès à la maîtrise. Dès 1313 il est quasiment impossible à un compagnon d'ouvrir une boutique à Stettin ; même chose à Hambourg, Riga, Lübeck à partir des années 1350-1370. A Gand, au début du XVe siècle, sur 280 brasseurs, 213 sont fils de maîtres ; à Paris, en 1351, il est interdit d'employer plus d'un apprenti par boutique ; en Italie, le *popolo minuto* des travailleurs de la laine et de la soie s'agite contre les variations erratiques et exagérées des prix des produits de consommation courante. A ces causes structurelles de mécontentement s'ajoutent des accidents conjoncturels qui aggravent la situation. La Peste noire, en provoquant une brutale pénurie de main-d'œuvre, est suivie d'une soudaine hausse des salaires que les gouvernements tentent de juguler par des mesures très impopulaires. En 1351, le Parlement anglais adopte le statut des Travailleurs : les salaires ne devront pas dépasser le niveau d'avant la peste, et il est interdit aux salariés de quitter leur employeur. En France, Jean le Bon interdit les hausses de salaires de plus de 30 % par rapport au niveau de 1347 ; mesures similaires en Castille. Toutes ces décisions ne sont guère respectées, mais elles provoquent la colère des salariés.

Ce n'est pas tout : les luttes sociales se greffent presque toujours sur des conflits politiques, des rivalités entre clans, grandes familles et associations professionnelles pour le contrôle des échevinages, avec des chefs improvisés, souvent manipulés par des factions politiques aux programmes démagogiques, si bien qu'il est difficile de discerner les véritables enjeux de ces luttes urbaines qui jalonnent les XIVe et XVe siècles.

Cela commence dès 1302 à Bruges, où Pierre de Coninck entraîne une partie des compagnons drapiers contre les bourgeois du parti français, les liliaerts, partisans des « fleurs de lys » ; il s'ensuit massacres et contre-massacres. En 1304 à Spire, 1306 à Bruxelles et Liège, 1311-1313 à Londres, 1332 à Strasbourg, Mayence, Cologne, Bâle, Gênes, Florence, 1337 à 1345 à Gand, 1346 à Florence, éclatent des soulèvements sporadiques vite étouffés. Le cas de Gand est le plus sérieux, car le drapier Jacques Van Artevelde, qui fait des promesses aux travailleurs du textile, se range dans le camp anglais et devient un acteur de la guerre de Cent Ans, de 1338 à son assassinat en 1345.

En 1347, l'agitation gagne Rome, où elle revêt un caractère différent : le notaire Cola di Rienzo ne rêve à rien moins que de restaurer la République romaine, dont il serait le dictateur. Le pape est à Avignon, les nobles sont en fuite à cause des débuts de la peste ; Cola incite la plèbe à saccager leurs demeures abandonnées, et il tente d'ériger un gouvernement basé sur les élections ;

il est massacré au cours d'une émeute en 1354. C'est le sort de presque tous les chefs de ces mouvements révolutionnaires, comme Etienne Marcel en 1358. Ce drapier, prévôt des marchands de Paris, n'a rien d'un prolétaire. Chef de la famille la plus riche de la ville, il mène, en compagnie de son acolyte Robert Le Coq, évêque de Laon, la lutte contre la fiscalité royale et pour une réorganisation du gouvernement face au vide du pouvoir : le roi est prisonnier, le dauphin est un jeune homme dépassé par les évènements. Un plan détaillé de réforme des abus est adopté par les états généraux. Mais Etienne Marcel est lui-même rapidement dépassé par une situation qui échappe à son contrôle : débordé à « gauche » par les bouchers de Jean Caboche, à « droite » par les nobles de Charles le Mauvais, tandis qu'aux alentours la campagne est aux mains des Jacques et des routiers anglais, il est assassiné alors qu'il s'apprête à ouvrir les portes de la ville.

Les révoltes urbaines atteignent leur paroxysme entre 1378 et 1383. Le mouvement touche toute l'Europe. A Florence, où les clans guelfes se disputent entre eux, les boutiquiers prennent les armes, dirigés par le cardeur Michele di Lando ; le palais du podestat est attaqué, les prisons sont forcées, les registres d'impôts brûlés, le peuple obtient l'entrée de trois nouveaux métiers dans le Conseil de la Seigneurie. Mais le mouvement tourne court : Michele di Lando se rallie aux autorités, et l'aristocratie reprend le pouvoir en 1381. Au même moment, à Gand, Philippe Van Artevelde, le fils de Jacques, soulève les artisans contre la municipalité ; il est tué à Roosebeke en 1382 lors de l'intervention de l'armée française. A Rouen éclate l'émeute de la « Harelle » ; à Paris, celle des Maillotins, toutes deux écrasées par les nobles. L'Allemagne est également touchée, avec des soulèvements à Mayence et Brunswick, tandis qu'en Angleterre Londres ouvre ses portes aux révoltés de Wat Tyler.

Les choses ne se calment pas au XVe siècle, bien au contraire. Dans les villes, où affluent les nouveaux venus, la compétition est permanente et féroce. La proportion d'immigrants est énorme : 29 % à Lyon, 47 % à Valence, 66 % à Périgueux, 75 % à Chalon à la fin du siècle, ce qui accroît les rivalités entre « nations » ; à Lyon, on ne veut plus des Flamands, à Toulouse des Béarnais. Les maîtres des métiers durcissent leurs exigences et s'entendent pour bloquer les salaires ; la fiscalité urbaine s'aggrave, pour financer notamment la construction, l'extension et l'entretien des murailles. Robert Fossier note l'« entassement et promiscuité, force des liens professionnels ou de voisinage, difficultés matérielles de la vie quotidienne, [...] agressivité dans les relations de travail due à un rythme de production rapide, mépris réciproque des catégories sociales les unes envers les autres ». Les émeutes sont endémiques : Amiens en 1435, Lyon en 1436, Besançon en 1451, Angers et Reims en 1461, Bourges en 1474, chacune avec son contexte propre. La guerre civile entre Armagnacs et Bourguignons est l'occasion d'un déchaînement de violence, avec des bandes comme celle du bourreau Capeluche, un pur sadique sans véritables motivations sociales ou politiques. « Les troupes de la rébellion, variables selon les lieux et les circonstances économiques étaient toujours hétérogènes ; elles associaient des maîtres artisans, des compagnons et apprentis, mais aussi des pauvres rejetés des solidarités citadines ; cohésion éphémère. Les maîtres ne pouvaient faire longtemps cause commune avec les vagabonds », écrit Jacques Rossiaud, et « la pauvreté elle-même ne pouvait engendrer que des liens passagers correspondant au partage d'une commune adversité », ajoute Michel Mollat. Les violences urbaines à la fin du Moyen Age, où se mêlent espoirs et frustrations, enjeux politiques et rivalités familiales, désir de justice sociale et rêves égalitaristes teintés de millénarisme, sont l'expression chaotique d'une société en mutation, qui cherche de nouvelles bases avec le sentiment confus de la fin d'une culture, d'une civilisation : « Mais où est le preux Charlemagne ? », se lamente François Villon vers 1460. Qui mieux que ce poète et assassin, qui hante tavernes et bordels parisiens, a mieux senti la mélancolie indéfinissable du crépuscule d'un monde, d'un Moyen Age millénaire qui sombre lentement ?

« Mais où sont les neiges d'antan ? »

Épilogue

Du Moyen Age à la Renaissance ou du saint au grand homme

Le Moyen Age est mort, vive la Renaissance ! C'est du moins ce que proclament les humanistes vers 1500, Erasme en tête. Car ce sont eux, nous l'avons dit, qui ont fabriqué ce mythe de l'« âge moyen », du *medium tempus*, qui pour eux a été un millénaire de temps gaspillé après lequel la marche en avant de l'esprit humain peut enfin reprendre, en renouant avec la culture gréco-romaine. En fait, on pourrait aussi bien dire qu'un mythe en remplace un autre. La Renaissance, en effet, n'est-elle pas elle-même, comme l'écrit Jacques Heers, un mythe dont on serait bien embarrassé pour situer le début et encore plus la fin. Ou plus exactement, ce qu'il faut dire, c'est que si la Renaissance a inventé l'idée de Moyen Age, le Moyen Age, lui, a engendré la Renaissance.

Tous ces humanistes, qui se disent délivrés des inepties de la scolastique, ont été formés par cette éducation médiévale qu'ils rejettent. Ce sont les arguties du nominalisme qui ont contribué à répandre le doute, l'esprit critique, la remise en cause des certitudes théologiques ; c'est une invention médiévale, l'imprimerie, qui permet aux nouveaux intellectuels de répandre leurs idées ; c'est le Moyen Age qui a lancé l'Europe à la conquête du monde, vers le sud de l'Afrique et les Indes, et vers l'Amérique, pour contourner le monde musulman. Fut-ce un bien ? Un mal ? Vaines questions, car c'était inévitable. L'héritage du Moyen Age finissant est colossal, dans tous les domaines, et sans lui la Renaissance eût été impossible, c'est l'évidence. Luther, Fugger, Erasme, Copernic, Machiavel sont des produits du Moyen Age, tout comme Christophe Colomb, Magellan, Léonard de Vinci et la banque Médicis. Ces personnages qui font la liaison entre les deux époques sont des esprits médiévaux. Ils ouvrent de nouvelles perspectives, cela ne fait aucun doute. Mais on a rarement vu une civilisation finissante léguer une telle quantité de cadres d'une telle qualité à son successeur. La plus belle marque de la grandeur du Moyen Age réside peut-être dans ce fait. Les humanistes sont, comme les intellectuels de l'école de Chartres au XIIe siècle, des nains sur les épaules de géants, la modestie en moins. Contrairement à leurs prédécesseurs, ils renient leur héritage. Ils se présentent comme de purs novateurs, des créateurs en rupture totale avec la culture scolastique.

Or il n'y a pas rupture, mais transmission et transition. Vers 1500, l'Eurasie est un ensemble géopolitique plus divisé que jamais. A l'est, les Ottomans, qui sont maintenant établis jusqu'au Danube et font peser une menace redoutable sur une Europe chrétienne désormais partagée en royaumes nationaux et rivaux. L'Eglise est plus riche et plus contestée que jamais. Si la masse des fidèles est toujours aussi croyante, les intellectuels commencent à prendre leurs distances et à le faire savoir grâce à l'imprimerie. Les débats tendent à sortir des universités et des académies pour toucher un peuple urbain qui élargit ses horizons, tandis que les campagnes subissent. L'économie repart doucement et de façon inégale, stimulée par l'usage désormais sans complexe de l'argent et la recherche du profit. Les personnages les plus emblématiques de l'âge nouveau sont peut-être Machiavel et Jacob Fugger, donc le réalisme politique et la banque.

Luther est le troisième homme, mais lui regarde vers le passé, il rêve des temps apostoliques.

Les cadres, les valeurs traditionnelles et les certitudes du Moyen Age se fissurent sous la pression des nouvelles aspirations. Les tenants de l'ancien ordre des choses tentent de colmater les brèches : les nobles s'accrochent à leurs seigneuries, que convoitent les bourgeois en pleine ascension ; les patrons bloquent l'accès à la maîtrise ; les paysans se rebellent contre les taxes nouvelles et la clôture des communaux ; l'Index tente d'étouffer l'impression et la diffusion des idées nouvelles. Mais on n'arrête pas la marche de l'histoire. De nouveaux conflits se préparent, avec des enjeux à la fois territoriaux, religieux, financiers. Ce qui est peut-être le plus révélateur du changement d'époque, c'est que ces conflits sont de plus en plus personnalisés : aux luttes entre le Sacerdoce et l'Empire, entre la chrétienté et l'islam, entre l'Eglise et l'hérésie succèdent les affrontements entre Jules II, Charles Quint, François Ier, Henri VIII, Luther, Soliman. Bien sûr, ces hommes incarnent des idées, et au Moyen Age, derrière les idées il y avait aussi des hommes. Mais désormais l'individu prime sur l'idée ; le Sacerdoce, c'était le pouvoir spirituel ; l'Empire, c'était le pouvoir temporel ; le Turc, c'était l'infidèle. Maintenant, le royaume de France, c'est François Ier, l'Empire, c'est Charles Quint, le Turc, c'est Soliman, la papauté, c'est Jules II ou Léon X. Nous passons du culte de l'idée au culte de la personnalité.

Cet aspect trop négligé par l'historiographie est le signe du passage du Moyen Age à la Renaissance. Brutalement apparaît le « grand homme » : génies littéraires, génies artistiques, explorateurs, découvreurs, conquérants, condottiere, conquistadores, souverains, papes, réformateurs font de la Renaissance une des périodes les plus riches en héros de toute l'histoire. De Botticelli à Léonard de Vinci, de Vasco de Gama à Christophe

Colomb, de Cortés à Pizarre, d'Erasme à Luther, de Laurent le Magnifique à Charles Quint et tant d'autres, les grands hommes se bousculent.

Face à la force nivelante de l'égalitarisme chrétien, l'individu revendique sa place, son autonomie. Le mérite personnel et le destin exceptionnel sont exaltés. L'homme, sommet de la création, a été fait libre et est appelé à prendre en main sa destinée : « A lui seul est accordé le pouvoir de posséder ce qui lui plaît, d'être ce qui lui semble bon », écrit Pic de La Mirandole en 1486. C'est à chacun de bâtir sa vie sans tenir compte des cadres traditionnels. L'époque admire l'homme nouveau, celui qui se fait seul, car, dit l'humaniste florentin Palmieri, « celui qui se glorifie des exploits de ses ancêtres s'enlève à lui-même mérite et honneur. S'il veut mériter l'honneur, qu'il donne exemple de soi, et non des autres ».

L'homme médiéval s'efface derrière l'idéal qu'il défend ; l'homme de la Renaissance devient lui-même cet idéal : le héros, le prince, le génie. Poussé par la *virtù*, ce mélange d'audace, de volonté, d'intelligence, de maîtrise de soi, il recherche la gloire, la renommée, dont il fait même une déesse : Lorenzo Costa la représente en 1490 à Bologne sur un char tiré par des éléphants, entourée par des hommes illustres. Elle triomphe même de la mort : Andrea Riccio la place sur le tombeau de Marc Antoine della Torre, proclamant l'immortalité des hommes de lettres ; devant ce spectacle, le squelette en laisse tomber sa faux. L'art funéraire participe pleinement à l'affirmation de l'immortalité des grands hommes. Les tombeaux deviennent de véritables monuments, avec des inscriptions funéraires bavardes et grandiloquentes : que l'on songe à ceux des Médicis, de Jules II, de Maximilien, de Louis XII et Anne de Bretagne, qui contrastent avec la simplicité des gisants médiévaux. Gloire terrestre et immortalité céleste sont liées : « Par des actions d'éclat on va au ciel », peut-on lire dans le cabinet du duc d'Urbin. Pour le dominicain Gianbattista, « l'homme doit tout tenter dans le monde pour obtenir l'honneur, la gloire, la renommée qui le rendent digne du ciel et l'amènent aussi à goûter la paix éternelle », et pour Conversano, « la plus grande félicité est d'être célèbre et honoré dans ce monde, et de jouir ensuite dans l'autre de la béatitude éternelle ».

L'exaltation de l'ego atteint des proportions inimaginables, chez les artistes comme chez les princes, la gloire des uns rejaillissant sur les autres : aux portraits anonymes de Louis XI ou Charles VIII succèdent les images impressionnantes de François Ier par Jean Clouet, et en Angleterre, quel contraste entre l'humble portrait d'Henri VII par un inconnu et l'imposante série des Henri VIII par Hans Holbein ! Après les saints sans visage du Moyen Age, les portraits personnalisés des princes en majesté, peintures, médailles, gravures, statues, diffusent les traits du grand homme.

Celui-ci est exalté par les humanistes. La *virtù* permet d'atteindre la *fama*, cette « gloire presque éternelle qui prolonge splendidement la vie après la mort », écrit Castiglione. Pour atteindre cette gloire, tous les moyens sont bons, et Machiavel accuse le christianisme médiéval, qui exalte l'humilité, d'avoir étouffé l'éclosion des grands hommes : « Notre religion place le bonheur suprême dans l'humilité, l'abjection, le mépris des choses humaines. » Cela est en train de changer. Déjà, Cosme de Médicis disait qu'« on ne dirige pas l'Etat avec le rosaire entre les doigts », sauf pour donner le change et prendre la pause.

Le Moyen Age disparaît dans les mentalités avant de disparaître dans les institutions, toujours plus résistantes et qui ne cèdent qu'à l'état de fossiles. Le passage du Moyen Age à la Renaissance a d'abord consisté à porter un nouveau regard sur le monde ; c'est la première étape d'un désenchantement chez des hommes qui commencent à entrevoir que les cieux sont plus éloignés qu'on ne le pensait, et que peut-être même ils sont vides. Vouloir briller sur terre est une ambition finalement plus modeste qu'aspirer à la gloire éternelle.

Le Moyen Age ne fut pas un âge d'or, qui n'existera jamais. Il fut l'âge d'une relative innocence, qui a su tirer le maximum des connaissances et des moyens matériels très limités dont il disposait, en combinant une foi authentique et une raison intransigeante. Il fut d'abord un état d'esprit, reposant sur la confiance en une synthèse de la foi et de la raison. Lorsque les nominalistes, à partir du XIVe siècle, démontrèrent que cette synthèse était illusoire, l'état d'esprit médiéval était voué à disparaître.

CHRONOLOGIES

Vie politique et militaire

395	Mort de Théodose et partage de l'Empire romain

400

410	Prise de Rome par Alaric
435	Royaume vandale en Afrique
453	Mort d'Attila
455	Prise de Rome par les Vandales
476	Fin de l'empire romain d'Occident
481-511	Règne de Clovis
493	Royaume ostrogoth en Italie (Théodoric)

500

525-568	Règne de Justinien
568-572	Installation des Lombards en Italie
582-604	Règne de Maurice, empereur byzantin

600

623-639	Règne de Dagobert
634-642	Conquête arabe de l'Irak, de la Syrie, de l'Egypte
661	Assassinat du calife Ali
670-686	Raids arabes au Maghreb

700

711	Les Arabes envahissent l'Espagne. Chute de la monarchie wisigothique
717-718	Echec du siège de Constantinople par les Arabes
732	Charles Martel bat les Arabes à Poitiers
739	Les Arabes atteignent Samarkand
751	Pépin le Bref couronné roi des Francs
755	Création des Etats pontificaux (domaine de Saint-Pierre) par Pépin le Bref
756	Massacre des Omeyyades et avènement des Abbassides
768	Début du règne de Charlemagne
783-805	Conquête de la Saxe par Charlemagne
786-809	Haroun al-Rachid calife de Bagdad
793	Premiers raids vikings en Angleterre
797	Irène, basileus

800

800	Couronnement impérial de Charlemagne à Rome
814	Mort de Charlemagne
814-840	Règne de Louis le Pieux
842	Serment de Strasbourg
843	Traité de Verdun
852	Début de la *Reconquista*
871-899	Alfred le Grand, roi de Wessex
886-912	Léon VI, empereur byzantin
898	Début des raids hongrois

900

902	La Sicile entièrement musulmane
921	Les Fatimides maîtres du Maghreb
936	Otton Ier roi de Germanie

945	Les Bouyides à Bagdad
955	Victoire d'Otton sur les Hongrois au Lechfeld
962	Otton Ier couronné empereur du Saint Empire romain germanique
969	Les Fatimides en Egypte. Fondation du Caire
976-1025	Règne de Basile II, « Bulgaroctone »
987	Avènement d'Hugues Capet

1000

1001	Saint Etienne, roi de Hongrie
1014-1035	Knut le Grand, roi de Danemark, Norvège et Angleterre
1031	Fin du califat omeyyade de Cordoue
1042-1066	Règne d'Edouard le Confesseur
1055-1057	Les Turcs seldjoukides à Bagdad et en Syrie
1066	Bataille d'Hastings : Guillaume le Conquérant duc de Normandie et roi d'Angleterre
1071	Les Byzantins chassés d'Italie par les Normands
	Victoire des Turcs sur les Byzantins à Manzikert
1077	Humiliation de l'empereur Henri IV par le pape Grégoire VII à Canossa
1085	Alphonse VI de Castille s'empare de Tolède
1095	Urbain II prêche la croisade à Clermont
1096-1099	Première croisade

1100

1101	Roger II, roi de Sicile
1122	Concordat de Worms
1148	Echec de la deuxième croisade (Louis VII)
1152-1190	Règne de l'empereur Frédéric Ier Barberousse
1154-1189	Règne d'Henri II Plantagenêt
1180-1223	Règne de Philippe Auguste
1187	Saladin reprend Jérusalem

1189-1199	Règne de Richard Cœur de Lion
1189-1193	Echec de la troisième croisade
1199-1216	Règne de Jean sans Terre

1200

1204	Quatrième croisade. Prise de Constantinople par les Latins
1204-1212	Reconquête de la Normandie par Philippe Auguste
1212	Victoire chrétienne de Las Navas de Tolosa *(Reconquista)*
1214	Bouvines
1215	La Grande Charte
1216-1272	Règne d'Henri III en Angleterre
1220-1250	Règne de l'empereur Frédéric II Hohenstaufen
1226-1270	Règne de Saint Louis (Louis IX)
1227	Mort de Gengis Khan
1229	Frédéric II obtient la restitution de Jérusalem
1242	Victoire d'Alexandre Nevski sur les chevaliers Teutoniques
1248-1254	Echec de la septième croisade en Egypte (Saint Louis)
1252-1284	Règne d'Alphonse X le Sage en Castille
1259	Traité de Paris
1261	Les Grecs reprennent Byzance sur les Latins
1266	Charles d'Anjou maître du royaume de Naples
1272-1307	Règne d'Edouard Ier en Angleterre
1285-1314	Règne de Philippe IV le Bel
1291	Chute de Saint-Jean-d'Acre

1300

1311	Dissolution de l'ordre des Templiers
1327-1377	Règne d'Edouard III en Angleterre
1328	Fin des Capétiens directs

1337	Début de la guerre de Cent Ans
1346	Crécy
1354	Les Turcs prennent pied en Europe : le sultan Orhan à Gallipoli
1356	Bataille de Poitiers. Jean le Bon prisonnier Bulle d'or de l'empereur Charles IV
1360	Traité de Brétigny
1364-1380	Règne de Charles V. Reconquête de la France par Du Guesclin
1367	Victoire du Prince Noir à Najera
1399	Déposition de Richard II et prise de pouvoir par Henri IV Lancastre

1400

1402	Défaite turque à Ankara devant les Mongols de Tamerlan
1407	Début de la guerre civile entre Armagnacs et Bourguignons
1410	Défaite des chevaliers Teutoniques à Tannenberg
1415	Azincourt
1419-1436	Guerres hussites
1420	Traité de Troyes : Henri V roi de France et d'Angleterre
1429	Charles VII couronné à Reims
1453	Prise de Constantinople par les Turcs Bataille de Castillon : fin de la guerre de Cent Ans
1455-1485	Guerre des Deux-Roses
1461-1483	Règne de Louis XI
1469-1492	Laurent le Magnifique
1475	Traité de Picquigny
1477	Mort de Charles le Téméraire
1483-1498	Règne de Charles VIII. Début des guerres d'Italie

1485	Bataille de Bosworth. Mort de Richard III. Henri VII Tudor roi d'Angleterre
1492	Découverte de l'Amérique par Christophe Colomb
	Prise de Grenade par Ferdinand d'Aragon
	Mort de Laurent le Magnifique
1494	Traité de Tordesillas
1499	Vasco de Gama atteint les Indes

Faits économiques, sociaux et culturels

391	Interdiction des cultes païens

400

428	Code Théodosien
430	Mort de saint Augustin
451	Concile de Chalcédoine : interdiction du monophysisme

500

506	Bréviaire d'Alaric
524	Exécution de Boèce
529-533	Code Justinien
536	Construction de Sainte-Sophie
537	Règle de saint Benoît
568-559	La grande peste
583	Mort de Cassiodore
590-604	Grégoire le Grand

600

622	L'Hégire
632	Mort de Mahomet
636	Mort d'Isidore de Séville
673-735	Bède le Vénérable

700

726	Premiers édits iconoclastes
762	Fondation de Bagdad
781	Alcuin à la cour de Charlemagne

800

864	Fondation de Kiev
865	Missions de Cyrille et de Méthode
891	Mort de Photios

900

910	Fondation de Cluny
923	Mort de Rhazès
931-964	Période de la « pornocratie pontificale »
950	Mort d'Al-Farabi
990	Concile de paix de Charroux
999-1003	Pontificat de Sylvestre II (Gerbert d'Aurillac)

1000

1010	Début de l'école de médecine de Salerne
1030	Adalbéron de Laon formule la théorie sociale des trois ordres
1033-1035	Série de famines
1037	Mort d'Avicenne
1054	Schisme entre l'Eglise romaine et l'Eglise orthodoxe
1063-1071	Construction de Saint-Marc de Venise
1073-1085	Pontificat de Grégoire VII : début de la réforme grégorienne
1078	Le *Monologion* et le *Prologion* de saint Anselme
1084	Fondation de la Grande Chartreuse par saint Bruno

1086	Le *Domesday Book*
1096	Fondation de Fontevraud par Robert d'Arbrissel
1098	Fondation de Cîteaux par Robert de Molesmes

1100

1100-1125	Mouvement communal dans le nord de la France
1115-1153	Saint Bernard, abbé de Clairvaux
1119	Fondation de l'ordre du Temple
1120	Le *Sic et Non* d'Abélard
1122-1156	Pierre le Vénérable, abbé de Cluny
1125-1150	Traduction d'arabe en latin des textes antiques
1132-1144	Reconstruction de Saint-Denis par Suger
1140	Condamnation d'Abélard *Décret* de Gratien
1143-1155	Prise de pouvoir d'Arnaud de Brescia à Rome
1152	*Sentences* de Pierre Lombard
1159-1181	Pontificat d'Alexandre III
1160-1180	Chrétien de Troyes
1171	Meurtre de Thomas Becket
1184	Institution de l'Inquisition épiscopale
1198	Mort d'Averroès
1198-1216	Pontificat d'Innocent III

1200

1202	Frappe du matapan ou gros d'argent à Venise
1210-1218	Croisade des Albigeois
1215	Quatrième concile du Latran. Université de Paris
1216	Ordre des Dominicains
1223	Ordre des Franciscains
1224-1235	Robert Grosseteste, chancelier de l'université d'Oxford

1252	Frappe du florin à Florence et de génois d'or à Gênes
1252-1259	Thomas d'Aquin enseigne à Paris. La *Somme théologique*
1260-1266	Voyage des Polo en Asie
1266	Frappe de l'écu d'or en France *Opera magna* de Roger Bacon
1280-1285	Révoltes urbaines
1294-1296	Mutations monétaires de Philippe le Bel

1300

1302	Bulle *Unam Sanctam*
1303	Attentat d'Anagni contre Boniface VIII
1309	Le pape Clément V s'installe à Avignon
1315	Grande famine en Europe
1321	Mort de Dante
1343-1345	Faillites bancaires à Florence
1348	La Peste noire
1349	Mort de Guillaume d'Occam. Succès du nominalisme
1378	Début du Grand Schisme d'Occident
1378-1382	Révoltes populaires (Ciompi de Florence, Travailleurs anglais, Maillotins de Paris)
1394	Fondation de la banque Médicis à Florence

1400

1414-1418	Concile de Constance. Fin du Grand Schisme
1430-1433	Concile de Bâle. Crise conciliaire
1437-1439	Concile de Ferrare-Florence. Tentative pour mettre fin au schisme grec
1455	L'imprimerie. Bible de Gutenberg
1492	Election du pape Alexandre VI Borgia

CARTES

L'EUROPE VERS 485

L'EUROPE VERS 800

Légende
Empire de Charlemagne et ses marches
Monde musulman
Empire byzantin

SCANDINAVIE
ROYAUME DU DANEMARK
ROYAUMES ANGLO-SAXONS
CELTES
BRETAGNE
ESTONIE
SLAVES
KHAZARS
AVARS
BULGARES
SLAVES
EMPIRE CAROLINGIEN
Aix-la-Chapelle
SAXE
BAVIÈRE
EMPIRE BYZANTIN
Constantinople
Antioche
Baghdad
Jérusalem
CHYPRE
CRÈTE
DUCHÉ DE BÉNÉVENT
Rome
SICILE
SARDAIGNE
ROYAUME DES ASTURIES
ÉMIRAT DE CORDOUE
Cordoue
CALIFAT DES ABBASSIDES

L'EUROPE VERS 1100

- Pays musulman
- États latins d'Orient
- Empire byzantin

IRLANDE
ROYAUME D'ÉCOSSE
ROYAUME D'ANGLETERRE
Londres
ROYAUME DE NORVÈGE
ROYAUME DE SUÈDE
ROYAUME DU DANEMARK
ESTONIE
LITUANIE
SLAVES
POMÉRANIE
ROYAUME DE POLOGNE
ROYAUME DE HONGRIE
Paris
ROYAUME DE FRANCE
SAINT EMPIRE ROMAIN GERMANIQUE
Venise
SERBIE
CROATIE
BULGARIE
Byzance
Trébizonde
PETITE ARMÉNIE
COMTÉ D'ÉDESSE
Bagdad
ROYAUME DE NAVARRE
ROYAUME D'ARAGON
COMTÉ DE BARCELONE
Gênes
Rome
ROYAUME NORMAND DE SICILE
EMPIRE BYZANTIN
CRÈTE
CHYPRE
TURCS SELDJOUKIDES
PRINCIPAUTÉ D'ANTIOCHE
COMTÉ DE TRIPOLI
ROYAUME DE JÉRUSALEM
Jérusalem
Le Caire
FATIMIDES
ROYAUME DE LÉON ET CASTILLE
Tolède
ALMORAVIDES
Cordoue
ALMORAVIDES

0 500 1 000 km

L'EUROPE VERS 1200

L'EUROPE VERS 1500

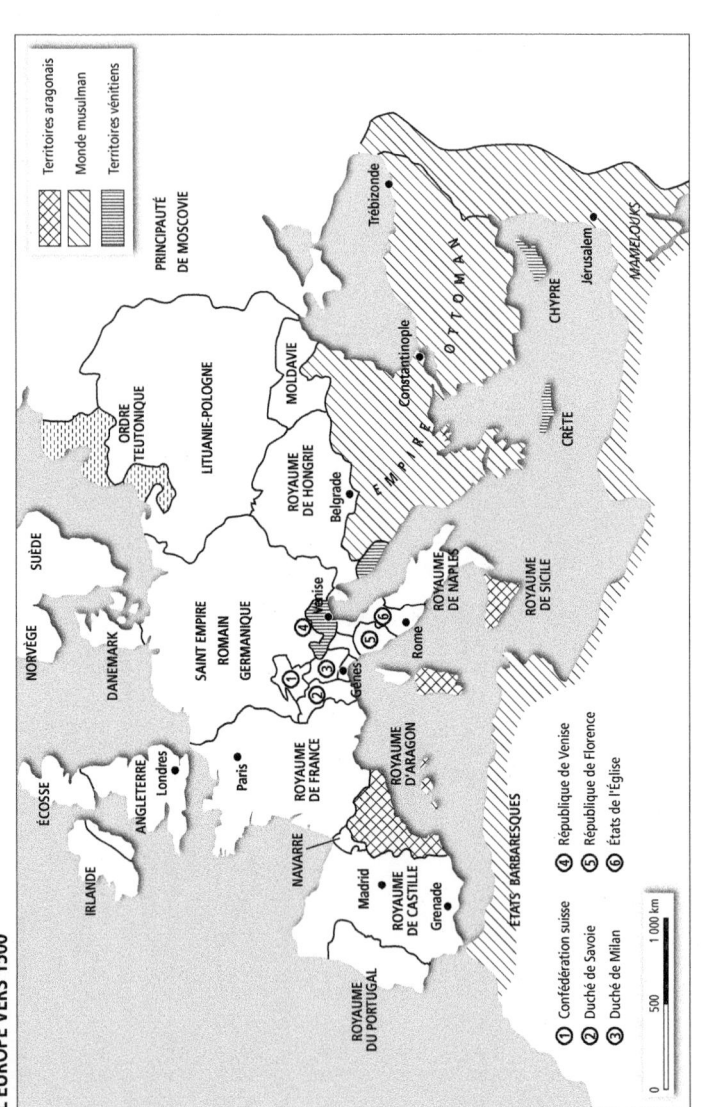

Bibliographie sommaire

Entreprendre une bibliographie de l'histoire du Moyen Age est une entreprise dérisoire : la liste des travaux comprendrait des dizaines, voire des centaines de milliers de titres dans plus de vingt langues, et elle s'allonge chaque jour. La bibliographie qui suit, limitée à environ 250 titres, excluant biographies et articles, est donc purement symbolique et se contente de rappeler une poignée d'ouvrages qui ont fait date et qui peuvent chacun servir de base à des recherches plus approfondies. Nous les avons répartis en cinq groupes qui reprennent le plan de notre travail :

A. Ouvrages portant sur l'ensemble du Moyen Age et sur l'Europe entière
B. Ouvrages portant sur l'ensemble du Moyen Age par pays
C. Ouvrages sur les Ve-Xe siècles
D. Ouvrages sur les XIe-XIIIe siècles
E. Ouvrages sur les XIVe-XVe siècles

A. L'Europe au Moyen Age

Aurell M., *La Noblesse en Occident au Moyen Age*, Paris, 1996.

Balard M., Genet J.-P., Rouche M., *Le Moyen Age en Occident*, Paris, 2011.

Barrucand M., Caillet J.-P., Jolivet-Lévy C., Joubert F., *L'Art du Moyen Age*, Paris, 1995.

Baschet J., *La Civilisation féodale*, Paris, 2004.

Bloch M., *La Société féodale*, nlle éd., Paris 1994.

Boglioni P., Delort R., Gauvard C., *Le Petit Peuple dans l'Occident médiéval*, Paris, 2003.

Cambridge Medieval History (The new), Cambridge University Press, 8 vol. I : *The Christian Roman Empire and the Foundation of the Teutonic Kingdoms,* 2005 ; II : *The Rise of the Saracens and the Foundation of the Western Empire*, 1995 ; III : *Germany and the Western Empire*, 2000 ; IV : *The Byzantine Empire,* 2004 ; V : *The Contest of Empire and Papacy*, 1999 ; VI : *The Victory of the Papacy*, 2000 ; VII : *The Decline of Empire and Papacy*, 1998 ; VIII : *The Close of the Middle Ages*, 2010.

Chelini J., *Histoire religieuse de l'Occident médiéval*, Paris, 1965.

Contamine P., *L'Economie médiévale*, Paris, 1993.

Contamine P., *La Guerre au Moyen Age*, Paris, 1980.

Cuvillier J.-P., *Histoire de l'Europe occidentale au Moyen Age*, Paris, 1998.

Day J., *Monnaies et marchés au Moyen Age*, Paris, 1994.

Dictionary of the Middle Ages (Joseph R. Strayer éd.), 12 vol., New York, 1982-1989 (8 000 pages, 112 000 personnages, et un volume de supplément en 2003).

Duby G., *L'Economie rurale et la vie des campagnes dans l'Occident médiéval*, 2 vol., Paris, 1962.

Dutour T., *La Ville médiévale*, Paris, 2003.

Feller L., *Paysans et seigneurs, VIIIe-XVe siècle*, Paris, 2007.

Fossier R., *Ces gens du Moyen Age*, Paris, 2007.

Fossier R. (dir.), *Le Moyen Age*, 3 vol., Paris 1982 (I : *Les mondes nouveaux, 350-950* ; II : *L'éveil de l'Europe, 950-1250* ; III : *Le temps des crises, 1250-1520*).

Fossier R., *Le Travail au Moyen Age*, Paris, 2000.

Fossier R., *Histoire sociale de l'Occident médiéval*, Paris, 1970.

Fournial E., *Histoire monétaire de l'Occident médiéval*, Paris, 1970.

Gally M., Marcello-Nizia C., *Littératures de l'Occident médiéval*, Paris, 1985.

Gauvard C, Libéra A. de, Zink M., *Dictionnaire du Moyen Age*, Paris, 2002.

Genet J.-P., *La Mutation de l'éducation et de la culture médiévales*, 2 vol., Paris, 1999.

Genet J.-P., *Le Monde au Moyen Age*, Paris, 1991.

Guénée B., *Histoire et culture historique dans l'Occident médiéval*, Paris, 1980.

Heck C., *Moyen Age : chrétienté et islam*, Paris, 1996.

Heers J., *La Ville au Moyen Age en Occident*, Paris, 1990.

Helvétius A.-M., Matz J.-M., *Eglise et société au Moyen Age, V^e-XVe siècle*, Paris, 2008.

Heyd W., *Histoire du commerce du Levant au Moyen Age*, 2 vol., rééd., Amsterdam, 1967.

Jones P., *The Italian City-State*, Oxford, 1997.

Kretzmann N., Kenny A., Pinbory J., *The Cambridge History of Medieval Philosophy*, Cambridge, 1982.

Le Goff J., Schmitt J.-C., *Dictionnaire raisonné de l'Occident médiéval*, Paris, 1999.

Le Goff J., *La Civilisation de l'Occident médiéval*, nlle éd., Paris, 1997.

Le Goff J., *La Naissance du purgatoire*, Paris, 1981.

Le Goff J., *Les Intellectuels au Moyen Age*, Paris, nlle éd., 1985.

Le Goff J., *Un autre Moyen Age*, Paris, 2000.

Lexikon des Mittelalters, publié par fascicules depuis 1980, Munich.

Libera A. de, *La Philosophie médiévale*, Paris, 1993.

Lobrichon G., *La Religion des laïcs au Moyen Age*, Paris, 1994.

Manselli R., *La Religion populaire au Moyen Age*, Montréal-Paris, 1975.

Martin H., *Mentalités médiévales*, 2 vol., Paris, 1998 et 2001.

Mollat M., *Les Pauvres au Moyen Age*, Paris, 1978.

Morsel J., *L'Aristocratie médiévale. La domination sociale en Occident, V^e-XVe siècle*, Paris, 2004.

Rigaudière A., *L'Impôt au Moyen Age*, 3 vol., Paris, 2002.

Roux S., *Le Monde des villes au Moyen Age*, 2e éd., Paris, 2004.

Vauchez A. (dir.), *Dictionnaire encyclopédique du Moyen Age*, 2 vol., 1997.

Vauchez A., *La Spiritualité du Moyen Age occidental*, Paris, rééd., 1994.

Verger J., *Les Universités au Moyen Age*, Paris, 1973.

Werner K. F., *Naissance de la noblesse*, Paris, 1998.

B. Le Moyen Age par pays

1. Allemagne

Dollinger P., *La Hanse, XIIe-XVIIe siècle*, Paris, 2e éd., 1989.

Folz R., *L'Idée d'empire en Occident du Ve au XVe siècle*, Paris, 1953.

Parisse M., *Allemagne et Empire au Moyen Age*, Paris, 2002.

Propyläen Geschichte Deutschlands, 3 vol., Berlin, 1984-1994.

Rapp F., *Le Saint Empire romain germanique d'Otton le Grand à Charles Quint*, Paris, 2000.

Robin T., *L'Allemagne médiévale, histoire, culture, société*, Paris, 1998.

2. Angleterre

Cassagnes-Brouquet S., *Histoire de l'Angleterre médiévale*, Paris, 2000.

Genet J.-P., *Les Îles Britanniques au Moyen Age*, Paris, 2005.

Goldberg P. J. P., *Medieval England. A Social History*, Londres, 2004.

Lloyd T. H., *The English Wool Trade in the Middle Ages*, Cambridge, 1977.

The New Oxford History of England : Bartlett R., *England under the Norman and Angevin Kings, 1075-1225*, 2000 ; Prestwick M., *Plantagenet England, 1225-1360*, 2007 ; Harriss G., *Shaping the Nation, 1360-1461*, 2005.

3. Byzance

Bréhier L., *Le Monde byzantin*, Paris, 3 vol. : *Vie et mort de Byzance*, rééd. 1969, *Les Institutions de l'Empire byzantin*, rééd. 1970, *La Civilisation byzantine*, rééd. 1970.

Ducellier A., *Le Drame de Byzance. Idéal et échec d'une société chrétienne*, Paris, 1976.

Guillou P., *La Civilisation byzantine*, Paris, 1975.

Ostrogorsky G., *Histoire de l'Etat byzantin*, Paris, rééd. 1970.

Runciman S., *The Fall of Constantinople*, Cambridge, 1965.

4. Espagne

Dominguez Ortiz A., *Historia de Espana*, vol. II, III, IV, Barcelone, 1988-1989.

Gerbet M.-C., *L'Espagne au Moyen Age, VIIIe-XVe siècle*, Paris, 1992.

Leroy B., *L'Espagne au Moyen Age*, Paris, 1988.

Mazzoli-Guintard C., *Villes d'Al-Andalous. L'Espagne et le Portugal à l'époque musulmane (VIIIe-XVe siècle)*, université de Rennes 2, 1996.

Menjot D., *Les Espagnes médiévales, 409-1474*, Paris, 2001.

Rucquoi A., *Histoire médiévale de la péninsule Ibérique*, Paris, 1993.

Rucquoi A., *L'Espagne médiévale*, Paris, 2002.

5. France

Duby G. (dir.), *Histoire de la France urbaine*, t. 2 : *La ville médiévale*, Paris, 1980.

Gauvard C., *La France au Moyen Age du Ve au XVe siècle*, Paris, 1996.

Guillot O., Rigaudière A., Sassier Y., *Pouvoirs et institutions dans la France médiévale*, 2 vol., Paris, 1994.

Lemarignier J.-F., *La France médiévale*, Paris, 2000.

Lot F. et Fawtier R., *Histoire des institutions françaises au Moyen Age*, Paris, 3 vol. : I : *Institutions seigneuriales*, 1960, II : *Institutions royales*, 1958, III : *Institutions ecclésiastiques*, 1962.

Nouvelle Histoire de la France médiévale, Paris, 5 vol., 1990. I : Lebecq, *Les Origines franques, V^e-XIe siècle* ; II : Theis L., *L'Héritage des Charles. De la mort de Charlemagne aux environs de l'an mil* ; III : Barthélemy D., *L'Ordre seigneurial (XIe-XIIe siècle)* ; IV : Bourin-Derruau M., *Temps d'équilibre, temps de ruptures (XIIIe siècle)* ; V : Demurger A., *Temps de crises, temps d'espoirs (XIVe-XVe siècle)*.

Rouche M., *Histoire générale de l'enseignement et de l'éducation en France*, t. I, *Des origines à la Renaissance*, Paris, rééd. 2003.

Theis L., *Chronologie commentée du Moyen Age français*, Paris, 1992.

6. Italie

Delort R. et Braunstein P., *Venise, portrait historique d'une cité*, Paris, 1971.

Epstein S. A., *Genoa and the Genoese, 958-1528*, 1996.

Fasoli G. et Bocchi F., *La Città medievale italiana*, Florence, 1973.

Galasso G., *Storia d'Italia*, vol. I-VII, Turin, 1978-1992.

Heullant-Donat I. et Delumeau J.-P., *L'Italie au Moyen Age*, Paris, 2000.

Renouard Y., *Les Hommes d'affaires italiens du Moyen Age*, Paris, 1968.

Storia della società italiana, vol. V-VIII, Milan, 1982-1988.

Vauchez A., *Rome au Moyen Age*, Paris, 2010.

7. Le monde musulman

Berge M., *Les Arabes. Histoire et civilisation des Arabes et du monde musulman des origines à la chute du royaume de Grenade*, Paris, 1978.

Cahen C., *L'Islam des origines à l'Empire ottoman*, Paris, 1970.

Cahen C., *Introduction à l'histoire du monde musulman médiéval (VIIe-XVe siècle)*, Paris, 1982.

Ducelier A., Kaplan M., Martin B., *Le Proche-Orient médiéval*, Paris, 1978.

Irvin R., *The Middle East in the Middle Ages. The Early Mameluk Sultanate*, Londres, 1986.

Levi-Provençale E., *Histoire de l'Espagne musulmane*, 3 vol., Paris, 1960-1967.

Lewis B., *Les Assassins. Terrorisme et politique de l'islam médiéval*, Paris, 1982.

Mantran R., *L'Expansion musulmane, VIIe-IXe siècle*, Paris, 1969.

Wittek P., *The Rise of the Ottoman Empire*, Londres, 1971.

8. Scandinavie

Musset L., *Les Peuples scandinaves au Moyen Age*, Paris, 1951.

C. Les Ve-Xe siècles

Bonnassie P., *Les Sociétés de l'an Mil : un monde entre deux Ages*, Bruxelles, 1999.

Bourin M., Parisse M., *L'Europe au siècle de l'an Mil*, Paris, 1999.

Bührer-Thierry et Mériaud C., *La France avant la France, 481-888*, Paris, 2010.

Chelini J., *L'Aube du Moyen Age*, Paris, 1991.

Campbell J., *Anglo-Saxon England*, Londres, 1986.

De Jaeghere, *Les Derniers Jours. La fin de l'empire romain d'Occident*, Paris, 2014.

Delort R. (dir.), *La France de l'an Mil*, Paris, 1990.

Devroey J.-P., *Economie rurale et société dans l'Europe franque (IVe-IXe siècle)*, 2 vol., Paris, 2003.

Doehaerd R., *Le Haut Moyen Age occidental, économies et sociétés*, Paris, 1971.

Ewig E., *Die Merovinger und das Frankenreich*, Munich, 2e éd., 1993.

Feller L., *Eglise et société en Occident, VIIe-XIe siècle*, Paris, 2004.

Fournier G., *Les Mérovingiens*, Paris, 4e éd., 1983.

Fournier G., *L'Occident, fin du Ve-fin du IXe siècle*, Paris, 1978.

Ganshof F. L., *The Carolingians and the Frankish Monarchy*, Londres, 1971.

Garcia Moreno L. A., *Historia de la Espana visigoda*, Madrid, 1989.

Halphen L., *Charlemagne et l'Empire carolingien*, Paris, rééd. 1968.

Lançon B., *Le Monde romain tardif, IVe-VIIe siècle*, Paris, 1992.

Loyn R. H., *The Governance, 500-1087*, Stanford University Press, 1984.

Mayeur J.-M., Pietri C. et L., Vauchez A., Venard M., *Histoire du christianisme*, t. IV : *Evêques, moines, empereurs (610-1054)*, Paris, 1993.

Minois G., *Charlemagne*, Paris, 2010.

Musset L., *Les Invasions, les vagues germaniques*, Paris, 2e éd., 1971.

Prinz F., *Von Konstantin zu Karl dem Grosse*, Düsseldorf, 2000.

Riché P., *Les Carolingiens*, Paris, 1982.

Rouche M., *Le Haut Moyen Age (VIIIe-XIe siècle)*, Paris, 1976.

Sassier Y., *Royauté et idéologie au Moyen Age (Bas Empire, monde franc, France), IVe-XIIe siècle*, Paris, 2002.

Sawyer, *Les Vikings*, Paris, 1965.

Toubert P., *L'Europe dans sa première croissance*, Paris, 2004.

Wickham C., *Italy in the Early Middle Ages*, Londres, 1981.

Wickham C., *Framing the Early Middle Ages*, Oxford, 2005.

Wolff P., *L'Eveil intellectuel de l'Europe*, Paris, 1971.

D. Les XIe-XIIIe siècles

Alphandéry P. et Dupront A., *La Chrétienté et l'idée de croisade*, Paris, rééd. 1995.

Balard M., *Croisades et Orient latin*, Paris, 2001.

Balard M. (éd.), *Les Latins en Orient*, Paris, 2006.

Baldwin J., *Paris en 1200*, Paris, 2006.

Barthélemy D., *La Chevalerie*, Paris, 2007.

Bériou N., *L'Avènement des maîtres de la parole. La prédication à Paris au XIIIe siècle*, Paris, 1998.

Bloch M., *La France sous les derniers Capétiens (1223-1328)*, Paris, rééd. 1964.

Brodero A., *Cluny et Cîteaux au XIIe siècle*, Lille, 1983.

Chauou A., *L'Idéologie Plantagenêt. Royauté arthurienne et monarchie politique dans l'espace Plantagenêt (XIIe-XIIIe siècle)*, Rennes, 2001.

Chauvin M., *Les Capétiens, histoire et dictionnaire, 987-1328*, Paris, 1999.

Chenu M.-D., *La Théologie comme science au XIIIe siècle*, Paris, 1957.

Chenu M.-D., *Saint Thomas d'Aquin et la théologie*, Paris, 1960.

Crozet R., *L'Art roman*, Paris, 1981.

Demurger A., *La Croisade. Idées et pratiques*, Paris, 1999.

Demurger A., *Les Templiers. Une chevalerie chrétienne au Moyen Age*, Paris, 2005.

Demurger A., *Chevaliers du Christ. Les ordres religieux militaires au Moyen Age, XIe-XVIe siècle*, Paris, 2002.

Devailly G., *L'Occident du Xe au milieu du XIIIe siècle*, Paris, 1970.

Doumerc B., *Les Communes d'Italie, XIIe-XIVe siècle*, Toulouse, 2004.

Duby G., *Qu'est-ce que la société féodale ?*, Paris, 2002.

Duby G., *Les Trois Ordres ou l'imaginaire du féodalisme*, Paris, 1978.

Duby G., *L'Europe au Moyen Age. Art roman et art gothique*, Paris, 1981.

Durand R., *Musulmans et chrétiens en Méditerranée occidentale, Xe-XIIIe siècle. Contacts et échanges*, Rennes, 2001.

Favier J., *Les Plantagenêts. Origines et destin d'un empire*, Paris, 2004.

Favier J., *De l'or et des épices. Naissance de l'homme d'affaires au Moyen Age*, Paris, 1987.

Fliche A., *La Querelle des Investitures*, Paris, 1946.

Flori J., *Chevaliers et chevalerie au Moyen Age*, Paris, 1998.

Flori J., *Guerre sainte, croisade et jihad. Violence et religion dans le christianisme et l'islam*, Paris, 2002.

Flori J., *Croisade et chevalerie, XIe-XIIe siècle*, Paris-Bruxelles, 1998.

Génicot L., *Le XIIIe siècle européen*, Paris, 1968.

Gerbet M.-C., *Les Noblesses espagnoles au Moyen Age, XIe-XVe siècle*, Paris, 1994.

Gilli P., *Villes et sociétés urbaines en Italie, milieu XIIe-milieu XIIIe siècle*, Paris, 2005.

Gouguenheim S., *La Réforme grégorienne*, Paris, 2010.

Hérésies et sociétés dans l'Europe préindustrielle, XIe-XVIIe siècle, collectif, Paris, 1968.

Hubert E., *Rome aux XIIIe-XIVe siècles*, Rome, 1993.

Jolivet J., Verger J., *Bernard et Abélard ou le cloître et l'école*, Paris, 1982.

Lachaud F., *L'Ethique du pouvoir au Moyen Age. L'office dans la culture politique (Angleterre, vers 1150-vers 1330)*, Paris, 2010.

Laffont P.-Y., *Châteaux, pouvoir et peuplement du Haut Moyen Age au XIIIe siècle*, Rennes, 2009.

Lauwers M. (dir.), *Guerriers et moines. Conversion et sainteté aristocratique dans l'Occident médiéval*, Turnhout, 2002.

Libera A. de, *La Querelle des universaux*, Paris, 1996.

Lorcin M.-T., *La France au XIIIe siècle*, Paris, 1975.

Martin J.-M., *Italies normandes, XIe-XIIe siècle*, Paris, 1994.

Mazel F., *Féodalités (888-1180)*, Paris, 2010.

Menant F., *L'Italie des communes (1100-1350)*, Paris, 2005.

Marmursztejn E., *L'Autorité des maîtres. Scolastique, normes et société au XIIIe siècle*, Paris, 2007.

Neveux F., *L'Aventure des Normands, VIIIe-XIIIe siècle*, Paris, 2006.

Pacaut M., *L'Ordre de Cluny*, Paris, 1986.

Prawer J., *Histoire du royaume latin de Jérusalem*, 2 vol., Paris, 1969-1970.

Racine P., *Les Villes d'Italie du milieu du XIIe au milieu du XIVe siècle*, Paris, 2004.

Racine P., *L'Occident chrétien au XIIIe siècle : le Saint Empire et l'Italie*, Paris, 1994.

Renouard Y., *Les Villes d'Italie de la fin du Xe au début du XIVe siècle*, 2 vol., Paris, 1969.

Rossiaud J., *Amours vénales. La prostitution en Occident, X[e]-XVIe siècle*, Paris, 2010.

Roux S., *Le Monde des villes au Moyen Age, XIe-XVe siècle*, Paris, 1994.

Runciman S., *A History of the Crusades*, 3 vol., Cambridge, 1951-1954.

Salet F., *L'Art gothique*, Paris, 1963.

Setton, K. M., *A History of the Crusades*, 6 vol., University of Pennsylvania Press, 1951-1954.

Testas G. et J., *L'Inquisition*, Paris, 1966.

Vauchez A., *Histoire du christianisme*, t. V : *1054-1274*, Paris, 1993.

Verger J., *La Renaissance du XIIe siècle*, Paris, 1996.

Verger J., *Culture, enseignement et société en Occident aux XIIe et XIIIe siècles*, Rennes, 1999.

Vincent C., *Les Confréries dans le royaume de France, XIIIe-XVe siècle*, Paris, 1994.

Weihsheipl J. A., *Frère Thomas d'Aquin*, Paris, 1993.

E. Les XIVe et XVe siècles

Abel W., *Die Wüstungen des ausgehenden Mittelalters*, Stuttgart, 1955.

Ashtor E., *The Levant Trade in the Later Middle Ages*, Princeton, 1983.

Beresford M. W., *The Lost Villages of England*, New York, 1954.

Biraben J.-N., *Les Hommes et la peste*, 2 vol., Paris-La Haye, 1975-1976.

Black A., *Political Thought in Europe, 1250-1450*, Cambridge, 1992.

Bois G., *La Grande Dépression médiévale, XIVe et XVe siècles : le précédent d'une crise systémique*, Paris, 2000.

Bourin M., Cherubini G., Pinto G., *Rivolte urbane e rivolte contadine nell' Europa del Trecento. Un confronto*, Florence, 2008.

Bourreau A., *La Religion de l'Etat. La construction de la république étatique dans le discours théologique de l'Occident médiéval (1250-1350)*, Paris, 2006.

Bove B., *Le Temps de la guerre de Cent Ans, 1328-1453*, Paris, 2009.

Cassagnes S., *D'or et d'argent. Les artistes et leurs clients dans l'Europe du Nord (XIVe-XVe siècle)*, Rennes, 2001.

Chevalier B., *L'Occident de 1280 à 1492*, Paris, 1969.

Cohn S. K., *Lust for Liberty. The Politics of Social Revolt in Medieval Europe, 1200-1425*, Cambridge, Mass., 2008.

Crowder C. M. D., *Unity, Heresy and Reform, 1378-1460. The Conciliar Response to the Great Schism*, Londres, 1977.

Delaruelle E., Ourliac P., Labande R., *Le Grand Schisme d'Occident et la crise conciliaire*, 2 vol., Paris, 1982.

Dobson R. B., *The Peasants'Revolt of 1381*, Londres, 1970.

Febvre L., Martin H.-J., *L'Apparition du livre*, Paris, 1988.

Fourquin G., *Les Campagnes de la région parisienne à la fin du Moyen Age*, Paris, 1964.

Fourquin G., *Les Soulèvements populaires au Moyen Age*, Paris, 1972.

Gerbet M.-C., *Les Noblesses espagnoles au Moyen Age, XIVe-XVe siècle*, Paris, 1994.

Geremek B., *Les Marginaux parisiens aux XIVe et XVe siècles*, Paris, 1976.

Guénée B., *L'Occident aux XIVe et XVe siècles. Les Etats*, 5e éd., Paris, 1993.

Guillemain B., *Les Papes d'Avignon (1309-1376)*, Paris, 1998.

Heers J., *L'Occident aux XIVe et XVe siècles ; aspects économiques et sociaux*, Paris, 5e éd., 1990.

Heydenreich L .H., *Eclosion de la Renaissance, Italie, 1400-1460*, Paris, 1972.

Huizinga J., *L'Automne du Moyen Age*, trad. franç., rééd. 1987.

Jordan W. C., *The Great Famine : Northern Europe in the Early Fourteenth Century*, Princeton, 1997.

Keen H., *England in the Later Middle Ages*, Londres, 1973.

Krynen J., *L'Empire du roi. Idées et croyances politiques en France, XIIIe-XVe siècle*, Paris, 1993.

Leff G., *Heresy in the Later Middle Ages*, 2 vol., Manchester, 1967.

McFarlane K. B., *John Wycliffe and the Beginning of English Non-Conformity*, Londres, 1972.

Minois G., *La Guerre de Cent Ans*, Paris, 2008.

Mollat M., *Les Explorateurs du XIIIe au XVIe siècle*, Paris, 1984.

Mollat M., Wolff P., *Ongles bleus, Jacques et Ciompi. Les révolutions populaires en Europe aux XIVe et XVe siècles*, Paris, 1970.

Rapp F., *L'Eglise et la vie religieuse en Occident à la fin du Moyen Age*, Paris, nlle éd., 1999.

Recht R., *Le croire et le voir. L'art des cathédrales, XIIe-XVe siècle*, Paris, 1999.

Rucquoi A. (éd.), *Genèse médiévale de l'Etat moderne : la Castille et la Navarre (1250-1370)*, Valladolid, 1987.

Schnerb B., *Les Armagnacs et les Bourguignons*, Paris, 1988.

Sweezy P. M., *Du féodalisme au capitalisme : problèmes de la transition*, 2 vol., Paris, 1977.

Tenenti A., *L'Italie de la Renaissance. Un monde en mutation, 1378-1494*, Paris, 1990.

Vauchez A. (dir.), *Histoire du christianisme*, t. VI : *Un temps d'épreuves, 1274-1449*, Paris, 1990.

Verger J., *Les Gens de savoir en Europe à la fin du Moyen Age*, Paris, 1997.

Vogt P. de, *L'Hérésie de Jean Huss*, Louvain, 1960.

Wittner F., *L'Idéal chevaleresque face à la guerre. Fuite et déshonneur à la fin du Moyen Age*, Apt, 2008.

Ziegler P., *The Black Death*, Londres, 1971.

Complément bibliographique (2019)

Aurell M. et Sassier Y. (dir.), *Autour de Philippe Auguste*, Actes de la journée d'études du 23 septembre à l'ICES, Paris, Classiques Garnier, 2017.

Barthélemy D., *Nouvelle histoire des Capétiens*, Paris, Seuil, 2012.

Barthélemy D., *La Bataille de Bouvines, Histoire et légende*, Paris, Perrin, 2018.

Baschet J., *Corps et âmes : une histoire de la personne au Moyen Âge*, Paris, Flammarion, 2016.

Bates D., *William the Conqueror*, New Haven, Yale University Press, 2016.

Bériou N., *Religion et communication, Un autre regard sur la prédication au Moyen Âge*, Genève, Droz, 2018.

Bessey V. et Paravicini W., *Guerre et manifestes, Charles le Téméraire et ses ennemis, 1465-1475*, Paris, Mémoires de l'Académie des Inscriptions et Belles Lettres, 2018.

Blanchard J. (éd.), *Procès politiques au temps de Louis XI, Armagnac et Bourgogne*, Genève, Droz, 2016.

Chandelier J., Verna C., Weill-Parot N. (dir.), *Science et technique au Moyen Âge (XIIe-XVe siècle)*, Saint-Denis, Presses Universitaires de Vincennes, 2017.

Coulon D. et Gardat-Ouerfelli C. (dir.), *Le Voyage au Moyen Âge, Description du monde et quête individuelle*, Aix-en-Provence, Presses Universitaires de Provence, 2017.

Déroche V. et Vatin N., *Constantinople 1453, Des Byzantins aux Ottomans*, Toulouse, Anacharsis Editions, 2016.

Eco U., *Ecrits sur la pensée du Moyen Âge*, Paris, Grasset, 2016.

Guyot-Bachy I., *La Flandre et les Flamands au miroir des historiens du royaume, X^e-XVe siècle*, Villeneuve d'Ascq, Presses Universitaires du Septentrion, 2017.

Harang F., *La Torture au Moyen Âge. Parlement de Paris, XIVe-XVe siècle,* Paris, PUF, 2017.

Hoffman Berman C., *The White nuns, Cistercian Abbeys for Women in Medieval France*, Philadelphie, University of Pennsylvania Press, 2018.

Kerneis S. (dir.), *Une histoire juridique de l'Occident, Le droit et la coutume (IIIe-IXe siècle),* Paris, PUF, 2018.

Labbé T., *Les Catastrophes naturelles au Moyen Âge*, Paris, CNRS éditions, 2017.

Malbos L., *Les Ports des mers nordiques à l'époque Viking (VIIe-Xe siècle)*, Turnhout, Brepols, collection « Haut Moyen Âge », 2017.

Minois G., *Charles VII*, Paris, Perrin, 2005.

Minois G., *Philippe le Bel*, Paris, Perrin, 2014.

Minois G., *Charles le Téméraire*, Paris, Perrin, 2015.

Minois G., *Richard Cœur de Lion*, Paris, Perrin, 2017.

Minois G., *Blanche de Castille*, Paris, Perrin, 2018.

Moeglin J.-M. et Péquignot S., *Diplomatie et relations internationales au Moyen Âge (IVe-XVe siècle),* Paris, PUF, collection « Nouvelle Clio », 2017.

Musarra A., *In Partibus ultramaris. I Genovesi, la crociata e la Terrasanta (secc. XII-XIII)*, Rome, Istituto Storico Italiano per il Medio Evo, 2017.

Péquignot S. et Savy P. (dir.), *Annexer ? Les Déplacements de frontières à la fin du Moyen Âge*, Rennes, Presses Universitaires de Rennes, 2016.

Santamaria J.-B., *Le Secret du prince. Gouverner par le secret. France-Bourgogne (XIIIe-XVe siècle),* Cézeyrieu, Champ Vallon, 2018.

Schnapp J., *Prophètes de fin du monde et peur des Turcs au XVe siècle. Ottomans, Antéchrist, Apocalypse*, Paris, Classiques Garnier, 2017.

Vale M., *Henry V. The Conscience of a King*, New Haven et Londres, Yale University Press, 2016.

Wickham C., *Medieval Europe*, New Haven et Londres, Yale University Press, 2016.

INDEX

Abaka : 235.
Abbon de Fleury : 209, 211.
Abd er-Rahman Ier : 89, 164.
Abd er-Rahman II : 164.
Abd er-Rahman III : 165.
Abélard, Pierre : 348-349, 351-354, 663, 681.
Abou Bakr : 74, 109, 111, 113.
Abou Bakr al-Razi (Razhès) : 221.
Aboul Abbas : 126, 600.
Abou Mashar : 161.
Abou Muslim : 126.
Abou Talib : 107.
Absalon : 322.
Adalard : 192, 194.
Adalbéron, archevêque de Reims : 206, 217.
Adalbéron, évêque de Laon : 297, 378-381.
Adam, Guillaume d' : 529.
Adélaïde de Bourgogne : 207.
Adélard de Bath : 349-350.
Adrien II, pape : 140.

Adrien IV, pape : 264-265.
Aethelred, roi saxon : 312.
Aethelstan : 202.
Aétius, eunuque : 136.
Aetius, général : 44.
Agila, roi wisigoth : 63.
Agilulf, roi lombard : 70.
Agnès de Méran : 301.
Agobard : 192, 194.
Ahmad ibn Hanbal : 162.
Aïcha, femme de Mahomet : 109, 111.
Ailly, Pierre d' : 498, 510-511.
Aistulf, roi lombard : 91, 168-170.
Akakios : 49.
Al-Amin : 163.
Al-Badjr : 225.
Al-Ghazali : 230.
Al-Hakam II : 165.
Al-Kamil : 231.
Al-Khazin : 221.
Al-Khwarizmi : 161.
Al-Kindi : 162.
Al-Malik al-Salih : 232.

Al-Ma'moun : 152.
Al-Mansour : 19, 126, 152-153, 157-158, 165, 230.
Al-Mouqtadir : 164.
Al-Moustakfi : 164.
Al-Mou'tasim : 152, 158.
Al-Moutawakkil : 152, 163.
Al-Mouttaqi : 164.
Al-Qadir : 152, 164.
Al-Qahir : 164.
Al-Qa'im : 152.
Al-Razi : 161.
Al-Tidjani : 601.
Al-Wathiq : 152.
Alaric, roi des Wisigoths : 33, 40, 42-43, 50, 93, 655, 661.
Alaric II : 51, 54.
Albert II, empereur : 489.
Albert de Beham : 274.
Albert de Saxe : 514.
Albert le Grand : 345, 356, 359, 401, 423.
Albert l'Ours : 323.
Albinus : 51.
Alboïn : 70.
Albrecht : 469.
Alcuin : 177, 179, 191-192, 662.
Alexandre II, pape : 255, 334.
Alexandre III, pape : 264, 266-267, 300, 349, 363, 383, 663.
Alexandre IV, pape : 356.
Alexandre V, pape : 494.
Alexandre VI, pape : 498, 522, 573, 664.

Alexandre de Hales : 356, 375.
Alexandre Nevski : 324.
Alexis, patriarche : 149.
Alexis Ier Comnène, empereur : 243, 246, 336.
Alexis III, empereur : 245, 247.
Alexis IV Ange, empereur : 247.
Alexis V Doukas, empereur : 247.
Alfred le Grand : 190, 202, 656.
Ali, gendre de Mahomet : 107-108, 111-112, 126, 222, 655.
Aliénor d'Aquitaine : 299-300, 314-315.
Alphonse II : 327.
Alphonse III le Grand, roi des Asturies : 165.
Alphonse III, roi d'Aragon : 329.
Alphonse IV, roi d'Aragon : 560.
Alphonse V le Magnanime, roi d'Aragon : 558-559, 569.
Alphonse VI de Castille : 226, 326, 657.
Alphonse VIII de Castille : 236, 327.
Alphonse X le Sage, roi de Castille : 328, 658.
Alphonse XI de Castille : 557.
Alphonse de Castille : 226, 277.

Alphonse de Poitiers : 302.
Alphonse le Batailleur, comte de Barcelone : 326.
Alphonse-Henri, roi du Portugal : 327.
Amalasonthe : 51.
Amand, saint : 101.
Amaury Ier, roi de Jérusalem : 229.
Ambroise, évêque de Milan : 31.
Amédée VIII. Voir Félix V.
Amiroutzès, Georges : 587-588, 598.
Amr : 115.
Anastase : 49-50, 55.
Anastase IV, pape : 265.
André Paléologue : 602.
Andronic Ier, empereur : 244.
Andronic II, empereur : 251, 576, 583.
Andronic III, empereur : 576-577.
Andronic Léontaris : 590.
Anne, épouse d'Henri Ier : 297.
Anne de Beaujeu : 554.
Anne de Bretagne : 554, 574, 650.
Anne Porphyrogénète : 150.
Anselme, maître à Laon : 352.
Anselme de Canterbury, saint : 263, 344, 346, 350, 397.
Anthémius, empereur : 45.
Apokaukos : 577.
Arbizu : 459.
Arcadius, empereur : 27, 40, 47.

Argoun : 235.
Ariadne : 47-48.
Arichis, duc de Bénévent : 174.
Aripert Ier, roi Lombard : 100.
Aristippe de Palerme : 349.
Arius : 47.
Arnaud de Brescia : 264-265, 363, 417, 663.
Arnolfini, Giovanni : 639.
Arnoul, saint : 87.
Arnulf : 206.
Artavasdos : 132.
Arthur, neveu de Jean sans Terre : 316.
Arthur, roi celte : 82, 477.
Aspar : 47.
Asparuch, khan bulgare : 75.
Athanagild, roi wisigoth : 63.
Attila, roi des Huns : 37, 44, 655.
Augustin, moine : 71, 101.
Augustin, saint, évêque d'Hippone : 39, 43, 179, 191, 371, 661.
Aurelianus : 42.
Auriol, Pierre : 508.
Autrecourt, Nicolas d' : 514.
Averroès (Ibn Rochd) : 230, 284, 359, 663.
Avicenne (Ibn Sina) : 221, 349, 662.
Avit, évêque de Vienne : 53-54.
Aybak : 232.
Aycelin, Gilles : 304.

Bacon, Roger : 360.
Badefol, Seguin de : 469-470.
Badoer : 582.
Badr al-Djamali : 223.
Baïdjou : 233.
Baker, Geoffroy : 479.
Baldrick de Bourgueil : 334.
Ball, John : 509, 542, 616.
Baltoglu, Suleïman : 592-594.
Barbahari : 162.
Barbaros, frères : 600.
Bardas Phocas : 148.
Bardas (Bardas Skléros) : 137, 139, 148.
Bardès : 132.
Bardi, banque : 279, 463, 636, 638.
Barthélemy l'Anglais : 374.
Bascot de Mauléon : 470.
Basile Ier, empereur : 137, 141, 143, 145.
Basile II, empereur : 145, 147-151, 165, 212, 237, 240, 324, 657.
Basile III, tsar : 602.
Basile Lécapène : 148.
Basiliskos : 48.
Basin, Thomas : 457, 466, 472, 478, 506.
Bataille, Nicolas : 435.
Bâtard d'Orléans. Voir Dunois.
Batarnay, Imbert de : 556.
Batou : 233, 236, 324.
Baudouin Ier, comte de Flandre : 228, 337.
Baudouin Ier de Boulogne, roi de Jérusalem : 243, 336.
Baudouin II, comte de Flandre : 204.
Baudouin IV le Lépreux, roi de Jérusalem : 337.
Baybars : 232, 234.
Bayezid, sultan : 579-580.
Béatrice, comtesse de Provence : 279, 303.
Béatrice, fille de Charles d'Anjou : 279.
Beaufort, Marguerite : 549.
Beaumanoir, Philippe de : 421.
Becket, Thomas : 267, 315, 319.
Bède le Vénérable : 103, 119, 661.
Bedford, duc de : 544-545.
Begga : 87.
Bélisaire : 60-62, 67.
Benoît IX, pape : 212, 255.
Benoît XI, pape : 289.
Benoît XII, pape : 484.
Benoît XIII, pape : 492-495.
Benoît d'Aniane : 184, 194.
Benoît de Nursie : 101-102.
Béranger (ou Bérenger) de Tours : 330, 348.
Béranger Raymond, comte de Barcelone : 326.
Berchaire, maire du palais : 87.
Bérenger II, roi d'Italie : 207.
Berkè : 236.
Bernard, neveu de Louis le Bègue : 195.

Bernard, saint : 229, 259, 299, 323, 338-340, 348, 351, 353-354, 372.
Bernard de Chartres : 350.
Bernard de Tiron : 263.
Bernard degli Uberti : 263.
Bernard le Velu : 412.
Bernardin de Sienne : 499, 508.
Berthe de Hollande, épouse de Philippe Ier : 298.
Berthold de Mayence : 521.
Bertrade, épouse de Robert II : 297.
Bertrade de Montfort, épouse de Philippe Ier : 298.
Bertrandon de la Broquière : 531, 581.
Bessarion, Jean, cardinal : 516, 533, 583, 588.
Bihafarîd : 126.
Blanc, Humbert : 527.
Blanche de Castille : 302.
Blondel, Robert : 480.
Boccace : 456, 458, 461, 463, 505, 516, 568, 583.
Boccanegra : 417.
Bocchiardo, frères : 591.
Boèce : 51, 103, 347, 349, 447, 661.
Bohémond de Tarente, fils de Robert Guiscard : 244, 330, 336.
Böhm, Hans : 620.
Boileau, Etienne : 420.
Boinebroke, Jean : 427.
Boleslaw Bouche-Torse, roi de Pologne : 324.

Bolingbroke, Henri, duc de Lancastre puis roi d'Angleterre (Henri IV) : 542.
Bonaventure : 356, 391.
Bonet, Honoré : 445, 476.
Boniface, saint : 120.
Boniface VI, pape : 200.
Boniface VII, pape : 150.
Boniface VIII, pape : 282, 284, 286-289, 295, 304, 383, 431, 483, 528, 664.
Boniface IX, pape : 492-493.
Boniface de Montferrat : 247.
Borgia, César : 498.
Borgia, Lucrèce : 498.
Boris, roi de Bulgarie : 138.
Botticelli, Sandro : 519, 567, 649.
Bouchart, Alain : 505.
Boucicaut, maréchal : 515, 580.
Bourré, Jean : 556.
Bouts, Dirck : 519.
Brant, Sébastien : 448.
Bridlington, Jean de : 509.
Bromyard, John : 374.
Brunehaut : 84-85.
Brunelleschi : 518.
Bruni, Leonardo : 571.
Bruno, saint : 372.
Brunon, archevêque de Cologne : 207.
Bruys, Pierre de : 362.
Bueil, Jean de : 477.
Burchard, évêque : 91.
Burchard de Worms : 373, 389.

Bureau, les frères Gaspard et Jean : 546, 556.
Bureau de la Rivière : 543.
Burgh, Elisabeth de : 620.
Buridan, Jean : 498, 514.

Caboche, Jean : 643.
Caboche, Simon : 543.
Cade, Jack : 546, 620.
Calixte II, pape : 258, 264.
Calixte III, antipape : 266.
Calixte III, pape : 497, 533.
Calveley, Hugh : 470.
Cantacuzène, Jean. Voir Jean VI, empereur.
Capella, Martianus : 39.
Capeluche : 543, 644.
Captal de Buch. Voir Grailly.
Caraffa, cardinal : 521.
Caribert, roi franc : 83-84, 86.
Carloman, fils de Charles le Chauve : 205.
Carloman, fils de Charles Martel : 90.
Carloman, fils de Pépin le Bref : 171-172.
Casimir Ier, roi de Pologne : 564.
Casimir IV Jagellon, roi de Pologne : 564.
Cassien, Jean : 39.
Cassiodore : 51, 103, 661.
Castelnau, Antoine de : 556.
Catherine, reine d'Angleterre, épouse d'Henri V : 544.
Catherine de Courtenay : 528, 530.
Catherine de Sienne : 484, 491.
Catherine de Suède : 491.
Cathulf : 211.
Cattaneo, Maurice : 591.
Célestin III, pape : 264.
Célestin IV, pape : 276.
Célestin V, pape : 286, 288, 431.
Cervole, Arnaud de (l'Archiprêtre) : 470.
Césaire d'Arles : 102.
Césarini, Jules : 532, 589.
Chabannes, Antoine de : 472.
Chandos, Jean : 541.
Charlemagne : 19, 51, 135, 152, 164, 167, 171-185, 188-194, 197-198, 208, 211, 265, 645, 656, 662, 676, 678-679.
Charles, fils de Charlemagne : 175.
Charles Ier d'Anjou, roi de Naples : 331.
Charles II d'Anjou, roi de Naples : 331, 528.
Charles IV, empereur : 489, 562, 633.
Charles IV, roi de France : 306, 453, 534.
Charles V, roi de France : 468, 537-542, 622-623.
Charles VI, roi de France : 474, 493, 541-544, 572.
Charles VII, roi de France : 480, 503, 531-532, 544-545, 552, 555-556, 633, 636, 659.

INDEX 695

Charles VIII, roi de France : 506, 551, 554, 572-574, 590, 651, 659.
Charles d'Anjou, roi de Sicile et de Naples : 250, 278-279, 282, 286, 303, 328, 331, 658.
Charles de Berry : 553.
Charles de Blois : 537, 540.
Charles de Durazzo : 492.
Charles de Valois : 528, 530, 534.
Charles d'Orléans : 444, 505.
Charles le Chauve, roi de France : 189, 195-199, 205.
Charles le Gros, empereur : 199, 205-206.
Charles le Mauvais, roi de Navarre : 470, 537-538, 616, 643.
Charles le Simple, roi de France : 202, 205.
Charles le Téméraire, duc de Bourgogne : 490, 503, 548, 552-553, 635, 659.
Charles Martel : 82, 88-90, 101, 117, 171, 183.
Charles Quint, empereur : 328, 504, 562-563, 597, 600, 634, 649-650, 674.
Chartier, Alain : 443, 610.
Chastellain, Georges : 505.
Chastellain, Jean : 444.
Chaucer, Geoffroy : 444, 480, 505.
Chauliac, Guy de : 463.
Chawar, vizir égyptien : 229.
Chevalier, Etienne : 556.
Childebert, roi des Francs : 55-56, 83-84, 87.
Childebert II, roi des Francs : 84-85.
Childéric, roi des Francs : 46, 52.
Childéric III, roi des Francs : 90-91.
Chilpéric, roi des Francs : 25, 83-85.
Chilpéric II, roi des Francs : 89.
Chîrkouk, émir kurde : 229.
Chobham, Thomas de : 374.
Chosroês Ier, roi des Perses : 61, 69.
Chosroês II, roi des Perses : 69.
Chramme : 83.
Chrétien de Troyes : 378.
Christian Ier d'Oldenbourg, roi du Danemark : 566-567.
Christian II, roi du Danemark : 567.
Christophore, pape : 200.
Chrysoloras, Manuel : 583.
Clareno, Ange : 282.
Clavijo, Gonzalès de : 581.
Clément II, pape : 255.
Clément III, pape : 257-258.
Clément IV, pape : 278.
Clément V, pape : 289, 484, 526.
Clément VI, pape : 463, 484-485, 489, 531.
Clément VII, pape : 491-493, 568, 571.
Clodoald (Cloud) : 56.

Clodomir, roi des Francs : 55-56.
Clotaire, roi des Francs : 55-56, 83-84.
Clotaire II, roi des Francs : 85.
Clotilde : 53-54, 56, 96.
Clovis, roi des Francs : 46, 51-56, 83-86, 93, 96, 98, 100, 138, 199, 294, 655.
Clovis II, roi des Francs : 86.
Cnut le Grand : 312, 322.
Cœur, Jacques : 531, 555-556, 613, 628, 633, 640.
Cola di Rienzo : 488, 642.
Colleoni, Bartolomeo (le Colleone) : 472, 572.
Colomb, Christophe : 559, 648, 650.
Colomban, saint : 100.
Colonna, Sciarra : 487.
Columelle : 35, 154.
Commynes, Philippe de : 506.
Conan IV, comte de Bretagne : 315.
Coninck, Pierre de : 642.
Conrad, duc de Franconie : 206.
Conrad II, empereur : 212, 255.
Conrad III, empereur : 264, 339.
Conrad IV, empereur : 276-277.
Conrad de Landau : 470.
Conradin : 278.
Constance : 43.
Constance d'Aragon, épouse de Frédéric II : 273.
Constance de Bretagne : 315.
Constance de Hohenstaufen, fille de Manfred : 328.
Constance de Sicile, mère de Frédéric II : 266, 273, 331.
Constant II le Barbu, empereur : 72, 75.
Constantin, empereur : 36, 54, 168, 210.
Constantin Ier, pape : 76.
Constantin III, empereur : 42-43.
Constantin IV, empereur : 72, 75.
Constantin V Copronyme, empereur : 91, 130-132, 134, 168.
Constantin VI, empereur : 134-135.
Constantin VII, empereur : 142, 144-145.
Constantin VIII, empereur : 145, 147-149.
Constantin IX Monomaque, empereur : 242.
Constantin X Doukas, empereur : 241-242.
Constantin XI, empereur : 589-591, 595, 598, 602.
Corvin, Mathias : 490, 563.
Courson, Robert de : 355, 357, 374.
Cousinot, Guillaume : 556.
Cowton, Robert de : 375.
Cyrille, missionnaire : 137, 139.
Cyrille d'Alexandrie : 48.

Dagobert Ier, roi franc : 85-86, 655.
Dagobert II, roi franc : 87.
Damien, Pierre : 263, 347-348.
Dante Alighieri : 425, 436, 487, 490, 505, 568.
Datini, Francesco di Marco : 634.
David de Huesca : 365.
David II Bruce, roi d'Ecosse : 535.
Della Torre : 417.
Deschamps, Eustache : 443-444, 505, 608.
Diaz, Barthélemy : 560.
Didier, abbé du mont Cassin : 347.
Didier, roi des Lombards : 172.
Dimitri Paléologue, frère de Constantin XI : 589, 598, 602.
Dominique, saint : 365.
Donskoï, Dimitri : 565.
Doushan, Etienne : 577.
Dubois, Pierre : 528-529.
Du Clercq, Jacques : 505.
Du Guesclin, Bertrand : 471, 476, 540-541, 558.
Dunois, Bâtard d'Orléans : 545, 547.
Duns Scot, Jean : 361, 432.
Duras, Charles de (Charles III) : 568.
Dürer, Albrecht : 435-436, 519.

Ebbon : 195.
Ebroïn, maire du palais : 87.
Eckhart, Maître : 507.
Edouard, prince de Galles (le Prince Noir) : 467-468, 537, 540, 558.
Edouard Ier, roi d'Angleterre : 305, 318-321, 658.
Edouard II, roi d'Angleterre : 305, 321, 431, 534.
Edouard III, roi d'Angleterre : 306, 321, 467, 470, 477, 480, 485, 534-537, 539-540, 542, 616, 633, 636, 638, 658.
Edouard IV, roi d'Angleterre : 548-549, 553, 629.
Edouard V, roi d'Angleterre : 549.
Edouard Balliol, roi d'Ecosse : 535.
Edouard l'Ancien, roi saxon : 202.
Edouard le Confesseur, roi d'Angleterre : 312-313, 657.
Egbert, roi de Wessex : 190.
Eginhard : 90, 172, 178, 192.
Eléonore, fille de Charles d'Anjou : 331.
Eloi, saint : 86, 100.
Engelbrekt : 619.
Erasme : 448, 504, 516.
Erispoë, roi breton : 190, 199.
Escouchy, Mathieu d' : 505.
Estouteville, cardinal d' : 516.

Etienne, saint : 371.
Etienne II, pape : 168.
Etienne IV, pape : 195.
Etienne V, pape : 138.
Etienne VI, pape : 200.
Etienne VII, pape : 200.
Etienne bar Soudaïli : 65.
Etienne de Blois : 244, 314.
Eudes, comte de Paris : 205.
Eudes, prince et duc d'Aquitaine : 82, 88.
Eudokia Baiana : 144.
Eudoxie : 40, 47.
Eugène III, pape : 265.
Eugène IV, pape : 495-496, 586.
Eugénikos, Mark : 587.
Euphemios : 49.
Euric, roi wisigoth : 46, 93.
Eustathe le Romain : 242.
Euthymios, patriarche : 144.
Euthymios le Jeune, moine : 147.
Eutrope : 40, 47.
Eutychès : 37.
Evagrios : 72.
Ezzelino da Romano : 278.

Félix V, pape : 496.
Ferdinand, roi d'Aragon : 558-559, 561-562, 573-574, 600.
Ferdinand Ier, roi du Portugal : 560.
Ferdinand III : 328.
Ferdinand d'Antequera : 558.
Fernan Gonzales : 203.
Fernando de Castille-León : 226.
Ferrand, comte de Flandre : 301.
Ferrandino, roi de Naples : 573.
Ferrier, Vincent : 491, 499, 510.
Ficin, Marsile : 516, 567.
Fidentius de Padoue : 528.
Filippo della Torre : 278.
Fitz Walter, Robert : 317.
Flavien : 37.
Flodoard : 192.
Flote, Pierre : 288.
Fontaine, Bernard de : 372.
Formose, pape : 200.
Fortescue, Sir John : 550.
Foscari, Francesco : 569.
Foucher de Chartres : 334-335.
Foulques d'Anjou : 228, 298.
Fouquet, Jean : 519.
Fox, John : 522.
Fra Angelico : 519, 567.
Fra Dulcino : 399.
Franco, Niccolo : 522.
François II, duc de Bretagne : 552, 554.
François d'Angoulême (François Ier) : 574, 596, 649, 651.
François d'Assise : 365, 438.
Franzesi, Albizzo dei (Biche) : 635.
Franzesi, Musciato dei (Mouche) : 635.
Frédégonde : 84-85.
Frédéric Ier Barberousse, empereur : 229, 245, 260,

264-266, 270, 299, 331, 339, 383, 417, 657.
Frédéric II, empereur : 231, 269, 272-276, 278, 303, 328, 331, 340, 425, 658.
Frédéric III, empereur : 489-490, 532, 546, 553, 563, 590.
Frédéric d'Aragon, roi de Sicile : 331.
Frédéric d'Autriche : 487.
Frédéric de Lorraine : 263.
Froissart, Jean : 470-471, 505, 515, 534.
Fugger, Jacob : 634.
Fulbert, évêque de Chartres : 211, 306, 348.
Fulrad, abbé de Saint-Denis : 91, 193.

Gaguin, Robert : 506.
Gall, saint : 100.
Galvano de Levanti : 528.
Gaston Phoebus : 470.
Gaucourt, Raoul de : 545.
Gaudri, évêque de Laon : 419.
Gélase II, pape : 258.
Gelimer : 60.
Gengis Khan : 233, 580.
Genséric : 37, 44.
Geoffroy, duc de Bretagne : 315.
Geoffroy Plantagenêt, comte d'Anjou : 314.
Georges le Moine : 119.
Georges Podiebrad, roi de Bohême : 490, 562.
Gérard de Cambrai : 380.
Gérard de Crémone : 349.
Géraud d'Aurillac : 185.
Gerbert d'Aurillac. Voir Sylvestre II.
Gering, Ulrich : 521.
Germain : 60, 62.
Germain, Jean : 532.
Germanos : 134.
Gerson, Jean : 444, 446, 498, 508.
Ghazan : 235.
Gheradesca, Ugolino Della : 417.
Ghirlandaio : 519.
Giac, Pierre de : 544.
Gilles de Rome : 285, 360.
Giordano de Pise : 374.
Giotto : 519, 568.
Girard de Roussillon : 185.
Giustiniani : 595.
Gloucester, duc de : 477, 545-546, 549.
Godefroy de Bouillon : 227, 243, 336-337.
Godegisile : 54.
Gondebaud, roi des Burgondes : 53-54, 93.
Gontran, roi franc : 83.
Gonzalo de Ayala : 561.
Gonzalve de Cordoue : 561.
Gorm, roi danois : 185.
Gotfrid, roi du Danemark : 176.
Gottschalk : 192.
Gower, John : 466, 480.
Grailly, Jean de (Captal de Buch) : 472, 540.
Gratien : 267, 373, 382, 663.

Grégoire, moine byzantin : 584.
Grégoire II, pape : 133.
Grégoire III, pape : 89, 133, 588.
Grégoire VI, pape : 212, 255.
Grégoire VII, pape : 256-257, 263, 282, 362, 657, 662.
Grégoire IX, pape : 272, 274-275, 280, 355, 373, 383.
Grégoire X, pape : 272, 279.
Grégoire XI, pape : 485, 491.
Grégoire XII, pape : 492, 494-495.
Grégoire de Rimini : 494, 514.
Grégoire de Tours : 52-54, 56, 71.
Grégoire le Grand, pape : 70-71, 101, 103, 184.
Grégoras, Nicéphore : 583.
Gressard, Perrinet : 472.
Grimaud, maire du palais : 87.
Grosseteste, Robert : 356, 360, 663.
Gruel, Guillaume : 505.
Guibert de Nogent : 334, 381.
Guichardin : 571.
Guillaume I*er* le Mauvais, roi de Sicile : 330.
Guillaume II, roi de Sicile : 330-331.
Guillaume II le Roux, roi d'Angleterre : 314.
Guillaume Bras de Fer : 330.
Guillaume d'Aquitaine : 299.
Guillaume d'Auvergne : 379.
Guillaume d'Auxerre : 375.
Guillaume de Champeaux : 352, 397.
Guillaume de Conches : 350, 354.
Guillaume de Hollande : 277.
Guillaume de Nangis : 455.
Guillaume de Normandie (Guillaume le Conquérant ou le Bâtard) : 256, 263, 297, 312-314, 657.
Guillaume de Rubrouck : 236.
Guillaume de Saint-Thierry : 351, 353.
Guillaume Tête d'Etoupe : 204.
Guiot de Provins : 344, 350.
Gutenberg : 520, 626, 664.
Guy de Spolète : 206.

Haakon IV, roi de Norvège : 323.
Hadewych : 382.
Hadrien I*er*, pape : 172.
Hahn, Ulrich : 521.
Hainbuch, Henri de : 514.
Hakim : 223.
Halil, vizir : 590, 597.
Hans, roi du Danemark : 567.
Harald de Norvège : 313.
Hardacnut : 312.
Harold, roi d'Angleterre, fils de Cnut : 312.
Harold, roi d'Angleterre, tué à Hastings : 312-313.

Harold à la Dent Bleue : 204.
Haroun al-Rachid : 152, 159, 163, 189, 656.
Hartmann, Johann : 509.
Hassan Sabbah : 223.
Hawkwood, John : 469-470.
Héloïse : 353.
Hennequin de Bruges : 435.
Henri Ier Beauclerc, roi d'Angleterre : 263, 314.
Henri Ier l'Oiseleur, roi de Germanie : 206-207.
Henri Ier, roi de France : 297, 420.
Henri II de Lusignan, roi de Chypre : 529.
Henri II, empereur : 151, 212, 255, 297.
Henri II Plantagenêt, roi d'Angleterre : 266, 299-300, 314-315, 322, 657.
Henri III, empereur : 212, 255.
Henri III, roi d'Angleterre : 302, 318-319, 402.
Henri III, roi de Castille : 558, 600.
Henri IV, empereur : 256-258.
Henri IV Lancastre, roi d'Angleterre : 542.
Henri IV l'Impuissant, roi de Castille : 558.
Henri V, empereur : 258, 299, 314.
Henri V, roi d'Angleterre : 149, 467, 480, 543-544.
Henri VI, empereur : 264, 266, 269, 331.
Henri VI, roi d'Angleterre : 503, 544-546, 548-549, 590.
Henri VII, empereur : 331, 487, 489.
Henri VII Tudor, roi d'Angleterre : 518, 549, 551, 651.
Henri Dandolo, doge : 247.
Henri de Bourgogne : 297.
Henri de Hainaut, empereur latin de Constantinople : 248.
Henri le Jeune, fils d'Henri II : 315.
Henri le Lion, duc de Saxe : 323.
Henri le Navigateur : 560.
Héraklios Ier, empereur : 68-69, 72-74, 86, 115, 143.
Héraklios le Jeune : 72.
Herford, Henry de : 462.
Hincmar : 192, 198-199.
Hixem II : 165.
Hohenzollern, Friedrich von : 620.
Holkot, Robert : 514.
Hongrie, le Maître de : 399.
Honorius d'Autun : 217, 350.
Honorius, empereur : 27, 40.
Honorius III : 272, 275, 365.
Houlagou : 233.
Huguccio de Pise : 267.
Hugues Capet, roi de France : 206, 210, 292-295, 297.

Hugues de Lusignan : 302.
Hugues de Payn : 338.
Hugues de Saint-Victor : 259.
Hugues de Vermandois : 244.
Hugues du Puiset : 298.
Hugues le Grand : 205-206.
Humbert II, dauphin de Viennois : 530-531.
Humbert de Moyenmoutier : 263.
Hunaud, duc d'Aquitaine : 90, 172.
Hunayn ibn Ishaq : 161.
Huneric, roi des Vandales : 52.
Hunyadi, Jean : 532, 563, 588-589.
Husayn : 111.
Huss, Jean : 495, 500-501.

Ibn al-Banna : 601.
Ibn al-Jawsi : 273.
Ibn Battuta : 581, 601.
Ibn Hazm : 225.
Ibn Khaldoun : 601.
Ibn Khurdadhbeh : 162.
Ibn Rochd. Voir Averroès.
Ibn Rouchayd : 601.
Ibn Said : 601.
Ibn Sina. Voir Avicenne.
Ibn Tumart : 230.
Idris II : 160.
Ignatios, patriarche : 141.
Igor, prince de Kiev : 146.
Ina, roi de Wessex : 83.
Ingeburge (Isambour) : 269, 300-301.

Innocent II, pape : 299.
Innocent III, pape : 247, 268, 270, 272-273, 279, 282, 301, 316-317, 339, 355, 364-366, 383, 423, 663.
Innocent IV, pape : 272, 276, 278, 303, 383, 423.
Innocent VI, pape : 485.
Innocent VII, pape : 492-494.
Innocent VIII, pape : 498, 522.
Irène, impératrice : 130, 132, 134-136, 139, 174, 180, 251.
Isaac Ier Comnène, empereur : 237, 240.
Isaac II Ange, empereur : 245, 247.
Isaac Comnène, général : 242.
Isaac de l'Etoile : 351.
Isabelle : 561.
Isabelle, épouse de Jean sans Terre : 316.
Isabelle, fille de Philippe le Bel, reine d'Angleterre : 305-306, 321, 534-535.
Isabelle de Hainaut : 300-301.
Isidore, moine grec : 588.
Isidore de Séville : 103, 661.
Ivan III : 565-566, 602.

Jacques de Venise : 349.
Jacques (ou Jacob) Baradaï : 65, 114.
Jaime II (Jacques), roi d'Aragon : 328-329, 331-332, 558.

Jean Ier, empereur (Jean Tzimiskès) : 145, 147-148.
Jean Ier le Posthume, roi de France : 306.
Jean Ier, pape : 51.
Jean Ier, roi d'Aragon : 558.
Jean Ier, roi de Castille : 558.
Jean Ier, roi du Portugal : 560.
Jean II, empereur : 244.
Jean II le Bon, roi de France : 537, 539.
Jean II, roi d'Aragon : 559.
Jean II, roi de Castille : 558.
Jean II, roi du Portugal : 560.
Jean III, duc de Bretagne : 536.
Jean III Vatatzès, empereur : 248.
Jean IV Lascaris, empereur : 250.
Jean V, duc de Bretagne : 545.
Jean V, empereur : 577-579.
Jean VI Cantacuzène, empereur : 576-578.
Jean VII, empereur : 580.
Jean VIII, empereur : 580, 586, 588-589.
Jean VIII, pape : 198, 200, 208, 211.
Jean X, pape : 200.
Jean XI, pape : 200.
Jean XII, pape : 200-201, 207.
Jean XXI, pape : 272.
Jean XXII, pape : 374, 447, 484, 487, 512, 568.
Jean XXIII, pape : 494-495.
Jean Damascène : 119, 134.
Jean de Bohême : 535.
Jean de Brie : 613.
Jean de Gand : 540, 542.
Jean de Mirecourt : 514.
Jean de Montfort : 537, 540.
Jean de Murs : 509.
Jean de Paris : 284.
Jean d'Ephèse : 65.
Jean de Pise : 508.
Jean de Plan Carpin : 236.
Jean de Salisbury : 284, 384.
Jean de Vicence : 374.
Jean Gualbert : 263, 371.
Jean le Grammairien (Jean Morocharzianos) : 140.
Jean sans Peur, duc de Bourgogne : 531, 543-544.
Jean sans Terre, roi d'Angleterre : 269, 301-302, 315-316, 485, 658.
Jean Scot Erigène : 192.
Jeanne, fille de Louis X : 306.
Jeanne, papesse : 201.
Jeanne II, reine de Naples : 569.
Jeanne Ire, reine de Naples : 568-569.
Jeanne d'Arc : 480, 503, 545.
Jeanne de Penthièvre : 537.
Jeanne de Navarre, reine de France : 305, 537.
Jeanne la Folle : 562.
Joffre le Poilu, comte de Barcelone : 165.

John Balliol, roi d'Ecosse : 319.
Jonas d'Orléans : 192.
Jouvenel des Ursins, Jean : 472, 474, 556.
Judicaël : 86.
Judith, impératrice : 195.
Jules II, pape : 574, 649-650.
Julius Nepos, empereur : 45.
Justin, empereur : 49, 59.
Justin II, empereur : 68-69.
Justinien Ier, empereur : 19, 49, 51, 56-57, 59-69, 116, 151, 383, 655, 661.
Justinien II Nez-Coupé : 73, 75, 130.

Kaykhosrau : 234.
Kempen, Thomas de : 507.
Khadidja : 107-108.
Khalid : 115.
Kilidj Arslan : 227.
Kilidj Arslan II : 234.
Knolles, Robert : 470.
Krum, khan bulgare : 136-137.
Kydonès, Démétrios : 583.
Kyeser, Conrad : 476.

Ladislas de Naples : 494.
Ladislas Jagellon, roi de Pologne : 490, 563-564, 588-589.
Ladislas, roi de Hongrie : 532.
La Hire : 472, 545.
La Marche : 444, 471, 505.
Lambert de Spolète : 140.

Lamprecht de Ratisbonne : 382.
Lando, Michele di : 643.
Lanfranc, abbé du Bec puis archevêque de Canterbury : 347.
Langasco, frères : 591.
Langland, William : 448, 480, 505.
Langton, Etienne, archevêque de Canterbury : 317.
Lannoy, Gilbert de : 531.
La Salle, Bernard de : 471.
La Trémoille, Georges de : 544.
Lauer, Georges : 521.
Laurent le Magnifique (Médicis) : 516, 570-571, 635, 650, 660.
Lazar, chef serbe : 579.
Le Baud, Pierre : 505.
Le Coq, Robert : 538, 643.
Lefèvre d'Etaples : 506, 516.
Le Fèvre, Jean : 505.
Legnano, Jean de : 476.
Le Maire, Guillaume : 529.
Le Mercier, Jean : 543.
Le Muisis, Gilles : 613.
Lengres, Pierre de : 527.
Léon Ier, empereur : 47.
Léon II, empereur : 48.
Léon III, empereur : 130-134.
Léon III, pape : 177, 208.
Léon IV, empereur : 130.
Léon IV, pape : 333.
Léon IX, pape : 212, 255, 362.
Léon V, empereur : 137-138.

Léon V, pape : 200.
Léon VI, empereur : 142, 144, 146, 200, 656.
Léon VIII, pape : 200.
Léon X, pape : 574, 649.
Léon de Mélissène : 148.
Léon le Grand, pape : 37, 44.
Léon le Philosophe : 139.
Léonard, archevêque de Chios : 591.
Léonard de Vinci : 519, 648-649.
Leontios, usurpateur : 73.
Léopold de Habsbourg : 490.
Léovigild, roi wisigoth : 69, 98.
Leslie, Walter : 469.
Leutard : 361.
Liberius : 63.
Lippi, Filippo : 519.
Liudger : 185.
Liutprand, moine : 192.
Liutprand, roi lombard : 89.
Llywelyn ap Gruffud : 319.
Longo, Giovanni : 591.
Lorenzetti, Ambrogio : 568.
Lorris, Guillaume de : 377.
Lothaire, duc de Saxe et empereur : 264.
Lothaire, empereur, fils de Louis le Pieux : 195-197.
Lothaire, roi de France, fils de Louis IV : 205.
Lothaire II : 197-198.
Louis, duc d'Orléans : 543, 554.
Louis Ier, duc d'Anjou : 435.
Louis II d'Anjou : 559, 569.

Louis II, fils de Lothaire : 197-198.
Louis II, petit-fils de Charles le Chauve, roi de France : 205.
Louis IV d'Outremer, roi de France : 205.
Louis V, roi de France : 206.
Louis VI le Gros, roi de France : 298-299.
Louis VII, roi de France : 229, 244, 266, 270, 294, 299-300, 314, 339, 370, 657.
Louis VIII, roi de France (le Prince Louis) : 296, 301-302, 317.
Louis IX (Saint Louis), roi de France : 231-232, 236, 250, 276, 278, 287, 294, 296, 302-303, 308-311, 318, 340, 399, 402, 425, 438, 658.
Louis X le Hutin, roi de France : 305-306, 537.
Louis XI, roi de France : 452, 477, 503, 548, 551-556, 559, 621, 630, 636, 651, 659.
Louis XII, roi de France : 551, 554, 574, 650.
Louis de Bavière, empereur (Louis IV) : 487-489, 512, 535, 537, 568.
Louis de Hongrie : 568.
Louis de Nevers, comte de Flandre : 535.
Louis de Tarente : 568.
Louis le Bègue : 199, 205.

Louis le Germanique, fils de Louis le Pieux : 195-199, 205-206.
Louis le Jeune : 199.
Louis le Pieux, empereur : 139, 184-185, 192, 194-196, 656.
Louis l'Enfant : 204, 206.
Loup de Ferrières : 192.
Lucius III, pape : 264, 281, 363.
Lulle, Raymond : 528.
Luther, Martin : 498, 504-506, 519, 522, 648-650.

Machaut, Guillaume de : 447, 505.
Machiavel, Nicolas : 438, 504, 519, 567, 571, 648, 651.
Magnus Eriksson, roi de Suède : 323, 566.
Magnus Ladulaas, roi de Suède : 323.
Magnus le Législateur, roi de Norvège : 323.
Mahomet : 106-111, 114-115, 117, 119, 273-274.
Maïmonide : 230.
Majorien, empereur : 31, 45.
Makedonios : 49.
Makrembolitès, Alexis : 582.
Malcolm IV, roi d'Ecosse : 315.
Malik ibn Anas : 156.
Manegold de Lautenbach : 259.
Manfred, roi de Sicile : 249, 278, 328, 331.

Manuel Comnène : 234, 245.
Manuel II, empereur : 579-580.
Map, Walter : 363.
Marcel, Etienne : 538, 543, 616, 643.
Marcien : 47.
Marco Polo : 236, 378, 601.
Marguerite d'Anjou : 546, 548-549.
Marguerite Valdemarsdotter, reine de Suède : 566.
Marie de Bourgogne : 490, 554, 562-563.
Marie de Brabant : 303.
Marie de Lusignan : 329.
Marigny, Enguerrand de : 311.
Marousie (Marouzia) : 200.
Marsile de Padoue : 488, 504.
Marsile d'Inghen : 514.
Martin Ier, pape : 75.
Martin Ier, roi d'Aragon : 558.
Martin IV, pape : 286.
Martin V, pape : 495.
Martini, Simone : 568.
Martino della Torre : 278.
Martyr, Pierre : 366.
Marwan II : 125.
Masaccio : 519.
Masoud III : 235.
Mathieu de Janov : 509.
Mathilde, comtesse de Toscane : 258.
Mathilde, veuve de l'empereur Henri V : 314.
Matteo Polo : 236.

Maxime le Confesseur : 75.
Maximilien, empereur : 490, 554, 562-563, 573-574, 634, 650.
Médicis, Cosme de : 569-570, 587, 635, 651.
Médicis, Julien de : 571, 635.
Médicis, Lorenzo (Laurent) le Magnifique : 516, 570-571, 635, 650, 660.
Médicis, Piero (Pierre) de : 570, 573.
Mehmet II, sultan : 532-533, 572, 590-592, 595-598.
Mellitus : 101.
Memling, Hans : 519.
Mengli Ghiraï : 565.
Mengu Timour : 236.
Mérovée : 55, 84.
Meschinot, Jean : 447.
Méthode, missionnaire : 137-138, 662.
Métochite, Théodore : 583.
Meung, Jean de : 377.
Michel Ier Ange Doukas, roi d'Epire : 248.
Michel Ier, empereur : 137, 180.
Michel II, empereur : 137, 139.
Michel III l'Ivrogne, empereur : 137, 140-141.
Michel IV, empereur : 237, 242.
Michel VIII Paléologue, empereur : 249-250.
Michel Ange : 519.

Michel Cérulaire, patriarche : 238, 263.
Michel Italikos : 249.
Michel Paléologue : 249.
Middleton, Richard de : 375.
Miesko, prince polonais : 186, 204, 207.
Milic, Jean : 509.
Minot, Laurence : 479.
Mocenigo, doge : 627.
Molay, Jacques de : 527.
Molesme, Robert de : 372.
Molinet, Jean : 505.
Monstrelet, Enguerrand de : 505.
Montreuil, Jean de : 478-479.
More, Thomas : 504-505.
Mortimer, Roger : 321, 534.
Moschopoulos, Manuel : 583.
Moschos, Jean : 72.
Mourad Ier, sultan : 578-579.
Mourad II : 532.
Mousa ibn Nusayr : 116.
Muawiya : 111, 115.
Mudjahid al-Amiri : 224.
Muglio, Pierre de : 516.
Müntzer, Thomas : 620.
Musa, sultan : 580.

Narsès : 60-62, 67.
Neville, Richard, comte de Warwick : 548.
Nicéphore, patriarche de Constantinople : 139.
Nicéphore Ier, empereur : 136-137.
Nicéphore II (Nicéphore Phocas), empereur : 25, 145, 147-148, 240.

Nicéphore Basilikès : 249.
Nicétas Choniatès : 249.
Nicolas Ier, pape : 140, 198.
Nicolas Ier, patriarche : 138, 144.
Nicolas II, pape : 255, 330.
Nicolas IV, pape : 526, 528.
Nicolas V, pape : 487, 497, 533, 569, 590.
Nicolas de Cues : 497-498, 516.
Nicolo Polo : 236.
Nikephoros : 130, 132.
Nithard : 192, 196.
Nizam al-Mulk : 221.
Nogaret, Guillaume de : 288-289, 304.
Nominoë, roi breton : 190, 199.
Norbert de Xanten : 263, 372.
Notaras, Luc : 585, 595.
Notker le Bègue : 192.
Notker le Lippu : 192.
Nour ad-Dîn : 229-230.

Occam (ou Okham), Guillaume d' : 488, 504, 511-515, 664.
Odilon, duc de Bavière : 90.
Odoacre : 27, 33, 45, 48, 50.
Odon, moine : 193.
Offa, roi de Mercie : 175, 190.
Öldjeytü : 235.
Olga, princesse de Kiev : 146.
Olivi, Pierre-Jean : 376.

Olivier le Mauvais (ou le Daim) : 556.
Ollieu (ou Olieu), Pierre-Jean : 282, 508.
Omar : 111.
Omour-Beg : 531.
Omurtag : 137.
Oqba ibn Sébou : 116.
Orcagna : 463.
Oresme, Nicolas : 498, 514.
Orhan, prince rival de Mehmet II : 591.
Orhan, sultan : 577-578.
Otakar II Premysl, roi de Bohême : 324-325.
Othman : 107, 111.
Otloh : 347.
Otton Ier, empereur : 146, 148, 167, 201, 203, 206-208, 656-657.
Otton II, empereur : 148, 150, 208.
Otton III, empereur : 150, 208, 210-212, 255, 324.
Otton IV, empereur : 269, 273, 301.
Otton de Brunswick : 269.
Otton de Freising : 261.
Oulaktchi : 236.

Pacatus : 28.
Pachymère, Georges : 583.
Palamas, Grégoire : 585.
Paléologue, Théodore : 476.
Palladius : 35.
Palmieri, Matteo : 571, 650.
Palud, Pierre de la : 375, 391.
Pascal II, pape : 258.

Pascal III, antipape : 266.
Patrick, saint : 100.
Paul II, pape : 497, 572.
Paul Diacre : 192.
Paulin d'Aquilée : 192.
Pélage, cardinal : 340.
Pélage, roi des Asturies : 82.
Pelayo, Alvaro : 374, 390.
Pépin, fils de Charlemagne : 173-174, 176.
Pépin, fils de Louis le Pieux : 195.
Pépin Ier de Landen : 87.
Pépin II d'Herstal : 87-88.
Pépin III le Bref : 90-91, 127, 167-170, 656.
Pépin le Bossu : 175.
Pero Tafur : 581.
Peruzzi, banque : 279, 463, 636, 638.
Petit, Jean : 475.
Pétrarque : 11-12, 436, 485, 505, 516, 568, 583.
Pfalz, Friedrich von der : 620.
Phares, Simon de : 511.
Philippe Ier, roi de France : 263, 294-295, 297-298.
Philippe II Auguste, roi de France : 229, 269-271, 294-295, 300-302, 309-310, 315-317, 323, 339, 415, 658.
Philippe III, roi de France : 286, 303, 306, 328.
Philippe IV le Bel, roi de France : 10, 282, 284, 286-289, 294, 297, 300, 304-306, 310-311, 320-321, 421, 425, 430-431, 483, 504, 527, 529-530, 534-535, 635, 658, 664.
Philippe V, roi de France : 306.
Philippe VI de Valois, roi de France : 306, 479, 485, 530, 534-537.
Philippe de Souabe : 269.
Philippe de Valois : 306, 534.
Philippe Hurpel : 302.
Philippe le Beau : 562.
Philippe le Bon, duc de Bourgogne : 446, 471, 477, 518, 531-532, 544-545, 552.
Philippe le Hardi, duc de Bourgogne, frère de Charles V : 543.
Philippikos Bardanes : 132.
Philothéos, moine : 602.
Phocas, empereur : 68-69.
Photios : 140-142, 662.
Phrantzès : 589, 592, 595.
Piast Mieszko, roi de Pologne : 324.
Pic de La Mirandole : 511, 517, 522, 567, 650.
Pie II, pape : 497, 533.
Pierre Ier d'Aragon : 326.
Pierre Ier de Chypre : 531.
Pierre Ier du Portugal : 560.
Pierre Ier le Cruel, roi de Castille : 471, 540, 558.
Pierre II d'Aragon : 236, 269, 271.
Pierre III d'Aragon : 286, 328, 331.

Pierre IV le Cérémonieux, roi d'Aragon : 558.
Pierre d'Auvergne : 375, 401.
Pierre de Castelnau : 271, 366.
Pierre de Celles : 351.
Pierre de la Brosse : 303.
Pierre de Luxembourg : 491.
Pierre de Tarentaise : 375, 390.
Pierre des Vignes : 273.
Pierre le Mangeur : 397.
Pierre le Vénérable : 351, 354, 407, 663.
Pierre l'Ermite : 243, 336, 401, 530.
Pietro dei Crescenzi : 613.
Pilate, Léonce : 583.
Pisan, Christine de : 444, 474, 476, 505.
Plaisians, Guillaume de : 304.
Planoudès, Maxime : 583.
Platon, moine : 135-136.
Platon de Tivoli : 349.
Plectrude : 88.
Pléthon, Gémiste : 583, 587.
Prince Noir, le. Voir Edouard, prince de Galles.
Procida, Jean de : 286.
Procope, chef hussite : 501.
Procope de Césarée : 64, 66.
Psellos, patriarche : 237, 242.
Pseudo-Frédégaire : 86.
Pulchérie : 47.

Qadir : 220.
Qa'îm : 220.

Raban Maur : 192.
Radagaise : 42.
Rainfroi, maire du palais : 88.
Ramnulf Glanville : 384.
Raoul, roi de France : 205.
Raoul de Cambrai : 378.
Raoul Glaber : 209, 215, 333, 367.
Raoul l'Ardent : 397.
Raphaël : 519.
Raymond VI, comte de Toulouse : 271, 302.
Raymond VII, comte de Toulouse : 302-303.
Raymond Béranger le Vieux, comte de Barcelone : 326.
Raymond d'Aquitaine : 299.
Raymond de Penafort : 280.
Raymond de Saint-Gilles : 244, 336.
Reccared, roi wisigoth : 69, 82, 100.
Réginon de Prüm : 388.
Régnier, Jean : 444.
Rely, Jean de : 506.
Remi, archevêque de Reims : 53.
Renaud, comte de Boulogne : 301.
René d'Anjou (le roi René) : 443, 559, 569.
René II de Lorraine : 572.
Repgow, Eike von : 384.
Reventlow : 619.
Richard, duc de Bourgogne : 204.

Richard, duc d'York : 546, 548.
Richard Ier Cœur de Lion : 229, 245, 270, 300-301, 315-316, 339.
Richard Ier, duc de Normandie : 202.
Richard II, roi d'Angleterre : 540-543, 616, 659.
Richard III, roi d'Angleterre : 549, 636, 660.
Richard de Cornouailles : 277.
Richemont, Arthur de, connétable : 545, 547.
Richer : 192.
Robert, duc de Bourgogne, frère d'Henri Ier : 297.
Robert, roi de Naples : 331, 568.
Robert Ier, roi de France : 205.
Robert II, duc de Normandie : 314.
Robert II le Pieux, roi de France : 294-295, 297, 378.
Robert Bruce, roi d'Ecosse : 534-535.
Robert Courteheuse : 243.
Robert d'Arbrissel : 263, 372.
Robert de Clari : 247.
Robert de Ketten : 349.
Robert Guiscard : 238, 243-244, 255, 297, 330.
Robert le Bougre : 303.
Robert le Fort : 205.
Robert le Moine : 334-335.

Roderic, roi wisigoth : 82, 116.
Rodolphe, duc puis roi de Bourgogne : 204.
Rodolphe de Habsbourg : 277, 325.
Rodolphe de Rheinfelden : 257.
Rodrigue Diaz de Bivar (el Cid) : 326.
Roger de Sicile : 244, 330.
Roger II, roi de Sicile : 330, 657.
Rollon : 202, 205.
Romain Ier, empereur : 142, 145.
Romain II, empereur : 145, 147.
Romain III, empereur : 237.
Romain IV Diogène, empereur : 238, 242.
Romain Lekapenos : 144.
Romulus Augustule, empereur : 27, 45.
Roquetaillade, Jean de : 463, 509.
Rufin : 40, 47.
Rupert de Deutz : 397.

Sabas : 65.
Saint-Paul, Jean de : 506.
Saisset, Bernard : 288.
Saladin (Salah ad-Dîn) : 227, 229-230, 316, 339, 657.
Salimbene : 273, 374.
Salisbury, duc de : 545.
Salomon, roi breton : 190, 199.
Salvien : 29.

Samo : 86.
Samuel, roi des Bulgares : 151.
Sanche de Navarre : 236.
Sanche le Gros, roi de León : 165.
Sanche le Gros, roi de Navarre : 326.
Sanudo, Marino : 530.
Savonarole : 511, 573.
Saxo Grammaticus : 322.
Scanderberg, chef albanais : 588, 591, 598.
Scholarios, Georges : 587-588, 596.
Scot, Michel : 273.
Segarelli de Parme : 399.
Serge, pape : 76.
Serge III, pape : 200.
Sergios, patriarche : 73-74.
Severos : 133.
Sforza, François (Francesco) : 569-570.
Sforza, Galeazzo-Maria : 570-571.
Sforza, Ludovic (le More) : 572-574.
Shaybamî : 156.
Shiraw : 73.
Sigebert, roi franc : 83-84.
Sigebert III, roi franc : 86.
Siger de Brabant : 359.
Sigfred, roi de Danemark : 181.
Sigismond, archiduc : 553.
Sigismond, empereur : 494, 501.
Sigismond, roi des Burgondes : 56, 100.
Sigismond de Hongrie : 531, 563, 579.
Siméon, roi des Bulgares : 146.
Simnel, Lambert : 551.
Simon de Montfort : 271, 302, 366.
Simon de Montfort, comte de Leicester, fils du précédent : 318.
Sixte IV, pape : 497-498, 522.
Sophie, nièce de Théodora : 68.
Starkey, William : 469.
Stauriakos : 130, 134-136.
Stefani, chroniqueur : 456.
Stilicon : 40, 42-43.
Stylianos Zaoutzès : 144.
Suger : 298, 407.
Sulayman : 156.
Sulayman ibn al-Arabi : 172.
Suleïman, fils du sultan : 578, 580.
Surienne, Jean de : 472.
Suso, Heinrich : 507.
Svatopluk : 206.
Sven à la Barbe Fourchue, roi de Danemark : 322.
Sven Estridsen, roi de Danemark : 322.
Svinthila, roi wisigoth : 86.
Svjatopolk, prince de Moravie : 138.
Swein : 313.
Syagrius : 44, 46, 53.
Sylvestre II, pape : 192, 210-212, 255, 344, 662.

Sylvestre III, antipape : 255.
Syméon, métropolite : 585.

Taccola, Marciano di Jacopo : 477.
Talbot, John : 545, 547.
Tamerlan (Timour) : 236, 580-581, 601, 659.
Tanchelm : 362.
Tancrède : 228, 244, 336.
Tancrède de Hauteville : 329.
Tancrède de Lecce : 331.
Tarasios : 130, 134.
Tarik : 74.
Tarik ibn Zigad : 116.
Tassilon, duc de Bavière : 174.
Tauler, Jean : 507.
Tchaghri : 221.
Tchermogan : 233.
Teküder : 235.
Télesphore de Cosenza : 510.
Tervel, khan bulgare : 75.
Thaddeus de Naples : 528.
Théodahat : 52.
Théodebald, duc des Alamans : 90.
Théodebert, roi franc : 56-57, 61, 83.
Théodora, épouse de Théophylacte : 200.
Théodora, impératrice, épouse de Justinien : 49, 60, 65.
Théodora, impératrice, épouse de Théophile : 137.
Théodore, moine : 135-136.
Théodore, souverain d'Epire : 248.
Théodore II, empereur de Nicée : 249.
Théodore Laskaris, empereur : 248.
Théodoric, roi des Ostrogoths : 50-52, 54-57, 60, 62, 93-94, 655.
Théodoric le Louche : 47.
Théodose, empereur : 27-28, 35-36, 38, 40, 99, 655.
Théodose II, empereur : 37, 40, 47.
Théodulf : 191-192.
Theoktistos : 137, 139.
Théophane, chroniqueur : 133, 135, 180.
Théophane le Confesseur : 119.
Théophano, impératrice, épouse de Léon VI : 144.
Théophano, impératrice, épouse de Romain II : 145, 147.
Théophano, impératrice, épouse d'Otton II : 148, 150, 208.
Théophile, empereur : 137, 139-140.
Théophylacte : 200.
Théophylaktos Simocatta : 72.
Thérines, Jacques de : 401.
Theutberge : 198.
Thibaud de Champagne : 299.
Thierry Ier, roi des Francs : 55-56, 83, 98.

Thierry IV, roi des Francs : 89.
Thomas d'Aquin : 283, 356, 359-360, 391, 422-423, 438, 512-514, 583, 664, 680, 682.
Thomas de Marle : 298.
Thomas de Strasbourg : 375.
Thomas le Slave : 137.
Thomas Paléologue, frère de Constantin XI : 589, 598, 602.
Thrasamund, roi des Vandales : 51-52.
Tibère II, empereur : 68-69, 73, 130.
Tolomeo de Lucques : 375.
Torquemada : 521.
Totila : 61-63.
Touda Mengu : 236.
Transtamare, Henri de : 465, 540, 558.
Trébizonde, Georges de : 587.
Trésiguidi, Maurice : 469.
Tribonien : 64.
Tughril : 221-222.
Turlande, Robert de : 371.
Tyler, Wat : 542, 616, 643.

Ubertin de Casale : 282, 508.
Uccello, Paolo : 470.
Umur, émir d'Aydin : 576-577.
Uraia : 98.
Urbain II, pape : 243, 258, 264, 334, 373, 657.
Urbain V, pape : 475, 485.
Urbain VI, pape : 491-492, 514, 568.

Vaïk, ou Waïk, prince hongrois : 186, 208.
Valdemar le Grand, roi de Danemark : 322.
Valdemar le Victorieux, roi de Danemark : 322.
Valdès, Pierre : 271.
Valentinien III, empereur : 40, 44.
Valla, Lorenzo : 516.
Valleius Paterculus : 69.
Van Artevelde, Jacques : 535, 537, 642.
Van Artevelde, Philippe : 543, 643.
Van der Weyden : 519.
Van Eyck, Hubert : 519.
Van Eyck, Jan : 436, 519, 639.
Van Ruysbroeck, Jan : 507.
Van Velthem, Lodewijk : 454.
Varron : 35-36, 154.
Vasco de Gama : 560, 649, 660.
Vassili Ier : 565.
Vassili II : 565.
Vaudès, Pierre : 363.
Venceslas III : 325.
Venette, Jean de : 473.
Verina : 47.
Verney : 469.
Vesci, Eustache de : 317.
Victor III, pape : 258.
Victor IV, antipape : 266.
Vigile, pape : 62, 65.

Villandrando, Rodrigue de : 472.
Villani, Filippo : 470.
Villani, Matteo : 461, 469.
Villehardouin : 247-248.
Villeneuve, Arnaud de : 508.
Villon, François : 447, 505, 645.
Visconti, Bernabo : 569.
Visconti, Filippo-Maria : 569-570.
Visconti, Galeas : 569.
Visconti, Valentine : 572, 574.
Vital de Savigny : 263.
Vitalien : 49.
Vitigès : 61.
Vlad Dracul, l'Empaleur (Dracula) : 598.
Vladimir Ier, prince de Kiev : 150, 324.
Voukashin : 579.

Waïfre, prince d'Aquitaine : 170.
Walafrid Strabon : 192.
Waldrade : 198.
Wallace, William : 319.
Wamba, roi wisigoth : 82.
Warbeck, Perkin : 551.
Wavrin, Jean de : 505.
Wavrin, Waleran de : 532.
Wenceslas, empereur : 489.
Widukind, chef saxon : 173, 208.
Widukind, moine : 192.
Wilfred le Velu : 203.
Wilgard : 361.
Willibald : 119.
Willibrord : 101.
Wirsberg, Janko de : 620.
Wirsberg, Livin de : 620.
Wittiza, roi wisigoth : 82.
Wodham, Adam de : 514.
Wurtemberg, Eberhard von : 620.
Wyclif, John : 500-501, 504, 506, 522, 616.

Xaintrailles, Poton de : 472, 545.
Xanten, Norbert de : 263, 372.

Yahya : 226.
Yaqoub Yousouf : 230.
Yousouf, prince almoravide : 326.
Yousouf Yaqoub : 230.
Yusuf : 226.

Zaccaria, Benedetto : 232, 582.
Zacharias, Jean : 583.
Zacharie, pape : 91.
Zengi : 228-229.
Zénon, empereur : 45, 47-50, 115.
Zizka, Jean : 501, 509.
Zoé Carbonopsina : 144.
Zoé Paléologue : 566, 602.
Zoé Zaoutzina, impératrice : 144.

Table

Avant-propos 9

PREMIÈRE PARTIE
400-1000
LE TEMPS DE L'ORIENT ET L'ÂGE DES ILLUSIONS

1. L'effondrement de l'Occident (ve siècle) 27
   L'Empire romain vers 400 : un Etat malade
   et oppressif 28
   Une économie asphyxiée par les charges 33
   Une nouvelle force : le christianisme 36
   La rupture de 395. 39
   De la catastrophe (410) au naufrage
   de l'Occident (476).................... 42
   L'empire d'Orient de 395 à 528 46
   Théodoric et le royaume ostrogoth........... 50
   L'essor des Francs : Clovis et ses fils 52

2. Byzance et les royaumes barbares (vi^e-viiie siècle) 59
   Justinien et la conquête de l'Ouest (527-565) 59
   Grandeur et misère du règne de Justinien 64
   La période des troubles (565-610)........... 68
   La dynastie des Héraklides (610-711) 72
   L'affirmation de la civilisation byzantine 76

> Italie, Espagne et Bretagne.................. 82
> Les vicissitudes des Mérovingiens............. 83
> Des Mérovingiens aux Carolingiens (751)..... 88
> La germanisation de l'Occident............... 92
> Une christianisation plus quantitative
>   que qualitative 99

3. Le choc de l'islam (630-750) 105
> Mahomet (vers 571-632) :
>   une personnalité trouble.................. 106
> Les débuts de l'islam : violence, confusion
>   et divisions 109
> L'expansion islamique par la guerre éclair
>   (632-751) 114
> Le choc de la conquête arabo-musulmane
>   et ses répercussions..................... 118
> Arabisation et islamisation des conquêtes 121
> 750 : des Omayyades aux Abbassides 125

4. Byzance et Bagdad : La gloire de l'Orient
   (VIIIe-Xe siècle)......................... 129
> La dynastie isaurienne à Byzance (717-802) 130
> L'iconoclasme et le règne d'Irène 132
> Une période troublée (802-867).............. 136
> Basile Ier (867-886) et ses successeurs (886-963) :
>   la renaissance byzantine................... 141
> Basile II (963-1025) : l'apogée de Byzance 147
> Les Abbassides : échec politique et réussite
>   économique (750-1075).................. 152
> Bagdad, le colosse de l'Orient............... 156
> Grandeur et décadence culturelle et politique
>   du monde musulman 161

5. De Charlemagne à Otton ou de l'Empire franc
   à l'Empire germanique (VIIIe-Xe siècle) 167
> Pépin le Bref : l'affirmation des Carolingiens
>   (751-768) 168

Charlemagne : l'édification d'un empire
 (768-814) 171
800 : Charlemagne empereur. Les implications
 d'un geste 176
Quel empire ? Un Etat fort, appuyé sur l'Eglise... 180
Economie et société : le poids du monde rural... 186
La renaissance carolingienne : une réalité 190
Eclatement de l'Empire carolingien :
 Verdun (843) 194
Le Xe siècle : chaos et émiettement politique ... 199
La fin des Carolingiens (987) et la résurrection
 de l'Empire par Otton (962).............. 205
Les espoirs de l'an 1000................... 209

DEUXIÈME PARTIE
1000-1300
LE TEMPS DE L'OCCIDENT ET L'ÂGE DE RAISON

6. Le déclin de l'Orient : Faiblesses politiques
  et blocages culturels 219
 Les conflits internes du monde musulman
  au XIe siècle : Fatimides et Seldjoukides 219
 Al-Andalous et Ifriqiya : les crises hilaliennes
  et almoravides (XIe siècle)................ 224
 L'impact des croisades et le redressement
  avec Saladin et les Almohades 227
 Mongols et Reconquista : les désastres
  du XIIIe siècle pour l'islam 231
 L'Empire byzantin sur la défensive (XIe siècle).. 237
 Byzance victime des Turcs et des Latins
  (XIIe siècle).......................... 243
 La catastrophe de 1204 et la parenthèse latine
  (1204-1261) 247
 Un sursaut éphémère (1261-1321) 249

7. L'affirmation de l'Occident : La chrétienté
   entre théocratie et césaropapisme 253
   La querelle des investitures : de Canossa
   à Worms (1077-1122) 254
   Forces et faiblesses de l'empereur et du pape .. 258
   L'essor du pouvoir pontifical au XIIe siècle 264
   L'apogée de la théocratie : Innocent III
   (1198-1216) 268
   La lutte finale contre l'« Antéchrist » Frédéric II
   (1220-1250) 272
   Le pape, vainqueur du pouvoir impérial ? 276
   Le pape vaincu par le pouvoir royal
   (Boniface VIII et Philippe le Bel, 1294-1303).... 282

8. Les monarchies féodales et l'expansion
   européenne 291
   Les atouts des Capétiens................... 292
   Des débuts difficiles (XIe-XIIe siècle)........... 297
   De Philippe II à Philippe IV : l'apogée
   de la dynastie (XIIIe siècle) 300
   La monarchie féodale à la française :
   l'élargissement du pouvoir royal........... 306
   L'Angleterre, du Conquérant au Cœur de Lion :
   une monarchie flamboyante (1035-1099) ... 312
   Les limites des Plantagenêts, de la Grande Charte
   à la montée du Parlement (1199-1327)..... 316
   Le Nord et l'Est : les Scandinaves, le Drang
   nach Osten, et les Slaves 322
   Le Sud : la Reconquista, les Aragonais,
   les Normands et les Angevins............. 325
   Les croisades : origines et motivations........ 332
   De Clermont à Tunis : l'épopée des croisés
   (1095-1270) 336

9. L'Eglise, la société et la culture :
    Un idéal de foi et de raison............ 343
    L'avènement de la dialectique au XIe siècle :
        Anselme de Canterbury................ 344
    Les combats de la raison au XIIe siècle.
        Abélard contre saint Bernard 348
    L'Eglise contrôle la culture : les universités
        au XIIIe siècle 354
    Contestations et répressions 361
    Omniprésence de l'Eglise dans la vie quotidienne 367
    L'Eglise, le mariage et la procréation 372
    L'Eglise, gardienne de la paix sociale 378
    L'Eglise, facteur de rationalisation du droit 382

10. Economie et société d'un monde (trop) plein
    Les limites d'un idéal stationnaire........ 385
    L'excessive croissance démographique
        et ses causes 386
    Insuffisante croissance agricole : rendements
        et défrichements 391
    Conséquences du surpeuplement : aggravation
        des tensions sociales.................. 395
    Le surpeuplement, facteur d'intolérance
        et de colonisation 400
    Nobles, seigneurs et vassaux 403
    Les seigneuries, cadres de base du monde rural 406
    Le phénomène urbain : croissance des villes
        et naissance des communes 413
    Artisanat et commerce entre réglementation
        et morale. 420
    L'Eglise, l'argent, la monnaie et les foires 422
    Les signes précurseurs de la crise............ 429

TROISIÈME PARTIE
1300-1500
LE TEMPS DE L'APOCALYPSE
ET L'ÂGE DE LA TRANSITION

11. Les cavaliers de l'Apocalypse : Famines,
guerres, pestes, et leurs séquelles 441
« Tout va mal » (Eustache Deschamps) :
la teinte sombre d'une époque 443
La famine : le grand retour de 1315
et ses suites.......................... 449
La peste. Le débarquement de la Mort Noire
en 1348 et ses récurrences 455
La Mort Noire, facteur de chaos............. 458
La guerre : bilan humain de deux siècles
de conflits sauvages 464
Grandes Compagnies, écorcheurs et caïmans... 468
Militarisation de l'espace et culture
de la violence 472
Identités nationales et xénophobie........... 478

12. Des esprits désorientés : Les fissures
de la chrétienté et le divorce foi-raison.... 483
Les papes d'Avignon ou la « captivité
de Babylone » (1309-1378) 483
Reprise de la lutte entre le pape et l'empereur :
Bulle d'Or (1356) et déclin de l'autorité 487
Le Grand Schisme, de 1378 au concile
de Constance (1414-1418)............... 491
Le conciliarisme et les aspirations
à une réforme religieuse................. 495
Les fissures de la chrétienté et la montée
des sentiments nationaux 502
La devotio moderna et le retour de l'irrationnel
prophétique.......................... 506
Occam et son rasoir : le divorce
entre foi et raison 511

Les nouveaux intellectuels	515
L'imprimerie, fossoyeur du Moyen Age	520

13. Un Occident divisé : Vers les monarchies nationales ... 525

L'effacement de l'idée de croisade	526
La guerre de Cent Ans (I) : l'effondrement de la France (1340-1364)	534
La guerre de Cent Ans (II) : heurs et malheurs de l'Angleterre (1364-1453)	539
Le cas anglais : guerre des Deux-Roses et avènement des Tudors (1455-1509)	547
Le cas français : l'élimination des derniers grands fiefs (1461-1515)	551
Les puissances émergentes : Espagne et Portugal, des guerres civiles au partage du monde	557
A l'est et au nord : royaumes et empires en mutation	562
L'Italie de Machiavel, laboratoire de la politique nouvelle	567

14. Un Orient réunifié : De l'Empire byzantin à l'Empire ottoman ... 575

L'irrémédiable déclin de Byzance au XIVe siècle	576
La situation dramatique de l'Empire vers 1400	581
Echec de l'Union des Eglises (concile de Florence, 1439)	584
Vers la chute de l'Empire byzantin	588
Le siège et la prise de Constantinople (29 mai 1453)	593
L'Empire ottoman de Mehmet II, héritier de Byzance	597

15. Une économie en mutation : Vers le règne de l'argent ... 603

Crise de la seigneurie	604
Le désarroi de la noblesse	608

Un monde rural en mutation et en révolte. 611
Après 1450 : vers la seigneurie-entreprise 617
La croissance urbaine 622
Essor de la production et des échanges 625
L'irrésistible ascension des hommes d'affaires. . . . 631
Commerce et banque, facteurs d'évolution
   culturelle. 637
Les troubles urbains, révélateurs
   d'une mutation économique et sociale 640

Epilogue. Du Moyen Age à la Renaissance
   ou du saint au grand homme 647

Chronologies. 653
Cartes. 665
Bibliographie sommaire 671
Index 689

collection tempus
Perrin

Déjà paru

351. *Mémoires accessoires*, tome II, *1946-1982* – Philippe de Gaulle.
352. *11 novembre 1942, l'invasion de la zone libre* – Eddy Florentin.
353. *L'homme du* Monde, *la vie d'Hubert Beuve-Méry* – Laurent Greilsamer.
354. *Staline, la cour du tsar rouge*, tome I, *1929-1941* – Simon Sebag Montefiore.
355. *Staline, la cour du tsar rouge*, tome II, *1941-1953* – Simon Sebag Montefiore.
356. *Le 18 Brumaire* – Thierry Lentz.
357. *Louis XVI*, tome I, *1754-1786* – Jean-Christian Petitfils.
358. *Louis XVI*, tome II, *1786-1793* – Jean-Christian Petitfils.
359. *Histoire de la cuisine et de la gastronomie françaises* – Patrick Rambourg.
360. *L'Amérique des néo-conservateurs, l'illusion messianique* – Alain Frachon, Daniel Vernet.
361. *Du fascisme* – Pascal Ory.
362. *Histoire de la gendarmerie* – Éric Alary.
363. *Clemenceau* – Michel Winock.
364. *Le modèle suisse* – François Garçon.
365. *Une journée dans l'affaire Dreyfus, « J'accuse », 13 janvier 1898* – Alain Pagès.
366. *Ribbentrop* – Michael Bloch.
367. *Voyage au cœur de l'OAS* – Olivier Dard.
368. *Splendeurs et misères du fait divers* – Louis Chevalier.
369. *Christianisme et paganisme du IVe au VIIIe siècle* – Ramsay MacMullen.
370. *Mihailović, héros trahi par les Alliés (1893-1946)* – Jean-Christophe Buisson.
371. *La guerre civile européenne. National-socialisme et bolchevisme, 1917-1945* – Ernst Nolte.
372. *Rome et Jérusalem* – Martin Goodman.

373. *La chute de Saigon* – Olivier Todd.
374. *Les secrets du Vatican* – Bernard Lecomte.
375. *Madame de Staël* – Ghislain de Diesbach.
376. *L'irrésistible ascension de l'argent* – Niall Ferguson.
377. *Erwin Rommel* – Benoît Lemay.
378. *Histoire des Espagnols*, tome II – Bartolomé Bennassar.
379. *Les généraux allemands parlent* – Basil H. Liddell Hart.
380. *Google et le nouveau monde* – Bruno Racine.
381. *Histoire de France* – Jacques Bainville.
382. *Après le déluge* – Nicolas Baverez.
383. *Histoires de la Révolution et de l'Empire* – Patrice Gueniffey.
384. *Mille ans de langue française*, tome I, *Des origines au français moderne* – Alain Rey, Frédéric Duval, Gilles Siouffi.
385. *Mille ans de langue française*, tome II, *Nouveaux destins* – Alain Rey, Frédéric Duval, Gilles Siouffi.
386. *Juliette Gréco, une vie en liberté* – Bertrand Dicale.
387. *Le grand jeu de dupes* – Gabriel Gorodetsky.
388. *Des cendres en héritage. L'histoire de la CIA* – Tim Weiner.
389. *La Bastoche. Une histoire du Paris populaire et criminel* – Claude Dubois.
390. *Les Mitterrand* – Robert Schneider.
391. *L'étrange voyage de Rudolf Hess* – Martin Allen.
392. *Le monde post-américain* – Fareed Zakaria.
393. *Enquête sur les béatifications et les canonisations* – Yves Chiron.
394. *Histoire des paradis* – Pierre-Antoine Bernheim, Guy Stavridès.
395. *Margaret Thatcher* – Jean-Louis Thiériot.
396. *L'art de la guerre* – Nicolas Machiavel.
397. *Caligula* – Pierre Renucci.
398. *L'épopée du Normandie-Niémen* – Roland de la Poype.
399. *Stefan Zweig* – Dominique Bona.
400. *Louise de La Vallière* – Jean-Christian Petitfils.
401. *La saga des Grimaldi* – Jean des Cars.
402. *Jacques Pilhan, le sorcier de l'Élysée* – François Bazin.
403. *François-Joseph* – Jean-Paul Bled.
404. *La gauche à l'agonie, 1968-2017* – Jean-Pierre Le Goff.
405. *La vie élégante* – Anne Martin-Fugier.
406. *Le mur de Berlin* – Frederick Taylor.
407. *Naissance de la police moderne* – Jean-Marc Berlière.
408. *La guerre du Mexique* – Alain Gouttman.

409. *Les conflits du Proche-Orient* – Xavier Baron.
410. *L'Action française* – François Huguenin.
411. *Le duel, une passion française* – Jean-Joël Jeanneney.
412. *La bataille de Moscou* – Andrew Nagorski.
413. *Jean-Jacques Rousseau* – Monique et Bernard Cottret.
414. *Louis Massignon* – Christian Destremau, Jean Moncelon.
415. *Histoire politique de la Ve République* – Arnaud Teyssier.
416. *Le peuple de la nuit* – Diana Cooper-Richet.
417. *François-Ferdinand d'Autriche* – Jean-Louis Thiériot.
418. *Les dossiers secrets du XXe siècle* – Alain Decaux.
419. *Histoire de la papauté* – Yves Bruley.
420. *Anti*-Prince – François Sauzey.
421. *Jeanne d'Arc, vérités et légendes* – Colette Beaune.
422. *Heydrich et la solution finale* – Édouard Husson.
423. *Sainte Geneviève* – Joël Schmidt.
424. *Malesherbes* – Jean des Cars.
425. *Histoire de la Méditerranée* – John Julius Norwich.
426. *La guerre secrète*, tome I, *Origines des moyens spéciaux et premières victoires alliées* – Anthony Cave Brown.
427. *La guerre secrète*, tome II, *Le jour J et la fin du IIIe Reich* – Anthony Cave Brown.
428. *La droite, hier et aujourd'hui* – Michel Winock.
429. *L'obsession des frontières* – Michel Foucher.
430. *L'impardonnable défaite* – Claude Quétel.
431. *Le dernier empereur* – Jean Sévillia.
432. *Lucie Aubrac* – Laurent Douzou.
433. *Le déclin de Rome et la corruption du pouvoir* – Ramsay MacMullen.
434. *Le donjon et le clocher* – Éric Mension-Rigau.
435. *Histoire de l'Atlantique* – Paul Butel.
436. *Skorzeny, chef des commandos de Hitler* – Glenn B. Infield.
437. *Une histoire du XXe siècle*, tome I – Raymond Aron.
438. *Une histoire du XXe siècle*, tome II – Raymond Aron.
439. *Versailles après les rois* – Franck Ferrand.
440. *Précis de l'histoire de France* – Jules Michelet.
441. *L'assassinat d'Henri IV* – Jean-Christian Petitfils.
442. *De l'esprit de cour* – Dominique de Villepin.
443. *Figures de proue* – René Grousset.
444. *La saga des Hachémites* – Rémi Kauffer.

445. *Jacques et Raïssa Maritain* – Jean-Luc Barré.
446. *La chevalerie* – Dominique Barthélemy.
447. *Histoire de Rome* – Jean-Yves Boriaud.
448. *De Gaulle et l'Algérie française* – Michèle Cointet.
449. *Le clan des Médicis* – Jacques Heers.
450. *Histoire des grands-parents* – Vincent Gourdon.
451. *Histoire des grands scientifiques français* – Éric Sartori.
452. *Bir Hakeim* – François Broche.
453. *La mort de Napoléon* – Thierry Lentz.
454. *L'épopée de l'archéologie* – Jean-Claude Simoën.
455. *L'Égypte ancienne au jour le jour* – Christian Jacq.
456. *Histoire de Beyrouth* – Samir Kassir.
457. *Vaincre ou mourir à Stalingrad* – William Craig.
458. *Franklin D. Roosevelt* – André Kaspi.
459. *Louis-Philippe et sa famille* – Anne Martin-Fugier.
460. *Dans la Grèce d'Hitler* – Mark Mazower.
461. *Malaise dans la civilité ?* (dir. Claude Habib et Philippe Raynaud).
462. *Comprendre la guerre. Histoire et notions* – Laurent Henninger, Thierry Widemann.
463. *Le guide des élections américaines* – Nicole Bacharan, Dominique Simonnet.
464. *Malaparte* – Maurizio Serra.
465. *L'Algérie des passions, 1870-1939* – Pierre Darmon.
466. *Le roman de Marrakech* – Anne-Marie Corre.
467. *René Char* – Laurent Greilsamer.
468. *Marie-Thérèse d'Autriche* – Jean-Paul Bled.
469. *La synarchie, le mythe du complot permanent* – Olivier Dard.
470. *Le Versailles de Louis XIV* – Mathieu Da Vinha.
471. *Norbert Elias et le XXe siècle* (dir. Quentin Deluermoz).
472. *La reine Astrid* – Pascal Dayez-Burgeon.
473. *Le Chemin des Dames* (dir. Nicolas Offenstadt).
474. *Encyclopédie de la Grande Guerre*, tome I (dir. Stéphane Audoin-Rouzeau et Jean-Jacques Becker).
475. *Encyclopédie de la Grande Guerre*, tome II (dir. Stéphane Audoin-Rouzeau et Jean-Jacques Becker).
476. *Hitler*, tome I, *20 avril 1889-octobre 1938* – John Toland.
477. *Hitler*, tome II, *Novembre 1938-30 avril 1945* – John Toland.
478. *Jacques Cœur* – Jacques Heers.
479. *Les maréchaux soviétiques parlent* (prés. Laurent Henninger).

480. *La vie des Huns* – Marcel Brion.
481. *Histoire de Belgrade* – Jean-Christophe Buisson.
482. *Allemagne IIIe Reich* – Mathilde Aycard, Pierre Vallaud.
483. *Le Moyen Age, ombres et lumières* – Jean Verdon.
484. *La saga des Habsbourg* – Jean des Cars.
485. *Aimé Césaire* – Romuald Fonkoua.
486. *L'art du commandement* – John Keegan.
487. *L'histoire des papes, de 1789 à nos jours* – Bernard Lecomte.
488. *Vercingétorix* – Paul M. Martin.
489. *Le défilé des réfractaires* – Bruno de Cessole.
490. *Hitler parle à ses généraux* (prés. Helmut Heiber).
491. *Hermann Goering* – François Kersaudy.
492. *L'affaire des Poisons* – Jean-Christian Petitfils.
493. *Les trente glorieuses chinoises* – Caroline Puel.
494. *La résistance allemande à Hitler* – Joachim Fest.
495. *Histoire des auteurs* – Isabelle Diu, Elisabeth Parinet.
496. *Madame du Barry* – Jacques de Saint Victor.
497. *Dominique de Roux* – Jean-Luc Barré.
498. *Thierry Maulnier* – Étienne de Montety.
499. *Tocqueville* – Jean-Louis Benoît.
500. *Combattant de la France Libre* – Jean-Mathieu Boris.
501. *Himmler*, tome I, *1900-septembre 1939* – Peter Longerich.
502. *Himmler*, tome II, *septembre 1939-mai 1945* – Peter Longerich.
503. *Portraits-souvenirs* – Alain Duhamel.
504. *Le complexe de l'autruche* – Pierre Servent.
505. *L'abbé Mugnier* – Ghislain de Diesbach.
506. *Le Prince* – Nicolas Machiavel.
507. *La traque d'Eichmann* – Neal Bascomb.
508. *Churchill et Hitler* – François Delpla.
509. *Histoire de la Corse et des Corses* – Jean-Marie Arrighi, Olivier Jehasse.
510. *De la guerre en Amérique* – Thomas Rabino.
511. *Histoire du Japon médiéval* – Pierre-François Souyri.
512. *1492, un monde nouveau ?* – Bartolomé et Lucile Bennassar.
513. *Napoléon et la guerre d'Espagne* – Jean-Joël Brégeon.
514. *Bismarck* – Jean-Paul Bled.
515. *La Lorraine des ducs* – Henry Bogdan.
516. *Morts pour Vichy* – Alain Decaux.
517. *La duchesse de Chevreuse* – Denis Tillinac.

518. *Histoire intellectuelle des droites* – François Huguenin.
519. *Les crimes de la Wehrmacht* – Wolfram Wette.
520. *L'exode* – Éric Alary.
521. *Les soldats de la honte* – Jean-Yves Le Naour.
522. *Histoire des États-Unis,* tome I, *L'ascension, 1865-1974* – Pierre Melandri.
523. *Histoire des États-Unis,* tome II, *Le déclin ?, Depuis 1974* – Pierre Melandri.
524. *Talleyrand* – Louis Madelin.
525. *Histoire des murs* – Claude Quétel.
526. *Les miscellanées d'un Gallo-Romain* – Lucien Jerphagnon.
527. *Anne de Bretagne* – Philippe Tourault.
528. *Charlemagne* – Georges Minois.
529. *Diên Biên Phu* – Pierre Pellissier.
530. *La dernière chance* – Yves-Marie Bercé.
531. *À la recherche du temps sacré* – Jacques Le Goff.
532. *Les Hohenzollern* – Henry Bogdan.
533. *Paris révolutionnaire* – G. Lenotre.
534. *L'homme Napoléon* – Louis Chardigny.
535. *Hitler chef de guerre* – Philippe Masson.
536. *Histoire du Consulat et de l'Empire* – Jean-Paul Bertaud.
537. *Hitler et le Vatican* – Peter Godman.
538. *Souvenirs de la campagne de France* – Baron Fain.
539. *Les derniers secrets du Vatican* – Bernard Lecomte.
540. *Dictionnaire des fascismes et du nazisme,* tome I, *A-M* – Serge Berstein, Pierre Milza.
541. *Dictionnaire des fascismes et du nazisme,* tome II, *N-Z* – Serge Berstein, Pierre Milza.
542. *Ciano* – Michel Ostenc.
543. *Histoire de la marine allemande* – François-Emmanuel Brézet.
544. *Kang Sheng* – Roger Faligot, Rémi Kauffer.
545. *Histoire du Maroc* – Michel Abitbol.
546. *La naissance du capitalisme au Moyen Age* – Jacques Heers.
547. *De Gaulle, la République et la France Libre* – Jean-Louis Crémieux-Brilhac.
548. *Charles Péguy* – Arnaud Teyssier.
549. *La saga des Windsor* – Jean des Cars.
550. *Berty Albrecht* – Dominique Missika.
551. *Histoire du football* – Paul Dietschy.

552. *Stauffenberg* – Jean-Louis Thiériot.
553. *Requiem pour un empire défunt* – François Fejtö.
554. *Histoire anecdotique de la Première Guerre mondiale* – Gérard Guicheteau, Jean-Claude Simoën.
555. *Paris libéré, 1944-1949* – Antony Beevor, Artemis Cooper.
556. *La guerre totale* – Erich Ludendorff.
557. *La cour de France* – Jean-François Solnon.
558. *La grande fracture* – Michel Winock.
559. *Histoire de la Prusse* – Christopher Clark.
560. *Le Monde. Les grandes crises politiques françaises, 1958-2014* (dir. Gérard Courtois).
561. *Alésia* – Jean-Louis Voisin.
562. *La première guerre d'Hitler* – Thomas Weber.
563. *Les guerres de Louis XIV* – John A. Lynn.
564. *Monarchies et royautés de la préhistoire à nos jours* – Roland Mousnier.
565. *La Waffen-SS*, tome I – Jean-Luc Leleu.
566. *La Waffen-SS*, tome II – Jean-Luc Leleu.
567. *Louis XIII*, tome I – Jean-Christian Petitfils.
568. *Louis XIII*, tome II – Jean-Christian Petitfils.
569. *Sigmaringen* – Jean-Paul Cointet.
570. *Colbert* – François d'Aubert.
571. *Marignan, 1515* – Didier Le Fur.
572. *Grandeur et misère de l'Armée rouge* – Jean Lopez, Lasha Otkhmezuri.
573. *À la recherche de Winston Churchill* (dir. Pierre Assouline).
574. *Le Régent* – Philippe Erlanger.
575. *Azincourt, 1415* – Dominique Paladilhe.
576. *Sept générations d'exécuteurs. Mémoires de Sanson* (prés. François-Henri Désérable).
577. *Napoléon à Sainte-Hélène* – Paul Ganière.
578. *Le nazisme, régime criminel* (dir. Marie-Bénédicte Vincent).
579. *Madame de Maintenon* – Jean-Paul Desprat.
580. *Le Moyen-Orient pendant la Seconde Guerre mondiale* – Christian Destremau.
581. *Le grand tournant* – Paul Kennedy
582. *Madame Roland, une femme en Révolution* – Pierre Cornut-Gentille.
583. *Néfertiti et Akhénaton* – Christian Jacq.
584. *Montesquieu, le moderne* – Alain Juppé.

585. *Le fil de l'épée* – Charles de Gaulle.
586. *Histoire du Mont-Saint-Michel* – Patrick Sbalchiero.
587. *De Gaulle/Pétain, règlements de comptes* – Herbert R. Lottman.
588. *Russie, révolutions et stalinisme* – Mathilde Aycard, Pierre Vallaud.
589. *Journal politique*, tome I, *août 1937-septembre 1939* – Galeazzo Ciano.
590. *Journal politique*, tome II, *septembre 1939-février 1943* – Galeazzo Ciano.
591. *Les secrets du IIIe Reich* – François Kersaudy.
592. *Goebbels*, tome I, *1897-1937* – Peter Longerich.
593. *Goebbels*, tome II, *1937-1945* – Peter Longerich.
594. *La guerre du Viet Nâm* – John Prados.
595. *À l'intérieur du camp de Drancy* – Michel Laffitte, Annette Wieviorka.
596. *Dönitz* – François-Emmanuel Brézet.
597. *Histoire du débarquement* – Carlo D'Este.
598. *La saga des Romanov* – Jean des Cars.
599. *Mémoires* – Boni de Castellane.
600. *La révolte dans le désert* – Lawrence d'Arabie.
601. *Mémoires* – Joseph Fouché.
602. *Le congrès de Vienne* – Thierry Lentz.
603. *Mémoires sur la cour de Louis XIV* – Primi Visconti.
604. *Histoire de la Russie et de son empire* – Michel Heller.
605. *Voltaire* – Pierre Milza.
606. *Le Roi-Soleil et Dieu* – Alexandre Maral.
607. *De Lattre* – Pierre Pellissier.
608. *La France occupée* – August von Kageneck.
609. *Sadate* – Robert Solé.
610. *Les grandes figures de l'islam* – Malek Chebel.
611. *Trotski* – Robert Service.
612. *La bataille du Vatican* – Christine Pedotti.
613. *La bataille de Verdun* – Philippe Pétain.
614. *Des hommes irréguliers* – Étienne de Montety.
615. *Lauzun* – Jean-Christian Petitfils.
616. *Les voix de la foi* – François Huguenin.
617. *L'Europe barbare* – Keith Lowe.
618. *1914* – Jean-Yves Le Naour.
619. *Mahomet et Charlemagne* – Henri Pirenne.
620. *La guerre de Corée* – Ivan Cadeau.
621. *La seconde gloire de Rome* – Jean Delumeau.

622. *Biribi* – Dominique Kalifa.
623. *Joffre* – Rémy Porte.
624. *Paroles de Verdun* – Jean-Pierre Guéno.
625. *Le salaire de la destruction* – Adam Tooze.
626. *Le dernier des cathares, Pèire Autier* – Anne Brenon.
627. *Maurice et Jeannette, biographie du couple Thorez* – Annette Wieviorka.
628. *La dynastie rouge* – Pascal Dayez-Burgeon.
629. *Les secrets du Gotha* – Ghislain de Diesbach.
630. *Notre jeunesse* – Charles Péguy.
631. *Une histoire du Liban* – David Hirst.
632. *Aristide Briand* – Bernard Oudin.
633. *Boni de Castellane* – Eric Mension-Rigau.
634. *La grande histoire de la Belgique* – Patrick Weber.
635. *La police des mœurs* – Jean-Marc Berlière.
636. *Joseph II* – François Fejtö.
637. *Considérations sur Hitler* – Sebastian Haffner.
638. *Les batailles qui ont changé l'histoire* – Arnaud Blin.
639. *Entretiens avec Mussolini* – Emil Ludwig.
640. *Grandeurs et misères d'une victoire* – Georges Clemenceau.
641. *Les couples royaux dans l'histoire* – Jean-François Solnon.
642. *Roger II de Sicile* – Pierre Aubé.
643. *Carrier et la Terreur nantaise* – Jean-Joël Brégeon.
644. *C'était le XXe siècle*, tome I – Alain Decaux.
645. *C'était le XXe siècle*, tome II – Alain Decaux.
646. *Reines d'Afrique* – Vincent Hugeux.
647. *Ducs et duchesses de Bretagne* – Philippe Tourault.
648. *L'âme romaine* – Pierre Grimal.
649. *Lénine* – Robert Service.
650. *Les derniers jours* – Michel De Jaeghere.
651. *Histoire des Arabes* – Eugene Rogan.
652. *Leipzig* – Bruno Colson.
653. *La France et son armée* – Charles de Gaulle.
654. *Baden-Powell* – Philippe Maxence.
655. *Les vichysto-résistants* – Bénédicte Vergez-Chaignon.
656. *L'édit de Nantes* – Bernard Cottret.
657. *Chamfort* – Claude Arnaud.
658. *La captivité et la mort de Marie-Antoinette* – G. Lenotre.
659. *Les ministres de Napoléon* – Thierry Lentz.

660. *Les dynasties du luxe* – Yann Kerlau.
661. *Les aigles foudroyés* – Frédéric Mitterrand.
662. *Mémoires d'exil* – Frédéric Mitterrand.
663. *Histoire des Juifs* – Michel Abitbol.
664. *Dictionnaire de stratégie* – Gérard Chaliand, Arnaud Blin.
665. *Washington* – François Guizot.
666. *Russie, réformes et dictatures* – Andreï Kozovoï.
667. *L'enfance des chefs de la V République* – Robert Schneider.
668. *Histoire des présidents de la République* – Maxime Tandonnet.
669. *La haine et la honte* – Friedrich Reck-Malleczewen.
670. *La Grande Guerre oubliée* – Alexandre Sumpf.
671. *Histoires de l'Élysée* – François d'Orcival.
672. *Extension du domaine de la guerre* – Pierre Servent.
673. *Versailles au temps des rois* – G. Lenotre.
674. *La fin des empires* (dir. Patrice Gueniffey et Thierry Lentz).
675. *L'Élysée sous l'Occupation* – François d'Orcival.
676. *Histoire de la Russie des tsars* – Richard Pipes.
677. *L'épuration des intellectuels* – Pierre Assouline.
678. *Mourir pour Kobané* – Patrice Franceschi.
679. *Dépêches du Vietnam* – John Steinbeck.
680. *1715, La France et le monde* – Thierry Sarmant.
681. *Spartacus* – Eric Teyssier.
682. *Journal, 1939-1945* – Maurice Garçon.
683. *Les cent derniers jours d'Hitler* – Jean Lopez.
684. *Les sentinelles* – Dror Moreh.
685. *Un Siècle d'Or espagnol* – Bartolomé Bennassar.
686. *Jeanne d'Arc. Le procès de Rouen* – Jacques Trémolet de Villers.
687. *La guerre de face* – Martha Gellhorn.
688. *Le marécage des ayatollahs. Une histoire de la Révolution iranienne* – Pierre et Christian Pahlavi.
689. *Hitler et la France* – Jean-Paul Cointet.
690. *Necker* – Ghislain de Diesbach.
691. *La reine Victoria* – Jacques de Langlade.
692. *Histoire mondiale des services secrets* – Rémi Kauffer.
693. *Gorbatchev* – Bernard Lecomte.
694. *Mémoires* – Erich von Manstein.
695. *Mangeurs de viande* – Marylène Patou-Mathis.
696. *John Fitzgerald Kennedy* – Frédéric Martinez.
697. *L'Empire ottoman et l'Europe* – Jean-François Solnon.

698. *La Russie des tsars* (dir. Emmanuel Hecht).
699. *Testament politique* – Richelieu.
700. *Joukov* – Jean Lopez, Lasha Otkhmezuri.
701. *Le siècle de Louis XIV* (dir. Jean-Christian Petitfils).
702. *Les pathologies politiques françaises* – Alain Duhamel.
703. *1915* – Jean-Yves Le Naour.
704. *La France catholique* – Jean Sévillia.
705. *Dictionnaire amoureux de Jésus* – Jean-Christian Petitfils.
706. *La guerre Iran-Irak, 1980-1988* – Pierre Razoux.
707. *Les troubadours* – Michel Zink.
708. *Nouvelle histoire des idées* – Alain Blondy.
709. *La Grande Guerre* – François Cochet.
710. *La révolution anglaise* – Bernard Cottret.
711. *Histoire de la résistance* – Olivier Wieviorka.
712. *Histoire de la Phénicie* – Josette Elayi.
713. *Souvenirs d'une ambassade à Berlin* – André François-Poncet.
714. *Robespierre* – Jean-Clément Martin.
715. *Histoire des médecins* – Stanis Perez.
716. *Les légendes de la Grande Guerre* – Général Mordacq.
717. *Les châteaux de la Loire* – Jean des Cars.
718. *La guerre de Sept Ans* – Edmond Dziembowski.
719. *Mirabeau* – Jean-Paul Desprat.
720. *Sur la scène internationale avec Hitler* – Paul-Otto Schmidt.
721. *Mai 68. Mémoires* – Maurice Grimaud.
722. *La cause du peuple* – Patrick Buisson.
723. *L'élan du cœur. Propos et souvenirs* – Claude Pompidou.
724. *Les nazis en fuite* – Gerald Steinacher.
725. *La légende du roi Arthur* – Martin Aurell.
726. *Les mythes de la Seconde Guerre mondiale* (dir. Jean Lopez et Olivier Wieviorka).
727. *Un autre regard sur mon grand-père Charles de Gaulle* – Yves de Gaulle.
728. *La Bretagne et la France, du XVe siècle à nos jours* – Philippe Tourault.
729. *Fabuleux destins* – Alain Decaux.
730. *Le crépuscule des rois* – Philippe Erlanger.
731. *Le sceptre et le sang* – Jean des Cars.
732. *Cambacérès* – Pierre-François Pinaud.
733. *François Ier* – Didier Le Fur.

734. *La Seconde Guerre mondiale* – Claude Quétel.
735. *Reagan* – Françoise Coste.
736. *De la guerre* – Napoléon.
737. *La compagnie des ombres* – Michel De Jaeghere.
738. *Lettres de la Wehrmacht* – Marie Moutier.
739. *Grandeur, déclin et destin de la V République* – Edouard Balladur et Alain Duhamel.
740. *La Grande Guerre des civils* – Eric Alary.
741. *Louis XV* – Jean-Christian Petitfils.
742. *Pétain* – Bénédicte Vergez-Chaignon.
743. *Dictionnaire amoureux de la Rome antique* – Xavier Darcos.
744. *Histoire du monde*, tome I, *Les âges anciens* – John M. Roberts et Odd A. Westad.
745. *Histoire du monde*, tome II, *Du Moyen Âge aux temps modernes* – John M. Roberts et Odd A. Westad.
746. *Histoire du monde*, tome III, *L'âge des révolutions* – John M. Roberts et Odd A. Westad.
747. *Tout sur* Mein Kampf – Claude Quétel.
748. *Le cimetière de l'espérance* – Nicolas Werth.
749. *Le Moyen Âge et l'argent* – Jacques Le Goff.
750. *Mohammad Réza Pahlavi* – Yves Bomati et Houchang Nahavandi.
751. *L'Histoire des paysans français* – Eric Alary.
752. *Churchill, Seigneur de guerre* – Carlo D'Este.
753. *Les dictateurs* – Jacques Bainville.
754. *Femmes de Versailles* – Alexandre Maral.
755. *À l'épreuve du temps* – Jacques Benoist-Méchin.
756. *La fin d'un monde* – Gérard Courtois.
757. *Histoire de la guerre* – John Keegan.
758. *Le métier de roi* – Louis XIV.
759. *Islam et politique* (dir. Pierre Puchot).
760. *Histoire du terrorisme* – Gilles Ferragu.
761. *François Guizot* – Laurent Theis.
762. *Charles de Foucauld* – Jean-Jacques Antier.
763. *Histoire du Moyen Âge* – Georges Minois.

Imprimé en Allemagne
par GGP Media GmbH, Pößneck
en mars 2019